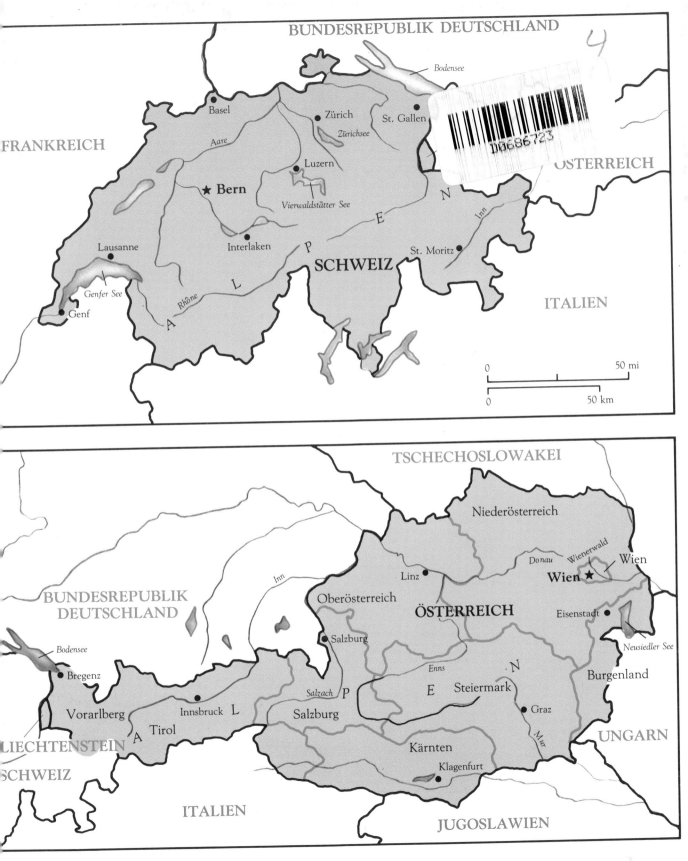

Map 1 (Schweiz):

BUNDESREPUBLIK DEUTSCHLAND

FRANKREICH

Bodensee

Basel

Zürich

St. Gallen

Aare

Zürichsee

ÖSTERREICH

Luzern

Bern

Vierwaldstätter See

A L P E N

Inn

Interlaken

SCHWEIZ

St. Moritz

Lausanne

Genfer See

Rhône

ITALIEN

Genf

0   50 mi

0   50 km

Map 2 (Österreich):

TSCHECHOSLOWAKEI

Niederösterreich

Inn

Donau

Wienerwald

Wien

Linz

Wien

BUNDESREPUBLIK
DEUTSCHLAND

Oberösterreich

ÖSTERREICH

Eisenstadt

Bodensee

Salzburg

Neusiedler See

Bregenz

Enns

N

Burgenland

Salzach

P

Vorarlberg

Innsbruck

L

Salzburg

E

Steiermark

A Tirol

Graz

LIECHTENSTEIN

Mur

UNGARN

SCHWEIZ

Kärnten

ITALIEN

Klagenfurt

JUGOSLAWIEN

DEUTSCH ZUSAMMEN
A Communicative Course in German

Frank E. Donahue

Johanna Watzinger

The University of Texas at Austin

MACMILLAN PUBLISHING COMPANY

New York

Macmillan Publishing Company
866 Third Avenue, New York, New York 10022

Collier Macmillan Canada, Inc.

Library of Congress Cataloging-in-Publication Data

Donahue, Frank E.
    Deutsch zusammen: A communicative course in German / Frank E.
Donahue, Johanna Watzinger.
      p. cm.
    Includes index.
    ISBN 0-02-329891-X
    1. German language—Grammar—1950- 2. German language—
Textbooks for foreign speakers—English. I. Watzinger, Johanna.
II. Title.
PF3112.D65 1990
438.2'421—dc20   89-34021
                                                CIP

Printing: 3 4 5 6 7   Year: 1 2 3 4 5 6
Credits appear on the back of the book, which constitutes an extension
of the copyright page.

Production Supervisor: Theresa Dieli/Janice Marie Johnson
Text and Cover Designer: Patricia Smythe
Illustrations: Jerry McDaniel
Photo Researcher: Sybille Millard
Cover illustration: Kandinsky, *Case a Murnau sul'obermarkt*, 1908,
                             Lugano, Thyssen-Bon Col. Giraudon/Art Resource, N.Y.
Endpaper maps: Vantage Art, Inc.

This book was set in Plantin and Helvetica by Compositors Corporation.
Printed and bound by Halliday Graphics.
The cover was printed by Lehigh Press.

Student's Edition ISBN 0-02-329891-X
Instructor's Annotated Edition ISBN 0-02-439955-8

ISBN 0-02-439955-8   (Instructor's Edition)

PREFACE

Deutsch zusammen is a new, functionally communicative, proficiency-oriented program for beginning college German. Students work with two textbooks, the **Unterrichtsheft,** or class text, and the **Lernheft,** or home-study workbook and grammar tutor. The textbooks, recordings, computer software, and teaching-support components that make up the program grew out of a variety of approaches to teaching and learning German developed over the past ten years at The University of Texas at Austin. Since 1986 the materials in draft versions have been used successfully by several thousands of students and more than a hundred teachers, including beginning teaching assistants and professors with more than thirty years of experience. Results have been encouraging. Enrollments in beginning German courses increased more than 40 percent. Students have shown excellent retention of the material in subsequent semesters. Most important, many students have been motivated to continue their study of German beyond required courses because they have learned to speak German with good fluency and accuracy. Close to half say they intend to visit Germany, Austria, or Switzerland in the near future.

The materials produced at The University of Texas were class tested on three campuses. In light of that experience and in response to reviews from other parts of the country, the materials were reshaped and clarified to take into account the needs of a wide range of universities.

TO THE STUDENT

Using *Deutsch zusammen* conscientiously, you should be able to learn to speak German that is reasonably fluent, spontaneous, grammatically and culturally accurate, and easily understood by a native speaker of German. Let's consider in more detail what this general objective implies.

FUNCTIONAL GOALS

In your first-year German course, you will learn to initiate and sustain simple conversations that center on topics and experiences with which you are already familiar, such as your family and friends, your life as a student, your free-time activities, and your daily routines. You will also be able to handle situations typically encountered by tourists: getting through the airport, traveling by train, getting a room at a hotel, ordering meals, shopping, and so on. Dealing effectively with these situations will depend on your steadily growing ability to ask and answer questions; make requests; give commands; provide explanations; express attitudes; narrate in the present, future, and past; and speculate about the future and past. You will also learn to understand spoken German and read a variety of texts with good to excellent comprehension. By answering questions in writing, filling out forms, and writing personal narratives, short compositions, and short essays, you will develop skill in writing.

Listening, speaking, and writing skills receive primary attention in the first half of the course. These skills need to be developed before you can meaningfully discuss authentic, adult-level German reading texts. The reading skill itself assumes greater prominence in the second half and becomes the central focus of instruction by the end of the course.

VOCABULARY

Command of a large vocabulary is perhaps the single most important skill a beginning student needs to communicate effectively in German. In its early chapters, *Deutsch zusammen* focuses on vocabulary building. The vocabulary you learn in Parts One and Two of the textbook will enable you to talk extensively about yourself and to ask questions to sustain a conversation with a native speaker. (Much simple conversation consists of asking and answering questions.) The large vocabulary you pick up will also help you develop good reading proficiency.

CULTURAL ACCURACY

To speak German well, you need more than a knowledge of vocabulary and grammar. Your language must also be culturally accurate. This means that you must become aware of the customs and values of native speakers of German as well as the linguistic features of the language that reflect those values. In its early chapters, *Deutsch zusammen* introduces the language forms necessary for polite communication with adult speakers of German—the people you would most often deal with as a visitor in Germany, Austria, or Switzerland. By the time you have mastered these forms, you will know your classmates better and be ready to begin practicing with them the informal language forms used in a German-speaking country with family members, close friends, children, or university students. Learning these socially based language forms separately will simplify many things for you in the beginning, make the social distinctions on which they depend more memorable, and help you avoid mixing the forms or using them inappropriately.

Notes about many aspects of the culture of the German-speaking countries appear in the **Unterrichtsheft.** Additional cultural information is included in dialogs, readings, and authentic short texts and realia.

GRAMMATICAL ACCURACY

To speak German well, you have to be able to use its grammatical system confidently and accurately. This means you must learn the different forms of words (morphology) and the order in which to use them to construct sentences and larger units of discourse (syntax).

Parts One and Two of *Deutsch zusammen* introduce the most essential elements of German, those you need to effect simple, direct, personal communication. Because of the program's paced introduction of paradigms and conjugations—sets of forms—you will have fewer forms to manipulate at the beginning, making it easier for you to use German accurately and to begin thinking in German. Parts Three and Four of the program build on that foundation and present the balance of the essential conversational grammar and vocabulary you need to deal successfully with most basic survival situations. You will also learn sophisticated grammatical features that are particularly important for comprehending written and spoken German.

Discussions of grammar in the **Lernheft** are written so that you can understand them readily, even if German is the first foreign language you have studied or if you are not confident about the meaning of grammatical terminology. Since the purpose of *Deutsch zusammen* is to help you and your classmates learn to use German together, grammar explanations have been kept as simple as possible, yet complete enough to help you attain communicative goals each step of the way through the course.

STUDY AT HOME, COMMUNICATION AND DISCOVERY IN CLASS

Deutsch zusammen presents its materials in two textbooks to give you a better opportunity to master German as you learn it.

• The **Lernheft,** or workbook, functions primarily as an out-of-class tutorial. Before coming to class, you need to read the assigned sections in the **Lernheft,** complete its exercises, and correct them with the help of its answer key. You can use cassette recordings as part of your homework or in the language lab to help you with pronunciation, vocabulary building, and the dialogs and stories you will meet again in class the next day.

• The **Unterrichtsheft** is the textbook you will use in the classroom. Ideally, most class time is devoted to meaningful conversational practice rather than extensive grammar drilling. The **Unterrichtsheft** begins with reminders of the material in the **Lernheft** and adds descriptions and directions for many guided, situational, and free communication activities. Some additional grammar exercises are presented for post-conversational reinforcement and refinement, when your instructor decides that the class needs more formal practice. All the exercises in the **Unterrichtsheft** are meant to help you, your classmates, and your instructor focus primarily on meaningful conversation in the classroom.

We hope you find *Deutsch zusammen* a friendly and effective way to learn to understand, speak, read, and write German well and to increase your knowledge and appreciation of the German-speaking countries. Comments and suggestions from students in our own classrooms help us shape these materials. We invite you to communicate with us as well, directly or through your instructor, about features of the program you think are effective or need improvement. When you are in class, be sure to join in—the way to learn German is to use it. **Viel Glück!** (Good luck!)

F. E. D.
J. W.

TO THE INSTRUCTOR

Organization of *Deutsch zusammen*

Deutsch zusammen has four distinct phases in its presentation of German vocabulary, grammar, and cultural information and in its coordination of the dialogs, stories, readings, and activities that help lead students to functional, communicative use of the language.

Part One: Breaking the Ice and Getting Started (Kapitel 1–3)

Students learn in Part One to talk about themselves and their classroom environment and to use conventional greetings and courtesy expressions. More specifically, they learn to identify and describe persons, places, things, and activities; to ask and answer simple questions; to formulate commands and requests; to express likes and dislikes; to discuss the weather; to name and describe items of clothing; to count and comprehend numbers; and to spell and to comprehend words that are spelled.

Part Two: Relating Personal Experiences (Kapitel 4–9)

In Part Two students learn to discuss their families and other persons important in their lives; to describe their basic daily and academic routines, free-time activities, and family celebrations; to tell and ask for the time; to emphasize information; to express their attitudes about activities; to express measurements (time, distance, speed, length, width, height, area, weights, and volume of liquids and solids); to indicate a future activity and to speculate about the present or future; to provide reasons for their actions; to state their opinions and beliefs; to narrate chronologically and with good elementary style events set in the present, future, and past; to use informal language forms with their classmates; and to indicate the persons to whom they say, write, send, give, and lend things.

Part Three: Getting Along in Germany, Austria, and Switzerland
(Kapitel 10–14)

The focus shifts in Part Three to survival situations students would be likely to encounter while traveling in Germany, Austria, or Switzerland—for example, arrival at an airport, exchanging currency, traveling by train, using a pay phone, visiting a family, getting a room in a hotel, ordering a meal, shopping, getting tourist information, getting information about German universities, going to the doctor, and crossing borders. These scenarios invite students to discuss their physical well-being and illnesses; to express a variety of physical and emotional reactions; to respond to invitations; to name destinations and locations inside and outside a city; to describe an apartment and its furnishings in detail, placing objects in a room; to ask for and give directions; to express opinions; to discuss two non-simultaneous past events; to speculate about the past; and to compare two or more persons, things, or activities.

Part Four: Reading Formal and Literary Texts (Kapitel 15)

Reading is the central concern of Part Four. Germany since World War II is what the students read about. Texts include historical information about Berlin and the DDR (East Germany); biographical information about Anna Seghers, Wolf Bierman, and Gabriele Eckart; and a literary text by Wolfgang Borchert and a socio-historical text from Peter Sichrovsky.

Components of the Program

Translations are included here for students who may be reading this section.

Lernheft

The **Lernheft** is a home-study workbook designed to help students prepare for communicative activities in their next class. Its fifteen **Kapitel** (chapters) each divide into smaller **Teile** (units). The **Teile** vary in content; one to three comprise a typical daily assignment. Each **Teil** begins with a presentation of new material. New vocabulary is clustered in topical groupings to maximize logical word associations; English equivalents are shown. Vocabulary that has already been learned will sometimes be included to introduce or round out new topical groupings. New grammatical features are introduced, usually by contrasting them with parallel English constructions or German constructions learned before. New material is continuously related to previously learned material, creating an intrinsic process of review and recycling.

After the presentation of new material, several **Übungen** (exercises) gradually lead students to free, creative language production in which they determine their messages and then supply the vocabulary and grammar necessary to formulate them accurately. The first exercise is usually a concept check in which students fill in blanks with key words, giving them a means to determine—with the help of the **Lösungen,** or answer key, at the back of the **Lernheft**—whether they have comprehended the principles introduced. Following the concept check, one or more practice exercises challenge students to produce correct vocabulary and language forms or to modify sentences according to specific instructions. Here the focus is on formal, mechanical accuracy. As before, students refer to the **Lösungen** and correct any errors they may have made.

The students next move on from the mechanical stage to complete one or more guided communication exercises in which they must respond communicatively within the framework of specific guidelines. The net result is that students produce messages of a specified kind but have some freedom of choice with respect to vocabulary and grammatical structure. Students check their sentences with the **Lösungen** and make any necessary corrections.

The last activity in a **Teil** is usually a free communication exercise in which students write answers to general or personal questions. Since students are creating at this point, no answers are suggested in the **Lösungen.** Students hand in their exercises to the instructor, who can monitor them for communicative and formal accuracy and then address any mistakes common to the class.

In later chapters, students are frequently asked to prepare dialogs and readings in the parallel **Teile** in the **Unterrichtsheft** for use in the next class period.

The **Lernheft** concludes with the **Lösungen** or answer key, an **English-German**

Vocabulary, and an **Index** to the appearance of grammatical explanations and vocabulary topics.

As students work with the **Lernheft,** they progress from an encounter with new material, to practice with morphology and syntax, to communication in patterned and creative ways. In this fashion they prepare themselves to use the target material in their next class. The **Unterrichtsheft** picks up where the **Lernheft** leaves off. Generally, students can leave the **Lernheft** at home unless the instructor directs otherwise.

Unterrichtsheft

Overview and Teile. The **Unterrichtsheft** is designed to help students solidify gains made at home with the **Lernheft,** and to advance further into meaningful communication. Each **Kapitel** begins with an overview that specifies topical and vocabulary themes, language functions, situational contexts for communication, cultural content, and grammatical structures to be encountered. The rest of the **Kapitel** is divided into **Teile** that correspond one-for-one with the **Teile** in the **Lernheft.**

Merke. The **Teile** in a chapter revolve around particular language functions and structures, highlighted and illustrated with example sentences in an opening **Merke** section. Since the significance of these sentences is immediately apparent to students who have prepared with the **Lernheft,** they serve as a quick review before class. Instructors may wish to pause for an active class review of the **Merke** section if their monitoring of student accuracy during communication activities indicates a need to explain or review key principles.

Aktivitäten. Activities follow the **Merke** section. They are similar to the exercises in the **Lernheft,** with the key difference that their sequence is reversed. Generally, the first activity is called **Freie Kommunikation** (free communication) and consists of personalized questions that invite students to respond creatively using target vocabulary and structures. Since the students brought themselves to the point of communicating freely prior to class, classwork logically begins with communication. Instructors may use the questions in **Freie Kommunikation** in the order printed or resequence them as desired. They should also follow up student responses, branching out moderately to approximate conversational flow. This activity is usually instructor-centered and allows for optimal monitoring of content and form.

Students can benefit greatly from communicative activities that do not directly involve the instructor provided they have a clear-cut task, a reasonable time line for completing it, and a way to check whether they have in fact completed it. *Deutsch zusammen* contains numerous student-centered activities. Those labeled **Partnerarbeit** are for two students; **Gruppenarbeit** activities are for groups of three or more. Students working in groups often interact with realia and authentic texts in the **Unterrichtsheft.** Instructors can modify many **Freie Kommunikation** sections to provide the basis for additional group work if they wish.

During communicative activities, instructors need to monitor, first, whether the students' communicative efforts are successful, and second, whether standards of formal accuracy are being met. Instructors invariably set different standards. Instructors who feel that the students' communicative efforts need strengthening or sense that the students have avoided using certain target vocabulary or structural items can turn to the **Gelenkte Kommunikation** (guided communication) exercises, where students are directed to respond in more specific ways. If the students' communicative ability is satisfactory but their grammatical accuracy needs improvement, instructors can turn to the **Wiederholung: Grammatik** (grammar review) exercises.

Because the **Lernheft** has already provided ample opportunities for students to develop grammatical accuracy prior to class, grammar exercises can usually be kept to a minimum in the classroom. The **Gelenkte Kommunikation** and **Wiederholung: Grammatik** sections both serve as vehicles for linguistic refinement. They may be skipped entirely whenever students demonstrate solid communicative competence accompanied by satisfactory accuracy.

Dialoge. Some **Teile** contain **Dialoge** (dialogs) that contextualize target grammar and vocabulary in typical, natural cultural settings. They are not intended to be memorized. Students should usually read them aloud to practice pronunciation, sentence stress, and sentence melody. Many contain some new vocabulary and structures to give students an opportunity to practice intelligent contextual guessing. Students who really comprehend what they are reading generally demonstrate it with correct sentence stress and intonation, that is, they read naturally and intelligently.

While students do not need to master the content of the **Dialoge,** they will be prepared by them for performance of the situational dialogs targeted for oral **Nacherzählungen** (retelling). They become a regular feature in Chapter 4; until then students develop listening comprehension in terms of commands, simple questions, and the phrases involved in the functions of naming and describing, all of which involve a breadth of vocabulary but minimal grammar.

Geschichten: Nacherzählungen. Situational stories and dialogs under this heading are presented for the first time in Chapter 5. They appear with a German title and, unlike the **Dialoge,** are targeted for mastery. The stories are at a level of difficulty slightly above the abilities of students to create with the language. The students aren't expected to memorize the stories; instead, a sequence of exercises, coupled with classroom procedures described in the Instructor's Manual, leads them to the point that they can retell them. These activities have proven a key element in encouraging students to create with the language. These stories also serve as a platform for launching students into personalized discussions that center on a specific situational context.

Lesestücke. Reading for the comprehension of main ideas, or extensive reading as opposed to the intensive reading of **Geschichten,** appears for the first time in Chapter 7. The selections targeted for this kind of general comprehension are labeled **Lesestücke.** They become more frequent and substantial in subsequent chapters. Their level of difficulty, or challenge to the students, is somewhat greater than that of the **Dialoge** and **Geschichten.**

Realia and Documents. Authentic texts and graphic items from the German-speaking countries are distributed throughout the **Unterrichtsheft.** All are treated interactively; students answer questions about them or perform a related task—filling out a form, choosing from a schedule, ordering merchandise, and so on. Photographs and line drawings support these cultural elements to keep the study of language from seeming an abstract enterprise.

Aussprache. An extended pronunciation section appears in the **Unterrichtsheft** before Chapter 1. Instructors may wish to cover its content concurrently with the first three chapters. The production of German vowel and consonant sounds is explained in simple language. All the associated pronunciation exercises are included in the audio recordings.

Appendices. An **Appendix** following Chapter 15 contains paradigms of conjugations and declensions, groupings of function words, and lists of idiomatic expressions targeted for active control. A **German-English Vocabulary** lists the vocabulary items which students are expected to be able to use actively. Parts of strong verbs and noun inflections are shown, along with the chapter number where each item first appears. An **Index** lists the pages where grammatical terms, function words, and vocabulary topics appear throughout the program.

Instructor's Annotated Edition

This is the **Unterrichtsheft** with suggestions for classroom procedures overprinted in its margins. Notes refer instructors to sections in the Instructor's Manual whenever a new type of activity is first encountered.

Instructor's Manual

The Instructor's Manual discusses the philosophy and approach of *Deutsch zusammen* and suggests procedures and methods that may help instructors, especially if teaching for the first time, to use the materials effectively. It also recommends patterns for scheduling the materials in schools with semester and with quarter-based curriculums, and includes tests and quizzes, developed at The University of Texas, which instructors may use or adapt to their own circumstances. A set of oral achievement tests for use at the end of each semester or quarter is also included.

Audio Recordings

The **Aussprache** section and various parts of each chapter of the **Unterrichtsheft** have been recorded. Sets of the cassettes may be obtained free on loan for duplication by schools that have adopted *Deutsch zusammen,* and schools may make additional copies for student use at home. The **Lernheft** frequently refers to the recordings. Students are particularly encouraged to listen to the vocabulary sections, **Dialoge,** and **Geschichten** before coming to class.

MACAI Learning Support Software

A software program, specific to *Deutsch zusammen* and available free to adopting schools in IBM or Macintosh® format, includes vocabulary and form-generation activities; drill-and-practice exercises and cloze passages in various formats with error analysis and on-line hints; reading comprehension activities; and speed drills or games intended to help students develop instant recognition of particular forms and modes. A site license included with the software permits schools to copy the disks for students who wish to use the program on their personal computers.

ACKNOWLEDGMENTS

The authors wish to thank the instructors in the Department of Germanic Languages at The University of Texas at Austin and their students for their comments and suggestions for improving these materials. We wish to acknowledge specifically the critical contributions of the following colleagues: Dorothy Chun, Sheila Johnson, Thomas Ryan, Alene Moyer, Rita Dowling, Hanna Fields, Jeffrey Grossman, Peter Kästner, Deborah Osborne, Ingeborg O'Sickey, Barbara Voelkel, James Keller, Ingo Stöhr, Margaret Brown, Margret Studebaker, Dieter Waeltermann, Linda Moehle-Vieregge, Dennis Brain, Klaus Brandl, Shoshanah Dietz, Hildegard Glass, Barbara Kadirhan, Mark Martin, Fred Schwink, Ingrid Huskey, Fred Ehrman, Karein Goertz, Mark Grunert, Louise Lorre, Hubert Heinen, and Anita Fields.

The authors also wish to thank the following reviewers of the **Lernheft** and **Unterrichtsheft** manuscripts; their comments and suggestions were helpful in the preparation of the program:

Barbara A. Bopp, University of California at Los Angeles
H. F. Fullenwider, University of Kansas
Nina Garrett, University of Illinois
Christian W. Hallstein, Carnegie Mellon University
Charles J. James, University of Wisconsin at Madison
John F. Lalande II, University of Illinois
Brian Lewis, University of Colorado
Thomas Lovik, Michigan State University
Heidi M. Rockwood, Georgia Institute of Technology
Joseph C. Salmons, Purdue University
Georgia Schneider, Onandaga Community College
Gerd K. Schneider, Syracuse University
Wilfred Voge, University of California at Irvine

CONTENTS

Kontext und Funktionen

    talking about yourself and your immediate classroom
      environment
    greeting and taking leave from people
    using basic courtesy expressions
    identifying and describing yourself, other people, and things
      in your immediate environment
    asking and answering simple questions
    counting and comprehending numbers

Vokabular

    the classroom: people and things
    useful classroom expressions
    greetings and polite expressions
    adjectives for describing people and things
    occupations and nationalities
    basic colors; shapes and sizes; substances
    cardinal (counting) numbers

Dialoge

    Wer sind Sie?
    Woher sind Sie?

Text

    Hallo, ich bin aktiv. Und Sie?

Kontext und Funktionen

asking and answering new types of questions
spelling in German
describing the weather
identifying and describing clothing and people

Vokabular

people
the alphabet
common names
weather
clothing

Texte

Das Wetter ist schrecklich!
Sylt und Föhr
Ist das richtig?

Lesestück

Wessen Jacke ist das?

Kultur

the climate in West Germany
particular clothing
the northern coast and the island of **Sylt**

Grammatik

forms:　the nominative case
　　　　the definite article and **der**-words
　　　　the indefinite article and **ein**-words (possessive
　　　　　　adjectives)
　　　　personal pronouns; possessive pronouns
　　　　question words
　　　　verbs: **haben, werden;** impersonal verbs
word order:　statements, questions, commands

Kontext und Funktionen

discussing your family and other important people in your life
describing basic survival activities
discussing academic and social activities you regularly take
　part in as a student

Vokabular

family, friends, neighbors, and pets
occupations
talking, reading, and writing
taking tests, studying and learning, dealing with errors, and
    doing assignments
taking and bringing things between university and home
mailing letters and packages
transportation
caring for clothes
eating and drinking

Dialoge

Tag, Herr Professor!
Wo sind die Taschenbücher?
Ein Paket aus Amerika
Wo ist nur mein Schlüssel?
Haben Sie frische Brötchen?
Schnell einkaufen!

Texte

Meine Verwandten kommen
Im Hotel
Wir wohnen zusammen
Bernd und sein Zimmerkollege

Kultur

family relationships in West Germany
pets
titles
occupations
waiters
examinations
cheating
cooperative housing
drinking
meals and mealtimes

Grammatik

forms: the accusative case
         the definite article and **der**-words
         the indefinite article and **ein**-words
         personal and possessive pronouns
         interrogative words
         weak nouns
word order: placement of adverbs and direct objects

informal personal pronouns: **du, dich; ihr, euch**
informal reflexive pronouns: **dich, euch**

Dialoge

> Wie kommen wir zum Hotel?
> Fahren Sie nach Aschaffenburg?

Geschichten und Nacherzählungen

> Ein guter Kompromiß fürs Wochenende
> Ankunft im Hotel
> Wiedersehen in Frankfurt

Lesestücke

> Wie sieht eine deutsche Stadt aus?
> Wohnen in Deutschland
> In einem Haus

Kultur

> the **BRD** as part of the European Community
> castles and fortresses
> the retail business in the Federal Republic
> the cathedral in **Köln**
> what rules tenants should observe
> a house and its rooms in the Federal Republic
> privacy in a house or an apartment
> looking for an apartment in a newspaper
> table manners

Grammatik

> forms: verbs with dative objects
> dative of ownership: with clothing and parts of the body; with original works
> verbs of hygiene with dative reflexive pronouns
> the verb **tun** + dative idioms
> expressing reactions with the dative, an adjective, and **sein**
> dative prepositions: **aus, außer, bei, mit, nach, seit, von, zu**
> dative postposition: **gegenüber**
> word order: with **gehen, sehen, hören, lassen** + infinitive
> with prepositional phrases
> negation of prepositional phrases

Kontext und Funktionen

> discussing the generation gap
> working out a problem with a superior
> locating things and putting them in places

general subjunctive: the **würde**-construction
(review); all verb types

special subjunctive: third person forms for all verb
types

AUSSPRACHE

German pronunciation is not difficult for speakers of American English to learn. You need not be a linguist, nor do you need to know phonetic terminology or the international phonetic alphabet to acquire a high degree of phonetic accuracy. Many consonant and vowel sounds are common to German and English. Where differences exist between the languages, learning the correct German pronunciation will hinge on your being able to hear the target sound clearly and knowing what to do with your speech articulators (tongue, lips, teeth, etc.) in order to produce the sounds authentically.

Written language is an orthographic representation of spoken language, that is, letters and combinations of letters represent a sound or combination of sounds. German spelling is quite regular compared to English. Notice how many different sounds the letters *ough* represent, in the following English words: *though, through, thought, drought, slough.* You will not encounter such inconsistency in German.

For some students, linking German sounds with printed German letters will be the biggest challenge, not the production of the sounds themselves. Since the approach used in *Deutsch zusammen* involves reading and writing German as well as hearing and speaking it right from the beginning, this pronunciation section is organized orthographically to help you learn to make the right associations between letters and the sounds they represent.

We have purposely avoided using specialized linguistic terminology in discussing the sounds of German because most students are totally unfamiliar with it. Generally, each time a German sound is introduced a brief, non-technical description of its production is provided. Sometimes the description will consist of a simple comparison with a similar English sound. At other times advice is offered on how to make the sound easily. Listen carefully to the models provided on the tape for this section and to additional tips from your instructor.

PART I: VOWELS   Introduction

The pronunciation of some German vowels differs considerably from the pronunciation of English vowels, particularly of American English vowels. The main distinctions are vowel purity, vowel length, muscular tension, and lip-rounding.

Vowel Pureness

Single German vowels are pure; they do not glide into another vowel or semi-vowel sound. Most English vowels do glide into a second sound and are, therefore, not pure. Examples: pay = pa^{ee}; see = se^y; fly = fli^{ee}; go = go^w. Glides are caused for the most part by movement of the tongue, lips, or jaw during the pronunciation of the vowel sound. In learning to pronounce pure German vowels, keep your tongue, lips, and jaw from moving for the duration of the vowel sound.

Diphthongs

Diphthongs are combinations of two different vowel sounds. There are three diphthongs in German, represented orthographically as follows: **au; äu** or **eu**; and **ei, ai, ay,** or **ey.**

Vowel Length

German stressed vowels may be considered "long" or "short" generally in much the same way we think of musical notes as being long or short. To keep things simple, think of a long vowel as a whole note and a short vowel as a half note. Determining whether a vowel is long or short is easy.

1. If a vowel is followed by two or more consonants, it is short. Examples: **bitten, kommen, Mutter**.
2. Otherwise, it is long.

- If a vowel is followed by a single consonant and another vowel, it is long. Examples: **sagen, Vater**.
- If a vowel is followed by an **h**, it is long. Examples: **fahren, nehmen, Sohn**.
- If a vowel is doubled, the resultant sound is long. Example: **Staat, Boot, Meer**.
- All diphthongs (combinations of two different vowel sounds) are long. Examples: **biegen, reisen, laufen**.

Another way to look at it is to say: *a stressed vowel will usually be long unless followed by two or more consonants*. There are some exceptions to this rule of thumb, but it will help you in the beginning.

Tension

Generally speaking, pronouncing German takes more muscular energy in the mouth, lips, tongue, throat, and neck than does pronouncing English, especially for most long German vowels. Getting your speech articulators to do different things will take some concentration and effort in the beginning, but in time these new articulatory movements and positions will seem quite natural.

Lip-Rounding

To make certain vowel sounds accurately you will need to round and pucker your lips. Lip-rounding and puckering is absolutely necessary for the correct, normal, and natural pronunciation of some German vowels. Because English vowels are not as rounded or puckered, you may feel awkward making these sounds at first. In time, however, the newness and strangeness will wear off, and you will feel at home with these new vowel sounds.

Umlauts

The umlaut is a symbol consisting of two dots placed over a vowel. The umlaut signifies a shift in sound away from the same un-umlauted vowel. For example, an **ä** sounds different from a plain **a,** an **ö** sounds different from a plain **o,** and a **ü** sounds different from a plain **u.** The three umlauted vowels in German are: **ä, ö,** and **ü,** and they may be long or short.

ÜBUNG 1

> **long a**
>
> The German long **a** is similar to the *a*-sound in the English *father*. The mouth opens, and the jaw drops.
>
> da, baden, gaben, haben, fragen, sagen, jagen, raten, kamen, lasen, Dame, Faden, Frage, Haken, Hase, Wagen, Magen, Nase, Tafel, Paar, Staat, Zahn, fahren, Gefahr, Fasan, Tag
>
> **short a**
>
> The German short **a** is similar to the sound of the first *o* in the English *cotton*. The jaw does not drop as low as for the long **a.** Try to make the German short **a** as clipped (short) as possible.
>
> backen, Ball, Pfanne, Ratte, Katze, Damm, fallen, hacken, hassen, Kamm, kann, Mann, machen, Mappe, Masse, satt, Sack, Tante, Tannenbaum, wann, backt, haßt, Macht
>
> **contrast: long a vs. short a**
>
> Stahl... Stall, Kahn... kann, Haare... harre, Wahn... wann, mahn... Mann, fahl... Fall, Staat... Stadt, lasen... lassen, sagen... Sacken, Raben... Rappen, raten... Ratten, Maße... Masse

ÜBUNG 2

long e

The German long **e** is a pure vowel similar to, but not exactly like, the *a* in the English *gate*. It is made by placing the tip of the tongue against the lower teeth and arching the tongue slightly. The lips should spread apart and you should feel the corners of the mouth tighten up a bit. During the duration of the long **e** sound do not allow the tongue or jaw to move, or a glide will result, and the purity of the sound will be lost.

Besen, Degen, Regen, Segen, Seele, Nebel, nebelig, Demokratie, demokratisch, negativ, reden, stehen, fehlen, geben, lesen, betet, redet, gegen, neben, der, wer, wen, den, wem, dem

short e

The German short **e** is similar to the English short *e* in *bet*.

Bett, denn, wenn, nett, Netz, Pelz, Zweck
dessen, wessen, Hessen, besser, Wetter, lecken, Neffe, Kette, retten, setzen, kennen, brennen

contrast: long e vs. short e

wen... wenn, den... denn, Heer... Herr, Wesen... wessen, reden... retten, stehlen... stellen

ÜBUNG 3

short e

Herr, Fell, Pelz, Sperre, Stelle, Wende, Betten, Messing, rennen, Kenntnis, Rettung

short ä

The short **ä** sounds just like the short **e**.

Bäche, Mächte, Dächer, Fächer, lächeln, Bäckerei, Säckchen, Wächter, fällt, gefällt, wäscht

contrast: short e vs. short ä

(The contrast here is orthographic, not phonetic.)

Wende... Wände, kennen... kämmen, Wetter... Blätter

ÜBUNG 4

> **long e**
>
> Besen, wegen, nehmen, Rede, Regen, Nebel, nebelig, Seele, Fehler, Meer, Teer, geht, Weg
>
> **long ä**
>
> There are two acceptable ways to pronounce the long ä—the differences are regional. In southern Germany, the long ä is pronounced as a "short **e** held for two beats." In northern Germany most speakers equate the long ä with the long **e**. Learn whichever pronunciation is easier or more natural for you.
>
> nähen, Zähne, Mädchen, Jäger, Käthe, läse, nähme, Säge, trägt, fährt, gähnt, erwähnt
>
> **contrast long e vs. long ä**
>
> legen... lägen, lesen... läsen, geben... gäben, sehen... sähen

ÜBUNG 5

> **unstressed final e**
>
> The unstressed final **e** is similar to, but not the same as, the short **e**. It is technically a neutralized vowel (a schwa). You will neutralize it automatically when speaking, but for now, while practicing in isolation, pronounce it as a short **e**. This will help you make an accurate distinction with the unstressed **er** in the very next section.
>
> eine, meine, kleine, rote, schwarze, weiße, Wunde, Spitze, Liebe, Summe, Rede, Bitte, Dusche, lese, zeige, bitte, fahre, spreche, esse, gebe, nehme, spiele, trage, wasche, mache, tue
>
> **unstressed final er**
>
> The unstressed final **er** is similar to the English unstressed final *er* in *bitter* except that the **r** is virtually silent. In effect, it sounds something like "*uh*." Try to keep the front part of your tongue from arching up and back as it does for an American *r*. Keep the tongue level or flat behind your lower front teeth.
>
> Wunder, Leser, Zeiger, leider, bitter, Fahrer, Spitzer, lieber, guter, Güter, Führer, Hüter, Sommer, Winter, Messer, Esser, Geber, Nehmer, Redner, Beter, Spieler, Sprecher, Kutter

ÜBUNG 6

long i or ie

The German long **i** and the monophthong (pure, single sound) **ie** sound identical. The sound is made by placing the tip of the tongue behind the lower teeth and arching the front of the tongue high and forward. This position is similar to the tongue position called for in making the long **e,** except that more upper and forward positioning are necessary. The lips should be spread and you should feel the corners of your mouth spread outward (toward your ears) and your cheeks tighten. Do not allow the tongue and jaw to move during the production of this sound, or a glide will result, and the purity of the vowel will be lost.

ihn, ihm, ließ, sieht, Sie, wie, nie, Kiel, fiel, Kilo, Kino, Titel, Liter, Dienstag, Miete, Lieder, Biene

short i

The German short **i** is similar to the English short *i* in *pit.*

binden, finden, hinter, Linden, sitzen, bitte, Tinte, Minderheit, Mitternacht, in, Kind

contrast: long i or **ie** vs. short **i**

ihnen... innen, bieten... bitten, mieten... mitten, Stil... still, liest... List, ihn... in, ihm... im, Lied... litt

ÜBUNG 7

long i or ie
mieten, bedienen, liefern, liegen, ließen, Biene, Linie, empfiehlt, sieht, sie, wie, gib

long ü
The long **ü** requires the same high-forward tongue position as for the long **i.** What makes the long **ü** different from the long **i** is lip-rounding. Practice making the change from long **i** to long **ü** by saying the long **i** sound and then rounding your lips into a tight pucker. The sound you ultimately produce is a long German **ü.** Remember that the tight puckering is crucial to the correct production of this sound. You may feel awkward at first making this sound, since tight puckering is not a feature of English vowels. Be assured, however, that this is perfectly natural in German. Failure to round and pucker the lips will result in an English or American accent, which is, naturally, to be avoided.

Bühne, Hühner, müde, Mühle, bemühte, Tüte, Züge, Brüder, Prüfung, Grüße, kühn, früh

contrast: long i or ie vs. long ü

vier... für, liegen... lügen, Ziege... Züge, Biene... Bühne, Stile... Stühle, Kiel... kühl, Miete... mühte

ÜBUNG 8

short i

billig, bitten, bißchen, finden, Lippen, Tinte, Kinder, Kirche, kitzelig, Ding, Film, Licht, litt

short ü

The short **ü** is identical to the short **i** except that the lips are rounded and puckered. Since the short **ü** is clipped, the amount of tension, lip-rounding, and puckering is not as strong as with the long **ü**.

müßte, küßte, Büsche, Brücke, drücken, pflücken, Rücken, Lücke, Mücke, zurück, dünn

contrast: short i vs. short ü

Lift... Lüfte, mißt... müßt, Kisten... Küsten, Gericht... Gerücht, missen... müssen, Kissen... küssen

ÜBUNG 9

long ü

Bücher, Tücher, Güter, Brüder, Hüte, Füße, Züge, Lüge, müde, Mühle, Bühne fühlen, führen, Türen, Prüfung, Frühling, Zürich, Lüneburg, Blümchen, kühl, kühn, früh, trüb

short ü

Brücke, Mücke, Hütte, wüßte, Müller, Füller, füllen, bücken, rücken, Rücken, zurück, dünn

contrast: long ü vs. short ü

Mühle... Müller, fühle... Fülle, Düne... dünne, Wüste... wüßte, Füßen... Füssen, rügen... Rücken

ÜBUNG 10

long u

The German long **u** is similar to the *oo* in the English *boot*. The lips are rounded and slightly puckered. Since the long **u** is a pure vowel, do not allow the lips to migrate to a tighter pucker during the production of the sound, or else a glide will result.

buchen, duzen, suchen, Blume, Bluse, Bruder, Jude, Juni, Jura, gut, Hut, tut, Zug, zu, Fuß, du

short u

The German short **u** is similar to the short *u* in the English *put*.

summen, gucken, Truppen, Bulle, Busse, Kutte, Russe, Suppe, Futter, Kutter, Mutter, Zucker, Rundfunk, Kuckuck, Rußland, dumm, stumm, rund, Funk, Kuß, Null, muß, mußt, Rum, zum

contrast: long u vs. short u

bucht... Bucht, Fuß... Fluß, Mus... muß, Mut... Mutter, spuken... spucken, sucht... Sucht, du... dumm

ÜBUNG 11

long u

spuken, duzen, suchen, Bluse, Fuß, Mus, Mut, du, sucht

long ü

lügen, Hüter, Bücher, Führer, Kühe, Züge, Füße, Prüfung, Frühling, kühl, müde, Tür

contrast: long u vs. long ü

Zug... Züge, Fuß... Füße, Hut... Hüte, Buch... Bücher, Tuch... Tücher, Huhn... Hühner, guter... Güter

ÜBUNG 12

short u

gebunden, empfunden, gefunden, verschwunden, gezwungen, gesungen, gesunken, Muster, Schulter, Hunger, Wunde, durfte, Muskeln, muß, Nuß, dumm, Durst, gemußt

short ü

ausfüllen, bürsten, München, Hündin, Schlüssel, Münze, wüßte, kürzer, jünger, dünn

contrast: short u vs. short ü

wußten... wüßten, mußten... müßten, kurzer... kürzer, durfte... dürfte, Mutter... Mütter

ÜBUNG 13

short y

The short **y** is identical to the short **ü**.

Physik, Dynastie, Mythologie, Syntax

long y

The long **y** is identical to the long **ü**.

Lyrik, Mythos, Mythe

Note: When the **y** is stressed, it is long. When unstressed, it is short.

ÜBUNG 14

long o

The German long **o** is similar to the *oa* in the English *boat,* except that the German long **o** is pure. If you pronounce the English *boat* with a Jamaican English accent, you will have a pure long **o**.

toben, Boden, drohen, Drogen, Mode, Krone, Zone, Tod, Brot, Boot, Zoo

short o

There is no English sound exactly like the German short **o,** but you can learn to make it accurately by saying the English *cup* with rounded lips.

donnern, gebrochen, gewonnen, Tonne, Sonne, toll, Zoll, Bonn, fromm, kroch, Loch

contrast: long o vs. short o

wohne... Wonne, Sohle... solle, Ofen... offen, oder... Otter, Sohn... Sonne, Bohne... Bonn

long e

sehen, gehen, lesen, heben, leben, neben, bestehen, fehlen, nehmen, Nebel, Regen, Leder

long ö

The German long ö is made the same way as the German long e, except that the lips are rounded and puckered. Practice making the long e and then modifying the sound by rounding and puckering your lips. The end result is the long ö. Remember that the lip-rounding and puckering are crucial to the correct pronunciation of the long ö.

mögen, Brötchen, größer, Köder, Möbel, Söhne, Töne, Flöhe, flöge, Flöte, Föhn, blöd

contrast: long e vs. long ö

sehne... Söhne, lesen... lösen, legen... lögen, beten... böten, heben... höben, redlich... rötlich

long o

zogen, Bohnen, Foto, Fotoapparat, Hof, Bahnhof, Motor, Motoren, Tod, tot, Sohn, Lohn

long ö

lösen, hören, mögen, töten, Brötchen, Lösung, Manöver, Flöhe, Höfe, Söhne, Föhn

contrast: long o vs. long ö

Ofen... Öfen, Bogen... Bögen, Stoß... Stöße, Not... Nöte, Hof... Höfe, Sohn... Söhne, Ton... Töne

short e

wetten, wessen, dessen, retten, stecken, stellen, Wetter, Retter, kennt, Bett, denn, wenn, Herr

short ö

The short ö is identical to the short e, except that the short ö requires lip-rounding and slight puckering.

öffnen, löschen, können, Götter, östlich, Stöcke, könnte, möchte, Schlösser, geöffnet

contrast: short e vs. short ö

helle... Hölle, westlich... östlich, stecken... Stöcken

ÜBUNG 18

short ö

können, Löcher, Töchter, Töpfe, Zöpfe, Köpfe, Knöpfe, Köche, flösse, möchte, Mönche, Mönch

short ü

müssen, küssen, Rücken, pflücken, kürzer, Schüsse, Sünde, müßte, Stücke, wüßte, dünn

contrast: short ö vs. short ü

Röcken... Rücken, schösse... Schüsse, Stöcke... Stücke, Hölle... Hülle

---

ÜBUNG 19

ei

The diphthong sound represented by **ei** sounds similar to the English *eye.*

reiten, reisen, eine, keine, meine, seine, Beile, Pfeile, ein, eins, dein, fein, Teil, Stein

ie

The monophthong **ie** is the same sound as the long **i.**

dienen, fliegen, liegen, mieten, riefen, Biene, sieht, vier, die, sie, wie, nie

contrast: ei vs. ie

scheiden... geschieden, Scheiben... schieben, zeige... Ziege, Feile... viele, steigen... stiegen, Zeit... zieht, leider... Lieder, deinen... dienen, meine... miene

Note: Should you ever become confused about the pronunciation or orthography (spelling) of **ei** or **ie**, remember the words **Sie** and **ein**, two words you know how to pronounce and spell accurately. Compare the problem word to these two, and you will find the solution immediately.

ÜBUNG 20

The sounds of **ai, ay,** and **ey** are identical to the sound of **ei.**

ai

Mai, Bai, Mais, Maid, Kai, Maier, Haifisch

ay

Bayern, bayrisch, Mayer, Haydn

ey

Meyer, Geysir, Frey

ÜBUNG 21

au

The diphthong sound represented by **au** is similar to the *ou* in the English *house.*

kauen, Mauser, Aue, Aula, auch, braun, rauh, Bau, Tau, Laus, Haus, Maus

ÜBUNG 22

eu

The diphthong sound represented by **eu** is similar to the *oy* in the English *boy.* Caution: Keep jaw movement to the minimum!

beugen, Feuer, teuer, Beule, Eule, heute, Leute, Deutsch, neu, treu, Heu, Zeug

äu

The diphthong sound represented by **äu** is identical to the sound of **eu.**

Häuser, Läuse, Mäuse, Säure, Bräuche, Säule

ÜBUNG 23

glottal stop

The term *stop* refers to the complete stopping of the air flow during pronunciation. Normally, the lips or tongue are responsible for stopping the flow of air. The *glottis* is the space between the vocal chords. When the vocal chords close, the glottis is closed, and the result is a *glottal* stop. When the vocal chords open to release the build-up of air behind it, a kind of "click" in the throat can be heard. Try saying *Uh-oh!* in a whisper several times. You should hear two clicks quite clearly. Each click is a glottal stop. Glottal stops are frequent and important in the accurate pronunciation of German. Words or stressed syllables that begin with a vowel will always involve a glottal stop. The net effect is that German has a staccato or "choppy" quality at times that is missing in American English.

Es ist alt... Es ist aber alt... Es ist aber ein Omnibus... Es ist aber ein alter Omnibus... Es ist aber veraltet.
Es ist immer etwas anderes!
Er aß Austern... Ich aber aß alles übrige.
alle anderen Uhren... ein alter Affe... der erste Akt
Eine alte Eule saß unter einer alten Ulme in Oberammergau (über Unterammergau).

ÜBUNG 24

anti-neutralization

In American English unstressed vowels are usually neutralized. For example, most Americans pronounce *America* as "Uh-merr-uh-kuh." The German, who does not neutralize unstressed vowels, pronounces **Amerika** as "Ah-may-ree-kah." In learning not to neutralize unstressed vowels in the following exercise, listen to the model carefully and note the pronunciation of the unstressed syllable(s) for each word. The unstressed vowels that ought not be neutralized are underlined for the sake of clarity.

dynamisch, symmetrisch, Kolumbus, elektrisch, Lokomotive, Amerika, Amerikaner, Amerikanisierung, sentimental, entomologisch, aquamarin, Kalifornien, Colorado, Apparat, Affidavit, atmosphärisch, algebraisch, aromatisch, demokratisch, Demokratie, alkoholisch, akademisch, automatisch, Philosophie, philosophisch, Philosoph

PART II: CONSONANTS   Introduction

Consonant sounds in German present few real difficulties to the speaker of English. While some English consonant sounds are not found in German, only a few German consonant sounds can be said to be completely lacking in English, most notably, the two **ch** sounds. The German **r** and **l** are pronounced very differently from their English counterparts, and the **ß** is the only new letter or character to be learned. Both German and English have voiced (you use your voice in making the sound) and voiceless consonants, with devoicing of certain final consonants (**b, d, g,** and **s**) in German a major characteristic difference. Some consonant clusters in German are not found in English, but they present no real obstacle since their component sounds are found in English. Lastly, German consonants are rarely silent as they often are in English. These special characteristics will be treated as each individual sound is introduced.

Only two major challenges face you in learning German consonants. The first is to learn to use familiar sounds in new environments, for example, making a **ts-** sound at the beginning of certain words. The second is to correlate German spelling with German pronunciation. It is in this latter area that English spelling interference is likely to be encountered, but it is usually only a temporary source of distraction and normally overcome after a few weeks' exposure to printed German.

ÜBUNG 25

h

When an **h** precedes a vowel at the beginning of a word, it is aspirated, that is, it can be heard.

haben, hacken, heben, Hessen, hinken, hissen, heißen, hoben, Heide, Hüte, Hut

When an **h** follows a vowel, it is silent. Its effect is to lengthen or "stretch" the vowel it follows.

sehen, drehen, mähen, empfehlen, dreht, mäht, sieht, empfiehlt, dreh, mäh, weh, sieh

---

ÜBUNG 26

m

The German **m** is identical to the English *m*.

machen, malen, Mappe, messen, mißt, Mode, müde, Hemmungen, klemmen, Sommer, einem, ihm, im, Lamm, Damm, zum, wem, dem

n

The German **n** is identical to the English *n*.

Name, Nadel, neben, nennen, nun, nie, nicht, nach, noch, Männer, kennen, uns, in, an, tun, Ton

ng

The spelling **ng** represents a single sound that is exactly like the *ng* in the English word *singer* (but unlike the *ng* in the English *hunger*).

singen, hängen, lange, länger, Ringe, Sänger, Hunger, Finger, England, Englisch, Engländer, Handlung, Siedlung, Entwicklung, Sendung, Prüfung, lang, Ring, hing, Ding

ÜBUNG 27

k

The **k-** sound in German is identical to the *k-* sound in English. It may be spelled as a single **k, ck,** or the rare **kk.** Sometimes a **c** may be pronounced as a **k-** sound.

Couch, König, kennen, Keller, kann, Kunst, backen, Decke, lecker, Lack, Glück, Sack

back ch

The back **ch-** sound is essentially the sound one makes when one clears the upper back of the mouth prior to expectorating. It sounds rather harsh and guttural to some people, and it is voiceless. It differs clearly from the **k-** sound! When pronouncing the German back **ch**, ease off on the amount of air exhaled. You don't need much to make the sound properly.

lachen, machen, brauchen, tauchen, kochen, gebrochen, suchen, buchen, achtzig, achtzehn, Bach, Dach, acht, Nacht, auch, Bauch, Loch, doch, noch, Tuch, Buch, Bucht, Sucht, Zucht

front ch

The front **ch-** sound is, essentially, a strongly exaggerated *h-* sound that differs quite clearly from both the **k-** sound and the back **ch-** sound. To learn to approximate the front **ch-** sound clearly, say *Huge Hughie* several times, hitting the *h* in both words as hard as you can. You should feel the air ricocheting off the roof of your mouth and exiting the mouth without hitting the teeth.

Milch, durch, Furcht, Mönch, Mächte, Nächte, Löcher, Bücher, Tücher, mancher, Männchen, München, solcher, welcher, bißchen, Mädchen, Märchen, Liebchen, Hündchen, Städtchen

contrast: k vs. back ch

pauken... brauchen, Laken... lachen, Akt... acht, nackt... Nacht, Lack... lach, Dock... doch

contrast: k vs. front ch

Bäcker... Becher, lecker... Löcher, Brücke... Brüche, nickt... nicht, siegt... Sicht, dick... dich

contrast: back ch vs. front ch

Tuch... Tücher, Buch... Bücher, Loch... Löcher, Brauch... Bräuche, Bruch... Brüche, Bach... Bäche

-ig

The **g** in the suffix (ending) **-ig** is normally pronounced as a front **ch-** sound, with the result that **-ig** sounds exactly like **ich**:

Honig, windig, nebelig, fleißig, durstig, hungrig, auswendig, gesellig, ruhig, heftig

Note: In some areas, the **-ig** suffix is pronounced as **-ik** rather than **ich**. Another variant is **-isch**.

chs

The German consonant cluster **chs** sounds like the English *ks*.

Sachsen, wachsen, wechseln, Büchse, sechs, Luchs, Lachs, Wachs, Fuchs

---

ÜBUNG 28

voiced b

When a **b** precedes a vowel, it is voiced and sounds like the *b* in the English *but*.

initial: Becher, Buch, binden, bleiben, besuchen, beantworten, beobachten, Busch

medial: geben, lieben, sieben, loben, üben, schieben, reiben, aber, Knabe, Schübe

voiceless b

When a **b** is at the end of a word or stressed syllable or before a final **t**, it is voiceless and sounds like a **p**.

final: gib, lieb, heb, hob, Lob, liebt, lebt, hebt, abwischen, abfahren, abnehmen

ÜBUNG 29

voiced d

When a **d** precedes a vowel, it is voiced and sounds like the *d* in the English *dodo*.

initial: Dienstag, Donnerstag, Decke, Dame, Ding, dumm, dein, Dom, drei, Deich
medial: baden, Süden, meiden, laden, Boden, Lieder, leider, Mode, Förderungen

voiceless d

When a **d** is at the end of a word or stressed syllable or before a final **t**, it is voiceless and sounds like a **t**.

final: Lied, Leid, Bad, Süd, Rad, Kleid, Hemd, seid, Neid, Tod, Held, bald, Mord, Schmidt, verwandt

ÜBUNG 30

voiced g

When a **g** precedes a vowel, it is voiced and sounds like the *g* in the English *goggles*.

initial: golden, gießen, Garten, geben, gehen, gegangen, ging, Gott, grün, gelb

medial: sagen, fragen, legen, pflegen, zeigen, lügen, fliegen, geflogen, Tage, Züge

voiceless g

When a **g** is at the end of a word or stressed syllable or before a final **t**, it is voiceless and sounds like a **k**.

final: Tag, mag, lag, flog, bog, zog, Flug, Burg, Berg, Teig, liegt, fliegt, zeigt, lügt

ÜBUNG 31

voiced s

When an **s** precedes a vowel, it is voiced and sounds like the *z* in the English *zinger*.

initial: Sie, Samen, suchen, sagen, sieben, sicher, Soße, Säge, sieht, seht, Sekt

medial: lesen, lösen, Rasen, blasen, gelesen, Käse, Mäuse, Häuser, Nase, Fasan

voiceless s

When an **s** is at the end of a word or stressed syllable or before a final **t,** it is voiceless and sounds like the *s* in the English *sit*.

final: dieses, jenes, jedes, Mus, Haus, Maus, Laus, Glas, es, das, liest, Last, fast, Faust

ss

A doubled **s** (**ss**) is written between two vowels when the first vowel is short. The **ss** is voiceless.

Kasse, Klasse, Rosse, Rasse, Busse, Masse, wissen, messen, gegossen, geschlossen

ß

The symbol **ß** (pronounced **ess-tsett**) is used between vowels when the first vowel is long. The **ß** is always voiceless.

heißen, beißen, große, Straße, Buße, Maße, dreißig

contrast: ß vs. ss

große... Rosse, Straße... Rasse, Buße... Busse, Maße... Masse

The **ß** is also used as a replacement for **ss** when **ss** would appear at the end of a word or stressed syllable or before a final **t.**

bißchen, wußte, paßte, mußte, müßt, beißt, heißt, wißt, Fuß, muß, Nuß, daß, aß, Imbiß

ÜBUNG 32

p

The German **p** is identical to the English *p*.

Papier, Palast, Panzer, Partei, Pause, perfekt, Polizei, Problem, Pappe, Lippen, Schnaps, knapp

pf

Both the **p** and the **f** are pronounced in the **pf** consonant cluster.

pflügen, pflegen, Pfeffer, Pfarrer, Pfeife, Pflug, hüpfen, Knöpfe, Napf, Kopf, Topf

ps

Both the **p** and the **s** are pronounced in the **ps** consonant cluster.

Psalter, Pseudonym, Psychologie, Psychologe, Psychiater, psychisch, Psoriasis, Psalm

ÜBUNG 33

gn

Both the **g** (hard) and the **n** are pronounced in the **gn** consonant cluster.

Gnade, gnädig, Gneis, Gnostik, Gnu, Gnom

kn

Both the **k** and the **n** are pronounced in the **kn** consonant cluster.

kneten, knallen, Knochen, Knabe, Knackwurst, Knut, Knick, Knopf, Knecht, Knie, knapp

ÜBUNG 34

z

The German **z** is always voiceless and sounds like *ts*. The *ts-* sound is occasionally heard in English in medial position (*pizza*) and quite often in final position (*hats, bits, pots, puts, Pete's*). It is rare in initial position (*tsetse fly, Tsar*). Because the sound is so rare in English in initial position, the first fourteen words of the following exercise are particularly important.

ziehen, zeigen, zahlen, zählen, Zigaretten, Zähne, Zirkus, Zoo, Zeit, zehn, Zahn, Zeug, zu, Zug, nützen, duzen, sitzen, setzen, kreuzen, geizig, Wurzel, Franzl, Kanzel, Kreuzung, Herzen, Mozart, Salz, Pelz, Stolz, Malz, Kranz, Pfalz, Platz, Besitz

zw

The **zw** consonant cluster is pronounced like *tsv*.

zwischen, Zwielicht, zwanzig, zweiundzwanzig, Zweck, zwei, zwo, zwölf, Zwang

c

In a few words beginning with a **c**, especially those from classical languages, the **c** is pronounced as *ts*.

Cäsar, Celsius, Cicero

sp

The consonant cluster **sp** is pronounced *shp* when it precedes a vowel.

spielen, spuken, spucken, Spule, Spinne, spät, später, spätestens, Spezialität, Spion, Sport, Spaß

When **sp** does not precede a stressed vowel, it sounds like the *sp* in the English *lisp*:

lispeln, haspeln, Kaspar, Knospe, disparat, desperat, Wispel, Wespe, dispensieren

Note: In some areas the cluster **sp** is always pronounced as it is in English.

spr

The consonant cluster **spr** sounds like *shpr* when it precedes a stressed vowel:

springen, spritzen, sprechen, Sprache, Sprudel, Sprengstoff, Spree, spricht

st

The consonant cluster **st** is pronounced like *sht* when it precedes a stressed vowel.

stinken, steigen, stehlen, stehen, starten, Stück, Stock, still, Staat, staatlich, Stadt, Station, stur

When **st** does not precede the stressed vowel, it sounds like the *st* in the English word *first*:

Meister, Oberst, äußerst, spätestens, besten, erst, zuerst, Fest, höchst, liest, lest

str

The consonant cluster **str** is pronounced *shtr* when it precedes a stressed vowel.

streichen, streuen, Streusel, Strudel, Straße, Strafe, Strophe, Strand, Strom, streng, stramm

sch

The German consonant cluster **sch** is always pronounced like the English *sh*.

schminken, schieben, duschen, waschen, wischen, Schule, schon, schön, Busch, Tisch

schw

The consonant cluster **schw** is pronounced like *shv* when it precedes a vowel.

schwer, Schwein, Schwur, Schwaben, schwäbisch, schwätzen, Schwanz, schwänzen, schwitzen, Schweiß, schwach, Schweden, schwange, Schwester, schwimmen

ÜBUNG 36

sk

The German consonant cluster **sk** is identical to the English *sk*.

Skandinavien, Skorpion, Skelett, Skepsis, Sklave, Skrupel, Skat, Muskeln

ÜBUNG 37

foreign g

Foreign words, especially those from French, often have a **g** that sounds like a voiced *sh*.

Genevieve, genieren, Ingenieur, Genre, Genie, Gelee

ÜBUNG 38

f

The German **f** is identical to the English *f*.

finden, fallen, fliegen, Funde, fünf, fünfzig, fünfundfünfzig, fort, fix, fertig, Flug

ph

The **ph** cluster is pronounced as an **f**-sound.

Phantasie, Pharmakologie, Phonetik, Photograph, Philosophie, Philosoph, Physik

Germanic voiceless v

A Germanic **v** is always voiceless and sounds like **f**.

verliebt, verdorben, Vater, viel, vier, vierzehn, vierzig, voll, Volk, Volkswagen, von

ÜBUNG 39

foreign voiced v

A **v** in a foreign word, especially words from Romance languages, is voiced and sounds like an English *v*.

Universität, Manöver, Version, Vitamin, Vokabel, Vanille, Vakzin, Villa, Vase, Volt

w

A German **w** is voiced and sounds like an English *v*.

wann, wo, wohin, woher, wer, warum, wie, wieviel, wieso, Wein, Wien, waschen, Wand, Löwe, jawohl

qu

The **qu** cluster sounds like *kv*.

Qualifikation, qualifizieren, Quantität, Qualität, Quadrat, Quelle, Quatsch, Quittung, quer, Quiz

ÜBUNG 40

l

In pronouncing the German l, concentrate on placing the front part of the tongue (about 1/4 of the tongue, not just the tip) on the hard ridge (alveolar ridge) directly behind the upper front teeth. You will hear the difference in the German l compared to the English *l* especially in medial and final positions.

Leid, leider, Lieder, länger, lösen, Lücke, billig, fällig, fühlen, spülen, Welle, melden, schmelzen, Bild, bald, wild, Geld, Spalt, viel, Stuhl, Mal, Fall, toll, still, hell

Contrast: English *l* vs. German l

million... Million, *billion*... Billion, *ball*... Ball, *bald*... bald, *fall*... Fall, *fell*... Fell, *built*... Bild, *Willy*... Willi

ÜBUNG 41

r

In pronouncing the American *r*, the front of the tongue arches up and begins to roll over and point to the rear of the mouth. This is known as a retroflex *r*.

The standard German **r**, in contrast, is made by arching the back of the tongue and keeping the front of the tongue low. Air coming out of the throat into the mouth ideally sets the uvula vibrating. (The uvula is a small flap of skin at the rear of the mouth.) A simple way for you to approach making the German uvular **r** is to make a back **ch-** sound (clearing the back of the mouth) and adding your voice. You do not have to exhale strongly to get the uvula flapping or vibrating.

rief, reif, Rest, Rom, Raum, Brot, Bruder, breit, braun, drei, frei, frisch, graben, trinken, Krieg, Chrom, sparen, Waren, fahren, Bären, Toren, Türen, Uhren, starten, Warnung, lernen, warnen

final r

When an **r** is before a consonant or at the end of a word the degree of tension in the back of the throat diminishes, and it sounds as if the **r** itself had disappeared. (Think of how northeasterners in the U.S. pronounce the final *r* in: *car, far, park, her, father, mother, sister, brother,* etc.)

fährt, Fahrt, Start, bohrt, führt, wird, hart, spart, Bart, gewarnt, dort, Flur, Bär, vier, Tor, Tür, Uhr, Tier, Tour, hier, Chlor, Liter, Natur, bitter, Butter, Vater, Mutter, Kinder

ÜBUNG 42

j

The German **j** is very similar in sound to the English *y* in *yo-yo*.

Jugoslavien, jagen, Jäger, jodeln, Jugend, ja, jawohl, Jagd, Jacht, jung, Jahr

ÜBUNG 43

t

The German **t** is identical to the English *t*.

toben, Tabak, Taktik, Tempo, Text, Titel, Tag, Tat, taub, betäubt, Teil, Tür

th

In the **th** cluster the **h** is silent. The net effect is that **th** sounds like a **t**.

Thermometer, Theater, Thema, Thunfisch, Thailand, Thomas, Beethoven

GERMAN FAMILY NAMES Pronouncing people's names correctly is important—a person may feel insulted if his or her name is "mutilated." Mispronouncing the name of a famous German won't reflect favorably on you, either. The list of names that follows will familiarize you with some of the more commonly encountered German names.

Ackermann, Andersch, Arens, Arndt, Auden, Auerbach, Adenauer

Bach, Bachmann, Bahr, Barlach, Bartsch, Bauer, Baumgarten, Becher, Becker, Behrens, Bender, Bergmann, Bindermann, Bischof, Böll, Brahms, Brecht, Brinkmann, Büchner, Bürger, Busch, Barzel

Camin, Claudius, Cramer

Dachmann, Daimler, Daumer, Dessau, Diener, Döblin, Drechsler, Dürrenmatt

Ebbinghaus, Ecker, Eich, Eichler, Eichendorff, Einstein, Engels

Faller, Faßbinder, Fechter, Fernhäuser, Feuerbach, Fichte, Fischer, Fleischmann, Förster, Francke, Frankfurter, Frey, Frisch, Fried, Fuchs

Gartmann, Grasmüller, Grötzner, Geiger, Geisler, Glaser, Goethe, Görres, Grimm

Haas, Hagedorn, Hardenberg, Harms, Hartung, Hauptmann, Hauser, Hausmann, Heim, Hertz, Herzog, Heym, Hoffmann, Hofmann, Holzmann, Humboldt, Hummer

Immelmann, Immermann

Jäger, Jaeger, Jost, Jahn, Jung

Kafka, Kaiser, Kästner, Kaufmann, Keck, Keller, Keune, Kleist, Klinger, Klein, Klostermann, Koch, Koenig, Kolb, Konrad, Koopmann, Kopp, Korngiebel, Kramer, Kraske, Kreuzer, Kruse, Kühn, Kohl

Lange, Lederer, Lehmann, Lenz, Lichtenberg, Lindner, Lohenstein, Löwenstein

Mahler, Mahlstedt, Mann, Marx, Maier, Mayer, Meyer, Mollenauer, Möllendorf, Morgenstern, Morgenthaler

Neubauer, Neuber, Neumann, Neurer, Niederreder, Nietzsche, Nodop, Noering

Oeser, Oester, von Ohlen, Opitz

Paar, Paasche, Pauler, Pfister, Pförtner, Planck, Priem, Prinz

Raabe, Rabben, Radner, Ranke, Renken, Richter, Rilke, Ritter, Rosenfeld, Roth

Sachs, Schatz, Scholtz, Scherer, Schiller, Schirmer, Schlegel, Schmidt, Schnabel, Schneider, Schroeder, Schultheiß, Schulz, Schweneker, Seiler, Sindermann, Sommerfeld, Steiglitz, Stieglitz, Stein, Steiner, Steinbrenner, Steinmetz, Stifter, Strauß

Taucher, Tessmer, Thiel, Tieck, Tischler, Toller, Thieß, Tobler

Vogel, Voigt, Voigtländer, Vollmer, Vorndran

Wagner, Waldenrath, Waldmeister, Wassermann, Weber, Wechsler, Weigl, Weise, Weiß, Wernecke, Werth, Weydt, Wolff, Wulf

Zech, Zeppler, Ziegler, Zimmermann, Zinn, Zollinger, Zuckmayer, Zweig

GERMAN, SWISS, and AUSTRIAN CITIES

Suffixes and Prefixes

You need to learn the proper pronunciation of German, Swiss, and Austrian cities. Since many city names include a suffix or prefix, you may want to know what these suffixes and prefixes mean.

Towns that end in the suffix **-burg** were originally a fortress town or built in the shadow of a fortified castle. (Consider that Pittsburgh evolved from Fort Pitt.)

Cities ending in **-berg** are usually situated on, at the base of, or in the vicinity of a mountain or hill.

The suffix **-dorf** means *village*. However, many of these "villages" are now very large cities.

The suffix **-stadt** means *city*.

The suffixes **-furt** and **-furth** indicate that a town or city is near a river crossing. This is equivalent to the English suffix **-ford**.

The suffix **-bronn** indicates that the town was built near a spring or well.

The suffix **-gart** is short for **Garten** (*garden*).

The word **Bad** or the suffix **-baden** indicates that the town is built near mineral wells that are or were used for bathing and medicinal treatments.

The suffix **-haven** indicates the town has or had a prominent harbor.

Names

Aachen, Aschaffenburg, Augsburg, Aurich

Basel, Bayreuth, Berchtesgaden, Berlin, Bern, Bielefeld, Bochum, Bonn, Braunschweig, Bremen, Bremerhaven, Breslau

Celle, Cloppenburg, Coburg, Cochem

Darmstadt, Diepholz, Dinkelsbühl, Dortmund, Dresden, Duisburg, Düsseldorf

Emden, Erfurt, Essen

Frankfurt, Freiburg, Füssen

Garmisch-Partenkirchen, Genf, Gera, Gießen, Göppingen, Göttingen

Halle, Hamburg, Hammeln, Hannover, Heidelberg, Heilbronn

Ingolstadt, Innsbruck

Jever

Karlsruhe, Kassel, Kiel, Köln

Lausanne, Leer, Leipzig, Lindau, Linz, Lübeck, Ludwigshafen, Lüneburg

Magdeburg, Mainz, Mannheim, Marburg, Minden, München, Münster

Nürnberg, Nördlingen

Offenbach, Oldenburg, Osnabrück

Paderborn, Potsdam

Regensburg, Rostock, Rothenburg, Rüdesheim

Saarbrücken, Salzburg, Schwäbisch-Hall, Schweinfurth, Stuttgart

Tecklenburg, Trier, Tübingen

Ulm

Vaduz, Villach

Wiesbaden, Wien, Wilhelmshaven, Wolfsburg, Würzburg

Zürich, Bad Zwischenahn

DEUTSCH ZUSAMMEN

PART ONE

Breaking the Ice and Getting Started

KAPITEL 1

WAS IST IM KLASSENZIMMER?
WIE BIN ICH?

ÜBERBLICK

KONTEXT UND FUNKTIONEN

talking about yourself and your immediate classroom
    environment
greeting and taking leave from people
using basic courtesy expressions
identifying and describing yourself, other people, and things in
    your immediate environment
asking and answering simple questions
counting and comprehending numbers

VOKABULAR

the classroom: people and things
useful classroom expressions
greetings and polite expressions
adjectives for describing people and things
occupations and nationalities
basic colors; shapes and sizes; substances
cardinal (counting) numbers

KULTUR

basic facts about the four major German-speaking countries: the
    Federal Republic of Germany, the German Democratic
    Republic, Austria, and Switzerland
holidays
the educational system in the Federal Republic and the other
    German-speaking countries

GRAMMATIK

forms: nouns; articles; pronouns; question words; adjectives
        negation

5

the verb **sein** (*to be*)
word order: statements and questions

If the grammatical terms seem confusing, relax. We will present them simply and little by little so that you can master and use them. Exercises (**Übungen**) in the workbook will provide enough practice outside of class to prepare you to communicate in class.

TEIL 1,1   Was ist das?

Each section (**Teil**) in this book contains a condensed version (**Merke**) of the material presented in the tutorial workbook, as well as exercises and activities (**Aktivitäten**) for communicative practice and linguistic refinement. In addition, dialogs (**Dialoge**), in-class texts (**Texte**), readings (**Lesestücke**), and situational stories (**Geschichten**) that you prepare at home will appear over the next chapters as your vocabulary broadens and your control of grammatical structures expands. You will also read and discuss cultural notes (**Kulturnotizen**) as sources of information about the Federal Republic of Germany as well as the other German-speaking countries.

If you have worked through the presentation and initial practice in the workbook and have checked your answers against the answer key, what follows needs little or no explanation. Skim over the **Merke** section before class begins, and you will be prepared for the day's instruction. You should be able to comprehend virtually everything the instructor says and carry out any task or challenge presented to you. The better prepared you are, the more enjoyable and enriching your time in class will be.

MERKE

Nouns and gender

masculine	*feminine*	*neuter*
der Mann	**die** Frau	**das** Kind
der Kuli	**die** Kreide	**das** Papier

VOKABULAR   das Klassenzimmer

die Klasse   das Zimmer →   das Klassenzimmer

der Boden	der Schreibtisch	die Wand	die Lampe
der Papierkorb	der Bleistift	die Tafel	die Tür
der Stuhl	der Kugelschreiber (Kuli)	die Ecke	die Kreide
der Tisch	der Wischer	die Decke	

das Ding	das Papier	die Person	der Lehrer
das Licht	das Bild	die Lehrerin	der Professor
das Buch	das Schild	die Professorin	der Assistent
das Heft	das Fenster	die Assistentin	

Grüße

formal: Guten Morgen!   Guten Tag!   Guten Abend!
informal: Hallo!   Hallo, wie geht's?   Morgen!   Tag!   Abend!
regional (Southern Germany and Austria): Grüß Gott!   Servus!

Useful classroom expressions

Wie bitte?   Wiederholen Sie!   Wiederholen Sie das, bitte.
Sagen Sie das noch einmal, bitte.   Noch einmal!   Nochmal!

Kulturnotiz

A greeting is often accompanied by a handshake in German-speaking countries. Asking **Wie geht's?** is more an inquiry than a greeting, and an answer like **Danke, gut!** (or **Nicht so gut!**), is typically expected.

AKTIVITÄTEN Your instructor will ask the class to participate in these activities so that you may benefit from practice of two types:

1. communicative practice (**Freie Kommunikation, Gelenkte Kommunikation,** and **Gruppenarbeit**), in which the focus is on sending and receiving informative messages and accomplishing tasks
2. grammatical practice (**Wiederholung : Grammatik**), in which the focus is on using the right forms

Gelenkte Kommunikation

In **Gelenkte Kommunikation** exercises you provide information according to specific directions.

Supply the answers to the following tasks.

1. Say how you would greet a person: (a) in the morning, (b) during the day, and (c) in the evening.
2. Say *hello* in German to some people you know rather well. Now greet them in two other ways.
3. Your instructor will point to various objects in the classroom, for example, the door, and ask you: **Was ist das?** Answer according to this model: **Das ist (die Tür).**

Gruppenarbeit

Pair off with another student and take turns pointing to people and things in the classroom. One student asks the questions, the other tries to answer, as in the previous exercise. Then reverse roles.

Wiederholung : Grammatik

Supply the correct form of the definite article for each of the following nouns.

Beispiel : Heft → **das** Heft

Decke	Fenster	Licht	Papier	Student	Studentin
Boden	Tafel	Bild	Bleistift	Wischer	Lehrerin
Wand	Tisch	Schild	Kreide	Ding	Lehrer
Tür	Stuhl	Buch	Heft	Person	Professorin
Professor	Zimmer	Klasse	Ecke	Assistent	Assistentin
Lampe	Klassenzimmer	Kugelschreiber			

TEIL 1,2	Das ist der Lehrer. Das ist die Studentin. Das ist das Buch.

MERKE

Benennen

Das ist die Studentin.   Das ist der Tisch.   Das ist das Heft.

VOKABULAR

Verabschieden

Auf Wiedersehen!   Tschüß!
Auf Wiederschauen!   Ade!
Wiedersehen!   Mach's gut!
Wiederschauen!   Bis bald!
Gute Nacht!   Bis später!
Schöne Ferien!   Bis morgen!
Servus!
Schönes Wochenende!

Namen nennen

Wer sind Sie?   Wie heißen Sie, bitte?   Wie ist Ihr Name?
Ich bin Dieter.   Ich heiße Franz.   Mein Name ist Karola.

Kulturnotiz

Where is German spoken?

German is spoken in several countries in Europe. The four major German-speaking countries are the Federal Republic of Germany (West Germany), the German Democratic Republic (East Germany), Austria, and Switzerland. One also finds speakers of German in Liechtenstein, in parts of Italy, France, Denmark, and in a number of Eastern European countries that border on East and West Germany, Austria, and Switzerland.

The Federal Republic (**Bundesrepublik Deutschland, BRD**) lies in the center of Europe in a territory of 248,700 km². Although comparable in size to the state of Oregon, its population is much denser: about 60 million people now live in the Federal Republic.

The **Staat** (*nation*) of West Germany consists of eleven **Länder** (*federal states*). These **Länder**, or **Bundesländer**, are **Schleswig-Holstein, Niedersachsen, Bremen, Hamburg, Nordrhein-Westfalen, Rheinland-Pfalz, Baden-Württemberg, Hessen, Saarland,** and **Bayern,** and also the city of **Berlin (West)**. The capital is **Bonn**.

The German Democratic Republic (**Deutsche Demokratische Republik, DDR**) comprises an area of 108,300 km². It has 17 million inhabitants, and its capital is **Berlin (Ost)**.

Austria (**Österreich**), which is a neutral country like Switzerland, consists of nine provinces in an area of approximately 83,850 km². The capital, **Wien,** is situated in the province of **Niederösterreich**. Austria has about 8 million inhabitants.

About 6.6 million people live in Switzerland (die **Schweiz**), of whom about 500,000 live in the capital, **Zürich**. In the 23 **Kantone** four different

Die Stadt Berlin.

Österreich:
Die Stadt Wien.

languages are spoken: German (in 19 of the 23 cantons), Italian, French, and Rhaeto-Romanic.

The tiny country of **Liechtenstein** lies between Switzerland and Austria, and its capital is **Vaduz.** A population of only about 20,000 people lives in an area of only 157 km^2.

Study a map of Europe and locate the countries, states, and cities mentioned here.

Währungen	
BRD	1 **DM** = 100 **Pfennig**
DDR	1 **M** = 100 **Pfennig**
Österreich	1 **Schilling (öS)** = 100 **Groschen**
Schweiz / Liechtenstein	1 **Franken (SFr)** = 100 **Rappen**

AKTIVITÄTEN   Gelenkte Kommunikation

1. Say what you would say in German when you are about to leave someone.
2. You are leaving a party quite late. What would you say in German?
3. Say what you would say as you leave your office on Friday afternoon.
4. Say what you would say as you are leaving before the Christmas holidays.
5. Say goodbye to some people you know well.
6. Your instructor will ask you to point to a person or thing in the classroom and to identify him, her, or it.
   Continue naming and identifying as many people and things as possible.

Wiederholung : Grammatik

Form a sentence from these fragments. Add whatever is necessary.

Beispiel: Das / ist / Lampe → Das ist *die* Lampe.

1. Das / ist / Fenster
2. Das / ist / Wand
3. Das / ist / Bild
4. Das / ist / Stuhl
5. Das / ist / Tür
6. Das / ist / Student
7. Das / ist / Professor
8. Das / ist / Studentin
9. Das / ist / Lehrer
10. Das / ist / Assistentin

TEIL 1,3   Ist das der Kuli? Ja, das ist der Kuli. Nein, das ist nicht der Kuli.

MERKE   *Ja / Nein-Fragen*

Ist das der Tisch?   **Ja,** das ist der Tisch.
Ist das die Kreide?   **Nein,** das ist **nicht** die Kreide.
Ist das die Tafel?   **Nein,** das ist **nicht** die Tafel.

VOKABULAR   Feiertage

Alles Gute!   Herzlichen Glückwunsch!
Herzlichen Glückwunsch zum Geburtstag!   Frohes Fest!
Frohe Weihnachten!   Gutes Neues Jahr!   Frohe Ostern!

Useful classroom expressions

Sprechen Sie lauter, bitte.   Sprechen Sie langsamer, bitte.
Sprechen Sie deutlicher, bitte.   Sprechen Sie leiser, bitte.
Sprechen Sie schneller, bitte.

Kulturnotiz

Many European holidays are religious in nature. People celebrate **Heiliger Abend** (*Christmas Eve*), and the **Weihnachtsfeiertage** on December 25 and 26. In the spring **Ostern** (*Easter*) and **Pfingsten** (*Pentecost*) are observed, and in predominantly Catholic areas, these are also extended school holidays. **On December 6, German children celebrate St. Nikolaus day by leaving their shoes by the door for St. Nick to fill with little treats.** Another holiday related to the Christmas season is **Heilige Drei Könige** (*Feast of the Three Kings*) on January 6. In the **DDR,** where religious celebrations are discouraged, the Christmas holiday is referred to as **Ferien zum Jahreswechsel** (*New Year's holiday*). Connected with Easter is the celebration of the pre-Lenten **Fasching,** also called **Fastnacht** or **Karneval** (in Cologne), which may last anywhere from three days in February to several months starting in November. The **Faschingsumzüge** (*parades*) in Köln and Mainz are world famous, and people celebrate this holiday by attending **Faschingsbälle** (*balls*) or parties in costumes.

Among important political holidays is the **Tag der deutschen Einheit** (*Day of German Unity*) on June 17, which reminds West Germans of a political uprising that took place in the Eastern sector in 1953. East Germany observes the **Gründungstag** to celebrate its founding on October 7, 1949. Switzerland celebrates its national origin on August 1, the day on which the Confederation was established in 1291. In Austria the most important political holiday is October 26, which marks the day in 1955 when Austria became a sovereign and neutral country.

FROHE WEIHNACHTEN
UND EIN GUTES NEUES JAHR

AKTIVITÄTEN   Gelenkte Kommunikation

1. Say the appropriate greeting to someone in German: (a) on his or her birthday, (b) at Christmas, (c) on New Year's day, (d) at Easter, (e) on any holiday.
2. Your instructor will point to people and things in the classroom and ask, for example: **Ist das die Tafel?** Answer affirmatively or negatively as required.

Wiederholung : Grammatik

A. Answer the following questions affirmatively.

Beispiel: Ist das die Tafel? → **Ja**, das ist die Tafel.

1. Ist das der Professor?   2. Ist das der Amerikaner?
3. Ist das die Assistentin?

B. Answer the following questions negatively.

Beispiel: Ist das das Licht? → **Nein**, das ist **nicht** das Licht.

1. Ist das die Wand?
2. Ist das das Buch?
3. Ist das der Kugelschreiber?
4. Ist das die Kreide?

5. Ist das der Lehrer?
6. Ist das die Studentin?
7. Ist das der Sekretär?
8. Ist das die Professorin?

C. Formulate questions that would result in these answers.

Beispiel: Ja, das ist die Assistentin. → Ist das die Assistentin?

1. Ja, das ist der Kugelschreiber.
2. Ja, das ist das Schild.

3. Nein, das ist nicht das Heft.
4. Nein, das ist nicht die Studentin.

TEIL 1,4 | Was ist das? Wer ist das?

MERKE

W-Fragen

Was ist das?   Das ist **der Wischer**.   **Wer** ist das?   Das ist **Frau Winkler**.

VOKABULAR   Im Klassenzimmer

Stehen Sie auf!   Gehen Sie an die Tafel!   Setzen Sie sich!
Lesen Sie bitte!   Lesen Sie zusammen, bitte!
Nehmen Sie ein Stück Papier!   Schreiben Sie!
Schreiben Sie an die Tafel!   Schreiben Sie in das Heft!
Öffnen Sie das Buch!   Machen Sie das Buch auf!
Schließen Sie das Buch!   Machen Sie das Buch zu!
Machen Sie es schnell!   Machen wir jetzt eine Pause!
Machen wir eine Pause von fünf Minuten!

AKTIVITÄTEN   Gelenkte Kommunikation

Point to something or someone in the classroom and ask another student: **Was ist das?** or **Wer ist das?** The student who answers continues with a question directed to a third student, and so on.

Wiederholung : Grammatik

Formulate the **W-Frage** that would result in the following answers.

Beispiel: Das ist die Decke. → Was ist das?

1. Das ist die Wand.
2. Das ist das Heft.
3. Das ist der Boden.

4. Das ist der Professor.
5. Das ist die Studentin.
6. Das ist die Lehrerin.

TEIL 1,5 | Sind Sie Deutsche oder Amerikanerin? Ich bin Amerikanerin.

MERKE

Sein

Das **ist** der Student.   Ich **bin** Studentin.   **Sind** Sie die Lehrerin?

Benennen: Berufe und Nationalitäten

Sind Sie **Student?**   Ja, ich bin **Student.**
Sind Sie **Deutscher?**   Nein, ich bin **Amerikaner.**
Sind Sie **Professorin?**   Nein, ich bin **Ärztin.**
Sind Sie **Amerikanerin?**   Nein, ich bin **Deutsche.**

VOKABULAR   Nationalitäten und Berufe

Amerikaner/Amerikanerin	Student/Studentin	Chef/Chefin
Kanadier/Kanadierin	Lehrer/Lehrerin	Sekretär/Sekretärin
Mexikaner/Mexikanerin	Professor/Professorin	Kellner/Kellnerin
Deutscher/Deutsche	Assistent/Assistentin	Verkäufer/Verkäuferin
Österreicher/Österreicherin		Anwalt/Anwältin
Schweizer/Schweizerin		Arzt/Ärztin
Engländer/Engländerin		

The primary purpose of a dialog is to present some of the target vocabulary and structure in a controlled way so that you may practice pronunciation, sentence stress, and sentence melody in context. Being able to read a dialog intelligently and naturally will show that you comprehend its content.

DIALOG: Wer sind Sie?

(Herr Braun is meeting Professor Stein.)

HERR BRAUN   Guten Morgen! Ich bin Herr Braun.
DOKTOR STEIN   Tag, Herr Braun. Mein Name ist Stein.
HERR BRAUN   Sie sind Professor, nicht wahr?
DOKTOR STEIN   Ja, und Sie? Sind Sie Student?
HERR BRAUN   Ja, richtig.
DOKTOR STEIN   Hmm, und woher sind Sie?
HERR BRAUN   Aus Berlin. Und Sie? Woher sind Sie?
DOKTOR STEIN   Ich bin aus Montreal.
HERR BRAUN   Aah, Sie sind Kanadier.

DIALOG : Woher sind Sie?

(Frau Dorn is meeting Heike Behrens.)

PROFESSORIN DORN   Guten Tag! Ich bin Frau Dorn.

HEIKE BEHRENS   Grüß Gott, Frau Dorn! Ich bin Heike Behrens. Ich bin Studentin. Und Sie? Sind Sie Professorin?

PROFESSORIN DORN   Ja, ich bin Professorin. Ich bin aus Minneapolis. Woher sind Sie, Frau Behrens?

HEIKE BEHRENS   Ich bin aus Stuttgart.

PROFESSORIN DORN   So, Sie sind Deutsche…

HEIKE BEHRENS   Ja, und Sie? Sind Sie denn Deutsche oder Amerikanerin?

PROFESSORIN DORN   Ich bin Amerikanerin. Ich komme aus Minnesota. Aber meine Familie ist aus Deutschland.

There were a few new expressions in these conversations. Were you able to guess their meanings from the context?

woher?   aus Stuttgart / aus Deutschland   denn   aber   nicht wahr?

Kulturnotiz

The following is a discussion of the educational system in West Germany with notes on the differences in East Germany, Austria, and Switzerland. While the educational systems of the various **Länder** (*federal states*) in the Federal Republic sometimes differ, it is fairly representative.

In West Germany there are essentially two major educational paths: the vocational and the academic. Most young children follow the standard educational sequence of attendance in a **Kindergarten,** followed by the **Grundschule** (*elementary school*), where they remain until the end of the fourth grade. Parents decide to send their child either to a **Realschule** (*science secondary school*) or **Hauptschule** (*intermediate school*) to be prepared for vocational training in nonacademic areas, or, if qualified, to a **Gymnasium** (*classical secondary school*), to prepare for study at a **Universität** (*university*). (See the typical **Stundenpläne** [*academic schedules*] for ninth-grade students that follow and observe the differences and similarities in the courses taken.)

A child who goes to a **Realschule** remains there until the successful completion of the tenth grade. The certificate awarded at this time is known as the **Mittlere Reife.** With the **Mittlere Reife,** one can begin an apprenticeship in a vocational field while continuing to study at a **Berufsschule** (*vocational school*). The student, known as a **Auszubildende** (*apprentice*), works part time and attends classes one or more days a week, absorbing theoretical knowledge and on-the-job skills simultaneously. Training of this type can prepare one for "white-collar" positions in social work, the secretarial field, technical careers in industry and the health professions (medical, chemical, pharmaceutical), as well as for blue-collar positions as carpenters, masons, welders, plumbers, electricians, auto mechanics, and in various other fields calling for craft skills. It is now virtually impossible to start a blue-collar vocation without completing the **Hauptschule** or a white-collar career without the **Mittlere Reife.**

Students who are selected for academic training that will lead to university study and a professional career enter the **Gymnasium** in the fifth grade. They remain there until successful completion of the thirteenth grade, at which time they are awarded the **Abitur,** a diploma that is roughly equivalent to an associate's degree in the United States. The **Abitur** is granted after a rigorous series of comprehensive examinations, and each student is graded on his or her performance.

The grade for the **Abitur** and the grades earned by the student in the last two years of the **Gymnasium** form a grade point average which is used when applying for admission to German universities. Gaining entrance to a German university is competitive, and since admission is restricted in certain fields, a condition known as **Numerus Clausus,** students prepare for the **Abitur** with great vigor.

The Austrian system closely resembles the West German one in that after four years of elementary school students choose between two types of extended elementary schooling: One is vocationally oriented, and the other is academically oriented, which after eight years allows the successful student to enter a university.

In East Germany everyone attends the **Oberschule** (*nonclassical secondary school*) from first to tenth grade. Students who wish to enter the university attend the **Oberschule** for two additional years to complete the **Abitur**. East Germans can also receive the **Abitur** by completing three years of academic training.

Students at both the **Realschule** and **Gymnasium** are called **Schüler,** not **Studenten.** The term **Student** is used to designate those studying at a university.

In Switzerland the school systems vary strongly between the different cantons. The elementary school usually lasts five or six years. The students then may enter a more vocationally oriented track (**Sekundarschule, Oberschule**) which concludes after the ninth grade. Students who enter the **Gymnasium** complete the **Matura** (*comparable to the Abitur*).

Schulsystem

1. What are the different types of secondary schools in West Germany?
2. How many years do students attend school in West Germany? Compare the West German system to that of East Germany, Austria, and Switzerland.
3. Name the degree given at each of the described secondary schools in West Germany.
4. What is the difference in meaning between **Schüler** and **Studenten**?
5. What are the obvious differences between the American and the West German school systems?
6. Study the **Stundenpläne** for students in the **Hauptschule, Realschule,** and **Gymnasium.** What differences and similarities do you notice? Which **Stundenplan** most closely resembles your schedule in high school?

AKTIVITÄTEN   Gruppenarbeit

A. With a partner take five minutes to complete one of the two dialogs, using the information given below. Follow the model of the dialogs you have already read. Present the dialog orally to the class.

Das sind Frau Roth und Herr Zimmer. Peter Zimmer ist Kellner und kommt aus Berlin. Frau Roth ist Verkäuferin. Sie kommt aus Arizona:

FRAU ROTH	Aah, guten Tag. Ich bin Frau Roth.
PETER ZIMMER	Grüß Gott. Ich bin Peter Zimmer.
FRAU ROTH	

Das sind Herr Kühne und Petra. Herr Kühne ist Arzt und kommt aus Hamburg. Petra ist Studentin. Petra ist in Florida, aber sie kommt aus Österreich. Ihre Familie ist in Graz:

PETRA	Tag! Ich bin Petra.
HERR KÜHNE	Aah, guten Tag. Ich bin Herr Kühne.
PETRA	

Hauptschule Kl. 9

STUNDENPLAN

Zeit	Montag	Dienstag	Mittwoch	Donnerstag	Freitag	Samstag
8.00 - 8.45	Mathematik	Biologie	Sport	Werken (Jungen)	Englisch	Arbeitsge-
8.45 - 9.30	Mathematik	Biologie	Sport	Werken (Jungen)	Englisch	meinschaft[2]
9.45 - 10.30	Religion	Geschichte	Deutsch		Sozialkunde	Physik/Chemie
10.30 - 11.15	Erdkunde	Deutsch	Sozialkunde	Hauswirt-	Sozialkunde	Physik/Chemie
11.30 - 12.15	Wahl-Pflicht-	Sozialkunde	Mathematik	schaft	Mathematik	
12.15 - 13.00	Kurs [1]	Sozialkunde	Englisch	(Mädchen)	Deutsch	

[1] Musik/Kunst oder Physik/Chemie
[2] Fotoarbeit oder Sport oder Kochen

Realschule Kl. 9

STUNDENPLAN

Zeit	Montag	Dienstag	Mittwoch	Donnerstag	Freitag	Samstag
7.55 - 8.40	Deutsch	Deutsch	Französisch	Englisch	Maschinenschreiben	Deutsch
8.45 - 9.30	Französisch	Englisch	Englisch	Mathematik	Französisch	Physik
9.45 - 10.30	Englisch	Geschichte	Mathematik	Gemeinschaftskunde	Deutsch	Biologie
10.35 - 11.20	Mathematik	Sport (Mädchen)	Mathematik	Hauswirt-	Stenographie [1]	Physik
11.30 - 12.10	Kunst	Werken (Jungen)	Textil (Mädchen)	schaft (Mädchen)	Geschichte	Erdkunde
12.10 - 12.50	Kunst	Biologie	Sport (Jungen)		Erdkunde	

[1] wahlfrei

Gymnasium Kl. 9

STUNDENPLAN

Zeit	Montag	Dienstag	Mittwoch	Donnerstag	Freitag	Samstag
8.00 - 8.45	Geschichte	Englisch	Latein [1]	Englisch	Geschichte	Mathematik
8.55 - 9.40	Deutsch	Deutsch	Latein [1]	Mathematik	Englisch	Latein [1]
9.45 - 10.30	Englisch	Latein [1]	Physik	Deutsch	Sozialkunde	Physik
10.45 - 11.30	Mathematik	Mathematik	Kunst	Deutsch	Biologie	Chemie
11.35 - 12.20	Sport	Erdkunde	Kunst	Chemie	Religion	Musik
12.30 - 13.15	Sport	Religion				

[1] oder Französisch

B. Find a partner and take two minutes to find out the other person's name, nationality, occupation, and origin. Take notes and be prepared to introduce the person to your class.

Gelenkte Kommunikation

You just met Christine Groß on a train in West Germany. Formulate questions to find out her name, nationality, origin, and occupation.

Wiederholung : Grammatik

Form sentences from the following fragments. Use the proper form of the verb **sein.** Add or change any words if necessary.

Beispiel : 1. er / sein / Professor → Er **ist** Professor.
  2. das / sein / Tafel → Das **ist** die Tafel.

1. wer / sein / Sie ?
2. ich / sein / Erika Haake
3. sein / Sie / Lehrerin ?
4. Ich / sein / Assistentin

5. was / sein / das ?
6. das / sein / Tür
7. sein / das / Buch ?
8. das / sein / Heft

Eine Windmühle in
Norddeutschland.

TEIL 1,6 — Sind Sie verheiratet? Nein ich bin nicht verheiratet. Ich bin ledig.

MERKE

Beschreiben

Der Student ist **arm.**
Der Lehrer ist **nicht arm.**

Susanne ist **lustig.**
Dieter ist **nicht lustig.**

Die Studentin ist **sehr arm.**
Der Professor ist **nicht sehr arm.**

Petra ist **sehr lustig.**
Klaus ist **nicht sehr lustig.**

Wie

Wie ist der Tisch? Der Tisch ist **groß, lang, schmal, braun** und **aus Holz.**

VOKABULAR

Farben

rot	grün	orange	rosa	schwarz	grau	golden	einfarbig
blau	gelb	braun	lila(violett)	weiß	blond	silbern	bunt

Formen

groß — klein
dick — dünn
schlank — vollschlank

lang — kurz
schmal — breit

gerade — krumm
rund — eckig

dreieckig
viereckig
rechteckig

Materialien

aus Holz	aus Pappe	aus Gummi	aus Beton	aus Metall
aus Leder	aus Papier	aus Plastik	aus Stein	aus Glas

Was ist aus Holz?
Wie heißt das Geschäft?
Was ist die Telefonnummer?

Was macht man aus Leder?
Wie viele Farben haben sie?
Wo ist das Geschäft?
Was ist die Telefonnummer?

Wo ist das Geschäft?
Sie haben Dinge aus ___ und ___.

Was ist aus Glas?

Gegenteile : Dinge

an — aus	alt — neu	gut — schlecht	sauber — schmutzig
auf — zu	teuer — billig	richtig — falsch	interessant — langweilig

einfach — schwierig
leicht — schwer

Gegenteile: Leute

reich — arm	sympathisch — unsympathisch
alt — jung	schüchtern — gesellig
ledig — verheiratet	humorvoll — zynisch
fleißig — faul	positiv — negativ
intelligent — dumm	liberal — konservativ
schön / hübsch — häßlich	idealistisch — realistisch

freundlich — unfreundlich	gesund — krank
fröhlich — traurig — böse	aktiv — müde
glücklich / lustig — deprimiert	hungrig / durstig — satt
zufrieden — unzufrieden	stark — schwach

Andere Wörter

sportlich	attraktiv	natürlich	sexy	feminin
maskulin	romantisch	treu	ordentlich	diszipliniert
stupid	optimistisch	progressiv	kritisch	emanzipiert
pessimistisch	sarkastisch	irritiert	aggressiv	brutal

Im Klassenzimmer

Das ist gut!	Das ist prima!	Das ist fantastisch!
Das ist wirklich gut!	Das ist ausgezeichnet!	Das ist klasse!
Das ist großartig!	Das ist toll!	Das ist wunderbar!
	Das geht (nicht)!	Das ist (nicht) sehr gut!

Read the following statements by two young West Germans who are describing themselves. Then answer the questions that follow.

TEXT: Hallo, ich bin aktiv. Und Sie?

SUSANNE Grüß Gott, ich bin Susanne und ich bin verheiratet.
Ich bin liberal, meistens fröhlich und *sehr* emanzipiert.
Ich bin auch sportlich und aktiv, aber nicht stark.

KLAUS Tag, ich bin Klaus. Hmmm, wie bin ich? ... Ich bin arm
(natürlich, ich bin Student!), aber ich bin sehr glücklich!
Ich bin ledig. Ja, ich bin nicht sehr gesellig, ich bin schüchtern.

Fragen

1. Wie sind Klaus und Susanne? Wie finden Sie Klaus und Susanne?
2. Sind *Sie* wie Klaus oder wie Susanne?

AKTIVITÄTEN Gelenkte Kommunikation

A. The following questions ask you to name one or more well-known persons who exhibit a particular quality.

1. Wer ist intelligent?
2. Wer ist stark?
3. Wer ist schwach?
4. Wer ist freundlich?
5. Wer ist idealistisch?
6. Wer ist realistisch?
7. Wer ist unsympathisch?
8. Wer ist liberal?
9. Wer ist konservativ?
10. Wer ist schön?
11. Wer ist humorvoll?
12. Wer ist dick?
13. Wer ist klein?
14. Wer ist emanzipiert?
15. Wer ist pessimistisch?
16. Wer ist sexy?
17. Wer ist brutal?
18. Wer ist elegant?
19. Wer ist sarkastisch?
20. Wer ist romantisch?

B. Answer the following questions. You may utilize the vocabulary you have learned or point to the object.

1. Was ist schwarz?
2. Was ist weiß?
3. Was ist gelb?
4. Was ist silbern oder golden?
5. Was ist braun?
6. Was ist blau?
7. Was ist grau?
8. Was ist schmutzig?
9. Was ist alt?
10. Was ist neu?
11. Was ist groß?
12. Was ist klein?
13. Was ist breit?
14. Was ist rund?
15. Was ist eckig?
16. Was ist aus Glas?
17. Was ist aus Holz?
18. Was ist aus Beton?
19. Was ist aus Gummi?
20. Was ist aus Plastik?

Deutschland:
Der Rhein.

Freie Kommunikation

Wie sind Sie?

Sind Sie diszipliniert?
Sind Sie aggressiv?
Sind Sie tolerant?
Sind Sie schüchtern oder gesellig?
Sind Sie positiv oder negativ?
Sind Sie liberal oder konservativ?
Sind Sie fleißig oder faul?

Und jetzt?

Sind Sie müde?
Sind Sie hungrig oder durstig?
Sind Sie krank oder gesund?
Sind Sie fröhlich oder traurig?

Gruppenarbeit

A. Form groups of three people. Each student in the group names one person in the class or a celebrity and challenges the other students to describe that person as accurately as possible. Take two minutes to complete the task.

B. Each person in the group thinks of something or someone familiar to everyone. The other students ask **ja / nein-Fragen** to try to find out who or what the person is thinking of. Take one minute to guess the answer.

C. Find a partner and complete the following task in two minutes. One student points to an object in class and identifies it. The other student describes it as fully as possible. Then switch roles.

Wiederholung: Grammatik

A. Negate the following sentences.

1. Das Klassenzimmer ist sehr klein.
2. Die Tafel ist grün.
3. Der Boden ist sauber.
4. Der Tisch ist aus Metall.
5. Ist das Bild häßlich?
6. Ist die Studentin müde?
7. Ist der Student sehr hungrig?
8. Der Lehrer ist aktiv.
9. Die Lehrerin ist jung.
10. Die Assistentin ist freundlich.

B. Formulate questions that would elicit these answers.

1. Das ist der Professor.
2. Das ist Ilse.
3. Das ist Thomas.
4. Das ist das Heft.
5. Das Heft ist gelb.
6. Das Buch ist neu.

TEIL 1,7	Das ist ein Stuhl. Das ist eine Lampe. Das ist ein Heft.

MERKE

masculine	*feminine*	*neuter*
Das ist **ein** Tisch.	Das ist **eine** Studentin.	Das ist **ein** Buch.

VOKABULAR

Manieren

Bitte (schön)!   Danke (schön)!   Bitte (schön)!
Entschuldigen Sie, bitte!   Entschuldigung!   Verzeihung!   Pardon!

AKTIVITÄTEN   Gelenkte Kommunikation

1. Say the word you should include when you make a request of someone.
2. Express your gratitude to someone for a favor.
3. Excuse yourself to a person you've bumped into or caused an inconvenience.
4. Point to something in class and identify it in a general way, using an indefinite article instead of a definite article. Example: Das ist **ein** Heft.

Wiederholung : Grammatik

Change each sentence to a more general statement by replacing the definite article with an indefinite article.

Beispiel: Das ist der Stuhl. → Das ist **ein** Stuhl.

1. Das ist der Tisch.
2. Das ist das Fenster.
3. Das ist das Heft.
4. Das ist die Tafel.
5. Das ist der Papierkorb.
6. Das ist die Klasse.
7. Das ist die Studentin.
8. Das ist der Student.
9. Das ist der Assistent.
10. Das ist die Professorin.

TEIL 1,8	Das ist kein Bleistift. Das ist keine Lampe. Das ist kein Bild.

MERKE

Negation : kein

masculine	*feminine*	*neuter*
Das ist **kein** Kugelschreiber.	Das ist **keine** Tür.	Das ist **kein** Heft.

AKTIVITÄTEN Gelenkte Kommunikation

A. Your instructor will point to something or someone in the class and ask a general **ja / nein-Frage.** Answer affirmatively or negatively as required.

Beispiel: The instructor points to a table and asks: **Ist das ein Fenster?**
You answer: **Nein, das ist kein Fenster. Das ist ein Tisch.**

B. Ask questions using the appropriate form of **kein** and the following nouns. Situation: An instructor realizes that her students forgot to bring what they need for class.

Beispiel: Stifte → Haben Sie **keine** Stifte?

1. Papier   2. Deutschbuch   3. Hefte   4. Kulis   5. Bücher

Wiederholung : Grammatik

Answer the following questions negatively.

1. Ist das der Tisch?
2. Ist das das Heft?
3. Ist das ein Bleistift?
4. Ist das das Licht?
5. Ist das ein Buch?
6. Ist das der Student?
7. Ist das die Professorin?
8. Ist das eine Studentin?
9. Ist das die Assistentin?
10. Ist das eine Lehrerin?

TEIL 1,9 | null, eins, zwei, drei

MERKE

Zählen

0 null			
1 eins	11 elf	21 einundzwanzig	40 vierzig
2 zwei	12 zwölf	22 zweiundzwanzig	50 fünfzig
3 drei	13 dreizehn	23 dreiundzwanzig	60 sechzig
4 vier	14 vierzehn	24 vierundzwanzig	70 siebzig
5 fünf	15 fünfzehn	25 fünfundzwanzig	80 achtzig
6 sechs	16 sechzehn	26 sechsundzwanzig	90 neunzig
7 sieben	17 siebzehn	27 siebenundzwanzig	100 (ein)hundert
8 acht	18 achtzehn	28 achtundzwanzig	200 zweihundert
9 neun	19 neunzehn	29 neunundzwanzig	1 000 (ein)tausend
10 zehn	20 zwanzig	30 dreißig	2 001 zweitausendeins

Das Schloß
Neuschwanstein.

AKTIVITÄTEN   Wiederholung : Zählen

A. Practice counting.

1. Count from 0–30 forwards
   and backwards until speed and
   accuracy are established.
2. Count from 0–22 by twos.
3. Count from 0–33 by threes.

4. Count from 0–44 by fours.
5. Count from 0–55 by fives.
6. Count from 0–100 by tens.
7. Count from 0–110 by elevens.

B. You are going on a blind date. Find out your date's:

Name, age, and telephone number.

C. Read these numbers aloud.

3	18	37	75	100	250	775	1 000	11 396
2	14	46	88	105	361	692	2 001	86 507
9	16	60	83	158	422	692	5 723	37 111

D. Locating hotels. Scan the listing of hotels. Pick two or three entries and identify the following for each: the name of the hotel, the city and zip code, the street address, and the telephone number.

„Haus Königssee" 8 91 73 81
Hotel-Pension im Grünewald, Nähe Ku'damm
Zi.-Tel., Bad-Zi., Parkplatz — B 33, Winklerstraße 7

Hotel Alpina, M. Pittack-Opel
    Berlin 33, Trabener Straße 3.   8 91 35 17, 8 91 68 90
Hotel Belvedere, M. Pittack-Opel
    Berlin 33 (Greunewald), Seebergsteig 4.   8 26 18 77
Hotel Diana, M. Pittack-Opel
    Berlin 33, Wernerstraße 14 a.   8 26 10 77
Hotel Hagen, 33, Hagenstr. 50.   8 26 11 09
Hotel **Haus Bismarck,** Inh. Sabine Lehmann   8 91 70 81
    33, Bismarckallee 3. Nahe Kurfürstendamm.
Hotel Luftbrücken-Betriebe, 31, Mansfelder Str. 39.   86 01 68
Hotel Sylvia, 33, Warnemünder Str. 19.   8 23 30 71

Hotel-Pension am Bundesplatz
Inh. F.u.F. Meißner, Berlin 31
Bundesallee 56, Ecke Hildegardstr. **8 53 57 70**

Hotel-Pension Schewerda.   8 53 44 19
Paulsborn s. Eintragung unt. **Fersthaus Paulsborn.**
Pension CD, 31, Detmolder Str. 67.   8 53 48 49
Pension am Elsterplatz, 33, Pioner Str. 25.   ✆ 8 26, 28, 80
Pension Güntzel, 31, Güntzelstr. 62.   8 54 13 50
Pension Stelke, **Rüdesheimer Platz 7.**   8 21 77 32
    Inh. Irene Seidel, B 33 (Wilmdf.), Rüdesheimer Pl. 7.
Pension Villa Grunewald, Inh. S. Sato,
    Berlin 33, Hagenplatz 5.   ✆ 8 26 16 20
Pensione Italia,   8 32 61 43
    Berlin 33, Ciayallee 146.

E. Inventory.
    Your instructor will read several series of numbers to you to check your comprehension. Write down the numbers you hear.

TEIL 1,10 | **Wie viele Studenten sind hier?**
Keine Studenten sind hier.

MERKE

Plural

der Student	**die Studenten**
der Professor und die Professorin	**die Professoren**
die Lehrerin	**die Lehrerinnen**

Benennen: Plural und Negation

Das sind **die Studenten.**   Das sind **Fenster.**   Das sind **drei Bücher.**
Das sind **nicht die Studenten.**   Das sind **keine Fenster.**

wie viele?

Wie viele Studenten sind hier? **Zehn Studenten** sind hier.
Wie viele Stühle sind im Klassenzimmer? **Zwanzig Stühle** sind im
    Klassenzimmer.

VOKABULAR   Das Klassenzimmer

Dinge

der Boden, ¨-	die Klasse, -n	das Zimmer, -
der Papierkorb, ¨-e	die Wand, ¨-e	das Klassenzimmer, -
der Stuhl, ¨-e	die Tafel, -n	das Ding, -e
der Tisch, -e	die Decke, -n	das Fenster, -
der Schreibtisch, -e	die Kreide	das Licht, -er
der Wischer, -	die Tür, -en	das Buch, ¨-er
der Bleistift, -e	die Ecke, -n	das Heft, -e
der Kugelschreiber, -	die Lampe, -n	das Papier, -e
(Colloquial: der Kuli, -s)		das Bild, -er
		das Schild, -er

Personen

	die Person, -en
der Student, -en	die Studentin, -nen
der Lehrer, -	die Lehrerin, -nen
der Professor, -en	die Professorin, -nen
der Assistent, -en	die Assistentin, -nen

Nationalitäten

der Amerikaner, -	die Amerikanerin, -nen
der Kanadier, -	die Kanadierin, -nen
der Mexikaner, -	die Mexikanerin, -nen
der Deutsche, -n	die Deutsche, -n
der Österreicher, -	die Österreicherin, -nen
der Schweizer, -	die Schweizerin, -nen
der Engländer, -	die Engländerin, -nen

Berufe

der Sekretär, -e	die Sekretärin, -nen
der Chef, -s	die Chefin, -nen
der Kellner, -	die Kellnerin, -nen
der Verkäufer, -	die Verkäuferin, -nen
der Arzt, ¨-e	die Ärztin, -nen
der Anwalt, ¨-e	die Anwältin, -nen

AKTIVITÄTEN   Freie Kommunikation

Answer the following questions using numbers and plural nouns.

Wie viele Fenster / Türen / Tafeln sind im Klassenzimmer?   Wie viele Bilder sind im Klassenzimmer?   Wie viele Lampen / Wände sind im Klassenzimmer?   Wie viele Tische / Schreibtische sind im Klassenzimmer?   Wie viele Stühle sind im Klassenzimmer?   Wie viele Personen sind im Klassenzimmer?   Wie viele Studenten / Studentinnen sind im Klassenzimmer?   Wie viele Assistenten / Assistentinnen sind im Klassenzimmer?

Gruppenarbeit

Read the following description of a classroom.

Ein Klassenzimmer

Fünfundzwanzig Stühle und ein Schreibtisch sind hier im Klassenzimmer.   Aah, hier sind auch zwei Tafeln und Kreide und ein Wischer.   Im Klassenzimmer sind achtzehn Studenten, zehn Studenten und acht Studentinnen.   Natürlich ist auch eine Lehrerin hier.

With a partner take five minutes to write a short paragraph describing your own classroom. Use the preceding text as a model and be prepared to read your description to the class.

Wiederholung : Grammatik

A. Indicate the plural form for the following things.

Beispiel: die Decke → die Decken

1. die Klasse	4. das Zimmer	7. das Ding	10. die Wand
2. das Fenster	5. die Tafel	8. das Licht	11. der Stuhl
3. das Buch	6. der Tisch	9. die Ecke	12. das Heft

B. Indicate the plural form for the following persons.

1. der Student	4. die Studentin	7. die Person	10. der Kellner
2. die Sekretärin	5. der Chef	8. die Kellnerin	11. der Engländer
3. der Amerikaner	6. die Professorin	9. die Kanadierin	12. der Mexikaner

C. Change the following sentences to the plural. Make any necessary modifications.

Beispiel: Die Tafel ist grün. → Die Tafeln sind grün.

1. Der Tisch ist lang.	4. Der Student ist intelligent.
2. Die Wand ist schmutzig.	5. Die Studentin ist Österreicherin.
3. Der Stuhl ist braun.	6. Die Sekretärin ist Deutsche.

Eine
Alpenhütte
in der
Schweiz.

D. Negate the following sentences using **nicht** or **kein**.

Beispiel: Das sind Lehrer. → Das sind **keine** Lehrer.
Das sind die Türen. → Das sind **nicht** die Türen.

1. Das sind die Bücher.
2. Das sind Fenster.
3. Das sind Bilder.
4. Das sind Österreicher.
5. Das sind Schweizer.
6. Das sind die Amerikaner.

TEIL 1,11	Er ist groß. Sie ist freundlich. Es ist schwierig. Sie sind interessant.

MERKE | *Pronoun substitution*

Das ist **der** Tisch. **Er** ist braun und aus Holz.
Das ist **die** Tafel. **Sie** ist lang und schwarz.

Das ist **das** Buch. **Es** ist neu.
Das sind **die** Bilder. **Sie** sind
sehr schön.

AKTIVITÄTEN   Gruppenarbeit

A. Work with another student. Point to and identify three people or things in the classroom. Your partner will describe each person or thing using pronouns. Then switch roles. Take two minutes.

Beispiel: Point to the chalkboard and say: **Das ist die Tafel.**
  Your partner continues: **Sie ist schwarz und rechteckig.** Or: **Sie ist grün.**

B. Your partner plays the role of a stranger who wants to know what the students in your German class are like. Describe the students (collectively) in your German class to your partner. Remember that you are a member of the class, too.

Wiederholung : Grammatik

A. Form sentences from these fragments. Supply whatever else is needed.

Beispiel: er / sein / Professor → Er ist Professor.

1. ich / sein / Amerikaner
2. sein / Sie / Student / ?
3. ich / sein / Kellner
4. wir / sein / Sekretärinnen
5. sie / sein / Lehrerin
6. sein / sie / Assistenten / ?
7. ich / bin / Studentin
8. ich bin Assistentin
9. sein / Sie / aus Berlin / ?
10. ich / sein / Schweizerin

B. Change each of the following sentences to the plural.

1. Das Ding ist sehr interessant.
2. Das Fenster ist auf.
3. Die Tür ist zu.
4. Das Licht ist an.
5. Das Bild ist schön.
6. Ich bin Student.
7. Er ist Kanadier.
8. Sie ist Lehrerin.
9. Sind Sie Student?
10. Ich bin Amerikanerin.

C. Substitute the appropriate pronoun for each subject noun.

Beispiel: Der Papierkorb ist aus Plastik. → **Er** ist aus Plastik.

1. Die Tür ist aus Holz.
2. Das Fenster ist schmutzig.
3. Der Tisch ist sauber.
4. Der Bleistift ist gelb.
5. Die Tafel ist schwarz.
6. Die Studenten sind lustig.
7. Eine Studentin ist krank.
8. Ein Student ist müde.
9. Die Assistentin ist nett.
10. Der Lehrer ist Österreicher.

Kontrolle

After completing this chapter, you should be able to accomplish the following tasks in German:

1. identify people and things found in a classroom and your immediate environment using **der, die,** or **das**
2. describe anything you see in the classroom—singular and plural

3. describe people in some detail: physically, mentally, emotionally
4. identify who you are, what you are (nationality and occupation), and where you live
5. recognize numbers when you hear them and use numbers accurately to identify a specific quantity
6. identify something in terms of what kind of thing it is (using **ein** or **eine**)
7. use pronouns accurately to avoid repeating nouns unnecessarily
8. ask questions to elicit as much information as you can about another person, the identity of a person or thing, and the description of a person or thing
9. discuss the West German school system from **Kindergarten** to the **Universität** and trace the educational preparation of those entering both professional and nonprofessional fields

The following section will help you check your progress on the above performance goals.

Wiederholung

A. Count from 0–100 and by twos, threes, fours, fives, and tens.

B. Name and describe anything you can see in the classroom.

C. Describe celebrities and friends.

D. Answer these questions quickly and accurately.

1. Wer sind Sie?
2. Woher sind Sie?
3. Sind Sie Deutscher / Deutsche?
4. Sind Sie ledig oder verheiratet?
5. Was sind Sie?
6. Wie ist das Klassenzimmer?
7. Welche Dinge sind im Klassenzimmer?
8. Beschreiben Sie sie!
9. Wer ist der Deutschlehrer / die Deutschlehrerin?
10. Wie viele Studenten sind im Deutschkurs?
11. Beschreiben Sie eine Person im Klassenzimmer!

E. List the different secondary schools in West Germany, the degrees granted, and the number of years that students attend. Describe how the East German, Austrian, and Swiss systems differ.

F. Who attends what?   Schüler: ____   Studenten: ____

G. Name three holidays in any of the German-speaking countries. What would you say to someone on each occasion?

KAPITEL 2

WAS MACHEN SIE GERN?

ÜBERBLICK

KONTEXT UND FUNKTIONEN

asking and answering questions using basic adverbial expressions
formulating commands, requests, and suggestions
talking about your likes and dislikes

VOKABULAR

basic verbs
basic adverbial expressions
basic question words

KULTUR

social customs regarding time in West Germany
military service
how to address people

GRAMMATIK

forms: statal and active verbs; regular verbs; irregular verbs
          verbs with stems ending in **-d, -t,** and **-n**
          verbs with separable prefixes
word order: statements; questions; commands
              sequence of adverbs

TEIL 2,1 | Ich bin Student(in). Wir sind Studenten.

MERKE

	SEIN	
ich **bin**		wir **sind**
	Sie **sind**	
er/sie/es **ist**		sie **sind**

AKTIVITÄTEN Wiederholung : Grammatik

Form sentences from these fragments.

Beispiel: das / sein / das Schild → Das ist das Schild.

1. das / sein / die Wand
2. die Bilder / sein / schön
3. wie / sein / die Stühle ?
4. wie / sein / das Buch ?
5. die Tafeln / sein / groß

6. wer / sein / das ?
7. Doktor Rösner / sein / Professor
8. sein / die Studenten / Amerikaner ?
9. Maria / sein / Mexikanerin
10. Pete und Tom / sein / Kanadier

TEIL 2,2 | machen = mach + en

MERKE

Active verbs

machen (*to do*) = **mach** (stem) + **en** (ending)
schwimmen (*to swim*) = **schwimm** (stem) + **en** (ending)

VOKABULAR

sagen	lesen	bleiben	studieren	sitzen
sprechen	schreiben	warten	lernen	stehen
wiederholen	beschreiben		lehren	
sehen	zeigen (auf)	bringen	wohnen	machen
hören	zählen	nehmen	arbeiten	kaufen
			schlafen	verkaufen

verstehen	kommen	öffnen
fragen	gehen	schließen
antworten	laufen	
	fahren	heißen
tragen	suchen	
waschen	finden	

Was lernen Studenten hier?
Sprechen Sie Spanisch?
Lernen Sie Deutsch?

Kulturnotiz

Klassiker lesen

Johann Wolfgang von Goethe was born in Frankfurt on August 28, 1749, and was raised by well-educated parents in a wealthy household. From 1771 to 1775 Goethe practiced law. In 1774 his first novel **Die Leiden des jungen Werther** (*The Sorrows of Young Werther*) brought him literary success. By the time he was twenty-six he had achieved fame and had become the best friend of the Count of Saxony-Weimar. The city of Weimar, through Goethe's presence, became a literary center and is renowned as a haven for writers to this day. Goethe began his play **Faust,** generally recognized as his greatest work, in 1773 and continued working on it until his death in Weimar fifty-nine years later in 1832.

Johann Wolfgang von Goethe.

Friedrich Schiller, ten years younger than Goethe, was born in Marbach on the Neckar River on November 10, 1759. Unlike Goethe, Schiller was born into a poor family, the son of a soldier. He was sent to the **Karlsschule,** a very strict military academy. Here, in an atmosphere of oppressive military discipline, he began writing his **Freiheits-drama** (*liberation play*), **Die Räuber** (*The Robbers*). It premiered in 1781 at a famous theater in Mannheim and made him a celebrated author. Schiller, then an army doctor in Stuttgart, deserted his post and fled to Mannheim to pursue his literary career, willingly sacrificing the financial security of his military position. Ten years later, his friend Goethe helped him become a professor at the University of Jena. He died on May 9, 1805.

Goethe and Schiller are considered the two great **Klassiker** of German literature. Can you name any of their other works? Have you read any of them?

Christoph Friedrich Schiller.

AKTIVITÄTEN   Wiederholung : Grammatik

Indicate the stems for the following verbs.

Beispiel : kaufen → kauf-

laufen, stehen, verkaufen, bleiben, sitzen, waschen, tragen, nehmen, gehen, öffnen, warten

TEIL 2,3 | Wir lernen Deutsch.

MERKE   *Verb forms: present tense*

STUDIEREN	
ich **studiere**	wir **studieren**
Sie **studieren**	
er / sie / es **studiert**	sie **studieren**

Wir studieren Deutsch. = *We study / are studying / do study German.*

AKTIVITÄTEN   Freie Kommunikation

Answer the following questions.

Sind Sie Student / Studentin?	Schreiben Sie jetzt?	Studieren Sie?
Lernen Sie Deutsch?	Lesen Sie jetzt?	Sitzen Sie jetzt, oder
Sprechen Sie gut Deutsch?	Wohnen Sie hier?	stehen Sie?
Verstehen Sie Deutsch?	Arbeiten Sie?	Fahren Sie Auto?

Gelenkte Kommunikation

A. Your instructor will give you the following commands. Show your comprehension by carrying them out or miming the action.

1
Zeigen Sie auf das Buch!
Nehmen Sie das Buch!
Bringen Sie das Buch!
Zeigen Sie auf die Tafel!
Suchen Sie die Kreide!
Zeigen Sie auf die Kreide!

2
Öffnen Sie das Fenster!
Bleiben Sie da!
Schließen Sie das Fenster!
Zeigen Sie auf die Tür!
Öffnen Sie die Tür!
Schließen Sie die Tür!

3
Nehmen Sie ein Stück Kreide!
Schreiben Sie Ihren Namen an die Tafel!
Warten Sie da!
Nehmen Sie den Wischer!
Wischen Sie die Tafel!

B. You meet a German exchange student at the library. Ask her if she:

1. is learning English or speaks English
2. lives in America
3. is studying here
4. is reading the book

C. Imagine that you are the instructor. Ask a student if he or she:

1. understands that
2. is tired
3. sees it
4. hears it
5. works hard
6. sleeps well

LESE
für ein anderes publikum
STOFF
Der Saftladen
am Altstädter Kirchenplatz

TEIL 2,4 | Hans arbeitet nicht.
Hans lernt nicht.

MERKE

Regular verbs

Ich **höre** Musik.	Wir **hören** Musik.
Hören Sie Musik?	
Hans / Er **hört** Musik.	Die Studenten / Sie **hören** Musik.

-d *and* **-t** *stems*

Hans **findet** das Buch.
Karin **antwortet** nicht.
Er **arbeitet** nicht.
Sie **wartet** hier.

-n *stems*

Ilse **öffnet** die Tür.
Der Lehrer **öffnet** das Buch.
Heike **wohnt** in Bremen.
Hans **lernt** Englisch.

AKTIVITÄTEN

Freie Kommunikation

Answer these questions truthfully or logically.

Wie heißen Sie? Was sind Sie? Woher kommen Sie? Wo wohnen Sie? Wie alt sind Sie? Was machen Sie hier? Was lernen Sie hier? Studieren Sie hier? Lesen Sie Bücher? Verstehen Sie gut Deutsch? Sprechen Sie gut Deutsch? Arbeiten Sie sehr fleißig?

Gelenkte Kommunikation

A. You are trying to leave, and your colleague is not ready. Ask him:

1. what he's doing
2. what he's writing
3. if he's staying here or coming
4. what he's looking for

B. You are meeting someone in one of your evening classes. Find out if she:

1. is studying   2. works   3. lives here (in your town)   4. understands the instructor (female)

Wiederholung : Grammatik

This exercise will help you improve your accuracy with subject-verb agreement. Restate the sentences, each time using a new subject in parentheses.

Beispiel: Hans kommt nicht. (sie-*pl*, ich, er) →
Sie kommen nicht. Ich komme nicht. Er kommt nicht.

1. Der Lehrer schließt die Tür. (der Student, die Assistentin)
2. Wir lernen Englisch. (ich, er, sie-*pl*)
3. Hans sagt das. (wir, ich)
4. Inge fragt. (die Studentin, Klaus, ich)
5. Der Lehrer wiederholt das. (die Studenten, ich)
6. Schreiben Sie es? (der Professor, die Studentinnen)
7. Die Studentin zählt schnell. (wir, Sie, der Assistent)
8. Der Student sucht das Buch. (ich, wir, sie-*pl*)
9. Er findet das nicht. (wir, die Studenten, Paul)

TEIL 2,5 | Renate spricht Deutsch.

MERKE *Irregular verbs*

sprechen (i)	sehen (ie)	schlafen (ä)	laufen (äu)
essen (i)	lesen (ie)	tragen (ä)	
nehmen (nimmt)		fahren (ä)	
		waschen (ä)	

1. short **e** → short **i**: **sprechen**: Er **spricht** Deutsch und Englisch.
   essen: Sie **ißt** im Restaurant.
2. long **e** → **ie**: **sehen**: Sie **sieht** es.
   lesen: Er **liest** das Buch.
3. long **a** → long **ä**: **schlafen**: Inge **schläft** gut.
   tragen: Hans **trägt** das Heft.
   fahren: Sabine **fährt** das Auto.
4. short **a** → short **ä**: **waschen**: Inge **wäscht** das Auto.
5. **au** → **äu**: **laufen**: Peter **läuft** sehr schnell.
6. especially irregular change: **nehmen**: Sabine **nimmt** das Papier.

AKTIVITÄTEN Freie Kommunikation

Answer the following questions.

Sprechen Sie Spanisch? (Englisch, Deutsch) Was sehen Sie hier? Was lesen Sie?
Schlafen Sie gut? Laufen Sie oft?

Gelenkte Kommunikation

A. You just met Gerda and Peter Still in a café in Germany. They have told you about their son who wants to go to the U.S. You want to know a few more things about him. Find out if he:

1. is a student   2. speaks English   3. drives a car   4. likes to read books

B. Beschreiben Sie das Bild! Was machen die Personen?

Wiederholung: Grammatik

Replace the subject in the original sentence with the ones in parentheses. Make all necessary changes.

Beispiel: Wir lesen Bücher. (die Studentinnen, ich, er) →
Die Studentinnen lesen Bücher. Ich lese Bücher. Er liest Bücher.

1. Die Studenten sprechen Deutsch. (ich, er, die Lehrerin)
2. Sie tragen die Bücher und Hefte. (ich, Gerd, Fred und Tina)
3. Sie lesen das Buch. (wir, der Student, Annette)
4. Die Lehrerin nimmt die Hefte. (wir, er, Sie, Heidi)
5. Die Studenten schlafen nicht. (ich, wir, er)
6. Die Studenten laufen nicht. (die Studentin, ich, wir)
7. Sie fahren das Auto. (wir, Bruno, ich)
8. Ich wasche das Auto. (Sabine, wir, Hans)

Studenten
sprechen
miteinander.

TEIL 2,6 | Was machen Sie gern?

MERKE

Adjectives and adverbs

Wie sind die Studenten?   Die Studenten sind **fleißig.**
Wie arbeiten sie?   Sie arbeiten und lernen **fleißig.**
Was machen sie **gern?**   Sie lesen **gern.**
Was machen Sie **jetzt?**   Sie lernen **jetzt** Deutsch.

Adjectives used as adverbs

adjectives   *adverbs*

Er ist **fleißig.**   Er arbeitet **fleißig.**
Es ist **laut.**   Sie spricht **laut.**
Das ist **interessant.**   Ich finde das **interessant.**

Intensification of adverbs: **sehr, zu, so**

Sie spricht **sehr laut!**   Wir machen das **nicht sehr gut.**
Der Lehrer spricht **zu schnell!** Der Lehrer spricht **nicht zu schnell.**
Maria liest **so gut!**   Maria liest **nicht so gut.**

time   manner   place

Der Student liest **jetzt leise.**   Michael kommt **heute nach Hause.**
Wir gehen **später dorthin.**   Barbara ist **jetzt zu Hause.**

VOKABULAR   Adverbs of time

tagsüber	spät	lang(e)	noch	oft
nachts	später	jetzt	noch nicht	selten
heute	früh	bald	immer	manchmal
morgen	früher		nie	

Adverbs of manner

viel   gut / schlecht
schnell(er) / langsam(er)   allein / zusammen
laut(er) / leise(r)

Adverbs of place

hier / her / hierher   zu Hause / nach Hause
da / da drüben   zur Uni / zur Schule
dort / dort drüben   nach Amerika / Deutschland
dorthin   nach New York / Frankfurt
im Klassenzimmer   in Amerika / New York
im Restaurant   aus Deutschland / Frankfurt
links / nach links
rechts / nach rechts

MERKE *Negation of adverbs*

*nicht **after** adverbs of time*	*before* adverbs of manner and place
Ich arbeite **später nicht.**	Er schläft **nicht gut.**
Sie kommt **heute nicht.**	Ilse ist **nicht zu Hause.**
Exceptions: Ich mache das **nicht immer / nicht oft.**	

Kulturnotiz

Früher, nicht später!

Foreigners often comment about the Germans' consciousness of time and penchant for being on time for appointments (**"deutsche Pünktlichkeit"**). This generalization is well-founded, at least in the Federal Republic. Most West Germans are punctual for appointments and social events. When, for example, you are invited to someone's home for dinner at 8:00 P.M., the hosts expect you to appear on time, if not sooner. The food may already be sitting on the table at 8:00. If you should arrive a few minutes late, according to the American custom of giving the hosts a little extra time to take care of last-minute details, dinner might get cold, resulting in inconvenience for the hosts and possibly embarrassment for you.

Buses, trains, and planes run on very tight schedules, and punctuality is generally observed down to the exact minute. On television announcers appear at regular intervals to remind viewers of upcoming programs and their off-hour starting

times. On TV and on the radio the hour is often marked by a gong, and an announcement of the exact time is made.

When reality will not conform to the dictates of a tight schedule, West Germans are likely to act on the fact rather than simply ignore it. At the universities, for example, the scheduling of lectures and seminars includes **das akademische Viertel** (*the academic quarter hour*). This is a fifteen-minute grace period added to the official starting time for a course. When you read the abbreviation **c.t.** (Latin: **cum tempore,** *with time*) after the official time stated in the **Vorlesungsverzeichnis** (*course schedule*), the **akademisches Viertel** is in effect. This means that a course that officially meets from 9:00 A.M. to 11:00 A.M. will actually meet from 9:15 A.M. to 11:00 A.M.

Deutsches Fernsehen.

Look at the excerpts from a television guide. Observe the off-hour starting times of programs. Can you figure out what the contents of the various programs are? Are any of these shown in the U.S.?

Samstag, 23. September

Vormittagsprogramm

10.00 heute
10.03 Sigmund Freud. Film von Wilhelm Bittorf
10.50 Endlich sind wir reich (sw.)
12.10 Aspekte
12.55 Presseschau
13.00 heute

Erstes Programm (ARD)

13.15 Programmvorschau
13.45 Auto '89. Live von der Internationalen Automobilausstellung in Frankfurt
14.30 Hallo Spencer: Der blinde Passagier
15.00 Formel Eins. ARD-Hitparade
15.45 Cartoons im Ersten
15.55 Willkommen auf der BUGA. Volkstümlicher Musikantentreff, präsentiert von Elmar Gunsch
17.25 Regionalprogramme
17.55 Tagesschau
18.00 Sportschau-Telegramm

Read the following three passages and answer the questions.

TEXT: Hallo, wie geht's?

Three young Germans describe what they are like and what they do.
They are Birgit, Siggi, and Ralf.

BIRGIT   ,,Hallo, ich heiße Biggi, und ich wohne in Köln. Ich bin Schülerin in der Realschule. Meistens bin ich fröhlich und humorvoll. Manchmal bin ich auch etwas deprimiert, wenn ich an später denke, Job und so. Das ist für viele junge Leute ein großes Problem! Viele Freunde von mir haben keine Arbeit, und sie sind ganz schön sauer. Was mache ich später? Vielleicht werde ich Journalistin oder Schriftstellerin. Ich denke, ich schreibe gut. Nur nicht in einem Büro oder für den Staat arbeiten. Ich bin viel zu individualistisch!''

Fragen

1. Was ist Biggi, Studentin oder Schülerin?
2. Welche Schule besucht sie?
3. Wo wohnt sie jetzt?
4. Was macht sie vielleicht später?
5. Wie ist sie?

SIGGI   ,,Tag, ich bin die Siggi, und ich arbeite als Verkäuferin in Hannover. Ich bin 18 und wohne jetzt allein. Ich habe einen Freund, Peter. Er ist 25 und echt super! Er ist sehr romantisch und fröhlich, aber auch mal ernst, so wie ich. Meine Eltern sagen, er ist sehr sympathisch, aber natürlich etwas zu alt. Mit Freunden sind sie immer ein bißchen komisch. Sie sind ziemlich konservativ, und meine Mutter ist immer besorgt.''

Fragen

1. Wie alt ist Siggi?
2. Wohnt sie zu Hause, also mit den Eltern?
3. Wie beschreibt sie Peter?
4. Wie beschreibt sie ihre Eltern?
5. Was ist ihre Mutter immer? (Die meisten Mütter sind das!)

RALF   ,,Also, ich bin der Ralf, aus Saarbrücken. Ich bin 19 und mache bald mein Abi fertig. Mann, bin ich froh, wenn dieser Streß endlich zu Ende ist! Ich mache im Sommer eine große Reise, vielleicht nach Amerika. Endlich mal was seh'n und nicht über den Büchern hocken! Mal seh'n, wie es finanziell geht. Wenn ich zu arm bin, jobbe ich erstmal und fahre dann weg! Bevor ich zur Uni gehe, mache ich Zivildienst. Viele von meinen Freunden müssen natürlich zum Bund, aber ich bin gegen das Militär.''

Fragen

1. Woher kommt Ralf?
2. Wie alt ist er?
3. Was macht er bald fertig?
4. Lernt Ralf gern?
5. Wo ist er später im Sommer?
6. Geht er zum Militär?
7. Was ist die Alternative?

Weitere Fragen

1. Wie finden Sie Biggi, Siggi und Ralf?
2. Wer ist sympathisch?
3. Arbeiten sie jetzt?
4. Studieren sie vielleicht später?
5. Was machen *Sie* jetzt?
6. Arbeiten Sie?
7. Studieren Sie?
8. Fahren Sie bald nach Deutschland?

═══ Kulturnotiz ═══

Militärdienst

All men in the Federal Republic have to serve in the **Bundeswehr** (*federal armed forces*) for 18 months. Men in the **DDR** also serve for 18 months in the **Volksarmee.** In accordance with the **Grundgesetz** (*basic law*) of the **BRD**, no one can be forced to serve in the military against his or her will. Conscientious objectors are required to render **Zivildienst** (*substitute service*) in institutions such as hospitals and nursing homes.

In Austria, service in the **Bundesheer** lasts only six months. Eligible men are, however, also required to take part in reserve training totaling 60 days and in special operations totaling up to 90 days. As in the **BRD**, some kind of civil service is an allowable alternative to military service.

Switzerland, which is neutral, like Austria, requires men to attend the **Rekrutenschule** for 60 days and render a specified amount of subsequent service.

AKTIVITÄTEN   Freie Kommunikation

A. Answer these questions truthfully.

Wohnen Sie hier?	Wie finden Sie Deutsch?
Wohnen Sie allein?	Sprechen Sie gut Deutsch?
Kommen Sie morgen früh zur Uni?	Kommen Sie manchmal zu spät?
Gehen Sie später nach Hause?	Sind Sie tagsüber hier?
Arbeiten Sie gern?	Wer ist im Klassenzimmer?

Lesen Sie gern?   Was ist da drüben?
Lesen Sie schnell?   Ist die Tür links oder rechts?
Was machen Sie nicht gern?

B. Answer the following questions making logical use of the adverbs you have learned. Take care to observe standard adverbial word order when your answers include more than one adverbial complement.

Wann gehen Sie nach Hause?   Woher kommen Sie?   Wann sind Sie meistens zu Hause?   Wann fahren Sie vielleicht nach Deutschland?

Gruppenarbeit

Work with a partner and find out what he or she likes to do. Take notes, and then switch roles. Take two minutes and be prepared to report to your class what you have learned.

Gelenkte Kommunikation

A. Imagine that you are talking to Siggi. Ask her:

1. if she works during the day
2. where she works
3. if she likes to work there
4. if she lives alone
5. if she talks to (=**mit**) Peter often
6. if she is going home soon

B. Ask Ralf:

1. where he is from
2. if he works hard
3. what he is doing now
4. if he likes to study
5. if he'll be finishing (**machen**) the **Abitur** soon
6. if he'll perhaps go to America

Wiederholung : Grammatik

A. Add an intensifier (**sehr, so, zu**) to each of the following sentences.

1. Ralf lernt fleißig.
2. Siggi ist zufrieden.
3. Birgit ist deprimiert.
4. Siggi arbeitet früh.
5. Die Eltern sind konservativ.
6. Ralf ist arm.

B. Answer each of the following questions negatively. (Use both **nein** and **nicht** in your answers.)

1. Gehen Sie nach Hause?
2. Kommt Peter später?
3. Kommt Hans jetzt?
4. Bleibt Siggi hier?
5. Ist Ralf zu Hause?
6. Fährt Birgit zur Uni?

C. Create a statement or question for each of the following adverbial expressions. Select verbs logically.

1. jetzt	4. schnell	7. hier	10. zu Hause
2. morgen	5. zur Uni	8. links	11. nach Amerika
3. zu Hause	6. im Restaurant	9. dorthin	12. in Wien

TEIL 2,7 | Wo lernen Sie Deutsch?

MERKE

W-Fragen

Wer kommt jetzt?   **Herr Untermeyer** kommt.
Was macht er hier?   Er **liest das Buch.**
Wo ist die Kreide?   Sie ist **dort drüben.**
Wohin geht sie später?   Sie geht **nach Hause.**
Woher kommt Frau Smith?   Sie kommt **aus Philadelphia.**
Wann arbeiten Udo und Fritz?   Sie arbeiten **morgen.**
Wie läuft ein Tiger?   Ein Tiger läuft **schnell.**
Wie viele Stühle sind im Klassenzimmer?   **Zehn** Stühle sind hier.
Warum schläft Sabine so lange?   **Sie ist sehr müde.**

AKTIVITÄTEN   Freie Kommunikation

Answer these questions truthfully or logically.

Wer sind Sie?
Woher kommen Sie?
Wo wohnen Sie?
Gehen Sie heute früh oder spät nach Hause?
Essen Sie immer zu Hause?
Essen Sie manchmal im Restaurant?

Gelenkte Kommunikation

A. You are an examiner at the motor vehicle bureau, and you need to get some information from a young man applying for a driver's license. Ask him:

1. his name   2. his address   3. his age

B. You run into an acquaintance in front of the café near the university. You ask:

1. where she is coming from   2. what she is doing   3. where she is going

C. You are tutoring a student who has serious academic problems. Find out:

1. why he does not understand that
2. when he studies
3. who the instructor is and where the instructor is from
4. how much he sleeps

Wiederholung : Grammatik

A. Change each of the following statements into a **ja / nein-Frage** by reversing the order of the subject and verb.

Beispiel: Sie ist Lehrerin. → **Ist sie** Lehrerin?

1. Er ist Student.
2. Sie ist Schülerin.
3. Sie sind jung.
4. Sie arbeitet nicht.
5. Er lernt fleißig.
6. Sie wohnen in Deutschland.

B. Generate a logical question for each of the following interrogative words or expressions. Try to use a different verb for each.

1. wer
2. was
3. wie
4. wieviel
5. wie viele
6. wo
7. wohin
8. woher
9. wann
10. wieso
11. warum

TEIL 2,8 | Gehen wir jetzt! Nein, bleiben wir noch!

MERKE

commands : **Kommen Sie** her! **Machen Sie** mit! **Bleiben Sie** hier! Jetzt **mitmachen,** bitte! Alle **hierbleiben!**

commands with **sein** : **Seien Sie** ruhig! **Seien Sie** nicht zu optimistisch!

requests : **Bitte** kommen Sie her. Kommen Sie **bitte** her. Kommen Sie her, **bitte.**

suggestions : **Gehen wir** jetzt! **Bleiben wir** hier! **Seien wir** nicht so böse!

━━━ Kulturnotiz ━━━

Sagt man „Frau" oder „Fräulein"?

The formal command form is used with last names preceded by a title or **Herr, Frau,** or **Fräulein. Herr** is used for both young and old men, whenever respect or social distance is called for. Traditionally, **Fräulein** has been used for young, unmarried women, and **Frau** for both married women and middle-aged and older single women. However, this is changing. Using the title **Frau** instead of **Fräulein** approximates the current American practice of using *Ms.* instead of *Miss* or *Mrs.,* and it is preferred by many German women.

TEXT: Eine Diskussion

Some friends discuss whether they should stay at the café or leave.

„Gehen wir jetzt!"
„Na, bleiben wir doch noch ein bißchen!"
„Ja, ehrlich, trinken wir noch einen Kaffee!"
„Also, ich bin sehr müde. Fahren wir jetzt nach Hause, bitte!"
„Also, machen wir einen Kompromiß: Warten wir hier, und Anne und Klaus holen das Auto."
„Na, das ist ein toller Kompromiß!"

AKTIVITÄTEN   Gruppenarbeit

Form a group with two other students, and take three minutes to come up with suggestions for things you could do together. You may use the preceding text to get ideas. Write down at least three suggestions, and be prepared to present them to the class.

Gelenkte Kommunikation

A. You and a friend are trying to improve your work habits. Suggest that the two of you:

1. come home earlier and stay home sometimes
2. speak German together
3. study alone
4. buy the book today
5. read it now
6. be optimistic

B. The German instructor is telling the students to do certain things. The students don't get it the first time, so the instructor gives them more direct commands.

Beispiel: One student reads: **Die Bücher bringen, bitte!**
Another student says: **Wie bitte?**
The first one repeats: **Bringen Sie bitte die Bücher!**

1. Die Übungen machen, bitte!
2. Lauter sprechen!
3. Deutlicher schreiben!
4. Alles wiederholen, bitte!
5. Die Hefte bringen!
6. Das Vokabular lernen, bitte!

Wiederholung: Grammatik

A. Change each of the following **ja / nein-Fragen** to a command. (Remember that a command should sound firm and sometimes authoritative.)

1. Kommen Sie?
2. Gehen Sie jetzt nicht nach Hause?
3. Bleiben Sie hier?
4. Lernen Sie später?
5. Arbeiten Sie nicht so oft?
6. Schlafen Sie?

B. Soften these commands to form a request.

1. Lesen Sie das jetzt!
2. Wiederholen Sie das jetzt!
3. Machen Sie das jetzt!
4. Zählen Sie schneller!
5. Antworten Sie deutlicher!
6. Sagen Sie das laut!
7. Schließen Sie die Tür!
8. Öffnen Sie das Fenster!
9. Bleiben Sie da!
10. Kommen Sie hierher!

C. Formulate a polite suggestion that will get others to join you in:

1. studying German at home
2. speaking German now
3. reviewing it together
4. washing the car
5. working later
6. eating soon

TEIL 2,9 | Machen wir alle mit!

MERKE

Verbs with separable prefixes

BRINGEN
mit•bringen
zurück•bringen

NEHMEN
mit•nehmen
weg•nehmen
zurück•nehmen

KOMMEN
mit•kommen
an•kommen
zurück•kommen
vorbei•kommen

GEHEN
mit•gehen
weg•gehen

LESEN
mit•lesen
vor•lesen

SPRECHEN
mit•sprechen

STEHEN
auf•stehen

MACHEN
mit•machen
an•machen
aus•machen
auf•machen
zu•machen

Kommen Sie heute **zurück?**
Machen Sie bitte alle **mit!**
Ja, wir **kommen** später **vorbei.**

Kommt Jochen auch **mit?**
Christoph, **lesen** Sie laut **vor!**
Lesen Sie jetzt alle **mit!**

AKTIVITÄTEN Gelenkte Kommunikation

A. We are not getting along today, and right now you can't stand me! Express yourself!

1. I'm fidgeting around and making noise. It's annoying you.
2. I'm not working fast enough for you.
3. I'm getting excited and speaking too loudly.
4. You don't like what I just said, and you don't want me to repeat it.
5. You don't want me around.

B. You are the instructor today. Tell your students to:

1. bring the books and workbooks along
2. take it away
3. read along
4. read it out loud
5. stand up

6. turn on the light
7. turn off the light
8. open the window
9. close the door
10. go now

Gruppenarbeit

Find a partner, put yourself in the following situation, and respond with the appropriate commands within three minutes. Write down the commands and be prepared to read them to the class.

You are at your office in Bonn. Express what you would tell a colleague (Frau Graf or Herr Kling) in the following situations.

1. It's too cold and drafty here.
2. It's too dark to read.
3. There's too much noise outside this room.
4. The thing she / he just bought is defective.
5. You didn't catch what she / he said.
6. You can't hear her / him well.
7. You don't want her / him to come too late.
8. She / He is not supposed to leave this spot.

Wiederholung : Grammatik

A. Form sentences from these fragments.

Beispiel: mitgehen / sie / heute? → Geht sie heute mit?

1. wann / weggehen / wir / heute ?
2. mitkommen / Ralf / später ?
3. mitgehen / Sie / jetzt !

4. zurückkommen / Sie / bald !
5. zumachen / Sie / die Tür !
6. vorbeikommen / Sie / später !

B. Modify each sentence to express that you want everyone to carry out these commands along with you.

Beispiel: Lesen Sie zusammen ! → Lesen wir alle zusammen !

1. Bitte lesen Sie vor !
2. Machen Sie mit !
3. Lesen Sie mit !
4. Stehen Sie auf !
5. Gehen Sie weg !
6. Kommen Sie mit !

C. No cooperation ! Suggest to someone that you and that person *not* do something by forming a negative command with **nicht.**

Beispiel: Lesen wir mit? → Lesen wir nicht mit !

1. Machen wir mit?
2. Lesen wir vor?
3. Machen wir das Fenster auf?
4. Machen wir die Tür zu?
5. Stehen wir auf?
6. Gehen wir mit?

Kontrolle

After completing this chapter, you should be able to accomplish the following tasks in German:

1. use the verbs presented in this chapter to comprehend and make statements, ask and answer questions, and formulate commands and requests
2. express some things you like to do and some things you don't like to do
3. use basic adverbs of time, manner, and place
4. negate adverbial expressions with **nicht**

Wiederholung

A. Answer these questions quickly and accurately.

1. Wie heißen Sie?
2. Wie alt sind Sie?
3. Was studieren Sie?
4. Was machen Sie gern?
5. Was machen Sie nicht gern?
6. Verstehen Sie Deutsch?
7. Sprechen Sie Französisch?
8. Wo sind Sie jetzt?
9. Wohin gehen Sie später?
10. Was machen Sie zu Hause an oder aus?
11. Was machen Sie auf oder zu?
12. Wer spricht im Klassenzimmer?
13. Wer liest mit?

B. Formulate ten questions to get basic information.

C. Make suggestions to friends while you are at home and while you are out.

D. Give ten different commands to someone in the class.

E. Describe the nature of military service in the four German-speaking countries.

F. Describe the differences between Americans and Germans with respect to punctuality and time.

KAPITEL 3

WIE SCHREIBT MAN DAS?
WIE IST DAS WETTER HEUTE?
WELCHE KLEIDER
BRAUCHEN WIR?

ÜBERBLICK

KONTEXT UND FUNKTIONEN

asking and answering new types of questions
spelling in German
describing the weather
identifying and describing clothing and people

VOKABULAR

people
the alphabet
common names
weather
clothing

KULTUR

the climate in West Germany
particular clothing
the northern coast and the island of **Sylt**

GRAMMATIK

forms: the nominative case
        the definite article and **der**-words
        the indefinite article and **ein**-words (possessive adjectives)
        personal pronouns; possessive pronouns
        question words
        verbs: **haben, werden;** impersonal verbs
word order: statements, questions, commands

TEIL 3,1 | Wie schreibt man das?

MERKE

das Alphabet

a	ah	h	hah	o	oh	v	fau	ä	ah-Umlaut
b	beh	i	ie	p	peh	w	weh	ö	oh-Umlaut
c	tseh	j	jott	q	kuh	x	icks	ü	uh-Umlaut
d	deh	k	kah	r	er	y	üpsilon		
e	eh	l	ell	s	ess	z	tsett		
f	eff	m	emm	t	teh	ß	ess-tsett		
g	geh	n	enn	u	uh				

Wie heißen Sie?   Wie schreibt man das?   Wie buchstabiert man das?

VOKABULAR   Leute

der Mensch, -en   jemand   kennen
die Person, -en   niemand
die Leute (pl.)   jeder

der Mann, ¨-er   die Frau, -en   das Fräulein, -
der Herr, -en   die Dame, -n   das Mädchen, -
der Junge, -n   die Freundin, -nen   das Kind, -er
der Freund, -e   das Baby, -s

AKTIVITÄTEN   Wiederholung: *Alphabet*

Spell the following words and German names.

Wie schreibt man das?

ich	keine	suchen	schließt	Kreide	Schweizerin
wir	alle	geben	studiert	Wischer	Österreicher
Sie	sagen	schlafen	lernt	Wand	Mexikanerin
er	sprechen	laufen	arbeitet	Fenster	Europäer
es	schreiben	spricht	schläft	Licht	Afrikanerin
das	fragen	sieht	läuft	Schild	Assistent
man	antworten	liest	Heft	Student	Lehrerin
der	sehen	findet	Zimmer	Professorin	Chef
die	lesen	macht	Stuhl	Amerikaner	Sekretärin
das	machen	nimmt	Tisch	Kanadierin	Ärztinnen
ein	zählen	öffnet	Tafel	Deutscher	jetzt

| bald | heute | schlecht | dorthin | nicht | woher |
| später | morgen | schnell | dort drüben | warum | wohin |

Namen für Mädchen

Angela	Christa	Gisela	Johanna	Petra
Anja	Claudia	Gertrud	Katrin	Renate
Almut	Cornelia	Hannelore	Karin	Rosemarie (Rosi)
Anagret	Elfriede	Heike	Karola	Sabine
Ännchen	Elke	Heidi	Kerstin	Sigrid
Andrea	Else	Helga	Klara	Stefanie
Alice	Erika	Hedwig	Lotte	Susanne
Barbara	Edith	Inge	Martina	Tanja
Bärbel	Elisabeth	Ilse	Margret	Trude
Bettina	Frauke	Irene	Monika	Ulrike
Brigitte	Faustine	Irmgard	Marion	Ursula (Uschi)
Christiane	Gabriele	Julia	Martha	Ute

Namen für Jungen

Alex	Carl	Fritz	Holger	Lutz	Reinhold
Alexander	Christoph	Gerald	Hubert	Max	Stefan
Albrecht	Detlef	Gerd	Jochen	Martin	Sigmund
Alfred	Dieter	Georg	Johann	Manfred	Uwe
Anton	Dietmar	Gustav	Johannes	Otto	Udo
Andreas	Erich	Gottfried	Karl	Peter	Volker
Bernhard	Ernst	Hartmut	Karlheinz	Rudolf	Wilhelm
Bernd	Eduard	Hermann	Konrad	Ralf	Walter
Bruno	Eugen	Hans	Klaus	Rolf	Werner
Bodo	Franz	Heinz	Kurt	Rainer	Wolfgang
Burkhart	Frank	Harald	Leonhard	Raimund	Wilfried

Gruppenarbeit

Read the message Andrea Schultheiß is leaving on the answering machine at her dentist's office. Then pretend that you are calling Doktor Ritter. Tell your partner what kind of message you would leave. The other student will write it down. Take three minutes and be prepared to read the message to the class.

Doktor Ritter listens to his answering machine and discovers the following message.

> Guten Tag, Doktor Ritter. Mein Name ist Andrea Schultheiß. Man buchstabiert das S-c-h-u-l-t-h-e-i-ß. Haben Sie morgen vielleicht einen Termin frei? Rufen Sie mich doch bitte an! Meine Telefonnummer ist 44629. Vielen Dank. Auf Wiederhör'n!

Gelenkte Kommunikation

A. In a restaurant in Italy a sign says German is spoken here. Express this in German by using **man.**

B. You are in a German department store and want to know if books are sold here. Ask the salesperson.

Wiederholung : Grammatik

A. Replace the noun in each sentence with the correct pronoun substitute.

Beispiel : Das Baby ist müde. → **Es** ist müde.

1. Der Herr ist Arzt.
2. Die Dame ist Professorin.
3. Die Frau ist Amerikanerin.
4. Der Mann ist Kanadier.
5. Das Kind ist in Deutschland.
6. Der Junge ist Schüler.
7. Das Mädchen ist im Gymnasium.
8. Die Freundin wohnt in Mexiko.
9. Der Freund ist Student.
10. Das Baby ist zu Hause.

B. Change each of the nouns in Exercise A to the plural. Make any necessary changes to the rest of the sentence.

Beispiel : Das Baby ist müde. → **Die Babys sind** müde.

TEIL 3,2 | Wie ist das Wetter?

MERKE

Intensification : **sehr, ziemlich, schön, ein bißchen**

Es ist heute **sehr kalt.**
Es ist heute **ziemlich kalt.**

Es ist heute **schön warm.**
Es ist heute **ein bißchen schwül.**

WERDEN	
ich **werde**	wir **werden**
Sie **werden**	
er / sie / es **wird**	sie **werden**

HABEN	
ich **habe**	wir **haben**
Sie **haben**	
er / sie / es **hat**	sie **haben**

Es ist jetzt warm und schwül, aber es **wird** bald kühl und trocken.
Der Himmel ist jetzt klar, aber es **wird** bald bewölkt.

Es donnert und blitzt, und wir **haben** jetzt ein Gewitter.
Berlin **hat** jetzt eine Hitzewelle.

VOKABULAR   das Wetter

das Wetter	das Gewitter	die Kaltfront	regnen	vielleicht
der Himmel	der Regen	die Warmfront	schneien	wahrscheinlich
	der Schnee	die Kältewelle	hageln	bestimmt
	das Eis	die Hitzewelle	donnern	
	der Nebel		blitzen	
			frieren	
			passieren	

schön	kalt	windig	klar	im Winter	nur
schlecht	kühl	stürmisch	sonnig	im Frühling	und
schrecklich	warm	heftig	bewölkt	im Sommer	aber
	heiß	trocken	wolkig	im Herbst	oder
draußen	schwül	feucht	nebelig		auch
drinnen	naß	regnerisch			

Kulturnotiz

Although West Germany lies on the same latitude as mid-Canada, its climate is kept rather mild by the Gulf Stream that warms western Europe. In many respects the climate is similar to that of New England. There are four seasons, with the transitions between them slow and gradual.

Given the mild climate, violent storms like those found in the U.S. are rather rare. In Germany, flooding and drought are not as serious concerns as they are here. Summer is shorter in Germany, but summer days are noticeably longer than in America. Summer temperatures there rarely rise above 85°F (30°C) and are typically in the mid-seventies or cooler. Winter temperatures can get as cold as they do here in the U.S., but they usually stay between 25° and 35°F (−4° and 2°C).

There is more rainfall in Germany than in the U.S., except perhaps in the states of Washington and Oregon. Extended periods without sunshine are common. The damp weather is especially problematic in the winter, when temperatures hover around the freezing mark. Icy road surfaces are a major cause of auto accidents, and so is dense fog. Drivers often put foglights on their vehicles—sometimes as many as four in the front, and a red foglight in the rear, out of necessity. Because of the rainy, damp climate, many Germans love the sun and spend time outdoors whenever possible. When it's sunny, sitting on the balcony or patio, picnicking and barbecuing (**grillen**), going to outdoor cafés, walking in the park or forest, and bicycle riding all become very popular. Most West Germans take their annual two-to-four-week vacation in July and August, and many families head south to Spain, Portugal, Italy, southern France, Greece, and Yugoslavia, where warm, sunny weather is the rule rather than the exception.

Im Frühling
in den Alpen.

Das Wetter

1. Welche Jahreszeit haben wir? Sommer, Winter?
2. Welche Städte kennen Sie?
3. Wie ist das Wetter jetzt?

4. Wo ist es heiß oder sehr heiß?
5. Wo ist es kühl oder kalt?

AKTIVITÄTEN   Freie Kommunikation

Wie ist das Wetter heute?
Wie ist der Himmel jetzt?
Wie ist der Himmel, wenn das Wetter schlecht ist?
Was passiert heute wahrscheinlich?

Wie ist das Wetter in Arizona?
Wie ist das Wetter in Alaska?
Wie ist das Wetter in New Orleans?
Wie ist das Wetter in San Francisco?
Wie ist das Wetter in Deutschland?

Schneit es heute vielleicht?
Hagelt es heute vielleicht?
Donnert es heute vielleicht?
Blitzt es heute vielleicht?
Friert es heute vielleicht?

Wie ist das Wetter im Sommer?
Wie ist das Wetter im Herbst?
Wie ist das Wetter im Winter?
Wie ist das Wetter im Frühling?

Kommt bald eine Kaltfront oder eine Warmfront?   Haben wir jetzt eine Hitzewelle
   oder eine Kältewelle?

Wie wird das Wetter, wenn eine Kaltfront kommt?   Wie wird das Wetter, wenn eine
   Warmfront kommt?

Was passiert, wenn wir ein Gewitter haben?   Regnet es nur?   Donnert es nur?
   Blitzt es nur?

Sind die Gewitter heftig, wo Sie wohnen?   Ist es oft sonnig oder wolkig?
Ist es oft schwül?   Ist es nebelig?   Ist es regnerisch?

Gruppenarbeit

A. Work in groups of three. Take five minutes to develop a three-day weather forecast. Describe what today's weather is like and indicate what change is foreseen. One student in your group should take notes. Another will present the report to the class.

B. Choose a partner, find out where that person is from, and what the weather is like there. Take notes. Switch roles and after two minutes present your summaries to the class.

TEXT : Das Wetter ist schrecklich!

Read what Brigitte writes to her friends from her vacation on the island of Sylt, and answer the true/false questions that follow.

Am Strand
an der Nordsee.

Sylt, 15. August

Hallo, Karin und Peter!

Na, wie geht's? Sylt ist echt schön, aber das Wetter ist schrecklich. Ist es in München auch so schlecht wie hier? Es ist meistens nebelig und bewölkt. Es regnet oft, und wir haben viele Gewitter. Es ist auch ganz schön kalt, und wir haben gar keine Sonne. Hoffentlich wird's bald besser. Wir haben doch jetzt Sommer!! Mensch, vielleicht fahre ich doch in den Süden.
Tschüß,
Brigitte

An

Karin und Peter König

Feldgasse 32

8000 München

Fragen

1. Brigitte findet Sylt gar nicht schön.   Richtig __ Falsch __
2. Das Wetter ist schlecht.   Richtig __ Falsch __
3. Brigitte ist in München, und ihre Freunde sind in Sylt.   Richtig __ Falsch __
4. Brigitte schreibt, es ist ziemlich warm.   Richtig __ Falsch __
5. Es regnet oft.   Richtig __ Falsch __
6. Morgen wird es besser.   Richtig __ Falsch __

Kulturnotiz

About 19 miles (30 kilometers) off the coast of **Schleswig-Holstein** (the northernmost state in West Germany), lie the North Frisian Islands of **Sylt, Amrum,** and **Föhr.** The area where these islands rise out of the **Nordsee** (*North Sea*) is called the **Wattenmeer** (*shallow tidal flats*), and it is marked by strong tides. West Germans often choose these islands as vacation destinations, although the climate is rather cool and windy and the sea too rough for swimming. On the beach people often sit in a **Strandkorb**, a beach chair that protects the sunbathers from the wind.

Fischer
auf der Ostsee.

TEXT : Sylt und Föhr

Try to get the general drift of the following texts and then answer the questions.

WENNINGSTEDT/ INSEL SYLT

Sylt, größte und bekannteste der nordfriesischen Inseln, bietet viele Möglichkeiten für sportliche und unterhaltsame Ferien. Den unverwechselbaren Charme eines lebendigen und liebenswerten Familien-Badeortes zwischen Heide und Dünen hat immer noch Wenningstedt. Hier geht es etwas ruhiger zu als im nur 3 km entfernten, turbulenten Westerland. 3 km lang ist der weiße Sandstrand. Strandabschnitt für FKK-Anhänger. Radeln, Reiten, Surfen, Tennis, Segeln. Heide- und Wattwandern. Kurmittelhaus.

WYK/INSEL FÖHR

Nur 11 km vom Festland entfernt liegt Föhr mit seinem milden Klima. Föhr das ist Licht, Luft Sonne, Baden im Meer, der lange, weiße Sandstrand. Bummeln über Kopfsteinpflaster durch schmale Gassen. Schmucke Fassaden und Giebel entdecken. In Boutiquen und Antiquitätenläden stöbern. Radeln und wandern. Auf der Wyker Promenade dem Kurkonzert lauschen. Große Auswahl für viel oder wenig Bewegung wie Reiten, Wattwanderungen zur Nachbarinsel Amrum, Golf, Kegeln, Tennis, Minigolf, Windsurfen, Angeln, Spazieren auf Wyks 5 km langer Strandpromenade.

1. Which islands are described?
2. Which towns are mentioned?
3. List the words that are used to describe the islands. Can you determine their meanings from the context?
4. What types of activities can a tourist find here?

Was ist das?

EINBLICK: Ferienhäuser

Try to comprehend the following advertisements and then answer the questions.

Appartementhäuser Öland und Silvana

Appartementhäuser in recht ruhiger und doch zentraler Lage. Die Dünen, der Strand, das Kurmittelhaus, Einkaufsmöglichkeiten und Restaurants sind etwa 200—400 m entfernt. PKW-Abstellplätze. Abstellraum für Fahrräder in beiden Häusern.
Im Haus Öland: Münzwaschmaschine und -trockner zur gemeinsamen Benutzung.

Alle Appartements sind modern ausgestattet mit Radio, Farb-TV, Küchenzeile mit Kaffeemaschine, Eßplatz, Heizung und Dusche/WC.

Appartementhaus Öland
GWT 1781. Typ 1. 1-Raum-Appartement, ca. 28 qm. Wohn-Schlafraum mit Doppelcouch. Terrasse.
GWT 1782. Typ 2. 2-Raum-Appartement, ca. 30 qm. Wohn-Schlafraum mit 1 Schlafcouch. Kleiner Schlafraum mit 2 Einzelbetten. Terrasse.
GWT 1783. Typ 3. 1 1/2-Raum-Galerie-Appartement auf 2 Ebenen, ca. 41 qm. Obergeschoß: Wohn-Schlafraum mit Doppelcouch. Treppe führt vom Wohn-Schlafraum zu Atelier-Geschoß mit offenem Schlafraum mit 2 Betten.

Feriendomizile am Südstrand

Geschmackvolle Landhäuser in Wyk in ruhiger Lage, nur etwa 100—300 m vom Südstrand mit der Strandpromenade entfernt. Zum Meerwasser-Wellenbad und zum Kur- und Ortszentrum ca. 800 m, zum Hafen ca. 1500 m. Münzwaschmaschine und -trockner in den Häusern Jütland zur allgemeinen Benutzung.

Alle Appartements sind modern mit skandinavischen Kiefernmöbeln ausgestattet und verfügen über Radio, Farb-TV, Küchenzeile mit Kaffeemaschine, Eßplatz und Heizung. Balkon- oder Terrassenmobiliar.

Haus Mön mit 2 Ferienwohnungen.
GWT 2355. 3 1/2-Raum-Haushälfte auf 3 Ebenen, ca. 75 qm. Erdgeschoß mit Wohn-Schlafraum mit Couch und Eßplatz. Küche. WC. Terrasse. 1. OG.: 2 Schlafräume, 1 x mit 2 Betten, 1 x mit Etagenbett. Dusche/WC. Im Atelier-Geschoß — Aufgang vom Flur: offener Schlafraum mit 2 Betten.
Telefonanschluß auf Anfrage und Vorbestellung.

Haus Holmsland mit insgesamt 6 Appartements. Gutbürgerliches Restaurant im Haus.
GWT 2373. Typ 1. 2-Raum-Appartement. Ca. 40 qm. Wohn-Schlafraum mit Doppelcouch. Schlafraum mit 2 Betten. Dusche/WC.
GWT 2374. Typ 2. Wie Typ 1, jedoch mit Balkon.

1. Where or how are these vacation condos situated?
2. What amenities are there?
3. How large is the **Appartementhaus Öland**?
4. How many groups can the **Haus Holmsland** accommodate?

Gelenkte Kommunikation

Indicate what Fred and his friend have to say about the weather during their vacation.

A. Fred is writing a postcard from his vacation in Bavaria. He reports that:

1. the weather is terrible and that it often rains.
2. they will have a thunderstorm soon, and there's a lot of lightning flashing right now.
3. it will definitely be cool, but perhaps a little bit sunny.
4. it is often foggy and quite humid.

B. A friend of Fred's is spending some time in Italy. He writes that:

1. they are having a heat wave now.
2. it is very hot and humid.
3. they often have thunderstorms.
4. it will probably turn cool and dry.

Wiederholung : Grammatik

Form sentences from these fragments. Add articles where needed.

Beispiel: es / hageln / heute → Es hagelt heute.
　　　　Himmel / sein / heute / dunkel → Der Himmel ist heute dunkel.

1. wie / sein / Wetter / draußen ?
2. Wetter / sein / heute / schlecht
3. es / regnen / heftig
4. es / sein / jetzt / bewölkt
5. es / sein / nicht / klar

6. es / werden / jetzt / windig
7. schneien / es / morgen ?
8. sein / es / heute / nebelig ?
9. frieren / es / morgen ?
10. werden / morgen / sehr / kalt

TEIL 3,3 | Wer ist das? Was ist das? Wie ist das?

MERKE

Wer ist das? Das ist **Herr Karl Weiß.**
Wie ist er? Er arbeitet **fleißig,** und er ist **sehr ordentlich.**

Und **wer** ist das? Das ist **Frau Susan White.**
Wie ist sie? Sie ist **faul,** und sie **fährt immer Auto.**

Was ist das? Das ist **das Auto von Frau White.**
Wie ist es? Es ist **groß und teuer.**

Think about the following questions. Then read the two paragraphs and answer the comprehension questions.

Fragen

1. What characteristics do you associate with Germans and Americans?
2. Do you think these are stereotypes? Do you have some personal experience that confirms them?

TEXT: Ist das richtig?

Die Amerikaner sind unkonventionell und flexibel und immer lustig und gesellig. Einige sind sehr sportlich und aktiv. Die meisten Frauen sind schlank und sehen immer jung aus. Viele Amerikaner sind aber faul und dick. Sie fahren immer Auto (sehr große, natürlich) und essen viele Hamburger! Sie sind sehr freundlich, aber auch etwas oberflächlich, also nicht so gute Freunde.

Die Deutschen sind immer pünktlich und sehr fleißig. Sie arbeiten viel und sind sauber und ordentlich. Viele sind politisch aktiv, ernst und kritisch, oft etwas sarkastisch und nicht sehr tolerant. Sie sind höflich, aber auch etwas distanziert.

Fragen

1. Wie sind die Amerikaner? Was denken Sie?
2. Wie sind die Deutschen? Was denken Sie?
3. Wie sind die Mexikaner, die Engländer, die Schweizer, usw.?
4. Welche Stereotypen gibt es?

TEIL 3,4   r   e   s   e

MERKE   *Nominative case: forms*

	masculine	*feminine*	*neuter*	*plural*
nominative	der (Mann)	die (Frau)	das (Buch)	die (Studenten)
	er	sie	es	sie
	wer?	—	was?	—
	r	**e**	**s**	**e**

AKTIVITÄTEN   Gelenkte Kommunikation

Form questions for each of the following scenarios.

A. You are talking on the telephone to a friend who is on vacation. You want to know:

1. what the weather's like today
2. if it is warm and humid now

3. if it's raining
4. if it's getting cool

B. You are trying to register late for a class. Ask another student who has already attend-
ed one session:

1. what the book is like
2. how many students there are

3. who the professor is
4. what she's like

Wiederholung : Grammatik

A. Form sentences from these fragments. Supply definite articles where they are needed.

Beispiel: Studenten / sein / heute / böse → Die Studenten sind heute böse.

1. Klasse / sein / in Innsbruck
2. Assistentin / sein / aus Deutschland
3. Studenten / kommen / aus Österreich
4. Himmel / sein / klar
5. Wetter / sein / nicht / schlecht

6. Sonne / scheinen / heute / nicht
7. Kältewelle / kommen / vielleicht
8. Frauen / laufen / draußen
9. Männer / sitzen / drinnen
10. Leute / sein / sehr lustig

B. Answer each question with the information given in parentheses. Replace the subject with a pronoun.

Beispiel: Wie ist die Dame? (freundlich) → Sie ist freundlich.

1. Wann kommen die Leute? (heute)
2. Wie ist die Frau? (jung)
3. Wie alt ist der Mann? (32)
4. Wie heißt das Mädchen? (Bärbel)
5. Wo ist der Junge? (in Wien)
6. Kommt die Familie aus Österreich? (aus Deutschland)

TEIL 3,5

Welcher Student arbeitet fleißig? Dieser Student arbeitet fleißig. Jeder Student arbeitet fleißig. Alle Studenten arbeiten fleißig.

MERKE

der-*words*

dies-

Dieser Mann ist hungrig.
Diese Frau kommt nicht.
Dieses Buch ist sehr teuer.
Diese Kinder sind fleißig.

jed-

Jeder Student macht das.
Jede Assistentin macht Pädagogik.
Jedes Bild ist schön.
Alle Fenster sind zu.

welch-?

Welcher Verkäufer ist das?
Welche Kellnerin arbeitet hier?
Welches Kind bringt das Buch?
Welche Leute kommen?

AKTIVITÄTEN   Freie Kommunikation

Answer the following questions.

1. Sind alle Studenten fleißig?
2. Ist jeder Student hier intelligent?
3. Ist jedes Mädchen hier sympathisch?
4. Sind alle Professoren diplomatisch?
5. Ist jeder Bleistift aus Holz?
6. Sind alle Kulis aus Plastik?
7. Sind alle Fenster hier schmutzig?
8. Sind alle Bücher im Klassenzimmer neu?

Gruppenarbeit

Work with one other student for one minute. Take turns doing the following.

1. Point to something in the classroom and describe it. Begin with a form of **dies-**.

Beispiel: Point to the chalkboard and say: **Diese Tafel ist schwarz.**

2. Find something or someone in the classroom, observe at least one quality of the object or person you see, and ask a question that begins with a form of **welch-**. The other students will try to identify the person or thing.

Beispiele: A. You see that one of the windows in the classroom is open. You ask another student: **Welches Fenster ist auf?** The student looks and points to the window and says: **Dieses Fenster ist auf.**

B. You observe that one of the students in class is blond. You ask: **Welcher Student ist blond?** Another student points to the student and says: **Dieser Student ist blond.** Or: (*Student's name*) **ist blond.** Or: **Er ist blond.**

Wiederholung: Grammatik

A. Replace the definite article in each sentence with the cued **der**-words. Make any *necessary* changes.

Beispiel: Der Herr ist klein. (dies-) → **Dieser** Herr ist klein.

1. Der Amerikaner ist lustig. (dies-, welch-)
2. Die Deutsche ist blond. (dies-, jed-, welch-)
3. Die Österreicher sind sportlich. (dies-, all-, welch-)
4. Der Schweizer ist fleißig. (dies-, jed-, welch-)
5. Das Buch ist sehr teuer. (dies-, jed-, welch-)
6. Die Stifte sind aus Holz. (dies-, all-, welch-)
7. Das Heft ist weiß. (dies-, welch-)
8. Der Tisch ist braun. (dies-, all-, welch-)

TEIL 3,6 | r/-   e   s/-   e

MERKE

	masculine	*feminine*	*neuter*	*plural*
nominative	der (Mann)	die (Frau)	das (Buch)	die (Studenten)
	er	sie	es	sie
	wer?	—	was?	—
	ein	eine	ein	keine
	r/-	**e**	**s/-**	**e**

AKTIVITÄTEN   Gelenkte Kommunikation

The instructor will point to an object and ask a **ja/nein-Frage** with a form of **ein**. Answer affirmatively or negatively as required.

Beispiele: 1. The instructor points to a window and asks: **Ist das ein Fenster?**
The student answers: **Ja, das ist ein Fenster.**

2. The instructor points to the door and asks: **Ist das eine Tafel?**
The student answers: **Nein, das ist keine Tafel, das ist eine Tür.**

Gruppenarbeit

Work with another student. Point to an object in the room and ask: **Ist das _____?** Your partner will answer: **Ja, das ist _____** or: **Nein, das ist nicht / kein _____**, depending upon the object pointed to. Do this with three objects or persons, then switch roles. Complete this in two minutes.

Wiederholung : Grammatik

A. Replace each definite article with the indefinite article to create a general statement.

Beispiel: Das ist die Tafel. → Das ist **eine** Tafel.

1. Das ist das Zimmer.
2. Das ist der Papierkorb.
3. Das ist die Tür.
4. Das ist das Fenster.
5. Das ist der Tisch.
6. Wo ist der Bleistift?
7. Das ist der Bleistift.
8. Das ist das Heft.
9. Wo ist die Tür?
10. Wo ist der Wischer?
11. Ist das der Student?
12. Ist das die Frau?
13. Ist das der Mann?
14. Ist das das Mädchen?
15. Ist das die Assistentin?
16. Das ist die Person.
17. Wo ist die Sekretärin?
18. Wo ist der Arzt?
19. Das ist der Lehrer.
20. Das ist die Professorin.

B. Answer the following questions negatively.

Beispiel: Ist das der Professor? → Nein, das ist **nicht der** Professor.
Ist der Professor Amerikaner? → Nein, er ist **kein** Amerikaner.

1. Ist das das Buch?
2. Ist das das Heft?
3. Ist das die Professorin?
4. Ist sie Assistentin?
5. Sind das die Deutschen?
6. Sind das die Kanadier?
7. Sind das die Freunde?
8. Ist das ein Student?
9. Ist sie Studentin?
10. Ist sie die Lehrerin?

Eine junge
deutsche Studentin.

TEIL 3,7 | Kleidung und Schmuck

MERKE

Compound nouns: gender

das Leder (*leather*) + **der** Schuh (*shoe*) = **der** Leder**schuh** (*leather shoe*)
der Sommer (*summer*) + **das** Kleid (*dress*) = **das** Sommer**kleid** (*summer dress*)

VOKABULAR   Kleidung

die Kleidung   die Damenkleidung / die Herrenkleidung
die Wäsche

der Hut, ¨-e   das Hemd, -en
    Regenhut   Unterhemd / Turnhemd
die Mütze, -n   das T-Shirt, -s
    Sportmütze

die Hose, -n   die Bluse, -n
    Unterhose   der Rock, ¨-e
    kurze Hose   das Kleid, -er
    Badehose   Sommerkleid
die Shorts (*pl*)   der Büstenhalter (der BH)
die Jeans (*sing* or *pl*)

die Socken (*pl*)   das Kostüm, -e
die Strümpfe (*pl*)   der Anzug, ¨-e
    Nylonstrümpfe (*pl*)   Hosenanzug
                                          Trainingsanzug
                                          Badeanzug, ¨-e
der Gürtel   die Weste, -n
der Schuh, -e   die Krawatte, -n
    Lederschuhe   (*oder:* der Schlips, -e)
    Turnschuhe
der Handschuh, -e   der Mantel, ¨-
der Stiefel, -   Wintermantel
    Lederstiefel   Regenmantel
    Gummistiefel   der Anorak, -s
die Sandale, -n   der Schal, -s / -e

die Brille, -n   die Jacke, -n
    Sonnenbrille, -n   Sportjacke
der Regenschirm, -e   Strickjacke
der Rucksack, ¨-e   der Pullover, - / der Pulli, -s
die Tasche, -n   das Sweatshirt, -s

Welche Schuhe verkauft man hier?
Sind sie teuer oder billig?
Welche Schuhe tragen Sie?

Schmuck

der Schmuck	der Ring, -e	das Armband, ¨-er
die Kette, -n	der Ohrring, -e	die Armbanduhr, -en

Kleider beschreiben

groß	lang	modisch / schick	
klein	kurz	schlampig	
langärmelig	hell	gestreift	vielfarbig
kurzärmelig	dunkel	kariert	bunt
	hellblau / dunkelrot	punktiert	
aus Wolle	aus Leder	aus Nylon	
aus Baumwolle	aus Gummi	aus Gold / Silber	

Kulturnotiz

Clothing in Germany is dictated to a degree by the damp, rainy climate. High-quality winter clothing and woolen suits are common, and rainwear is an absolute necessity. Especially noticeable to Americans is the short yellow waterproof **Segeljacke** (*sailing jacket*) worn by many people, particularly in northern Germany. Often a **Tracht** (*regional costume*) is associated with certain areas. The Bavarian **Dirndl** is an example of such a **Tracht.**

Beschreiben Sie die Kleidung in diesem Bild!

Deutsche und amerikanische Größen

Hemden		Anzüge		Damenkleider		Schuhe			
						Damen		Herren	
USA	BRD	USA	BRD	USA	BRD	USA	BRD	USA	BRD
14	36	36	46	8	36	6	36	8	41
14½	37	38	48	10	38	6½	37	8½	41½
18	45	48	58	14	42	10	42	12	46

AKTIVITÄTEN   Gruppenarbeit

A. Find one item in the following catalog and identify its size, order number, and price. What are the German terms for *size, price, order number,* and *quantity?*

B. Pick an item from the catalog excerpt. Name the item of clothing. How is it described? What is it made of? What sizes and colors does it come in?

C. Together with a partner, choose three items that the two of you want to order. Fill out the **Bestellschein** with the requested information. Take five minutes to do this. One of you will describe to the class one item you want to order.

Bestellschein

Anzahl	Bestellnummer	Größe	Preise	DM	PF
1					
2					
3					
4					
5			Gesamtpreis	DM	PF

4 Herren-Oberhemd von »Toni Dress«. Modisch weiter Schnitt, Knopfleiste, 1 Brusttasche. Angenehm weiche, leicht angerauhte Qualität aus reiner Baumwolle. Deutsche Produktion
11055/2 blau   11056/2 grün
11057/2 rosenholz
Halsw.: 37, 38, 39, 40, 41,
        42, 43, 44, 45, 46   DM 59,90

Krawatten. Material: Echt Leder
⑤ 11072/2 rot   11073/2 marine
11074/2 beige   11075/2 grau
11076/2 schwarz   11077/2 weiß
11078/2 gelb   11079/2 stahlblau
11080/2 kornblau   11081/2 grün
                            DM 21,90

⑥ Strickkrawatten. Material: 100% Viskose
11082/2 marine 11083/2 rot 11084/2 royal
11085/2 grün   11086/2 lila DM 24,95

Material: 100% Polyester
⑦ 11087/2 braun   DM 22,95
⑧ 11088/2 blau-grün   DM 19,95
⑨ 11089/2 marine   DM 24,95
⑩ 11090/2 grau-rot   DM 17,95
⑪ 11091/2 beige-braun   DM 17,95
⑫ 11092/2 bordeaux   DM 22,95
⑬ 11093/2 marine-bordeaux   DM 24,95
⑭ 11094/2 grau-grün   DM 24,95
⑮ 11095/2 flieder-marine   DM 24,95
⑯ 11096/2 blau   DM 19,95
⑰ 11097/2 grün-grau   DM 19,95
⑱ 11098/2 grau-rot   DM 22,95

4 Sportliches Poloshirt mit Stickereiemblem, farbharmonisch abgestimmt, ideal zum Kombinieren! Reine Baumwolle, waschbar
04411/2
Gr.: 36/38, 40/42   DM 29,95
Gr.: 44/46   DM 33,—
Gr.: 48   DM 36,—

5 Royalblauer Pulli mit rasantem Panthermotiv und Paillettenstickerei. Kuschelweich aus 80% Polyacryl, 20% Polyamid. Handwäsche
04412/2
Gr.: 36/38, 40/42   DM 79,90
Gr.: 44/46   DM 89,90
Gr.: 48   DM 99,—

6 Kastanienbraune Fancycordhose, schön schmal und doch bequem, mit kleinen, eingelegten Bundfalten sowie saloppen Taschen. Reine Baumwolle, waschbar
04413/2
Gr.: 36, 38, 40   DM 59,90
Gr.: 42, 44, 46   DM 67,—
Gr.: 48   DM 74,—

9 Sportiver Ledergürtel, Schwarz mit Braun, ca. 8 cm breit, altmessingfarbene 2-Dorn-Schließe
01879/2
Gr.: 70, 80, 90 cm   DM 39,95

10 Gürtel aus braunem Synthetik, ca. 4 cm breit, altmessingfarbene Schließe
01880/2
Gr.: 70, 80, 90, 100 cm DM 19,95

Sehen Sie die Krawatten im Vokabular an!

Freie Kommunikation

Answer the following questions.

Welche Kleidung ist Damenkleidung?	Welche Kleidung ist für kühles Wetter?
Welche Kleidung ist Herrenkleidung?	Welche Kleidung ist für regnerisches Wetter?
Welche Kleidung ist Sportkleidung?	Welche Kleidung ist für das Wochenende?
Welche Kleidung ist Winterkleidung?	Welche Kleidung ist für das Theater?
Welche Kleidung ist Sommerkleidung?	Welche Dinge sind Schmuck?

Was ist oft aus Wolle? Aus Baumwolle? Aus Leder? Aus Gummi? Aus Nylon?
Aus Gold oder Silber?

Gelenkte Kommunikation

A. Name the articles of clothing that you have on right now. For the time being, use this formula: **Das ist das Hemd, das ist der Gürtel, das ist die Hose, das sind die Socken und das sind die Schuhe.** Name any pieces of jewelry you might be wearing, or any rainwear or seasonal clothing that you have with you.

B. Now describe the colors, patterns, and fabric of your clothing and any items you have with you.

Gruppenarbeit

Find a partner and pick two of the following situations. One of you identifies the clothing appropriate for the first situation, while the other writes it down. Then switch roles. Take two minutes each and then tell your class which items you would wear for each situation.

Jobinterview :
Theaterbesuch :
Sport :
Uni :
in Mexiko (Karibik) :

Wiederholung : Grammatik

Determine the gender of the following compound nouns.

Beispiel: Winterkleidung → **die** Winterkleidung

Ohrring	Lederstiefel (*sing*)	Armband	Sonnenbrille	Trainingsanzug
Regenschirm	Regenmantel	Armbanduhr	Sportjacke	Handschuh

TEIL 3,8 | Wessen Buch ist das? Das ist Ritas Buch. Das ist mein Buch. Das ist nicht mein Buch.

MERKE

	masculine	feminine	neuter	plural
nominative	mein	meine	mein	meine
	sein	seine	sein	seine
	ihr	ihre	ihr	ihre
	Ihr	Ihre	Ihr	Ihre
	unser	unsere	unser	unsere

Wessen

Wessen Jacke ist das?   Ist das **Inges**?   Nein, das ist nicht **ihre Jacke.**

AKTIVITÄTEN   Gruppenarbeit

Find a partner and put yourselves in the following situation.

The two of you are roommates, and you had a party at your house last night. This morning you discover a number of things people left behind.

One of you asks the following questions. The other indicates to whom the items belong, using this or a similar model: **Hmmm, ich glaube, das ist _____**. Be prepared to demonstrate two of the question-answer exchanges to the class. Switch roles after the first four questions. Take three minutes for all eight questions.

Find out:

1. whose jacket that is
2. whose watch that is
3. whose jewelry that is
4. whose umbrella that is
5. whose sweater that is
6. whose raincoat that is
7. whose sunglasses these are
8. whose purse that is

Gelenkte Kommunikation

Describe your own or someone else's clothing using **mein, sein,** and **ihr**:

Beispiel: The instructor points to a jacket next to a male student and asks:

Wessen Jacke ist das?
The student answers: **Das ist seine Jacke.**

Wiederholung : Grammatik

A. Replace each indefinite article with the cued possessive adjectives and names.

Beispiel: Das ist eine Brille. (mein, ihr, Karola) →
        Das ist meine Brille. Das ist ihre Brille. Das ist Karolas Brille.

1. Das ist ein Hut. (mein, sein, Udo)
2. Das ist eine Mütze. (ihr, Inge)
3. Das ist eine Hose. (Ihr, sein)
4. Das ist ein Gürtel. (mein, Fritz)
5. Das ist ein Hemd. (sein, ihr)
6. Das ist eine Brille. (mein, Martin)
7. Das ist ein Regenschirm. (unser)
8. Das ist eine Kette. (ihr, Erika)
9. Ist das eine Bluse? (mein, Inge)
10. Ist das ein Rock? (Ihr, Frauke)
11. Ist das ein Kleid? (ihr, Inge)
12. Ist das ein Anzug? (sein, Herr Kühne)
13. Ist das ein Kostüm? (Ihr, Frau Meyer)
14. Ist das eine Jacke? (mein, Ihr, sein)
15. Ist das ein Pullover? (mein, Rita)
16. Ist das ein Ring? (Ihr, sein, Renate)

B. Follow the same model as above for the plural items.

1. Das sind Ohrringe. (mein, Ihr, unser, Anagret)
2. Das sind Shorts. (mein, sein, ihr, Willi)
3. Sind das Jeans? (sein, Ihr, mein, Bärbel)
4. Sind das Schuhe? (Frau Steiner, Herr Dielmann, unser, mein)
5. Sind das Sandalen? (mein, Ihr, unser, Anke)

TEIL 3,9	Ist das Inges Jacke? Nein, das ist nicht ihre.

MERKE   *Possessive pronouns*

Masculine: **Mein Vater** ist zu Hause. Wo ist **Ihrer?**
Feminine: Das ist **ihre Jacke**, nicht **meine.**
Neuter: **Mein Buch** ist hier, und **sein(e)s** ist da.

Lesestück: Wessen Jacke ist das?

A. Read the following discussion about a mysterious piece of clothing.

,,Wessen Jacke ist das?"
,,Das ist Inges Jacke!"
,,Nein, so ein Quatsch! Ihre ist doch blau, und diese ist rot!"
,,Das ist bestimmt Petras Jacke. Sie vergißt immer alles."
,,Also, das ist doch Unsinn! Petra hat heute keine Jacke."
,,Vielleicht ist es Susis?"
,,Nee, nee, Susis ist es auch nicht. Ich sehe Susi da drüben. Sie hat ihre."
,,Ja, so was... Meine ist es jedenfalls nicht..."

B. Now find an item in the classroom and discuss in a similar manner whom it belongs to.

Beispiel: One student points to a backpack and asks: **Wessen Rucksack ist das?**
Another student answers: **Das ist ____.**
Depending on the facts, the student will say one of the following:
Ja, das ist meiner. Nein, das ist nicht meiner, das ist ____.

Kontrolle

After completing this chapter, you should be able to accomplish the following tasks in German:

1. ask and answer impersonal questions as well as personal ones
2. correctly spell any word you have learned, especially your name and any other personal information that you might have to spell out for a German person; comprehend names and words that are spelled out for you
3. talk about the weather in some detail
4. find out a person's name or the name of any object and be able to ask for a description of a person or a thing
5. describe people and things in detail
6. answer questions correctly, both affirmatively and negatively
7. name, identify, and describe articles of clothing
8. indicate ownership with names and possessive adjectives
9. elicit information about the owner of an object

Wiederholung

A. Recite the alphabet. Spell your name, your city, and your street address.

B. Answer these questions.

1. Wie ist das Wetter heute?
2. Regnet es heute vielleicht?
3. Wird es bald kalt?
4. Haben wir jetzt ein Gewitter?
5. Woher kommen Sie? Wie ist das Wetter da?
6. Wie ist das Wetter in Deutschland?

C. Identify and describe what you are wearing today.

Beispiel: **Das sind die Shorts. Sie sind blau.**

D. Sie fahren bald nach Deutschland. Beschreiben Sie das Wetter im Winter und Sommer!

E. Nennen Sie Kleidung für Deutschland im Sommer und im Winter!

PART TWO

Relating Personal Experiences

KAPITEL 4

MEINE FAMILIE
MEIN LEBEN ALS
STUDENT(IN)

ÜBERBLICK

KONTEXT UND FUNKTIONEN

discussing your family and other important people in your life
describing basic survival activities
discussing academic and social activities you regularly take part in
as a student

VOKABULAR

family, friends, neighbors, and pets
occupations
talking, reading, and writing
taking tests, studying and learning, dealing with errors, and doing
assignments
taking and bringing things between university and home
mailing letters and packages
transportation
caring for clothes
eating and drinking

KULTUR

family relationships in West Germany	examinations
pets	cheating
titles	cooperative housing
occupations	drinking
waiters	meals and mealtimes

GRAMMATIK

forms: the accusative case
   the definite article and **der**-words

> the indefinite article and **ein**-words
> personal and possessive pronouns
> interrogative words
> weak nouns
> word order: placement of adverbs and direct objects

TEIL 4,1 | Meine Verwandten kommen

VOKABULAR   die Familie

die Eltern : der Vater (Papa, Papi, Vati) und die Mutter (Mama, Mami, Mutti)

das Kind, -er	die Stiefeltern	die Schwiegereltern
der Sohn, ¨-e	der Stiefvater	der Schwiegervater
die Tochter, ¨-	die Stiefmutter	die Schwiegermutter
der Bruder, ¨-	der Stiefbruder	der Schwager, ¨-
die Schwester, -n	die Stiefschwester	die Schwägerin, -nen
die Geschwister (*pl.*)	der Stiefsohn	
	die Stieftochter	

die Verwandten

die Großeltern
der Großvater (Opa)
die Großmutter (Oma)
das Enkelkind, -er
der Enkel, -
die Enkelin, -nen

der Onkel, -
die Tante, -n

der Vetter, -n;
der Cousin, -s
die Kusine, -n
der Neffe, -n
die Nichte, -n

mütterlicherseits /
väterlicherseits

Nachbarn und Zimmerkollegen

der Nachbar, -n
die Nachbarin, -nen

der Zimmerkollege, -n
die Zimmerkollegin, -nen

Kulturnotiz

The notion of family in German-speaking socie-
ties is more extended and more encompassing
than here. Especially in villages, three or even four
generations may live in the same house, and most
relatives will live in the same **Stadt / Ort / Dorf**
(*town*) or **Landkreis** (*county*). Should someone live
some distance away, the other family members will
often visit on weekends or holidays. Godparents
are often active in family affairs and usually maintain a special relationship with the godchild. Close
friends of the family are often called **Tante** (*aunt*)
and **Onkel** (*uncle*), even though there is no blood
relationship. Advice from such an "uncle" is usually
not resented and may even be sought. (This is the
origin of the term "Dutch uncle.")

Eine deutsche Familie.

Read Ulli's thoughts on an upcoming family reunion and then answer the following questions.

TEXT: Meine Verwandten kommen

,,Die ganze Familie und viele Verwandte kommen dieses Wochenende hierher. Meine Schwester
heiratet diesen Samstag. Das wird bestimmt ein tolles Fest!! *Sooo* viele Leute kommen!
　　Ich find's schön, wenn man eine große Familie hat, aber es ist auch manchmal ein bißchen stressig.
Tante Margret fragt immer, wie die Schule ist: ,,Sind die Noten gut?" ,,Lernt der Junge auch genug?"
° sprechen　Und mein Vater und Onkel Johann reden° *nur* über Fußball! Aber meine Großeltern sind echt
klasse—toll gesund und aktiv, und sie versteh'n junge Leute eigentlich ganz gut. Ich rede gern mit
ihnen. Und Gott sei Dank kommen mein Cousin und meine Kusine aus Düsseldorf—wir hören neue
° sprechen　Platten und quatschen° über alles, Probleme mit Eltern und so... also, wir haben bestimmt viel Spaß
zusammen."

Fragen

1. Zwei Synonyme für **sprechen** sind ____ und ____.
2. Was meint Ulli, wenn er ,,toll" sagt? Ist das sehr gut, ziemlich gut, oder schlecht?
3. Wann kommen alle Verwandten?
4. Welche Verwandten kommen?
5. Wie findet Ulli seine Verwandten?
6. Was besprechen Ulli, sein Cousin und seine Kusine?
7. Wie sind **Ihre** Verwandten?

VOKABULAR Haustiere

das Tier, -e	der Hund, -e	der Kater, -	der Vogel, ¨-
das Haustier	die Hündin, -nen	die Katze, -n	der Fisch, -e
	der Dackel, -	der Hamster, -	das Pferd, -e
	der Schäferhund	das Kaninchen, -	die Kuh, ¨-e

Kulturnotiz

Many Germans have dogs as pets, even in very small apartments. Restaurant patrons are sometimes permitted to bring their dogs inside if they are well behaved, a practice not tolerated in the U.S. Children often have hamsters or pet birds in their room.

Jetzt lesen wir zusammen!

VOKABULAR Berufe

der Beruf, -e   Was sind Sie **von Beruf?**

Hausmann / Hausfrau	Bäcker / -in	Manager / -in
Rentner / -in	Fleischer / -in	Geschäftsmann / frau /
	Metzger / -in	-leute
Student / -in		Kaufmann / frau
Lehrer / -in	Schuhmacher / -in	Programmierer / -in
Professor / -in	Schuster / -in	Sekretär / -in
	Schreiner / -in	

Forscher / -in
Wissenschaftler / -in

Arzt / Ärztin
Zahnarzt / -ärztin
Krankenpfleger /
　Krankenschwester
Apotheker / -in
Optiker / -in

Anwalt / Anwältin
Architekt / -in
Ingenieur
Bankier
Makler / -in

Schriftsteller / -in
Maler / -in
Bildhauer / -in

Journalist / -in
Photograph / -in

Bauarbeiter / -in
Maurer / -in
Klempner / -in

Elektriker / -in
Mechaniker / -in

Verkäufer / in
Friseur / Friseuse

Kellner / -in
Koch / Köchin

Bauer / Bäuerin
Gärtner / -in

Juwelier / -in
Kunsthändler / -in
Autohändler / -in
Versicherungsagent /
　-in

Politiker / -in
Beamter / Beamtin

Polizist / -in
Soldat

Pilot / -in
Lokführer / -in
Lastwagenfahrer /
　-in

Kulturnotiz

Some German names for occupations and trades do not have feminine forms because women have only recently begun entering these fields. Though women serve in the armed forces for example, there is no feminine form for **Soldat.** Employers still advertise for one sex or the other for certain professions, as you can see in the ads for **Sekretärin** and **Ingenieur** (next page).

Die berühmte
moderne deutsche
Autorin Christa Wolf.

EINBLICK: Stellenangebote

Read the **Stellenangebote** (*employment ads*) and answer the questions.

Welche Firma sucht Sekretärinnen?

Für die Redaktion Bunte suchen wir

Sekretärinnen

mit unterschiedlicher Qualifikation.

Was ist ein anderes Wort für
Krankenpflegerin?
Wo arbeiten diese Leute?

Regionales Krankenheim
Baden/Schweiz

Wir sind ein Krankenheim (200 Betten) zur Pflege
von chronisch kranken Patienten.

Zur Ergänzung unseres Teams suchen wir per
sofort oder nach Vereinbarung

Krankenpfleger
Krankenpflegerinnen

Welche Computersprachen finden
Sie hier?
Wann kann man anrufen?

Software-Entwicklungs-Ingenieure

Sie sollten sich mit dem Betriebssystem MS-DOS und/oder UNIX auskennen
und in den Programmiersprachen C und/oder Assembler versiert sein.

Wir erwarten Ihren Anruf oder schreiben Sie uns, auch zwischen Weihnachten
und Neujahr ist unser Büro von unserem Herrn Bernd Strauch besetzt.

Telefon 0511/614071-4

Gruppenarbeit

A. Form groups of three and match occupations with the phrases provided. Take five minutes and be prepared to describe what these people do when your instructor asks you.

Beruferaten Wer macht was?		
Bauer	diese Person hat Pferde und Kühe	____
Elektriker	diese Person repariert Autos	____
Gärtner	hier kauft man Schmuck	____
Bankier	diese Person arbeitet nicht mehr	____
Juwelier	diese Person hilft Kranken	____
Autohändler	er arbeitet zu Hause	____
Rentner	diese Person schreibt Bücher	____
Politiker	meine Schuhe sind kaputt!	____
Ärztin	diese Person hat mein Geld	____
Mechaniker	er pflanzt schöne Rosen und Tulpen	____
Hausmann	sie schreibt, tippt und telefoniert	____
Schriftsteller	diese Person wird vielleicht Präsident	____
Sekretärin	er repariert Radios	____
Schuster	ich kaufe hier ein Auto	____

B. In three minutes find out from your partner: name, current and/or desired occupation, parents' occupation, how many brothers and sisters, their occupations. Take notes and then read to your class what you learned.

Eine Mutter
und ihr Kind.

Freie Kommunikation

Beantworten Sie die folgenden Fragen!

Wie heißen Ihre Eltern? Was sind sie von Beruf? Wie alt sind sie? Wo wohnen sie?

Wie heißen Ihre Geschwister? Wie alt sind sie? Sind sie auch Studenten?

Sind Sie verheiratet? Wenn ja, wie heißt Ihr Mann oder Ihre Frau? Was ist er / sie von Beruf?

Haben Sie Kinder? Wenn ja, wie alt sind sie? Haben Sie ein Haustier? Wenn ja, beschreiben Sie es!

Wo wohnen Ihre Großeltern? Wie alt sind sie? Was sind Ihre Großeltern von Beruf?

Wo wohnen Ihre Verwandten? Haben Sie Nichten und Neffen?

Wie sind Ihre Nachbarn? Wie sind Ihre Zimmerkollegen / Zimmerkolleginnen?

TEIL 4,2　　transitive verb . . . direct object

MERKE

Accusative case and active verbs: transitive and intransitive

Transitive: lesen, schreiben, essen　　　*Intransitive:* kommen, bleiben, mitgehen

direct object: Ich lese **Bücher.**　　　　*no direct object:* Sie kommt später.
　　　　　　　Ich schreibe **Karten.**　　　　　　　　　Er bleibt hier.
　　　　　　　Sie ißt **Brot.**　　　　　　　　　　　Wir gehen mit.

TEIL 4,3　　den　die　das　die

MERKE

Accusative case: definite article

Masculine:　Ich trage **den** Mantel.
Feminine:　Der Lehrer fragt **die** Studentin.
Neuter:　Die Studenten lesen **das** Buch.
Plural:　Schließen Sie **die** Fenster!

Word order: direct object and adverb of time

Ich schreibe den Brief heute.　　　　Vati liest später die Zeitung.

Was schreiben Sie heute?　　　　　**Wann** liest er die Zeitung?
Ich schreibe heute **den Brief.**　　　　Er liest die Zeitung **später.**

AKTIVITÄTEN　Freie Kommunikation

Beantworten Sie die folgenden Fragen!

Was öffnet oder schließt man im
　　Klassenzimmer?
Was macht man im Klassenzimmer
　　an oder aus?
Was wischt man im Klassenzimmer?
Was liest man im Klassenzimmer?
Was macht der Lehrer / die Lehrerin?
Was sehen Sie im Klassenzimmer?
Was tragen Sie jetzt?
Welche Kleidung waschen
　　Sie bald?

Gruppenarbeit

Find a partner and imagine being in one of the following situations. Ask your partner what he or she would wear in that situation and write down the information. Then switch roles. Take three minutes and be prepared to report to the class.

Situationen	Essen im Restaurant (sehr elegant!)	Haus saubermachen
	Skifahren in Bayern	Sport im Park
	Interview für einen Job	In Hawaii

Wiederholung : Grammatik

Substitute the nouns in parentheses for the direct object in each sentence.

1. Fragen Sie die Lehrerin! (Professor, Assistentin, Lehrer)
2. Nehmen Sie die Kreide! (Buch, Wischer)
3. Machen Sie das Fenster zu! (Buch, Tür, Heft)
4. Wischen Sie die Tafel, bitte. (Tisch, Stuhl)
5. Frau Winter kauft die Bluse. (Hut, Schuhe, Kette, Kostüm)
6. Herr Winter trägt die Krawatte. (Anzug, Hemd, Gürtel, Lederschuhe)
7. Die Tochter braucht das Kleid. (Sandalen, Mantel, Schmuck)
8. Der Sohn trägt die Hose. (Anorak, Pulli, Schal, Mütze)

TEIL 4,4 | Welches?—Dieses. Wen?—Ihn.

MERKE

Accusative case: der-*words*

Was brauchen Sie? **Welche** Kleider nehmen Sie mit?
  Ich nehme **diesen** Anzug und **dieses** Hemd mit. Ich brauche **jede** Krawatte
    und **diese** Schuhe.   Gut, ich habe jetzt **alle** Kleider.
Wen treffen Sie dort? Ich treffe **Bärbel und Walter.**

Pronoun substitution

Haben Sie **Ihren Anzug?** Ja, ich habe **ihn.**
Nehmen Sie **dieses Hemd** mit? Ja, ich brauche **es.**
Und **diese Krawatte?** Ja, ich nehme **sie** auch mit.
Nehmen Sie **diese Schuhe** mit? Ja, ich trage **sie** morgen.

AKTIVITÄTEN   Freie Kommunikation

Beantworten Sie die Fragen!

Welche Universität besuchen Sie?
Welche Kurse finden Sie dieses Semester toll und welche nicht so toll?
Welches Buch haben Sie heute mit?
Welche Leute sehen Sie hier im Klassenzimmer?
Welchen Studenten kennen Sie gut?

Wiederholung: Grammatik

A. Replace the definite article in each sentence with the correct forms of the cued **der**-words. Make any necessary changes.

Beispiel: Lesen Sie den Brief? (dies-, jed-, all-) →
        Lesen Sie **diesen** Brief? Lesen Sie **jeden** Brief? Lesen Sie **alle** Briefe?

1. Kennen Sie den Lehrer? (dies-, jed-)
2. Kaufen Sie das Buch? (dies-, jed-, all-)
3. Fragen Sie die Assistentin? (dies-, all-)
4. Suchen Sie die Studentin? (dies-, jed-, all-)
5. Bringen Sie das Kostüm? (dies-)
6. Tragen Sie den Ring? (dies-, jed-)
7. Waschen Sie die Kleider? (dies-, all-)
8. Nehmen Sie den Mantel mit? (dies-, jed-)

B. Substitute the nouns in parentheses for the direct object. Change the **der**-words accordingly.

Beispiel: Welche Professorin ist nett? (Professor, Assistentin, Studentin) →
Welcher Professor ist nett? **Welche** Assistentin ist nett? **Welche** Studentin ist nett?

1. Welches Kleid brauche ich? (Schmuck, Jacke, Nylonstrümpfe)
2. Welches Hemd tragen Sie? (Anzug, Krawatte, Schuhe, Mantel)
3. Welche Ohrringe hat Heidi an? (Stiefel, Handschuhe, Hose, Strümpfe)

C. Answer each question replacing the noun object with the appropriate pronoun.

Beispiel: Kaufen Sie dieses Kleid? → Ja, ich brauche **es.**

1. Kaufen Sie diesen Hut?
2. diese Jacke?
3. und den Anzug?
4. die Krawatten?
5. diesen Gürtel?
6. Bringen Sie den Mantel mit?
7. den Schal?
8. die Handschuhe?
9. dieses Sweatshirt?
10. den Trainingsanzug?

TEIL 4,5   n   e   s   e

MERKE

Accusative primary endings: the lowest common denominator

	masculine	feminine	neuter	plural
accusative	**n**	**e**	**s**	**e**

AKTIVITÄTEN   Gelenkte Kommunikation

A. Find out your instructor's plans for today. Ask what he or she

1. is doing later
2. is going to listen to soon
3. is reading today
4. is eating later
5. is buying tomorrow

B. Now ask what another student is doing today. Find out

1. which friends the student is going to see tomorrow
2. whom he or she is visiting later
3. whom the student is going to call up now
4. what he or she is buying today

| TEIL 4,6 | Was ist Ihre Muttersprache?
Sprechen Sie eine Fremdsprache? |

VOKABULAR   Transitive verbs

Im Klassenzimmer sprechen

sagen	reden	die Sprache, -n
die Antwort, -en	sprechen (i)	die Fremdsprache
vergessen (vergißt)	besprechen (i)	die Muttersprache
erklären	das Problem, -e	
bedeuten	die Grammatik	richtig
		falsch
buchstabieren	wiederholen	
das Wort, -e oder ¨-er	die Frage, -n	versuchen
der Satz, ¨-e	verstehen	noch einmal
	fragen	
	beantworten	

DIALOG: Tag, Herr Professor!

(A student and his professor chat briefly in the hall after class.)

STUDENT   Professor Ziegler? Guten Tag! Ich heiße Scott, Scott Thomas.

PROFESSOR ZIEGLER   Tag, Herr Thomas! Sie sind kein Deutscher, oder?

STUDENT   Bitte? Ach so, ja—ich komme aus Amerika. Meine Muttersprache ist Englisch, und mein Deutsch ist noch nicht so gut...

PROFESSOR ZIEGLER   Nein, nein. Sie sprechen doch ziemlich gut Deutsch! Ist Ihre Familie auch hier in Hamburg?

STUDENT   Also, mein Vater ist schon hier, und meine Mutter und meine Geschwister kommen im Dezember.

PROFESSOR ZIEGLER   Ach, das ist schön! Ich sehe Sie dann morgen, Herr Thomas. Auf Wiedersehen!

STUDENT   Wiedersehen, Herr Professor!

Fragen

1. Wie heißen die Leute?
2. Was ist Scotts Muttersprache?
3. Wo ist seine Familie?
4. Was ist Ihre Muttersprache?
5. Wo ist Ihre Familie?

═ Kulturnotiz ═

It is fairly common, especially in southern Germany and Austria, to address people as **Herr** or **Frau** and a professional title, for example, **Herr** **Doktor Steiner, Frau Professor Ziegler, Herr Diplom-Ingenieur Klausing.** Two peers often address each other simply as **Herr Kollege.**

TEIL 4,7	Lesen Sie Zeitungen? Schreiben Sie viele Briefe?

VOKABULAR   lesen und schreiben

lesen (ie)
abonnieren
die Zeitung, -en
die Zeitschrift, -en
die Illustrierte, -n
der Roman, -e
das Taschenbuch, ̈-er

schreiben
das Wort, ̈-er
der Satz, ̈-e
   Absatz
der Brief, -e
die Arbeit, -en

Wer liest diese Zeitschrift?

Wer liest eine Unizeitung?

DIE ZEIT

Nr. 2 – 13. Januar 1989   Seite 11

Wer über aktuelle Probleme informiert sein will, bedarf zahlreicher Fakten. Doch auch wer über zahlreiche Fakten verfügt, ist noch nicht vollständig informiert.

DIE ZEIT informiert vollständig. Sie gibt nicht nur die Fakten; sie unterzieht den Nachrichtenstoff gründlichen Analysen.

Wenn Sie Woche für Woche vollständig informiert sein wollen, schicken Sie uns den Coupon.

Was macht *Die Zeit* für die Leser?
Liest man sie wöchentlich oder täglich?
Liest man sie nur in Deutschland?

DIALOG: Wo sind die Taschenbücher?

Diese Leute suchen eine Zeitschrift. Die Auswahl ist ziemlich groß.

(*In a bookstore*)

STUDENTIN	Guten Tag! Haben Sie **Den Spiegel?**
VERKÄUFER	Ja, Moment, bitte! Hier ist er.
	Sonst noch etwas?
STUDENTIN	Ja, wo sind bitte Ihre Taschenbücher?
VERKÄUFER	Die sind da drüben rechts.
	Sehen Sie sie?
STUDENTIN	Ah ja, vielen Dank!
VERKÄUFER	Bitte sehr!

Eine Buchhandlung.

Fragen

1. Was kauft die Studentin?
2. Wo sind die Taschenbücher?
3. Welche Zeitschriften lesen Sie gern?
4. Lesen Sie jetzt ein Buch? Wie heißt es? Ist es ein Taschenbuch?

VOKABULAR   Prüfungen machen

machen	der Test, -s	die Klausur, -en
bestehen	die Prüfung, -en	das Examen, -
mogeln		

Kulturnotiz

University students study for six years or more before taking the **Staatsexamen** (*State Examination*), a comprehensive statewide examination in one's field. One is then said to "have" the **Staatsexamen,** which is generally recognized in the U.S. as the equivalent of the master's degree. For a professional career in law, government, or education, one must pass the **Staatsexamen.**

Because of the higher status of teachers and the excellent pay and benefits that go along with a teaching career, there are many applicants for teaching positions, in sharp contrast to the situation in the United States. The competition is keen, and only the best candidates are hired. One of the

chief qualifications for a teaching appointment is a high grade on the **Staatsexamen.**

The first round of the **Staatsexamen** takes place immediately at the end of coursework. The second round occurs after two probationary years of teaching at a primary or secondary school. The student teacher is known as a **Referendar / -in** and undergoes special field-oriented pedagogical training at a **Pädagogische Hochschule,** (*university-level pedagogical institute*), before and during the time of probation. A student who fails the **Staatsexamen** or passes it with low grades may take it only one more time.

VOKABULAR   *Etwas ausfüllen*

aus•füllen   das Formular, -e   der Fragebogen, ¨-   das Blatt, ¨-er

TEXT : Im Hotel

Study the hotel registration and answer the questions.

ANMELDEKARTE bitte mit **BLOCKSCHRIFT** ausfüllen! Danke.	MARITIM Hotel · Würzburg	Anreise: Abreise:		
Herr Frau Frl.	Name	Vorname	geb.	Nationalität
PLZ	Wohnort	Straße	Nr.	
Beruf	Firma	KFZ-Nr.	Ausweis-Nr./	

Wird vom Personal ausgefüllt
Zahlungsweise

☐ Kreditkarte.
☐ Bar
☐ à cto

Unterschrift/signature

Zi.-Nr.:	Pax	Preis	Arr.	Sig.

Fragen

1. What kind of information do you usually supply when registering at a hotel?
2. Look at the registration form. What do you think are the German equivalents for: first and last name; residence (city, street, street number, zip code);   profession?

Gruppenarbeit

Find a partner and fill out the form together. Pretend to be someone else, if you wish, or simply be yourself. Take five minutes and be prepared to report to the class how you filled out the form.

VOKABULAR　　Hausaufgaben machen

machen　　　　die Aufgabe, -n　　　die Hausaufgabe, -n　　　die Übung, -en

studieren und lernen

studieren　　　　lernen　　　auswendig lernen　　　das Vokabular

Fehler machen

der Fehler, -　　　　　　verbessern　　　　　aus•radieren
korrigieren　　　　　　wischen　　　　　　durch•streichen

Kulturnotiz

Students in West German schools and universities take far fewer tests than American students, but each test is usually a demanding comprehensive measure of the students' knowledge or skill. As a result, tests tend to count a lot more than they do here. Because tests are so important, students get nervous, and cheating sometimes occurs.

In West Germany, **spicken, abschreiben,** or **mogeln** (*cheating*) is viewed differently than in the United States. Students help each other do as well as they can to "beat the system"—the school. Students do not turn in cheaters, quite the contrary: They will often protect the cheater from being detected. Penalties for cheating are mild, and sometimes the classroom teacher gives only a verbal warning. In many school systems in West Germany it is against the **Schulgesetz** (*the school law*) to fail a student who is found cheating. The test is simply not graded. Americans who teach in West German schools are vexed by the problem of cheating. No doubt many West Germans who teach or study in the U.S. find the American attitude just as intriguing.

AKTIVITÄTEN　　Freie Kommunikation

Beantworten Sie bitte die Fragen!

Was ist Ihre Muttersprache? Was ist Deutsch für Sie?
Was bespricht man oft im Deutschkurs? Was machen die Studenten im Deutschkurs? Was macht der Lehrer oder die Lehrerin im Deutschkurs? Was wiederholt man oft im Deutschkurs? Was macht man, wenn man etwas nicht gut versteht?
Was schreibt man oft, wenn man Hausaufgaben hat? Was macht man, wenn man eine Frage falsch beantwortet? Was macht man, wenn man einen Fehler macht?
Was machen Sie, wenn Sie Ihre Hausaufgaben für Deutsch machen? Was lernen Sie auswendig? Was füllen Sie oft aus? Was passiert, wenn Sie sehr fleißig für eine Prüfung lernen? Was passiert aber, wenn Sie faul sind?

Wiederholung : Grammatik

Replace the noun objects with the nouns cued in parentheses. Make any necessary changes.

1. Wir studieren Deutsch. (Englisch, Mathematik, Biologie, Chemie, Physik)
2. Der Lehrer wiederholt das Wort. (Frage, Antwort, Satz, Sätze, Fragen)
3. Er erklärt die Antwort. (Frage, Grammatik, Wort, Roman, Test, Formular)
4. Wir verbessern die Fehler. (Satz, Sätze, Absatz, Absätze, Wörter)
5. Hans radiert das Wort aus. (Fehler, Antwort, Satz)
6. Karin streicht das Wort durch. (Satz, Fehler, Antwort)
7. Ich schreibe die Antwort. (Wort, Brief, Examen, Arbeit, Satz)
8. Wir lesen das Buch zusammen. (Roman, Zeitung, Zeitschrift, Brief, Arbeit, Absatz)
9. Füllen Sie das Heft aus, bitte. (Blatt, Formular, Fragebogen)
10. Der Lehrer wischt die Tafel. (Tisch, Stuhl, Buch)

TEIL 4,8 | verlieren... suchen... finden
Haben Sie heute Post?

VOKABULAR   öffnen und schließen

öffnen   auf•machen
schließen   zu•machen

an- und ausmachen

an•machen	der Computer	der Videorecorder	die Klimaanlage
aus•machen	das Radio	die Stereoanlage	die Heizung
fern•sehen	der Fernseher	der Plattenspieler	
		der Compact-Disc / CD-Spieler	

```
[1] [B] PHILIPS-Videorecorder »VR 6561« mit
Infrarot-Fernbedienung. System VHS. VPS-
sendergesteuerte Timer-Aufnahme. »HQ«-Technik,
höchste Bildqualität. Teletimer = fernbedienbare Pro-
grammierung. PAL/Secam-Ost. Kabeltuner. Zeitlupe,
Zeitraffer. 3 Programme bis zu 31 Tage vorprogrammier-
bar. Every Day/Every Week. Autotrakking. Sendersuch-
lauf/35 Programmspeicher. ITR-Schnellprogrammie-
rung. Maße ca.: B. 42, H. 8, T. 33 cm
26560/2 anthrazit                        DM 1498,—
```

1. Was kostet dieser Videorecorder? Welche andere Information sehen Sie hier?
2. Haben Sie zu Hause einen Fernseher? Haben Sie einen Videorecorder?
3. Haben Sie zu Hause einen Plattenspieler oder einen Compact-Disc-Spieler?

Kulturnotiz

Air conditioners are quite rare in the German-speaking countries, where the climate is mostly more moderate.

VOKABULAR   nehmen und bringen

nehmen (nimmt)   weg•nehmen   mit•nehmen   bringen   mit•bringen

Etwas schicken

schicken	die Post	das Paket, -e
etwas nach Hause schicken	die Postkarte, -n	das Päckchen, -
etwas von zu Hause bekommen		das Geld

DIALOG: Ein Paket aus Amerika

(*A mailman delivers a package to a student.*)

BRIEFTRÄGER	Guten Morgen, Frau Hansen! Ich habe ein Paket für Sie.
STUDENTIN	Ein Paket? Woher kommt es denn?
BRIEFTRÄGER	Aus Amerika. Sie haben Verwandte da?
STUDENTIN	Ja, mein Onkel wohnt in New York.
BRIEFTRÄGER	Also, unterschreiben Sie bitte hier!
STUDENTIN	So, hier. Sonst habe ich keine Post?
BRIEFTRÄGER	Nein, das ist alles. Wiederschau'n!
STUDENTIN	Danke schön!

Fragen

1. Was hat der Briefträger für Frau Hansen?
2. Woher kommt es?
3. Wo hat Frau Hansen Verwandte?

Here you meet three young West Germans, sharing an apartment and striving to get along with one another's bad habits.

Note their colloquial speech, marked by the "swallowing" of some endings (indicated here by apostrophes).

TEXT : Wir wohnen zusammen

KERSTIN   Also, es is' schon toll, wenn man nich' mehr zu Hause bei den Eltern wohnt! Man hat endlich seine Ruhe und nicht immer Streit und Diskussionen. Und ich find' so eine Wohngemeinschaft prima : Die Miete is' nicht so teuer, und wir teil'n uns die Arbeit. Manchmal hab'n natürlich auch Zimmerkollegen Probleme. Biggi is immer so schlampig—ihre Kleider sind überall in jedem Zimmer, und sie macht *nie* Ordnung!! Und ihre Katze schläft immer hier im Wohnzimmer auf der Couch—schrecklich!!

CHRISTOPH   Na, die Kerstin meckert wirklich zu viel! Nie laute Musik, immer alles superordentlich—also ich hab's gern gemütlich, manchmal is' dann eben nicht alles blitzsauber! Das ist ja sonst wie zu Hause bei den Eltern. Manches stört mich natürlich auch : Die beid'n hör'n oft meine Platten, aber dann pack'n sie sie nicht weg. Da werd' ich natürlich etwas böse!

BIGGI   Ich weiß, ich bin etwas unordentlich, und meine Katze is' halt gern, wo's warm ist! Das Wohnzimmer ist eben für alle, auch für meine Katze! Der Christoph ist immer im Wohnzimmer und hört Musik! Ich mach' auch mal gern den Fernseher an und seh' einen alten Film oder so was. Und er ist unheimlich pedantisch mit seiner Stereoanlage. Er wird wahnsinnig sauer, wenn die Platten herumliegen. Dann gibt es manchmal Streit! Aber ich finde wir machen alles ganz gut zusammen, und es gibt eigentlich nur wenige Probleme.

Fragen :

1. Was findet Kerstin gut? Wie nennt man das, wenn mehrere Leute zusammen wohnen?
2. Welche Probleme haben sie und Biggi?
3. Wer hat ein Haustier? Welches?
4. Was sagt Christoph über Kerstin? Was findet er nicht so gut?
5. Was macht Christoph böse?
6. Wie ist Biggis "Analyse"?
7. Was macht sie gern zu Hause?
8. Wie beschreibt sie Christoph?
9. Was haben die drei in der Wohnung?
10. Was haben Sie zu Hause? Haben Sie einen Fernseher?

Kulturnotiz

Young people in West Germany often form **Wohngemeinschaften** (*cooperative housing, communes*) to share the increasingly rare apartments in university towns. To live in a student dormitory is uncommon, and students will often rent a room in a private house, an arrangement called **in Untermiete wohnen. Wohngemeinschaften** typically consist of four to six people, and the term **Gemeinschaft** suggests cooperation and sharing of chores and duties.

VOKABULAR   verlieren, suchen und finden

verlieren	das Haus, ¨-er	das Portemonnaie, -s	die Tasche, -n
suchen	der Schlüssel, -	der Ausweis, -e	die Brieftasche
finden	der Hausschlüssel	der Führerschein, -e	die Aktentasche
lassen (läßt)	der Autoschlüssel	die Kreditkarte, -n	

DIALOG: Wo ist nur mein Schlüssel?

(*A brief exchange between two roommates, Hans and Bernd*)

BERND Gehen wir?

HANS Moment, ich habe meinen Autoschlüssel nicht. So ein Mist! Wo ist er nur?

BERND Also, *ich* habe nur den Hausschlüssel.

HANS Wo ist meine Aktentasche? Aah, hier, und hier sind der Autoschlüssel und mein Portemonnaie. Alles klar!

BERND Mensch, Hans! Jetzt gehen wir aber endlich!

This is apparently not the first time Hans has misplaced something. Read how Bernd describes his roommate and then answer the follow-up questions.

TEXT: Bernd und sein Zimmerkollege

BERND Hans und ich sind jetzt ungefähr ein Jahr lang Zimmerkollegen. Alles funktioniert eigentlich ganz gut. Unsere Wohnung ist ziemlich klein, aber wir haben alles. Ich hab' eine Stereoanlage und eine Menge Platten, und der Hans hat ein Radio und einen Fernseher. Ach ja, und sogar einen Videorecorder. Ich bin Verkäufer in einem Elektrogeschäft, und Hans ist Bankkaufmann. Es ist praktisch, daß wir die Miete und alle Rechnungen teilen. Wir verdienen beide nicht so viel Geld.

Eine Sache nervt mich: Hans ist *soo* vergeßlich! Er sucht ständig sein Portemonnaie oder seine Schlüssel! Und immer, bevor wir weggehen. Das ärgert mich dann ganz schön! Aber sonst ist er echt in Ordnung, und wir machen viel zusammen. Wir gehen ins Kino und treffen Leute da, oder wir gehen radfahren, oder wir gucken Filme auf dem Videorecorder.

Fragen

1. Wer sind Hans und Bernd?
2. Was sind die beiden von Beruf?
3. Was haben Hans und Bernd zu Hause?
4. Wie ist Hans? Was findet Bernd nicht so gut?
5. Wie ist Ihr Zimmerkollege / Ihre Zimmerkollegin? Was ist positiv, was negativ?
6. Haben Sie manchmal Probleme? Welche?
7. Was machen Sie gern zusammen?

VOKABULAR   Verkehrsmittel

fahren (ä)	der Wagen, -	das Motorrad	nehmen
zu Fuß gehen	das Auto, -s	das Mofa, -s	der Bus
zur Uni gehen	das Rad, ¨-er		die Straßenbahn
	das Fahrrad, ¨-er		die U-Bahn

─ Kulturnotiz ─

West German cars—such as **Volkswagen, Mercedes, BMW,** and **Porsche**—are well known for their quality and price. Although West Germans drive a lot (and very fast!), many people use public transportation, particularly in cities where narrow streets and limited parking make getting around by car a challenge. West Germans use the **Bus,** the **Straßenbahn,** or the **U-Bahn** to get from home to shopping areas, work, school, or the university. Many people, young and old, ride bicycles.

Ein Mofa

AUTOMOBILHANDEL IN SANDHOFEN

Gabriele Schmidt   **6800 Mannheim 31**
Mercedes-Jahreswagen   Telefon (0621) 786030
und Gebrauchtwagen   (priv.) (0621) 758165
Sandhofen – Bürstadter Str. 25

Was ist ein Jahreswagen?
Was ist ein Gebrauchtwagen?

AKTIVITÄTEN   Freie Kommunikation

Beantworten Sie bitte die Fragen.

> Wie kommen Sie zur Universität? Nehmen Sie den Bus? Fahren Sie Auto oder Rad?
> Gehen Sie zu Fuß?
> Wie kommen Sie zur Uni, wenn es regnet?
> Was öffnet oder schließt man oft im Klassenzimmer? Was macht man im
> Klassenzimmer an oder aus?
> Was öffnet oder schließt man zu Hause? Was macht man oft zu Hause an oder aus?
> Hören Sie oft Musik? Haben Sie ein Radio? Andere Dinge?
> Was bringen Sie manchmal zur Uni mit? Was lassen Sie manchmal zu Hause? Was
> verlieren Sie oft?
> Was machen Sie, wenn Sie etwas verlieren? Was passiert hoffentlich, wenn Sie es
> lange suchen?
> Was schicken Sie manchmal nach Hause? Was bekommen Sie oft von zu Hause?

Gruppenarbeit

Work with a partner and find out what kind of transportation he or she has, for example, a car, bicycle, or motorcycle. Get a short description of one of the vehicles and take notes. After three minutes be prepared to tell your classmates what you found out.

Wiederholung : Grammatik

Replace the noun objects with the nouns cued in parentheses. Make any necessary changes.

1. Bernd und Hans haben den Videorecorder. (Radio, Fernseher, Stereoanlage)
2. Hans macht das Radio aus. (Fernseher, Heizung, Stereoanlage, Licht)
3. Bernd sucht das Geld. (Zeitung, Buch, Brieftasche, Ausweis)
4. Hans findet die Tasche. (Rucksack, Kreditkarte, Schlüssel, Aktentasche)
5. Hans schickt die Postkarte. (Brief, Päckchen)
6. Bernd fährt das Auto. (Mofa, Fahrrad)
7. Hans nimmt die U-Bahn. (Bus, Straßenbahn, Bernds Auto)

TEIL 4,9 | Was trage ich heute?
 Was esse und trinke ich?

VOKABULAR   Kleider

an•ziehen	tragen (ä)	brauchen	waschen (ä)
aus•ziehen	an•haben	kaufen	

essen

das Frühstück · das Brot · das Fleisch · das Gemüse
das Mittagessen · das Brötchen, - · der Fisch · die Kartoffel, -n
das Abendessen · die Butter · der Schinken · der Salat, -e
essen (ißt) · die Margarine · die Wurst · die Suppe, -n
zum Mittag-/ · der Joghurt · der Käse
  Abendessen essen · die Marmelade · das Ei, -er
schmecken · die Konfitüre · der Pfannkuchen, -
schneiden · der Honig · das Müsli

trinken

trinken · das Wasser · der Wein · das Mineralwasser
der Kaffee · der Saft · das Bier · die Limo(nade)
der Tee · der Orangensaft · die Kola
die Milch · der Apfelsaft

rauchen

rauchen · die Zigarette, -n · die Zigarre, -n · die Pfeife, -n

Kulturnotiz

Most West Germans drink more beer or wine with their meals than Americans do. They often enjoy a glass of wine or a beer with lunch. In the popular political discussion show, **Der Internationale Frühschoppen**—aired on TV every Sunday noon until recently—the international panelists sipped white wine while discussing current events. (To have a **Frühschoppen** means to take an alcoholic drink around the middle of the day.)

Germans do not typically drink **Leitungswasser** (*tapwater*) and drinking fountains are uncommon. If you ask for water in a restaurant, you will get **Mineralwasser**—and you'll have to pay for it!

DIALOG: Haben Sie frische Brötchen?

(*A saleswoman and a customer in a bakery*)

VERKÄUFERIN Guten Tag! Was brauchen Sie heute?
KUNDIN Ein Vollkornbrot, bitte und sechs frische Brötchen. Und ein Pfund Kaffee.
VERKÄUFERIN Gut, bitte sehr. Ist das dann alles?
KUNDIN Moment. Ach ja, ich brauche noch Kondensmilch.
VERKÄUFERIN Gut. Also, ein Vollkornbrot, ein Pfund Kaffee und eine Dose Kondensmilch. Ach, und die sechs Brötchen. Das macht dann 11 Mark 20, bitte.

KUNDIN	Hier, 12 Mark.
VERKÄUFERIN	12 Mark? Und 80 Pfennig zurück.
KUNDIN	Danke schön. Auf Wiedersehen!
VERKÄUFERIN	Danke ebenfalls°.

°to you, too

Wie heißt dieses Brot?
Welches Brot essen Sie?

Fragen

1. Was kauft die Kundin?
2. Was kostet alles?
3. Wieviel Geld hat sie?
4. Was bekommt sie von der Verkäuferin?

AKTIVITÄTEN   Gruppenarbeit

Each group picks one product from among those shown. Identify the product, its brand name, and the ingredients or its main qualities.

CORNY. Das ist gesundes
Müsli als Riegel.
Ideal als Zwischenmahlzeit.
Mit gerösteten Hafer-, Kokos-,
Weizen- und Reisflocken,
braunem Zucker, gerösteten
Haselnüssen und Mandeln,
Sesam und leckerem Honig.

Kulturnotiz

Breakfast is a small meal for West Germans except on Sundays. It usually consists of bread and butter, jam, and sometimes cold cuts and cheese. Many health food-conscious West Germans prefer whole-grain cereal called **das Müsli,** combined with fruit and yogurt. Sunday breakfast is more elaborate, with different kinds of rolls or breads, cold cuts, ham, and soft-boiled eggs. Most West Germans do not eat hot foods for breakfast. Going out for breakfast is rare, since most restaurants and cafés open just before noon. Family members usually eat breakfast together, especially on Sunday. Just as in America, they often read the newspaper at the breakfast table, but usually not on Sunday, because most dailies are published only Monday through Saturday.

For most Germans the big meal of the day is **das Mittagessen** at noon. This is usually a hot meal consisting of meat, potatoes, and a vegetable or salad. The evening meal, **das Abendessen,** is usually cold with bread and butter, cold cuts and cheese, and perhaps soup or salad.

Going out to eat is especially popular on Sunday. Many people like to hike or take a short trip and eat lunch in a **Gasthaus** (*inn*) outside of the city. Others like to go out for cake and coffee, **Sonntagskaffee.** For dining out, ethnic restaurants are popular now, particularly Italian, Greek, Yugoslavian, and Turkish restaurants. These have become firmly established since the **Wirtschaftswunder,** (*postwar economic recovery*), when many guest workers came to West Germany to work and decided to stay permanently.

Was serviert man hier?

Wie ist das Essen hier? Ist das deutsches Essen?

Kulturnotiz

The head waiter in a large restaurant is **der Oberkellner.** It is customary to address every waiter as **Herr Ober** —a sort of honorary title. Until recently a waitress was addressed as **Fräulein.** Because some women may object to this, say **Entschuldigung bitte!** or **Hallo!** to get her attention.

BISTRO I   •   8 82 15 55
● **Französische Spezialitäten**
● **Französische Weine**
15, Kurfürstendamm 190 (Ecke Schlüterstraße)

Wie ist dieses Restaurant?
Was serviert man hier?

DIALOG: Schnell einkaufen!

(*Two roommates find the cupboard bare.*)

HUBERT	Martin!
MARTIN	Ja, was ist los?
HUBERT	Wir haben nichts fürs Abendessen. Ich gehe schnell einkaufen. Ich hole Brot und Käse, ja?
MARTIN	Ja, das paßt! Und Hubert, wir brauchen auch Apfelsaft und Milch.
HUBERT	Haben wir noch Wein oder Bier? Annette kommt doch später vorbei.
MARTIN	Ja, wir haben ein paar Flaschen Bier.
HUBERT	Na gut! Also, bis später!
MARTIN	Tschüß!

Fragen

1. Was ist das Problem, was ist los?
2. Was holt Hubert?
3. Wer kommt später?

VOKABULAR   sehen und hören

hören	sehen (ie)	riechen	berühren	die Musik
an•hören		schmecken		der Film, -e

AKTIVITÄTEN   Freie Kommunikation

Beantworten Sie die folgenden Fragen, bitte.

Was machen Sie morgens, wenn Sie aufstehen? Was machen Sie morgens, bevor Sie zur Uni kommen?

Was essen und trinken Sie? Was machen Sie später zu Hause? Was machen Sie abends, bevor Sie ins Bett gehen? Was hören Sie gern zu Hause? Was lesen Sie gern zu Hause?

Was trinken Sie, wenn es draußen kalt / sehr warm ist? Was trinken Sie, wenn Sie für eine Prüfung lernen?

Was essen Sie mittags, abends? Was riecht sehr gut? Was riecht nicht so gut? Was machen Sie, wenn ein Stück Fleisch oder ein Stück Brot zu groß ist? Rauchen Sie? Was?

Gruppenarbeit

Find a partner and make a shopping list. Group the items you need to buy either by type (food or drink) or under these categories: breakfast, lunch, or dinner. Take five minutes and be prepared to tell your classmates what you are going to buy.

Wiederholung: Grammatik

Replace the noun objects with those cued in the parentheses. Add the articles where necessary.

Beispiel: Haben wir den Käse? (Wurst, Schinken, Butter) →
Haben wir den Käse, die Wurst, den Schinken, die Butter?

1. Haben wir die Milch? (Kaffee, Tee, Limo, Wein)
2. Haben wir das Gemüse? (Salat, Suppe, Kartoffeln)
3. Haben wir das Brot? (Brötchen, Marmelade, Eier, Käse)
4. Haben wir das Müsli? (Joghurt, Obst, Vollkornbrot)

TEIL 4,10 | Haben Sie heute eine Prüfung?
Nein, ich habe heute keine Prüfung.

MERKE

Accusative case: **ein** *and* **kein**

Masculine: Sehen wir später **einen Film**? Nein, wir sehen **keinen Film**.
Feminine: Kaufen Sie **eine Zeitung**? Nein, ich kaufe **keine Zeitung**.
Neuter: Schreiben Sie **ein Buch**? Nein, ich schreibe **kein Buch**.
Plural: Lesen Sie **Romane**? Nein, ich lese **keine Romane**.

Accusative primary sounds: the lowest common denominator

	masculine	*feminine*	*neuter*	*plural*
accusative	**n**	**e**	**s/-**	**e**

Synthesis: nominative and accusative cases

	masculine	feminine	neuter	plural
nominative	r/-	e	s/-	e
accusative	n	e	s/-	e

Word order: Nonspecific direct object and adverb of time

Wir machen **morgen eine Prüfung.**   Margret besucht **bald eine Freundin.**

AKTIVITÄTEN   Gelenkte Kommunikation

Answer the following questions using **ein** or **kein.**

1. Haben Sie Geschwister?
2. Haben Sie ein Haustier?
3. Was tragen Sie heute?
4. Was lesen Sie oft?
5. Was schreiben Sie oft?
6. Was lernen Sie hier?
7. Haben Sie heute eine Prüfung?
8. Was schicken Sie bald nach Hause?
9. Was nehmen oder fahren Sie nach Hause?
10. Was macht man, wenn es zu warm oder zu kalt im Zimmer ist?

TEIL 4,11 | Hat er seinen Mantel oder meinen an?

MERKE   *Accusative case:* ein-*words*

	masculine	feminine	neuter	plural
accusative	meinen	meine	mein	meine
	seinen	seine	sein	seine
	ihren	ihre	ihr	ihre
	Ihren	Ihre	Ihr	Ihre
	unseren	unsere	unser	unsere

AKTIVITÄTEN Gelenkte Kommunikation

Answer the following questions by including a possessive adjective.

1. Was waschen Sie heute?
2. Was tragen Sie heute? Was haben Sie an?
3. Was haben Sie heute mit?
4. Was lesen Sie heute?
5. Machen Sie heute Ihre Hausaufgaben?
6. Was verbessern Sie oft?

Gruppenarbeit

Find a partner and ask what he or she usually brings to the university and what he or she has today. Write down what you find out, then switch roles. Take two minutes to do this.

Wiederholung : Grammatik

A. Change the definite articles of the objects to indefinite ones to make the meaning more general.

Beispiel: Der Herr trägt den Hut. → Der Herr trägt **einen** Hut.

1. Peter trägt den Mantel.
2. Ingeborg trägt das Kostüm.
3. Petra trägt den Rock.
4. Kurt hat die Jacke.
5. Kaufen Sie die Bluse?
6. Brauchen Sie das Kleid?
7. Nehmen Sie den Hut?
8. Kaufen Sie den Schal?

B. Replace the articles in the following sentences with the cued possessive adjectives.

Beispiel: Hat sie ihren Schlüssel? (mein, unser, sein) →
Hat sie meinen Schlüssel? Hat sie unseren Schlüssel? Hat sie seinen Schlüssel?

1. Warum liest sie die Zeitung? (mein, sein, unser)
2. Warum lesen Sie den Brief? (mein, unser, sein)
3. Warum öffnen Sie das Paket? (mein, ihr, unser)
4. Warum trinkt er das Bier? (Ihr, unser, mein)
5. Warum fährt er den Wagen? (mein, unser, Ihr)

C. Negate the following sentences using **nicht** or **kein**.

Beispiel: Sie nimmt den Ausweis mit. → Sie nimmt den Ausweis **nicht** mit.
Er hat einen Führerschein. → Er hat **keinen** Führerschein.

1. Ich bringe das Bier mit.
2. Ich kaufe den Kaffee.
3. Wir brauchen Obst.
4. Wir haben Brot und Brötchen.
5. Ich kaufe einen Salat.
6. Sie schreibt einen Brief.
7. Werner schickt das Päckchen.
8. Susi kauft eine Postkarte.
9. Hans liest die Zeitung.
10. Bernd braucht Geld.

TEIL 4,12 | Suchen Sie Ihren Hausschlüssel? Ja, ich suche ihn.

MERKE

Accusative case: pronoun substitution

Masculine: Hat sie **ihren Ausweis**? Ja, sie hat **ihn.**
Feminine: Hat er **die Aktentasche**? Ja, er hat **sie.**
Neuter: Haben Sie **Ihr Portemonnaie**? Ja, ich habe **es.**
Plural: Haben sie **ihre Kreditkarten**? Ja, sie haben **sie.**

AKTIVITÄTEN   Gelenkte Kommunikation

A. Situation: Your office is a mess, and you cannot find anything. A colleague inquires what exactly you are looking for. Answer his questions affirmatively and use a pronoun in your answer instead of repeating the noun phrase.

1. Suchen Sie die Papiere?
2. Suchen Sie einen Stift?
3. Suchen Sie Ihre Tasche?
4. Suchen Sie Ihren Hausschlüssel?
5. Suchen Sie das Telefonbuch?
6. Suchen Sie den Brief?
7. Suchen Sie Ihre Zigaretten?

B. Situation: Gerda's classmate at school wants to know if she has met her boyfriend's family and friends and if she likes them. (Gerda answers affirmatively, since she has just met them all at a big wedding.)

Indicate what Gerda says in answering these questions.

1. Kennen Sie seinen Vater?
2. Finden Sie seine Mutter nett?
3. Kennen Sie seine Geschwister?
4. Finden Sie seine Freunde nett?
5. Kennen Sie seine Kollegen?
6. Kennen Sie seine Verwandten?

Kulturnotiz

Pils, Helles, Dunkles, Bock, Doppelbock.

   These are only a few of many different kinds of beer made in West Germany. While large breweries exist, the best beer—and the most unusual—is found in small country and village breweries. There the production often just meets the local demand, and the beer is not sold in other parts of the country or even the state. Do you know what the German terms above mean?

Wiederholung : Grammatik

Replace the objects with pronouns.

Beispiel : Wer kauft das Bier? (Ich) → Ich kaufe es.

   1. Wer kauft den Wein? (Walter)
   2. Wer macht den Salat? (Inge)
   3. Wer kauft das Obst? (Bärbel)
   4. Wer schneidet das Fleisch? (Uschi)
   5. Wer braucht Mineralwasser? (Rosi)
   6. Wer kauft die Brötchen? (Jutta)
   7. Wer sucht den Käse? (Werner)
   8. Wer schneidet das Gemüse? (Uwe)
   9. Macht jemand den Tee? (Martin)
  10. Wer trinkt den Tee? (Alle)

TEIL 4,13 | Sehen Sie Ihren Bruder? Ja, ich sehe ihn.

MERKE

Accusative case: personal pronouns

ich...**mich**	wir...**uns**
	Sie...**Sie**
er...**ihn**	
sie...**sie**	sie...**sie**
es...**es**	

Mein Vater sieht **mich**. Der Lehrer hört **uns** jetzt.

Ich verstehe **Sie** nicht.

Sehen Sie **ihn** da?
Wir suchen **sie** (Inge). Wir suchen **sie** (die Kinder).
Bernd kauft **es** bald.

AKTIVITÄTEN   Gelenkte Kommunikation

Answer the following questions affirmatively and replace the direct object with a pronoun.

You are going to a family reunion and a friend is curious about the event.

1. Sehen Sie Ihre Eltern?
2. Sehen Sie Verwandte da?
3. Sehen Sie auch Ihren Bruder?
4. Kennen Sie seine Freundin?
5. Nehmen Sie Ihre Freundin / Ihren Freund mit?
6. Fahren Sie Ihren Wagen dahin?
7. Nehmen Sie vielleicht Ihre Urlaubsfotos mit?
8. Nehmen Sie dieses Buch mit?
9. Finden Sie so ein Wiedersehen schön?

TEIL 4,14 | Setzen Sie sich, bitte.

MERKE

Accusative case: reflexive pronouns

waschen (ä)	Inge wäscht **das Auto**.
sich waschen (ä)	Inge wäscht **sich**.
an•ziehen	Wir ziehen unsere Mäntel an.
sich an•ziehen	Wir ziehen uns an.
aus•ziehen	Ich ziehe **meine Jacke** aus.
sich aus•ziehen	Ich ziehe **mich** aus.

schneiden   Frau Engel schneidet **das Brot.**
sich schneiden   Frau Engel schneidet **sich.**

hin•setzen   Setzen Sie **das Kind** dort hin!
sich hin•setzen   Setzen Sie **sich** dort hin!

hin•legen   Ich lege **meine Tasche** hin!
sich hin•legen   Ich lege **mich** jetzt hin!

AKTIVITÄTEN   Freie Kommunikation

Beantworten Sie die folgenden Fragen!

> Was machen Sie morgens und abends? Was machen Sie, wenn Sie müde sind? Was machen Sie, wenn Sie essen oder wenn Sie die Zeitung lesen?

Wiederholung : Grammatik

Insert the correct reflexive form in the sentences below.

Beispiel: Die Kinder waschen ____. → Die Kinder waschen sich.

1. Der Sohn wäscht ____
2. Er zieht ____ an.
3. Der Sohn und die Tochter ziehen ____ an.
4. Ich mache alles zu schnell. Ich schneide ____.
5. Wir setzen ____ und lesen die Zeitung.
6. Der Sohn ist müde. Er legt ____ hin.
7. Die Tochter und der Sohn waschen ____.
8. Die Mutter ist müde. Sie zieht ____ aus.

TEIL 4,15 | Eine Party = etwas Wein, viel Bier und ein paar Freunde

MERKE

Singular indefinite pronouns		*Plural indefinite pronouns*	
etwas	wenig	viele	mehrere
viel	ein bißchen	wenige	andere
		einige	ein paar

Wie viele?

Wie viele Leute kommen? **Viele** kommen, **ein paar** Freunde und **einige** Kollegen. Und Gabi bringt **einen** Freund und ihre **zwei** Kinder mit.

AKTIVITÄTEN   Freie Kommunikation

Beantworten Sie diese Fragen!

> Was kaufen Sie für eine Party?   Wer kommt?   Was bringen Sie zur Uni mit? Viele
> Bücher? Ein paar Stifte?   Haben Sie viele Platten zu Hause? Wenige? Ein paar?
> Lesen Sie Zeitungen und Zeitschriften? Viele?

Gruppenarbeit

Find a partner and plan a party together. Discuss what and how much food and drink you need to buy, how many friends you want to invite, and so on. Try to use some of the preceding indefinite pronouns, or give specific numbers when appropriate. Take notes and be prepared to describe your plan to the class after five minutes.

**Kalte Büffets Warme Menüs
Ausstattung, Grillfeste
Tischwäsche, Geschirrverleih
Mischa Haunhorst
Meckenheimer Allee 149**
63 45 07   63 45 25

Machen Sie alles allein, oder
brauchen Sie einen Party-Service?

Gelenkte Kommunikation

A. You and your roommate are going over details for tonight's party. Your roommate wants to know what you got. Indicate that you have:

1. a little bit of wine
2. lots of beer
3. some fruit
4. a lot of bread and cheese

B. Your roommate wants to know who is coming. You answer:

1. all your girlfriends
2. a few colleagues
3. some students
4. several friends
5. not your boss

C. Claudia is trying to pick the perfect roommate. Barbara has read the ad in the paper and has come by to look at the apartment. Claudia is very picky and asks if she has:

1. a lot of money
2. many boyfriends
3. a lot of books

Wiederholung : Grammatik

Add the cued adjectives to modify the emphasized noun.

Beispiel : Essen Sie **Gemüse?** (wenig) → Ich esse **wenig Gemüse.**

1. Essen Sie **Fleisch?** (wenig)
2. Trinken Sie **Wein?** (ein bißchen)
3. Essen Sie **Obst?** (etwas)
4. Brauchen Sie **Mineralwasser?** (viel)
5. Haben Sie **Bücher?** (viele)
6. Lesen Sie **Zeitungen?** (einige)
7. Kaufen Sie **Zeitschriften?** (mehrere)
8. Hören Sie **Platten?** (ein paar)

TEIL 4,16 | Kennen Sie diesen Studenten?

MERKE

Weak nouns

der Junge, **-n**	Sehen Sie den **Jungen?**
der Neffe, **-n**	Sehen Sie meinen **Neffen,** Gerhardt?
der Name, **-n**	Schreiben Sie Ihren **Namen,** bitte.
der Kollege, **-n**	Kennen Sie meinen **Kollegen?**
der Zimmerkollege, **-n**	Kennen Sie meinen **Zimmerkollegen?**
der Student, **-en**	Sehen Sie den **Studenten?**
der Assistent, **-en**	Haben Sie einen **Assistenten?**
der Präsident, **-en**	Kennen Sie den **Präsidenten** persönlich?
der Kandidat, **-en**	Wie finden Sie diesen **Kandidaten?**
der Nachbar, **-n**	Ich kenne Ihren **Nachbarn** nicht.
der Herr (Herrn), **-en**	Fragen Sie den **Herrn,** wo er wohnt!
	Warum kommen die **Herren** nicht?
der Professor, **-en**	Haben Sie diesen **Professor?**
	Kennen Sie die **Professoren** gut?

AKTIVITÄTEN   Wiederholung : Grammatik

Substitute the nouns in parentheses for the object noun. Make any necessary modifications.

1. Kennen Sie den Arzt? (Professor, Kollege)
2. Wie finden Sie Ihren Nachbarn? (Zimmerkollege, Lehrer)
3. Kennen Sie diese Personen? (Professoren, Herren, Studenten)
4. Sehen Sie den Mann? (Kandidat, Präsident, Herr)
5. Hören Sie die Leute? (Jungen, Studenten)

Freunde und
Kollegen in
einem Café.

TEIL 4,17	Ich verstehe Sie nicht. Ich höre kein Wort.

MERKE

Negation of direct objects: nicht *and* kein

Sie sieht **mich nicht.** Ich lese **die Zeitung nicht.** Er hat **mein Buch nicht.**
Ich lese **nicht jedes Buch.** Ich kenne **nicht alle Leute.** Ich habe **nicht viele Freunde.**
Ich habe **kein Buch.** Wir haben **keinen Hunger.** Sie kauft jetzt **keine Bücher.**

Negative intensifier: gar

Ich verstehe das **gar nicht.** Ich habe **gar keinen** Hunger.

AKTIVITÄTEN   Gelenkte Kommunikation

You just started a new job and moved to a different city. Your boss is curious to know if you
have made many new acquaintances since your arrival. Unfortunately, you have to answer his
questions negatively. (Use **gar** with **nicht** or **kein,** if appropriate.)

1. Kennen Sie viele Leute?
2. Haben Sie Freunde hier?
3. Haben Sie Verwandte hier?
4. Kennen Sie Ihre Nachbarn?
5. Gehen Sie oft aus?
6. Besuchen Sie viele Partys?

Wiederholung : Grammatik

Negate the following sentences by using **nicht** or **kein.**

1. Ich schicke heute eine Postkarte.
2. Er schreibt einen Brief.
3. Ich schicke das Päckchen nach Amerika.
4. Sie schicken jetzt Geld.
5. Sie trägt dieses Kleid.
6. Kauft sie einen Rock?
7. Trägt er Krawatten?
8. Er wäscht alle Hemden.

TEIL 4, 18   Wann treffen Sie Ihren Freund? Ich treffe ihn morgen. Ich habe heute keine Zeit.

MERKE

Ordering direct objects and adverbs

Wann sehen Sie den Chef? Ich sehe den Chef **jetzt**.
Wen sehen Sie jetzt? Ich sehe jetzt **den Chef**.
Haben Sie **heute abend** Zeit? Nein, ich habe **morgen** Zeit.

AKTIVITÄTEN   Gelenkte Kommunikation

Answer the following questions in general terms. Be sure to mention both a suitable direct object and the adverb used in the question.

1. Was lesen Sie heute? Schreiben Sie heute etwas?
2. Was machen Sie hier im Klassenzimmer?
3. Wann machen Sie Ihre Hausaufgaben?
4. Was brauchen Sie jetzt? Kaufen Sie bald etwas?
5. Wen treffen Sie heute oder morgen?
6. Was essen Sie später? Was trinken Sie gern?
7. Was tragen Sie heute? Wann waschen Sie Ihre Kleidung?

Wiederholung: Grammatik

Answer the following questions by injecting the word given in parentheses.

Beispiel: Wen treffen Sie heute? (einen Kollegen) → Ich treffe heute einen Kollegen.
            Schreiben Sie eine Arbeit? (jetzt) → Ja, wir schreiben jetzt eine Arbeit.

1. Wann lesen Sie die Zeitung? (jetzt)
2. Wann machen Sie Hausaufgaben? (tagsüber)
3. Sehen Sie Ihre Eltern? (morgen)
4. Schreiben Sie einen Brief? (manchmal)
5. Treffen Sie Ihre Freunde? (oft)

Kontrolle

The grammar and vocabulary you have learned in this chapter should enable you to talk and write briefly but accurately about the following topics in German:

1. what you do at the university:
      verbal activities in class
      dealing with problems in class
      studying and learning
      reading and writing
      doing homework and other assignments
      making improvements to your work
      filling out forms
      getting to the university and back home

2. what you do at home:
        opening and closing things
        turning things on and off
        watching television and listening to music
        writing and mailing letters
        losing and finding things
        wearing and taking care of clothing
        eating and drinking everyday foods

Wiederholung

A. Beantworten Sie die folgenden Fragen!

1. Beschreiben Sie Ihre Familie!
2. Haben Sie ein Haustier?

3. Was brauchen Sie im Moment?
4. Was kaufen Sie bald?
5. Was tragen Sie heute?

6. Was machen Sie oft auf oder zu?
7. Was vergessen Sie oft?
8. Was schicken Sie oft nach Hause? Was bekommen Sie von zu Hause?
9. Was verlieren Sie oft? Was machen Sie dann?
10. Was lesen Sie jeden Tag?
11. Was schreiben Sie jetzt?

12. Was ist Ihre Muttersprache?
13. Was ist Deutsch für Sie?
14. Was bringen Sie oft zur Uni mit?
15. Wie kommen Sie zur Uni?

16. Was essen Sie, wenn Sie Hunger haben?
17. Was trinken Sie, wenn Sie Durst haben?
18. Was essen oder trinken Sie gar nicht gern?
19. Was riecht besonders gut?
20. Was machen Sie, bevor Sie zur Uni gehen?

B. Schreiben Sie eine Einkaufsliste für eine Party! Machen Sie eine Liste für Getränke und eine für Essen!

C. Beschreiben Sie das Frühstück, das Mittagessen und das Abendessen in Deutschland!

D. Beschreiben Sie eine Wohngemeinschaft!

KAPITEL 5

WANN HABEN SIE FERIEN?
WÜRDEN SIE GERN URLAUB
IN ÖSTERREICH MACHEN?
UM WIEVIEL UHR GEHT'S LOS?

ÜBERBLICK

KONTEXT UND FUNKTIONEN
asking for and telling time using the twelve- and twenty-four-hour clock and a variety of time expressions
expressing attitudes about the things you do

VOKABULAR
basic elements of time: clock time, days, parts of days, months, seasons
basic elements of measure: distances and weights

KULTUR
West German cinema
school holidays in the Federal Republic
Österreich: geographical and cultural information
walking and window-shopping
major cities in West Germany
organic food
Hitzefrei!

GRAMMATIK
forms: additional uses of the accusative case:
        specific time; duration of time; specific measure
prepositions: **durch, für, gegen, ohne, um**
postposition: **entlang**
question words: **wann, wie oft, wie lange,** and
        wie + adjectives and adverbs
verbs: future: **werden** + infinitive
        present subjunctive: **würden** + infinitive
        present tense of modal verbs

adverbs: of time: present and future
            review of **gern** with active verbs
            the use of **lieber** to express a preference
word order: review of standard word order; inverted word order
            (for emphasis and variation)
            modal verbs with dependent infinitives

TEIL 5,1 | Wie spät ist es?
 Um wieviel Uhr beginnt Ihr Deutschkurs?

MERKE

Uhrzeit

Um wieviel Uhr beginnt der Film? **Um acht Uhr?**
Nein, **um halb neun.**

Und **wie spät ist es** jetzt?
Es ist erst **zehn vor sechs.**

Treffen wir uns vielleicht **in fünfundzwanzig Minuten?**
Okay, **um viertel nach sieben.**

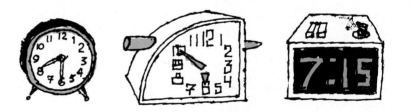

AKTIVITÄTEN   Freie Kommunikation

Beantworten Sie bitte die folgenden Fragen.

Wie spät ist es jetzt?   Geht Ihre Uhr richtig?   Geht sie vor oder nach?
Wann beginnt Ihre Deutschstunde?   Wann endet sie?
Um wieviel Uhr haben Sie Ihre anderen Kurse?   Wann sind sie zu Ende?
Um wieviel Uhr treffen Sie heute einen Freund oder eine Freundin?
Wann stehen Sie morgens auf?   Um wieviel Uhr gehen Sie heute nach Hause?
Um wieviel Uhr essen Sie heute zu Abend?
Wann gehen Sie normalerweise ins Bett?   Und am Wochenende?

Gelenkte Kommunikation

In German, describe your friend's day. Say that she:

1. gets up early at eight o'clock
2. has breakfast at 8:30
3. takes the bus to school at five to nine
4. has German at 9:15
5. has lunch at 12:45 or ten to one
6. has English at two o'clock
7. meets a friend at 3:00
8. takes the bus home at 5:45

EINBLICK: Fernsehen von 10 bis 22 Uhr

Samstag, 7. Februar

1. Programm (ARD)

10.00 Heute
10.03 Große Deutsche. Annäherung an Sigmund Freud. Film von Wilhelm Bittorf (Erstsendung 18. 3. 1974)
10.50 Hitchcock. Endlich sind wir reich (s/w)
12.10 Aspekte
12.55 Presseschau
13.00 Heute
13.15 Vorschau auf das Programm der Woche
13.45 Auto '89. Live von der Automobilausstellung in Frankfurt
14.30 Für Kinder Hallo Spencer
15.00 Formel Eins. Die ARD-Hitparade (Stereoton)
15.45 Cartoons im Ersten
15.55 Willkommen auf der BUGA. Volkstümlicher Musikantentreff (Stereoton)
17.25 Historische Gärten in Schwaben

17.55 Tagesschau
18.00 Sportschau. Fußball: 2. Hauptrunde DFB-Pokal
18.55 bis 19.58 Regionalprogramm des Bayerischen Fernsehens
18.55 Bayernstudio
19.10 Einsatz in Manhattan. Serie
19.55 Bayernstudio mit Wetter
19.58 Heute im Ersten
20.00 Tagesschau
20.15 Glückwunsch, Bundesrepublik. ARD-Geburtsrevue. Die ARD berichtet live vom Bundesfest in Bonn und aus einem Studio des WDR in Köln. Gäste: Thomas Gottschalk, der Bundespräsident Richard von Weiszäcker interviewt, Hans-Joachim Kulenkampff, Alice Schwarzer, Daniel Cohn-Bendit, Botschafter a.D. Hans Greve, Barbara Dickmann, u.a. Moderation: Désirée Bethge und Fritz Pleitgen

2. Programm (ZDF)

9.30 ZDF – Ihr Programm (Stereoton)
10.00 mit Vorschau auf die kommende Woche
10.03 bis 12.10 Vormittagsprogramm wie ARD
12.10 Nachbarn in Europa
13.40 Diese Woche
14.00 Feindbild – der Ausländer. „Wie ein Mensch unter Menschen leben." Von Hella André
14.30 Wir stellen uns. ZDF-Programmdirektor Oswald Ring im Gespräch mit Zuschauern zum Thema „Warum so spät?" Die Last mit der Sendezeit"
15.15 Schauplatz „Spinnennetz". Beobachtungen bei den Dreharbeiten zu Bernhard Wickis Spielfilm
16.00 Zauberwelt Origami (Stereoton)
16.05 Kochmos. Die abenteuerliche Reise aus der Küche in den Kosmos. Von und mit Volker Arzt
16.30 Schwer zu sagen, wo mein Zuhause ist. Boro – zwischen Jugoslawien und Berlin
17.00 Heute
17.05 Unter der Sonne Kaliforniens

18.10 Länderspiegel. Live vom Bürger- und Bundesfest in der Bonner Rheinaue.
18.58 ZDF – Ihr Programm
19.00 Heute
19.30 Mit Leib und Seele (VT). Fernsehserie mit Günter Strack von Michael Baier. Die halbe Wahrheit
20.15 Die tollen Abenteuer des Monsieur L. (VT). Französisch-italienischer Spielfilm (1965) mit Jean-Paul Belmondo, Ursula Andress u. a. (siehe Hinweis)
22.00 Heute
22.05 Das aktuelle Sport-Studio mit Dieter Kürten und Günther Jauch. Themen: DFB-Pokal/ German Classic in Bremen/ 40 Jahre Sport in der Bundesrepublik Deutschland. Gäste: Sportler von gestern und heute anschließend Gewinnzahlen vom Wochenende (VPS 23.24)
23.25 Der phantastische Film. Tanz der Vampire. Engl. Spielfilm von 1966. Mit Jack Mac-Gowran, Roman Polanski u. a. Regie: Roman Polanski
1.10 Heute

Gruppenarbeit

Finden Sie einen Partner und suchen Sie Nachrichten, eine Sportsendung, eine Kindersendung, eine Musiksendung und einen Film! Schreiben Sie in fünf Minuten auf, wann diese Sendungen beginnen und wie lange sie dauern! Lesen Sie das dann vor!

Kulturnotiz

American film has dominated West German cinema, and still does. American movies are shown in Europe a few months after they have run in the U.S. West Germany also shows many popular American TV series and soaps, although recently West German television has begun to produce its own.

In the sixties a movement called **der junge deutsche Film** began to influence German cinema. Even today **Regisseure** (*directors*) such as Volker Schlöndorff—**Die verlorene Ehre der Katarina Blum** (*The Lost Honor of Katerina Blum*), **Die Blechtrommel** (*The Tin Drum);* Rainer Werner Faßbinder—**Die Ehe der Maria Braun** (*The Marriage of Maria Braun*), **Lili Marleen;** Werner Herzog—**Fitzcarraldo;** Wim Wenders—**Der amerikanische Freund** (*The American Friend*), **Himmel über Berlin** (*Wings of Desire*), and Margarete von Trotta—**Rosa Luxemburg,** score big box office successes and are highly esteemed by critics. These West German films deal with serious topics, are often based on literary works, and take a critical look at current or historical events. An exception are Doris Dörrie's lighthearted comedies, such as the successful **Männer** (*Men*).

Szene aus dem Film *Effi Briest* von Rainer Werner Faßbinder (1974).

TEIL 5,2 | Word order

MERKE

Standard word order: review

Statements:

1	2		1	2	3		1	2	3	4

Sie liest.   Sie liest das Buch.   Sie liest das Buch jetzt.

Yes/no questions:

1	2	3	4

Lesen Sie jetzt einen Roman?

Informational questions:

1	2	3	4	5

Warum sprechen Sie jetzt so laut?

Commands:

1	2	3	4

Gehen Sie jetzt nach Hause!

Requests:

1	2	0		0	1	2	3	4

Gehen Sie bitte!   Bitte gehen Sie jetzt nach Hause.

Adverbial information:

1	2	3	4	5

Wir gehen jetzt schnell nach Hause. *(time, manner, and place)*

AKTIVITÄTEN   Gelenkte Kommunikation

A. You are new in class. Ask a classmate if:

1. the class starts this morning at 9
2. someone knows the professor
3. you need the books today
4. she has the books

B. You are the instructor. The students need to know what to do for tomorrow. Tell them:

1. to bring their books
2. to do their homework
3. to write the exercises
4. to read the books

C. The manager in an office in Kiel requests some things from a secretary. She asks her:

1. to bring the papers
2. to write the letters
3. to look for the telephone number
4. to open the door

TEIL 5,3 | Jetzt machen wir es richtig!

MERKE

> ***Emphasizing within a command or suggestion***
>
> Sehen wir später **diesen Film**!   Sehen wir diesen Film **später**!
>
> ***Inverted word order with statements***
>
> $$1 \quad 2 \quad 3 \quad 4$$
>
> inverted word order: <u>**Jetzt** gehen wir nach Hause</u>.

AKTIVITÄTEN   Gelenkte Kommunikation

A. Emphasize the italicized expressions.
You and a friend are making plans for the day. Suggest that the two of you:

1. do the homework *later*
2. have a *beer* tonight
3. watch a movie *at home*
4. visit *a couple of friends* now
5. study for the test *tomorrow*

B. Emphasize the information cued by the question word when you answer these questions.

1. *Wer* ist Ihr Lehrer / Ihre Lehrerin?
2. *Wann* ist Ihre nächste Deutschstunde?
3. *Wie viele* Studenten sind hier?
4. *Wohin* gehen Sie später?

Wiederholung : Grammatik

Restate the following sentences using inverted word order to emphasize the bold word or expression:

Beispiel : Er liest **später** die Zeitung. → **Später** liest er die Zeitung.

1. Ich kaufe **heute** die Getränke.
2. Wir haben **morgen** die Party.
3. Wir machen den Kartoffelsalat **später.**
4. Alle Freunde kommen **oft.**
5. Wir machen **übermorgen** alles sauber.
6. Es wird bestimmt **bald** kalt.
7. Ich brauche **wahrscheinlich** einen Mantel.
8. Sie sind **bestimmt** viel zu teuer.
9. Wir haben **im Winter** oft Schnee.
10. Wir haben **dieses Jahr** wenig.

TEIL 5,4 | **Wann ist das Semester zu Ende?**
Wann sind Ferien?

MERKE

das Datum sagen

Was ist heute?	Heute ist **der erste April.**
Welchen Tag haben wir heute?	Heute haben wir **den dreißigsten Oktober.**
Wann fängt die Uni an?	Ich glaube, **am fünften November,** nächste Woche.

Ferien haben und Urlaub machen

Wann **haben** Sie **Ferien?**	Wo **machen** Sie **Urlaub?**

VOKABULAR   die Zeit

die Zeit, -en	der Tag, -e	der Monat, -e
die Sekunde, -n	die Woche, -n	das Semester, -
die Minute, -n	das Wochenende	das Jahr, -e
die Stunde, -n		die Jahreszeit, -en

Tage und Tageszeiten

die sieben Tage:	die Tageszeiten:
(der) Montag	der Morgen
Dienstag	der Vormittag
Mittwoch	der Mittag
Donnerstag	der Nachmittag
Freitag	der Abend
Sonnabend/	die Nacht
Samstag	die Mitternacht
Sonntag	

Monate und Jahreszeiten

die zwölf Monate:		die vier Jahreszeiten:
(der) Januar	Juli	(der) Winter
Februar	August	Frühling
März	September	Sommer
April	Oktober	Herbst
Mai	November	
Juni	Dezember	

Wann beginnt die Woche
in Deutschland?
Wie ist es in Amerika?

Januar 1989

Woche	Montag	Dienstag	Mittwoch	Donnerstag	Freitag	Samstag	Sonntag
							1 Neujahrstag
1	**2**	**3**	**4**	**5**	**6** Hl. Drei Könige	**7**	**8**
2	**9**	**10**	**11**	**12**	**13**	**14**	**15**
3	**16**	**17**	**18**	**19**	**20**	**21**	**22**
4	**23**	**24**	**25**	**26**	**27**	**28**	**29**
5	**30**	**31**					

EINBLICK: Ferientermine

Wann sind die Schulferien in Deutschland? Sehen Sie den Ferienplan an und
beantworten Sie dann die Fragen!

Ferientermine in der BRD	Weihnachten	Ostern	Pfingsten	Sommer
Baden-Württemberg	23.12.-12.1	7.4.-21.4.	5.6.	26.7.-5.9.
Bayern	23.12.-8.1.	9.4.-21.4.	5.6.-16.6.	1.8.-17.9.
Berlin	23.12.-6.1.	2.4.-21.4	2.6.-5.6.	19.7.-1.9.
Bremen	23.12.-8.1.	2.4.-21.4.	2.6.-6.6.	19.7.-1.9.
Hamburg	25.12.-6.1.	5.3.-24.3.	21.5.-26.5.	16.7.-25.8.
Hessen	22.12.-10.1.	31.3.-21.4.	5.6.	12.7.-22.8.
Niedersachsen	22.12.-6.1.	2.4.-21.4.	2.6.-5.6	19.7.-29.8.
Nordrhein-Westfalen	22.12.-6.1.	31.3.-21.4.	keine	21.6.-4.8.
Rheinland-Pfalz	23.12.-6.1.	9.4.-30.4.	2.6.-5.6.	5.7.-15.8.
Saarland	22.12.-6.1.	2.4.-23.4.	keine	5.7.-18.8.
Schleswig-Holstein	22.12.-4.1.	2.4.-23.4.	2.6.	12.7.-22.8

Wie lange dauern die Sommerferien in Bayern?   In welchem Monat beginnen und
   enden sie?
Wo beginnen die Weihnachtsferien früher, in Hamburg oder in Berlin?   In
   welchem Monat beginnen und enden sie?   Welche Jahreszeit ist das?
Wie viele Wochen hat man Osterferien in Baden-Württemberg, Berlin, Bremen,
   Saarland und Bayern? Welche Jahreszeit ist das?
Welche Bundesländer haben Pfingstferien?   Wie lange sind sie?   In welchem
   Monat sind sie?
Wann haben Sie Sommer- und Weihnachtsferien?   Wann sind Semesterferien für
   Studenten?
In welchem Monat machen Sie vielleicht Urlaub?

MERKE   *Accusative case*: *noun phrases of specific time*

Jeden Tag lese ich die Zeitung.
Diesen Winter bin ich in Florida.
Kommende Woche bleibe ich hier.
Nächsten Monat fahre ich nach Europa.
Alle zwei Wochen haben wir eine Prüfung.
Ich bleibe **Samstag** zu Hause.
Sonntag gehe ich vielleicht aus.

das Mal *and* **-mal**

„**Wie oft** machen Sie Urlaub?"
„Nur **einmal** im Jahr."
„Und wann sind Ihre Ferien?"
„Im Sommer, im August."
„Und wohin fahren Sie?"
„**Dieses Mal** fahren wir nach Spanien. **Nächstes Mal** fahren wir vielleicht wieder
   nach Österreich."
„Besuchen Sie **manchmal** auch Verwandte, wenn Sie in Österreich sind?"
„Ja. **Einmal** oder **zweimal**."

DIALOG: Wann machen Sie Urlaub?

(Zwei Nachbarn sprechen über die Ferien und ihren Urlaub.)

HERR HOFFMANN	Guten Tag, Frau Schubert!
FRAU SCHUBERT	Guten Tag, Herr Hoffmann! Wie geht's?
HERR HOFFMANN	Nicht schlecht. Und Ihnen?
FRAU SCHUBERT	Prima! Unsere Familie macht nächste Woche Urlaub. Dieses Mal fahren wir drei Wochen weg.
HERR HOFFMANN	Und wohin fahren Sie?
FRAU SCHUBERT	Zuerst fahren wir nach Österreich. Wir haben Verwandte in Wien. Und dann eine Woche nach Italien.
HERR HOFFMANN	Na, sehr schön! Unsere Söhne haben jetzt auch Ferien, aber sie arbeiten diesen Monat. Wir können erst nächsten Monat wegfahren.
FRAU SCHUBERT	Und wohin fahren Sie?
HERR HOFFMAN	Ach, wieder nach Oberbayern. Wir wandern halt gern jedes Jahr. Also, Frau Schubert, schönen Urlaub!
FRAU SCHUBERT	Danke ebenfalls! Wiederseh'n, Herr Hoffmann!
HERR HOFFMANN	Wiederschau'n!

Fragen

1. Wie lange fährt Familie Schubert in den Urlaub?
2. Wohin fahren sie dieses Mal?
3. Fahren sie nur nach Wien?
4. Was machen die Hoffmanns in den Ferien?
5. Was machen die Söhne jetzt?

TEXT: Österreich

Sie wissen schon, <u>wann</u> die Deutschen Ferien haben. Hier können Sie jetzt lesen, <u>wo</u> die Deutschen Urlaub machen:

Viele Leute fahren in den Süden, zum Beispiel nach Italien und Griechenland und oft nach Österreich, wo man natürlich auch Deutsch spricht.

Österreich grenzt an sieben andere Länder, nämlich die Bundesrepublik Deutschland, die Tschechoslowakei, Ungarn, Jugoslawien, Italien, die Schweiz und Liechtenstein. Österreich hat neun Provinzen, und die Hauptstadt von Österreich, Wien, liegt im Osten in der Provinz Niederösterreich. Österreich ist eine parlamentarische Demokratie und neutral, das heißt, nicht in der NATO.

Österreich ist ein populäres Urlaubsland im Winter und im Sommer. Dreiviertel aller Touristen in einem Jahr kommen aus der Bundesrepublik Deutschland. Die Urlauber können im Sommer in den Alpen wandern und im Winter Ski fahren. Viele Reisende besuchen auch die berühmten Städte mit Barock- und Renaissancekunst. Hier kann man auch viele Konzerte hören und Theaterstücke sehen. Einige bekannte Städte in Österreich sind Salzburg, Innsbruck (wo die Olympischen Spiele 1976 waren), Graz und natürlich die Hauptstadt, Wien.

Fragen

1. Wo machen viele Deutsche Urlaub? Wann fahren sie dorthin?
2. Welche Städte in Österreich kennen Sie?
3. Schauen Sie eine Landkarte an und finden Sie die Städte im Text!
4. Wo machen viele Amerikaner Urlaub?

Sie wissen, daß man in Österreich Deutsch spricht, aber manchmal sind österreichische Worte anders als deutsche. Hier sind ein paar Beispiele :

Österreichisches Lexikon

Schlagobers	Schlagsahne
Einspänner	Kaffee mit Schlagobers
Melange	Milchkaffee
(*pronounced:* melosch)	
Kapuziner	Kaffee mit wenig Milch
Eiskaffee	Eis, Kaffee und Schlagobers
Heuriger	neuer Wein
Kren	Meerrettich (*horseradish*)
Palatschinken	Pfannkuchen
Kaiserschmarrn	kleine Stücke Pfannkuchen
Jausn	Brotzeit (*small meal between main meals*)
Gfrorns	Speiseeis (*ice cream*)
Busserl	Kuß
Tramway	Straßenbahn
Achkatzl	Eichhörnchen (*squirrel*)

Kulturnotiz

Musik in Wien

During the seventeenth century the city of **Wien** became a center of music in Europe. By the end of the eighteenth century it had also established itself as a center for opera through premieres of Mozart's work. The term **Wiener Klassiker** refers to the great composers **Haydn, Mozart, Beethoven,** and **Schubert,** who all met in **Wien** in the eighteenth century.

Wolfgang Amadeus Mozart was born in Salzburg in 1756 and had gained the status of a child prodigy by the age of five. He lived in **Wien** and performed in many parts of Europe. Mozart died in poverty in 1791 and was buried in a mass grave. His famous and diverse works include many operas, for example, **Die Zauberflöte** and **Die Hochzeit des Figaro,** as well as symphonies. **Franz Schubert** (1797–1828) was a native of **Wien** and spent his whole life in this city. He created the genre of the **Kunstlied** (*art song*), but also composed symphonies and many piano works.

Der Wiener Komponist Franz Schubert (1797–1828).

Das Klavier von Beethoven im
Beethovenhaus in Bonn.

WIEN

SACHERTORTE UND MELANGE

Wien weiß mit Stil zu genießen. Das beweisen schon die mehr als 1100 Kaffeehäuser, wo man nicht einfach

Kaffee trinkt, sondern Melange, Braunen, Schwarzen, Einspänner, Kapuziner, Mokka gespritzt oder Eiskaffee. Dort liest man auch Zeitung und bewundert seine Einkäufe. Tip für feine Einkäufe: Kärntner- und Mariahilfer Straße (elegante Mode, Trachten, Glas und Silber, Wiener Porzellan, Antiquitäten).
Auch beim Essen wird fein differenziert: altwienerisch mit böhmischem Einschlag, ungarisch, polnisch, russisch, türkisch etc.
Zur Erholung und zum Vergnügen geht's in den Prater, mit vielen Gastwirtschaften, dem berühmten Riesenrad und anderen Attraktionen. Und abends treffen Sie sich mit den Wienern zum Heurigen in Grinzing oder Sievering.
Wenn für Sie dann immer noch nicht die Nacht um ist, können Sie feststellen, daß Wien auch eine moderne und liberale Großstadt ist.

TRAUMSTADT DER NOSTALGIE

Fragen

Wie viele Kaffeehäuser hat Wien?
Was trinkt man dort?
Was kaufen Leute in Wien?
Was macht man abends?
Wo trifft man vielleicht Freunde und Leute aus Wien?
Wie ist die Stadt Wien?

Reminder: also

Also can mean *then* or *therefore:*
> Das Wetter ist sehr schlecht. Bleiben wir **also** zu Hause!

When **also** appears at the beginning of a sentence, it often has the effect of *well, well then,* or *well, let's see:*
> **Also,** morgen habe ich einen Mathetest und dann frei.

AKTIVITÄTEN Freie Kommunikation

Beantworten Sie diese Fragen, bitte.

Wann machen Sie Ihre Hausaufgaben?
Wann haben Sie Ihre nächste Deutschprüfung?
Wie oft essen Sie jeden Tag?
Was machen Sie kommenden Sonntag?
Was machen Sie nächsten Montag?
Was machen Sie diesen Samstag?
Was machen Sie nächstes Semester?
Wie oft besuchen Sie Ihre Eltern?
Wie oft treffen Sie Ihre Freundin oder Ihren Freund? Wie oft sehen Sie Ihre Verwandten?
Wann haben Sie Ferien? Machen Sie Urlaub? Wohin fahren Sie? Wie oft machen Sie im Jahr Urlaub?

EINBLICK : Auto und Urlaub

Before reading the text, think about what you ought to take in your car on a long trip.

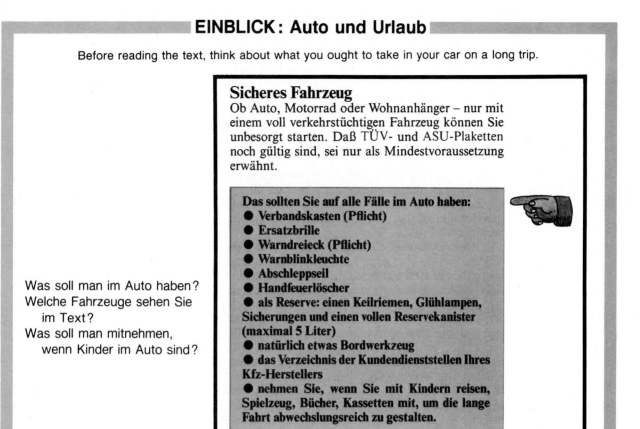

Sicheres Fahrzeug

Ob Auto, Motorrad oder Wohnanhänger – nur mit einem voll verkehrstüchtigen Fahrzeug können Sie unbesorgt starten. Daß TÜV- und ASU-Plaketten noch gültig sind, sei nur als Mindestvoraussetzung erwähnt.

Das sollten Sie auf alle Fälle im Auto haben:
- **Verbandskasten (Pflicht)**
- **Ersatzbrille**
- **Warndreieck (Pflicht)**
- **Warnblinkleuchte**
- **Abschleppseil**
- **Handfeuerlöscher**
- **als Reserve: einen Keilriemen, Glühlampen, Sicherungen und einen vollen Reservekanister (maximal 5 Liter)**
- **natürlich etwas Bordwerkzeug**
- **das Verzeichnis der Kundendienststellen Ihres Kfz-Herstellers**
- **nehmen Sie, wenn Sie mit Kindern reisen, Spielzeug, Bücher, Kassetten mit, um die lange Fahrt abwechslungsreich zu gestalten.**

Was soll man im Auto haben?
Welche Fahrzeuge sehen Sie
  im Text?
Was soll man mitnehmen,
  wenn Kinder im Auto sind?

Gelenkte Kommunikation

Beantworten Sie diese Fragen!

Wie heißen die sieben Wochentage?
Wie heißen die Tageszeiten?
Wie heißen die zwölf Monate?
Wie heißen die vier Jahreszeiten?
Was hat zwölf Monate?

Was hat sieben Tage?
Was hat zweiundfünfzig Wochen?
Was hat dreißig Tage?
Was sind Samstag und Sonntag?
Was hat sechzig Sekunden?
Was hat vierundzwanzig Stunden?
Was hat sechzig Minuten?

Der wievielte ist heute?
Was ist das Datum morgen?
Wann endet das Semester?
Was machen Sie jeden Tag?
Was machen Sie jede Woche?
Was machen Sie jeden Sommer?
Was machen Sie jedes Jahr?

Wie oft haben Sie Deutsch?
Wie oft essen Sie im Restaurant?
Wie oft waschen Sie?
Wie oft waschen Sie Ihr Auto?
Wie oft schreiben Sie nach Hause?

Wiederholung : Grammatik

Emphasize the time expression by using inverted word order.

Beispiel : Franz wacht **jeden Morgen** früh auf. → **Jeden Morgen** wacht Franz früh auf.

1. Franz trinkt **jeden Vormittag** Kaffee.
2. Er liest **jeden Tag** die Zeitung.
3. Er geht **Montag** nicht zur Uni.
4. Der Matheprofessor gibt **alle zwei oder drei Wochen** eine Prüfung.
5. Franz und sein Freund Wolfgang lernen **jedes Mal** viel.
6. Sie haben **nächstes Semester** ein Biologieseminar zusammen.
7. Franz und Claudia besuchen **diesen Freitag** ihre Großeltern.
8. Sie bleiben **diesen Sonntag** wahrscheinlich zu Hause.
9. Claudias Familie fährt **nächsten Sommer** nach Europa.
10. Sie fahren **diesen Winter** nach Florida.

EINBLICK: Urlaub in Österreich

KÄRNTNER BAUERNDÖRFER

Urlaub im Bauernhaus-Appartement

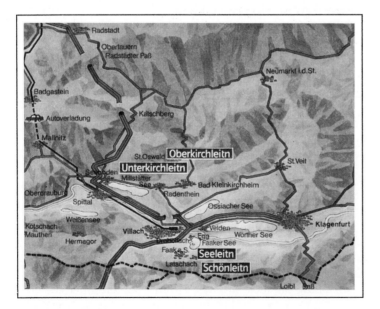

Wenn Sie urgemütlichen Urlaub im gastlichen Bauernhaus-Appartement erleben möchten, haben Sie vier Kärntner Bauerndörfer zur Auswahl. Seeleitn, Schönleitn, Unter- und Oberkirchleitn

Ein Dorf so schön wie das andere
Inmitten der Kärntner Bergwelt, unweit der berühmten Seen, liegen die idyllischen Kärntner Bauerndörfer — Original Kärntner Bauernhausarchitektur. Schönleitn — zwischen Aichwald- und Faakersee, Seeleitn — direkt am Faaker See und Kirchleitn — oben in den Nockbergen. Die rustikale Einrichtung mit Kachelofen, Ofenbank und urgemütlichen Bauernmöbeln sowie moderne Küche und Bad, sind für viele schon zum zweiten Wohnsitz geworden.

Wie heißen die Orte in Kärnten?
Wie wohnt man, wenn man hier
   Urlaub macht?
Was haben diese Häuser?
Schauen Sie eine Österreichkarte an!
   Wo liegt Kärnten?

Die Spanische Reitschule
in Wien.

TEIL 5,5 | Morgen früh habe ich einen Test. Morgen nachmittag habe ich frei.

MERKE *Adverbs of specific time*

Wann kommen Sie?   Ich komme **heute / morgen / übermorgen.**

VOKABULAR compound adverbs

heute morgen	morgen früh	übermorgen früh
heute vormittag	morgen vormittag	übermorgen vormittag
heute mittag	morgen mittag	übermorgen mittag
heute nachmittag	morgen nachmittag	übermorgen nachmittag
heute abend	morgen abend	übermorgen abend
heute nacht	morgen nacht	übermorgen nacht

Ich lese **heute nachmittag.**
Heute abend besuche ich einen Freund.

Ich lerne **morgen früh** für das Examen.

AKTIVITÄTEN Freie Kommunikation

Beantworten Sie diese Fragen!

Was machen Sie heute vormittag?   Haben Sie heute nachmittag Uni?   Was machen Sie heute abend?   Gehen Sie morgen früh oder morgen nachmittag zur Uni?   Was machen Sie morgen abend?   Haben Sie übermorgen frei?   Wann machen Sie Ihre Hausaufgaben für morgen?

TEIL 5,6 | Abends bin ich fast immer zu Hause.

MERKE *Adverbs of regularity*

Morgens bin ich zu Hause, aber **nachmittags** und **abends** arbeite ich.
Samstags gehe ich einkaufen, **sonntags** bleibe ich zu Hause.
Frühmorgens laufe ich. **Spätabends** lese ich einen Roman.

-lich: **täglich wöchentlich monatlich jährlich**

Täglich lese ich die Zeitung. Meine Familie fährt **jährlich** nach Deutschland.

frühestens *and* **spätestens**

Ich komme **frühestens** morgen mittag zurück, und **spätestens** abends.

dann

Ich schreibe heute nachmittag Briefe, und **dann** treffe ich eine Freundin.

fast

Ich mache das **fast immer.**   Wir fahren **fast jeden Sommer** nach Österreich.

TEXT: Petras Terminkalender

Lesen Sie Petras Terminkalender und beantworten Sie dann die Fragen.

Montag, 12. März

8.30	Zahnarzt
11.30	Karola treffen: Mittagessen im „Marktcafé"
14.00	schnell zur Bank, Geld holen
17.30	Aerobic (bis 18:30)
20.00	Eisdiele mit Tommi

Dienstag, 13. März

9.00	Nicht vergessen! Mutti anrufen—Geburtstag!!
10.00	wöchentliche Besprechung mit Chef
13.00	Computerkurs

Mittwoch, 14. März

7.00	früher zur Arbeit!! (spätestens 7.30)
17.30	Aerobic

Donnerstag, 15. März

9.00	Arbeit
13.00	Computerkurs (letztes Mal!!)
15.00	Auto zum TÜV°
19.00	Abendessen mit Peter und Rosi (Rosi anrufen)

°auto inspection

Freitag, 16. März

9.30	Auto abholen (hoffentlich fertig!)
12.00	monatliches Mittagessen mit Leuten im Büro dann schnell Blumen und Karte besorgen
16.30	Toni im Krankenhaus besuchen (Blumen und Karte nicht vergessen!)
19.00	Gartenfete bei Kirsten und Frank (Wein mitbringen!)

Fragen

1. Wann und wie oft macht Petra Aerobics? Wie lange dauert das?
2. Wie oft ist ihr Computerkurs? Ist er auch nächste Woche?
3. Was hat sie jeden Dienstag?
4. Wann ißt Petra zu Mittag? Wie oft ißt sie mit Kollegen zu Mittag?
5. Wann geht sie diesen Mittwoch zur Arbeit?
6. Wie oft geht sie diese Woche abends aus?
7. Wie lange hat sie ihr Auto nicht?

COMPUTERKURS

ab FREITAG - 11.November
Gruppenraum III - Beginn 19.30 Uhr
Kostenbeitrag: 20,- DM (5 Abende)
Veranstalter: Computergruppe

Einführung in "die" Programmiersprache C

Die Computergruppe im E-Werk führt zum Abschluß des Jahres noch schnell einen C-Kurs durch.

Wann beginnt der Kurs?
Wie oft ist er?
Was kostet der Kurs?
Was lernt man?

AKTIVITÄTEN   Freie Kommunikation

Beantworten Sie bitte diese Fragen.

> Was machen Sie morgens, bevor Sie zur Uni kommen? Was machen Sie vormittags
> und nachmittags?
> Was machen Sie gern abends?
> Wann sind Sie normalerweise zu Hause? Wann sind Sie nicht zu Hause? Wann
> gehen Sie ins Bett?
> Wie oft lesen Sie die Zeitung? Wie oft lesen Sie eine Zeitschrift oder eine Illustrierte?

Wiederholung : Grammatik

A. Use inverted word order to emphasize the time expression.

Beispiel : Petra ist vormittags nicht zu Hause. → **Vormittags** ist Petra nicht zu Hause.

1. Petra ist abends fast nie zu Hause.
2. Sie und ihre Freundin Ute haben heute nachmittag den Computerkurs.
3. Petra arbeitet tagsüber.
4. Sie macht nachmittags manchmal Aerobic.
5. Sie besucht Toni diesen Freitag im Krankenhaus.

B. Replace each adverbial time expression with an equivalent noun phrase.

Beispiel : Samstags geht Petra mit Rosi ins Café. → **Jeden Samstag** geht Petra mit Rosi
ins Café.

1. Mittwochs geht Petra früh zur Arbeit.
2. Wöchentlich sehen sie und Toni einen Film.
3. Monatlich trifft sie Karola zum Mittagessen.
4. Jährlich bringt sie das Auto zum TÜV.
5. Täglich ist sie frühmorgens im Büro.

C. Paraphrase each of the following sentences by using **frühestens** or **spätestens**.

Beispiel : Petra trifft Ute heute mittag, aber nicht später. → Petra trifft Ute **spätestens**
heute mittag.

1. Petras Auto ist übermorgen fertig, und nicht später.
2. Toni kommt nächsten Montag nach Hause, aber nicht früher.
3. Petra geht diesen Mittwoch um sieben zur Arbeit, und nicht später.
4. Die Bank schließt um zwei Uhr, aber bestimmt nicht früher.

D. For each of the following items join the two sentences by using a comma and **und dann**.

Beispiel : Heute steht Petra früh auf. Sie fährt zur Arbeit. → Heute steht Petra früh auf,
und dann fährt sie zur Arbeit.

1. Jeden Tag trinkt Petra eine Tasse Kaffee. Sie geht zur Arbeit.
2. Jeden Vormittag sieht sie ihren Chef. Sie besprechen den Terminplan.
3. Jeden Donnerstag geht Petra nach Hause. Sie macht Aerobic.
4. Petra trifft diesen Freitag Freunde. Sie trinken zusammen Wein.

TEIL 5,7   Das mache ich jetzt nicht.

MERKE   *Negation and specific time*

Treffen Sie **jeden Abend** Ihre Freunde? Nein, **nicht jeden Abend.**
Machen Sie **alle zwei Tage** Sport? Nein, **nicht alle zwei Tage,** normalerweise
nur **zweimal pro Woche.**
Arbeiten Sie **samstags**? Nein, ich arbeite **samstags nicht!** Und **sonntags** auch
nicht!

AKTIVITÄTEN   Gelenkte Kommunikation

Beantworten Sie die folgenden Fragen mit **nicht** oder **kein!**

1. Machen Sie jeden Sommer Urlaub?
2. Besuchen Sie Ihre Verwandten
   jedes Jahr oder nur alle zwei Jahre?
3. Sehen sie jeden Monat Ihre Eltern?
4. Treffen Sie jeden Abend Freunde?
5. Machen Sie alle zwei oder drei Tage Sport?
6. Arbeiten Sie nachmittags?
7. Gehen Sie vormittags zur Uni?
8. Gehen Studenten samstags zur Uni?
9. Lernen Ihre Freunde diesen Sonntag?
10. Haben Sie jeden Montag eine Prüfung?

TEIL 5,8   Machen wir einen Bummel durch die Innenstadt!

MERKE   *Accusative prepositions and negation*

durch	für	gegen	ohne	um

Laufen wir durch den Wald und dann **um den See?** Wir laufen
nicht durch den Wald.
Heute gehen die Eltern **ohne die Kinder** wandern.
Wer ist **für** und wer ist **gegen den Plan?** Ich bin **nicht für den Plan.** Er ist Unsinn.

Accusative postposition and negation

entlang

Gehen wir auch **den Fluß entlang?**   Also, ich laufe **nicht den Fluß entlang.**
Das ist zu langweilig.

VOKABULAR   Bummeln

reisen	spazieren•gehen	bummeln
aus•gehen	der Spaziergang	der Bummel
weg•gehen	einen Spaziergang machen	einen Bummel machen
weg•fahren	wandern	

Kulturnotiz

Taking a **Spaziergang** (*walk*)—in the park, through the **Innenstadt** (*downtown area*), or out in the country—is a popular pastime for West Germans. The spacious **Stadtpark** (*city park*) often resembles a botanical garden. Parks are designed for **Ruhe** (*rest and relaxation*) more than for sports activity, with many benches, and sometimes a quaint restaurant. In some parks one may play or sit on the grass, but usually signs warn visitors to keep off the manicured lawns and not to pick flowers; often bicycle riding is prohibited; and animals must be leashed.

West German shops and stores have large **Schaufenster** (*window displays*), where merchandise is displayed with genuine artistry. So **bummeln** (*going window shopping*) in a West German city is a pleasant way to spend time outdoors. Often, shops are located in a **Fußgängerzone** (*pedestrian zone*), that may be nicely landscaped with trees, flowers, fountains, and sculpture like a park.

Stadt und Land

die Welt	die Stadt, ¨-e	der Ort, -e	die Innenstadt /
der Kontinent, -e	die Großstadt	das Dorf, ¨-er	die Stadtmitte
das Land, ¨-er	die Kleinstadt	auf dem Land	die Straße, -n
			in der Stadt

Kulturnotiz

A city with more than 100,000 residents (like **München, Hamburg,** or **Köln),** is called **eine Großstadt.** Smaller cities are **Kleinstädte,** and a small town or village is **ein Ort** or **ein Dorf.**

der Park, -s	der See, -n	werfen (i)	der Plan, ¨-e
der Wald, ¨-er	der Bach, ¨-e	der Ball, ¨-e	die Idee, -n
der Berg, -e	der Fluß, Flüsse	der Stein, -e	
der Weg, -e			

Kulturnotiz

Westdeutsche Städte

West-Berlin, West Germany's largest industrial city (and city-state) with 1.9 million inhabitants, is geographically cut off from the rest of the country, but despite its isolation it is a major cultural center.

With more than one million residents, **München,** in the state of Bavaria, is the largest city in southern Germany. München is nicknamed the "secret capital" of West Germany and calls itself **die Weltstadt mit Herz.** The Bavarian capital has a large universi-ty, **die Friedrich-Maximilians-Universität,** and during the 1980s has emerged as a major center of technology. Northern Germany's largest city is the **freie Hansestadt Hamburg** with a population of 1.6 million. It is a city-state like **Berlin** and like **Bremen,** the smallest **Bundesland.** An important trading city and port, **Hamburg** is often called "Germany's gateway to the world."

EINBLICK: Weltstadt mit Herz

MÜNCHEN

WELTSTADT MIT HERZ

Urbayerische Originalität, weltstädtisches Flair, dazu die fast südländische Lebensfreude – Kunststück, daß das „Millionendorf" an der Isar immer mehr Fans gewinnt.
Anlässe zu einer erlebnisreichen Kurzreise bietet München ganz nach Belieben. Vielleicht wollen Sie wieder einmal festlich in die Oper gehen (Bayerische Staatsoper) oder ein Musical im Deutschen Theater genießen oder die berühmte Lach- und Schießgesellschaft live erleben. Vielleicht sind Sie an Kunst interessiert (Pinakothek, Staatsgalerie für Moderne Kunst, viele Galerien, ca. 200 wechselnde Kunstausstellungen pro Monat). Vielleicht möchten Sie berühmte Bauten besichtigen, von der Frauenkriche bis zum Nymphenburger Schloß oder einfach im Olympiapark ausspannen.
Aber wahrscheinlich hat es Ihnen einfach die anregende Atmosphäre dieser Stadt angetan: traditionsreich und doch aufgeschlossen, urwüchsige Originale und modische Schickeria, gemütvolle Biergärten und glitzernde Diskos.

Wie heißt die Oper in München?
Wo sieht man ein Musical?
Wohin gehen Sie, wenn Sie Kunst interessant finden?
Suchen Sie andere interessante Gebäude!
Was gibt München seine besondere Atmosphäre?

DIALOG: Ein Sonntagsspaziergang

(Herr und Frau Jung und Herr und Frau Stieglitz machen einen Sonntagsausflug.)

HERR STIEGLITZ	Hallo, Frau Jung! Tag, Herr Jung! Sind Sie fertig° oder sind wir zu früh hier?
FRAU JUNG	Nein, nein, wir sind fertig. Sonntags sind wir meistens um neun auf. Na, Frau Stieglitz, wie finden Sie einen Sonntag ohne Ihre Kinder?
FRAU STIEGLITZ	Das war wirklich eine gute Idee! Wir sind froh, wenn wir mal einen ganzen Sonntag für uns haben. Die Kinder sind schon bei unserer Oma.
HERR JUNG	Also, wo wollen wir laufen?
HERR STIEGLITZ	Nun, vielleicht wandern wir den Fluß entlang, und dann bummeln wir ein bißchen durch die Innenstadt!
FRAU JUNG	Und trinken wir doch zusammen einen Kaffee!
FRAU STIEGLITZ	Das klingt gut.
HERR JUNG	Und wie laufen wir zurück?
HERR STIEGLITZ	Natürlich einen anderen Weg!
FRAU JUNG	Ja, laufen wir durch den Wald! Es dauert ein bißchen länger, aber wir haben ja genug Zeit, oder?
HERR JUNG	Prima! Haben Sie etwas gegen den Regen mit?
FRAU STIEGLITZ	Ja, unsere Anoraks und einen Schirm.
FRAU JUNG	Na, dann brauchen wir vielleicht nur unsere Regenjacken. Alles klar? Dann gehen wir!

°*ready*

Fragen

1. Beschreiben Sie, wie die Jungs und die Stieglitzes laufen!
2. Warum ist dieser Sonntag etwas Besonderes?
3. Was machen sie, wenn sie in die Innenstadt kommen?
4. Was braucht man gegen den Regen?

AKTIVITÄTEN   Gruppenarbeit : Geographie

Schauen Sie eine Landkarte an und identifizieren Sie in fünf Minuten fünf Dörfer und fünf Städte in Deutschland und Österreich. Schreiben Sie sie auf und zeigen Sie dann den anderen Studenten, wo diese Städte und Dörfer liegen!

VOKABULAR

Flüsse

die Ems
die Weser
die Elbe
die Donau
die Isar
die Mosel
die Oder
die Saale
die Spree

der Main
der Rhein

Meere

die Nordsee
die Ostsee

Seen

der Bodensee
der Genfer See

Wiederholung : Grammatik

A. Complete the following sentences logically by providing prepositional phrases from the dialog.

1. Herr und Frau Stieglitz wandern diesen Sonntag ____.
2. Die vier wandern zuerst ____.
3. Dann gehen sie vielleicht ____.
4. Warum gehen sie ins Zentrum? ____.
5. Wo laufen sie vielleicht zurück? ____.
6. Es regnet vielleicht. Sie nehmen etwas ____ mit.

B. Fill in the blanks with a logical preposition or postposition.

1. Siggi und Peter machen eine Reise ____ die Welt.
2. Zuerst fliegen sie ____ Asien.
3. Dann reisen sie ____ China und Indonesien.
4. Sie machen diese Weltreise ____ ihre Eltern.
5. Peters Eltern sind ____ den Plan. Sie finden ihn gut.
6. Siggis Eltern sind ____ diese Reise. Sie geben Siggi kein Geld.

TEIL 5,9 | Wieviel Grad haben wir heute? Wieviel Zucker und Mehl brauchen Sie?

MERKE

Accusative of duration and measurement

Unsere Freunde bleiben **eine Woche (lang)**. Wir bleiben **einen ganzen Tag** im Museum. Wir feiern **die ganze Nacht.**

Birgit macht eine Pizza. Was kauft sie?
Sie braucht **ein Pfund Tomaten, 200 Gramm Salami, 500 Gramm Käse, ein Kilo Paprikaschoten** und natürlich **einen oder zwei Liter Rotwein** für die Gäste.

VOKABULAR

messen (i)	wiegen	der Liter	hoch
der Meter	das Gramm	ein halber Liter	tief
Millimeter	Kilogramm	ein viertel Liter	niedrig
Zentimeter	Kilo	das Grad (Celsius)	breit
Quadratmeter	das Pfund	die Fahrenheit	
Kilometer	ein halbes Pfund	der Zoll	
Stundenkilometer		die Meile	

Kulturnotiz

Hitzefrei!

Temperatures are moderate in Germany, rarely going above 30° **Celsius.** If in summer the temperature gets uncomfortably hot,—remember there are not many air conditioners in Germany—school principals may declare **hitzefrei,** and send students and teachers home before the school day is over. This can be as early as 9:30, after two hours of classes; or after four hours at 11:30. The "magic" temperature for **hitzefrei** to be declared ranges from 27° to 29° **Celsius,** in the middle to high eighties **Fahrenheit.** So on hot days you will see students frequently cast hopeful glances at thermometers around the school building!

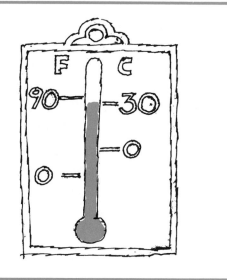

EINBLICK : Nicht weit von Österreich!

Welche Stadt liegt in Österreich?
Wie weit ist es dorthin von Berchtesgaden?
Wie weit ist es von Berchtesgaden nach Bad Reichenhall?
Wie weit ist es vom Parkplatz (P) zum Kehlsteinhaus?

TEXT: Vanillekipferl backen

Lesen Sie das Rezept für Vanillekipferl und beantworten Sie dann die Fragen!

Vanillekipferl

Zutaten: 280g Mehl, **80g** Zucker, **100g** Mandeln (gerieben), **2** Eidotter, **220g** Butter und Vanillezucker zum Bestreuen.

Das Mehl auf ein Holzbrett sieben, den Zucker und die Mandeln dazugeben, eine Mulde hineindrücken, die Eidotter dazugeben. Dann die Butter fein schneiden und mit allem verkneten.

Dann flache Stollen formen, kaltstellen. Ca. **1 cm** dicke Scheiben abschneiden, rollen (zu den Enden dünner werdend) und zu Kipferln biegen. Auf Alufolie legen, nochmal kaltstellen. Nur hellgelb backen. Noch warm mit Vanillezucker bestreuen. (ca. **24 Stück**)

Temperatur: Elektro **175°**   Gas **2**
Backzeit: **15 Min.**

Ich habe das Rezept für die Vanillekipferl nicht. Ich brauche Hilfe.

Fragen

1. Wieviel Mehl und Zucker brauche ich?
2. Wie viele Mandeln und wie viele Eier?
3. Wie lange bleiben die Vanillekipferl im Ofen?
4. Wie warm muß der Ofen sein (wieviel Grad)?
5. Wie dick sind die Vanillekipferl?
6. Wie lang sind sie?
7. Wie viele Vanillekipferl werden das?

AKTIVITÄTEN   Freie Kommunikation

Benatworten Sie diese Fragen!

Wie lange lernen Sie abends?   Wie lange schlafen Sie normalerweise?
Haben Sie jeden Tag Deutsch?   Wie lange?   Wie lange dauert eine Deutschprüfung?
Wieviel Geld haben Sie jetzt?   Kaufen Sie fürs Wochenende Fleisch oder Gemüse? Wieviel?
Welche Getränke kaufen Sie fürs Wochenende?   Wie viele Liter?
Wie alt sind Sie?   Wie groß sind Sie?   Wieviel wiegen Sie?
Wieviel wiegt Ihr Rucksack heute?   Was haben Sie drin?
Wie groß ist Ihr Zimmer, Ihre Wohnung oder Ihr Haus?
Laufen Sie gern?   Machen Sie Radtouren oder Wanderungen?   Wie oft?   Wie weit?   Wie lange dauert eine Radtour oder eine Wanderung?

Gelenkte Kommunikation

Beantworten Sie diese Fragen, bitte.

Wie hoch ist die Wand im Klassenzimmer?
Wie dick ist Ihr Deutschbuch?
Wie breit ist das Fenster im Klassenzimmer?
Wie lang ist die Tafel im Klassenzimmer?

Wie weit ist es von hier nach New York?
Wo wohnen Sie? Wie weit ist es von da zur Uni?
Wie schnell fährt man auf der Autobahn in Amerika?
Wie schnell fahren viele Leute in Deutschland?

Wiederholung : Grammatik

A. Fill in the blanks with an expression of duration of time that makes sense.

1. Wir bleiben nur ____ in Österreich, also eigentlich sieben Tage.
2. Morgen wandern wir acht oder zehn Stunden, also ____.
3. Heute vormittag gehen wir ____ in ein Museum und um zwölf essen wir.
4. Samstagabend treffen wir ein paar Freunde. Wir reden bestimmt ____.

B. Fill in the blanks with an expression of measurement that makes sense.

1. Wir brauchen nur ____ Rotwein. Die meisten Leute trinken Weißwein.
2. Und ich kaufe ____ Schweizer Käse und ____ Gouda. Wir haben dann drei Pfund.
3. Bringen Sie bitte ____ Tomaten, also zwei Pfund!
4. Aber wir brauchen nur ____ Oliven, also ein halbes Pfund.

TEIL 5,10 | Was werden Sie später machen?

MERKE

Future : werden + *infinitive*

WERDEN

ich **werde**	wir **werden**
Sie **werden**	
er / sie / es **wird**	sie **werden**

Was **werden** Sie später **machen?**
Ich **werde** nächstes Jahr **unterrichten.**   Und Sie?
Ich **werde** im Krankenhaus **arbeiten.**   Ich bin Krankenpfleger.

> ### Negation
>
> Ich **werde nicht arbeiten**. Ich werde nächstes Jahr studieren.
> Ich **werde keine Arbeit suchen**.

AKTIVITÄTEN   Freie Kommunikation

Beantworten Sie bitte diese Fragen.

Was werden Sie heute nachmittag oder heute abend machen?   Was werden Sie
morgen machen?   Was werden Sie dieses Wochenende machen?   Was werden
Sie heute abend für den Deutschkurs machen?   Wann werden Sie Ihre nächste
Deutschprüfung haben?   Was werden Sie machen, wenn Sie Ferien haben?
Wird Ihre Familie diesen Sommer Urlaub machen?   Was werden Sie machen,
wenn Sie mit der Uni fertig sind?   Welchen Beruf werden Sie vielleicht haben?
Wo werden Sie vielleicht einen Job suchen?

Wiederholung : Grammatik

Modify each sentence by changing the tense of the verb from the present to the future by
using **werden** + an infinitive.

Beispiel : Wir **machen** eine Reise nach Österreich. → Wir **werden** eine Reise nach
Österreich **machen**.

1. Heute abend kommen wir in Salzburg an.
2. Wir besichtigen morgen das Mozarthaus.
3. Nachmittags gehen wir natürlich in ein Café.
4. Morgen abend hören wir ein Konzert im Mozarteum.
5. Übermorgen fahren wir nach Wien.
6. Wir trinken dort auf jeden Fall einen Heurigen.
7. Vorsicht! Dann haben Sie bestimmt einen schweren Kopf!
8. Wir probieren den Kaiserschmarrn.
9. Und wir essen auch Rindfleisch mit Kren.
10. Wir bleiben drei Tage in Wien.

Österreich:
Salzburg.

TEIL 5,11 | Was würden Sie gern machen?

MERKE

Opinion, speculation, and polite request: würden + *infinitive*

WÜRDEN	
ich / er / sie / es **würde**	wir / sie / Sie **würden**

„**Würden** Sie **bitte** ein paar Fragen beantworten? Was **würden** *Sie* machen?"
„Ich **würde** um die Welt **reisen**."
„Also, ich **würde** das nie **machen**!"
„**Doch,** ich **würde** das bestimmt **machen**."

Expressing wishful intent: würde + gern

„Ich **würde gern** in Amerika **wohnen**. Ich **würde gern** neue Dinge **sehen**."

Expressing a preference: lieber

„**Würden** Sie **gern** von Deutschland **weggehen**?"
„Nein, ich **würde lieber hierbleiben**."
„**Wohnen** Sie **gern** in der Stadt?"
„Nein, ich **wohne lieber** auf dem Land."

Negation

Ich würde **nicht gern** in der Stadt **wohnen**.
Ich würde **lieber nicht weggehen**.

TEXT: Umfrage Wunschträume

Lesen Sie die Wünsche von verschiedenen Deutschen und beantworten Sie dann die Fragen!

Haben Sie Wunschträume? Was würden Sie gern einmal machen?

GABRIELE Also, ich würde gern mal nach Amerika fahren. Ich würde die Nationalparks besuchen und dort zelten und wandern.

TOMMI Und ich würde gern eine Weltreise machen, vielleicht ein Jahr lang mit dem Rucksack.

HARRY Ich würde echt gern in New York wohnen, ins Theater gehen und die Museen sehen.

JULIA   Ich würd' nich' gern von Deutschland und von zu Hause weggeh'n, ich würd' einfach gern 'nen Job finden.

EVA   Ich würde schrecklich gern eine große Familie haben, mit fünf Kindern oder so, und auf dem Land auf einem Bauernhof leben. Ich würde viel Gemüse und Obst anpflanzen, alles biologisch natürlich, und ich würde nur radfahren, und ich würde kein Auto kaufen! Das wäre doch toll, oder?

KLAUS   Mensch, ich würde die Schule und die Noten abschaffen!

KATI   Ich würde gern viele Sprachen lernen, und dann würde ich vielleicht für die UNO arbeiten.

Fragen

1. Welche Leute würden gern reisen? Wohin?
2. Wer würde lieber zu Hause bleiben? Wer würde gern in einem anderen Land wohnen?
3. Was ist Evas Wunschtraum?
4. Wer spricht über Arbeit und Beruf? Was sagt diese Person?

AKTIVITÄTEN   Gruppenarbeit

Machen Sie Gruppen mit vier Personen! Eine Person ist der Interviewer und fragt, welche Wunschträume die anderen Leute in der Gruppe haben. Der Interviewer schreibt alles auf und liest das dann vor. Die Umfrage dauert fünf Minuten.

Kulturnotiz

Traditional German cuisine is known for its delicious dark breads, sausage and pork dishes. But many West Germans nowadays have become aware of good nutrition. The harmful effects of pollution on agricultural products are widely discussed issues there. In West Germany, a notable result of **Umweltkatastrophen** (*environmental disasters*), such as Chernobyl and the pollution of the Rhine, is the burgeoning popularity of **biologische Ernährung** (*organic and whole foods*). Some restrictions, like the ban on mushrooms and wild game, are directly related to Chernobyl, and many people have begun to purchase different kinds of groceries. Outdoor markets, small stores, as well as large supermarkets now offer organic produce, whole grain breads, even organic wines, and many other items **aus biologischem Anbau** (*organically grown*).

EINBLICK: Biologisch essen

VOLLWERT-RESTAURANT
Amaranth

Wir kochen
mit Liebe und
anderen
natürlichen Zutaten.

Mo.–Fr. 11–21 Uhr, Sa. –16 Uhr
Färberstr. 11 im MAXIMUM

Wie kochen die Leute?
Wie sind die Zutaten?

»Kaffeekränzel«

ist das heitere
VegiCafe vom

Vollkornbäcker
SCHENK

Bahnhofstraße 55-57
6900 Heidelberg 1, Tel.:(06221) 29854

Was ißt man hier?

Was ißt man im Ceres?

Ceres

Das NEUE vegetarische
Vollwert-Restaurant/Café

NEU renoviert! NEUE Öffnungszeiten: Mo–Sa 11.00–23.00 Uhr und durchgehend warme Küche
So   11.30–14.00 Uhr und 18.00–22.00 Uhr

Vordere Sterngasse 1 · 8500 Nürnberg · Telefon 09 11 / 22 66 72

und biologisch wohnen!

NATUR – und
REFORMKOSTHAUS
BIOGARTEN
in der
Märzgasse 16
Heidelberg
NATURKOSMETIK...SÄFTE...GETREIDE...TEE...WEINE...MUST...
Mo.–Fr. 10.00–18.30, Sa. 10.00–14.00 Uhr

SiMON BIOLOGISCH WOHNEN GmbH
FUTON

Öffnungszeiten:
Mo: 14.00 – 18.30 Uhr
Di–Fr.: 10.00 – 13.00 Uhr, 14.00 – 18.30 Uhr
Sa: 10.00 – 14.00 Uhr

Was kann man im Biogarten kaufen?   Wann ist der Futonladen geöffnet?

Situationen

Lesen Sie die Situationen und beantworten Sie dann die hypothetischen Fragen!

SITUATION 1   Petra hat diesen Monat nur genug Geld für eine schicke Hose oder für ein paar neue Platten. Sie kauft sich die Hose. Was würden Sie kaufen?

SITUATION 2   Inge hat heute abend eine Verabredung mit Hans. Sie sind zusammen im Restaurant. Nach dem Essen merkt sie, daß sie ihr Portemonnaie nicht hat. Sie ruft die Polizei an. Was würden Sie machen?

SITUATION 3   Bernd kommt nach Hause und kann seinen Schlüssel nicht finden. Er macht ein Fenster kaputt. Würden Sie das auch machen?

SITUATION 4   Dieter kommt spätabends nach Hause und sieht, daß er gar nichts zum Essen zu Hause hat. Er schimpft und geht dann böse ins Bett. Was würden Sie machen?

SITUATION 5   Morgen hat Rainer eine große Prüfung, aber heute kommt eine gute Freundin zu Besuch. Sie gehen zusammen aus. Würden Sie ausgehen oder für den Test lernen?

Gelenkte Kommunikation

A. Your friends have suggested ways to spend the evening, but you have other ideas. Tell them you would rather:

1. stay at home and watch a movie
2. cook something and eat at home
3. not spend so much money

B. Your friends are talking about future plans. Tell them what you would rather do:

1. Your friend would like to live in the city (but you would rather live in the country)
2. Another friend would like to find a job and work (but you'd rather travel and then look for a job)
3. A third friend would like to visit Asia (but you'd rather see East and West Germany)
4. Another friend wants to get married and have children (but you'd prefer to stay single)

Wiederholung : Grammatik

A. Change each of these sentences that express strong intent to one expressing speculation or opinion by substituting the form of **werden** with a form of **würden.**

Beispiel: **Werden** Sie zu Hause bleiben? → **Würden** Sie zu Hause bleiben?

1. Gabi und Tommi werden viel reisen.
2. Harry wird in New York wohnen.
3. Werden Julia und Eva weggehen?
4. Klaus wird die Noten abschaffen.
5. Kati wird viele Sprachen lernen. (add **gern**)
6. Wer wird kein Auto kaufen?
7. Werden Sie in Amerika bleiben?
8. Ich werde noch viel fragen.

B. Turn each command into a polite request by using **bitte** and **würden** + an infinitive.

Beispiel: Kommen Sie mit! → **Würden** Sie **bitte** mitkommen?

1. Setzen Sie sich!
2. Schreiben Sie Ihren Namen!
3. Hören Sie gut zu!
4. Beantworten Sie die Fragen!
5. Sprechen Sie deutlich!
6. Erzählen Sie alles!

TEIL 5,12 | Können Sie Deutsch?

MERKE

Ability: können

KÖNNEN

ich / er / sie / es **kann**	wir / sie / Sie **können**

Ich **kann** sehr gut Deutsch.   Wir **können** den Motor **reparieren.**

Requests with können

Können Sie meine Schlüssel **suchen?**
Entschuldigung, **können** Sie bitte die Tür **öffnen?**

AKTIVITÄTEN   Freie Kommunikation

Beantworten Sie diese Fragen, bitte.

> Können Sie Deutsch? Können Sie eine andere Fremdsprache? Können Sie Ihren
> Lehrer / Ihre Lehrerin verstehen, wenn er / sie schnell spricht? Können Sie Ihren
> Namen auf deutsch buchstabieren?
> Können Sie kochen? Wenn ja, was kochen Sie besonders gut?
> Was können Sie besonders gut machen? Was können Sie gar nicht gut machen?
> Was brauchen Sie im Moment? Können Sie es kaufen?

Gruppenarbeit

Interviewen Sie einen Partner zwei Minuten lang! Was kann er / sie sehr gut und was nicht
so gut machen? Schreiben Sie die Antworten auf ein Stück Papier und lesen Sie sie vor!

Gelenkte Kommunikation

Indicate what the speakers say in the following scenarios.

A. You are the instructor and are concerned about a student who is falling behind in the
course. Ask him if:

1. he can understand you well
2. he can do the homework quickly
3. he is able to do the exercises
4. he can understand all the questions

B. A colleague is interested in the progress of the German class. She asks you if:

1. the students are able to finish their assignments
2. they can correct their errors
3. they can improve their sentences
4. they are able to pass the test

Wiederholung : Grammatik

Form sentences that express someone's ability by using the modal verb **können**.

Beispiel : Tommi / viele Sprachen → Tommi **kann** viele Sprachen.
Seine Schwester / gut Tennis spielen → Seine Schwester **kann** gut Tennis **spielen.**

1. Sein Bruder / kein Deutsch
2. Tommis Freundin / viele Reisen machen
3. Seine Mutter / alles gut verstehen
4. Tommi / nicht gut kochen
5. Seine Schwester / gut backen
6. Der Großvater / schön erzählen

TEIL 5,13 | Na, was wollen wir jetzt machen?

MERKE

Desire : wollen

WOLLEN	
ich / er / sie / es **will**	wir / sie / Sie **wollen**

Ich **will** diesen Film **sehen.**
Wir **wollen** jetzt einen Spaziergang **machen.**

Negation

Wir **wollen** heute nachmittag **keinen Spaziergang machen.**
Ich **will** diesen Film **nicht sehen.**

Achtung! wollen *vs.* werden

Ich **will** diesen Film **sehen.** *vs.* Ich **werde** diesen Film **sehen.**

AKTIVITÄTEN   Freie Kommunikation

Beantworten Sie diese Fragen!

Was wollen Sie heute abend machen? Können Sie das machen? Was wollen Sie dieses Wochenende machen? Werden Sie das machen? Was wollen Sie jetzt kaufen? Können Sie es kaufen?

Was wollen Sie kommenden Sommer machen? Können Sie das machen?

Was wollen Sie von Beruf werden? Warum?

Wen wollen Sie bald besuchen? Warum diese Person? Werden Sie diese Person besuchen?

Wollen Sie heute oder morgen durch die Innenstadt bummeln oder einen Spaziergang machen?

Wollen Sie bald eine Party machen? Wen wollen Sie zu der Party einladen?

Wollen Sie heute abend fernsehen? Was werden Sie sehen? Warum wollen Sie diese Sendung sehen?

Wiederholung: Grammatik

Modify each sentence by inserting the correct form of **wollen.**

Beispiel: Trinken wir etwas im Hotel? → **Wollen** wir etwas im Hotel trinken?

1. Besuchen wir später das Museum?
2. Essen wir heute abend im Restaurant?
3. Gehen wir heute vormittag einkaufen?
4. Macht die Gruppe einen Spaziergang?
5. Fahren wir morgen Richtung Wien?
6. Kaufen wir morgen Karten fürs Burgtheater?
7. Besichtigen wir den Stephansdom?
8. Bleiben wir noch einen Tag in Graz?

Der Stephansdom in Wien.

TEIL 5,14 | Darf man hier rauchen? Nein, Rauchen verboten!

MERKE

Permission: dürfen

DÜRFEN

ich / er / sie / es **darf**   wir / sie / Sie **dürfen**

Darf man hier **fotografieren?**   **Dürfen** wir hier **rauchen?**

Negation

Man **darf** hier **nicht fotografieren.**   Hier **dürfen** Sie **nicht rauchen.**

Requests with dürfen

Darf ich bitte ein Bild **machen?**   **Dürfen** wir bitte eine Zigarette **rauchen?**

AKTIVITÄTEN   Freie Kommunikation

Beantworten Sie diese Fragen, bitte.

> Rauchen Sie jetzt? Dürfen Sie jetzt rauchen? Trinken Sie jetzt Bier oder Wein? Wie lange dürfen Sie schon alkoholische Getränke trinken? Dürfen Sie Auto fahren? Was darf man im Klassenzimmer nicht machen? Was darf man im Museum nicht machen? Was darf man oft im Park nicht machen?

Gelenkte Kommunikation

Sehen Sie die Schilder an und sagen Sie dann, was man hier nicht machen darf!

Rasen betreten verboten!	**Lärm machen verboten! Ruhezone!**

Zelten und Feuermachen nicht erlaubt! Brandgefahr!	**Radfahren nicht gestattet!**

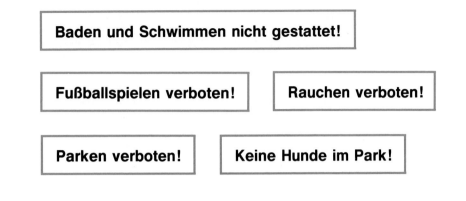

Baden und Schwimmen nicht gestattet!

Fußballspielen verboten!

Rauchen verboten!

Parken verboten!

Keine Hunde im Park!

Kulturnotiz

Verboten! Nicht gestattet!

West Germany is a small country with a large population, so generally speaking, everyday life is rather regulated. In many parks signs will alert the visitor to the **Parkordnung** (*rules*). Traffic regulations are quite strict because of the number and variety of vehicles. Traffic lights at heavily traveled intersections often have automatic picture-taking devices installed to catch offenders who run red lights. Pedestrians must wait for the green light before crossing a street even if there is no oncoming traffic, and the many one-way streets and large number of parking signs can cause problems for Germans as well as foreigners.

Wiederholung: Grammatik

Modify each sentence by injecting **dürfen** into each sentence.

Beispiel: Kinder schwimmen hier nicht. → Kinder **dürfen** hier nicht **schwimmen.**

1. Wir gehen nicht über die Wiese.
2. Sie spielen nicht Ball.
3. Der Hund läuft nicht alleine.
4. Niemand fährt hier rad.
5. Ich füttere die Enten nicht.

TEIL 5,15 | Was müssen Sie heute machen?
Ich muß viel erledigen.

MERKE

Necessity: müssen

MÜSSEN	
ich / er / sie / es **muß**	wir / sie / Sie **müssen**

Ich **muß** diese Aufgabe für morgen **machen**.
Wir **müssen** unsere Fehler **korrigieren**.

Negation

Sie **müssen** die Prüfung **nicht machen**.
Ich **muß** Ihre Fragen **nicht beantworten**.

AKTIVITÄTEN   Freie Kommunikation

Beantworten Sie bitte diese Fragen.

> Was müssen Sie bald machen? Warum? Was müssen Sie jetzt oder bald kaufen? Warum?
> Müssen Sie Deutsch lernen, oder wollen Sie das machen? Müssen Sie bald eine Prüfung machen? Für welchen Kurs?
> Müssen Sie Ihr Geld sparen? Was wollen Sie machen?
> Müssen Sie bald eine Wohnung suchen?

Wiederholung : Grammatik

Modify each sentence by inserting **müssen**.

Beispiel: Ich esse etwas. → Ich **muß** etwas essen.

1. Die Studenten lesen viel.
2. Der Lehrer erklärt alles.
3. Ich frage oft.
4. Wir machen einige Prüfungen.
5. Wir lernen oft zusammen.
6. Wir lernen nicht viel auswendig.
7. Der Lehrer wiederholt wenig.
8. Sie schreiben ein paar Arbeiten.
9. Die Studenten hören gut zu.
10. Ein Lehrer ist nicht streng.

TEIL 5,16 | Wir sollen das für morgen machen.

MERKE

Obligation, suggestion, and expectation: sollen

┌───┐
│   **SOLLEN**   │
│   │
│   ich / er / sie / es **soll**   wir / sie / Sie **sollen** │
└───┘

Man **soll** seinen Paß **mitnehmen.**
Soll das Wetter gut **bleiben?**
Sollen wir ein paar Fotos **machen?**

Müssen *vs.* **sollen**

Sie **müssen** es machen.	*vs.*	Sie **sollen** es machen.
no choice	*vs.*	*choice*
necessity	*vs.*	*obligation*

Negation

Ich **soll kein** Bier **trinken.**   Sie **sollen** das **nicht machen.**

AKTIVITÄTEN   Freie Kommunikation

Was sollen Sie jetzt oder bald machen? Wollen Sie es machen? Können Sie es machen? Werden Sie es machen?

Was sollen Sie nicht machen? Werden Sie es trotzdem° machen?   °nevertheless

Gelenkte Kommunikation

Beantworten Sie diese Fragen!

Was sollen Sie machen, wenn Ihre Kleider schmutzig werden?
Was sollen Sie nicht machen, wenn Sie in einem Museum sind?
Was sollen sie nicht machen, wenn Sie eine Prüfung machen?
Was soll der Lehrer machen, wenn zu viel an der Tafel steht?
Was soll man machen, wenn man den Lehrer oder die Lehrerin nicht hören kann?
Was soll man machen, wenn man den Lehrer oder die Lehrerin nicht verstehen kann?
Was soll man machen, wenn man zu viel wiegt? Wenn man zu wenig wiegt?
Was soll man machen, wenn es zu dunkel im Zimmer ist?
Was soll man machen, wenn es kalt wird? Wenn es regnet? Wenn es zu warm wird?

Probleme lösen

Lesen Sie die Situation und sagen Sie dann, was Sie machen sollen!

1. Sie wollen Anwalt / Anwältin werden. Was sollen Sie machen?
2. Sie machen einen Spaziergang mit Peter, und sie finden 200 Mark auf der Straße. Was sollen Sie machen? Aber was wollen Sie machen? Was werden Sie machen?
3. Sie kaufen eine neue Hose und bringen sie nach Hause. Hier merken Sie, daß die Hose zu klein ist. Was sollen Sie machen?
4. Sie machen eine Prüfung und merken, daß ein Student mogelt. Was machen Sie? Was soll man machen?
5. Sie müssen den Roman *Krieg und Frieden* (*War and Peace*) für einen Kurs lesen, aber Sie haben keine Zeit für den ganzen Roman. Heute abend läuft dieser Film im Fernsehen. Was sollen Sie machen?
6. Ihr Auto ist zehn Jahre alt und fährt nicht mehr gut. Was sollen Sie machen?

Wiederholung : Grammatik

Form sentences with **sollen** to express a suggestion or obligation.

Beispiel: Wir nehmen Kredikarten mit. → Wir **sollen** Kreditkarten mitnehmen.

1. Man schreibt viele Postkarten.
2. Wir nehmen ein Wörterbuch mit.
3. Ich kaufe sofort einen Stadtplan.
4. Sie tragen gute Schuhe.
5. Sie mietet keinen Wagen.
6. Sie nimmt den Bus und den Zug.
7. Sie reden mit Deutschen.
8. Wir treffen viele Leute.
9. Wir besuchen ein paar Verwandte.
10. Wir telefonieren nicht nach Amerika.

TEIL 5,17 | Was möchten Sie? Ich möchte eine Limo. Also, ich würde lieber ein Bier trinken.

MERKE

Liking: mögen

MÖGEN	
ich / er / sie / es **mag**	wir / sie / Sie **mögen**

Mögen Sie Kuchen? Ja ich **mag** Kuchen mit Sahne.

Expressing what one would like or like to do: möchten

MÖCHTEN	
ich / er / sie / es **möchte**	wir / sie / Sie **möchten**

Ich **möchte** einen Kaffee trinken. Ich **möchte** gern einen Tee. Und Sie? Was **möchten** Sie?

AKTIVITÄTEN   Freie Kommunikation

Beantworten Sie bitte diese Fragen.

Essen Sie gern? Was mögen Sie besonders? Was mögen Sie gar nicht? Mögen Sie Kaffee oder lieber Tee? Trinken Sie gern Milch?

Welche Filmstars mögen Sie? Welche mögen Sie nicht?

Was essen Kinder gern? Was haben Kinder nicht gern? Was lesen Kinder gern? Welche Romane mögen Sie?

Lesen Sie gern? Welchen Autor oder welche Autorin mögen Sie im Moment?

Was würden Sie heute abend lieber machen? Einen Film sehen, oder in ein Konzert gehen?

Was würden Sie heute nachmittag lieber machen? Einen Spaziergang machen, oder zu Hause bleiben?

Was möchten Sie gern heute abend machen? Was möchten Sie gern dieses Wochenende machen?

Was möchten Sie im Moment nicht machen?

DIALOG: Kaffee und Kuchen

(Die Jungs und die Stieglitzes sind im Café.)

KELLNER   So, guten Tag. Was möchten Sie?

FRAU JUNG   Also, ich möchte bitte ein Kännchen Kaffee und ein Stück Apfelkuchen.

KELLNER   In Ordnung. Und Sie? Was darf's für Sie sein?

HERR JUNG   Ein Mineralwasser bitte. Und ich möchte gern Ihr Kuchenbüffett ansehen.

KELLNER   Ja, natürlich. Ich bringe dann gleich Ihr Wasser. Und die Dame und der Herr da drüben? Was möchten Sie bitte?

HERR STIEGLITZ   Können Sie uns bitte zwei Tassen Tee und zweimal gemischtes Fruchteis bringen?

KELLNER   Ja, gern. Soll das Eis mit Sahne sein?

FRAU STIEGLITZ   Also, ich möchte keine.

HERR STIEGLITZ   Hmm, nein, das muß nicht sein.

KELLNER   In Ordnung! Danke sehr, ich werde gleich Ihre Getränke bringen!

Fragen

1. Was bestellen die Jungs?
2. Was bestellen Herr und Frau Stieglitz?
3. Essen Sie gern Kuchen oder ein Stück Torte? Was haben Sie lieber?
4. Trinken Sie Kaffee oder Tee? Oder lieber kalte Getränke?

Café Kranzler

Nußkuchen	DM	*3,80*
Obstkuchen (Apfel, Zwetschgen, Pfirsich)	DM	*4,80*
Käsekuchen	DM	*4,80*
Sachertorte	DM	*5,20*
Butterkremtorte	DM	*5,80*
Gemischtes Eis (drei Kugeln) *(Fruchteis, Vanille, Schokolade)*	DM	*3,20*
mit Sahne	DM	*4,20*

Sehen Sie sich bitte unser Kuchenbuffet an!

Tasse Kaffee	DM	*3,20*
Kännchen Kaffee	DM	*6,10*
Glas Tee	DM	*2,80*
Mineralwasser (0,2l)	DM	*2,40*
Fruchtsaft (0,25l)	DM	*3,20*

Kulturnotiz

Ins Café gehen!

Coffee is heavily taxed in West Germany and therefore quite expensive. Even so, many people enjoy a cup of coffee in a **Café,** a **Café-Konditorei** (*a bakery and café*) or, in Austria, a **Kaffeehaus.** The coffee is much stronger than in the U.S. and people usually order **eine Tasse Kaffee** (*one cup*) or **ein Kännchen Kaffee** (*small pitcher containing two cups*), which they drink with milk, condensed milk, or even **Schlagsahne** (*whipped cream*). With the coffee (or tea), each **Café** offers a large assortment of **Gebäck** (*pastries*), **Kuchen** (*cakes*), or **Torten,** (*fruit-filled cake*) any of which may be ordered with **Schlagsahne.** West Germans of all ages like to meet friends in a café, spend time reading a newspaper, or just relax there. **Ins Café gehen** is a way of life and a pleasure to be enjoyed often.

Der Ober bringt eine Sachertorte mit Schlag und eine Tasse Kaffee.

Gelenkte Kommunikation

A. You are at the Café Kranzler and ordering for yourself and your friend:

1. you would like some coffee
2. he would like some tea
3. you would also like some water
4. both of you would like some cake
5. you, however, would like to look at the buffet
6. you would like to pay soon

B. Use **möchte** first, then say the same thing with the **würde gern** construction. You are talking to friends about the summer. Express what they are saying:

1. that they would like to take a vacation
2. that they wouldn't like to work
3. that they would however like to have some money
4. that their parents would like to visit them
5. that they would like to visit friends in Europe

Wiederholung : Grammatik

Insert the correct form of **mögen** or **möchten** into the following sentences.

1. Ich ___ bitte eine Tasse Kaffee.
2. ___ Sie Tee?
3. Wir ___ bitte zweimal Obstkuchen.
4. Ich ___ Kuchen gar nicht.
5. ___ Sie lieber ein Eis?
6. Sie ___ bitte auch Sahne.

Kontrolle

The grammar and vocabulary you have learned in this chapter should enable you to:

1. ask and tell the time, and give the time when something happens
2. emphasize information, especially when answering a specific question
3. use time expressions accurately to give or ask information about when, how long, how often, or how regularly certain activities occur
4. use expressions of specific measure to give or ask information about size, weight, volume, temperature, and speed
5. express clearly what you *will* do vs. what you *would* do
6. express accurately what you can do, are permitted to do, have to do, want to do, are supposed to do, like and don't like to do, and would like to do
7. make polite requests
8. express a simple preference

Wiederholung

A. Beantworten Sie diese Fragen!

1. Wie spät ist es?
2. Um wieviel Uhr haben Sie Deutsch?
3. Welchen Tag haben wir heute?
4. Wann ist Ihr Geburtstag?
5. Wann ist Ihre nächste Deutschprüfung?
6. Wann gehen Sie heute nach Hause?
7. Wie oft besuchen Sie Ihre Eltern?
8. Wie lange dauert ein Semester an Ihrer Uni?
9. Wie schnell fahren Sie auf der Autobahn?
10. Was wollen Sie dieses Wochenende machen? Können Sie es machen?
11. Was werden Sie dieses Wochenende machen?
12. Was darf man im Klassenzimmer nicht machen?
13. Was müssen Sie heute machen? Warum?
14. Sie wollen etwas nicht vergessen. Was sollen Sie machen?
15. Was mögen Sie nicht? Warum nicht?
16. Was können Sie nicht so gut machen?
17. Was möchten Sie jetzt haben oder machen? Warum?

B. Sie haben eine Party und kaufen Essen und Getränke. Was kaufen Sie und wieviel kaufen Sie?

C. Kulturfragen

1. Welche Feiertage in der Bundesrepublik sind auch Schulferien?
2. Nennen Sie vier Städte in Österreich!
3. Welche Länder grenzen an Österreich?
4. Nennen Sie zwei Komponisten aus Österreich!
5. Was ist **hitzefrei?**
6. Was bedeutet **bummeln?**
7. Nennen Sie drei Großstädte in der BRD und in der DDR!
8. Nennen Sie zwei Regisseure / Regisseurinnen in der BRD und ein paar Filme!
9. Bestellen Sie drei Dinge in einem Café!

KAPITEL 6

FREIZEIT MACHT DAS LEBEN SÜß!

ÜBERBLICK

KONTEXT UND FUNKTIONEN

talking about hobbies and leisure activities
providing reasons for what you do
using the verbs **sagen, denken, meinen, glauben,** and **finden** to
  state your opinion
practicing chronological narration

VOKABULAR

hobbies and free-time activities at home, in town, and outdoors

KULTUR

West German television
the workweek in the Federal Republic
hobbies of West Germans

sports in West and East Germany and Austria
the **Rhein** and **Donau** rivers
politics in West and East Germany

GRAMMATIK

forms: verbs: implied future; **wissen**
        adverbs: the use of **gern**
word order: compound sentences: coordinate word order and
               coordinating conjunctions (**und, aber,
               sondern, oder, denn**)
            complex sentences: subordinate word order and
               subordinating conjunctions (**wenn, ob, daß,
               W-Fragen, weil**)

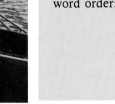

TEIL 6,1 | Haben Sie ein Hobby?

VOKABULAR   Freizeit und Hobbies

das Hobby, -ies	basteln	das Bild, -er	handarbeiten
sammeln	bauen	zeichnen	nähen
die Briefmarke, -n	das Modell, -e	malen	sticken
die Münze, -n	das Flugzeug, -e	fotografieren	stricken
die Puppe, -n	das Schiff, -e	das Foto, -s	häkeln
	die Modelleisenbahn	einen Computer	kochen
		programmieren	grillen

Was bedeutet „selbstmachen"?

Was basteln Sie hier?
Ist das schwer zu bauen?
Aus welchem Material ist es?
Aus welchem Material ist das Segel?

Nordsee Krabbenkutter

Einfach zu bauen: alle Teile sind vorgefertigt

Der Bausatz besteht aus:
- Vorgefertigtem massivem Holzrumpf.
- Alle Holzteile für einfachen Zusammenbau vorgefertigt.
- Segel schon vorbedruckt auf Baumwolle.
- Detaillierte, klare Pläne, für jeden verständlich.

Der Maler malt.

Stricken oder häkeln Sie?
Was kann man stricken?

DIALOG: Morgen sind Ferien.

(Freunde sprechen über die Ferien und Freizeit.)

DORIS   Morgen haben wir schon Ferien!

MONIKA   Und wir fahren übermorgen in den Urlaub!

MARTIN   Wie lange?

MONIKA   Zwei Wochen.

DORIS   Wir bleiben dieses Jahr zu Hause. Das ist auch nicht schlecht. Wir werden viel wandern, und ich kann vielleicht auch fotografieren.

MARTIN   Doris, mein Vater und ich werden dieses Wochenende unsere Modelleisenbahn aufbauen.

DORIS   Mensch, toll! Dürfen mein Bruder und ich am Sonntag vorbeischau'n?

MARTIN   Na klar! Wir sind bestimmt den ganzen Tag im Hobbyraum, und ich glaub', meine Eltern wollen dann grillen. Vielleicht können wir das alle zusammen machen. Ich frag 'mal.

DORIS   Prima! Wir würden gern mitmachen. Sollen wir ein paar Getränke bringen?

MARTIN   Gute Idee! Also dann, bis Sonntag!

DORIS   Tschüß, Martin. Also, Moni, gute Reise und schönen Urlaub!

MONIKA   Danke, und viel Spaß am Sonntag!

1. Wie verbringt Monis Familie die Ferien?
2. Was machen Martin und Doris?
3. Was machen Sie gern, wenn Sie Urlaub haben? Fahren Sie gern weg, oder bleiben Sie lieber zu Hause?

AKTIVITÄTEN   Freie Kommunikation

Beantworten Sie bitte diese Fragen.

Haben Sie ein Hobby? Bauen Sie gern Modelle? Können Sie etwas ganz gut bauen? Haben Sie, oder hat Ihre Familie, eine Modelleisenbahn? Sammeln Sie gern etwas, oder möchten Sie etwas sammeln?

Zeichnen Sie gern? Wenn ja, was zeichnen Sie? Malen Sie gern? Was malen Sie?

Fotografieren Sie gern? Was fotografieren Sie oft? Haben Sie eine gute Kamera?

Handarbeiten Sie? Nähen, stricken oder häkeln Sie? Was?

Kochen oder grillen Sie gern? Wie oft grillen Sie zu Hause?

EINBLICK: Sammeln

Dieses Jahr trägt der Weihnachtsmann Gelb:
Er kommt vom Sammler-Service.

Bitten Sie doch den Weihnachtsmann, in diesem Jahr mal was Neues zu bringen: Briefmarken. Weil Briefmarkensammeln ein schönes, ein intelligentes Hobby ist. Denn Marken sind Geschichten in Bildern, das Tor zu einer faszinierenden Welt des Wissens. Über 50 Neue werden Jahr für Jahr von der Deutschen Bundespost herausgegeben. Mit Motiven aus Geschichte, Sport, Gesellschaft, Technik und Kultur. Es macht Freude sie zu sammeln oder sie zu verschenken.

1 Das Jahrbuch '88
Es enthält alle Original-Sondermarken des Jahres 1988. Ein ausführlicher Text erläutert vom Markenmotiv über den thematischen inhalt bis hin zur Herstellungsart alles Wissenswerte über die Marke. Wie jedes Jahr erscheint das Jahrbuch '88 in limitierter Auflage und kostet DM 94, 50.

2 Das Sammlermarken-Abo
Viermal im Jahr erhalten Sie die Neuausgaben eines Quartals komplett vom Sammler-Service der Post ins Haus geschickt ohne Mehrkosten. Beschenken Sie sich damit selbst.

3 Das Geschenk-Abo
Um anderen eine Freude zu machen, können Sie das Sammlermarken-Abo natürlich auch verschenken. Der Sammler-Service schickt die Briefmarken viermal im Jahr an den Geschenkempfänger und zieht den Markenwert von Ihrem Konto ein. Von uns erhalten Sie gleich nach Bestellungseingang kostenlos ein Geschenk-Zertifikat (mit einer Auswahl gestempelter Marken), das Sie mit Ihren Festtagsgrüßen überreichen oder verschicken können.

GESCHENK ZERTIFIKAT

Was sammelt man hier? Machen Sie das auch?
Wie ist das Hobby „Briefmarkensammeln"?
Was sind Motive auf Briefmarken?
Was ist im Jahrbuch '88?
Was macht der Sammler-Service der Post?

Kulturnotiz

Some common hobbies and leisure activities enjoyed by West Germans are **basteln** and **handarbeiten. Stricken,** especially, is quite popular among teenagers. You may even see young men knitting a scarf or other piece of clothing. Many families have a **Modelleisenbahn** built in the family **Hobbyraum** or the basement. You may be familiar with **Märklin** and **Fleischmann,** the largest manufacturers of **Modelleisenbahnen** in Germany. Of course, many children take music lessons at one of the **Musikschulen** or with a private teacher.

TEIL 6,2 | Was machen Sie gern zu Hause und wenn Sie ausgehen?

VOKABULAR   Freizeit zu Hause, und wenn man ausgeht

tanzen	die Musik	die Stereoanlage	Musik machen
das Bier	Popmusik	das Radio	singen
der Wein	Rockmusik	im Radio	das Lied, -er
trinken	klassische Musik	die Radiosendung, -en	das Volkslied, -er
	hören		

das Instrument, -e	lesen (ie)	die Fernsehsendung,	spielen
Gitarre spielen	der Roman, -e	-en	mit•spielen
Klavier spielen	sehen (ie)	das Programm	Karten spielen
Violine/Geige spielen	der Film, -e	der Krimi, -s	Schach spielen
Flöte spielen	an•sehen	der Spielfilm	Monopoly spielen
Synthesizer spielen	fern•sehen	die Nachrichten *(pl.)*	
	im Fernsehen		

EINBLICK: Bube, Dame, König, As

Kennen Sie Skat?
Welche Kartenspiele kennen und spielen Sie?

Kulturnotiz

Public broadcasting corporations have monopolized West German television until recently. There are two major television stations in the Federal Republic: **ARD** (Channel One) and **ZDF** = **Zweites Deutsches Fersehen** (Channel Two). The first one, a combination of regional TV and radio corporations, broadcasts the nationwide **Erstes Programm,** or **ARD.** These corporations also broadcast the regional programs on the **Drittes Programm** (Third Channel), known, for example, as **Hessen 3** in the state of **Hessen** or **Bayern 3** in the state of **Bayern** (Bavaria). The ZDF is based in the city of **Mainz** in the state of **Rheinland-Pfalz.** Commercial broadcasting has been permitted since the early 1980s, and a number of private media firms have begun transmitting on cable TV via satellite. Once a neighborhood or district has elected (by democratic vote) to receive cable TV, the **Bundespost** connects households to the cable system for a fee of about 500 to 600 Marks.

Was sind ARD und ZDF?

Nord 3 (NDR, RB, SFB)

18.00 Sesamstraße

18.30 Von Menschen und Maschinen (3). Dreiteilige Sendereihe von Hans-Joachim Herbst. Die Welt, die wir uns schaffen

19.15 Nahaufnahme. "Aus einem Polenstädtchen..." Menschenhandel auf dem Ost-/West-Heiratsmarkt. Eine Reportage von Uwe Sauermann

Hessen 3

20.15 Bocksprünge. Plaudereien mit Heinz Schenk und seinen Gästen Bibi Johns, Inge Mutschler und Horst Winter

21.00 Drei aktuell Telegramm

21.05 Treffpunkt '87. Bildungsurlaub für die ganze Familie. Ein Film von Wolf Lindner und Claudia Ludwig

21.50 Frau in Notwehr. Spielfilm, USA 1948. Mit Loretta Young, Robert Cummings, Mickey Knox. Regie: William Dieterle

West 3

21.45 Theater aus NRW. Frau Emma kämpft im Hinterland. Von Ilse Langner. Inszenierung: Maria Reinhard

23.40 Aktuelle Berichterstattung von dem Filmfestspielen Berlin

23.55 1. Sterne. Trickfilm von Thomas Struck (Bundesrepublik). 2. Pianoforte. Trickfilm von Antonnette Starkiewicz (Australien)

0.15 Nachrichten

Satelliten-Programme

SAT 1 PROGRAMM: 16.30 Programmvorschau / 16.35 Krokodil / 17.00 Bonanza / 18.30 SAT 1 blick / 18.45 Hotel Rauschgift / 19.40 SAT 1 blick / 19.45 Gewinn in SAT 1 / 19.50 Sommer der Erwartung. Amerik. Spielfilm (1962) / 21.50 SAT 1 blick / 22.20 Bilder, die die Welt bewegten, s/w. Asche über Costa Rica / 22.45 Die Rache des Samurai (1) / 23.45 SAT 1 blick

RTL-PLUS-PROGRAMM: 16.05 Was darf's denn sein? / 17.00 Die Zwölf / 18.00 Einfach tierisch / 18.50 Vorschau auf Ihr Programm / 18.53 vor 7 – Die Bilder des Tages / 19.05 Ein Tag wie kein anderer. Ein Reisequiz / 20.30 Finale extra / 21.00 Live-Übertragung des Endspiels im Herren-Einzel von dem

AKTIVITÄTEN   Gruppenarbeit

Machen Sie Gruppen mit drei oder vier Personen! Sie alle sind Zimmerkollegen und haben in ihrer Wohngemeinschaft nur einen Fernseher. Sie haben Kabelfernsehen, das heißt, sie bekommen auch die Satellitenprogramme.

1. Besprechen Sie, wo Sie in Deutschland sind, und welches dritte Programm man dort sehen kann, also z.B. Frankfurt : Hessen 3.
2. Entscheiden Sie dann, welche Sendungen Sie heute abend sehen wollen.

Diskutieren Sie das für fünf Minuten. Schreiben Sie auf, welche Sendungen Sie zusammen sehen werden und in welchem Programm sie sind.

TEXT : Was machen Sie gern?

Lesen Sie bitte, was Gabi, Harald und Herr Krause über ihre Freizeit sagen, und beantworten Sie dann die Fragen!

GABI (Studentin, 24) Also, ich bin auch mal gern allein. Ich bleib' dann zu Hause, les' viel, hör' Musik und handarbeite. Na ja, ich strick' Pullis und Schals und Handschuhe für Freunde und Geschwister. Und kurz vor Weihnachten bast'le ich natürlich. Ich bin nich' so sportlich, aber manchmal geh' ich joggen, wenn das Wetter gut ist.

HARALD (Mechaniker, 17) Ich bin gar nich' gern allein. Ich hab' viele gute Freunde, und wir mach'n eine Menge zusammen. Wir hör'n viel Musik, oder wir diskutier'n über Politik und uns're Probleme. Ich treff' meine Freunde gern in Kneipen—ich hock' nich' gern dauernd zu Hause. Manchmal bleib'n wir lange da, und ich komm' dann spät nach Hause. Das hab'n natürlich meine Eltern nich' so gern.

Fragen

1. Was machen Gabi und Harald gern? Ist Gabi gern allein? Bleibt Harald viel zu Hause?
2. Wie sind Harald und Gabi?
3. Und Sie? Sind Sie gern allein? Was machen Sie und Ihre Freunde zusammen? Handarbeiten oder basteln Sie vielleicht?

HERR KRAUSE (Beamter, 38, zwei Kinder) Also, wenn Freitag um fünf Feierabend ist, mache ich erstmal gar nichts. Ich bin immer so kaputt von der Woche. Vielleicht sehe ich ein bißchen fern, aber oft kommt ja nichts Gescheites. Na ja, dann lese ich eine Zeitschrift oder ein Buch. Jedenfalls gehe ich früh schlafen. Samstag und Sonntag mache ich dann mehr : Vielleicht Sport oder mit den Kindern in die Stadt. Manchmal fahren wir auch 'raus und machen einen Ausflug. Natürlich sehen wir Samstag Sport und vielleicht einen Spielfilm im Fernsehen. Also, das Wochenende ist immer viel zu kurz!

Fragen

1. Verstehen Sie Feierabend? (Denken Sie an Feiertage, z.B. Neujahr oder Weihnachten)!
2. Wie verbringt Herr Krause das Wochenende? Sieht er fern? Bleibt er immer zu Hause?
3. Um wieviel Uhr haben Sie wochentags Feierabend, d.h. wann arbeiten oder lernen Sie nicht?
4. Was machen Sie gern, wenn Sie Feierabend haben?

Freie Kommunikation

Beantworten Sie bitte diese Fragen!

Was machen Sie gern freitagabends? Gehen Sie oft aus, oder bleiben Sie lieber zu Hause?

Lesen Sie gern? Was lesen Sie? Welche Autoren finden Sie besonders interessant?

Spielen Sie gern Karten? Welche Spiele finden Sie gut? Spielt Ihre Familie manchmal zusammen? Was?

Sehen Sie oft fern? Welche Fernsehsendungen finden Sie gut? Wie oft sehen Sie wöchentlich fern? Wie lange sehen Sie abends fern? Wann kommen Nachrichten im Fernsehen?

Sehen Sie gern Filme? Gehen Sie oft ins Kino? Welche Filme finden Sie im Moment besonders gut?

Haben Sie zu Hause einen Videorecorder? Leihen Sie oft Filme? Wieviel kostet das?

Gruppenarbeit

Finden Sie einen Partner und schauen Sie die Anzeigen für Konzerte und Kinofilme an! Besprechen Sie fünf Minuten lang, was Sie kommenden Samstag zusammen machen wollen. Erzählen Sie dann, was Sie für diesen Samstag vorhaben.

Kulturnotiz

A German saying stresses the virtue of work: **Arbeit macht das Leben süß.** Yet Germans are spending less time in the workplace and more time in leisurely pursuit than in the past.

German law restricts the number of work hours to 48, but most workers have had a 40-hour week for quite some time. The unions are now lobbying for a 35-hour workweek to achieve more equal distribution of jobs and reduce unemployment. Most employees have five weeks of paid vacation plus frequent holidays. So quality free time has become a major issue in German society. Churches and communal institutions offer a variety of leisure-time activities, and a group called **Deutsche Gesellschaft für Freizeit** (*German Leisure Association*) provides information and advice on how to spend idle hours. Germans spend free time doing sports, walking, swimming, and bicycling, and also enjoy do-it-yourself hobbies, handiwork, reading and, last but not least, television. In fact, Germans are now spending more time than ever in front of their TV sets — perhaps due to the introduction of cable TV in the late 1970s, bringing a broad variety of new programs.

GESCHICHTE UND NACHERZÄHLUNG: Pläne für Sonntag

Heike Kreuzer, Sabine Gärtner, Wolfgang Kraft und Jürgen Reinsdorf sind Arbeitskollegen. Es ist Samstagabend, und sie treffen sich in einer Weinstube. Sie besprechen ihre Pläne für diesen Sonntag. Normalerweise, wenn das Wetter nicht zu schlecht ist, wandern sie, aber dieses Wochenende ist das Wetter schrecklich.

HEIKE Herr Kraft, haben Sie eine Idee für morgen? Es ist so schade, daß wir nicht wandern können.

WOLFGANG	Ja, wirklich. Also, ich weiß nicht. Ich bleibe gar nicht gern zu Hause.
JÜRGEN	Hier ist ein Vorschlag: Sie kommen zu mir zum Kaffee, so um 4 Uhr.
SABINE	Au ja, das klingt prima.
JÜRGEN	Kann jemand vielleicht einen Kuchen oder Gebäck bringen?
HEIKE	Klar, ich backe etwas. Ich hab' morgen vormittag Zeit.
WOLFGANG	Ich hab' ein paar Platten. Wir hören sie an, trinken Kaffee, und dann spielen wir vielleicht Karten.
HEIKE	Nee, ich will nicht Karten spielen.
WOLFGANG	Oder etwas anderes, ist egal. Vielleicht hat Jürgen ein paar andere Spiele zu Hause.
JÜRGEN	Ja, ich hab' einige. Das sehen wir dann morgen.
SABINE	Und morgen abend ist ,,der Kommissar'' im Fernsehen! Wollen wir das zusammen anschauen? Geht das, Jürgen?
JÜRGEN	Na, klar. Ich sehe die Sendung sowieso jeden Sonntag. Und ich hab' genug Bier und Limo zu Hause.
WOLFGANG	Dann bringe ich belegte Brote.
HEIKE	Mensch, toll! Unser Sonntag ist gerettet!

ÜBUNGEN

Übung A. Complete the sentences with appropriate vocabulary items from the dialog.

1. Heike Kreuzer, Sabine Gärtner, Wolfgang Kraft und Jürgen Reinsdorf arbeiten zusammen. Das heißt, sie sind ＿＿.
2. Die vier diskutieren ihre Pläne für Sonntag. Das heißt, sie ＿＿ sie.
3. Jürgen hat eine Idee. Er macht einen ＿＿.
4. Jürgen sieht jeden Sonntagabend den ,,Kommissar''. ,,Der Kommissar'' ist eine ＿＿.
5. Die Kollegen sehen den ,,Kommissar'' nicht allein, sondern ＿＿.
6. Die vier hören gern Musik an. Wolfgang bringt seine ＿＿ mit.
7. Heike ＿＿ etwas und Wolfgang bringt ＿＿.

Übung B. Give English equivalents for these expressions. Don't translate them literally, but think of the English expression you would use in the same context.

1. im Fernsehen
2. Es ist schade.
3. Das klingt prima.
4. Das ist egal.
5. Geht das?
6. Unser Sonntag ist gerettet!
7. gar nicht
8. jeden zweiten Sonntag

Übung C. Answer each question with a complete sentence.

1. Wo sind die Arbeitskollegen?
2. Was besprechen sie?
3. Was machen die vier alle zwei Wochen?
4. Erklären Sie, was ihr Problem ist?
5. Was ist Jürgens Vorschlag?
6. Was ißt man zum Kaffee?
7. Was bringt Heike?
8. Was sind Wolfgangs Ideen?
9. Was machen die vier am Sonntagabend?
10. Was hat Jürgen schon zu Hause?
11. Was bringt Wolfgang für den Abend?

Übung D. Nacherzählung : Retell the story chronologically in German to the best of your ability. Try to use your own words.

Übung E. Answer the following questions as thoroughly as possible.

1. Was machen Sie sonntags?
2. Was sind Ihre Pläne für dieses Wochenende?
3. Treffen Sie oft Freunde oder Arbeitskollegen? Was machen sie zusammen?
4. Was sehen Sie gern im Fernsehen?
5. Kochen Sie oft für Freunde zu Hause? Wenn ja, was kochen Sie?

TEIL 6,3 | Sport, Spaß und Spiel

VOKABULAR   Freizeitaktivitäten : Sport

im Freien / draußen
drinnen

Sport machen
Gymnastik machen
Leichtathletik machen
turnen

Golf spielen
Minigolf spielen
Handball spielen
Eishockey spielen
Fußball spielen
amerikanischen
    Fußball spielen
Basketball spielen
Tennis spielen
Tischtennis spielen
Volleyball spielen
Federball spielen

das Pferd, -e
reiten
zur Jagd gehen
schießen
angeln
kegeln
baden
schwimmen
segeln
Wasserski fahren
skifahren
Langlauf machen
eislaufen gehen
Schlittschuh laufen
Schlitten fahren

bummeln
laufen
spazieren•gehen
wandern

rad•fahren
auto•fahren

Der Fußballspieler
Jürgen Klinsmann.

DIALOG: Machen wir Sonntag etwas zusammen?

(Zwei Freundinnen machen Pläne fürs Wochenende.)

SABINE   Spielen wir morgen nachmittag Squash?

HEIKE   Nee, Samstagnachmittag spiele ich immer Volleyball.

SABINE   Schade, hmm. Können wir uns vielleicht übermorgen treffen?

HEIKE   Sonntag? Ja, gut. Vielleicht vormittags, so um zehn?

SABINE   Das paßt!

HEIKE   Also, bis Sonntag um zehn!

SABINE   Ade!

Fragen

1. Welchen Sport machen Sie?
2. Spielen Sie Squash?

DIALOG: Das Wetter soll schön werden!

(Und zwei Freunde machen auch Pläne.)

JOCHEN   Hallo, Willi, wie geht's?

WILLI   Ah, hallo! Machen wir dieses Wochenende etwas zusammen? Das Wetter soll endlich schön werden.

JOCHEN   Also, Samstag früh kann ich nicht—da spiele ich Handball. Aber nachmittags habe ich Zeit.

WILLI   Ooh, klasse! Und was wollen wir machen? Vielleicht einen Film sehen oder baden gehen?

JOCHEN   Das besprechen wir dann morgen! Ich bin so um zwei zu Hause.

WILLI   Gut, ich komme dann kurz nach zwei. Moment, spielen wir Sonntag immer noch Fußball mit Frank, Bruno und Harald?

JOCHEN   Na klar! Also, bis morgen!

WILLI   Tschüß, Jochen!

Fragen

1. Welchen Sport machen die Personen in den zwei Dialogen?
2. Wann kann man diesen Sport machen? Im Sommer? Im Winter?
3. Machen Sie auch diesen Sport?

Kulturnotiz

The most popular sport in West Germany is still **„König Fußball"**, and the national soccer players are true celebrities. The captain of the West German national team in the 1970s, Franz Beckenbauer (later the head coach), was called **„der Kaiser"** (*the emperor*). **Fußball** is a big spectator sport, and millions of fans watch competition on the national level, for example, in the **Bundesliga** (*federal league*), as well as international events. The **Deutscher Fußballbund-DFB** (*German Soccer Association*) has by far the largest active membership.

Other popular sports are **Turnen, Tennis** and **Tischtennis, Leichtathletik, Handball, Schwimmen,** and **Skilaufen.** For recreational purposes Germans enjoy **Wandern, Spazierengehen,** and **Radfahren.** In areas where U.S. forces are stationed, American football has become part of the sports scene. But there are relatively few spectators, although some U.S. games are now televised in Europe.

East Germany's umbrella sports organization is the **Deutsche Turn- und Sportbund der DDR.** The recruiting of potential top athletes at a very young age has been immensely successful, making the East Germans a strong contender, especially in **Leichtathletik, Schwimmen, Turnen,** and **Eiskunstlaufen** (*figure skating*), in which Katharina Witt won an Olympic gold medal.

Most Germans participate in organized sports through one of the many **Sportvereine** (*sports clubs*). These are usually part of a larger association, for example, the German Soccer Association. The umbrella organization for all sports associations is the **Deutscher Sportbund** (*German Sports Federation*). On the city level clubs are also the basis for competitive sports, and athletes may receive federal or private financial assistance through them. As in West Germany, soccer is the most popular sport.

Austria has a system of sports clubs similar to West Germany's. About 12,000 sports clubs belong to the Austrian Federal Sports Organization. Sports are financially supported by the individual provinces as well as on the national level.

Winter sports are most prominent in Austria and in Switzerland. Both countries have been the location for **Abfahrt** (*downhill skiing*), **Langlauf** (*cross*

Steffi Graf und Boris Becker, Deutschlands Wimbledon Sieger von 1989.

country) and **Skispringen** (*ski jumping*) events. In 1976, the Olympic Winter Games took place in Innsbruck, Austria. Skiers like Franz Klammer and Annemarie Moser-Pröll are well-known in Austria, and many spectators attend skiing events. But most popular is still **Fußball,** played by more Austrians than any other sport.

Recreational sports in Austria include **Skilaufen** and **Wandern. Bergsteigen** (*mountain climbing*) has gained immensely in popularity through Reinhold Messner's published accounts of his many adventures, like climbing Mount Everest without oxygen equipment.

Was kostet ein Skiwochenende?
Fahren Sie Ski? Wohin fahren Sie zum Skifahren?

AKTIVITÄTEN   Gruppenarbeit

Finden Sie einen Partner und machen Sie Pläne fürs Wochenende! Schreiben Sie einen Dialog und besprechen Sie, was Sie dieses Wochenende machen! Machen Sie Sport zusammen, gehen Sie aus, bleiben Sie zu Hause? Wann machen Sie das? Lesen Sie dann zusammen den Dialog vor!

Finden Sie einen Partner und sehen Sie zusammen die Tabelle an!
Schreiben Sie in fünf Minuten **A.** wann man den Sport macht, und **B.** wo man den Sport macht!

A. Im Winter oder im Sommer?

eislaufen gehen (Schlittschuh laufen)
Schlitten fahren
baden
Wasserski fahren
segeln
Langlauf machen
skifahren
schwimmen
wandern
Eishockey spielen

Winter	Sommer

B. Drinnen oder draußen?

Golf spielen
Handball spielen
Fußball spielen
Gymnastik machen
zur Jagd gehen
turnen
Leichtathletik machen
angeln
Tischtennis spielen
kegeln
Minigolf spielen
Basketball spielen

Drinnen	Draußen

Freie Kommunikation

Beantworten Sie diese Fragen!

Machen Sie gern Sport? Welchen Sport machen Sie? Machen Sie Gymnastik, bevor Sie diesen Sport machen? Turnen Sie? Wie oft machen Sie pro Woche Sport?

Spielen Sie Golf oder Minigolf? Wo? Spielen Sie Fußball? Amerikanischen oder deutschen? Finden Sie deutschen Fußball interessant oder langweilig? Verstehen Sie das Spiel?

Spielen Sie Tennis oder Tischtennis? Spielen Sie gern Volleyball? Wo spielt man viel Volleyball?

Welchen Sport machen Sie gern im Sommer? Im Winter? Im Herbst? Im Frühling?

Reiten Sie gern? Wo machen Sie das? Wie oft reiten Sie? Machen Sie das allein oder mit Freunden?

Gehen Sie zur Jagd? Wo? Was jagen Sie? Angeln Sie gern im Frühling oder im Sommer?

Kegeln Sie gern abends oder am Wochenende?

Gehen Sie gern spazieren? Wo? Machen Sie gern einen Bummel? Wann?

Laufen Sie gern? Wie oft, wie lange und wie weit laufen Sie? Laufen Sie täglich zur Uni, oder fahren Sie Rad oder Auto?

Was machen Sie gern, wenn es regnet? Was machen Sie gern, wenn Sie allein sind?

Was machen Sie gern, wenn Sie viel Freizeit haben?

Wandern ist gesund und macht Spaß . . .

. . . mit
bequemen und
preiswerten
Markenschuhen

aus dem

Schuhhaus **angerer**

BERCHTESGADEN, Marktplatz und Dr.-Imhof-Str.

Wie ist Wandern?
Was braucht man?
Wie sollen sie sein?
Wandern Sie gern? Wo?

TEIL 6,4 | klipp und klar   klein, aber fein jetzt oder nie

MERKE

Compound sentences: coordinating conjunctions

und	aber	oder	denn

Andrea läuft **und** spielt Volleyball.
Wir gehen oft spazieren, **aber** meistens bleiben wir hier in der Stadt.
Jim geht zu Parties **oder** in Kneipen.
Die Webers holen sie nicht um neun ab, **denn** Jim und Andrea gehen
   Samstagabend aus.

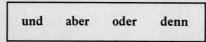

nicht..., sondern   nicht nur..., sondern auch

Sie treffen sich **nicht** um neun, **sondern** um zehn.
Herr Weber angelt **nicht nur** gern, **sondern** er wandert **auch** viel.

GESCHICHTE UND NACHERZÄHLUNG: Was machen wir dieses Wochenende?

Herr und Frau Weber treffen Jim und Andrea zum Kaffee. Jim ist ein Student von Frau Professor Weber, und er kommt aus Amerika; Andrea ist seine deutsche Freundin. Die vier sprechen über das kommende Wochenende.

HERR WEBER	Können wir dieses Wochenende nicht etwas zusammen machen?
ANDREA	Das klingt gut! Haben Sie eine Idee?
FRAU WEBER	Mein Mann ist am Wochenende gern im Freien. Wir gehen oft wandern oder angeln.
HERR WEBER	Oder manchmal treffen wir Freunde und spielen Minigolf oder Tennis.
JIM	Wirklich, Sie wandern gern? Ich würde das auch gern mal machen. Andrea und ich gehen viel spazieren, aber meistens bleiben wir in der Stadt.
HERR WEBER	Machen Sie denn gern Sport?
JIM	Also, Andrea ist echt sportlich. Sie spielt Volleyball, und sie läuft, und im Winter wollen wir zusammen skifahren.
HERR WEBER	Und Sie, Jim? Was machen Sie gern, wenn Sie Freizeit haben?
JIM	Also, ich lerne gern Leute kennen. Ich gehe zu Parties oder in Kneipen.
FRAU WEBER	Da lernen Sie bestimmt gut Deutsch! Also, wandern wir dann am Sonntag?
ANDREA	Ja, prima. Möchten Sie dann abends vielleicht ein Glas Wein trinken?
HERR WEBER	Ja, sicher! Wir werden Sie also Sonntag abholen. So gegen 9 Uhr morgens?
JIM	O Gott! 9 Uhr ist so früh! Können wir es vielleicht 10 Uhr machen?
FRAU WEBER	Aha, Sie gehen wohl Samstagabend aus?
JIM	Ja, ein paar Freunde von uns haben eine Grillparty.
HERR WEBER	Also gut, dann Sonntagmorgen um 10!
ANDREA	Ach ja, haben Sie eine Wanderkarte? Ich möchte Jim zeigen, wo man hier wandern kann.

FRAU WEBER	Ja, wir haben eine Menge. Wir werden sie Sonntag mitbringen.
JIM	Alles klar! Wir sehen uns dann übermorgen! Wiederschau'n!
HERR WEBER	Wiederseh'n! Bis Sonntag!

Am Sonntagmorgen, pünktlich um 10, kommen die Webers und holen Jim und Andrea ab. Die vier machen eine große Wanderung, zuerst durch den Wald, dann bergauf, bis sie zu einer Ruine kommen. Dort essen sie ein kleines Picknick. Auf dem Rückweg laufen sie einen Fluß entlang. Am frühen Abend sind sie wieder zu Hause. Später, um acht, gehen Jim und Andrea in eine gemütliche Kneipe, wo die Webers schon warten.

HERR WEBER	Na, sind Sie sehr müde?
ANDREA	Nein, nein, überhaupt nicht.
JIM	Also, es war echt toll!
FRAU WEBER	Nun, was meinen Sie? Wollen wir vielleicht nächste Woche in ein Konzert gehen?
ANDREA	Ja, wenn Sie genug Zeit haben.
HERR WEBER	Na, das sehen wir dann. Ah, hier ist die Kellnerin. Was möchten Sie trinken?

ÜBUNGEN

Übung A. Complete these sentences.

1. Herr und Frau Weber ____ Jim und Andrea, und die vier besprechen ihre Pläne für das Wochenende.
2. Herr Weber bleibt samstags und sonntags nicht gern zu Hause. Er wandert oder geht angeln. Er ist sehr gern ____.
3. Wenn das Wetter schön ist, ____ Jim und Andrea oft in der Stadt ____.
4. Andrea läuft und spielt Volleyball. Sie ist ziemlich ____.
5. Jim hat Parties gern. Er ____ andere Leute ____.
6. Ein paar Freunde haben Samstagabend eine ____.
7. Herr und Frau Weber haben ein Auto. Sie ____ Jim und Andrea Sonntagmorgen ____.
8. Man braucht eine ____, wenn man wandert. Dann weiß man, wo der Weg ist.
9. Die vier machen ihre Pläne heute, Freitagabend, für Sonntag. Sie machen ihre Wanderung also ____.

Übung B. Indicate what these expressions mean. Remember, don't translate but find an equivalent expression in English.

1. Sie ist echt sportlich.
2. Wir haben eine Menge.
3. Alles klar!
4. gegen neun Uhr
5. pünktlich um zehn
6. dann bergauf
7. zu einer Ruine
8. auf dem Rückweg
9. am frühen Abend
10. Es war echt toll

Übung C. Answer each question with a complete sentence.

1. Wen treffen Jim und Andrea?
2. Wer sind Jim und Andrea?
3. Was machen die vier und was besprechen sie?
4. Was machen Herr und Frau Weber gern am Wochenende?
5. Wie ist Andrea? Was macht sie gern?
6. Was macht Jim gern, wenn er Freizeit hat?
7. Was sind ihre Pläne für Sonntag?
8. Wann wollen die Webers Jim und Andrea abholen? Wann werden sie sie abholen?
9. Was machen Andrea und Jim Samstagabend?
10. Beschreiben Sie die Wanderung!
11. Was machen die vier Sonntagabend?

Übung D. Nacherzählung: Do your best to retell the story chronologically in German, using your own words.

Übung E. Answer the following questions as thoroughly as possible.

1. Wie finden Sie die Webers?
2. Wie ist Jim? Und wie ist Andrea?
3. Was machen Sie am Wochenende?
4. Was macht Ihre Familie am Wochenende?

Diese jungen Leute rudern gern.

Wie groß ist das Hotel?
Was ißt und trinkt man hier?

Wann sind Abendfahrten?
Was passiert täglich?

Wo liegt das Restaurant?

Wann ist das Winzerfest
(Weinfest)?
Wo liegt die Stadt Bingen?

Gruppenarbeit

Finden Sie einen Partner und sehen Sie zusammen die Wanderkarte an!

A. Nennen Sie diese Orte: Wo kann man reiten? Wo kann man zu Mittag essen? Wo können Kinder spielen? Wo können Sie Wein probieren? Wo kann man vielleicht Wildschweine sehen?

B. Beschreiben Sie Ihre Wanderung. Sie starten am Bahnhof (Bhf.), dann laufen Sie zu einer Ruine, und zuletzt wollen Sie zu Mittag essen. Markieren Sie Ihren Wanderweg! Wie viele Kilometer wandern Sie? Wie lang dauert es?

Das Ganze soll 10 Minuten dauern. Lesen Sie Ihre Antworten vor!

C. Was kann man im Niederwald machen? Sehen Sie die Reklame an.

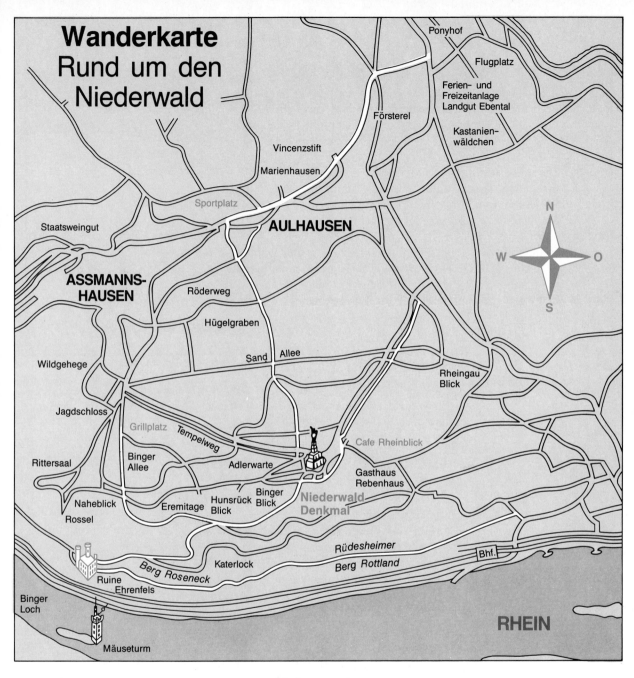

Wanderkarte
Rund um den Niederwald

Ponyhof

Flugplatz

Ferien- und
Freizeitanlage
Landgut Ebental

Försterel

Kastanien-
wäldchen

Vincenzstift

Marienhausen

Sportplatz

AULHAUSEN

Staatsweingut

N

W   O

S

**ASSMANNS-
HAUSEN**

Röderweg

Hügelgraben

Sand Allee

Rheingau
Blick

Wildgehege

Jagdschloss

Grillplatz   Tempelweg

Cafe Rheinblick

Rittersaal

Binger
Allee

Adlerwarte

Gasthaus
Rebenhaus

Naheblick

Eremitage

Hunsrück
Blick

Binger
Blick

**Niederwald
Denkmal**

Rossel

Rüdesheimer

Berg Roseneck

Katerlock

Berg Rottland

Bhf.

Ruine
Ehrenfels

Binger
Loch

RHEIN

Mäuseturm

⎯ Kulturnotiz ⎯

The two biggest rivers flowing through West Germany are **der Rhein** and **die Donau** (*the Danube*). The **Rhein,** the most important North-South axis, flows into the North Sea, while the **Donau,** linking West Germany with Austria and eastern Europe, runs into the Black Sea. The valleys along the **Rhein** and the **Main** rivers are well known as major wine-growing and tourist regions.

The following song is one of many songs and poems about „**der Vater Rhein".** As a famous legend tells, the **Loreley** was a beautiful maiden who lured sailors to their death.

193

Die Loreley

Ich weiß nicht, was soll es bedeuten, daß ich so traurig bin;
ein Märchen aus alten Zeiten, das kommt mir nicht aus dem Sinn.
Die Luft ist kühl und es dunkelt und ruhig fließt der Rhein;
der Gipfel des Berges funkelt im Abendsonnenschein.

Die schönste Jungfrau sitzet dort oben wunderbar;
ihr goldnes Geschmeide blitzet, sie kämmt ihr goldenes Haar.
Sie kämmt es mit goldenem Kamme und singt ein Lied dabei,
das hat eine wundersame, gewalt'ge Melodei.

Den Schiffer im kleinen Schiffe ergreift ein wildes Weh;
er schaut nicht die Felsenriffe, er schaut nur hin auf die Höh'.
Ich glaube, die Wellen verschlingen am Ende Schiffer und Kahn;
und das hat mit ihrem Singen die Loreley getan.

H. Heine, 1797–1856

AKTIVITÄTEN   Gelenkte Kommunikation

Ask other students in class the following questions. When you answer, use **nicht nur...,
sondern auch** to combine pieces of information.

Beispiel : You ask: **Haben Sie zu Hause ein Radio?**
          The student answers: **Ich habe nicht nur ein Radio, sondern auch eine
                                 Stereoanlage.**

1. Haben Sie ein Fahrrad?
2. Fahren Sie ski?
3. Haben Sie dieses Semester einen Deutschkurs?
4. Haben Sie eine Schwester?
5. Lesen Sie Zeitschriften?
6. Sehen Sie die Nachrichten im Fernsehen?

Wiederholung : Grammatik

Form one sentence for each of the following paired sentences using any conjunction that
makes sense.

Beispiel : Andrea spielt jedes Wochenende Volleyball. Sie fährt oft Rad. →
          Andrea spielt **nicht nur** jedes Wochenende Volleyball, **sondern** sie fährt **auch**
          oft Rad.

1. Andrea macht viel Sport. Sie handarbeitet gern.
2. Jeff lernt viele Studenten kennen. Er lernt ein paar Professoren kennen.
3. Jeff studiert in Deutschland. Er macht vielleicht ein Diplom.
4. Die Webers gehen gern spazieren. Sie wandern oft.
5. Sie gehen dieses Wochenende wandern. Sie gehen nächsten Sonntag ins Konzert.

TEIL 6,5 | Was machen Sie, wenn Sie viel Zeit haben?

MERKE

Independent clauses

Wir machen Sonntagnachmittag eine Wanderung nach Rüdesheim.

Dependent clauses: **wenn** *and subordinate word order*
Wir machen Sonntagnachmittag eine Wanderung nach Rüdesheim, **wenn es nicht regnet.**

AKTIVITÄTEN   Gelenkte Kommunikation

A. Complete the following sentences by forming a **wenn**-clause from the statement in parentheses.

Beispiel: Hans geht Sonntag wandern, wenn (*er hat zu viele Hausaufgaben*)
Hans geht Sonntag wandern, wenn er **nicht** zu viele Hausaufgaben hat.

1. Claudia geht zum Essen ins Restaurant, wenn (*sie ist krank*)
2. Peter kommt heute zum Kaffee, wenn (*er muß sein Auto reparieren*)
3. Wolfi will heute nachmittag zu Hause Platten hören, wenn (*das Wetter ist zu schön*)
4. Inge fährt morgen Fahrrad, wenn (*ihr Freund hat vielleicht Pläne*)
5. Anne geht heute abend ins Konzert mit, wenn (*die Karten sind vielleicht zu teuer*)

B. Agree to the following suggestions, but add a condition, using a **wenn**-clause.

Beispiel: Your friend asks: **Gehen wir vielleicht schwimmen?**
You say: **Gut, gehen wir schwimmen, wenn es draußen warm ist.**

1. Sehen wir vielleicht Freitagabend einen Film?
2. Trinken wir dann ein Bier zusammen?
3. Laufen wir Samstagmorgen?
4. Besuchen wir Samstagnachmittag Gabriele?
5. Sollen wir sie vielleicht zum Kaffee einladen?
6. Gehen wir Samstagabend zum Essen aus?
7. Können wir Sonntag ein bißchen lernen?
8. Machen wir Sonntag die Wohnung sauber?

TEIL 6,6 | Wir machen das morgen.

MERKE

*Review: the present tense to express future
the future with* werden

Werden Sie heute oder morgen **einkaufen gehen?**
Ich glaube, ich **mache** das **morgen.**

The wenn-*clause as a time expression*

Ich mache das, **wenn ich Zeit habe.**

AKTIVITÄTEN   Gelenkte Kommunikation

A. Fill in the blanks with a future time expression or **wenn-** clause to complete the meaning of each sentence logically.

SITUATION: Barbara has a busy semester ahead. She reviews her plans.

1. ____ habe ich vier Prüfungen, und ich muß eine Arbeit schreiben.
2. ____ habe ich ein Seminar.
3. ____ lerne ich für die Bioprüfung.
4. ____ treffe ich Udo im Café.
5. Ich koche ____ für ein paar Freunde. Am Wochenende haben alle normalerweise Zeit.
6. Meine Eltern werden mich ____ besuchen.
7. Ich fahre nach Saarbrücken, ____. Wir feiern das jedes Jahr dort.
8. Ich muß ____ meine Englischsemesterarbeit beginnen.
9. Ich werde meine Schwester in Aachen besuchen, ____. Sie ist jetzt in Frankreich.
10. Ich mache ____ Urlaub. Das sind noch vier Monate.

B. Fill in the blanks with a future time expression or **wenn-** clause to complete the meaning of each sentence logically.

SITUATION: Anneliese is having a party next Saturday and is being well organized. She tells her husband just what she is going to do and when.

1. ____ schreibe ich die Einladungen.
2. Ich schicke sie ____.
3. Unsere Freunde sollen anrufen, ____.
4. ____ kaufe ich Essen und Getränke.
5. ____ koche ich und bereite alles vor.
6. Wir grillen im Freien, ____.
7. Wir essen im Haus, ____.
8. ____ machen wir alles sauber!!

TEIL 6,7	Ich denke, daß Politik langweilig ist. Also, ich weiß nicht, ob das richtig ist.

MERKE

Wissen *and* kennen

WISSEN

ich / er / sie / es **weiß**   wir / sie / Sie **wissen**

Ich **weiß,** daß Bonn die Hauptstadt der BRD ist. Ich **kenne** Bonn. Die Stadt ist sehr interessant.

ob *and* daß

Wissen Sie, **ob** die Deutschen viel Urlaub machen?
Also, ich weiß, **daß** sie oft Österreich besuchen.

Expressing an opinion: sagen, denken, meinen, glauben, finden

Hans **sagt, daß** er Politik interessant findet.
Bernd **denkt, daß** Demonstrationen nicht helfen.
Er **meint** auch, **daß** Politik langweilig ist.
Hans **glaubt, daß** man aktiv sein soll.
Finden Sie, **daß** Bernd oder daß Hans recht hat?

DIALOG: Also, ich denke...

(Hans und Bernd haben verschiedene Meinungen.)

HANS   Ich finde, daß man politisch aktiv sein soll. Und ich denke, daß jeder wählen soll.

BERND   Also, ich denke, daß Politik todlangweilig ist. Immer dasselbe!

HANS   Aber ich glaube, daß man nur so etwas ändern kann. Es kann nur besser werden, wenn man etwas tut und aktiv ist und demonstriert und so.

BERND   Also echt, Hans, so ein Quatsch! Jeder weiß doch, daß diese ganzen Demonstrationen und das ganze Gerede—echte Demokratie und so—gar nichts helfen!

HANS   Und ich glaube, daß so inaktive Leute auch gar nichts helfen. Dann wird's nämlich nie anders!

BERND   Also, ich weiß jetzt, daß wir total verschieden denken!

Fragen

1. Was denken / glauben / sagen Hans und Bernd?
2. Wie kann man aktiv in der Politik sein?
3. Wen können Sie besser verstehen? Wessen Argument finden Sie besser?

Kulturnotiz

Umweltfreunde demonstrieren gegen Atomkraft.

West Germans generally show a keen interest in politics, particularly in the national elections. Close to 90 percent of all citizens vote in the elections of the **Bundestag** (*parliament*), which take place every four years.

The main tasks of the **Bundestag** members include the election of the **Bundeskanzler** (*federal chancellor*), the control of the government, and legislation. The major parties are the **SPD** (*Social Democratic Party of Germany*), the **CDU** (*Christian Democratic Union*), the **CSU** in Bavaria (*Christian Social Union*), the **FDP** (*Free Democratic Party*), and **die Grünen** (*the Greens*). The **CSU** operates only in Bavaria where the **CDU** has no membership. On the national level the **CDU/CSU** have formed a coalition. **Die Grünen** have been part of the national political scene only since 1983 when they won 28 of the 498 seats in the **Bundestag** elections, although they had been present in six state parliaments before that. **Die Grünen** have projected many ecological issues of great public concern into the political spotlight and have formed coalitions in some states with the established parties, for example, with the **SPD** in **Hessen.**

The East German political system was modeled on that of the Soviet Union: one party, the **Sozialistische Einheitspartei Deutschlands (SED)** (*Socialist Unity Party*) with all the power. There were other parties in the **DDR,** but they were all united with the **SED** and formed the **Nationale Front der DDR.** Along with the many recent political changes in Eastern Europe, the **DDR** has begun to revise its political system and governmental structure.

AKTIVITÄTEN   Gruppenarbeit

Lesen Sie zusammen mit einem Partner, was jemand über Deutschland sagt, und schreiben Sie dann, was Sie denken!

Glauben Sie, daß das richtig ist?
Ich glaube, daß die Bundesdeutschen wenig Urlaub machen.
daß sie selten Österreich besuchen.
daß Salzburg die Hauptstadt von Österreich ist.
daß München im Norden und Hamburg im Süden liegt.
daß Berlin die Hauptstadt von Deutschland ist.
daß Schüler im Sommer nie hitzefrei haben.
daß es nur wenige Stadtparks in Deutschland gibt.

Sie kennen die Bundesrepublik schon ein bißchen besser! Was denken / glauben / meinen Sie?
Also, ich glaube / denke / meine, daß...

Wiederholung: Grammatik

Fill in the blanks with an appropriate subordinating conjunction.

1. Wissen Sie nicht, ____ Skandinavien in Nordeuropa ist?
2. Ich weiß, ____ Bonn die Hauptstadt von Westdeutschland ist.
3. Ich denke, ____ Weimar in der DDR ist.
4. Wissen Sie, ____ Mozart in Salzburg geboren ist?
5. Glauben Sie, ____ Hamburg eine interessante Stadt ist?

TEIL 6,8 | Fragen Sie, woher sie kommen!

MERKE

W-Fragen *as subordinating conjunctions*

was	Ich weiß nicht, **was** das ist.
wer	Wissen Sie, **wer** die Dame da drüben ist?
wen	Wissen Sie, **wen** wir fragen können?
wo	Sie weiß, **wo** Herr Weiß diese Woche ist.
wohin	Wissen Sie, **wohin** Frau Lange heute morgen geht?
woher	Wissen Sie, **woher** der Professor kommt?
wann	Sie weiß nicht, **wann** er endlich zurückkommt.
wie	Wissen Sie, **wie** alt die Kinder jetzt sind?
wieviel / wie viele	Wissen Sie, **wieviel** Frau Weiß arbeiten muß?
warum	Sie wissen, **warum** Leute gern reden!

DIALOG: Also, wissen Sie, daß…

(Frau Fischer und Frau Lange reden über die Nachbarn.)

FRAU LANGE
Ja, guten Morgen, Frau Fischer! Gehen Sie auch einkaufen?

FRAU FISCHER
Ja, nur schnell zum Supermarkt! Ich brauche Brot, Fleisch und Gemüse. Gehen wir zusammen! Können Sie sehen, ob das da drüben Frau Weiß ist?

FRAU LANGE
Ja, das ist sie. Wissen Sie, wann der Herr Weiß wieder zurückkommt? Er ist jetzt schon drei Wochen auf Dienstreise°.   Reise für seine Firma
Ich weiß gar nicht, wie seine Frau alles allein schafft°!   macht

FRAU FISCHER
Wissen Sie, wo er dieses Mal ist?

FRAU LANGE
Also, ich glaube, er ist diesmal in Venezuela. Finden Sie es gut, wenn der Vater nie zu Hause ist und die Frau arbeitet?

FRAU FISCHER
Nee, gar nicht! Wissen Sie denn, wieviel Frau Weiß jetzt arbeiten muß?

FRAU LANGE
Ich glaube, sie geht doch jeden Tag ins Krankenhaus.

FRAU FISCHER
Also, das heißt, daß die Kinder meistens allein sind, wenn sie von der Schule nach Hause kommen. Wissen Sie, wie alt sie sind?

FRAU LANGE
Ich denke, die Tochter ist ungefähr sechzehn oder siebzehn. Ich weiß, daß sie in die elfte Klasse geht.

FRAU LANGE
Na, so wie meine. Soo, hier sind wir! Brauchen Sie auch etwas vom Bäcker?

FRAU FISCHER
Nee, ich gehe nur zum Supermarkt. Also, Frau Lange, Wiederschau'n! Ach ja, machen Sie morgen früh Gymnastik?

FRAU LANGE
Hmm, ich weiß noch nicht, ob ich es schaffe!

FRAU FISCHER
Na, ich hoffe, ich sehe Sie morgen. Wiederseh'n.

Fragen

1. Was sagen und fragen Frau Lange und Frau Fischer?
2. Was wissen sie, was glauben sie, was wissen sie nicht?

AKTIVITÄTEN   Gelenkte Kommunikation

In previous exercises you have had to formulate questions, commands, and statements as though you were functioning as a go-between for someone who did not speak German but who wanted to communicate with someone who did. In this exercise we will switch things around a bit.

SITUATION: You are sightseeing in East Berlin with a West German acquaintance. You go into a café and wind up sitting at a table with two Russians. You'd like to talk to them, but you don't speak Russian. Fortunately, your German friend does and will act as a go-between. Tell him or her what to say.

Beispiel: You want to find out the Russians' names:
Fragen Sie sie, wie sie heißen!

You want them to know that you're American:
Sagen Sie, daß ich Amerikaner(in) bin!

1. You want to know if they speak English.
2. You want them to know that you don't speak Russian (**Russisch**).
3. You want to know if they are soldiers or students.
4. You want them to know that you are an American and also a student in West Germany.
5. You want to know if they know any Americans.
6. You want to know what they think of your president.
7. You want to know when they are returning home to Russia (**Rußland**).
8. You want to know if they're married and have a family.
9. You want to know if they have any relatives in America.

Wiederholung: Grammatik

Fill in the blanks with a logical **w**-word used as a subordinating conjunction.

Beispiel: Ich weiß nicht, ____ dieser Ort liegt. Vielleicht in Norddeutschland.
Ich weiß nicht, **wo** dieser Ort liegt. Vielleicht in Norddeutschland.

1. Ich weiß nicht genau, ____ es von Kiel nach Hamburg ist. Vielleicht 100 km.
2. Wissen Sie, ____ der Zug nach Essen abfährt? Um drei?
3. Fragen Sie den Schaffner, ____ wir halten! Hoffentlich nicht in allen kleinen Orten.
4. Wissen Sie, ____ eine Tasse Kaffee im Zug kostet? Sind die Getränke teuer?

TEIL 6,9	Warum müssen Sie so früh aufstehen?
	Weil ich um acht einen Kurs habe.

MERKE

Explaining why: weil

Warum essen Sie so viel? → Ich esse so viel, **weil** ich sehr hungrig **bin.**
Warum lernen Sie so fleißig? → **Weil** ich morgen eine Prüfung **habe.**

Warum kommt Hans nicht mit?
    Weil er seine Großeltern **besuchen muß.**
    Weil er nicht so viel Geld **ausgeben will.**
    Weil er nicht gut Fußball **spielen kann.**

AKTIVITÄTEN   Freie Kommunikation

Beantworten Sie diese Fragen, bitte.

Wann müssen Sie morgens aufstehen? Warum um diese Zeit? Was wollen Sie heute nachmittag oder heute abend machen? Warum? Um wieviel Uhr gehen Sie heute nach Hause? Warum?

Wieviel Geld brauchen Sie im Moment? Warum diese Summe?

Können Sie dieses Wochenende ausgehen? Wenn ja, was machen Sie und warum das? Wenn nein, warum nicht? Wen möchten Sie bald besuchen? Warum?

Was möchten Sie von Beruf werden, und warum? Was nicht? Warum nicht?

Wie finden Sie das Wetter, wo Sie wohnen? Erklären Sie Ihre Antwort, bitte.

Gelenkte Kommunikation

Complete each of the following sentences with a reason expressed by a **weil**-clause.

SITUATION: It's Friday and you are making plans for the weekend. Explain what you and your parents will be doing.

1. Ich muß heute früh aufstehen, _____.
2. Ich muß um neun Uhr zur Uni fahren, _____.
3. Ich muß heute nachmittag einkaufen, _____.
4. Ich kann morgen lange schlafen, _____.
5. Ich werde morgen mein Haus saubermachen, _____.
6. Ich gehe morgen abend nicht aus, _____.
7. Meine Eltern können eine ganze Woche bleiben, _____.
8. Ich muß dieses Wochenende ein bißchen lernen, _____.

Wiederholung : Grammatik

Join the two sentences, with a **weil**-clause.

Beispiel : Ich mache viel Sport. Das ist gesund. → Ich mache Sport, **weil das gesund ist.**

1. Jeff spielt nicht gern Tennis. Er ist nicht so gut.
2. Andrea läuft viel und fährt oft Rad. Sie ist gern draußen.
3. Jeff geht gern zu Parties. Er lernt dort viele Leute kennen.
4. Er soll nicht zu lange ausgehen. Er macht morgen eine Wanderung.
5. Jeff und Andrea gehen heute spazieren. Das Wetter ist sehr schön.

Kontrolle

What you have learned in this chapter, should enable you to:

1. talk in detail about your hobbies, your leisure activities at home and in town, your sports and outdoor activities, and sports and leisure activities generally in the **BRD,** the **DDR,** Austria, and Switzerland
2. begin to use "two-dimensional" compound and complex sentences—sentences with two ideas, equal or one subordinated to the other
3. narrate stories simply and in your own words
4. discuss the content of the stories in terms of your own life
5. provide reasons for the things you do by using **weil**

Wiederholung

A. Formulate five questions you would ask someone about his/her hobbies, free-time activities, sports interests, or outdoor activities.

B. Beantworten Sie die folgenden Fragen.

1. Haben Sie ein Hobby? Welches?
2. Wann haben Sie Freizeit? Was machen Sie gern, wenn Sie Freizeit haben?
3. Machen Sie gern Sport? Welchen? Wann und wie oft machen Sie das? Sehen Sie gern Sportsendungen im Fernsehen? Welche?
4. Welcher Sport ist populär in Amerika?
5. Welche Sendungen sehen Sie oft im Fernsehen? In welchem Programm?
6. Was sind ARD, ZDF und, z.B., Bayern 3?

C. Schreiben Sie Absätze zu den folgenden Situationen!

SITUATION 1: Es ist Freitagabend, und Sie wollen heute abend nicht ausgehen. Was machen Sie gern, wenn Sie einen Abend allein zu Hause haben? (drei Sätze)

SITUATION 2: Ihre Eltern sind zu Besuch. Das Wetter ist dieses Wochenende sehr schön. Was machen Sie zusammen? (fünf Sätze)

D. You are interviewing a German tourist, Frau Birgit König. Find out what she thinks about the United States. (Use the different verbs connected with expressing an opinion.) Does she consider that:

1. America is interesting?
2. the people are friendly and open?
3. the cities are nice, or too big and dangerous?
4. the Americans know Europe?
5. American universities are good?
6. Americans watch too much TV?
7. one can eat good food in America?
8. the country is too expensive for tourists?
9. Americans are patriotic?
10. Americans like Germans?

E. Beantworten Sie die folgenden Fragen und sagen Sie, warum das so ist!

1. Warum studieren Sie hier?
2. Haben Sie ein Zimmer, eine Wohnung oder ein Haus? Warum das?
3. Wie finden Sie die Stadt, wo Sie wohnen? Warum?
4. Was wollen Sie von Beruf werden? Warum?
5. Was finden Sie im Moment gut, was nicht so gut? Warum ist das so?

F. Kulturelle Fragen:

1. Wie heißen die Parteien in der Bundesrepublik?   Wie heißt die zentrale Partei der DDR?
2. Welche Fernsehprogramme gibt es in der Bundesrepublik?
3. Nennen Sie drei Flüsse in der Bundesrepublik!
4. Welche Sportarten sind in der BRD, der DDR und Österreich populär?

KAPITEL 7

WAS HABEN SIE LETZTEN SOMMER GEMACHT? WOHIN SIND SIE GEFAHREN?

ÜBERBLICK

KONTEXT UND FUNKTIONEN
expressing past actions, events, and experiences

VOKABULAR
past time expressions
recycling of all the verbs as part of learning the present perfect

KULTUR

the student union	closing times for stores
wine-growing areas	the semesters at the university
the area of **Mainfranken**	

GRAMMATIK

forms: verbs:	idiomatic present: implied past and continuous present
	simple past: **haben, sein, werden,** and modal verbs
	present perfect (conversational past): regular and irregular verbs
	verbs with separable and inseparable prefixes
	-ieren verbs
	transitive verbs + **haben**
	intransitive verbs + **sein** and **haben**
adverbs:	past time expressions
word order:	present perfect

TEIL 7,1 | Ich studiere schon zwei Semester.
Ich lerne erst ein Semester Deutsch.

MERKE | *Idiomatic present: implied past and continuous present*

Ich warte **schon zwei Stunden** hier. (**schon** + *time expression*)
Ich warte **erst zehn Minuten** hier. (**erst** + *time expression*)

AKTIVITÄTEN | Freie Kommunikation

Beantworten Sie die folgenden Fragen! Benutzen Sie **erst,** wenn Sie denken, daß das nicht lang ist, und **schon,** wenn Sie finden, daß das ziemlich lang ist.

Wie lange wohnen Sie schon hier? Wohnen Sie allein, d.h., nicht mehr zu Hause bei den Eltern? Wie lange schon? Woher kommen Sie? Wie lange wohnt Ihre Familie schon da?

Wie lange sind Sie schon Student(in)? Wie lange studieren Sie schon? Wie lange studieren Sie schon an Ihrer Universität? Wie lange lernen Sie schon Deutsch?

Wie lange sind Sie jeden Tag im Klassenzimmer?

Spielen Sie ein Instrument? Was ist es, und wie lange spielen Sie es schon?

Fotografieren Sie gern? Was fotografieren Sie, und wie lange fotografieren Sie schon?

Zeichnen oder malen Sie gern? Wie lange machen Sie das schon?

Sammeln Sie etwas? Was sammeln Sie, wie groß ist Ihre Sammlung, und wie lange sammeln Sie diese Dinge schon?

Fahren Sie Auto? Wie lange fahren Sie schon? Dürfen Sie Bier oder Wein trinken? Wie lange schon?

Sind Sie verheiratet? Wie lange sind Sie schon verheiratet? Wie lange kennen Sie schon Ihren Mann / Ihre Frau? Wie lange kennen Sie schon Ihren Freund / Ihre Freundin?

Gelenkte Kommunikation

Use the present tense and **schon** or **erst** when appropriate for the following exercise.

SITUATION: You meet Bettina, a German exchange student, at the student cafeteria. She asks about your studies and your family, and you tell her that:

1. you have been in school for three semesters.
2. you've been studying German for just three months.
3. your family has been living here for twenty years.
4. you have two brothers and a sister.
5. your sister has been studying for two years. No, not here; she has been living in California for a year.
6. your brothers are not students. They have been working for three years.

Junge Leute reden
miteinander im Café.

<table>
<tr><td>TEIL 7,2</td><td>Ich hatte zuviel Wein. Ich wurde krank.
Es war schrecklich!</td></tr>
</table>

MERKE

Simple past tense: haben, sein, werden

SEIN	
ich **war** wir **waren**	
Sie **waren**	Wie **war** der Urlaub?
er/sie/es **war** sie **waren**	**Waren** Sie die ganzen Ferien hier?

HABEN	
ich **hatte** wir **hatten**	
Sie **hatten**	Ich **hatte** meine Familie zu Besuch.
er/sie/es **hatte** sie **hatten**	Wir **hatten** eine schöne Zeit zusammen.

WERDEN	
ich **wurde** wir **wurden**	
Sie **wurden**	Das Wetter **wurde** endlich schön.
er/sie/es **wurde** sie **wurden**	**Wurde** es zu viel Arbeit für Sie?

DIALOG: Wie war Ihr Urlaub?

Familie Schubert war zwei Wochen im Winterurlaub.

FRAU KRANZ	Hallo, guten Morgen! Schön, daß Sie zurück sind! Wie war Ihr Urlaub?
FRAU SCHUBERT	Wunderbar, nur nicht lange genug. Meine Tochter hat heute schon Schule.
FRAU KRANZ	Hatten Sie schönes Wetter?
FRAU SCHUBERT	Na ja, zuerst war es sehr kalt und bewölkt, aber dann wurde es wirklich schön. Wir hatten zehn Tage lang nur Sonne und viel Schnee! Und Sie? Waren Sie die ganzen Weihnachtsferien hier?
FRAU KRANZ	Ja, die meiste Zeit waren wir zu Hause. Wir hatten meine Eltern zu Besuch.
FRAU SCHUBERT	Ach, ja? Na, ist doch ganz schön, wenn die ganze Familie mal zusammen ist, oder wurde es zu viel Arbeit für Sie?
FRAU KRANZ	Nein, nein, wir hatten wirklich eine schöne Zeit zusammen. Also, ich muß weiter. Wiedersehen, Frau Schubert!
FRAU SCHUBERT	Wiederschau'n, Frau Kranz.

Fragen

1. Wo war Familie Schubert?
2. Wie war das Wetter?
3. Welche Jahreszeit haben wir?
4. Wo war Frau Kranz?
5. Wen hatte sie zu Besuch?

AKTIVITÄTEN   Freie Kommunikation

Beantworten Sie diese Fragen, bitte.

Wo waren Sie gestern? Wie war das Wetter gestern?

Wurden Sie gestern hungrig oder durstig? Nachmittags, abends? Hatten Sie genug Essen und Getränke zu Hause?

Waren Sie dieses Semester krank? Wurden Sie schnell wieder gesund?

Wiederholung: Grammatik

Change the following sentences to the simple past tense.

1. Haben Sie genug Geld?
2. Ich habe wenig Zeit.
3. Abends wird es oft kühl.
4. Wir sind nie zu Hause.
5. Meine Zimmerkollegin hat kein Auto.
6. Ich habe immer viel Arbeit.
7. Mein Freund hat keinen Job.
8. Wir werden oft sehr müde.

GESCHICHTE UND NACHERZÄHLUNG: Das neue Semester

Walter und Karin hatten heute den ersten Tag im neuen Semester. Sie sitzen zusammen in der Mensa und besprechen ihre Erfahrungen. Karin studiert Englisch und Französisch, und Walter ist Philosophiestudent.

KARIN   Ich hoffe, morgen geht's besser. Heute war es schrecklich.

WALTER   Warum? Ist das Französischseminar nicht gut?

KARIN   Nee, überhaupt nicht! Unser Professor gibt wahnsinnig viele Hausaufgaben. Wir müssen jede Woche zwei Essays abgeben. Und nächste Woche will er uns schon einen Test geben.

WALTER   Ehrlich? Schon so bald? Also, mein Seminar ist nicht so schwer. Wir werden viel lesen, aber Gottseidank haben wir nur eine Prüfung am Ende des Semesters. Der Professor . . .

KARIN   Was? Nur *eine* Prüfung? Wir haben drei und müssen außerdem eine Arbeit schreiben.

WALTER   Also, Karin, so schlimm ist das auch nicht! Vielleicht sind die anderen Kurse besser.

KARIN   Ja, hoffentlich. Ich glaube, meine Englischvorlesung wird echt interessant. Susanne hatte Professor Goetz letztes Semester, und er war wirklich gut.

WALTER   Aah, Professor Goetz? Ist er Deutscher oder Amerikaner?

KARIN   Suzanne meint, er ist Amerikaner, aber er ist schon viele Jahre hier an der Uni. Die Vorlesung hält er auf Englisch, aber er erklärt auch vieles auf Deutsch. Und sein Deutsch ist fließend.

WALTER   Also, das klingt echt gut. Mensch, es ist schon ein Uhr! Können wir schnell etwas essen? Ich hab' um zwei eine Vorlesung.

Kulturnotiz

The **Mensa** offers inexpensive meals, charging two to three dollars for students. It can do so because it is state-supported. The **Mensa** is part of the **Studentenhaus,** or **Studentenwerk** (*student union*), which also serves as a place to exchange information on the **Schwarzes Brett** (*bulletin board*). Students may post notices on political events in the university community, buy and sell things, or find a place to live. Since universities rarely have one centralized campus, students frequently commute between different buildings to attend seminars and also to go to the **Mensa.**

Student in München
1987/88

Wegweiser des Studentenwerks München

Informationen über
Bibliotheken, Förderung, Mensen, Wohnheime
und anderes

Welche Information bekommt man hier?

ÜBUNGEN

Übung A. Setzen Sie passende Worte aus dem Text ein!

1. Walter und Karin besprechen das neue Semester. Sie sprechen über ihre ____.
2. Ein Kurs an der Universität, wenn man viel diskutiert, ist ein ____.
3. Karin hat einen Kurs, wo die Studenten nicht sehr viel diskutieren. Sie sitzen im Hörsaal und hören Professor Goetz zu. Das ist kein Seminar, sondern eine ____.
4. Karins Französischprofessor gibt viele Hausaufgaben. Die Studenten ____ jede Woche zwei Essays ____. (Infinitiv : ____)
5. Professor Goetz ____ die Vorlesung auf Englisch.
6. Er ____ alles gut auf Deutsch, wenn die Studenten etwas nicht verstehen.
7. Er spricht sehr gut Deutsch, sein Deutsch ist ____.

Übung B. Sagen Sie, was diese Ausdrücke bedeuten!

1. Morgen geht's besser.
2. Überhaupt nicht.
3. Ehrlich? Schon so bald?
4. Es macht keinen Spaß!
5. Soweit ich weiß.
6. Das klingt echt gut.

Übung C. Beantworten Sie diese Inhaltsfragen!

1. Was hatten Walter und Karin heute, und wo sind sie jetzt?
2. Was studiert Walter und was studiert Karin?
3. Warum ist Karin unzufrieden?
4. Warum findet sie ihr Französischseminar nicht gut?
5. Wer ist Professor Goetz?
6. Weiß Karin, wie er ist? Warum weiß sie das?
7. Warum hat Walter wenig Zeit zum Mittagessen?

An der Technischen Universität (TU) in Berlin.

Übung D. Erzählen Sie die Geschichte chronologisch nach!

Übung E. Persönliche Fragen:

1. Wann war Ihr erster Tag im neuen Semester? Wie war er? Hatten Sie Probleme?
2. Wie sind Ihre Kurse dieses Semester?
3. Haben Sie viele Prüfungen? Wie oft haben Sie eine Deutschprüfung?
4. Müssen Sie dieses Semester eine Arbeit schreiben? Wie lang soll sie sein?
5. Was finden Sie besser: eine Prüfung machen oder eine Arbeit schreiben? Warum?
6. Was ist Ihre Muttersprache? Welche Fremdsprachen können Sie?

TEXT: Einige Mensen in Bonn

RHEINISCHE FRIEDRICH-WILHELMS UNIVERSITÄT BONN MENSEN
Öffnungszeiten: (bitte Anschläge beachten, da Änderungen möglich!) Studentenhaus und Mensa Nassestraße 11 Mo—Fr 11.30–14.15 und 17.30–20.00, Sa 11.30–14.15 Mensa Poppelsdorf, Endenicher Allee 19 Mo—Fr 11.30–14.15

Fragen

1. Wie heißt der Ort, wo viele Studenten essen (und wo sich Karin und Walter treffen)?
2. Wie viele Mensen gibt es für Studenten in Bonn?
3. Welche Mensa ist auch abends geöffnet?
4. Wo kann man samstags essen?
5. Wie lange dauert die Mittagszeit?

TEIL 7,3 | Ich mußte das nicht machen, aber ich wollte es machen.

MERKE   *Modal verbs: simple past tense*

können ich / er / sie / es **konnte** wir / sie / Sie **konnten**	Unser Freund **konnte** uns **besuchen**. Sie **konnten** im Sommer kommen.

| **wollen**
ich / er / sie / es **wollte**
wir / sie / Sie **wollten** | Ich **wollte** ein paar interessante Länder **sehen.**
Wir **wollten** eine Reise **machen.** |

| **dürfen**
ich / er / sie / es **durfte**
wir / sie / Sie **durften** | Ingrid **durfte** nicht **ausgehen.**
Wir **durften** nicht Auto **fahren.** |

| **müssen**
ich / er / sie / es **mußte**
wir / sie / Sie **mußten** | Ich **mußte** gestern viel **erledigen.**
Wir **mußten** eine Menge **einkaufen.** |

| **sollen**
ich / er / sie / es **sollte**
wir / sie / Sie **sollten** | Es **sollte** gestern nacht **frieren.**
Wir **sollten** um zehn zu Hause **sein.** |

| **mögen**
ich / er / sie / es **mochte**
wir / sie / Sie **mochten** | Petra **mochte** den Roman.
Wir **mochten** den Film. |

Negation

Susi **konnte keinen** Spaziergang machen.
Die Kinder **wollten** das **gar nicht** machen.
Durften Sie **nicht** mitgehen?
Silke **mußte** die Frage **nicht** beantworten.
Wir **mußten kein** Deutsch sprechen.
Die Kinder **sollten nicht** so früh aufstehen.

AKTIVITÄTEN   Freie Kommunikation

Beantworten Sie bitte diese Fragen.

Was mochten Sie als Kind sehr gern, was mochten Sie nicht?
Was konnten Sie als Kind gut machen?   Können Sie das jetzt noch gut?
Durften Sie als Kind Bier oder Wein probieren?   Und jetzt?
Was sollten Sie als Kind nicht machen?   Warum nicht?
Was mußten Sie machen, als Sie jung waren?   Warum mußten Sie das machen?
    Müssen Sie es jetzt auch noch machen?

Wie lange durften Sie abends ausgehen?   Wann mußten Sie nach Hause kommen?
Was konnten Sie neulich nicht gut oder gar nicht machen?   Warum nicht?
Was wollten Sie neulich nicht machen?   Warum nicht?
Was mußten Sie neulich machen?   Wollten Sie es machen?

Gelenkte Kommunikation

A. Generate sentences in German for the following situations.

SITUATION 1:   You are talking to a colleague on Monday morning. Find out if:

1. she was able to go out last Friday night
2. she wanted to meet some friends
3. she had to go home early or could stay late

SITUATION 2:   You are talking to an instructor about an exam he gave. Find out if:

1. the students were able to finish the test
2. they were allowed to have more time
3. they had to know everything for the test

B. Use the appropriate forms of **mögen** when you answer the following questions.

SITUATION: You are talking to your friend about a party last weekend. Tell him that:

1. you and your friends liked the music
2. you liked the food, but your friends didn't, because they don't like to eat meat
3. you and your friends didn't like the beer
4. your girlfriend did like the people

Wiederholung: Grammatik

Express each of the following in the past tense.

1. Wann sollen Sie die Kurse belegen?
2. Sollen die Studenten ein Foto mitbringen?
3. Muß man einen Ausweis vorzeigen?
4. Kann man den Paß benutzen?
5. Dürfen die Studenten alle Kurse belegen?
6. Mag Andreas diesen Professor?
7. Muß man viele Arbeiten abgeben?
8. Dürfen die Leute im Seminar ein paar Fragen stellen?
9. Soll man immer pünktlich kommen?
10. Will der Prof von allen Studenten ein Referat?

TEIL 7,4 | Wir haben Pizza gegessen, Bier getrunken und viel getanzt.

MERKE

Conversational past (present perfect)

haben + *participle* + *direct object:*   Ich **habe** den Roman **gelesen.**
Der Student **hat** einen Fehler **gemacht.**

Past participles: ge + *verb stem* + -(e)t *or* -en

machen → **ge**macht	lesen → **ge**lesen
trinken → **ge**trun**ken**	finden → **ge**fund**en**

Regular verbs: no stem change

sagen, **gesagt**	öffnen, **geöffnet**
fragen, **gefragt**	zeigen, **gezeigt**
antworten, **geantwortet**	lernen, **gelernt**
hören, **gehört**	fühlen, **gefühlt**
machen, **gemacht**	schicken, **geschickt**
zählen, **gezählt**	brauchen, **gebraucht**
suchen, **gesucht**	rauchen, **geraucht**
kaufen, **gekauft**	kochen, **gekocht**
sammeln, **gesammelt**	grillen, **gegrillt**
basteln, **gebastelt**	tanzen, **getanzt**
bauen, **gebaut**	spielen, **gespielt**
zeichnen, **gezeichnet**	turnen, **geturnt**
malen, **gemalt**	jagen, **gejagt**
nähen, **genäht**	angeln, **geangelt**

Irregular verbs: stem change

lesen, **gelesen**	schließen, **geschlossen**
sehen, **gesehen**	
essen, **gegessen**	sprechen, **gesprochen**
	nehmen, **genommen**
schreiben, **geschrieben**	werfen, **geworfen**
schneiden, **geschnitten**	wiegen, **gewogen**
reiten, **geritten**	
	tragen, **getragen**
finden, **gefunden**	waschen, **gewaschen**
trinken, **getrunken**	lassen, **gelassen**
singen, **gesungen**	fahren, **gefahren**

Mixed verbs

bringen, **gebracht**   denken, **gedacht**   kennen, **gekannt**

wissen

wissen, **gewußt**

AKTIVITÄTEN   Freie Kommunikation

Beantworten Sie diese Fragen!

Was haben Sie gestern abend gemacht?   Haben Sie Musik gehört?   Welche?
Haben Sie gelernt?   Haben Sie etwas gelesen oder geschrieben?   Haben Sie
    gestern etwas gekauft?
Haben Sie gestern etwas zu Hause gelassen?   Haben Sie etwas gesucht?   Haben
    Sie es gefunden?
Was haben Sie als Kind gesammelt?   Was haben Sie als Kind gebaut oder gebastelt?
    Was haben sie als Kind sehr gern gemacht?
Wann haben Sie das letzte Mal getanzt?   Wo waren Sie?   Wer war auch da?
Haben Sie letztes Wochenende Sport gemacht?   Was haben Sie gespielt?   Wie
    lange?
Haben Sie etwas im Fernsehen gesehen?   Welche Sendung oder Sendungen?
    Wie waren sie?

Sie haben schon getanzt und
machen jetzt eine Pause.

Wiederholung : Grammatik

Change each of the sentences to the present perfect.

1. Wir machen eine Party im Park.
2. Walter schickt ein paar Einladungen.
3. Susanne antwortet nicht.
4. Karin und ich suchen einen schönen Platz.
5. Einige Freunde kochen etwas.
6. Ein paar bringen Getränke.
7. Wir grillen Würstchen und Fleisch.
8. Walter schneidet das Fleisch und das Brot.
9. Frederike und Hans spielen Badminton.
10. Bärbel raucht wieder zu viele Zigaretten.
11. Ich angele eine Stunde lang.
12. Wir suchen eine schöne Kneipe.
13. Walter und Karin trinken Wein.
14. Dann singen sie zu laut.
15. Ich fahre sie nach Hause.
16. Walter läßt sein Auto in der Stadt.

TEIL 7,5 | gestern, vorgestern, letzte Woche

MERKE

Past time expressions: adverbs

früher	gestern mittag	vorgestern
gestern	gestern nachmittag	vorgestern morgen
gestern morgen	gestern abend	vorgestern vormittag
gestern vormittag	gestern nacht	vorgestern mittag
		vorgestern abend
		vorgestern nacht
		vorgestern nachmittag

Früher haben nicht so viele Leute studiert.
Gestern haben wir eine Prüfung gemacht.
Vorgestern habe ich einen Film gesehen.
Ich habe **gestern abend** Wiener Schnitzel und Pommes Frites gegessen.
Ich habe **vorgestern nachmittag** meine Schlüssel zu Hause gelassen.

Past time expressions: noun phrases

Letzten Freitag war ich krank.
Vorletzte Woche habe ich das gemacht.
Vergangene Woche war ich in Frankfurt.

Voriges Jahr war ich in Deutschland.
Vorletztes Jahr war ich in England.

AKTIVITÄTEN   Freie Kommunikation

Beantworten Sie diese Fragen!

Wann haben Sie Kaffee getrunken?   Wann haben Sie die Zeitung gelesen?   Wann haben Sie den Bus zur Uni genommen?

Wann haben Sie Musik gehört?   Wann haben Sie Deutsch gelernt?   Wann haben Sie Sport gemacht?

Wann haben Sie einen Film gesehen?   Wann haben Sie einen Brief geschrieben?   Wann haben Sie etwas gekauft?

Wann haben Sie einen Anzug oder ein Kostüm getragen?

Wo haben Sie früher gewohnt?

Gelenkte Kommunikation

Generate sentences in German as required for the following situations.

SITUATION 1:   You are telling your parents on the phone how you have been spending the past few days. Say that:

1. you were home yesterday evening
2. you and a friend saw a movie the night before last
3. your roommates were home the day before yesterday
4. they played soccer yesterday afternoon
5. you played tennis yesterday morning
6. you and a friend studied for a test last week

SITUATION 2:   You are talking to a former colleague on the phone. Tell her in German what you and the other people at work have been up to. Say that:

1. everybody has been asking what she is doing
2. you went on vacation last August and played a lot of sports
3. everybody worked a lot last month
4. you found a house last spring and bought a new car this summer

Now you want to know from her:

5. if she found a house last spring
6. where she worked and what she did last summer
7. if she knew anyone there
8. why she didn't write last month

TEIL 7,6 | Wen haben Sie neulich kennengelernt?

MERKE

Conversational past: verbs with separable prefixes

mit•bringen, **mitgebracht**   mit•machen, **mitgemacht**
mit•nehmen, **mitgenommen**   an•machen, **angemacht**
weg•nehmen, **weggenommen**   aus•machen, **ausgemacht**
                                                          auf•machen, **aufgemacht**
mit•lesen, **mitgelesen**   zu•machen, **zugemacht**

durch•streichen, **durchgestrichen**   an•ziehen, **angezogen**
                                                             aus•ziehen, **ausgezogen**
an•sehen, **angesehen**
fern•sehen, **ferngesehen**   hin•setzen, **hingesetzt**
                                                             kennen•lernen **kennengelernt**

AKTIVITÄTEN   Gruppenarbeit

Finden Sie einen Partner und lesen Sie zusammen, was Karin letzte Woche gemacht hat. Schreiben Sie dann in logischer Folge Karins Aktivitäten für jeden Tag auf!

WIE WAR KARINS WOCHE?

arbeiten, lange schlafen, Wein trinken, ihr Rad fahren, Spaziergang machen, Freundin besuchen, lesen, fernsehen, Peter kennenlernen, neues Kleid anziehen und abends Peter treffen, für einen Test lernen, Einladungen für Geburtstagsparty schreiben und schicken, Dias mit Claudia ansehen, Kleid kaufen, Seminar und Vorlesung haben, Kleider waschen, Musik hören und Pulli für Peter zum Geburtstag stricken, Geburtstagparty planen, mit Professor Goetz sprechen

So beginnt Karins Woche:

Montag
gearbeitet, Spaziergang gemacht

Freie Kommunikation

Beantworten Sie jede Frage mit mehreren Sätzen!

Was haben Sie gestern abend gemacht? Was haben Sie heute zur Uni mitgebracht? Wen haben Sie neulich kennengelernt?

Wiederholung : Grammatik

Express the following in the conversational past. Change time expressions as necessary.

1. Karin schläft heute morgen lange.
2. Sie zieht einen Trainingsanzug an.
3. Sie und Claudia sehen Dias an.
4. Peter und Roland machen auch mit.
5. Claudia macht zuerst das Licht aus.
6. Claudias Bruder macht die Tür auf.
7. Er bringt Tee und Plätzchen mit.
8. Endlich setzen sich alle hin.
9. Peter macht schnell die Tür zu.
10. Abends sehen sie zusammen fern.

TEIL 7,7 | Haben Sie etwas vergessen?

MERKE

Conversational past: verbs with inseparable prefixes

beschreiben, **beschrieben**	empfehlen (ie), **empfohlen**	versuchen, **versucht**
bekommen, **bekommen**	entdecken, **entdeckt**	verdienen, **verdient**
berühren, **berührt**		vergessen (i), **vergessen**
beginnen, **begonnen**	erkennen, **erkannt**	verkaufen, **verkauft**
benutzen, **benutzt**	erledigen, **erledigt**	verlieren, **verloren**
belegen, **belegt**	erklären, **erklärt**	verstehen, **verstanden**
		verbessern, **verbessert**
		wiederholen, **wiederholt**
		zerstören, **zerstört**

AKTIVITÄTEN

Freie Kommunikation

Beantworten Sie bitte diese Fragen.

Wen haben Sie neulich besucht?   Was haben Sie neulich erledigt?   Was haben Sie neulich vergessen?

Was oder wen haben Sie neulich nicht verstanden?   Was haben Sie neulich verbessert?

Wann waren Sie das letzte Mal im Restaurant?   Hat der Kellner etwas empfohlen? Was?

Welche Kurse haben Sie letztes Semester gemacht?   Wann hat das Semester begonnen?

Haben Sie schon Kurse für nächstes Semester belegt?   Welche?

Wiederholung: Grammatik

Express the following in the present perfect.

1. Der Kurs beginnt sehr früh.
2. Professor Goetz erklärt alles.
3. Manchmal benutzt er die Tafel.
4. Die Studenten verstehen nicht alles.
5. Frederike versucht es noch einmal.
6. Sie verbessert diese Übung.
7. Der Professor wiederholt vieles.
8. Walter vergißt manchmal sein Heft.
9. Karin beantwortet die Frage richtig.
10. Sie erledigt ihre Aufgaben immer schnell.
11. Jedes Semester belegt sie viele Kurse.
12. Sie beschreibt den Professor.
13. Heute besucht Karin Frederike.
14. Sie verliert ihren Hausschlüssel.
15. Manchmal vergißt sie ihn zu Hause.
16. Oft endeckt sie ihn im Rucksack.
17. Frederike verkauft diese Woche ihr Auto.
18. Vielleicht bekommt sie 2000 Mark.
19. Sie verdient nicht sehr viel Geld.
20. Martha verkauft ihr Auto.

TEIL 7,8 | Was haben Sie studiert?

MERKE

Conversational past: -ieren *verbs*

aus•radieren, **ausradiert**	identifizieren, **identifiziert**
buchstabieren, **buchstabiert**	korrigieren, **korrigiert**
demonstrieren, **demonstriert**	probieren, **probiert**
diskutieren, **diskutiert**	reparieren, **repariert**
fotografieren, **fotografiert**	reservieren, **reserviert**
funktionieren, **funktioniert**	studieren, **studiert**

Kulturnotiz

German wine is grown in eleven regions along the **Rhein, Mosel,** and **Main** rivers. Most Americans are familiar with the **Rhein** and **Mosel** wines. Many West Germans also enjoy **Frankenwein** (*Franconian wine*), the driest German wine, and Badischer Weine, considered by some to be the best German wine. Two-thirds of German vineyards are situated in the **Rhein** and **Mosel** valleys in the state of **Rheinland-Pfalz,** making this Germany's largest wine-growing region.

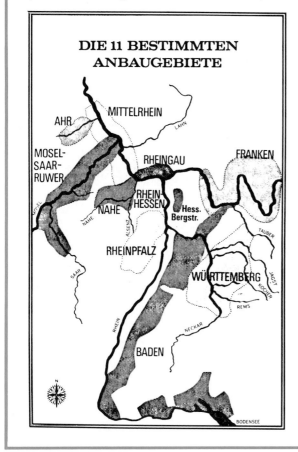

DIE 11 BESTIMMTEN ANBAUGEBIETE

Kleines Weinlexikon

Anbaugebiet (es gibt 11)	wine growing areas (there are 11), for example: **Rheinhessen, Rheingau, Mosel, Franken**
Tafelwein	table wine
Qualitätswein	medium quality wine
Qualitätswein mit Prädikat	high quality wine (**Qualitätsweine** carry a quality testing number)
Traube	the grape; for example: **Silvaner, Müller-Thurgau, Kabinett**
Spätlese, Auslese	grapes picked late
Jahrgang	vintage

EINBLICK: Schoppenweine

S C H O P P E N W E I N E		**S C H O P P E N W E I N E**	
Weißweine		Weißweine	

Wein Nr.		1/4 l DM	Wein Nr.		1/4 l DM
1	Bürgerschoppen Deutscher Tafelwein – Main	3,00	5	1984 er Würzburger Abtsleite Morio-Muskat	4,30
1 A	Büttnerschoppen trocken Deutscher Tafelwein – Main	3,20	6	1982 er Würzburger Pfaffenberg Faberrebe Kabinett	4,50
	Fränkische Qualitäts= und Prädikatsweine		7	1984 er Würzburger Pfaffenberg Müller=Thurgau trocken	3,60
2	1984 er Gössenheimer Homburg Müller=Thurgau	3,40	8	1983 er Würzburger Pfaffenberg Kerner Kabinett trocken	4,50
3	1984 er Gössenheimer Homburg Kerner	3,70		**R O T W E I N**	
4	1982 er Himmelstadter Kelter Scheurebe	4,20	9	1985 er Leinacher Himmelberg Schwarzriesling trocken	4,00

Diese Preise verstehen sich incl. Bedienungsgeld und Mehrwertsteuer

Diese Preise verstehen sich incl. Bedienungsgeld und Mehrwertsteuer

Welche verschiedenen Qualitäten gibt es beim Wein?
Finden Sie einen Tafelwein!
Suchen Sie verschiedene Trauben.

DIALOG: Mein Kurs ist schrecklich!

Frederike und Günther sprechen über die Uni.

GÜNTHER Hallo Frederike, wie geht's? Gehen wir heute abend einen Schoppen trinken?

FREDERIKE Also, ich weiß nicht. Im Moment geht's nicht so toll. Mein Englischprofessor ist so furchtbar, ich habe heute fast nichts verstanden.

GÜNTHER Wer ist es denn?

FREDERIKE Professor Becker. Die meisten Studenten finden ihn schrecklich und nehmen seine Kurse nicht. Aber ich mußte das Seminar dieses Semester belegen.

GÜNTHER Ja, was ist denn so schlimm?

FREDERIKE Ach, er hat unsere Aufsätze viel zu streng korrigiert und schlechte Noten gegeben. Und dann haben wir das im Seminar diskutiert, und er wurde richtig sauer. Na ja, ist ja egal. Machen wir heute abend 'was?

GÜNTHER Gehen wir doch zusammen einen Frankenwein trinken! Ich habe schon mit Gerda und Dieter gesprochen, und sie wollen auch mitgehen.

FREDERIKE Ja, gut. Kann der Tommi auch kommen? Er ist auch in Beckers Kurs, und . . .

GÜNTHER Klar, wenn wir nicht nur über die Uni reden!

FREDERIKE Nee, keine Angst! Also dann, so um sieben?

GÜNTHER Ja, ist gut. Bis heut' abend!

Fragen

1. Was hat der Professor von Frederike gemacht?
2. Was haben die Studenten gemacht?
3. Was kann man hier machen?
4. Was trinken die Studenten heute abend?

Kulturnotiz

Frankenwein is grown in the **Mainfranken** region around **Würzburg,** known for its medieval towns and its **Weinfeste** (*wine fairs*), which are celebrated in the summer months. The highest quality Franconian wine comes in a uniquely shaped bottle, called **Bocksbeutel. Frankenwein** is served in quarter-liter glasses called **Schoppen.**

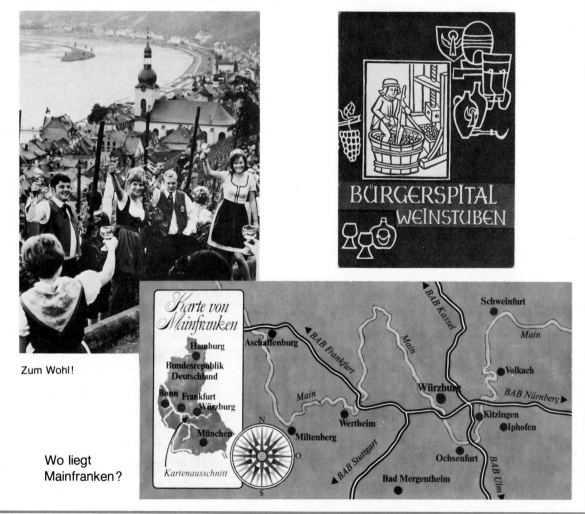

Zum Wohl!

Wo liegt Mainfranken?

EINBLICK: Zum Wein ißt man Käse

Der Bocksbeutel wird seit Jahrhunderten in Franken zur Abfüllung guter bis bester Weine benutzt, die in aller Welt ihren anspruchsvollen Liebhaberkreis finden. Achten Sie beim Einkauf auf Jahrgang, Rebsorte, Herkunft, Qualitäts- oder Prädikatsstufe und Auszeichnungen des Weins. Alle Bocksbeutelweine müssen ebenso wie Qualitätsweine eine Amtliche Prüfungsnummer des Freistaates Bayern tragen, verliehen durch die Regierung von Unterfranken in Würzburg.

KÄSE	DM
Camembert mit Butter	4.20
Gervais mit Butter	4.40
Emmentaler oder Roquefort mit Butter	5.40
Käsebrot (Schweizerkäse)	4.60
Camembert angemacht	5.80
Camembert gebacken	6.60
Käseplatte mit Butter	7.80

Scheibe Brot DM 0.30

Nach den lebensmittelrechtlichen Vorschriften sind bestimmte, ausdrücklich zugelassene Stoffe auf der Speisekarte zu kennzeichnen. Die Kennzeichnung durch die Anmerkungen 1-6 bedeutet: 1, 2, 3, 4 = mit Konservierungsstoff, Nr. 1, 2, 3, 4, 5 = mit Farbstoff 1=Sorbinsäure 2=Benzoesäure 3=PHB-Ester 4=Ameisensäure 6=Phosphat, 8=stark geschwefelt.

Diese Preise verstehen sich incl. Bedienungsgeld und Mehrwertsteuer

16

Wie lange gibt es den Bocksbeutel schon?
Wie heißt das spezielle Viertelliter Glas?
Welcher Wein kommt in diese Flasche?
Auf was soll man achten, wenn man Wein kauft, also, was ist wichtig?

AKTIVITÄTEN   Freie Kommunikation

Beantworten Sie diese Fragen!

Was studieren Sie?   Haben Sie das letztes Semester auch studiert?
Was hat Ihr Lehrer / Ihre Lehrerin diese Woche für Sie korrigiert?   Hat er / sie streng oder nicht so streng korrigiert?
In welchem Kurs diskutieren Sie viel?   Was haben Sie neulich diskutiert?
Fotografieren Sie?   Wann haben Sie das letzte Mal etwas fotografiert?   Beschreiben Sie es!
Wann waren Sie das letzte Mal in einem Restaurant?   Haben Sie einen Tisch reserviert?
Was hat neulich nicht so gut funktioniert, Ihr Auto, etwas zu Hause?   Was war das Problem?   Haben Sie etwas repariert?

Gruppenarbeit

Früher war vieles anders!

A. Biggi und ihr Großvater sprechen über früher und heute. Finden Sie einen Partner, lesen Sie, was Biggi sagt, und schreiben Sie auf, was Biggis Großvater vielleicht antwortet. Lesen Sie dann zusammen Biggis Gespräch mit ihrem Großvater vor.

Beispiel: BIGGI   Heute studieren so viele Leute.
              GROSSVATER   Also, früher haben nur wenige Leute studiert.

BIGGI	GROSSVATER
1. Heute haben viele Studenten Autos!	1.
2. Viele Frauen arbeiten jetzt auch!	2.
3. Die Leute verdienen heute viel Geld.	3.
4. Das Leben ist heute ganz schön teuer!	4.
5. Heute demonstrieren viele Leute, wenn sie etwas nicht gut finden.	5.
6. Heute kauft man alles neu und repariert wenige Sachen.	6.
7. Heute gibt es so viele Supermärkte. Man sieht keine Tante Emma Läden mehr.	7.
8. Wir besuchen unsere Verwandten nicht oft!	8.
9. Wir diskutieren viel mit unseren Eltern.	9.
10. Wir machen oft Urlaub, mindestens zweimal im Jahr.	10.
11. Wir trinken zu Hause auch Bier oder Wein.	11.

B. Diskussion: Was denken Sie? Wie war es früher? Was ist heute anders?

EINBLICK: Langer Samstag

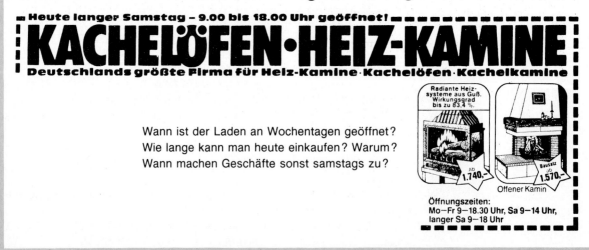

Wann ist der Laden an Wochentagen geöffnet?
Wie lange kann man heute einkaufen? Warum?
Wann machen Geschäfte sonst samstags zu?

Kulturnotiz

To protect small businesses, in West Germany stores are open only during limited hours determined by a law called the **Ladenschlußgesetz.** One concern is that little "mom and pop" shops,—the **Tante Emma Läden,**—would disappear if larger shops stayed open later. Another is that a strain on employees' families would be felt if work hours extended into the evening. Most stores are open from 8:00 A.M. to 6:00 P.M., Monday through Friday, and from 8:00 A.M. to 1:00 P.M. on Saturdays; they are closed Sundays. Several cities have introduced a **langer Samstag,** which means that stores may stay open until 6:00 P.M. on the first Saturday of the month. Recently stores have begun staying open one evening per week. Although West Germans now shop more and more in supermarkets, they still use small stores on a daily basis, especially for meats and breads. Stores are very crowded at certain times, especially between 5:00 and 6:00 in the evening, when people stop to shop on their way home from work.

Wiederholung : Grammatik

Express the following in the present perfect.

1. Marianne studiert Chemie.
2. Sie und Karin korrigieren Übungen.
3. Karin buchstabiert einen Namen.
4. Ich radiere den Fehler aus und verbessere ihn.
5. Die Studenten diskutieren viel.
6. Viele Leute fotografieren das Restaurant.
7. Wir reservieren oft einen Tisch hier.
8. Meine Freundin probiert immer den Wein.

TEIL 7,9

Was ist passiert? Es ist kalt geworden.
Wir sind gestern abend ausgegangen. Ich bin aber leider zu Hause geblieben.

MERKE

Sein *as helping verb: change of condition*

werden (wird), **ist geworden**
geschehen (ie), **ist geschehen**
frieren, **ist / hat gefroren**

ein•schlafen, **ist eingeschlafen**
aufwachen, **ist aufgewacht**
sterben, **ist gestorben**
passieren, **ist passiert**

Sein *as helping verb: change of position*

gehen, **ist gegangen**	laufen (äu), **ist gelaufen**
aus•gehen, **ist ausgegangen**	bummeln, **ist gebummelt**
weg•gehen, **ist weggegangen**	wandern, **ist gewandert**
spazieren•gehen, **ist spazierengegangen**	reisen, **ist gereist**
kommen, **ist gekommen**	fahren (ä), **ist gefahren**
mit•kommen, **ist mitgekommen**	fliegen, **ist geflogen**
auf•stehen, **ist aufgestanden**	segeln, **ist gesegelt**
	schwimmen, **ist geschwommen**
	bleiben, **ist geblieben**

Wann **sind** Sie gestern **gekommen?**   Wohin **sind** Sie **gegangen?**
Wir **sind** nach Heidelberg **gefahren.**   Meine Freundin **ist** auch **mitgekommen.**
Bernd **ist** zu Hause **geblieben.**   Er war krank.

AKTIVITÄTEN   Freie Kommunikation

Beantworten Sie diese Fragen!

Wann sind Sie gestern abend müde geworden?   Wann sind Sie gestern
  eingeschlafen?   Sind Sie schnell eingeschlafen?
Wann sind Sie heute morgen aufgewacht und wann sind Sie aufgestanden?   Wie
  sind Sie heute morgen zur Uni gekommen?
Wie sind Sie gestern nach Hause gegangen?   Wann war das?   Warum um diese
  Zeit?   Sind Sie gestern abend ausgegangen?   Was haben Sie gemacht?   Waren
  Sie allein?   Sind Sie gestern abend die ganze Zeit zu Hause geblieben?   Was
  haben Sie gemacht?
Sind Sie letztes Wochenende spazierengegangen?   Wo?
Wohin sind Sie dieses Jahr, letztes Jahr oder vorletztes Jahr gefahren?   Beschreiben
  Sie die Reise!   Warum sind Sie dahin gefahren?
Sind Sie schon einmal geflogen?   Wohin?   Vielleicht nach Europa?   Wie lange
  hat der Flug gedauert?

Wiederholung : Grammatik

Express the following sentences in the present perfect. Adjust the time expressions when
necessary.

1. Stehen Sie früh auf?
2. Meine Freunde kommen
   frühmorgens.
3. Wir laufen durch den Park.
4. Friert es jetzt schon?
5. Wandern Sie vielleicht durch den
   Wald?
6. Wie lange bleibt Marion hier?
7. Ich gehe später zur Uni.
8. Inge geht mit Ute und Beate aus.
9. Marianne und Petra gehen schon
   weg.
10. Reisen Sie jedes Jahr durch
    Europa?

11. Wir fahren diesmal nach China.
12. Ich fliege diesen Sommer nach Florida.
13. Wie lange bleiben Sie da?
14. Ich komme in zwei Wochen zurück.
15. Kommt Ihre Familie mit?
16. Wird es dort sehr heiß?
17. Im Urlaub werden wir nicht krank.
18. Passiert Ihnen das manchmal?

TEIL 7,10 | Es hat gedonnert, geblitzt und geregnet.

MERKE

Intransitive verbs: no change of condition or position

arbeiten, **gearbeitet**	blitzen, **geblitzt**
dauern, **gedauert**	donnern, **gedonnert**
schlafen, **geschlafen**	frieren, **gefroren**
stehen, **gestanden**	hageln, **gehagelt**
sitzen, **gesessen**	regnen, **geregnet**
warten, **gewartet**	schneien, **geschneit**
wohnen, **gewohnt**	

Ich **habe** sehr lange **gearbeitet.**   Die Arbeit **hat** acht Stunden **gedauert.**
Wir hatten ein Gewitter.   Es **hat gedonnert, geblitzt** und **geregnet.**

AKTIVITÄTEN   Freie Kommunikation

Beantworten Sie diese Fragen!

Wo haben Sie letztes Jahr gewohnt, hier oder woanders?

Wie lange haben Sie gestern abend gearbeitet?   Mußten Sie so lange arbeiten? Haben Sie Ihre Hausaufgaben für heute gemacht?   Wann?   Wie lange hat das gedauert?   Wie lange haben Sie gestern nacht geschlafen?   Sind Sie schnell eingeschlafen?

Wann hat es das letzte Mal geregnet?   Wie lange hat es geregnet?   Hat es letzten Winter geschneit?   Hat es oft gefroren?   Wann hat es das letzte Mal gehagelt?

— Kulturnotiz —

West German universities operate on a two-semester system. Each semester officially lasts for six months, but **Vorlesungen** (*classes*) are actually held for much less than that. The beginning and end of each semester varies from state to state, and classes may start at the beginning of October or November in the **Wintersemester,** and end four months later. The **Sommersemester** then begins in April or May and lasts for three months. No classes are offered for a three-month period after the **Sommersemester.**

LESESTÜCK : Ein Brief von Chris Burrow

München, am 2. Oktober

Lieber Professor Burkhardt!

Wir sind am Donnerstag gut in München angekommen, aber die letzte Woche war so viel los, daß ich wenig Zeit und Ruhe fürs Briefschreiben hatte. Meine Gasteltern sind unglaublich nett und haben mir schon viel gezeigt. Voriges Wochenende sind wir in die Berge gefahren. An meinem zweiten Tag in Deutschland sind wir schon gewandert! Ich habe natürlich die ersten paar Tage nicht so viel gesprochen, weil ich ein bißchen unsicher war. Herr und Frau Winkler sagen immer : ,,Ach, Sie haben so gut Deutsch gelernt,'' aber ich habe wirklich mehr zugehört als selbst gesagt.

Letzte Woche haben wir zusammen die Universität in München gesehen. Ich habe mit einigen Leuten über Seminare und vieles andere gesprochen und viele gute Tips bekommen. Nächste Woche wird's ernst! Das Wintersemester beginnt am 5. November. Meine Eltern haben mir mehr warme Kleider geschickt, aber ich habe trotzdem schon viele Dinge gekauft. Wir haben noch Herbst, aber es ist schon ziemlich kalt geworden. Also, Herr Burkhardt, ich glaube, ich habe genug für heute geschrieben. Hoffentlich höre ich bald von Ihnen!

Viele Grüße,

Chris Burrow

Fragen

1. Was hat Chris letzten Donnerstag gemacht?
2. Was hat er voriges Wochenende gemacht?
3. Was schreibt Chris über sein Deutsch?

4. Was hat er letzte Woche gemacht?
5. Was schreibt er über das Wetter?

Wiederholung : Grammatik

Express the following in the present perfect. Make adjustments for the time expressions when necessary.

1. Meine Verwandten wohnen in Garmisch.
2. Mein Cousin arbeitet in München.
3. Die Fahrt nach München dauert nicht lange.
4. Es schneit fast jede Nacht.
5. Manchmal donnert und blitzt es.
6. Ich schlafe oft nur bis sieben Uhr.
7. Am Lift warten immer viele Leute.
8. Einige Leute stehen immer draußen.
9. Ich sitze oft drinnen, weil es warm ist.
10. Der Winter dauert lange.

EINBLICK : Schreib mal wieder . . .

. . . und wenn Sie dann den Briefumschlag oder die Karte beschriften, sollten Sie's so machen, wie es das Beispiel auf diesen Seiten zeigt : Bitte beachten Sie dieses Muster auch dann, wenn Sie Aufschrift und Absender mit der Maschine schreiben.

Absender
(oben links)

Hans Becker
Kieler Straße 314
2000 Hamburg 54

Briefmarke bitte stets in die rechte obere Ecke kleben.

Frau
Annemarie Hartmann
Vogelsangstraße 17 —— Hausnummer

6000 Frankfurt 70 —— Postleitzahl

Schreiben Sie eine Postkarte oder einen Brief?

Kontrolle

What you have learned in this chapter, should enable you to

1. discuss and ask questions about how long an activity or event has been going on
2. discuss and ask questions about past events with accurate verb forms and time expressions

Wiederholung

A. Beantworten Sie bitte diese Fragen.

1. Wie lange studieren Sie schon?　Welche Kurse wollten Sie dieses Semester haben?　Konnten Sie diese Kurse belegen?
2. Wo waren Sie gestern?　Was haben Sie da gemacht?
3. Welchen Film haben Sie neulich gesehen?　Wie war er?
4. Wie war das Wetter gestern?　Was ist passiert?
5. Was mußten Sie neulich machen?　Warum?　Wollten Sie es machen? Konnten Sie es machen?
6. Was haben Sie neulich gekauft?　Warum haben Sie es gekauft?
7. Was haben Sie letzten Sommer gemacht?　Was hatten Sie gern oder nicht gern?
8. Was haben Sie gestern abend oder gestern nachmittag gemacht?
9. Was haben Sie heute morgen und heute vormittag gemacht?
10. Was haben Sie letztes Wochenende gemacht?
11. Was ist heute an Ihrer Uni passiert / geschehen?
12. Welche berühmte Person ist neulich gestorben?
13. Wohin sind Sie in den Sommerferien gefahren, oder sind Sie zu Hause geblieben?
14. Wann sind Sie gestern abend ins Bett gegangen?
15. Wann sind Sie heute morgen aufgestanden?

B. Schreiben Sie in einen Kalender, was Sie letzte Woche gemacht haben! (Drei Dinge für jeden Tag, etwas mehr für das Wochenende)

Montag
Dienstag

C. Sehen Sie eine Weinflasche an und beschreiben Sie, welche Information Sie über den Wein bekommen können!

D. An welchen Flüssen baut man in der BRD Wein an?

E. Was wissen Sie über die Mensa?

F. Wie sind die Semester an Unis in der BRD?

OBEN Heidelberg am Neckar
mit Blick aufs Schloß.
LINKS Weinstube im
Fachwerkstil.

RECHTS Hochmoderne
Architektur: Hypobank
in München.
UNTEN, LINKS Lübeck mit
Holsteintor.
UNTEN, RECHTS Glas-und
Betongebäude überragen
historische Bauten
in Frankfurt.

OBEN Das imposante
Barockschloß
Neuschwanstein
in Oberbayern.
LINKS Hafen,
Hansestadt Hamburg.

OBEN Der Kölner Dom.
RECHTS Malerisches Moseltal.
UNTEN Vision für die Zukunft
von Berlin?

LINKS Wandern in
Thüringen, DDR.

OBEN Ostberliner Dom aus der
Kaiserzeit durch die
Volkskammer gesehen.
LINKS Die Elbe umgeben von
bergiger Landschaft, DDR.

OBEN Traditionelles Volksfest
in Wengen, Schweiz.
LINKS Paradies für Urlaub
und Wintersport: Zermatt,
Schweiz.
UNTEN Blick aufs Zentrum
von Zürich.

OBEN Herrliche Berglandschaft im
Salzburger Land, Österreich.
UNTEN Das berühmte Dach des
Stefansdoms in Wien.
RECHTS Hallstatt, Österreich.

NÄCHSTE SEITE Schloß Linderhof bei München.

KAPITEL 8

DUZEN WIR UNS!
WAS MACHT IHR JEDEN TAG?

ÜBERBLICK

KONTEXT UND FUNKTIONEN

talking about your day-to-day life as a student
enjoying vacations
celebrating birthdays, holidays, and social get-togethers
using informal language forms

VOKABULAR

activities on and off campus
additional vocabulary items from the **Dialoge, Geschichten,** and
  Lesestücke in the chapter

KULTUR

West German universities and **Hochschulen**
dating
getting a driver's license
car inspection
services of the student union
finding an apartment in a university town
government support for students
fast food in West Germany

GRAMMATIK

forms: **du** and **ihr** forms of all verb types
  du forms of present, future, simple past, present perfect,
    and **würde** forms
  informal commands
  informal possessive adjectives: **dein** and **euer** vs. **Ihr**
  informal personal pronouns: **du, dich; ihr, euch**
  informal reflexive pronouns: **dich, euch**

TEIL 8,1 | von morgens bis abends

VOKABULAR Tägliche Routine

auf•stehen, ist aufgestanden	essen (i), gegessen
waschen (ä), gewaschen	frühstücken, gefrühstückt
an•ziehen, angezogen	zu Mittag essen
	zu Abend essen / Abendbrot essen

trinken, getrunken	der Kaffee
das Wasser	der Tee
die Milch	das Bier
der Saft / Orangensaft	der Wein

das Fach, ¨-er	das Studienfach

Deutsch	Mathematik
Spanisch	Physik
Portugiesisch	Chemie
Französisch	Biologie
Russisch	Pharmazie
Englisch	Psychologie
Italienisch	Soziologie
Chinesisch	Anthropologie
Japanisch	Philosophie
Arabisch	Geologie
Griechisch	
Latein	

Sport	Geisteswissenschaften
Musik	Erziehungswissenschaften
Kunst	Kommunikationswissenschaften
Geschichte	Politikwissenschaft
Jura	Volkswirtschaft
Medizin	Betriebswirtschaft
	Informatik

zur Uni gehen, ist gegangen	
lernen, gelernt	fern•sehen, ferngesehen
arbeiten, gearbeitet	aus•ziehen, ausgezogen
lesen (ie), gelesen	ins Bett gehen, gegangen
	schlafen gehen

Studenten an der Universität Heidelberg.

AKTIVITÄTEN　Freie Kommunikation

Beantworten Sie diese Fragen, bitte.

Was machen Sie morgens, bevor Sie zur Uni kommen? Was machen Sie vormittags?

Was machen Sie nachmittags? Was machen Sie abends? Was machen Sie, bevor Sie ins Bett gehen? Wann waschen Sie sich?

Was haben Sie heute schon gelesen? Was haben Sie heute gelernt? Was belegen Sie nächstes Semester?

Wie lange arbeiten Sie, wenn Sie zu Hause sind?

Wie lange haben Sie gestern nacht geschlafen?

Gruppenarbeit

Fragen Sie Ihren Partner Frage **A** und eine Frage aus **B**. Ihr Partner soll mit mindestens fünf Sätzen pro Frage antworten. Wenn Ihr Partner stoppt, helfen Sie bitte. Sie können zum Beispiel fragen, ob er / sie mehr Information geben kann, wann etwas war, wo er / sie das gemacht hat, oder wie lange etwas gedauert hat. Arbeiten Sie zusammen!

Fragen Sie bitte :

A. was Ihr Partner täglich von morgens bis abends macht

B. was er / sie gestern von morgens bis abends gemacht hat
wie Ihr Partner letztes Wochenende verbracht hat
was er / sie letzten Sommer gemacht hat
wie die letzten Ferien waren

EINBLICK: Jurastudium

| Universität | ZVS-Bewerber im Hauptantrag und verfügbare Studienplätze in Rechtswissenschaft | | | |
| | Zahl der | | Bewerberüberhang | |
	Bewerber	verfügbare Studienplätze	absolut	in %
Hannover	415	137	278	203
Bonn	1 046	411	635	154
Köln	1 046	423	623	147
Hamburg	848	404	444	110
Heidelberg	481	246	235	96
München	1 177	658	519	79
Münster	716	405	311	77
Frankfurt	541	316	225	71
Tübingen	541	317	224	71
Berlin	516	329	187	57
Bochum	562	359	203	57
Freiburg	640	432	208	48
Bremen	184	134	50	37
Unis mit Bewerberüberhang insgesamt	8 713	4 571	4 142	91
Unis insgesamt	12 487	10 183	2 304	23

Fragen

An welchen Unis wollen über tausend Studenten das Jurastudium beginnen?

Bekommen alle einen Studienplatz?

Welchen Beruf hat man, wenn man Jura studient hat?

Kulturnotiz

Many West German universities are over 500 years old; the oldest, the University of Heidelberg, dates from 1386. Austria's twelve universities include the oldest in the German-speaking world, the university of Vienna, founded in 1365.

The university system is very similar in Austria, West Germany, and Switzerland. Students usually focus their **Studium** on a combination of two, sometimes three, related fields; for example, **Biologie / Chemie,** or **Anglistik / Germanistik** (*American/German Studies*). West German students receive a broad education at the **Gymnasium,** but the percentage of twenty- to thirty-year-old students continuing on to university is much smaller than in the U.S.

Instead of university students may elect to attend one of the specialized university-level **Hochschulen** (*not* high school!), such as the **Musikhochschule, Technische Hochschule, Pädagogische Hochschule** (which is often an integral part of the university), or the **Sporthochschule** in **Köln.** The great majority of universities are public, with each state taking responsibility for its own.

As a result of increasing enrollments, especially during the 1980s, more restrictions have been imposed on university studies. The **numerus clausus** (*GPA,* the best is 1.0) restricts admissions in certain subjects, and in many fields the **Studienplätze** (opportunities to study) are distributed by the ZVS or **Zentralstelle für die Vergabe von Studienplätzen,** a central bureau in Dortmund. Students may have to wait several years before they can begin their studies. Those who do not receive a place at the university of their first choice may try to trade their place with someone else.

Universität Heidelberg

Wie alt ist die Universität Heidelberg?

UNIVERSITÄT WIEN

Am Institut für Romanistik der Geisteswissenschaftlichen Fakul-
tät der Universität Wien gelangt mit 1. Oktober 1989 die Planstel-
le eines Ordentlichen Universitätsprofessors/einer Ordentlichen
Universitätsprofessorin für

Romanische Philologie III
(mit besonderer Berücksichtigung der Hispanistik)
Nachfolge Prof. Hinterhäuser

Können Sie romanische Sprache?
Können Sie Spanisch, Französisch,
oder Italienisch?

LESESTÜCK: Ein Tag für eine Studentin in Deutschland

Marianne studiert Betriebswirtschaft an der Friedrich Wilhelms-Universität in Bonn. Im Zentrum
von Bonn hat Marianne eine Wohnung, und sie wohnt dort allein. So sieht ein Tag für Marianne aus:

Mittwochvormittag besucht Marianne zwei Vorlesungen, und nachmittags hat sie von 13.30 bis
16.00 ein Seminar. Sie steht um 7.00 auf, frühstückt schnell, und fährt um 8.30 mit dem Bus zur
Universität. Ihre erste Vorlesung beginnt um 9 Uhr (so steht es im Vorlesungsverzeichnis), also
eigentlich um 9.15. Marianne trifft noch schnell ihre Freundin, Petra, die sie schon seit fünf Jahren
kennt. Die beiden trinken zusammen einen Kaffee, bevor Marianne in die Vorlesung gehen muß. Um
10 Uhr geht Marianne in einen anderen Hörsaal, wo ihre nächste Vorlesung stattfindet°.   *ist*

Die zweite Vorlesung ist sehr interessant. Der Professor ist ziemlich beliebt, und der Hörsaal ist viel
zu voll. Einige Studenten müssen stehen oder auf den Treppen sitzen. Die Vorlesung dauert
eineinhalb Stunden lang und ist um 11.45 zu Ende.

Zum Mittagessen will Marianne einen Freund, Gerhard, in der Mensa treffen. Sie muß ungefähr
zehn Minuten dorthin laufen. Gerhard wartet schon, und die beiden kaufen Mensamarken. In der
Mensa ist immer viel Betrieb°, weil das Essen hier sehr billig ist. Marianne und Gerhard müssen   *viele*
ziemlich lange in der Schlange stehen. Endlich haben sie ihr Essen, und sie setzen sich mit anderen   *Leute*
Studenten an einen großen Tisch. Sie bleiben ungefähr eine Stunde hier und treffen einige andere   *sind da*
Studienkollegen.

Mariannes Seminar am Nachmittag ist in einem anderen Teil der Universität, und sie muß zehn
Minuten mit dem Bus dorthin fahren. Das Seminar beginnt erst in einer Viertelstunde, um 13.30, und
Marianne trifft ihre Freundin Gerda. Marianne kommt beinahe zu spät in ihr Seminar, weil sie sich über

viel unterhalten°. In dem Seminar sind nicht so viele Studenten, und der Professor und die Studenten   *reden*
können hier mehr als in einer Vorlesung diskutieren. Das Seminar dauert zweieinhalb Stunden. Ganz
schön anstrengend°! Nach dem Seminar geht Marianne noch schnell in die Bibliothek und sucht ein   *macht*
paar Bücher für eine Arbeit, die sie nächste Woche abgeben muß.   *müde*

Viele ausländische Studenten
studieren an deutschen
Universitäten.

Um 17.30 geht Marianne zur Bushaltestelle und ist um 18.00 endlich zu Hause. Sie liest ein bißchen
und trinkt gerade eine Tasse Tee, als das Telefon klingelt. Es ist Petra, und sie fragt, ob Marianne zum
Abendessen kommen möchte. Viel besser als nochmal in die Mensa! Um halb acht läuft Marianne zu
Petras Wohnung, die nur zehn Minuten zu Fuß entfernt ist. Marianne ist froh, daß sie und Petra ein
bißchen Zeit zusammen haben.

Ein schöner Abschluß für einen langen Tag!

Ein Seminar an der
Universität in Wien.

Fragen

A. Richtig / falsch : Kreuzen Sie an, ob der Satz richtig oder falsch ist!

1. Marianne besucht mittwochs drei Kurse an der Uni. R____ F____
2. Marianne trifft heute drei Freundinnen. R____ F____
3. Die erste Vorlesung beginnt genau um 9 Uhr. R____ F____
4. Petra ist nicht an der Uni. R____ F____
5. Marianne ißt allein zu Mittag. R____ F____
6. Nicht viele Studenten essen in der Mensa. R____ F____
7. Nachmittags geht Marianne in die Bibliothek. R____ F____
8. Petra und Marianne sehen sich heute zweimal. R____ F____

B.

1. Was ist Marianne und wo wohnt sie?
2. Was macht Marianne diesen Mittwochvormittag?
3. Wie lange dauern ihre Vorlesungen, und wie lange dauert das Seminar?
4. Welche Freunde und Freundinnen trifft Marianne heute, wo trifft sie sie, und was machen sie zusammen?
5. Wie kommt Marianne zur Uni und nach Hause?
6. Sehen Sie sich Mariannes Stundenplan an und beschreiben Sie, was sie jeden Tag hat!

rOtring

Zeit	Montag Fach	Raum	Dienstag Fach	Raum	Mittwoch Fach	Raum	Donnerstag Fach	Raum	Freitag Fach	Raum	Samstag Fach	Raum
8.00												
9.00	Statistik	12			Statistik	12			Statistik	12		
10.00	Wirtschaft-		Finanz	17	Wirtschaft-		Finanz-	17	Wirtschaft-			
11.00	theorie	110	planung		theorie	110	planung		theorie	110		
12.00												
13.00					13.30							
14.00	Wirtschafts-		Unter-		Seminar:		Unter-					
15.00	informatik		nehmens-	302	Markt-	221	nehmens-					
16.00		03	politik		forschung		politik					
17.00												

981 930 Printed in W. Germany 5/85

TEIL 8,2	Warum duzen wir uns nicht?

MERKE

Formal language: **Sie** *and* **Ihr**

Tag, **Frau Steiner**! Was machen **Sie**?
Besuchen **Sie Ihre** Tochter?

Informal language: **du** *forms, regular verbs, present tense*

Sagen wir du zueinander! Duzen wir uns! Warum duzen wir uns nicht?
Hallo, **Gabi**? Was **machst du** jetzt? **Kommst du** morgen mit?
Bringst du deinen Freund?

DIALOG: Duzen wir uns!

Einige Kollegen haben sich für ein Wochenende am See getroffen. Sie arbeiten zusammen in einer Firma in Konstanz. Sie beschließen an einem Abend, du zueinander zu sagen. Die Personen sind Ursula Jäger und ihr Mann, Gerd; Josef Schubert und seine Freundin, Gisela Bauer; und Karl Möller.

FRAU JÄGER   Also, das Schwimmen hat heute echt Spaß gemacht! Ich bin aber ganz schön müde. Sie auch, Frau Bauer?

FRAU BAUER   Ja, schon ein bißchen. Und Sie, Herr Möller? Sie müssen wirklich k.o. sein! Sie waren ja schon um sechs auf. Stehen Sie am Wochenende immer so früh auf?

HERR MÖLLER   Na, nicht immer. Aber ich mache es gern, wenn ich angeln gehen kann.

HERR SCHUBERT Soll ich noch einen Wein öffnen? Sie haben wirklich einen Guten mitgebracht, Herr Jäger!

HERR JÄGER   Schön, daß er schmeckt! Wir können gern noch einen trinken.

FRAU JÄGER   Wissen Sie, das ist eine gute Gelegenheit! Wir alle kennen uns doch eigentlich schon ganz schön lange. Warum duzen wir uns nicht?

HERR MÖLLER   Also, ich habe das auch schon gedacht. Wir arbeiten doch jetzt schon über zwei Jahre zusammen und sagen immer noch Sie.

HERR JÄGER   Finde ich prima. Prost Karl!

HERR SCHUBERT Sie haben, ooh Entschuldigung, du hast ganz recht, Ursel. Prost Ursel, Prost Gerd. Karl, stößt du mit mir an?

HERR MÖLLER   Klar, Josef. Und mit Gisela auch!

FRAU JÄGER   Also, das finde ich schön. Auf dein Wohl, Gisela! Und auf deins auch, Josef!

Also duzen wir uns!

Fragen:

1. Woher kennen sich die Leute im Dialog?
2. Wie lange kennen sie sich schon?
3. Was schlägt Frau Jäger vor? Was sagt sie? Wie kann man das auch anders fragen?
4. Wie reagieren die anderen Leute?
5. Was sagt man in Deutschland oft, wenn man zusammen etwas trinkt?
6. Was sagen Sie zu Ihrem Lehrer / Ihrer Lehrerin? Duzen Sie sich oder sagen Sie ,,Sie''?

AKTIVITÄTEN   Freie Kommunikation

Fragen Sie andere Studenten:

Wann stehst du morgens auf? Wann gehst du zur Uni? Um wieviel Uhr kommst
du nach Hause?
Wann lernst du gewöhnlich? Was machst du, bevor du schlafen gehst?
Brauchst du etwas? Was ist es und warum brauchst du es?
Arbeitest du? Wann? Wo? Wie lange schon? Welchen Sport machst du gern?
Wen oder was findest du interessant? Warum?
Was studierst du? Welche Kurse hast du dieses Semester? Wie findest du sie?
Welche machst du vielleicht nächstes Semester? Kennst du die
Professoren?

Gelenkte Kommunikation

A. Form questions and suggestions as directed.

SITUATION: You've just run into a good friend you haven't seen in a while. Ask:

1. where he lives now
2. what he does for a living
3. whom he is visiting here
4. how long he is staying
5. if he still plays a lot of sports
6. if he still likes to take a lot of trips
7. if he would like a cup of coffee
8. now suggest that you have coffee together

B. Suggest to a classmate that the two of you use informal language.

Wiederholung : Grammatik

A. What would you say to the following people: **du** or **Sie**?

1. your mother	5. your boss	9. a student
2. your teacher	6. your father	10. a friend of the family
3. a stranger	7. a co-worker	11. a close friend
4. a child	8. an acquaintance	12. an older person

B. The following sentences all contain **Sie**-form verbs. Change the verb form to indicate familiarity.

1. Was machen Sie heute?
2. Kaufen Sie etwas?
3. Kommen Sie heute abend?
4. Warum arbeiten Sie so viel?
5. Bringen Sie Ihre Schwester mit?
6. Rauchen Sie?
7. Trinken Sie gern Wein?
8. Haben Sie Kinder?
9. Ist das Ihr Mann?
10. Wie finden Sie die Arbeit?

TEIL 8,3   Wo bist du? Hast du Zeit? Wirst du krank? Was siehst du da?

MERKE

du-*forms: irregular verbs, present tense*

Siehst du das Bild?   **Fährst du** bald nach Hause?
Sprichst du Deutsch?   **Läufst du** jetzt nach Hause?

Especially irregular verbs

sein	Wo **bist du**? Was **bist du** von Beruf?
haben	**Hast du** genug Geld? **Hast du** deinen Regenschirm?
werden	**Wirst du** jetzt krank? Warum **wirst du** böse?
wissen	**Weißt du,** wer das ist? **Du weißt** das nicht, oder?

s-*stems; present tense*

Was **liest du** jetzt?   **Läßt du** deine Tasche zu Hause?
Was **ißt du** heute abend?   **Sitzt du** neben mir?

DIALOG: Eine Verabredung für eine Party

Karola studiert Anglistik und Sport in Köln. Sie ist zu Hause und bekommt einen Anruf von Andreas. Das Telefon klingelt, und Karolas Zimmerkollegin antwortet.

KERSTIN	Hier Kerstin Stetten.
ANDREAS	Aah, hallo, hier ist Andreas Eckert. Ist die Karola da?
KERSTIN	Karoooola!! Kommst du bitte? Telefoon!!
KAROLA	Ich komm' ja schon. Wer ist es denn?
KERSTIN	Andreas? Kennst du den?
KAROLA	Uuhh, ehrlich? Das ist so ein toller Typ aus dem Sportseminar! Eehh, hallo? Hier spricht Karola.
ANDREAS	Grüß dich! Hier ist Andreas. Weißt du, wer ich bin? Ich mach' auch das Sportseminar.
KAROLA	Aahh, ja.
ANDREAS	Äähmm, wir haben am Samstag eine Party in meiner WG, und ich wollt' fragen, ob du Lust und Zeit hast zu kommen.

KAROLA   Hmm, diesen Samstag? Ja, ich glaub', das geht schon.

ANDREAS   Ja? Toll! Kommst du vielleicht so zwischen acht und halb neun?

KAROLA   Okay.

ANDREAS   Ach ja, noch 'was. Hast du ein Auto? Wir wohnen nämlich etwas außerhalb.

KAROLA   Ja, ich kann mit meinem Auto kommen.

ANDREAS   Wir besprechen es genau, wenn wir uns im Seminar sehen.

KAROLA   Alles klar. Also dann, bis morgen!

ANDREAS   Tschüß!

Fragen:

1. Für welchen Tag hat Karola eine Verabredung mit Andreas?
2. Für was lädt Andreas Karola ein?
3. Wie kennen sich Andreas und Karola?
4. Wie kommt Karola zu Andreas' Party? Wohnt er direkt in der Stadt?
5. Wie findet Karola Andreas?
6. Haben Sie dieses Wochenende eine Verabredung? Was machen Sie? Gehen Sie ins Kino? Ins Restaurant?
7. Machen Sie und Ihre Freunde das: Bezahlt normalerweise der Herr alles, wenn Sie eine Verabredung haben?

Kulturnotiz

Because the driving age in Germany is eighteen it is not expected that the young man provide the transportation for a date. More commonly young people who have a date meet by using public transportation or riding bicycles or **Mofas.** When the date includes going to a restaurant, the movies, or a club, the norm is "going Dutch."

Mit einem Mofa ist ein Parkplatz leicht
zu finden.

AKTIVITÄTEN   Freie Kommunikation

Ein Freund stellt ein paar Fragen.

Was ißt du gern?   Was trinkst du gern?   Welches Restaurant empfiehlst du hier?
Was machst du an der Uni?   Welche Fremdsprachen sprichst du?
Was trägst du zur Uni?   Wann wäschst du deine Kleidung?   Machst du das zu
   Hause?
Wie fährst du zur Uni?   Was nimmst du zur Uni mit?   Einen Rucksack?   Eine
   Tasche?
Was hast du gern hier?   Was hast du nicht so gern?   Warum nicht?   Wen hast du
   gern?   Warum?   Wen hast du nicht besonders gern?   Warum nicht?
Was machst du, wenn du müde bist?   Machst du ein Mittagsschläfchen?   Gehst du
   spazieren?   Trinkst du einen Kaffee?
Was machst du, wenn du krank bist?   Bleibst du zu Hause?   Nimmst du
   Tabletten?   Trinkst du Tee?

Gelenkte Kommunikation

A. Work with a classmate to find out the following information.

SITUATION: Your long-lost friend calls you up during a visit in your hometown. Find out:

1. if he/she has a job
2. if he/she is married
3. if he/she has any children
4. how much time he/she has here
5. whom he/she will be visiting soon
6. if he/she would like to see some
   old friends

B. Generate sentences as required for the following situations.

SITUATION: I'm a friend of yours, and you have a couple of questions for me:

1. You haven't been sleeping well lately. Find out how it is with me.
2. You know I am going to a party given by a mutual friend. Find out whom I am bringing.
3. You need a ride to campus tomorrow. Find out if I'm driving or walking.
4. You don't want to eat in the student cafeteria. Find out what restaurant I recommend.
5. You're getting down on yourself because you are forgetful. Find out if I am too.

Wiederholung : Grammatik

Convey the message of the following sentences to someone you know very well.

1. Was sind Sie von Beruf?
2. Nehmen Sie den Bus zur Arbeit?
3. Was tragen Sie zur Arbeit?
4. Wann fahren Sie abends nach Hause?
5. Haben Sie jetzt Zeit?
6. Haben Sie Hunger?
7. Was essen Sie gern?
8. Wissen Sie, wo die Metzgerei ist?
9. Wissen Sie, wer die Zeitung hat?
10. Werden Sie müde?

TEIL 8,4 | Wann darfst du den Führerschein machen?

MERKE

Modal verbs: present tense

| kann **kannst** | darf **darfst** | will **willst** |
| soll **sollst** | muß **mußt** | mag **magst** |

Kannst du das für mich machen?
Natürlich **darfst du** meinen Wagen nehmen.
Du willst nichts trinken? Warum nicht?

Du sollst das nicht machen!
Mußt du das Gras schneiden?
Magst du das nicht?

Kulturnotiz

In West Germany a person may drive a car at the age of eighteen. Each person must attend a **Fahrschule** (*private driving school*). Instruction in the **Fahrschule** lasts from twelve to sixteen weeks and includes both theoretical classroom instruction and practical, hands-on experience. Students attend a seminar-type class once a week and take weekly driving lessons.

Students must then pass a written exam and a driving test that is administered by a licensed examiner. The driver's license is expensive; the total cost, including test fees and individual lessons, may range anywhere from 1,500 to 2,000 DM.

In the following **Dialog** two young Germans inquire at a driving school about signing up for lessons.

EINBLICK: Führerscheinprüfung

PRÜFBOGEN
für Führerschein-Bewerber

Datum: *17.10.1989*   Name des Schülers: *Klaus Brendl*

	Auswertung			Bogen
Seite	Mögliche Fehlpunkte	Addition der **tatsächl.** Fehlerpunkte	Gesamt-Beurteilung **Ausreichend** (höchstens 14 Fehlpunkte)	
1	9	*3*		
2	66	*5*		T
3	43	*2*	Gesamt-Beurteilung **Nicht ausreichend** (mehr als 14 Fehlpunkte)	
4	85	*3*		
Gesamt:	203	*13*		

So bekommt man das Resultat für die theoretische Führerscheinprüfung.

DIALOG: Den Führerschein machen

Klaus und Annette sind Schüler in Freiburg. Beide werden in ein paar Monaten 18 Jahre alt. Wenn man 18 Jahre alt wird, darf man in Deutschland Auto fahren. Heute gehen Klaus und Annette in die Fahrschule „Hoffmann". Dort sprechen sie mit der Sekretärin.

KLAUS Guten Tag! Würden Sie uns bitte Informationen über den Führerschein geben?

FRAU KRAUSE Ja, gern. Der nächste Kurs beginnt in zwei Wochen, und der Theoriekurs ist dann jeden Montag von 7 bis 9 abends.

ANNETTE Und wie viele Wochen muß man den machen?

FRAU KRAUSE Zwölf Wochen, das heißt also 24 theoretische Stunden.

KLAUS Hmm, ganz schön lange! Und wieviel kostet eine Fahrstunde hier?

FRAU KRAUSE Für eine praktische Fahrstunde verlangen wir 35 Mark. Und der theoretische Kurs kostet 360 Mark für die 12 Doppelstunden. Und dann müssen Sie noch etwas für die Fahrprüfung bezahlen.

ANNETTE Hmm, wie viele Fahrstunden brauchen Leute denn normalerweise?

FRAU KRAUSE Also, einige Leute nehmen 25 Stunden, andere mehr, vielleicht 35. Rechnen Sie im Durchschnitt mal 30 Stunden!

ANNETTE Mensch, das wird aber teuer! Das sind ja zusammen weit über 1000 Mark.

KLAUS Ja, aber es kostet überall so viel. Und vielleicht helfen unsere Eltern ein bißchen.

ANNETTE Mann, das hoffe ich!

Fragen

1. Welchen Kurs muß man wöchentlich machen?
2. Wieviel kostet dieser Kurs?
3. Was kostet eine Fahrstunde?
4. Wie viele Fahrstunden brauchen die meisten Leute?
5. Was kostet ein Führerschein in der Bundesrepublik?
6. Wieviel haben Sie für Ihren Führerschein bezahlt?
7. Hatten Sie Fahrstunden?
8. Wie war die Prüfung? Hatten Sie eine theoretische und eine praktische?

TEXT: Theoretische Führerscheinprüfung

Kennen Sie diese Verkehrszeichen?   Können Sie die theoretischen Fragen beantworten?

M 3/6

Welche Bedeutung hat dieses Verkehrszeichen?

a Wildwechsel

b Naturschutzgebiet

a

b

M 3/6

Welche Bedeutung hat dieses Verkehrszeichen?

a Eingeschränktes Halteverbot

b Halteverbot

a

b

M 3/6

Welche Bedeutung hat dieses Verkehrszeichen?

a Ufer

b Ein- und Ausfahrstelle für schwimmfähige Kraftfahrzeuge

a

b

M 3/6

Auf welcher Seite befindet sich das Hindernis, das die Fahrbahn verengt?

Antwort

°Verkehrsschild; °°das Auto; †die Straße; ††eng machen

M 4 / 8

In welcher Reihenfolge darf gefahren werden?

Antwort ....

M 4 / 12

Wer darf weiterfahren?

Antwort ....

Kulturnotiz

You see fewer old cars on the streets in West Germany than in the U.S. Cars have to pass inspection by the **technischer Überwachungsverein** TÜV, (*vehicle control organization*), which is rather strict.

AKTIVITÄTEN   Gruppenarbeit

Machen Sie Gruppen mit drei Studenten. Zwei sind Klaus und Annette, und die dritte Person ist ein Freund (eine Freundin) aus Amerika. Die dritte Person trifft Klaus und Annette, als sie aus der Fahrschule kommen, und möchte wissen, was Klaus und Annette erfahren haben. Dann erzählt sie Klaus und Annette, wie man den Führerschein in den USA macht, d.h. wieviel er kostet, wie lange er dauert, usw. Das Gespräch dauert fünf Minuten.

Freie Kommunikation

Ein Studienkollege möchte einiges wissen.

Was willst du heute machen?   Und kommendes Wochenende?   Was mußt du bald machen?   Warum?

Machen wir Sport zusammen?   Was kannst du sehr gut machen?   Was kannst du gar nicht machen?

Sollst du jetzt oder bald etwas erledigen?   Willst du es jetzt machen?   Hast du Zeit für einen Kaffee?

Hast du Hunger?   Was magst du?   Was magst du nicht?

Darfst du in Kneipen gehen?   Wie alt bist du?

Gelenkte Kommunikation

Generate sentences that are required for the situations below.

A. SITUATION: You are calling your friend Uschi on the phone, hoping to do something with her on the weekend. Ask:

1. if she wants to do anything this evening
2. if she can go out this weekend
3. if she has to study
4. if she is going to Jürgen's party
5. if she, also, is bringing something (you are bringing some wine)
6. if she would like to meet you there

B. SITUATION: Your instructor is a person you just met at a party.

Ich komme aus Deutschland und studiere jetzt in Amerika. Ich bin erst einen Monat lang hier und mein Englisch ist noch ziemlich unsicher. Aber Sie sprechen doch Deutsch, oder? Sprechen Sie ein bißchen Deutsch mit mir! Was wollen Sie wissen? Vielleicht, woher ich komme, und was ich hier mache, usw. Und wir können uns duzen, oder? Also, sag du zu mir!

Wiederholung : Grammatik

Express these thoughts to someone you know very well.

1. Können Sie lange hier bleiben?
2. Mögen Sie diese Stadt?
3. Dürfen Sie hier auch arbeiten?
4. Wollen Sie noch viel sehen?
5. Müssen Sie bald zurück sein?
6. Können Sie mich gut verstehen?
7. Wollen Sie vielleicht woanders hingehen?
8. Möchten Sie ein paar Kneipen sehen?
9. Sollen Sie das vielleicht Herrn Brandt sagen?
10. Dürfen Sie hier autofahren?

TEIL 8,5	Wo warst du? Hattest du genug Zeit?
	Konntest du alles erledigen?

MERKE

Du *forms of* haben, sein, *and* werden: *simple past tense*

hatte **hattest**	war **warst**	wurde **wurdest**

Hattest du heute Post von zu Hause?
Warst du gestern im Kino?
Du wurdest früh müde, oder?

Du *forms of modal verbs: simple past tense*

konnte **konntest**	durfte **durftest**	wollte **wolltest**
sollte **solltest**	mußte **mußtest**	mochte **mochtest**

Konntest du dein Geld für das Kleid zurückbekommen?
Durftest du das Auto fürs Wochenende haben?
Wolltest du diese Platte nicht kaufen?
Solltest du diese Übungen für heute fertig machen?
Mußtest du zu Hause bleiben?
Mochtest du den Kuchen?

AKTIVITÄTEN   Freie Kommunikation

Beantworten Sie diese Fragen, bitte.

Wo warst du gestern abend? Warum warst du da?
Wann warst du das letzte Mal krank? Wie lange warst du krank? Wie wurdest du krank?
Hattest du genug Zeit für die letzte Deutschprüfung? Wenn nein, warum nicht?
Was wolltest du letztes Wochenende machen? Konntest du es machen? Wenn nein, warum nicht?
Was mußtest du gestern erledigen? Wolltest du es machen? Wenn nein, warum nicht?
Was solltest du als Kind zu Hause für deine Eltern machen? Mochtest du das?

Kleine Situationen

Formulate a question or statement as needed to resolve the following scenarios.

1. You saw something I took home with me yesterday, and you're curious about it. Find out what I had.
2. You heard that I was sick recently. Find out if that is true.
3. I recently got much thinner. Find out how I did it.
4. I was reprimanded by the teacher for not having my assignment done. Find out why I couldn't do it.
5. I just showed up for the party empty-handed. Let me know I was supposed to bring something.
6. You are my parent. I was supposed to watch my younger brother, but I went to a friend's house instead. Let me know I let you down.
7. The present you just got me is nice, but it's not really what I wanted. Unfortunately, I lack the self-control necessary to hide my disappointment. Ask me the obvious question.

Wiederholung : Grammatik

Express the same message with informal language forms.

1. Sie waren sehr krank, nicht wahr?
2. Wann waren Sie zu Hause?
3. Wurden Sie dauernd müde?
4. Hatten Sie genug zu lesen?
5. Sie wurden nur langsam gesund, oder?
6. Konnten Sie ein bißchen arbeiten?
7. Durften Sie lesen oder fernsehen?
8. Wollten Sie viel schlafen?
9. Sollten Sie Tee und Saft trinken?
10. Sie mußten starke Medikamente nehmen, oder?
11. Möchten Sie jetzt eine Suppe essen?
12. Möchten Sie gern Radio hören?

TEIL 8,6 | Wann bist du angekommen? Hast du die Anzeigen gelesen? Hast du etwas entdeckt?

MERKE

Du *form: present perfect*

Hast du schon die Anzeigen gelesen?   **Wann bist du** angekommen?
Hast du etwas Interessantes entdeckt?   **Wann bist du** losgefahren?

Du *form: future*

Wirst du dieses Jahr nach Marburg gehen?   Was **wirst du** dort studieren?

Du *form: the* würde *construction*

Würdest du gern einen Kaffee trinken?   **Würdest du** gern etwas essen?

GESCHICHTE UND NACHERZÄHLUNG: Markus braucht eine Wohnung

Markus sucht eine Wohnung oder ein Zimmer in Marburg. Er wollte eigentlich in Göttingen studieren, aber er hat dort keinen Studienplatz bekommen. Er wird hier in Marburg Volkswirtschaft studieren. Das Wintersemester beginnt erst Anfang November, aber er muß jetzt im Juli schon eine Wohnung suchen. Von Freunden weiß er, daß es nicht genug Wohnungen für alle Studenten gibt.

Es ist 7 Uhr morgens, und Markus hat schon eine Zeitung gekauft und die Anzeigen gelesen. Um 8 Uhr kommt sein Freund Thomas. Thomas ist schon ein Jahr in Marburg und studiert hier Germanistik und Geschichte. Er hilft Markus bei der Wohnungssuche, weil er die Stadt und viele Leute kennt.

THOMAS   Hallo, Markus! Wie geht's? Wann bist du angekommen?

MARKUS   Morgen, Thomas! Ganz schön früh. Der Zug ist schon um 6 Uhr losgefahren und war so gegen 7 hier.

THOMAS   Furchtbar!! Na, es ist aber gut, daß wir früh anfangen. Später sind die guten Wohnungen alle weg. Ah, hier ist die Zeitung. Hast du 'was Interessantes entdeckt?

MARKUS   Ja, ein paar Anzeigen sehen ganz gut aus. Mal seh'n. Ich möchte die Leute bald anrufen. Kannst du mitkommen, wenn ich die Wohnungen anschaue?

THOMAS   Klar! Ich kann dich dann im Auto dahin bringen.

MARKUS   Mensch, klasse! Also, gehen wir erst zusammen zur Uni. Ich möcht' noch das schwarze Brett im Studentenwerk anschau'n.

THOMAS   Ja, das mußt du auf jeden Fall machen. Du, hast du schon einen Kaffee getrunken?

MARKUS   Nee, und gegessen hab' ich auch noch nichts. Hast du auch Hunger?

THOMAS   Ja, schon.

MARKUS   Na, los! Ich lade dich zum Frühstück ein. Kennst du ein Café, vielleicht irgendwo bei der Uni?

THOMAS   Klar! Also, gehen wir!

Kulturnotiz

At the **Studentenwerk,** or **Studentenhaus,** students can get help at the **Zimmervermittlung** (*housing office*) to find a room or apartment and at the **Arbeitsvermittlung** (*employment office*) to find a job. They can also buy **Mensamarken** (*meal tickets*) for use in the **Mensa** (*student cafeteria*).

In Studentenwerk an der Freien Universität in Berlin.

ÜBUNGEN

Übung A. Ergänzen Sie die Sätze mit Worten oder Ausdrücken aus der Geschichte!

1. Das Semester ＿＿＿ im November.
2. Markus hat keinen ＿＿＿ in Göttingen bekommen.
3. Markus hat kein Zimmer in Marburg. Er ＿＿＿ ein Zimmer oder eine Wohnung in der Stadt.
4. Er ＿＿＿, daß es nicht genug Wohnungen gibt.
5. Markus liest die ＿＿＿ in der Zeitung. Hoffentlich findet er etwas.
6. Thomas ＿＿＿ die Stadt gut, denn er studiert schon ein Jahr hier.
7. Markus ist um 6 ＿＿＿.
8. Thomas findet es gut, daß sie die Wohnungssuche früh ＿＿＿.
9. Markus will Wohnungen ansehen und muß zuerst die Leute ＿＿＿.
10. Er liest Anzeigen in der Zeitung und im ＿＿＿.
11. Markus ＿＿＿ Thomas zum Frühstück ＿＿＿. (Infinitiv: ＿＿＿)

Übung B. Sagen Sie, was diese Sätze oder Ausdrücke bedeuten!

1. Er hilft bei der Wohnungssuche
2. 'was Interessantes

3. Mal seh'n
4. auf jeden Fall

Übung C. Beantworten Sie diese Inhaltsfragen!

1. Wann beginnt Markus sein Studium? Wo? Wo wollte er eigentlich studieren?
2. Was macht er heute hier? Warum macht er das schon im Sommer?
3. Was kauft Markus? Warum?
4. Wer ist Thomas? Was macht er in Marburg?
5. Wann ist Markus angekommen? Wie lange hat seine Zugfahrt gedauert?
6. Was machen sie jetzt? Wer bezahlt es?
7. Was ist das Studentenwerk?

**GEORG-AUGUST-UNIVERSITÄT
GÖTTINGEN**

PHILIPPS-UNIVERSITÄT
MARBURG

Im **Fachbereich Biologie, Fachgebiet Botanik,** ist ab 1. Januar
1989 die Stelle eines(r)

wissenschaftlichen Assistenten(in)
(C 1 BBesGes)
(im Beamtenverhältnis auf Zeit gem. § 41 HUG)

Übung D. Erzählen Sie die Geschichte chronologisch nach!

Übung E. Persönliche Fragen:

1. Woher kommst du? Wo studierst du?
2. Wie lange wohnst du schon allein, das heißt, nicht mehr zu Hause bei den Eltern?
3. Hast du ein Zimmer oder eine Wohnung? Wie hast du es gefunden?
4. Ist das hier so schwierig wie in Deutschland?

EINBLICK: Wohnungsanzeigen

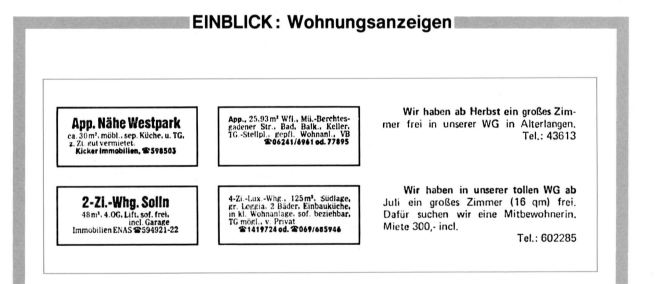

Sehen Sie hier ein Zimmer oder eine Wohnung für Markus?
Was ist eine WG?
Würde Markus in einer WG allein wohnen?
In welcher WG kann er nicht wohnen?

Kulturnotiz

The dramatic increase in student population at West German universities has raised academic questions about the quality of university education and also resulted in logistical problems affecting students' everyday life. A difficult problem is the shortage of affordable student housing. The state-subsidized dormitories can accommodate only a small percentage of students, leaving the majority to rely on the rental housing market. In the more popular university towns finding an affordable place to live presents a real challenge. Students have to plan far ahead and use contacts when they search for a room in **Untermiete,** or in a **WG,** or for an apartment. On the **Schwarzes Brett** (*bulletin board*) in the **Mensa** students often offer rewards to anyone who helps them find a place to live.

Freie Kommunikation

Beantworten Sie die folgenden Fragen!

SITUATION: Sie sprechen mit Vater / Mutter / Bruder / Schwester / Freund / Freundin am Telefon.

Wann bist du heute morgen aufgewacht und aufgestanden? Was hast du zum Frühstück gegessen und getrunken? Was hast du heute vormittag gemacht? Mußtest du das machen?

Welche Kurse hast du gestern nachmittag besucht? Warst du müde? Bist du eingeschlafen?

Wie bist du gestern nachmittag nach Hause gekommen? Wann war das? Was hast du gestern abend gemacht? Wolltest du das wirklich machen?

Bist du gestern oder vergangenes Wochenende ausgegangen? Wo bist du hingegangen und was hast du dort gemacht? Was wirst du dieses Wochenende machen? Sollst du das machen? Willst du das machen?

Was wirst du machen, wenn du Ferien hast? Wirst du irgendwohin fahren?

Würdest du nächstes Semester gern studieren oder lieber arbeiten? Wo wohnst du jetzt? Würdest du lieber woanders wohnen? Hast du einen Job? Wenn ja, würdest du lieber nicht arbeiten? Mußt du oder willst du arbeiten?

Gruppenarbeit: Persönliche Situationen

Finden Sie einen Partner und spielen Sie zusammen eine der Situationen! Versuchen Sie, das Gespräch für fünf Minuten zu führen, also mindestens zehn Fragen zu stellen!

1. Sie sehen einen Freund / eine Freundin von früher, die Sie schon lange nicht mehr gesehen haben. Fragen Sie, was diese Person in den letzten Jahren gemacht hat.

2. Fragen Sie einen guten Freund oder eine Freundin, was er / sie dieses Wochenende vorhat. Fragen Sie über Sport, Freizeit (drinnen / draußen), Arbeit, und so weiter.

Wiederholung : Grammatik

Use informal language forms to ask these questions.

A.
1. Wohin sind Sie gefahren?
2. Sind Sie dahin geflogen?
3. Haben Sie viel fotografiert?
4. Sind Sie radgefahren?
5. Haben Sie viel gesehen?
6. Sie haben den Wein probiert, oder?
7. Sind Sie geschwommen?
8. Haben Sie nette Leute kennengelernt?
9. Wann sind Sie zurückgekommen?
10. Wo werden Sie diesen Sommer sein?

B.
1. Werden Sie morgen zur Uni gehen?
2. Werden Sie zu Fuß zur Uni gehen?
3. Würden Sie das machen?
4. Würden Sie eine Zeitung mitbringen?
5. Das würden Sie gern machen, oder?
6. Werden Sie spät zurückkommen?
7. Wie würden Sie nach Hause kommen?
8. Würden Sie kurz anrufen?
9. Werden Sie dort warten?
10. Sie werden das nicht allein machen, oder?

TEIL 8,7 | Wo bist du? Ich kann dich nicht sehen. Kannst du dich nicht schneller anziehen?

MERKE

Informal accusative object pronoun: **dich**

Karl, ich kann **dich** nicht sehen.   Maria, ich höre **dich** nicht so gut.

Informal reflexive pronoun: **dich**

Hans, hast **du dich** nicht gewaschen?

Warum hast **du dich** nicht gewaschen?

AKTIVITÄTEN   Freie Kommunikation

Beantworten Sie diese zwei Fragen mit vielen Sätzen, bitte.

Was hast du heute morgen gemacht, bevor du zur Uni gekommen bist?
Was hast du gestern abend gemacht, bevor du ins Bett gegangen bist?

Wiederholung : Grammatik

Form sentences from the fragments.

1. Ich / können / dich / nicht / sehen. Wo / du / sein ?
2. Ich / nicht / dich / verstehen. Würden / du / bitte / lauter / sprechen?
3. Du / sich / waschen? (*present perfect*)
4. Du / sich / heute morgen / rasieren? (*present perfect*)
5. Warum / du / haben / noch nicht / anziehen? (*present perfect*)

TEIL 8,8 | **Arbeite nicht so spät!**
Komm zur Sprechstunde! Ruf im Büro an!

MERKE

Informal commands and requests

~~du~~ sprich~~st~~ **sprich**!	~~du~~ wart~~est~~ **warte**!

Hol uns um acht Uhr **ab**!   **Empfiehl** uns etwas!   **Arbeite** nicht so viel!
Zieh dich warm **an**!   **Iß** doch auch etwas!   **Warte** hier!
Mach schnell!   **Setz** dich **hin**, bitte!

sein

Sei ruhig, bitte.	**Sei** vernünftig!	**Sei** vorsichtig!

AKTIVITÄTEN   Kleine Situationen

Formulate commands for the following situations.

A. SITUATION: You and your little brother Uwe will be without your parents this weekend.
   Tell your brother in German:

   1. to wash up   4. to do his homework
   2. to eat his breakfast   5. to stay home today
   3. to turn off the TV   6. to clean up his room this afternoon

B. SITUATION: Rosi is going on a vacation to Switzerland next week. Her friend Uschi reminds her of a few things. Repeat Uschi's exact words in German.

   1. Uschi tells Rosi to take along warm clothes—
   2. —not to forget her raincoat

3. Rosi doesn't have one she likes, so Uschi tells her to buy one there
4. Uschi has a good friend in Basel and wants Rosi to call him when she gets there—
5. —she thinks that Rosi should stay there for a week
6. Uschi thinks that Rosi should reserve a **Platz** (*seat*) on the **Zug** (*train*)
7. She wants Rosi to be careful when she is alone—
8. —and of course she wants her to send a lot of postcards

Wiederholung : Grammatik

Form informal commands to one person from the sentence fragments.

1. machen / das / bitte nicht
2. nehmen / das / weg
3. gehen / jetzt / ins Zimmer
4. lassen / das / hier
5. lesen / das / für morgen
6. arbeiten / fleißiger
7. sprechen / lauter / bitte
8. fragen / deinen Vater
9. mitnehmen / einen Wintermantel
10. vergessen / nicht / die Flugkarte
11. schreiben / bitte / viele Postkarten
12. sein / bitte / vorsichtig
13. anrufen / mich / ein- oder zweimal
14. werden / nicht / krank
15. kennenlernen / ein paar nette Leute
16. ausgeben / nicht / so viel Geld

GESCHICHTE UND NACHERZÄHLUNG : Thomas hat Schwierigkeiten

Thomas Köhler, der Freund von Markus in Marburg, ist Student im zweiten Semester und hat dieses Semester ein Geschichtsseminar bei Frau Professor Hofmann belegt. Das Seminar findet Montag, Mittwoch und Freitag um 9 Uhr morgens statt. Irene ist Frau Hofmanns Assistentin und hat bemerkt, daß Thomas oft zu spät kommt und manchmal sehr müde ist. Sie spricht mit Thomas über die Universität und das Studentenleben.

IRENE Thomas, hast du mal einen Moment Zeit?

THOMAS Ja sicher. Was gibt's?

IRENE Wie findest du dieses Seminar? Hast du genug Zeit für das Lesematerial?

THOMAS Es geht ganz gut. Nur manchmal bin ich morgens zu müde.

IRENE Ja, das wollte ich eigentlich besprechen. Mußt du abends arbeiten?

THOMAS Ja, ich bekomme nur 600 Mark Bafög im Monat. Ich hab' einen Job in einer Kneipe und muß da dienstags und donnerstags arbeiten.

IRENE Und das dauert wohl bis spätabends?

THOMAS Also, die Arbeit beginnt normalerweise um sechs Uhr abends, und ich arbeite bis eins oder zwei.

IRENE Das ist aber ganz schön spät, wenn du um neun Uhr ein Seminar hast!

THOMAS Ja, da hast du recht. Ich habe morgens Seminare und nachmittags zwei Vorlesungen. Und eine Vorlesung ist von 4.15 bis 5.45 dienstags und donnerstags. Da hab' ich gerade 15 Minuten Zeit, bevor die Arbeit beginnt.

IRENE Ja, hast du wenigstens sonntags frei?

THOMAS Ja, alle zwei Wochen. Das ist ganz schön, weil ich dann meine Geschwister und meine Eltern sehen kann.

IRENE   Können deine Eltern nicht etwas helfen? Ich meine, wenn die Arbeit zu viel . . .

THOMAS   Nee, ich würde sie nie fragen. Mein Vater ist Rentner, und meine Mutter ist Sekretärin, aber sie kann nur halbtags arbeiten. Außerdem hab' ich auch viele Geschwister.

IRENE   Ja, verstehe ich. Vielleicht kannst du an anderen Tagen arbeiten—montags oder mittwochs?

THOMAS   Das sagst du so leicht! Ich hab' ja auch andere Seminare, und die Leute in der Kneipe wollen nicht immer die Arbeitszeiten ändern.

IRENE   Na gut. Also, wenn du Hilfe brauchst, komm zu meiner Sprechstunde oder ruf mich im Büro an!

THOMAS   Okay, mal seh'n.

IRENE   Also, ich muß weiter. Ich habe um halb elf einen Termin mit Frau Hofmann. Ich sehe dich dann am Freitag, ja?

THOMAS   Ja, hoffentlich pünktlich um neun. Wiederseh'n, Irene.

Kulturnotiz

No tuition is charged at the public universities in the German-speaking countries. In West Germany, under the **Bafög** (*Federal Education Promotion Act*) each state gives grants and interest-free loans to students who qualify. The amount depends upon the parents' financial situation. The state determines how many semesters a student may receive **Bafög** and also how often and when students may change their major.

All students at East Germany's fifty-four universities get grants, as well as low-rent student housing and free insurance and health benefits.

ÜBUNGEN

Übung A. Setzen Sie passende Worte aus dem Text ein!

1. Thomas hat nur etwas Zeit für Irene, das heißt, er hat nur einen _____ Zeit.
2. Thomas hat meistens _____ Zeit für das Lesematerial, aber ist oft müde.
3. Irene _____ dieses Problem mit Thomas, das heißt, die beiden diskutieren es.
4. Thomas hat nicht viel Geld. Er _____ nur 600 Mark Bafög.
5. Thomas arbeitet normalerweise von 6 Uhr abends bis 1 oder 2 morgens, das heißt, die Arbeit _____ sieben bis acht Stunden.
6. Jedes zweite Wochenende arbeitet Thomas nicht, d.h. er _____ _____.
7. Die Mutter von Thomas arbeitet nicht den ganzen Tag, sondern _____.
8. Irene hat jede Woche einige _____. Studenten können dann Probleme und Fragen besprechen.
9. Irene muß gehen. Sie hat um halb elf einen _____.

Übung B. Sagen Sie, was diese Ausdrücke bedeuten!

1. Was gibt's?
2. Da hast du recht!
3. Hast du sonntags frei?
4. Sie arbeitet halbtags.
5. alle zwei Wochen
6. Das sagst du so leicht!
7. Mal seh'n.
8. pünktlich um neun

Übung C. Beantworten Sie diese Inhaltsfragen!

1. Wer ist Thomas Köhler?
2. Wie lange studiert er schon?
3. Warum spricht Irene mit Thomas?
4. Warum ist Thomas oft müde?
5. Wie ist Thomas' Arbeit?
6. Was macht Thomas am Wochenende?
7. Was machen Thomas' Eltern?
8. Warum können Thomas' Eltern nicht helfen?
9. Was denkt Irene über Thomas' Arbeit in der Kneipe?
10. Wie geht die Diskussion zu Ende?

Übung D. Erzählen Sie die Geschichte chronologisch nach!

Übung E. Persönliche Fragen:

1. Arbeitest du? Wo?
2. Wie ist deine Arbeit? Wie findest du deine Arbeit? Wann arbeitest du?
3. Gibt es manchmal Probleme?
4. Was ist wichtiger für dich: deine Arbeit oder dein Studium?

TEIL 8,9

> Seid ihr müde? Habt ihr genug Geld?
> Was macht ihr jetzt? Könnt ihr mitkommen?

MERKE

ihr *forms of regular, irregular, and modal verbs: present tense*

Arbeitet **ihr** heute?
Wann eßt **ihr**?
Was trinkt **ihr**?

Wollt **ihr** ausgehen?
Könnt **ihr** tanzen?
Möchtet **ihr** essen gehen?
Dürft **ihr** etwas trinken oder
  müßt **ihr** autofahren?
Sollt **ihr** den Bus nehmen?

Informal possessive adjective: **euer**

Formal:	Ist das **Ihr** Buch?
Informal, singular:	Ist das **dein** Buch?
Informal, plural:	Ist das **euer** Buch? Sind das **eure** Bücher?

AKTIVITÄTEN   Freie Kommunikation : Gruppenarbeit

Machen Sie Gruppen mit drei Leuten. Eine Person fragt die anderen zwei Studenten (mit **ihr**-Fragen) über ihre Familie, Studium, usw. Die anderen beiden Studenten antworten mit **wir** (wenn die Antwort für beide ist) oder mit **ich.** Jede Person in der Gruppe stellt zwei Minuten lang Fragen.

Wiederholung : Grammatik

A. The following sentences all contain informal singular verb, pronoun, and possessive adjective forms. Say the same thing, using informal <u>plural</u> forms (**ihr** forms and / or forms of **euer**).

1. Studierst du schon lange hier?
2. Kommst du von hier?
3. Arbeitest du auch?
4. Machst du viele andere Dinge?
5. Wie findest du die Uni?
6. Welche Profs hast du?
7. Rauchst du?
8. Gehst du gern aus?
9. Wo sind deine Geschwister?
10. Besuchst du deine Eltern manchmal?
11. Hast du ein Auto?
12. Kommst du heute abend?

B. Convey the same message as in the following sentences, but imagine that you are saying these things to several people you know very well.

1. Nimmst du den Bus zur Party?
2. Fährst du dahin?
3. Was trägst du heute abend?
4. Welche Kleidung empfiehlst du?
5. Sprichst du noch mit Heidrun?
6. Wo bist du heute nachmittag?
7. Hast du ein Geschenk?
8. Wirst du langsam hungrig?
9. Was ißt du jetzt?
10. Weißt du, wer das ist?
11. Sitzt du bequem hier?
12. Wirst du schon müde?
13. Weißt du, wieviel Uhr es ist?
14. Hast du dein Auto hier?

C. Form questions from the fragments using plural informal verb forms.

1. viele Vorlesungen / belegen / müssen
2. zuerst / mit dem Professor / sprechen / sollen
3. lieber / mehr Seminare / machen / wollen
4. Kurse / frei / wählen / können
5. mehr Freizeit / möchten
6. das Unisystem / in Deutschland / mögen
7. lieber / in Amerika / studieren / würden
8. wie viele Semester / machen / müssen
9. dann / leicht / einen Job / finden / können
10. vielleicht / später / weiter / studieren / werden

600 JAHRE
KÖLNER · 1388 1988
UNIVERSITÄT

TEIL 8,10 | Wart ihr gestern müde? Wurdet ihr krank? Hattet ihr genug Zeit? Wolltet ihr das kaufen?

MERKE

ihr *forms of* haben, sein, werden: *simple past tense*

> Wann **wurdet ihr** hungrig? **Wart ihr** im Restaurant? **Hattet ihr** Freunde mit?

Modal verbs: simple past tense

ihr **konntet**	ihr **durftet**	ihr **wolltet**
ihr **solltet**	ihr **mußtet**	ihr **mochtet**

AKTIVITÄTEN   Gruppenarbeit

One student asks his or her classmates the following questions.

SITUATION: You and a group of friends had a party over the weekend, but you were so busy playing the host that you missed a lot of the action. On Monday you see your friends at the university. Ask them what happened.

1. Your friends didn't get everything they were supposed to bring to the party. Find out if they were short of cash.
2. Find out why they were able to buy only three bottles of wine. You expected they'd bring more.
3. You expected them to come to the party at seven o'clock. They arrived at nine. Find out where they were.
4. Tina and Astrid left the party in a huff. Ask them if they were angry, and if so, why?
5. Harald and Udo stayed until two in the morning. Find out if they were supposed to be out that late.
6. Klaus and Dieter looked a little bored at the party. Find out why. Did they really want to be there?
7. The food didn't last very long. Ask your friends if they had enough to eat.
8. You saw a couple of full glasses of wine that had been left around the room. Find out if some of the wine was bad. Did anyone get sick?

Wiederholung : Grammatik

Change the **du** forms of the verbs to **ihr** forms. Make any other necessary changes.

1. Warst du gestern abend im Konzert?
2. Warst du dann bei deinen Freunden?
3. Wie lange konntest du bleiben?
4. Wolltest du gern länger reden?
5. Wurdest du nicht müde?
6. Hattest du genug Geld für ein Taxi?
7. Mußtest du früh aufstehen?
8. Konntest du das nicht machen?
9. Durftest du den ganzen Tag freinehmen?
10. Solltest du nicht anrufen?
11. Wolltest du nicht vorbeikommen?
12. Mochtest du das Geschenk?

TEIL 8,11 | Habt ihr auch viel Schnee bekommen? Seid ihr skigefahren? Würdet ihr bitte anrufen?

MERKE

ihr *forms: present perfect*

Habt ihr eure Arbeit **erledigt**?   **Seid ihr** gestern zu Hause **geblieben**?
Habt ihr für eure Prüfungen **gelernt**?   **Seid ihr** nach Florida **geflogen**?

ihr *forms: future*

Werdet ihr kommendes Wochenende in Regensburg **sein**?
Werdet ihr morgen abend **ausgehen** oder zu Hause **bleiben**?

ihr *forms:* würde *construction*

Würdet ihr das für mich **kaufen**? **Würdet ihr** auch dahin **fahren**?

LESESTÜCK : Skiferien

Über Neujahr besucht Christian seinen Freund Klaus-Peter zum Skilaufen. Klaus-Peters Eltern haben ein Ferienhaus in den Alpen bei Garmisch-Partenkirchen, nicht weit von München. Christian, Klaus-Peter, und Klaus-Peters Freundin Anke kennen sich schon lange. Sie sind alle zusammen ins Gymnasium gegangen und gehen jetzt auch zusammen zur Uni.
Christian schreibt einen Brief nach Hause :

Garmisch, am 28. Dezember

Liebe Mutti, lieber Vati!

Hallo Ihr, wie geht's? Vorgestern bin ich gut hier angekommen. Die Reise war ziemlich problemlos, obwohl der Zug natürlich total überfüllt war. Eine Menge Leute hatten Skisachen und viel Gepäck, so wie ich! Einige Passagiere mußten sogar stehen. In Garmisch mußten Anke und Klaus-Peter auf mich warten, weil der Zug Verspätung hatte. Wir sind dann gleich mit dem Auto zu dem Haus von Klaus-Peters Eltern gefahren, so ungefähr 25 km von Garmisch entfernt. Wir mußten ziemlich langsam fahren, weil es den ganzen Tag zuvor geschneit hat. Habt Ihr auch so viel Schnee bekommen? Seid Ihr skigefahren?

Jetzt muß ich aber erzählen, wie toll hier alles ist! Das neue Ferienhaus von Klaus-Peters Eltern ist wirklich groß. Hier ist so viel Platz, daß ich sogar ein Zimmer für mich allein habe. Nächstes Mal müßt Ihr wirklich mitkommen! Klaus-Peters Eltern haben viele Freunde eingeladen, und sie machen alle Langlauf zusammen. Sie finden es echt schade, daß Ihr nicht kommen konntet.

Gestern sind wir skilaufen gegangen, und Anke hat beim Liftfahren einen Skistock verloren. Wir haben ihn lange gesucht, aber nicht gefunden. Klaus-Peter (so ein Kavalier!) hat Anke seine gegeben und ist den ganzen Tag „einstöckig" gefahren. Heute waren wir dann in Garmisch und haben neue Stöcke für Anke gekauft.

Wir haben für Silvester eine große Party geplant, und Klaus-Peters Vater hat einige Sachen für ein Feuerwerk gekauft. Würdet Ihr bitte kurz nach Mitternacht anrufen, damit ich Euch ein schönes neues Jahr wünschen kann? Ihr habt ja die Telefonnummer.

Jetzt mache ich aber Schluß. Ihr hört bald wieder von mir.

Viele Grüße,
Euer
Christian

Kulturnotiz

West Germans celebrate the arrival of the New Year with friends or family, as we do, but some customs surrounding **Silvester** (*New Year's Eve*) are different than in the U.S. People buy lots of fireworks for **Silvester,** in fact, West Germans spend millions of marks on them each year. A tradition on the evening of **Silvester** is **Bleigießen :** Pieces of lead are heated and dropped into cold water, and the resulting different shapes (and one's imagination!) are used to predict what the new year may bring. A traditional drink is the **Feuerzangenbowle,** literally translated as *fire tong punch*, made with red wine and rum. In the center of the punch bowl a triangular **Zuckerhut** (*sugar cone*) is first soaked with rum, held with a **Zange** (*tongs*) and then lit. The melting **Zuckerhut** drips into the wine and rum.

ÜBUNGEN

Übung A. Was bedeuten diese Ausdrücke?

1. über Neujahr
2. nicht weit von München
3. total überfüllt
4. eine Menge Leute
5. er hatte Verspätung
6. ein Zimmer für mich allein
7. beim Liftfahren
8. einstöckig

Übung B. Sie sind Christians Bruder oder Schwester. Christian macht noch Skiurlaub in Garmisch, und Sie schreiben einen Brief. Sie können wählen, ob Sie zu Hause oder auch im Urlaub sind. Sie lesen das dann vor. Füllen Sie den Briefumschlag aus, bevor Sie den Brief schreiben!

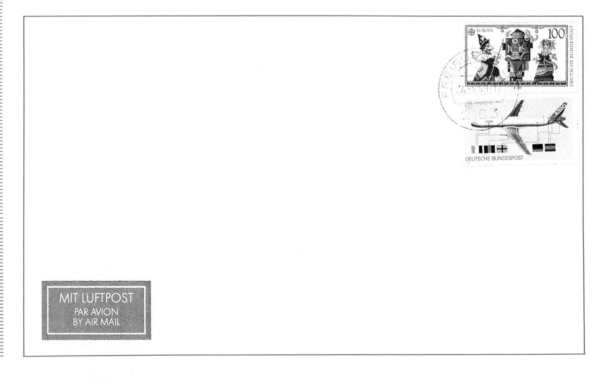

Übung C. Ergänzen Sie die Sätze!

1. Christian besucht seinen Freund und sie machen WIntersport. Sie gehen ____.
2. Das Haus, wo man Urlaub macht, heißt das ____.
3. Klaus-Peters Eltern haben ein großes Haus und viele Zimmer. Christian hat also ein Zimmer für sich allein, denn sie haben viel ____.
4. Christian und Klaus-Peter fahren in den Bergen ski, und die Eltern machen ____.
5. Wenn man skifährt, braucht man ein Paar Ski und zwei ____.
6. Die Eltern von Christian können anrufen, denn sie haben die ____.

AKTIVITÄTEN   Gruppenarbeit

1. Sehen Sie sich zuerst die Anzeige an und beanworten Sie die Fragen!

Was feiert man hier?
Was ist das Programm?
Was kann man bei dieser Party machen?

2. Fragen Sie Ihren Partner, wie er / sie Silvester feiert. Schreiben Sie auf, was Sie erfahren, und lesen Sie das nach fünf Minuten vor!

Wiederholung : Grammatik

Use plural informal language forms to say the same thing.

1. Hast du skifahren gelernt?
2. Bist du dauernd hingefallen?
3. Hast du viel gefroren?
4. Bist du gegen einen Baum gefahren?
5. Hast du einen Ski kaputtgemacht?
6. Hast du einen Stock verloren?
7. Bist du aus dem Skilift gefallen?
8. Hast du viel Spaß gemacht?
9. Wirst du nächstes Jahr wieder skifahren?
10. Würdest du mich mitnehmen?

TEIL 8,12 | Wir haben euch nicht gesehen. Zieht euch jetzt an, Kinder!

MERKE

Accusative and reflexive object: euch

accusative pronoun: Wir haben **euch** nicht gesehen. Wo wart **ihr** denn?
Wer hat **euch** gestern besucht? War das **eure** Oma?

reflexive pronoun: Wascht **ihr euch** jetzt?
Ihr habt **euch** noch nicht ausgezogen! Was ist denn los?

TEXT : Anzeigen

Lesen Sie die folgende Anzeige und beantworten Sie dann die Fragen!

Falls Du noch nicht Deinen Geburtstag bei BURGER KING gefeiert hast,
möchten wir Dich sehr herzlich dazu einladen.

Wenn Deine Eltern uns rechtzeitig Bescheid sagen,
wann Du Deinen Geburtstag mit wie vielen Freunden feierst,
reservieren wir eine ganze Ecke für Euch.

Für Spiele, Unterhaltung und kleine Überraschungen sorgen wir.
Deine Eltern brauchen nur zu bezahlen, was Ihr eßt und trinkt.

Also sprich mit Deinen Eltern, damit Du vielleicht schon Deinen nächsten
Geburtstag in Deinem BURGER KING Restaurant feiern kannst!

Fragen

1. Wen spricht dieser Text an?
2. Was soll man hier feiern?
3. Was sollen Eltern den Leuten von Burger King sagen?
4. Was müssen die Eltern bezahlen?
5. Wer organisiert alles?   Was organisieren sie?
6. Mögen Sie ,,*fast food*''?   Warum?   Oder sind Sie gegen dieses Essen?
7. Lesen Sie diesen Text, aber ändern Sie alle du-Formen im Text zu ihr-Formen.

Kulturnotiz

West Germany has known American-style fast food only since the late 1970s. The first fast-food restaurant to conquer the market was McDonald's. In West Germany the fast-food market seems to have targeted mostly teenagers and children. McDonald's is frequented especially by groups of teenagers, although the press and the public have viewed the fast-food industry with a good deal of skepticism. Eating a meal at a McDonald's is much more expensive in West Germany than in the U.S. and, in contrast to the U.S., beer is often sold. Under the **Jugendschutzgesetz** (*Youth Protection Act*) teenagers are allowed to drink alcohol starting at the age of 18, but the age limit is not always strictly enforced.

The German version of a quick meal or snack is the **Schnellimbiß.** At **Stehimbisse** (*snack stands*) usually located in the city center, one may pick up different kinds of food like **Bratwurst,** served in a **Brötchen,** or a variety of **belegte Brötchen,** or **Pommes Frites** with ketchup or mayonnaise. If you've never dipped French fries in mayonnaise, you've missed something!

Das Alte und das Neue.

Was möchtest du bestellen?

Wiederholung : Grammatik

Insert the correct plural informal personal pronouns.

1. Was habt ____ gekauft?
2. Habt ____ die Hände gewaschen?
3. Ich habe ____ nicht gesehen. Wo wart ____?
4. ____ habt ____ noch nicht geduscht, oder?
5. Ach so, ____ habt ____ nur gewaschen!
6. Wann zieht ihr ____ endlich aus? Seid ____ nicht müde?

TEIL 8,13 — Geht doch spazieren! Kommt nicht so spät zurück! Seid vorsichtig!

MERKE

ihr *commands and requests*

Kommt schnell nach Hause!   **Sprecht** lauter, bitte.
Geht weg, Kinder!   **Vergeßt** es nicht!
Arbeitet fleißiger!   **Wascht** euch jetzt!
Seid nicht so aggressiv!   **Zieht** euch schnell **an**!

AKTIVITÄTEN Gruppenarbeit

A. Finden Sie einen Partner! Sie beide sind Lehrer in einer **Grundschule** und es ist ein typischer Schultag. Sagen Sie den Kindern, was Sie machen sollen, z.B. sich setzen, ruhig sein, nicht aufstehen, usw.! Schreiben Sie eine Liste von Befehlen (*commands*).

B. Finden Sie wieder einen Partner oder eine Partnerin! Diesmal sind Sie die Eltern von zwei wilden Kindern! Sagen Sie den Kindern, was sie machen (oder nicht) machen sollen, z. B. wenn sie zu Hause sind, beim Essen, bevor sie schlafengehen, wenn sie spielen, usw. Schreiben Sie wieder eine Liste von Befehlen!

Wiederholung : Grammatik

Form plural informal commands and requests from the sentence fragments.

1. nicht / so oft / im Burger King / essen
2. nicht / so viele / süße Kolas / trinken
3. heute / keine Pommes Frites / kaufen
4. heute abend / nicht / so lange / weggehen
5. spätestens / um 11 / zu Hause / sein
6. das Motorrad / langsamer / fahren
7. den Bus / nach Hause / nehmen
8. anrufen / wenn / später / kommen
9. nicht / so viele / Zigarretten / rauchen
10. warme Kleider / bitte / anziehen

Kontrolle

This chapter should enable you to

1. discuss chronologically your daily routine in depth (15–20 activities) in the present, future, and past
2. use informal language forms, singular and plural, to ask questions about the present, past, and future, to give commands, and to make requests of people you know informally
3. write a simple, informal letter discussing a vacation or some other extended event or activity
4. discuss how to get a driver's license in the Federal Republic of Germany
5. discuss problems with jobs and studies, and how to find an apartment
6. discuss how your family celebrates New Year's Eve.

Wiederholung

A. Beantworten Sie 1. oder 2. mit vielen Sätzen und schreiben Sie dann einen Absatz!

1. Was machen Sie jeden Tag von morgens bis abends?
2. Was haben Sie gestern, letztes Wochenende oder in den Ferien gemacht?

B. Sie lernen einen Studenten / eine Studentin aus der BRD bei einer Party kennen. Was wollen Sie wissen? Fragen Sie!

C. Situationen:

1. Sie sind Babysitter für ein fünfjähriges Kind. Sagen Sie, was es machen soll, bevor es schlafen geht.
2. Ein paar Freunde von Ihnen sind gerade aus Europa zurückgekommen. Fragen Sie sie, wie es war, was sie gesehen haben, usw.
3. Schreiben Sie einen Brief an einen Freund / eine Freundin. Beschreiben Sie Ihre letzte Reise!
4. Ein Freund hat Probleme mit Studium und Arbeit. Was soll er machen?
5. Beschreiben Sie, was man im Studentenwerk machen kann!
6. Wie viele Fächer studiert man an einer Uni in der BRD? Welche Hochschulen gibt es in der BRD?
7. Wie finanzieren viele deutsche Studenten ihr Studium? Was bekommen sie?

KAPITEL 9

WER HAT GEBURTSTAG?
WEM SCHENKEN SIE ETWAS?

ÜBERBLICK

KONTEXT UND FUNKTIONEN

sustaining speech
narrating in writing with attention to simple style
discussing for or to whom you do, say, or write things
discussing gifts and gift-giving traditions
sending a message

VOKABULAR

verbs of giving, saying, sending, and showing
things given, said, sent, and shown and their receivers
vocabulary from the **Dialoge, Geschichten,** and **Lesestücke**

KULTUR

IDs in West Germany
flowers and flower shops in
   West Germany
preparing for Christmas
when to make phone calls

guest workers in West Germany
what West Germans do and give
   on holidays
moving in West Germany
the West German post office and
   its services

GRAMMATIK

forms: the dative case: the definite article and **der**-words
                           the indefinite article and **ein**-words
                           personal and reflexive pronouns
                           w-words and weak nouns
           the accusative case: review
word order: ordering direct and indirect objects
                   negation with indirect objects
                   inverted word order for emphasis and stylistic
                   variation

combining sentences
omitting common elements in sequential clauses
coordinate word order after **und, aber, oder, nicht, sondern, denn**
subordinate word order after **daß, wenn, als, ob, W-Wörter**

TEIL 9,1 | Erzählen

MERKE

Chronological narration with inverted word order

Ich stehe um sieben auf.	Um sieben Uhr stehe ich auf.
Ich wasche mich.	Dann wasche ich mich.
Ich ziehe mich an.	Dann ziehe ich mich an.
Ich frühstücke.	Dann frühstücke ich.
Ich trinke Kaffee.	Dann trinke ich Kaffee.
Ich lese die Zeitung.	Dann lese ich die Zeitung.
Ich muß um viertel nach acht zur Uni gehen.	Um viertel nach acht muß ich zur Uni gehen.
Ich habe um neun Englisch.	Um neun habe ich Englisch.
Ich habe um halb elf Geschichte.	Um halb elf habe ich Geschichte.
Ich kann um zwölf zu Mittag essen.	Um zwölf kann ich zu Mittag essen.
Ich habe um eins Deutsch.	Um eins habe ich Deutsch.
Ich habe um drei Psychologie.	Um drei habe ich Psychologie.
Ich kann um vier Uhr nach Hause gehen.	Um vier Uhr kann ich nach Hause gehen.
Ich gehe joggen.	Dann gehe ich joggen.
Ich esse zu Abend.	Dann esse ich zu Abend.
Ich muß Deutsch lernen.	Dann muß ich Deutsch lernen.
Ich lese eine Zeitschrift.	Dann lese ich eine Zeitschrift.
Ich schaue die Nachrichten um zehn Uhr an.	Um zehn Uhr schaue ich die Nachrichten an.
Ich wasche mich.	Dann wasche ich mich.
Ich ziehe mich aus.	Dann ziehe ich mich aus.
Ich gehe um halb zwölf ins Bett.	Um halb zwölf gehe ich ins Bett.
Ich kann noch ein bißchen lesen.	Dann kann ich noch ein bißchen lesen.
Ich werde bald müde.	Bald werde ich müde.
Ich schlafe ziemlich schnell ein.	Dann schlafe ich ziemlich schnell ein.

...und dann lese ich die Zeitung.

AKTIVITÄTEN Gruppenarbeit

Finden Sie einen Partner und erzählen Sie mit wenigstens fünf Sätzen, was Sie heute machen oder machen wollen, müssen, können! Ihr Partner schreibt das auf. Dann verbessern Sie zusammen, was Sie geschrieben haben. Lesen Sie das dann vor!

MERKE

Giving something to someone: the indirect object

I am buying **my mother** some flowers.   I am buying some flowers **for my mother.**

Eliciting the indirect object

For whom are you buying those flowers?
(*Colloquial:* **Who** are you buying those flowers **for?**)

AKTIVITÄTEN Wiederholung : Grammatik

Identify the indirect object in each sentence.

1. Did you write her a letter?
2. When are you sending them a package?
3. What did you buy for Mrs. Jones?
4. What are you giving them for a present?
5. We ordered a new set of plates for them.
6. Why did they sell Mary this terrible car?
7. Don't lend her yours!
8. Will you please explain the problem to me?
9. Give her the forms that need to be filled out.
10. Show your father this form.
11. What are you going to tell your father?
12. Get some material at the store for me.
13. He is just telling you another story.
14. Tell us the truth!

TEIL 9,2 | Geschenke kaufen

MERKE | *Stylistic device: combining and streamlining sentences*

Um sieben Uhr stehe ich auf. Dann wasche ich mich und ziehe mich an. Ich frühstücke, trinke meinen Kaffee und lese die Zeitung. Um viertel nach acht muß ich zur Uni gehen. Um neun habe ich Englisch, um halb elf Geschichte, und um zwölf kann ich zu Mittag essen. Um eins habe ich Deutsch, um drei Psychologie, und um vier gehe ich nach Hause. Ich gehe joggen, und dann esse ich Abendbrot. Ich lerne Deutsch, lese eine Zeitschrift oder sehe fern. Um zehn sehe ich die Nachrichten, dann wasche ich mich, dann ziehe ich mich aus. Um halb zwölf gehe ich ins Bett und kann noch ein bißchen lesen. Ich werde bald müde und schlafe ziemlich schnell ein.

AKTIVITÄTEN Gruppenarbeit

Finden Sie einen Partner und lesen Sie, was Claudia, Albrecht oder Inge heute machen! Schreiben Sie mit der Information einen kleinen Aufsatz über eine der drei Personen! Lesen Sie Ihren Aufsatz nach fünf Minuten vor! Sie können den Aufsatz oben als Vorbild benutzen.

A. SITUATION: Claudia hat einen vollen Tag.

früh aufstehen, nichts essen, aber eine Tasse Kaffee trinken, Mutti schnell anrufen, zur Uni gehen, Seminar besuchen, Tommi zum Mittagessen treffen, Vorlesung besuchen, 5 km laufen, einkaufen, zu Abend essen und zwei Kapitel Geschichte lesen, vielleicht spät die Nachrichten ansehen

B. SITUATION: Albrecht hat einen freien Tag.

lang schlafen, gemütlich frühstücken und Zeitung lesen, Freundinnen anrufen, schwimmen gehen oder radfahren, Sport im Fernsehen sehen, zum Abendessen ausgehen, einen Film sehen, vielleicht noch einen Schoppen trinken

C. SITUATION: Inge fährt morgen weg.

früh aufstehen, Haus saubermachen, Eugen anrufen und genau erklären, was er machen muß, packen, Mutti und Papi anrufen, Bücher zurückbringen, Gabi zum Kaffee treffen, Taxi bestellen

MERKE

Names as indirect objects

Anja hat **Kurt** die Brieftasche gekauft.
Anja kauft **Frau Roth** Blumen.

Negation

Anja hat Thomas die Aktentasche **nicht** gekauft.
Anja kauft Herrn Roth **keine** Blumen.
Anja hat Kurt, **nicht Claudia**, eine Brieftasche gekauft.

VOKABULAR schicken, schenken, sagen

sagen, gesagt
alles / nichts / etwas
viel / wenig

die Antwort, -en
die Adresse, -n
die Telefonnummer, -n
die Wahrheit, -en
die Lüge, -n

erzählen, erzählt
die Geschichte, -n
der Witz, -e

erklären, erklärt
das Problem, -e
die Lösung, -en
der Grund, ¨-e
die Grammatik, -en

zeigen, gezeigt
der Ausweis, -e
    Personalausweis
der Paß, Pässe
der Führerschein, -e
das Foto, -s
das Bild, -er
    Lichtbild
das Dia, -s

geben (i), gegeben	bestellen, bestellt
das Geld	leihen, geliehen
die Post	die Platte, -n
das Formular, -e	das Buch, ¨-er
bringen, gebracht	schreiben, geschrieben
schenken, geschenkt	schicken, geschickt
kaufen, gekauft	das Paket, -e
besorgen, besorgt	das Telegramm, -e
das Geschenk, -e	die (Post)karte, -n
das Mitbringsel, -	der Brief, -e
die Schokolade	der Zettel, -
die Blume, -n	
der Blumenstrauß, ¨-e	holen, geholt
der Kuß, Küsse	die Zeitung, -en

Kulturnotiz

Für Reisen ins Ausland haben alle Bundesdeutschen einen Paß. Früher war das für alle der Reisepaß, aber bis 1992 werden die meisten einen Europapaß haben. Als täglicher Ausweis, wenn man z.B. etwas mit der Stadt zu tun hat, dient nicht der Führerschein, sondern **der Personalausweis** (*identity card*). Für Studenten gibt es einen **Studentenausweis.** Mit dem Studentenausweis sind Konzerte, Theaterkarten und Zug- oder Busfahrten billiger.

DIALOG: Was hast du Thomas gekauft?

Sehen Sie sich bitte das Vokabular an, bevor Sie den Dialog lesen!

ein·laden (lädt ein), eingeladen *to invite*	**der Spaß** *fun*
der Geburtstag, -e *birthday*	**viel Spaß!** *have (lots of) fun!*
im Sonderangebot *on sale*	

Zwei Freundinnen treffen sich in der Stadt an der Bushaltestelle.

CLAUDIA Ah, hallo Anja, wie geht's?

ANJA Ach, ganz gut.

CLAUDIA Na, für wen hast du die hübschen Blumen gekauft?

ANJA Die Eltern von Thomas haben mich zum Abendessen eingeladen, und da hab' ich gedacht, ich bringe Thomas' Mutter ein paar Blumen.

CLAUDIA Also, das finde ich wirklich nett, Anja. Und wie geht's Thomas?

ANJA Ach, ganz gut. Morgen hat er Geburtstag.

CLAUDIA Hast du schon ein Geschenk besorgt?

ANJA Also, ich wollte eigentlich eine Aktentasche kaufen, aber die waren viel zu teuer. Aber im Kaufhof hatten sie schöne Portemonnaies und Brieftaschen im Sonderangebot.

CLAUDIA Ja? Vielleicht schaue ich sie auch an. Ich brauche nämlich ein Portemonnaie. Ooh, Anja, hier kommt mein Bus. Also, tschüß, und viel Spaß morgen abend!

ANJA Danke! Ade!

Fragen

1. Was hat Anja Thomas' Mutter gekauft?
2. Was hat sie Thomas zum Geburtstag besorgt?
3. Wer hat Sie neulich eingeladen? Haben Sie etwas mitgebracht?
4. Hatte ein Freund oder eine Freundin von Ihnen neulich Geburtstag? Was haben Sie __(Name)__ geschenkt?
5. War es teuer, oder haben Sie etwas im Sonderangebot gefunden?

279

━ Kulturnotiz ━

In der BRD nutzen Leute viele Gelegenheiten, Blumen zu kaufen: Man schenkt sie zum Geburtstag, wenn jemand krank ist, oft auch, wenn man jemanden am Flughafen oder am Bahnhof empfängt, und wenn man bei Leuten eingeladen ist. Das Blumengeschäft (oder: der Blumenladen) bindet die Blumen zu einem hübschen Strauß zusammen und verpackt sie sorgfältig in Papier oder Folie. Bevor man die Blumen überreicht, soll man sie natürlich aus dem Papier auspacken. Weil das Schenken von Blumen so üblich ist (nicht nur in der BRD, sondern in vielen Ländern in Europa), gibt es in westdeutschen Städten und Orten eine Menge Blumengeschäfte. Eine Stadt mit 30 000 Einwohnern kann acht oder zehn Blumenläden mit einer großen Auswahl an Blumen haben. Blumen sind nicht so teuer, besonders wenn sie aus Gärtnereien in der Nähe oder aus anderen EG-Ländern (*common market countries*) kommen.

Das Geburtstagsküßchen.
Neu von Fleurop.

FLEUROP
Die herzlichste Verbindung

Die hübscheste Idee, um ganz herzlich zu gratulieren. Zarte Blumen – rosa Schleifen, Ton-in-Ton mit der originellen Karte.
Das Geburtstagsküßchen gibt es jetzt in Ihrem Fleurop-Fachgeschäft – und nur da!

Was ist hier der Grund für ein Geschenk? Was soll man schenken? Beschreiben Sie dieses Geschenk genau! Wo kauft man das Geschenk? Kaufen Sie manchmal Blumen? Wann? Wann schenken viele Leute Blumen?

AKTIVITÄTEN   Gelenkte Kommunikation

Play the roles of Jochen and Karin and generate sentences as required for the situations described.

A. SITUATION: Jochen is a generous person who always lends things to his friends. He tells his mother:

1. he has lent Petra several records
2. he lent Sabine a couple of books
3. he lent Gabi his magazines
4. he will lend Wolfgang his bicycle
5. he wants to lend Andreas his car
6. he also lent Ulrich some money

B. SITUATION: Several of Karin's relatives and friends have birthdays coming up, and Karin is making a list of things she needs to do for them. Say what Karin is thinking to herself:

1. she wants to buy Siggi a card
2. she is going to send Aunt Klara a letter
3. she has to send Annette her address
4. she would like to buy some red roses for Peter
5. she wants to bring grandma a cake
6. she is going to buy Hannelore a gift (she doesn't know yet what it will be)

C. Nennen Sie den Ausweis für die folgenden Situationen!

1. wenn man Student ist und billiger in ein Konzert gehen will
2. wenn man Auto fährt
3. wenn man nach Italien fährt
4. für Kinder
5. wenn die Polizei wissen will, wer man ist

Wiederholung: Grammatik

A. For each italicized phrase substitute a different but logical one.

Beispiel: Ich habe Birgit *eine Karte* geschrieben.
Ich habe Birgit **einen Zettel** geschrieben.

1. Ich habe Peter *ein Paket* geschickt.
2. Elisabeth hat Jürgen *eine Platte* gekauft.
3. Ich wollte Christian *die Zeitung* geben.
4. Elisabeth habe ich *ein Mitbringsel* besorgt.
5. Später haben wir Jürgen *meine Dias* gezeigt.
6. Jürgen hat Elisabeth *alles* erzählt.

B. Negate the following sentences.

1. Gib Ulrich die Adresse!
2. Schick Hans ein Telegramm!
3. Schenk Bernd eine Platte!
4. Hast du Erich eine Zeitschrift mitgebracht?
5. Zeig Gabi meinen Brief!
6. Hol Annette dieses Bild!

TEIL 9,3 | Von gestern erzählen

MERKE

Narrating in the past

Ich bin um sieben Uhr aufgestanden.	Um sieben Uhr bin ich aufgestanden.
Ich habe mich gewaschen.	Dann habe ich mich gewaschen.
Ich habe mich angezogen.	Dann habe ich mich angezogen.
Ich habe gefrühstückt.	Dann habe ich gefrühstückt.
Ich habe Kaffee getrunken.	Dann habe ich Kaffee getrunken.
Ich habe die Zeitung gelesen.	Dann habe ich die Zeitung gelesen.
Ich mußte um viertel nach acht zur Uni gehen.	Um viertel nach acht mußte ich zur Uni gehen.
Ich hatte um neun Englisch.	Um neun hatte ich Englisch.
Ich hatte um halb elf Geschichte.	Um halb elf hatte ich Geschichte.
Ich konnte um zwölf zu Mittag essen.	Um zwölf konnte ich zu Mittag essen.
Ich hatte um eins Deutsch.	Um eins hatte ich Deutsch.
Ich hatte um drei Psychologie.	Um drei hatte ich Psychologie.
Ich bin um vier Uhr nach Hause gegangen.	Um vier Uhr bin ich nach Hause gegangen.
Ich bin joggen gegangen.	Dann bin ich joggen gegangen.
Ich habe zu Abend gegessen.	Dann habe ich zu Abend gegessen.
Ich habe Deutsch gelernt.	Dann habe ich Deutsch gelernt.
Ich habe eine Zeitschrift gelesen.	Dann habe ich eine Zeitschrift gelesen.
Ich habe die Nachrichten um zehn Uhr angeschaut.	Um zehn Uhr habe ich die Nachrichten angeschaut.
Ich habe mich gewaschen.	Dann habe ich mich gewaschen.
Ich habe mich ausgezogen.	Dann habe ich mich ausgezogen.
Ich bin um halb zwölf ins Bett gegangen.	Um halb zwölf bin ich ins Bett gegangen.
Ich konnte noch ein bißchen lesen.	Ein bißchen konnte ich noch lesen.
Ich wurde bald müde.	Bald wurde ich müde.
Ich bin ziemlich schnell eingeschlafen.	Ziemlich schnell bin ich eingeschlafen.

MERKE

Past narration: combining and streamlining

Um sieben bin ich aufgestanden. Dann habe ich mich gewaschen **und** angezogen. Ich habe gefrühstückt, Kaffee getrunken **und** die Zeitung gelesen. Dann mußte ich um viertel nach acht zur Uni gehen. Um neun hatte ich

Englisch, um halb elf Geschichte, **und** um zwölf konnte ich zu Mittag essen. Um eins hatte ich Deutsch, um drei Psychologie **und** um vier bin ich nach Hause gegangen. Ich bin joggen gegangen, **und** dann habe ich Abendbrot gegessen. Dann habe ich Deutsch gelernt **und** eine Zeitschrift gelesen. Die Nachrichten habe ich um zehn Uhr angeschaut. Ich habe mich gewaschen **und** ausgezogen, **und** um halb zwölf bin ich ins Bett gegangen. Ich konnte noch ein bißchen lesen, aber dann wurde ich bald müde **und** bin ziemlich schnell eingeschlafen.

Zuerst, dann, danach, vorher, später

Um sieben Uhr bin ich aufgestanden. **Zuerst** habe ich mich gewaschen und angezogen, **dann** habe ich gefrühstückt. Um viertel nach acht mußte ich zur Uni gehen, und um zwölf habe ich zu Mittag gegessen. Um eins hatte ich Deutsch, **danach** um drei Psychologie, und um vier bin ich nach Hause gegangen. Ich habe um sieben mein Abendbrot gegessen, aber **vorher** bin ich noch joggen gegangen. **Dann** habe ich Deutsch gelernt und die Zeitung gelesen, und **etwas später** habe ich die Nachrichten im Fernsehen angeschaut. Um halb zwölf bin ich ins Bett gegangen, aber **vorher** habe ich mich natürlich ausgezogen und gewaschen. Ich konnte noch ein bißchen lesen, aber **dann** wurde ich bald müde und bin ziemlich schnell eingeschlafen.

AKTIVITÄTEN   Gelenkte Kommunikation

One student mentions two things he or she did yesterday. Another student combines them with: **zuerst, dann, danach, vorher, später.**

Beispiel: Ich habe eine Freundin besucht. Wir sind zusammen ausgegangen.
Er hat eine Freundin besucht, und **dann** sind sie zusammen ausgegangen.

TEIL 9,4 | Schenk dem Onkel einen Roman und der Tante Blumen!

MERKE   *Dative case: the definite article and negation*

masculine:	Sie hat **dem** Herrn die Zeitung geholt.	Sie hat **dem** Herrn die Zeitung **nicht** geholt.
feminine:	Sie hat **der** Dame den Kaffee gebracht.	Sie hat der Dame den Kaffee **nicht** gebracht.
neuter:	Sie hat **dem** Kind ein Eis gekauft.	Sie hat dem Kind **kein** Eis gekauft.
plural:	Sie hat **den** Leuten Getränke gebracht.	Sie hat diesen Leuten **keine** Getränke gebracht.

AKTIVITÄTEN   Gelenkte Kommunikation

Play the role of the hotel manager.

SITUATION: The manager of the "**Schloßhotel**" wants to make sure that his guests have been taken care of. He asks his assistant if:

1. he told the people that they could eat breakfast from 7:30 to 10:00
2. he brought the lady in room 21 some tea
3. he wrote Mr. Karajan a note
4. Mrs. Stein (another employee) has explained everything to the children
5. anyone has given the gentleman over there his letter

Wiederholung : Grammatik

Substitute the nouns with the appropriate articles in parentheses for the indirect object in each sentence.

1. Zeigst du Herrn Krüger die Arbeit? (Assistentin / Professor / Studenten)
2. Erzählst du Frau Neckermann diese Geschichte? (Chef / Lehrerin / Eltern)
3. Erklärt ihr Brigitte das Problem? (Großvater / Schwester / Freunde)
4. Schreibst du Frauke eine Karte? (Oma / Onkel / Mädchen)
5. Schickt ihr Professor Jürgens ein Telegramm? (Mann / Chefin / Eltern / Leute)

TEIL 9,5 | Wem schenken wir etwas zu Weihnachten?

MERKE

Compound sentences and the present perfect: coordinate word order

und Die drei Geschwister sitzen zusammen. Sie trinken Tee.
Die drei Geschwister sitzen zusammen, **und** sie trinken Tee.

aber Angela hat Stefan gefragt. Stefan wollte nicht mitmachen.
Angela hat Stefan gefragt, **aber** er wollte nicht mitmachen.

nicht..., sondern Sie kaufen nicht alle Geschenke. Sie machen einige selbst.
Sie kaufen **nicht** alle Geschenke, **sondern** sie machen einige selbst.

oder Hast du Monika gesehen? Ist sie schon weggegangen?
Hast du Monika gesehen, **oder** ist sie schon weggegangen?

denn Die Geschwister kaufen Onkel Ralf und Tante Bertha etwas. Sie sehen sie oft.
Die Geschwister kaufen Onkel Ralf und Tante Bertha etwas, **denn** sie sehen sie oft.

Omission of common elements

Die drei Geschwister haben Tee getrunken. Die drei Geschwister haben
   Lebkuchen gegessen.
Die drei Geschwister haben Tee getrunken und Lebkuchen gegessen.

Eliciting the indirect object: **wem**

Wer hat Tee gekocht?	⟶ **Monika** hat das gemacht.
Was sind Lebkuchen?	⟶ Lebkuchen sind **Weihnachtsgebäck.**
Wen trifft Moni später?	⟶ Sie trifft **ihre Freunde** zum Training.
Was trinken sie?	⟶ Sie trinken **Tee.**

Wem schicken sie Karten? ⟶ Sie schicken **den Verwandten** Karten.

AKTIVITÄTEN   Gelenkte Kommunikation

Generate sentences as required for the following situation.

SITUATION: You came home to find out that your roommate was quite generous with your
things. Ask her:

1. whom she showed your slides to
2. whom she lent your leather bag to
3. to whom she gave your magazine
4. to whom she wrote and to whom she sent your postcards

Kulturnotiz

In der BRD ist einer der wichtigsten Aspekte an Weihnachten, wie in anderen Ländern, das Schenken. In den Monaten vor Weihnachten und besonders im Dezember machen viele Leute ihre Weihnachtseinkäufe. Doch es ist noch etwas Besonderes, wenn man ein Geschenk nicht fertig kauft, sondern es selbst macht. Viele Leute handarbeiten, z. B. stricken, häkeln oder nähen etwas, andere basteln vielleicht etwas als Geschenk. Es ist auch üblich, daß man vor Weihnachten zusammenkommt und Schmuck für den Weihnachtsbaum bastelt und Weihnachtsgebäck backt. Traditionelles Weihnachtsgebäck ist zum Beispiel **Zimtsterne** (*cinnamon stars*), **Butterkekse** (*butter cookies*), **Vanillekipferl** (*small vanilla crescents*), **Lebkuchen** (*spiced cookies*), und **Christstollen** (*Christmas bread*).

EINBLICK: Lebkuchen backen

Schokoladen-Lebkuchen

4 Eiweiß	steifschlagen, mit
320 g Zucker	dick rühren,
120 g Mandeln*	ungeschält gerieben und
60 g Edelbitter- schokolade*	
runde Oblaten*	gerieben unterheben, 1,5 cm dick auf streichen und langsam backen. Erkaltet mit Schokoladenguß glasieren:
200 g Edelbitter- schokolade	in feuerfestes Pfännchen zerbröckeln, im Wasserbad langsam unter Rühren erwärmen,
nußgroß Kokosfett	zufügen, aus dem Wasserbad nehmen, gut durch- rühren und gleich glasieren, mit abgezogenen
Mandeln	garnieren. Zugfrei trocknen lassen.

almonds

semisweet
  chocolate
wafers

Einschieben	Elektro	Gas	Backzeit	Aufbewahren
Mitte	160°	1	12-15 Min.	Blechdose

Was backen wir hier?
Kennen Sie die Zutaten (*ingredients*) für Lebkuchen?
Was backt man in Amerika zu Weihnachten?
Was backen Sie zu Hause?

GESCHICHTE UND NACHERZÄHLUNG:
Was kaufen wir den Eltern und den Verwandten?

Es ist Dezember und nur noch ein paar Wochen bis Weihnachten. Angela, Stefan und Moni, drei Geschwister, sitzen zusammen und besprechen, was sie den Verwandten zu Weihnachten schenken wollen. Monika hat Tee gekocht, und sie essen auch Lebkuchen. Sie sprechen über die Geschenke und merken, daß sie verschiedene Vorstellungen haben.

ANGELA   Also Stefan, hier hast du ein Stück Papier.

STEFAN   Und gib mir bitte auch einen Stift.

ANGELA   Also, welche Geschenke können wir kaufen? Stefan, mach mal eine Liste von allen Verwandten!

STEFAN   Warum bloß so organisiert? Warum können wir nicht einfach morgen losgehen? Wir finden dann schon 'was.

MONI   Also ehrlich, Stefan, dann sind wir stundenlang in der Stadt und kommen ohne etwas nach Hause!

STEFAN   Na gut. Ich bin bereit. Was denn, Mädels, habt ihr keine Vorschläge?

ANGELA Mensch, Stefan, du kannst auch mal nachdenken! Wir machen das doch alle zusammen.

MONI Hmm, sollen wir den Großeltern vielleicht ein Fotoalbum kaufen?

STEFAN Das ist aber phantasielos!

MONI Nein, nein, gar nicht. Ich habe gedacht, daß wir dann, also, ich meine, daß wir Fotos von uns 'reinmachen, und so.

ANGELA Ich finde diese Idee gar nicht so schlecht!

STEFAN Also gut, ich notiere das: Oma und Opa—Fotoalbum.

ANGELA Und was schenken wir Mutti und Papi?

STEFAN Ich hab' gedacht, daß wir den Eltern vielleicht einen Zeitungsständer kaufen.

ANGELA Ja, vielleicht dem Vati, aber der Mutti bestimmt nicht.

STEFAN Moment, Moment—und wir abonnieren beiden eine Zeitschrift. Dann haben sie 'was für den Zeitungsständer!

MONI Au ja, das klingt gut!

STEFAN (Er schreibt.) Mutti und Vati—Zeitungsständer und Abonnement.

ANGELA Nicht schlecht. Und den Verwandten schicken wir dann einfach ein paar schöne Weihnachtskarten, ja?

STEFAN Hmm, den meisten. Aber Onkel Ralf und Tante Bertha kaufen wir doch ein richtiges Geschenk, oder?

ANGELA Ja, sicher. Wir kennen sie ja besser. Was ist, Moni, keine Zeit mehr?

MONI Nee, Schluß für heute. Ich hab' um sieben Uhr Training. Tschüß!

ANGELA UND STEFAN Tschüß, Moni!

ÜBUNGEN

Übung A. Setzen Sie passende Worte aus dem Text ein!

1. Die drei Geschwister haben verschiedene Ideen, das heißt, sie haben andere ____.
2. Sie haben das vorher nicht gewußt, aber jetzt ____ sie es.
3. Sie sitzen und fragen sich, was sie den Verwandten schenken. Sie ____ das.
4. Sie sagen, welche Ideen sie haben. Sie machen ____.
5. Sie wollen den Großeltern ein ____ kaufen.
6. Stefan schreibt die Ideen auf das Stück Papier, das heißt, er ____ alles.
7. Die Zeitungen sind nicht auf dem Tisch oder auf dem Boden, sondern in einem ____.
8. Wenn man jede Woche oder monatlich eine Zeitung oder Zeitschrift bekommt, hat man sie ____.
9. Moni macht Sport, und sie hat abends ____.

Übung B. Sagen Sie, was diese Ausdrücke bedeuten!

1. Warum bloß so organisiert?
2. Gehen wir einfach los!
3. Ich bin bereit!
4. Das ist aber phantasielos!
5. gar nicht so schlecht

6. ein richtiges Geschenk
7. Schluß für heute!
8. Also ehrlich, Stefan . . .
9. Wir abonnieren beiden eine Zeitschrift.
10. Was denn, Mädels . . .

Übung C. Sagen Sie, was diese Ausdrücke bedeuten!

1. Was besprechen die Geschwister?
2. Was ist Stefans „Plan"? Wie ist Stefan?
3. Wie reagiert Moni? Wie findet sie, was Stefan sagt?
4. Was schenken sie vielleicht den Großeltern?
5. Wie wollen sie das machen?
6. Was wollen sie den Eltern besorgen?
7. Was bekommen die Verwandten?
8. Warum geht Moni so schnell weg?

Übung D. Erzählen Sie die Geschichte chronologisch nach!

Übung E. Persönliche Fragen:

1. Feiern Sie zu Hause Weihnachten oder einen anderen Feiertag?
2. Was sind in Ihrer Familie die Traditionen an diesem Feiertag?
3. Was schenken Sie Leuten? Was haben Sie Leuten geschenkt?
4. Kaufen Sie nur Eltern und Geschwistern etwas, oder auch Verwandten?
5. Wann kaufen Sie die Geschenke?
6. Wie finden Sie Weihnachten und den kommerziellen Aspekt?
7. Was denken Sie über Weihnachten ohne Geschenke?

Wiederholung: Grammatik

Combine each of the two sentences logically with a coordinate conjunction. Use each only once.

1. Sie trinken Tee. Sie essen Lebkuchen.
2. Schreiben sie alles genau auf? Gehen sie einfach los?
3. Stefan macht nicht gern Pläne. Er ist ein bißchen faul.
4. Die drei Geschwister sitzen zusammen. Sie sprechen über Weihnachtsgeschenke.
5. Sie haben noch nicht alles besprochen. Moni muß zum Training gehen.

TEIL 9,6 | Ich soll dir ausrichten, daß sie nicht kommen kann.

MERKE

Complex sentences and present perfect: subordinate word order

daß	Karin hat gesagt, **daß** sie Peter einen Zettel **geschrieben hat.**
wenn	Peter war immer froh, **wenn** sie das **gemacht hat.**
als	Er war nicht zu Hause, **als** sie heute nachmittag **angerufen hat.**
ob	Sie weiß nicht, **ob** er den Zettel **gefunden hat.**
W-Fragen	Sie möchte wissen, **wann** er nach Hause **kommen wird.**

Relaying information: subordinate clauses after certain verbs

sagen, ausrichten, fragen, schreiben, lesen, erzählen, zeigen, erklären, erfahren

Was **sagt** sie?	Sie **sagt, daß** sie morgen kommt.
Was hat sie **gefragt?**	Sie hat **gefragt, ob** wir sie abholen können.
Was hat sie **erzählt?**	Sie hat **erzählt, wie** ihre Reise war.

Wanting someone else to do something for you

wollen, daß	Soll ich Jürgen anrufen?	Ja, sie **will, daß** du ihn anrufst.
möchten, daß	Soll Jürgen sie abholen?	Ja, sie **möchte, daß** er sie abholt.

Dative case: der- words and negation

Ich schicke **diesem Onkel** einen Brief.
Ich schreibe **jeder Freundin** eine Karte.
Welchem Kind kaufe ich Schokolade?
Ich kaufe **allen Geschwistern** etwas Schönes.

Ich kaufe diesem Onkel **kein** Geschenk.
Aber ich schicke **nicht jedem** Freund eine Karte.
Also, diesem Kind kaufe ich **keine** Schokolade.
Aber ich kaufe **nicht allen** Verwandten etwas.

DIALOG: Ich soll dir ausrichten, daß…

Sehen Sie sich das Vokabular an, bevor Sie den Dialog lesen!

anrufen, angerufen *to call up*
der Anruf, -e *telephone call*
ausrichten, ausgerichtet *to convey (a message)*

abholen, abgeholt *to pick up*
sonst *else*
sonst nichts *nothing else*

Gabi, Moni und Jürgen haben einen Wochenendausflug geplant. Moni ist gerade nach Hause gekommen, und ihre Zimmerkollegin erzählt Moni, was Gabi gesagt hat.

KERSTIN Aah, Moni, ich hab' gerade mit der Gabi gesprochen.
MONI Ehrlich? Zu dumm, daß ich nicht früher nach Hause gekommen bin! Ich muß einige Dinge mit ihr besprechen. Hat sie etwas über morgen gesagt?
KERSTIN Ja, ich soll dir ausrichten, daß Jürgen sie morgen früh mit dem Wagen abholt.
MONI Und dann kommen die beiden zusammen hierher?
KERSTIN Ich denke schon.
MONI Will sie, daß ich Jürgen anrufe?
KERSTIN Nein, sie hat gesagt, daß sie das selbst machen will.
MONI Na, in Ordnung, ist das alles?
KERSTIN Ja, sonst hat sie nichts gesagt!
MONI Okay! Danke, Kerstin!

Fragen

1. Was haben die drei für das Wochenende geplant?
2. Wer hat wen angerufen? Wer hat mit wem gesprochen?
3. Wann haben Sie das letzte Mal einen Wochenendausflug gemacht? Wer hat wen abgeholt? Was haben Sie mitgenommen?

Kulturnotiz

In der BRD (und das gilt auch für Österreich, die DDR und die Schweiz) gibt es bestimmte Tageszeiten fürs Telefonieren: Man soll Leute zu Hause nicht zwischen 13 und 15 Uhr und nicht nach 22 Uhr abends anrufen.

TEXT: Telefonanrufe

Ihr Zimmerkollege / Ihre Zimmerkollegin bekommt sehr viele Telefonanrufe. Natürlich beantworten Sie oft das Telefon und müssen dann Ihrem Zimmerkollegen / Ihrer Zimmerkollegin alles ausrichten. Sagen Sie Ihrem Zimmerkollegen / Ihrer Zimmerkollegin, was die Anrufer gesagt haben.
(Setzen Sie Modalverben ein, wo es nötig oder möglich ist!)

Wer? Peter	**Wer?** Maria	**Wer?** Alois
Wann? 15.30	**Wann?** 17.30	**Wann?** 17.45
Was hat er gesagt / gefragt?	**Was hat sie gesagt / gefragt?**	**Was hat er gesagt / gefragt?**
heute abend nicht kommen,	Hat ewig gewartet!	Auto immer noch kaputt!
zu Hause bleiben,	Ganz schön sauer geworden!	muß morgen zum Markt, einkaufen
ihn bitte anrufen,	Verabredung vergessen?	ihn abholen?
ihn morgen treffen?	bitte schnell zurückrufen!	ihm das Auto leihen?

TEXT: Ruf doch mal an!

Lesen Sie den Text in der Anzeige rechts, dann beantworten Sie die Fragen unten!

Ruf doch mal an!
Damit wir öfter miteinander sprechen, habe ich heute _____ DM auf Dein/Ihr Fernmeldekonto überwiesen. Das Geschenk vermindert die nächste oder übernächste Telefonrechnung um den entsprechenden Betrag.
Bis bald! Ich freue mich auf Deinen/Ihren Anruf!

1. Was ist das Geschenk? Warum macht man so ein Geschenk?
2. Wem würden Sie so etwas vielleicht schenken?
3. Wie heißt das spezielle **Konto** (*account*) hier?
4. Was bekommt man jeden Monat, wenn man zu Hause ein Telefon hat?

Gelenkte Kommunikation

A. In German, say what Moni's roommate tells Moni.

SITUATION: Jochen called, and Moni missed his phone call. Her roommate tells Moni what he said.

1. Jochen said Gabi should be ready by eight.
2. He wants Moni to call Gabi.
3. He also said that Moni should take along her swimsuit.
4. He would like Gabi to bring along her frisbee.
5. He told her how he wants to drive there.

B. In German, say what Bernd writes in his message to Gerd.

SITUATION: Bernd is writing a message to Gerd, in which he tells him about his girlfriend's phone call. He writes that:

1. Frauke called because she cannot meet Gerd tonight.
2. She said that she has not returned from Stuttgart.
3. She said that she will call again.
4. He (Bernd) does not want her to call all the time!

C. Complete the sentences logically with a **daß**- clause:

1. Meine Eltern wollen, ____.
2. Meine Freunde wollen, ____.
3. Meine Schwester will, ____.
4. Mein Professor möchte, ____.
5. Ich möchte, ____.

Wiederholung: Grammatik

A. Replace the definite article that accompanies the indirect object in each sentence with the **der**- word cued in parentheses. Make any other necessary changes.

1. Wir schenken den Verwandten Lebkuchen. (all-)
2. Wir schenken dem Onkel einen Pulli. (dies-)
3. Wir kaufen der Lehrerin Blumen. (jed-)
4. Wir schicken der Tante ein Paket. (dies-)

B. Negate the indirect object in each command properly.

1. Kauft allen Verwandten ein Geschenk!
2. Schenkt diesem Onkel Zigarren!
3. Schickt dieser Tante den Wein!
4. Besorgt allen Nachbarn Schokolade!

TEIL 9,7 | Wann siehst du deine Familie?
Wenn ich Zeit habe, besuche ich sie.

MERKE

Inverted word order: review

adverb:	**Heute abend** besucht mich eine Freundin.
prepositional phrase:	**Für den Abend** besorge ich etwas Wein.
direct object:	**Diesen Wein** mag sie.

Inverted word order: past tense

adverb:	**Gestern abend** hat mich eine Freundin besucht.
prepositional phrase:	**Für den Abend** habe ich Wein besorgt.
direct object:	**Diesen Wein** mochte sie.

AKTIVITÄTEN   Gelenkte Kommunikation

Answer these questions beginning with a subordinate clause.

1. Wann machen Sie gern etwas draußen?
2. Wann besuchen Sie Verwandte? Wann haben Sie das letzte Mal Ihre Familie besucht?
3. Wann schreiben Sie Briefe oder Karten?
4. Wann mußten Sie viel lernen?

Wiederholung : Grammatik

Emphasize the italicized information by using inverted word order.

1. Ich war *gestern nachmittag* zu Hause, denn ich hatte Besuch.
2. Alle Freunde haben *um diesen Tisch* gesessen und Kaffee getrunken.
3. Wir haben ein bißchen später *diesen Film* gesehen.
4. Wir sind *abends* eine halbe Stunde spazierengegangen.

MERKE

Expansion of inverted word order: subordinate clauses

	1	2

present tense: <u>Wenn ich Durst habe,</u> <u>trinke</u> ich Wasser.

	1	2

past tense: <u>Als ich in Berlin studiert habe,</u> <u>habe</u> ich Dieter kennengelernt.

Dative case: the indefinite article and negation

masculine: Gabi hat **einem Freund** ein Buch geliehen. | Gabi leiht **keinem Freund** Bücher.

feminine: Sie hat **einer Freundin** ihr Auto gegeben. | Sie gibt **keiner Freundin** ihr Auto.

neuter: Sie hat **einem Kind** ein Eis gekauft. | Sie kauft **keinem Kind** Eis.

plural: ——— | Sie gibt **keinen Kindern** etwas.

AKTIVITÄTEN

Wiederholung: Grammatik

A. Fill in the blanks with the correct form of the indefinite article.
1. Was schenken Sie ＿＿ Freundin?
2. Was schenken Sie ＿＿ Freund?
3. Was schenkt man ＿＿ Arbeitskollegin?
4. Soll man ＿＿ Nachbarn etwas schenken?

B. Now negate the sentences with forms of **kein.**
1. Also, ich schenke ＿＿ Chef und ＿＿ Chefin etwas.
2. Ich kaufe ＿＿ Kollegen Weihnachtsgeschenke, nur Freunden.
3. Ich schenke ＿＿ Nachbarn etwas. Das wird sonst zu viel!

TEIL 9,8 | Connie erzählt ihrer Freundin etwas.

MERKE

Dative case: ein-*words and negation*

masculine: Ich zeige **meinem Freund** die Gegend. | Ich zeige meinem Freund die Gegend **nicht.**

feminine: Connie erzählt **ihrer Freundin** über Ali. | Sie erzählt ihrer Freundin **nicht,** wer Ali ist.

neuter: Ali gibt **seinem Mädchen** Blumen. | Er gibt seinem Mädchen **keine** Blumen.

plural: Stellst du Ali **deinen Kollegen** vor? | Stellst du Ali deinen Kollegen **nicht** vor?

DIALOG: Connie erzählt ihrer Freundin über Ali.

Sehen Sie sich das Vokabular an, bevor Sie den Dialog lesen!

ewig   *forever*
die Gegend   *area, region*
doof   *dumb, stupid, dopey*
egal   *the same, equal*
das ist egal   *I don't really care/it's all the same*
jemanden vorstellen   *to introduce someone*
echt   *genuine(ly)*
reagieren, reagiert   *to react, to behave*
komisch   *odd, strange, weird (person)*
albern   *silly*

Cornelia hat einen Freund aus der Türkei.

ULRIKE   Aah, hallo Connie! Wir haben uns ja schon ewig nicht mehr gesehen! Was gibt's Neues?

CORNELIA   Hmm, eigentlich nichts. Ich war eine Woche an der Nordsee und habe meinem Freund ein bißchen die Gegend gezeigt.

ULRIKE   Ja, ehrlich? Deinem Freund? Kenne ich ihn von der Arbeit?

CORNELIA   Nee, das glaub' ich nicht. Ali arbeitet bei der Firma Krämer.

ULRIKE   Ali? Woher kommt er denn?

CORNELIA   Aus der Türkei. Alle Leute fragen so richtig doof! Ist doch egal, woher er kommt, oder?

ULRIKE   Klar ist das egal. Ich hab' ja nur so gefragt!

CORNELIA   Ich habe ihn schon meinen Eltern vorgestellt. Sie finden ihn echt nett.

ULRIKE   Machen wir doch am Freitagabend etwas mit unseren Kollegen, und mit Ali, meine ich.

CORNELIA   Ach, ich weiß nicht. Sie reagieren bestimmt komisch, wenn sie ihn sehen.

ULRIKE   Mensch, Connie, das ist doch albern!

CORNELIA   Nee, ich warte noch. Wir wissen doch, wie die Leute sind!

Fragen

1. Woher kommt Cornelias Freund?
2. Welchen Leuten hat sie ihn schon vorgestellt?
3. Was fragt ihre Freundin sie? Warum, glauben Sie, reagiert Cornelia ein bißchen aggressiv?
4. Finden Sie das albern, oder können Sie Claudia verstehen?
5. Welche Probleme gibt es für Gastarbeiter in der BRD?

Kulturnotiz

Seit den frühen sechziger Jahren, kurz nach dem Beginn des Wirtschaftswunders (*economic miracle*), sind die Gastarbeiter (ausländische Arbeitnehmer, Fremdarbeiter) ein wichtiger Bestandteil des Arbeitsmarktes in der BRD. Die Anzahl liegt jetzt bei ca. 4,5 Millionen, und die größte Gruppe, neben Italienern, Spaniern, Jugoslawen und Griechen, bilden mit ca. 1,5 Millionen die Türken. Diese Minorität erfährt (*experiences*) täglich die Schwierigkeiten, die diese Situation mit sich bringt. Ausländer können in den meisten Bundesländern nicht wählen (*vote*), begegnen oft Mißtrauen und Vorurteilen (*prejudices*) und sind besonders stark von der Arbeitslosigkeit in der Bundesrepublik betroffen. Das zentrale Problem ist für viele die Sprache. Besonders in den Städten, in denen der Prozentsatz der Ausländer sehr hoch ist, gibt es oft Spannungen (*tensions*) zwischen Gastarbeitern und Bundesdeutschen. Einige Leute plädieren dafür, daß man alle Ausländer in ihre Heimatländer zurückschickt.

Ungefähr die Hälfte der Ausländer wohnt seit über zehn Jahren in der Bundesrepublik. Die größten Schwierigkeiten hat mit Sicherheit die „zweite Generation". Besonders die jungen Frauen haben Probleme, weil sie immer zwischen zwei Kulturen stehen.

Türkische Frauen an einer Straßenecke in Bamberg.

Deutschkurs (corso di tedesco; almanca kursu)
für ausländische Arbeitnehmer / -innen

Wo: *Goetheinstitut Bremen*

           Fedelhoeren 78

Wann: *Montagabend 19-21 Uhr*

Telefon: *32 15 44*

Fragen

1. Für wen ist der Deutschkurs?
2. Welche Sprachen sehen Sie hier? Also, für welche Ausländer ist der Kurs vielleicht?
3. Wo und wann findet er statt?

AKTIVITÄTEN   Freie Kommunikation

Wem sagen Sie nichts? (Erklären Sie Ihre Antwort!)   Wem sagen Sie alles?
Warum dieser Person?   Wem erzählen Sie oft Witze?

Wem geben Sie Ihre Adresse und Ihre Telefonnummer nicht?   Warum nicht?

Wem schreiben Sie oft Karten?   Briefe?   Wem haben Sie das letzte Mal ein Paket
geschickt?   Was war im Paket?

Wem haben Sie etwas zu Weihnachten geschenkt, und was war es?   Wem haben Sie
etwas zum Geburtstag geschenkt, und was war es?   Wem haben Sie neulich
etwas verkauft?   Was war es?

Wem leihen Sie nichts? Erklären Sie Ihre Antwort bitte.   Wem leihen Sie alles?
Wem haben Sie neulich etwas geliehen?   Was war es?

Wiederholung: Grammatik

Substitute the possessive adjectives in parentheses for the italicized word in each
sentence.

1. Zeigst du *diesem* Freund Bremen? (dein-, mein-)
2. Schenkt ihr *den* Eltern etwas zu Weihnachten? (euer-, sein-)
3. Kauft ihr *den* Geschwistern etwas? (ihr-, euer-)
4. Was hat sie *den* Kollegen mitgebracht? (ihr-, unser-)
5. Hast du *der* Mutter Blumen besorgt? (dein-, sein-)

TEIL 9,9 | Was schenkt man in Deutschland?

MERKE

Dative case: pronoun substitutions

> **masculine:** Was hast du **Vati** gekauft? Ich habe **ihm** ein Taschenbuch gekauft.
>
> **feminine:** Was hast du **Mutti** mitgebracht? Ich habe **ihr** Blumen gebracht.
>
> **neuter:** Was hast du **dem Kind** geschenkt? Ich habe **ihm** eine Katze geschenkt.
>
> **plural:** Was hast du **deinen Brüdern** besorgt? Ich habe **ihnen** Zeitschriften besorgt.

Negation

Ich habe ihr das Heft **nicht** besorgt. Ich habe ihm **keinen** Hund gekauft.

Dative case: primary endings

masculine:	feminine:	neuter:	plural:
dem	der	dem	den
diesem	jeder	welchem	allen
einem	einer	einem	keinen
meinem	seiner	ihrem	unseren
ihm	ihr	ihm	ihnen
wem			
m	**r**	**m**	**n + n**

Synthesis: nominative, accusative, and dative cases

	masculine:	feminine:	neuter:	plural:
nominative:	**r/–**	**e**	**s/–**	**e**
accusative:	**n**	**e**	**s/–**	**e**
dative:	**m**	**r**	**m**	**n + n**

Lesestück: Geschenke

Vorbereitung: Machen Sie diese Übungen, bevor Sie den Text lesen!

1. Wann sind diese Feiertage: Weihnachten, Geburtstag, Muttertag, Ostern?
2. Finden Sie Wortkombinationen im Text mit Weihnachten, Geburtstag und Ostern!
3. Finden Sie Dinge im Text, die man oft schenkt!

In der BRD schenkt man sich etwas zu vielen verschiedenen Anlässen:

Zu Weihnachten und zum Geburtstag sucht man natürlich Geschenke für Familienmitglieder und gute Freunde, aber auch Ostern, der Muttertag, und eine Einladung zum Essen sind Gründe für ein Geschenk oder Mitbringsel.

Am 24. Dezember legen alle Familienmitglieder ihre Geschenke unter den Weihnachtsbaum. Die Bescherung, das heißt, wenn man die Geschenke auspackt, ist in den meisten Familien zwischen sechs Uhr und acht Uhr abends. Die Geschenke sind natürlich hübsch verpackt und sollen eine Überraschung sein! Aber viele Kinder schreiben einen Wunschzettel (natürlich an den Weihnachtsmann!) und hoffen, daß jemand diesen Wunsch erfüllt. Am Weihnachtsabend zünden viele Leute das erste Mal den Weihnachtsbaum an; einige Leute haben noch echte Kerzen am Weihnachtsbaum im Wohnzimmer, andere haben elektrische Kerzen.

Weihnachten in Oberbayern.

Zum Geburtstag schenkt man natürlich Freunden, Eltern und Geschwistern etwas. Oft besorgt man vielleicht nur einen Blumenstrauß oder eine Flasche Wein, oder man backt vielleicht einen Geburtstagskuchen. Ein Geschenk soll immer sorgfältig eingepackt sein, und oft legt man eine Geburtstagskarte dazu.

Zu Ostern muß man für ein Geschenk ein bißchen arbeiten. Leute verstecken nicht nur Ostereier (aus Schokolade), sondern oft auch ein paar kleine Geschenke im Haus. Familien mit Kindern haben besonders viel Spaß am Ostersonntag, wenn man die Ostereier im Wald suchen muß! Die Eltern haben die Eier frühmorgens versteckt, und die ganze Familie macht dann einen Spaziergang und sucht sie. Die Eltern dürfen ein bißchen helfen, denn sie wissen ja, wo die Ostereier sind.

In der BRD ist es auch üblich, daß man Gastgebern ein paar Blumen, Pralinen oder feine Schokolade mitbringt. Rote Rosen soll man nicht besorgen, denn sie haben eine besondere Bedeutung, und rote und weiße Nelken (*carnations*) sind in der BRD hauptsächlich Blumen fürs Grab.

Fragen

1. Wie und wann feiert man in Deutschland Weihnachten?
2. Wie feiert man Ostern? Was schenken die Eltern den Kindern?
3. Wem schenkt man etwas zum Geburtstag? Was schenkt man?
4. Wann und wem schenkt man Blumen?
5. Wie feiern Sie zu Hause Weihnachten? Feiern Sie Ostern? Was machen Sie?
6. Wann haben Sie Geburtstag? Wie feiern Sie ihn? Wer schenkt Ihnen etwas?
7. Hat jemand in Ihrer Familie bald Geburtstag? Was schenken Sie dieser Person?

AKTIVITÄTEN   Partnerarbeit

With a partner, generate sentences according to the example for the following items.

SITUATION: Your friend is telling you on the phone about a shopping spree. You don't catch everything he says and have to double-check to see if you understood him correctly.

Beispiel: You read: Ich habe meiner Mutter Rotwein gekauft.
           Your partner asks: Wie bitte, was hast du ihr gekauft?
           You answer: Ich habe ihr Rotwein gekauft.

1. Ich habe meinem Vater eine bunte Krawatte gekauft.
2. Meiner Schwester habe ich ein Bruce Springsteen Poster besorgt.
3. Ach ja, meiner Mutti habe ich eine Tüte Kekse mitgebracht.
4. Meinen Brüdern habe ich zwei Comic-Heftchen geschenkt.
5. Und meiner Freundin habe ich grüne Plastikohrringe gekauft.

Wiederholung: Grammatik

Answer each sentence affirmatively and replace the indirect object with a pronoun.

1. Hast du deiner Freundin in München geschrieben?
2. Hast du dem Freund in Bremen eine Postkarte geschickt?
3. Schickst du deinen Eltern ein Telegramm, bevor du zurückkommst?
4. Bringst du deiner Schwester etwas mit?
5. Kaufst du deinen Brüdern eine Kleinigkeit?
6. Besorgst du ein paar Freunden ein Mitbringsel?

TEIL 9,10 | Wir schreiben uns viele Briefe.

MERKE   *Dative case: personal pronouns*

	singular:					plural:			
nominative:	ich	du	er	sie	es	wir	ihr	Sie	sie
dative:	mir	dir	ihm	ihr	ihm	uns	euch	Ihnen	ihnen

Reflexive pronouns

	singular:					plural:			
nominative:	ich	du	er	sie	es	wir	ihr	Sie	sie
dative:	mir	dir	sich	sich	sich	uns	euch	sich	sich

Negation

Er kauft sich das Geschenk.   Er kauft sich das Geschenk **nicht.**
Er kauft sich ein Geschenk.   Er kauft sich **kein** Geschenk.

einander

Die Freundinnen schreiben **sich.** Die Freundinnen schreiben **einander.**
Die Freundinnen schreiben **einander** Briefe. Sie schreiben **sich** keine Karten.

selbst

Die Krügers packen ihre Sachen **selbst** zusammen.

Oh! Zeig uns deine Fotos!

Geschichte und Nacherzählung: Familie Krüger zieht nach Bremen

Herr Krüger ist Ingenieur und hat bis vor kurzem in Frankfurt gewohnt. Letzten Monat hat ihn seine Firma nach Bremen versetzt, d.h., er hat dort jetzt einen neuen Job. Herr Krüger ist schon einen Monat in Bremen, aber seine Familie ist noch in Frankfurt und bereitet dort den Umzug vor. Die Krügers haben zwei Kinder, einen Sohn, Karl-Heinz, und eine Tochter. Die Tochter, Jutta, ist siebzehn Jahre alt und geht ins Gymnasium. Morgen ist die Abreise, und Juttas beste Freundin, Karola, kommt heute vorbei.

Viele Ingenieure arbeiten für
AEG.

KAROLA So, morgen geht's los! Habt ihr alles gepackt?

JUTTA Ja, ich hoffe. Ganz schönes Chaos hier, was? Mensch, die letzte Woche ist so schnell vorbeigegangen. Morgen ziehen wir schon um!

KAROLA Ich weiß. Ich kann kaum glauben, daß es morgen schon losgeht.

JUTTA Ach, Karola, Bremen ist ja nicht so weit. Nächsten Sommer können wir uns vielleicht sehen, und sicher schreiben wir uns viel!

KAROLA Ja, das stimmt. Ich würde euch gern in Bremen besuchen. Und wenn meine Eltern es mir erlauben, telefonieren wir auch miteinander. Ferngespräche sind halt ziemlich teuer!

JUTTA Hmm, mal seh'n. Ich hoffe, daß wir schon ein Telefon haben. Es dauert ewig, bis die Post ein Telefon installiert.

KAROLA Na ja, wir erzählen uns eben viel in Briefen.

JUTTA Ich hoffe nur, daß mein Vater uns eine schöne Wohnung gemietet hat, nicht zu weit von der Schule.

KAROLA Weißt du, ob ihm jemand geholfen hat? Kennt ihr Leute in Bremen?

JUTTA Ich glaube, daß er das Meiste selbst machen mußte. Ein guter Bekannter wohnt schon zwei Jahre da, aber sonst kennen wir niemanden.

KAROLA Ja, aber das ändert sich schnell.

JUTTA Ja, das hoff' ich auch. Wir haben sicher Kontakt mit Nachbarn, und Karl-Heinz und ich lernen ja auch gleich Leute in der Schule kennen.

KAROLA Mensch, Jutta, es ist schon nach elf. Ich gehe jetzt besser nach Hause. Sehen wir uns morgen früh nochmal? Wann wollt ihr losfahren?

JUTTA Ich denke, so gegen halb neun. Ooh, ich hab' eine Idee! Komm doch morgen zum Frühstück! Dann haben wir noch ein bißchen Zeit zusammen.

KAROLA Au ja, und ich besorge uns frische Brötchen beim Bäcker. Also, Jutta, sehen wir uns so um halb acht?

JUTTA Ja, das paßt. Bis morgen, Karola!

KAROLA Gute Nacht, Jutta!

Am nächsten Morgen kommt Karola um halb acht und bringt Brötchen zum Frühstück. Frau Krüger stellt noch die Eier, das Brot und etwas Wurst und Käse auf den Tisch. Karl-Heinz ist in der Küche und macht den Kaffee fertig.

JUTTA	Aah, hallo Karola! Hast du gut geschlafen?
KAROLA	Na ja, es geht. Guten Morgen, Frau Krüger!
FRAU KRÜGER	Morgen, Karola. Schön, daß wir uns nochmal sehen!
KAROLA	Ja, finde ich auch prima. Hier sind die Brötchen.
FRAU KRÜGER	Prima! Setzt euch und laßt es euch schmecken!

Kulturnotiz

Etwa zwei Drittel aller Bundesdeutschen mieten ihre Wohnung, und ein Drittel sind Wohnungs- oder Hausbesitzer. Die meisten Leute erwarten aber trotzdem, die Wohnung oder das Haus ziemlich lange zu behalten. Besonders in Universitätsstädten ist es schwierig, eine günstige Wohnung zu finden, und man möchte sie dann nicht so bald wieder aufgeben.

Eine kleine Notiz zum Thema Umzug: In der BRD muß man sich, wenn man umzieht, vom **alten Wohnort abmelden** (*register one's departure*) und dann in der neuen Stadt wieder **anmelden** (*register one's new residence*).

ÜBUNGEN

Übung A. Setzen Sie passende Worte aus dem Text ein!

1. Familie Krüger wohnt bald nicht mehr in Frankfurt. Sie _____ morgen nach Bremen _____.
2. Herr Krüger arbeitet nicht mehr in Frankfurt. Seine Firma hat ihn nach Bremen _____.
3. Sie machen alles für die Abreise morgen fertig, d.h., sie _____ alles _____.
4. Wenn man nicht genug Zeit für alles hat, sagt man, die Zeit _____ schnell _____. (Inf: _____)
5. Karola telefoniert mit Jutta, wenn die Eltern es ihr _____.
6. Ein Telefonanruf in eine andere Stadt oder Übersee ist ein _____.
7. Die _____ installiert in der BRD das Telefon.
8. Die Krügers kaufen keine Wohnung, sondern sie _____ eine.
9. Karola und Karl-Heinz _____ wahrscheinlich schnell Leute _____.
10. Karola geht zum Bäcker und _____ Brötchen.

Übung B. Sagen Sie, was diese Ausdrücke bedeuten!

1. Ganz schönes Chaos hier, was?
2. Ich kann kaum glauben, . . .
3. Das stimmt!
4. Es dauert ewig!
5. Das paßt.
6. wenn meine Eltern es mir erlauben
7. das Meiste
8. Das ändert sich schnell.
9. ein guter Bekannter
10. Ich gehe jetzt besser nach Hause.

Übung C. Beantworten Sie diese Inhaltsfragen!

1. Was macht Familie Krüger? Warum?
2. Wo ist Herr Krüger jetzt?
3. Wo ist seine Familie?
4. Wer ist Karola?
5. Wie wollen Karola und Jutta in Kontakt bleiben? Was planen sie?
6. Warum ist das Telefonieren vielleicht ein Problem?
7. Weiß Jutta, wie die Wohnung in Bremen ist?
8. Kennt Familie Krüger viele Leute in Bremen?
9. Wie lernen sie schnell Leute kennen?
10. Was machen Karola und Jutta wahrscheinlich nächsten Sommer?
11. Was macht Karola morgen früh, bevor sie zum Frühstück kommt?

Übung D. Erzählen Sie die Geschichte chronologisch nach!

Übung E. Persönliche Fragen:

1. Sind Sie schon oft umgezogen? Wie finden Sie das?
2. Sind Sie mit alten Freunden in Kontakt geblieben? Schreiben Sie einander oft?
3. Ziehen Amerikaner oft um?
4. Ziehen Deutsche oft um? (Besprechen Sie das im Unterricht!)
5. Was finden Sie besser: daß man oft umzieht, oder daß man länger in einer Stadt bleibt?
6. Vielleicht sind Sie schon mal umgezogen. Beschreiben Sie Ihren Umzug!

Kulturnotiz

Durch die Bundespost bekommt man nicht nur Briefe und Karten, sondern sie bietet eine Menge anderer Dienstleistungen (*services*). Man kann Briefmarken in der Post oder an einem Briefmarkenautomaten (*stamp dispenser*) der Bundespost kaufen. Viele Leute haben auch Konten (*accounts*) bei der Post statt bei einer Bank; sie heißen Girokonto oder Postsparbuch. Die Post hat eine Menge Aufgaben, und nicht alles funktioniert ganz ohne Probleme: nur die Post darf das Telefon installieren, was oft sehr lange dauern kann, und man muß einen Anrufbeantworter (*telephone answering machine*) bei der Post anmelden. Seit den späten siebziger Jahren installiert die Bundespost auch Kabelfernsehen, aber sehr teuer!

Man erkennt die Telefonzellen (*phone booths*) und Briefkästen (*mail boxes*) der Bundespost an der typischen gelben Farbe und an dem Symbol des Posthorns. Das Posthorn hat früher der Postbote (*mailman*) geblasen, wenn er mit seiner Postkutsche (*mail coach*) die Post gebracht hat.

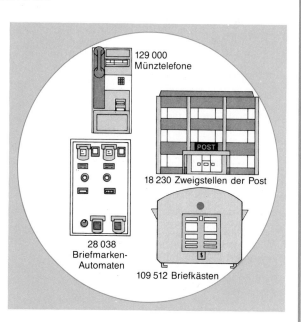

129 000 Münztelefone

18 230 Zweigstellen der Post

28 038 Briefmarken-Automaten

109 512 Briefkästen

TEXT : Postsparbuch

Wie schön, daß man Geld auf so nette Art verschenken kann. .

Hier ist eine hübsche neue Geschenkidee: ein kleiner (oder auch größerer) Geldbetrag für das Postsparbuch.
Zum Geburtstag, zu Weihnachten, zur Konfirmation oder Kommunion oder einfach so zwischendurch. Dann kann daraus einmal ein richtiges Guthaben werden—für eine Reise, ein Klavier, eine Stereo-Anlage oder etwas anderes, das sich der Beschenkte schon immer gewünscht hat.
Damit es für Sie ganz einfach ist, haben wir alles vorbereitet. Mit dem anhängenden, leicht abzulösenden Vordruck können Sie Ihr Geldgeschenk überall bei der Post einzahlen. Sie können es auch überweisen, wenn Sie ein Girokonto bei der Post, bei einer Bank oder Sparkasse besitzen.

Guthaben   *funds, credit*
der Vordruck   *form*
einzahlen   *to deposit*
überweisen   *to transfer*

Mein Geschenk fürs Postsparbuch.

POSTSPARBUCH

Post

Fragen

1. Lesen Sie zuerst **die Überschrift** (*headline*). Was soll man jemandem schenken?
2. Wann schenkt man oft etwas? Sehen Sie Anlässe fürs Schenken in diesem Text?
3. Lesen Sie jetzt den Text und beantworten Sie dann die folgenden Fragen!
4. Beschreiben Sie die hübsche neue Geschenkidee!
5. Was kann man sich dann vielleicht kaufen?
6. Wo kann man das Geschenk einzahlen?
7. Wie kann man das Geldgeschenk auch machen?

TEXT: Bremen

Das kleinste Bundesland in der BRD, Bremen, ist neben Hamburg die wichtigste Seehafenstadt in der BRD und besteht aus den beiden Städten Bremen und Bremerhaven. Die Stadt Bremen ist über 1200 Jahre alt und wie Hamburg und Lübeck eine Hansestadt. Die Hanse (=**Handel**=*trade*), eine Vereinigung von Handelsstädten im Mittelalter, dominierte vom 14. bis zum 16. Jahrhundert den Handel in der Nord- und Ostsee. Bremen ist auch als Ausgangspunkt für viele Emigranten nach Amerika im 19. Jahrhundert bekannt. Viele Kinder kennen die Stadt Bremen allerdings aus dem Märchen „Die Bremer Stadtmusikanten".
So beginnt dieses Märchen in Versen:

Bremer
Stadtmusikanten.

Ein Esel, schwach und hochbetagt,
ein Hund von Atemnot geplagt,
ein Katzentier mit stumpfem Zahn,
und ein dem Topf entwichener Hahn,
die trafen sich von ungefähr,
und rieten hin und rieten her,
was sie wohl unternähmen,
daß sie zur Nahrung kämen.

Welche Tiere sind in diesem Märchen?
Wie sind diese Tiere? Was brauchen Sie vielleicht?
Was ist ein anderes Wort für Essen?

Ich Esel kann die Laute schlagen:
Ja plonga plonga plomm.
Ich Hund will's mit der Pauke wagen:
Rabau rabau rabomm.
Ich Katze kann den Bogen führen:
Miau miau mihie.
Ich Hahn will mit Gesang mich rühren:
Kokürikürikie.

Welche Instrumente wollen sie spielen?
Was will die Katze machen?

So kamen sie denn überein,
sie wollten Musikanten sein
und könnten's wohl auf Erden
zuerst in Bremen werden.

Was werden sie also?
Wo wollen sie das machen?

AKTIVITÄTEN Gelenkte Kommunikation

A. Match the gifts with the people you think should receive them. Use dative noun phrases and dative pronouns as in the **Beispiel.**

SITUATION: Anne and her brother have agreed that he would take care of getting the presents they had discussed. Now she checks to see if he has done that.

Beispiel: Und **unserem Bruder**? Hast du **ihm** die Platte gekauft?

Schwester	Weihnachtsgebäck
Mutti	Krawatte und Socken
Vati	Bocksbeutel (der)
Tante Erika	Teekanne (die)
Oma und Opa	Kaffeemühle (die)
Freundin	Sweatshirt
Zimmerkollege	Bild
Nachbarn	Poster (das)
Onkel Walter	Seidenschal
Cousin	Portemonnaie
Kusine	Computerspiel

B. Retell in German what Claudia did.

SITUATION: Claudia is at a restaurant and has already ordered for herself and some friends. She ordered:

1. some wine for Brigitte
2. a Pils for herself
3. some mineral water for her boyfriend
4. a Coke for her friend Heike

C. Indicate in German what Monika says to Karl-Heinz.

SITUATION: Monika's fiancé Karl-Heinz is moving to Bremen. They are discussing how they and their families will stay in touch. Monika says that:

1. they have to write each other every day
2. they have to call each other every two weeks
3. their mothers will probably write each other a couple of cards
4. their fathers will definitely see each other next month
5. their families will meet (each other) for Christmas

Wiederholung: Grammatik

Fill in the blanks with the correct form of the dative reflexive pronoun.

1. Karola und Jutta schreiben ____ Briefe.
2. Wir geben ____ Geschenke.
3. Monika kauft ____ eine Platte.
4. Karl-Heinz bestellt ____ einen Mantel.
5. Jutta und ich zeigen ____ Fotos.
6. Vati holt ____ die Zeitung.
7. Die Geschwister schenken ____ Kleider.
8. Ich kaufe ____ einen Computer.

TEIL 9,11	Hat Ihr Kollege die Arbeit gesehen?
	Ja, ich habe sie ihm heute gezeigt.

MERKE

Dative case: weak nouns

der Junge, -n	der Student, -en	der Journalist, -en
der Knabe, -n	der Soldat, -en	der Agent, -en
der Name, -n	der Polizist, -en	der Nachbar, -n
der Neffe, -n	der Präsident, -en	der Mensch, -en
der Kunde, -n	der Kamerad, -en	der Herr, -en
der Kollege, -n	der Patient, -en	
der Zimmerkollege, -n	der Architekt, -en	

Singular:

Er zeigt seinem Kolleg**en** die Arbeit.

Der Professor gibt dem Student**en** eine gute Note.

Er gibt dem Jung**en** die Arbeit.

Er zeigt dem Herr**n** den Weg.

Plural:

Sie zeigt ihren Kolleg**en** die Arbeit.

Der Professor gibt den Student**en** gute Noten.

Sie geben den Jung**en** die Arbeit.

Er zeigt den Herr**en** den Weg.

> word order with objects: dative first, unless the accusative is a pronoun

alles, etwas, nichts, viel, wenig

Hast du deinen Eltern **alles** gesagt?

Ich habe ihnen **etwas / nichts / viel / wenig** gesagt.

AKTIVITÄTEN   Wiederholung : Grammatik

Put the objects in parentheses in order.

1. Opa hat ____ geschrieben. (eine Geschichte / den Kindern)
2. Hast du ____ geschickt? (eine Karte / ihm)
3. Wann hat er ____ geschrieben? (euch / den Brief)
4. Hat Susanne ____ gebracht? (dir / die Lebkuchen)
5. Die Tante hat ____ geschenkt. (ihrer Nichte / eine Puppe)
6. Wir haben ____ geschenkt. (zu viel / unseren Kindern)
7. Von wem ist die Teekanne? Oma hat ____ (sie / uns) gegeben.
8. Von wem ist das Päckchen? Andi hat ____ (es / euch) geschickt.
9. Warum wollt ihr die Fotos nicht sehen? Vati hat ____ (sie / uns) schon dreimal gezeigt!
10. Er hat auch einen schönen Film. Vielleicht zeigt er ____. (ihn / mir)

Kontrolle

After completing this chapter, you should be able to in German:

1. narrate at length, orally and in writing, in the present, future, and past tense, your daily routine and personal interests; access your active vocabulary; and employ all of the types of word order you have learned thus far: standard, inverted, compound, and complex
2. elicit and identify the person(s) to or for whom things are bought, given, presented, explained, said, or written
3. discuss what gifts you give to whom and on what occasions
4. relay a message from a third person

Wiederholung

A. Schreiben Sie einen Aufsatz zu diesen Fragen (einen, besser zwei Absätze)!

1. Was machen Sie jeden Tag von morgens bis abends?
2. Was haben Sie gestern, letztes Wochenende oder in den Ferien gemacht?

B. Erzählen Sie, was Sie geschrieben haben!

C. Beantworten Sie diese Fragen!

1. Wem sagen Sie alles?
2. Wem erzählen Sie nichts? Warum nicht?
3. Wem schreiben Sie oft Briefe?
4. Wem haben Sie ein Paket geschickt?
5. Wem haben Sie etwas zu Weihnachten oder zum Geburtstag geschenkt? Was?
6. Wie feiern Sie zu Hause Weihnachten? Was sind ein paar Traditionen in der BRD?
7. Wem leihen Sie nichts? Warum nicht?
8. Wann sind Sie das letzte Mal umgezogen? Wohin? Sind Sie mit Freunden in Kontakt geblieben? Schreiben Sie sich? Ziehen die Leute in der BRD oft um?
9. Zu welchen Anlässen schenkt man in der BRD Blumen?
10. Was wissen Sie über die Situation der Ausländer in der BRD?
11. Was wissen Sie über die Bundespost?

PART THREE

Getting Along in Germany, Austria, and Switzerland

KAPITEL 10

AUF REISEN UND ZU HAUSE

ÜBERBLICK

KONTEXT UND FUNKTIONEN

talking about your physical well-being
turning down a request or invitation politely
expressing discomfort, pain, regret, and dissatisfaction
expressing reactions
expressing how to take care of yourself
naming destinations and locations in and outside of a city
describing your apartment or house

VOKABULAR

parts of the body and verbs related to personal hygiene
nouns of location and destination: continents, countries, and cities
points within a city, town, or village
rooms of a house and points within rooms (furniture)
eating and drinking implements
basic modes of transportation
vocabulary from the **Dialoge, Geschichten,** and **Lesestücke**

KULTUR

the **BRD** as part of the European Community
castles and fortresses
the retail business in the Federal Republic
the cathedral in **Köln**
what rules tenants should observe
a house and its rooms in the Federal Republic
privacy in a house or an apartment
looking for an apartment in a newspaper
table manners

GRAMMATIK:

forms: verbs with dative objects
           dative of ownership: with clothing and parts of the body;
              with original works
           verbs of hygiene with dative reflexive pronouns
           the verb **tun** + dative idioms
           expressing reactions with the dative, an adjective, and **sein**
           dative prepositions: **aus, außer, bei, mit, nach, seit, von, zu**
           dative postposition: **gegenüber**

word order: with **gehen, sehen, hören, lassen** + infinitive
              with prepositional phrases
              negation of prepositional phrases

TEIL 10,1 | Wir gehen schwimmen und segeln.

MERKE

Pseudomodal verbs: **gehen, sehen, hören, lassen**

Ich **gehe** dieses Wochenende **segeln.** Letztes Wochenende **sind** wir
   angeln gegangen.
Ich **sehe** meine Schwester **spielen.** Vorher **habe** ich sie **weinen sehen.**
Hörst du deinen Bruder **klingeln?** Ich **habe** ihn vorher **rufen hören.**
Läßt du heute deine Haare **schneiden?** Nein, ich **habe** sie letzte Woche
   schneiden lassen.

GESCHICHTE UND NACHERZÄHLUNG:
Ein guter Kompromiß fürs Wochenende

*Dieter, Wolfgang, Claudia und Karin machen Pläne für das Wochenende. Karins Bruder spielt Fußball
für einen Verein. Karin und Dieter sind Anhänger von diesem Verein und würden dieses Wochenende
gern das Spiel sehen. Wolfgang und Claudia interessieren sich für Sport, aber sie wollen lieber selbst
aktiv sein. Die vier diskutieren, was sie am Wochenende machen können.*

DIETER   Also, wie ist es mit dem Fußballspiel am Samstag? Wollen wir es zusammen
          anschauen?

CLAUDIA   Also, eigentlich möchte ich lieber schwimmen oder segeln gehen. Das Wetter
          soll prima werden!

KARIN   Aber das Spiel am Samstag ist echt wichtig. Es ist das letzte Spiel in dieser Saison, und mein Bruder wird bestimmt sehr enttäuscht sein, wenn ich nicht da bin.

DIETER   Wir sind doch gerade letzte Woche angeln gegangen! Und außerdem ist der See am Wochenende so voll, daß es überhaupt keinen Spaß macht!

WOLFGANG   Mann, im Stadion sind viel mehr Leute, und dann sucht man ewig einen Parkplatz und steht stundenlang in der Schlange!

CLAUDIA   Also Wolfgang, du hast recht.

KARIN   Wir können ja mit dem Bus fahren.

CLAUDIA   Also gut. Wir lassen euch allein zum Fußballspiel gehen, und Sonntag können wir uns dann treffen.

WOLFGANG   Hmmm, wenn euch das Spiel soo wichtig ist. Wenn das Wetter schön ist, bin ich eben lieber weg von der Stadt.

CLAUDIA   Also gut. Wolfgang und ich fahren am Samstag zum See, und wir treffen uns dann am Sonntag dort, wo wir immer sind.

KARIN   Ja, wir kommen so gegen zwölf. Macht es euch 'was aus, wenn meine Schwester mitkommt?

WOLFGANG   Also, mir ist das egal. Also dann, bis Sonntag. Und viel Spaß beim Spiel!

DIETER   Tschüß, bis Sonntag!

Fußball ist nicht nur für Jungen!

ÜBUNGEN

Übung A. Setzen Sie passende Worte aus dem Text ein!

1. Karins Bruder spielt Fußball, für einen Sportclub, also für einen ____.
2. Eine Fußballmannschaft hat viele Fans, also viele ____.
3. Karins Bruder hofft, daß sie das Spiel sehen kann, und er wird bestimmt sehr ____ sein, wenn sie nicht kommt.
4. Man sucht einen ____, wenn man sein Auto parken will.
5. Bevor man in das Stadion gehen kann, muß man lange warten. Man steht in einer ____.
6. Karin sagt, daß sie ungefähr um zwölf, also ____ zwölf kommen.

Übung B. Sagen Sie auf englisch, was diese Ausdrücke bedeuten!

1. Wie ist es mit dem Fußballspiel?
2. Es ist echt wichtig.
3. Es macht überhaupt keinen Spaß!
4. Dann sucht man ewig einen Parkplatz.
5. Du hast recht.
6. Macht es euch 'was aus?

Übung C. Beantworten Sie diese Inhaltsfragen!

1. Was besprechen die vier Freunde?
2. Was wollen Karin und Dieter machen?
3. Was macht Karins Bruder?
4. Was wollen Claudia und Wolfgang dieses Wochenende machen?
5. Warum finden Claudia und Wolfgang das Fußballspiel nicht so interessant?
6. Warum ist dieses Spiel so wichtig?
7. Was ist eigentlich der Kompromiß?
8. Wann treffen sie sich am See?

Übung D. Erzählen Sie die Geschichte chronologisch nach!

Übung E. Persönliche Fragen:

1. Gehen Sie gern zum Fußballspiel? Allein? Mit Freunden?
2. Macht Ihre Familie viel Sport? Machen Sie Sport? Allein oder in einer Mannschaft? Spielen Sie an der Uni? Für die Uni?
3. Sind Sie ein großer Fußballfanatiker? Wenn ja, für welche Mannschaft sind Sie?
4. Gehen Sie gern an den See? Wenn ja, was machen Sie dort?
5. Sind Sie gern in der Stadt, wenn das Wetter schön ist?
6. Haben Sie ein Auto? Muß man lange suchen, bis man einen Parkplatz an der Uni finden kann?
7. Wann müssen Sie in einer Schlange stehen?
8. Claudia und Wolfgang sind Karins Freunde, aber sie wollen nicht zum Fußballspiel gehen. (Sie wußten, daß das Spiel sehr wichtig ist.) Sind Claudia und Wolfgang echte Freunde? Wie finden Sie die zwei? Was würden Sie machen?

AKTIVITÄTEN   Gelenkte Kommunikation

Indicate in German what Claudia tells a friend.

SITUATION: Claudia tells a friend what she's up to. She says that:

1. she had her hair cut yesterday morning
2. she went swimming yesterday afternoon
3. last night she went dancing
4. she's going fishing tomorrow early in the morning
5. maybe she'll go for a walk in the afternoon

TEIL 10,2 | Hals- und Beinbruch!

VOKABULAR   Körperteile

der Mensch, -en	der Körper, -	heben
die Person, -en	der Teil, -e	schütteln
	Körperteil	berühren
der Kopf	der Mund	der Oberkörper
das Gehirn	die Lippe, -n	die Brust, -̈e
das Gesicht, -er	der Bart / Schnurrbart	der Busen
die Stirn	die Zunge	der Rücken
das Haar, -e	der Zahn, -̈e	das Herz
das Ohr, -en	das Kinn	die Lunge, -n
das Auge, -n	die Wange, -n	die Schulter, -n
die Nase	der Hals	der Arm, -e
		der Ellbogen, -

die Hand, -̈e	der Unterkörper
das Handgelenk, -e	der Bauch
der Finger, -	der Magen
Zeigefinger	der Popo, -s
Mittelfinger	die Taille
Ringfinger	
kleine Finger	
der Fingernagel,-̈	

das Bein, -e
das Knie, -
der Fuß, -̈e
das Fußgelenk, -e
die Zehe, -n

Kulturnotiz

In der BRD (und auch in der DDR, der Schweiz und Österreich) tragen die meisten **Ehepaare** (*married couples*) den Ehering am Ringfinger der rechten Hand.

Hals- und Beinbruch!

Wann wünscht man das Leuten?

AKTIVITÄTEN   Gruppenarbeit

Teilen Sie sich in Gruppen von drei oder vier Personen und gehen Sie an die Tafel! Jemand aus der Gruppe soll ein Bild von einem Mann oder einer Frau zeichnen. Die anderen Studenten sagen, wie das Bild aussehen soll.

Sprichwörter mit Körperteilen

Was bedeuten diese deutschen Sprichwörter? Kennen Sie Sprichwörter auf Englisch, die dasselbe bedeuten?

1. Morgenstund' hat Gold im Mund. (Man soll immer früh aufstehen.)
2. Eine Hand wäscht die andere. (Wenn mir jemand hilft, helfe ich der Person auch.)
3. Sie haben kein gutes Haar an ihm gelassen. (Sie haben alles kritisiert, was er gemacht hat.)
4. Die Kinder fressen ihren Eltern die Haare vom Kopf. (Die Kinder essen sehr viel.)
5. Sie trägt ihre Nase immer so hoch! (Diese Person denkt, sie ist besser als andere Leute.)
6. Der Klaus hat Bohnen in den Ohren. (Er hört und macht nie, was man ihm sagt.)
7. Der Künstler lebt auf großem Fuß. (Er gibt sehr viel Geld aus.)
8. Tina hat uns auf den Arm genommen. (Sie hat uns eine unwahre Geschichte erzählt.)
9. Ich glaube, ich bin heute morgen mit dem linken Fuß zuerst aufgestanden! (Der Tag ist ganz schlecht!)
10. Ich habe die Nase voll! (Das ist genug!)

Welches Sprichwort paßt zu welcher Situation?

A. Maria steht morgens gern früh auf. Über ihrem Bett hängt ein Schild, und darauf steht:

1. Ich hab' die Nase voll.
2. Ich stehe immer mit dem linken Fuß zuerst auf.
3. Morgenstund' hat Gold im Mund!

B. Peter hört nie richtig zu, wenn seine Mutter ihm etwas sagt. Sie wird böse und sagt:

1. Hast du Bohnen in den Ohren?
2. Lebst du auf großem Fuß?
3. Trag deine Nase nicht so hoch!

C. Herr Ritter hat letzten Sonntag seinem Kollegen geholfen. Heute ruft er ihn an und fragt, ob er Zeit hat, ihm beim Umzug zu helfen. Der Kollege sagt:

    1. Sie lassen kein gutes Haar an mir.
    2. Klar, eine Hand wäscht die andere.
    3. Sie nehmen mich auf den Arm!

D. Frau Seifert muß jeden Tag fünf Pfund Kartoffeln, zwei Pfund Fleisch und einen Riesensalat für ihre Kinder machen. Sie beklagt sich und sagt:

    1. Die Kinder leben auf großem Fuß.
    2. Sie haben Bohnen in den Ohren.
    3. Die Kinder fressen uns die Haare vom Kopf.

E. Heike hat allen Leuten erzählt, daß sie eine Million Mark im Lotto gewonnen hat. Ihre Freunde haben gedacht:

    1. daß Heike sie auf den Arm genommen hat.
    2. daß Heike mit dem linken Fuß zuerst aufgestanden ist.
    3. daß Heike auf großem Fuß lebt.

TEIL 10,3 | Können Sie uns helfen?

MERKE

Verbs with dative objects

> **helfen, danken, glauben, antworten, gehören,
> schmecken, ähnlich sehen, leichtfallen, schwerfallen, gefallen**

Wem gehören diese Bücher?	**Schmeckt** es **dir** sauer?
Antworten Sie **mir**, bitte.	Er **sieht seiner Mutter ähnlich**.
Glauben Sie **dem Herrn** nicht?	**Fällt dir** Deutsch **leicht** oder
Ich **danke Ihnen** für das Geschenk.	**schwer**?
Kannst du **uns helfen**?	Der Film hat **mir** nicht **gefallen**.

DIALOG: Wie kommen wir zum Hotel?

Sehen Sie sich das Vokabular an, bevor Sie den Dialog lesen!

die Auskunft *information*
der Stadtplan *city map*

buchen *book (a room, a flight)*
außerhalb von *outside of*
der Aufenthalt *stay*

Herr und Frau Wallace sind gerade in Frankfurt angekommen. Sie brauchen Auskunft über ihr Hotel, und fragen die Dame am Informationsschalter.

FRAU WALLACE	Guten Tag! Können Sie uns vielleicht helfen?
DAME	Ja, sicher! Was kann ich für Sie tun?
FRAU WALLACE	Wir sind gerade angekommen. Wir würden gern wissen, wie man in die Stadt kommt.
DAME	Ja, Moment. Ich habe Stadtpläne hier. Wo haben Sie denn Zimmer gebucht?
HERR WALLACE	Im Parkhotel. Kennen Sie...
DAME	Ja, das gefällt Ihnen bestimmt! Also, sehen Sie! Hier ist der Flughafen, etwas außerhalb von Frankfurt. Wenn Sie den Zug nehmen, dauert es ungefähr 15 Minuten bis in die Stadt.
HERR WALLACE	Und sollen wir dann ein Taxi nehmen?
DAME	Ja, das ist wahrscheinlich das Beste.
HERR WALLACE	Dürfen wir uns so einen Stadtplan mitnehmen?
DAME	Ja, natürlich.
FRAU WALLACE	Also, wir danken Ihnen für Ihre Hilfe.
DAME	Bitte sehr! Und ich wünsche Ihnen einen schönen Aufenthalt in Frankfurt!

Fragen

1. Wem hilft die Dame am Informationsschalter?
2. Was fragen Herr und Frau Wallace?
3. Wie kann man in die Stadt fahren?
4. Was wünscht die Dame Herrn und Frau Wallace?

AKTIVITÄTEN   Freie Kommunikation

Beantworten Sie diese Fragen, bitte.

Wem haben Sie neulich geholfen?   Wie haben Sie dieser Person geholfen?   Wer hat Ihnen neulich geholfen?   Was hat diese Person für Sie gemacht?
Wem glauben Sie immer?   Wem glauben Sie nie oder fast nie?

Was fällt Ihnen ziemlich schwer?　Was ist Ihnen letztes Semester schwergefallen?　Was fällt Ihnen ziemlich leicht?　Was ist Ihnen letztes Semester leichtgefallen?　Was ist Ihnen als Kind schwergefallen?　Fällt es Ihnen immer noch schwer?
Wo studieren Sie?　Was gefällt Ihnen dort sehr?　Was gefällt Ihnen nicht so gut?
Haben Sie zu Hause einen Fernseher, eine Stereoanlage oder andere ähnliche Dinge?　Was gehört Ihnen, was gehört Ihren Eltern oder vielleicht einem Zimmerkollegen / einer Zimmerkollegin?
Fahren Sie Auto? Gehört Ihnen der Wagen?

Gelenkte Kommunikation

Use **gefallen, leichtfallen,** and **schwerfallen** to formulate German sentences for the following situation.

SITUATION: Heinz started studying in the U.S. last fall. In a letter to his parents he describes what he like and dislikes, and what is easy and what is difficult for him.

1. Heinz likes the weather.
2. He also likes the people.
3. He doesn't like all his professors.
4. He doesn't like taking so many tests.
5. Some courses are hard for him,
6. but they are hard for everybody
7. The English courses are pretty easy now,
8. but one was very hard at first.

TEIL 10,4 | Was machst du morgens?
Ich wasche mich und kämme mir die Haare.

MERKE

Vocabulary: taking care of oneself

waschen	trocknen	putzen	kämmen
duschen	abtrocknen	rasieren	bürsten

Was machst du morgens? Ich **wasche** oder **dusche mich,** und vielleicht **wasche ich mir die Haare.** Dann **trockne ich mich ab, rasiere mich** und **putze mir die Zähne.** Zuletzt **kämme** oder **bürste ich mir die Haare.** Ich **wasche** noch schnell **meine Hände,** dann muß ich gehen.

AKTIVITÄTEN　Freie Kommunikation

Beschreiben Sie, was Sie heute morgen gemacht haben, als Sie aufgestanden sind!
Beschreiben Sie, was Sie abends machen, bevor Sie ins Bett gehen!

Gelenkte Kommunikation

Indicate in German what Christine says to two small children.

SITUATION: Christine is baby-sitting for a friend's two small children, Julia and Andreas. There is a good movie on TV, and she wants them to get ready for bed quickly. In German, she tells:

1. both of them to get undressed
2. Julia and Andreas to wash up
3. Julia to brush her hair
4. Andreas to comb his hair
5. both of them to wash their hands and faces
6. Andreas to brush his teeth
7. Julia to put on her nightgown (**Nachthemd**)
8. Andreas to put on his pajamas

EINBLICK: Zähne putzen

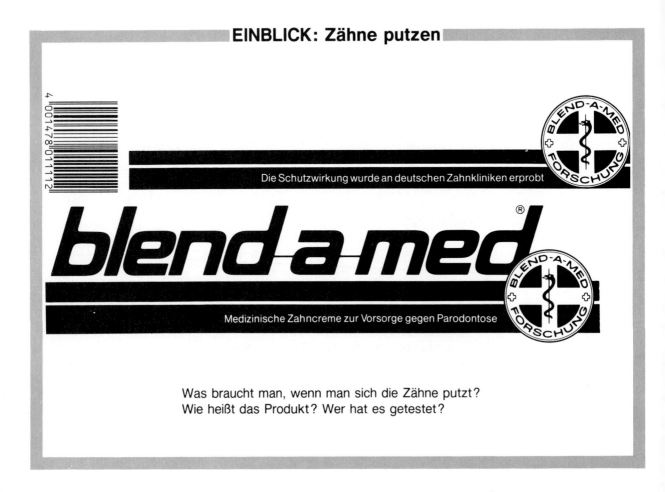

Die Schutzwirkung wurde an deutschen Zahnkliniken erprobt

blend-a-med ®

BLEND-A-MED FORSCHUNG

Medizinische Zahncreme zur Vorsorge gegen Parodontose

Was braucht man, wenn man sich die Zähne putzt?
Wie heißt das Produkt? Wer hat es getestet?

TEIL 10,5 | Es tut mir leid, aber ich kann nicht mitkommen.

MERKE

Idiomatic uses of the dative case

```
              TUN

    ich tue        wir tun
    du tust        ihr tut
            Sie tun
  er / sie / es tut      sie tun
```

Expressing regret: **leid tun, daß**

Es tut mir leid, daß ich nicht kommen kann.
Es tut ihnen leid, daß sie nicht früher kommen können.
Tut es Ihnen leid, daß Sie nicht kommen konnten?
Tut es dir leid, daß du zu Hause bleiben mußt?

leider

Ich kann **leider** nicht mitkommen.
Ich habe **leider** keine Zeit.
Ich muß **leider** noch arbeiten.

Expressing discomfort

Es ist mir zu warm hier. Machen Sie das Fenster auf!
Ich bin so lange gelaufen, **mir tun die Füße weh.**
Was fehlt dir denn?
Ich habe zuviel gegessen; ich habe Magen**schmerzen.**
Ich habe zuviel getrunken; ich habe Kopf**schmerzen.**

AKTIVITÄTEN   Gelenkte Kommunikation

A. Use the polite form with **es tut mir leid** to decline an invitation and express regret at the same time.

SITUATION: You don't feel like doing much this weekend, but you don't want to hurt anyone's feelings. Politely decline invitations from your friends who are calling you.

1. Hans-Jochen ruft an und fragt: „Möchtest du in ein Konzert gehen?"
2. Andrea fragt: „Möchtest du heute abend mitgehen? Wir gehen tanzen."
3. Bettina möchte wissen, ob du morgen abend zum Abendessen ausgehen willst.
4. Klaus macht morgen eine Wanderung und fragt, ob du auch wandern möchtest.
5. Franz ruft an und fragt: „Möchtest du morgen ganz früh schwimmen gehen?"

Möchtest du auch mal Michael
Jackson hören?

B. Indicate in German what Anneliese says to the doctor.

SITUATION: Anneliese isn't feeling well today. She calls a doctor for a consultation. She
tells the doctor that:

1. her head and her throat hurt
2. she has a stomachache

3. her ears hurt, too
4. her body ached this morning

Gruppenarbeit

Finden Sie einen Partner und nennen Sie dann zusammen, was Ihnen wehtut, wenn Sie
die folgenden Dinge machen! Schreiben Sie Ihre Sätze mit „mir tut / mir tun... weh" in fünf
Minuten auf! Suchen Sie dann drei heraus, die Sie der Klasse vorlesen wollen!

Was tut Ihnen weh?

1. Sie lesen sehr lange. _____
2. Sie tragen neue Schuhe. _____
3. Sie schreiben zu viel und zu schnell. _____
4. Sie sind zehn Kilometer gelaufen. _____
5. Sie haben zu viel gegessen. _____
6. Sie haben zu viel getrunken. _____
7. Ihre Freundin / Ihr Freund hat Sie verlassen. _____
8. Sie rauchen zu viele Zigaretten. _____
9. Sie sitzen zu lange am Schreibtisch. _____
10. Sie haben schwere Sachen getragen. _____

TEIL 10,6 | Ist Ihnen das Zimmer recht?

MERKE

Expressing reactions with an adjective + sein + *dative*

gleich	egal	recht	wichtig

Möchten Sie das Zimmer mit Bad, oder **ist Ihnen das gleich**?
Also, **mir ist das nicht egal**. Es **ist mir wichtig**, daß wir eine Dusche haben.
Nehmen Sie dann Zimmer 34? Ja, **das ist uns recht**.

AKTIVITÄTEN   Freie Kommunikation

Beantworten Sie diese Fragen, bitte.

Ist es Ihnen recht, wenn ein Freund oder eine Freundin Ihre Platten leiht?   Ihren Wagen?   Geld?

Was ist Ihnen jetzt sehr wichtig?   Was nicht so wichtig?

Ist es Ihnen egal, ob Sie gute oder schlechte Noten haben?   Ist es Ihren Eltern gleich?

GESCHICHTE UND NACHERZÄHLUNG: Ankunft im Hotel

Herr und Frau Wallace haben zuerst den Zug und dann ein Taxi zum Hotel genommen. Das Hotel liegt im Zentrum von Frankfurt und nicht weit von einem Park. Das Taxi hält direkt vor dem Hotel, und der Taxifahrer hilft Herrn und Frau Wallace mit dem Gepäck.

FRAU WALLACE   Das ist aber nett, daß Sie uns mit allem helfen! Vielen Dank.

TAXIFAHRER   Nichts zu danken! Haben Sie alles? Also dann, 22 Mark 50, bitte!

FRAU WALLACE   Hier sind 25 Mark. Der Rest ist Ihr Trinkgeld!

TAXIFAHRER   Ich danke Ihnen! Wiederschau'n!

Die beiden gehen ins Hotel und zum Empfangsschalter. Dort sprechen sie mit Herrn Roth.

HERR ROTH   Herzlich willkommen in Frankfurt!

HERR WALLACE   Wir sind Claudia und Peter Wallace aus Virginia. Es freut uns sehr!

HERR ROTH   Also, Sie haben ein Doppelzimmer für zwei Nächte gebucht, nicht wahr? Und morgen brauchen Sie auch ein Einzelzimmer für eine Nacht, richtig?

FRAU WALLACE   Ja, und unser Zimmer soll mit Bad sein. Unser Sohn hat das Zimmer ohne Bad.

HERR ROTH	Moment, hier steht nur „Doppelzimmer—zwei Nächte, Einzelzimmer—eine Nacht".
HERR WALLACE	Ja, haben Sie denn vielleicht ein Zimmer mit Bad frei?
HERR ROTH	Ja, heute wird eins frei. Es tut mir leid, aber Sie können dann erst um zwei in das Zimmer, weil die Leute erst heute mittag abreisen! Ich hoffe, das ist Ihnen recht!
HERR WALLACE	Hmm, sollen wir das machen? Es ist erst elf, und wir würden natürlich gern unser Gepäck ins Zimmer bringen.
HERR ROTH	Also, das Zimmer gefällt Ihnen bestimmt—mit Balkon und Blick auf den Park. Sie können sich ja ein bißchen umschauen und dann vielleicht hier im Restaurant zu Mittag essen.
HERR WALLACE	Na gut! Und, wo können wir unsere Koffer lassen?
HERR ROTH	Gleich hier! Wenn Ihr Zimmer fertig ist, bringen wir sie Ihnen sofort dorthin.
FRAU WALLACE	Entschuldigen Sie, wo kann ich mir schnell die Hände waschen?
HERR ROTH	Das W.C. ist gleich hier links. Sehen Sie es?
FRAU WALLACE	Ja, vielen Dank!
HERR ROTH	Herr Wallace, können Sie das Formular hier ausfüllen? Und würden Sie mir bitte Ihre Pässe zeigen? Nur eine Formalität!

ÜBUNGEN

Übung A. Setzen Sie passende Worte aus dem Text ein!

1. Herr und Frau Wallace haben mehrere Koffer und Taschen, d.h., sie haben viel ____.
2. Man gibt einem Taxifahrer und einem Kellner ein bißchen extra Geld. Das ist das ____.
3. Die Rezeption im Hotel heißt auch ____.
4. Ein Zimmer für zwei Personen ist ein ____. Für eine Person hat man ein ____.
5. Herr und Frau Wallace haben Zimmer reserviert und etwas bezahlt, d.h., sie haben sie ____.
6. Man kann viel vom Balkon sehen. Das Zimmer hat einen schönen ____ auf den Park.
7. Wenn man ins Ausland reist, braucht man einen ____.

Übung B. Sagen Sie auf englisch, was diese Ausdrücke bedeuten!

1. Nichts zu danken!
2. Herzlich willkommen!
3. Es freut uns sehr!
4. Hier steht...
5. Heute wird eins frei.
6. Sie können sich ein bißchen umschauen.
7. Na gut!
8. Gleich hier!
9. Gleich hier links
10. Nur eine Formalität!

Übung C. Beantworten Sie diese Inhaltsfragen!

1. Wie sind Herr und Frau Wallace zum Hotel gekommen?
2. Wieviel kostet die Taxifahrt?
3. Wieviel gibt Frau Wallace dem Taxifahrer?
4. Wohin gehen Herr und Frau Wallace zuerst?
5. Wer hilft ihnen im Hotel?

6. Wie lange will die Familie im Parkhotel in Frankfurt bleiben?
7. Gibt es ein Problem? Welches?
8. Wie hilft Herr Roth? Was ist sein Vorschlag?
9. Wann wollen Herr und Frau Wallace ihr Zimmer haben?
10. Was muß Herr Wallace machen, bevor sie weggehen können?

Übung D. Erzählen Sie die Geschichte chronologisch nach!

Übung E. Persönliche Fragen:

1. Wie sind Hotels in Amerika?
2. Wo übernachten die meisten Leute in Amerika, wenn Sie Urlaub machen?
3. Übernachten Sie gern in Hotels? Was ist Ihnen wichtig, wenn Sie im Hotel übernachten? Was ist Ihnen egal?

TEIL 10,7 Andere Länder, andere Sitten!

MERKE

Dative prepositions

> aus, außer, bei, mit, nach, seit, von, zu, gegenüber

Expressing destinations: outside a city

nach / in
Wohin fahren Sie? Ich fahre **nach Italien, nach Spanien** und **in die Schweiz.** Und Sie?
Ich fahre **nach Polen** und **in die Tschechei.**

bis
Die Wallaces sind **bis Frankfurt** geflogen.
Sie haben heute **bis zwei** zu Mittag gegessen.

bis nach
Sie fahren übermorgen vielleicht **bis nach München.**

Expressing time with nach

Wann schläfst du ein bißchen? **Nach dem Mittagessen.**

Negating with prepositional phrases

Fährst du **nach Italien?** Nein, dieses Jahr fahre ich **nicht nach Italien.**

VOKABULAR: Reiseziele

die Heimat / das Heimatland, das Ausland / ins Ausland fahren

Die Kontinente:	Die Länder:
Afrika:	Marokko, Algerien, Tunesien, Libyen, Ägypten, der Sudan, Äthiopien, Kenia, Zimbabwe, Uganda, Südafrika, Namibia
Der Nahe Osten:	Israel, der Libanon, Saudiarabien, Syrien, der Iran (Persien), der Irak
Kleinasien:	die Türkei, Afghanistan
Asien:	Indien, Pakistan, China, Japan, Korea, Vietnam, Thailand, Malaysien, Indonesien, Mongolei
Europa:	Westdeutschland (BRD), Ostdeutschland (DDR), Österreich, die Schweiz, Liechtenstein, Belgien, die Niederlande (Holland), Frankreich, Luxemburg, Dänemark, Island, Norwegen, Schweden, Finnland, Großbritannien, Irland, Schottland, Spanien, Portugal, Italien, Griechenland, Jugoslawien, Rumänien, Bulgarien, Ungarn, Polen, Rußland, die Tschechoslowakei (die Tschechei), die Sowjetunion
Nordamerika:	die Vereinigten Staaten (Amerika), Kanada
Mittelamerika:	Mexiko, Guatemala, Honduras, El Salvador, Nicaragua, Costa Rica, Panama, Kuba
Südamerika:	Kolumbien, Chile, Brasilien, Venezuela, Peru, Uruguay, Paraguay, Argentinien
Australien:	

Abkürzungen

die **BRD**	die Bundesrepublik Deutschland
die **DDR**	die Deutsche Demokratische Republik
die **EG**	die Europäische Gemeinschaft
die **USA**	die Vereinigten Staaten von Amerika
die **UdSSR**	die Union der Sozialistischen Sowjetrepubliken (die Sowjetunion)
die **ČSSR**	die Tschechoslowakei

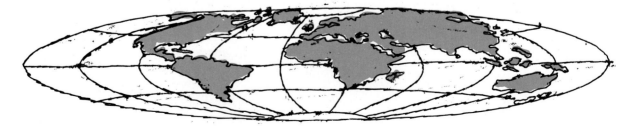

Kulturnotiz

Die EG

Die Bundesrepublik Deutschland ist eines der Länder, die im Jahre 1957 die Europäische Gemeinschaft (*European Community*) gegründet haben. Die Mitglieder der EG sind außerdem Belgien, Frankreich, Italien, Luxemburg, die Niederlande, Dänemark, Großbritannien, Irland, Griechenland, Spanien und Portugal. EG ist der Oberbegriff für verschiedene Beschlüsse (*agree-* *ments*) zwischen diesen zwölf europäischen Staaten. Innerhalb der EG gibt es z. B. die EWG (Europäische Wirtschaftsgemeinschaft [*European Common Market*]). Die EG ist aber nicht nur eine Wirtschaftsgemeinschaft, sondern die Mitgliedsstaaten formulieren auch gemeinsame politische und außenpolitische Ziele.

VOKABULAR   Stadt und Land

die Stadt, ¨-e	das Dorf, ¨-er	der Ort, -e
Heimatstadt	die Gemeinde, -n	Vorort
Vorstadt	der Landkreis	

AKTIVITÄTEN   Geographiestunde

Beantworten Sie die Fragen in den folgenden Übungen.

A. Kennen Sie die Länder?

1. Nennen Sie fünf Länder in Afrika!
2. Nennen Sie fünf Länder im Nahen Osten!
3. Wie heißen die Länder in Kleinasien?
4. Nennen Sie die Länder in Südeuropa!
5. Nennen Sie die Länder in Westeuropa!
6. Nennen Sie die Länder in Nordeuropa!
7. Nennen Sie die Länder in Osteuropa!
8. Welche Länder sind in der EG?
9. Nennen Sie die Länder in Skandinavien!
10. Welche Länder sind in Nordamerika? In Mittelamerika? In Südamerika?

EINBLICK: Nach Amerika!

dollarkurs schwach ++ amerika, wir kommen ++

U.S.A. jetzt preiswert wie nie ++ z. b. new york ab 780,– ++ los angeles/san francisco ab 1.185,– ++ 60 tage USA-rundflug-ticket 720,– ++ 1 woche mietwagen ab 155,– ++ 7 tage hotel-gutschein 479,– ++ 21-tage-rundreise ab new york – L.A. ab 2544,–

Ich bitte um Zusendung Ihres Prospektes

Name: _____ Anschrift: _____ Alter: _____

sonnenstraße 8   dachauer straße 149
☎ (089) 55 71 65   ☎ (089) 1 29 53 53

transalpino   SZ

1. Warum ist es günstig, nach Amerika zu fahren?
2. Was kosten die Flüge?
3. Welche anderen Angebote hat dieses Reisebüro?

B. Wohin fahren Sie, wenn Sie

1. Pizza und Spaghetti essen wollen?
2. guten Rotwein trinken wollen?
3. Männer in Röcken sehen wollen?
4. Flamenco tanzen möchten?
5. viele Tulpen sehen wollen?
6. einen König oder eine Königin sehen wollen?
7. Walzer tanzen möchten?
8. Deutsch sprechen wollen?
9. Berlin besuchen möchten?
10. Französisch und Flämisch hören wollen?

C. Was ist typisch für welches Land?

1. Dieses Land ist eine Insel.
2. Es gibt Probleme zwischen Katholiken und Protestanten.
3. Viele Leute kaufen Autos aus diesem Land.
4. Gandhi kommt aus diesem Land.
5. Hier ist es sehr, sehr kalt.
6. Hier kann man echtes Pilsener trinken.
7. Hier ist es nachts hell.
8. Man kann hier Pyramiden sehen.

D. Was ist die Abkürzung für

1. die Bundesrepublik Deutschland?
2. die Deutsche Demokratische Republik?
3. die Europäische Gemeinschaft?
4. die Vereinigten Staaten?
5. die Sowjetunion?
6. Ist die Abkürzung „die USA" singular oder plural?

Freie Kommunikation

Beantworten Sie diese Fragen, bitte.

Fahren Sie manchmal ins Ausland?   Wohin würden Sie gern fahren?   Wohin sind Sie schon gefahren?
Wohin werden Sie fahren, wenn Sie das nächste Mal Ferien haben?
Welche Kontinente würden Sie gern sehen?
Wohin sind Sie schon einmal gefahren?

EINBLICK: Urlaub und Reisen

Welche Reiseziele sehen Sie hier?
Länder und Kontinente?
Beschreiben Sie den Urlaub in Irland!

DIALOG: Fahren Sie nach Aschaffenburg?

Sehen Sie sich das Vokabular an, bevor Sie den Dialog lesen!

die Umgebung   *the neighboring area*
das Schloß, Schlösser   *castle*
viel Betrieb   *busy*

Richtung Schloß   *toward the castle*
die Nachricht, -en   *message* (*plural: the news*)

Herr und Frau Wallace sind schon den zweiten Tag in Frankfurt und machen heute einen Ausflug in die Umgebung von Frankfurt.

HERR WALLACE	Aah, guten Morgen Herr Roth! Nochmal vielen Dank, daß Sie uns das Zimmer so schnell fertiggemacht haben. Es war meiner Frau doch wichtig, daß wir ein Bad im Zimmer haben.
FRAU WALLACE	Ja, wir sind sehr zufrieden!
HERR ROTH	Na, prima! Und was haben Sie für heute geplant?
HERR WALLACE	Also, wir haben uns einen Wagen gemietet und wollen uns ein bißchen die Umgebung ansehen. Vielleicht fahren wir bis nach Aschaffenburg.
HERR ROTH	Also, Aschaffenburg gefällt Ihnen bestimmt! Sie müssen natürlich das Schloß ansehen und den Apfelwein probieren!
FRAU WALLACE	Wissen Sie, wo man am besten parken kann?
HERR ROTH	Hmm, am Schloß ist immer viel Betrieb, glauben Sie mir! Parken Sie lieber in der Nähe vom Bahnhof, und dann können Sie durch die Stadt Richtung Schloß laufen. Es ist nicht sehr weit!
HERR WALLACE	Ja, vielleicht machen wir das so! Dann können wir uns auch ein paar Geschäfte ansehen.
FRAU WALLACE	Unser Sohn kommt heute abend an. Können Sie ihm eine Nachricht geben, wenn wir noch nicht zurück sind?
HERR ROTH	Natürlich.
HERR WALLACE	Sagen Sie ihm doch bitte, daß wir auf jeden Fall vor sieben zurückkommen.
HERR ROTH	Kein Problem! Also dann, ich wünsche Ihnen einen angenehmen Tag!
HERR WALLACE	Ja, danke sehr! Bis heute abend, Herr Roth!

Fragen

1. Was war Frau Wallace wichtig?
2. Was haben die beiden für heute geplant?
3. Was wollen sich Herr und Frau Wallace ansehen?
4. Wem soll Herr Roth eine Nachricht geben?
5. Was soll er ihm sagen?
6. Kennen Sie ein Schloß? Wann und wo haben Sie es gesehen?

Kulturnotiz

Bis zum Mittelalter baute man in Europa, z.B. in England, Frankreich, Deutschland, viele Burgen oder Festungen (*fortresses*). Typisch für diese Bauten sind eine Mauer (*wall*) und ein Turm. Aus strategischen Gründen liegen die Burgen oft auf Hügeln (*hills*) oder Bergen. Bekannte Burgen liegen z.B. im Burgenland in Österreich, in Wien (die Hofburg) und in der Bundesrepublik im Rheintal in der Nähe von Koblenz.

Die meisten Schlösser sind aus der Renaissance und dem Barock. Ein Schloß war früher ein repräsentativer Wohnsitz für Adlige (*royalty*) oder reiche Bürger, aber manchmal konnte es auch ein Regierungssitz (*seat of government*) sein. Ein Vorbild für viele Schlösser in Europa war das Barockschloß Versailles mit vielen Park- und Gartenanlagen. Später baute man dann verschiedene Typen von Schlössern, z.B. das Jagdschloß oder das Landschloß, wo sich dann die Adligen zu verschiedenen Anlässen treffen konnten.

Das Schloß Hohenwerfen bei Salzburg.

Wiederholung: Grammatik

Modify each sentence by substituting the items in parentheses.

1. Wir fahren in zwei Wochen nach Schleswig-Holstein. (Lübeck / Bremen / Hamburg)
2. Sind Sie schon einmal nach Österreich gefahren? (Wien / Graz / Innsbruck)
3. Meine Eltern sind letztes Jahr nach Südamerika geflogen. (Asien / Australien)
4. Nach dem Frühstück lese ich oft die Zeitung. (Mittagessen / Abendessen)
5. Nach der Vorlesung gehe ich nach Hause. (Film / Konzert / Prüfung / Spiel)

TEIL 10,8 | Was ist in der Nähe von deiner Wohnung?

MERKE

Expressing departure and destination: to and from cities and countries

von
Woher sind Herr und Frau Wallace heute gekommen? **Von Aschaffenburg.**

von, über, nach
Wie kommt Bill nach Frankfurt? **Von Bremen (über Hannover) nach Frankfurt.**

Indicating a vicinity

in der Nähe von
Der Markt ist **in der Nähe von Bills Wohnung.**

Expressing a span of time

von, bis
Wie lange bleiben die Wallaces in Frankfurt? **Von Freitag bis Sonntag.**

Indicating possession

Wer hat euch gebracht? Eine Freundin **von Andrea** (**Andreas Freundin**).

Indicating authorship

Was liest du? Einen Roman **von Thomas Mann.**

Expressing destinations: points within a city

zu (wohin? zu wem?)
Wir brauchen Wurst und Gemüse. Ich gehen **zum Metzger** und **zum Markt.**
Bleibst du **zu Hause** oder gehst du weg? Ich gehe weg.
Zu wem gehst du? Ich gehe **zu Anne und Tommi.**

bis zu
Ich gehe nur **bis zum Markt.**
Wir gehen nur **bis zur Bushaltestelle.**

With food and drink

Was trinkst du **zum Essen**? Bitte ein Bier.
Was ißt man **zum Kaffee**? Vielleicht Kuchen oder Gebäck.

Expressing a purpose

Warum geht man in die Fußgängerzone? **Zum Einkaufen.**

Expressing location

bei (wo? bei wem?)
Bist du jetzt schon **beim Makler**? Nein, jetzt bin ich **beim Friseur.**
Die Buchhandlung ist **bei der Uni.** Sie ist gleich in der Nähe von der Uni.
Wo wohnt Bill? **Bei seinen Eltern?** Nein, er hat seine eigene Wohnung.
Die Wallaces machen Urlaub in Deutschland. Sie haben ihre Pässe **bei sich.**

Expressing the weather as a condition

Bei gutem Wetter gehen wir Tennis spielen. **Bei Regen** sehen wir Sport im
  Fernsehen.

In der Stadt Berlin ist immer
was los!

Der Hafen in der alten
Hansestadt Bremen.

Vokabular In der Stadt

das Gebäude, -
  Bürogebäude
das Rathaus
das Amt, ¨-er
das Krankenhaus, ¨-er
die Schule, -n
die Universität, -en
die Bibliothek, -en
die Stadtbücherei

der Dom, -e
die Kirche, -n
der Friedhof, ¨-e

der Park, -s
der Platz, ¨-e
  Marktplatz
die Fußgängerzone

der Sportplatz
die Sporthalle
das Schwimmbad (ins)
  Freibad (ins)

die Altstadt
das Zentrum
der Markt, ¨-e
  Supermarkt
  Flohmarkt

das Einkaufszentrum,
  -zentren
das Kaufhaus, ¨-er
  Reformhaus
das Geschäft, -e
  Fachgeschäft
  Fotogeschäft
  Lebensmittelgeschäft
die Bäckerei, -en
die Konditorei, -en

die Apotheke, -n
die Drogerie, -n
der Laden, ¨-
  Musikladen
  Schreibwarenladen
der Kiosk
die Buchhandlung, -en

das Hotel, -s
das Restaurant, -s
die Kneipe, -n
das Gasthaus, ¨-er
das Café, -s
der Stehimbiß, -imbisse

das Konzert, -e
das Kino, -s
das Theater, -
das Museum, Museen

die Tankstelle, -n
die Werkstatt, ¨-en

die Bank, -en / die
  Sparkasse, -n
die Post

der Flughafen, ¨-
der Bahnhof, ¨-e
der Hafen, ¨-

Personen

der Friseur / die Friseuse   der Arzt / die Ärztin   der Makler
der Fleischer / Metzger   der Zahnarzt / die Zahnärztin   der Händler
der Schuhmacher / Schuster   der Optiker   der Autohändler
der Mechaniker   der Juwelier

Kulturnotiz

In der BRD gehen natürlich viele Leute in Supermärkten und Einkaufszentren einkaufen. Aber es gibt auch viele Fachgeschäfte, die auf eine bestimmte Branche spezialisiert sind. In diesen Geschäften ist der Service sehr wichtig, und Fachleute helfen den Kunden. Es gibt z.B. Modefachgeschäfte (*boutiques*), Elektrofachgeschäfte, Reformhäuser (ein Fachgeschäft für biologische Lebensmittel) und natürlich den Bäcker und den Metzger.

Weinquelle Brakhoff GmbH

BAYERNS FÜHRENDES FACHGESCHÄFT FÜR WEIN, BIER, SPIRITUOSEN   GROSS- UND EINZELHANDEL

Das leistungsstarke Fachgeschäft

Frauenaurach, Erlanger Str. 8, Tel. 99 10 11   Filiale: Erlangen, Kath. Kirchenplatz 6, Tel. 2 45 04
Mo — Fr 8 bis 18 Uhr, Sa 7.45 bis 13 Uhr   Mo — Fr 9 bis 18 Uhr, Sa 9 bis 13 Uhr

Auf was ist dieses Fachgeschäft spezialisiert?
Was kann man hier kaufen?
Was sind die Öffnungszeiten?

AKTIVITÄTEN   Freie Kommunikation

Beantworten Sie diese Fragen, bitte.

Wohin gehen Sie, wenn Sie Lebensmittel kaufen müssen?   Gibt es in der Nähe von Ihrer Wohnung ein Reformhaus, einen Bäcker, eine Apotheke?   Kaufen Sie da manchmal ein, oder gehen Sie meistens zum Supermarkt?   Wohin gehen Sie, wenn Sie Kleidung kaufen möchten?   Gehen Sie gern in kleine Geschäfte oder lieber zu einem Einkaufszentrum?

EINBLICK: Einkaufen

"Nigrin"
Motorblockreiniger
"Nigrin"
Graphitölspray
"Nigrin"
Rostlöserspray je **3.⁹⁵**

Aluminiumleiter
4-stufig
mit 2 Seitenstützen,
besonders standfest
TÜV/GS geprüft **49.⁹⁵**

Blend-a-dent
Elektro-Zahnbürste
220 V, Ladeteil mit
integriertem Wand-
halter,
4 Aufsteckdüsen **64.⁹⁵**

Hoover
Bodenstaub-
sauger
S 3382 electronic
1000 Watt
Mikrofilter **199.-**

Dash 3
Vollwaschmittel
10-kg-Tr.-Pckg. **26.⁹⁸**

Calgon
gegen Kalk
3-kg-Tr.-Pckg. **15.⁹⁸**

Was für ein Geschäft ist das?
Ist das ein Fachgeschäft? Ein Lebensmittelgeschäft?
Welche Dinge kann man hier kaufen?
Wohin gehen Sie zum Einkaufen?

Vokabularübung

A. Beantworten Sie die folgenden Fragen! Wohin geht man, wenn man…

1. frisches Obst und Gemüse kaufen will?
2. Lebensmittel, aber auch viele andere Dinge besorgen muß?
3. einen Film sehen will?
4. eine Sinfonie hören will?
5. ein Drama von Schiller sehen möchte?
6. nur etwas Käse und Brot besorgen muß?
7. eine Geburtstagstorte kaufen will?
8. heiratet?
9. im Sommer schwimmen will?
10. Bilder von Picasso ansehen will?
11. Sport machen will?
12. nach Amerika fliegt?
13. wenn man mit dem Zug nach Bremen fährt?
14. Bücher ausleihen möchte?

15. Papier und Stifte braucht?
16. Platten kaufen will?
17. eine Zeitung kaufen will?
18. Medikamente besorgen muß?
19. etwas Spezielles und viel Hilfe braucht?
20. Zahnpasta und Shampoo braucht?
21. nicht zu Hause essen will?
22. Kleidung und auch Haushaltswaren in der Stadt kaufen will?
23. Fußball spielt?
24. als Krankenschwester arbeitet?
25. Film für die Kamera braucht?
26. einen Spaziergang machen möchte?
27. Benzin fürs Auto braucht?
28. das Auto reparieren läßt?
29. ein Päckchen schicken muß?
30. Tourist ist und ein Zimmer braucht?

B. Wohin / Zu wem gehen Sie,...

1. wenn Sie ein neues Auto kaufen wollen?
2. wenn Sie krank sind?
3. wenn Sie Fleisch kaufen wollen?

4. wenn Sie einen Haarschnitt brauchen?
5. wenn Ihre Schuhe kaputt sind?
6. wenn Sie Zahnschmerzen haben?
7. wenn Sie eine neue Brille brauchen?
8. wenn Sie Schmuck kaufen wollen?
9. wenn Ihr Auto kaputt ist?
10. wenn Sie ein Haus suchen?

Kulturnotiz

Der Kölner Dom ist einer der bedeutendsten gotischen Kirchenbauten und hat eine interessante Geschichte. Den ersten Teil hat man von 1248 bis 1560 errichtet, dann hat man die Arbeiten eine Zeitlang ruhen lassen. Im Jahre 1842 hat man die Arbeit nach alten Plänen weitergeführt und 1880 beendet. Im Jahre 1944 hat der Dom, wie so viele Bauten in Deutschland, erhebliche Schäden erlitten, aber man hat ihn nach dem Krieg wieder restauriert.

Lesestück: Wie sieht eine deutsche Stadt aus?

Vorbereitung: Machen Sie die folgenden Übungen, bevor Sie den Text lesen!

1. Nennen Sie Orte in der Stadt in diesem Text!
2. Sagen Sie, was man dort macht!

Die meisten Städte in der BRD haben ein Zentrum (die Innenstadt, die Stadtmitte). Man nennt das die Altstadt, wenn es einen alten Stadtkern gibt. Hier finden Sie oft einen Marktplatz, wo auch wirklich noch Markt ist. Man kann dort frisches Gemüse, Obst, Eier und viele andere Dinge von Bauern kaufen. Der Marktplatz hat manchmal einen Brunnen, und um den Marktplatz stehen bestimmte Gebäude, zum Beispiel das Rathaus, eine Kirche oder ein Dom, vielleicht eine öffentliche Bibliothek (die Stadtbücherei) und verschiedene Geschäfte.

Im Zentrum gehen viele Leute einkaufen, denn hier gibt es Kaufhäuser, Fachgeschäfte, z. B. Buchhandlungen, Banken und Sparkassen, Restaurants und Cafés. Viele Leute nehmen den Bus, die Straßenbahn oder die U-Bahn in die Stadt. (Wenn man sagt „in die Stadt", bedeutet das „ins Zentrum" oder „in die Innenstadt").

In vielen Städten in der BRD ist die ganze Innenstadt (oder ein Teil davon) eine Fußgängerzone. Hier dürfen keine Autos fahren, und nur manchmal Busse und Straßenbahnen. In der Fußgängerzone ist immer viel Betrieb: Leute kommen in die Fußgängerzone zum Einkaufen, zum Spazierengehen, zum Essen (vielleicht an einem Stehimbiß) oder zum Kaffeetrinken (in einem der vielen Cafés). Manchmal sieht man Straßenmusikanten oder sogar Straßentheater. Die Fußgängerzone ist also auch ein Treffpunkt für kulturelles Leben.

Außerhalb der Stadtmitte sind die Wohngebiete mit Miethäusern, Hochhäusern und Einfamilienhäusern. In den Wohngebieten findet man auch Fachgeschäfte (z.B. Bäcker, Metzger, Drogerien, Apotheken, Friseur und Schreibwarenläden), Supermärkte, Parks, Sportplätze und Spielplätze.

Das Straßensystem in Deutschland ist etwas kompliziert, denn die Straßen haben Namen, keine Nummern. Es kann schon passieren, daß Sie den Weg nicht finden, wenn Sie das erste Mal eine Stadt in Deutschland besuchen. Nehmen Sie besser einen Stadtplan mit!

Fragen

1. Was hat eine typische deutsche Stadt? Wie nennt man das, wenn es dort alte Gebäude gibt?
2. Warum heißt der Platz oft der Marktplatz?
3. Was sieht man in der Nähe vom Marktplatz?
4. Was machen viele Leute im Stadtzentrum?
5. Welche Gebäude findet man im Zentrum?
6. Wie kommen viele Leute in die Stadtmitte?
7. Was ist eine Fußgängerzone? Wo findet man sie? Was kann man da vielleicht sehen? Was darf man hier nicht machen?
8. Was findet man in Wohngebieten, außerhalb der Stadtmitte?
9. Warum ist das Straßensystem in deutschen Städten etwas schwierig, besonders für Touristen?

Gelenkte Kommunikation

Indicate in German what you would say in the following situations.

A. SITUATION: You are a tourist in Hannover. You are at the tourist information office and want to know how to get to different places. Politely ask the gentleman behind the counter how to find:

1. the market place (town square)
2. the city hall
3. the city park
4. the castle outside of Hannover
5. a lake near the city
6. a shopping center
7. the post office
8. a pharmacy

B. SITUATION: Eva hat heute viel zu erledigen. Sagen Sie ihr, wohin sie gehen muß!

1. Sie muß ihre Haare schneiden lassen, Geld holen und ein Paket schicken.
2. Sie muß Medikamente für ihre Mutter kaufen, sie möchte frisches Gemüse kaufen und sie braucht Shampoo, Seife und Waschmittel.
3. Ihre Freundin Heidrun hat Geburtstag. Sie möchte ihr eine Torte, Blumen und eine Karte kaufen.
4. Sie muß tanken, Unibücher zurückbringen und Wein kaufen.

C. Indicate in German what Heidi would say in the following situation.

SITUATION: Heidi is looking for her roommate, Karola, who was supposed to meet her at home. She asks her other roommate if:

1. Karola is perhaps at her boyfriend's
2. she is at Susanne's
3. Karola wanted to get her hair cut and if she is still at the hairdresser's
4. or if she had an appointment (**der Termin**) at the dentist's

TEIL 10,9 | Was ist gegenüber vom Haus?

MERKE

Postposition: gegenüber (von)

Wie liegt Ihre Wohnung?
Also, ziemlich günstig. **Gegenüber von meiner Wohnung** ist eine Bäckerei und **schräg gegenüber** ist ein Gemüseladen. Dem Laden **direkt gegenüber** ist die Bushaltestelle.

Including and excluding: außer *and* außerdem

Was ist **außer der Bäckerei** in der Nähe?
Außer der Bäckerei haben wir auch einen Metzger und einen Supermarkt.
Außerdem haben wir auch ein Reformhaus.

Außer meinem Bruder bin ich ganz allein.
Außer meinem Hausaufgaben habe ich nichts zu tun.

Idiomatic use of außer

War sie sehr böse? Ja, sie war **außer sich!**

AKTIVITÄTEN   Freie Kommunikation

Beantworten Sie bitte diese Fragen.

Wer ist außer Ihnen heute im Klassenzimmer?   Was haben Sie außer Ihrem Deutschbuch bei sich?
Welche Kurse haben Sie heute außer Deutsch?   Wer studiert außer Amerikanern an Ihrer Uni?
Wohnen Sie allein, oder haben Sie Zimmerkollegen?   Wie viele Leute wohnen außer Ihnen in Ihrer Wohnung / in Ihrem Haus / in Ihrem Zimmer?

Gelenkte Kommunikation

Indicate what the stranger says in the next situation.

SITUATION: You are trying to find the restaurant „Berner Spezialitäten." The stranger you asked for directions tells you:

1. to go to the bus stop; it's across the street from the train station
2. to take the bus and then you will see the cathedral across from the marketplace
3. that there's a café directly across from the church
4. that diagonally across from the café you can see the restaurant

LESESTÜCK: Wohnen in Deutschland

Vorbereitung: Beantworten Sie bitte die Fragen, bevor Sie den Text lesen!

1. Finden Sie Worte, die etwas mit Wohnen zu tun haben! Was bedeuten sie?
2. Welche zusammengesetzten Worte mit Haus, Häuser und Wohnung sehen Sie im Text? Was bedeuten sie?

Über zwei Drittel der Bundesdeutschen wohnen in Mietwohnungen oder Appartements. Wohnungen, die man nach dem Krieg gebaut hat, nennt man Neubauwohnungen, aber in der BRD gibt es auch noch viele Altbauwohnungen aus der Zeit vor dem Krieg. Altbauwohnungen sind unter jungen Leuten sehr populär, denn, wenn sie nicht allen Komfort haben und nicht renoviert sind, sind sie billiger. Die Häuser haben meistens 10–12 Wohnungen, aber es gibt auch Hochhäuser mit viel mehr Wohnungen oder Appartements.

Eine Wohnung soll auch von draußen schön aussehen. Wenn Leute einen Balkon haben, schmücken sie ihn oft mit Blumen in Blumenkästen, und oft sieht man auch an den Fenstern Blumen und Pflanzen. Man hat eine Wohnung oft für eine lange Zeit, und sie soll eine persönliche Note haben.

Die BRD ist ein kleines Land mit vielen Leuten, und Grundstücke, also das Stück Land, auf dem man das Haus baut, sind sehr teuer. In einigen Städten sind auch hohe Mieten ein Problem. Besonders in Universitätsstädten gibt es nicht genug preisgünstige Wohnungen für junge Paare, für Leute mit niedrigem Einkommen und für Studenten. Studenten müssen oft einige Monate oder sogar ein Jahr suchen, bevor sie etwas finden.

Also, wenn Sie in Deutschland studieren wollen, müssen Sie das gut planen und rechtzeitig eine Wohnung oder ein Zimmer suchen!

Fragen

1. Können viele Leute in der BRD ein Haus kaufen? Warum oder warum nicht?
2. Wie sind Wohnungen in der BRD? Welche Wohnprobleme gibt es?
3. Haben Sie jetzt eine Wohnung oder ein Haus? Allein oder mit Zimmerkollegen?
4. Und Ihre Eltern? Wie wohnen sie?
5. Wie wohnen die meisten Amerikaner? Gibt es hier auch Probleme? Welche?

TEIL 10,10 | Wie viele Zimmer hat Ihre Wohnung?

VOKABULAR Im und ums Haus

das Haus, ̈-er	der Flur / der Korridor	das Schlafzimmer
Hochhaus	der Raum, ̈-e	Kinderzimmer
Einfamilienhaus	das Zimmer, -	Badezimmer / Bad
die Wohnung, -en	Wohnzimmer	das W.C.
Mietwohnung	Eßzimmer	die Toilette

die Küche	der Balkon
die Vorratskammer	die Veranda
die Diele	die Terrasse
der Keller	der Garten
der Dachboden	die Garage

Kulturnotiz

Die meisten Häuser mit Mietwohnungen haben bestimmte Regeln, die alle Bewohner einhalten müssen. Zum Beispiel muß man ab einer bestimmten Zeit abends die Tür zum Haus schließen, und mittags soll zwischen 13.00 und 15.00 (während der sogenannten Mittagszeit) im Haus Ruhe sein. In vielen Miethäusern gibt es eine Hausordnung; sie regelt zum Beispiel, wann die Bewohner die Treppe im Haus putzen müssen. Für Amerikaner ist dieses System vielleicht etwas schwer zu verstehen, aber für Leute in der BRD sind diese Regeln ganz selbstverständlich.

VOKABULAR   Im Zimmer : Möbel und Elektrogeräte

die Küche

der Herd, -e
der Ofen / Backofen, ¨-
das Mikrowellengerät, -e
der Toaster
das Spülbecken, -
die Spülmaschine, -n
der Kühlschrank, ¨-e
    Küchenschrank
der Hocker, -
die Vorratskammer

das Schlafzimmer

das Bett, -en
der Kleiderschrank, ¨-e
die Kommode, -n

das Kinderzimmer

das Kinderbett, -en
die Spielsachen (pl.)

das Arbeitszimmer

der Schreibtisch
das Bücherregal, -e

das Wohnzimmer

das Sofa, -s
die Couch, -es
der Sessel, -
der Couchtisch
die Lampe, -n
die Stereoanlage

das Eßzimmer

der Eßtisch
die Anrichte, -n

das Badezimmer

die Badewanne, -n
die Dusche, -n
das W.C.
das Waschbecken, -
die Hausapotheke, -n
der Spiegel, -
der Spiegelschrank
die Waschmaschine, -n

der Balkon / die Veranda
die Terrasse
der Garten
der Liegestuhl

EINBLICK: Zu Hause

Kennen Sie diese Produkte?
Was haben Sie im Badezimmer?

DV (ohne Abb.) *BAUKNECHT-Mikrowellen-Kompaktgerät* MWU 517 WS.
26348/2 sonst wie Abb. 1   DM **499,—**

2 ✶ **DV** *SIEMENS-Mikrowellengerät* HF
1342. Mit 4 Leistungsstufen: 500/360/
180/90 W. Digitale Elektronik-Uhr bis 100 Min., mit
abschaltbarer Tageszeituhr. Eingabe über Folienta-
sten. Mit Drehantenne, automatischer 3fach-Türsi-
cherung und Anschlußleitung. Beleuchteter Gar-
raum für Teller bis 28 cm ∅. Ventilatorgekühltes Ma-
gnetron. Maße ca.: H. 24, B. 45,5, T. 31,1 cm. Für 220
V/980 W
26310/2   DM **649,—**

Wozu benutzt man dieses Gerät?
Haben Sie eins zu Hause?

AKTIVITÄTEN   Freie Kommunikation

Beantworten Sie diese Fragen, bitte.

Haben Sie ein Haus, eine Wohnung oder ein Zimmer?   Wie liegt Ihre Wohnung?
Ist sie bei der Uni?   Wie viele Zimmer hat sie?   Welche?   Wie ist das Haus von
Ihren Eltern?   Beschreiben Sie es!

LESESTÜCK : In einem Haus

Vorbereitung : Machen Sie diese Übungen, bevor Sie den Text lesen!

  1. Beschreiben Sie die Zimmer in einem Haus und sagen Sie, was man da macht!
  2. Welche hat man in den USA nicht, oder nicht so oft?

Wenn Sie einmal eine Familie in der BRD besuchen, werden Sie sicher einiges bemerken, was in einem Haus oder einer Wohnung anders aussieht. In vielen Häusern kommt man zuerst in eine Diele, die wie ein Vorraum ist. Wenn sie groß genug ist, benutzen manche Leute diesen Raum als Eßzimmer. Viele Wohnungen haben einen Flur, und vom Flur aus geht man in die verschiedenen Zimmer. Die Diele und der Flur haben oft eine Garderobe, wo man den Mantel oder die Jacke aufhängen kann.

Die meisten Miets- und Einfamilienhäuser haben einen Keller und einen Dachboden. Diese Räume sind besonders wichtig, wenn man nicht so viel Platz in der Wohnung hat. Viele Leute bewahren im Keller z.B. Fahrräder, oder auch Getränke, Kartoffeln und Konservendosen auf. Andere machen aus dem Keller einen Hobby- oder Partyraum. Auf dem Dachboden kann man alte Dinge oder Kleider unterbringen oder Wäsche zum Trocknen aufhängen.

Für Amerikaner ist es interessant zu wissen, daß man in der BRD (und auch in Österreich und der DDR) die Türen zu allen Zimmern normalerweise schließt. Generell kann man sagen, daß Deutsche und auch Österreicher die Wohnung oder das Haus als etwas sehr Privates ansehen. So haben z. B. die meisten Gärten oder Terrassen einen Zaun, und auch in einen Balkon kann man meistens nicht hineinsehen. Die Fenster haben Rolläden oder Jalousien (*blinds*) oder manchmal Fensterläden (*shutters*) aus Holz oder stabilem Plastik. Besonders im Winter schließt man sie oder läßt sie herunter, sobald es draußen dunkel wird.

Familie Thomann verbringt den Abend zusammen im Wohnzimmer.

Fragen

1. Was ist die Diele? Was ist der Flur?
2. Warum haben Leute oft einen Keller und einen Dachboden?
3. Haben Ihre Eltern zu Hause einen Keller, einen Dachboden, eine Garderobe? Wo bewahren Sie Dinge wie Fahrräder, Getränke, usw. auf?
4. Wie erkennt man, daß für die Deutschen das Haus oder die Wohnung etwas Privates ist?
5. Ist das in Amerika anders? Beschreiben Sie die Unterschiede!

Vokabularübung

Wie heißt das Zimmer oder der Raum...

1. wo man schläft?
2. wo man ißt?
3. wo ein Kind schläft?
4. wo man fernsieht oder Musik hört?
5. wo man Blumen hat?
6. wo man arbeitet?
7. wo man kocht?
8. wo man sich wäscht oder duscht?
9. wo das Auto steht?
10. wo man in der Sonne liegt?

Gruppenarbeit

Machen Sie Gruppen mit drei Leuten! Eine Person ist ein Makler oder eine Maklerin. Die anderen zwei sind Kunden und suchen ihr Traumhaus. Die Kunden müssen dem Makler genau erklären, wie das Haus aussehen soll. Wenn es nicht klar ist, soll der Makler / die Maklerin nachfragen. Der Makler / die Maklerin notiert alles auf ein Stück Papier und liest das dann den Kollegen im Maklerbüro (=der Klasse) vor.

TEIL 10,11 | Seit wann wohnen Sie schon hier?

MERKE

seit

Seit wann studieren Sie **schon** hier? Ich studiere **schon seit drei Jahren hier.** Und **wie lange** lernen Sie **schon** Deutsch? Ich lerne **erst seit drei Monaten** Deutsch.

Negation: **seit** *and* **nicht mehr**

Wohnen Sie allein? Ja klar, ich wohne **schon seit fünf Jahren nicht mehr** bei meinen Eltern.
Wo wohnt er jetzt? Ich habe keine Ahnung. Er hat **schon seit einem Jahr nicht mehr** geschrieben.

AKTIVITÄTEN   Freie Kommunikation

Wo wohnen Sie jetzt, und wie lange wohnen Sie schon da?   Seit wann studieren Sie schon an Ihrer Universität?   Seit wann wohnen Sie schon allein, d.h. ohne Ihre Eltern?   Seit wann haben Sie Ihre Eltern schon nicht mehr gesehen?   Ihre Schulfreunde?

Wer ist Ihr bester Freund / Ihre beste Freundin, und seit wann kennen Sie schon diese Person?

Wie lange fahren Sie schon Auto?

GESCHICHTE UND NACHERZÄHLUNG: Wiedersehen in Frankfurt

Bill, der Sohn von Peter und Claudia Wallace, ist vor zwei Stunden im Parkhotel in Frankfurt angekommen. Er studiert seit ein paar Monaten in Bremen, und seine Eltern wollten ihn natürlich besuchen. Bill ist jetzt im Sommersemester und hat ein paar Tage über Pfingsten frei. Zusammen mit Bill ist Andrea gekommen. Sie ist auch Studentin in Bremen und möchte eine Freundin in Frankfurt besuchen. Für heute abend haben sich alle vier in einem schönen Restaurant zum Abendessen verabredet. Bill und seine Eltern haben ein Taxi zum Restaurant genommen, und Andrea erwartet sie dort.

BILL	Aah, hallo Andrea! Schon da!
ANDREA	Ich bin gerade erst gekommen. Meine Freundin hat mich abgesetzt.
BILL	Andrea, darf ich dir meine Eltern vorstellen?
HERR WALLACE	Freut uns sehr, Andrea!
ANDREA	Guten Abend, freut mich auch! Wie gefällt Ihnen Deutschland?
FRAU WALLACE	Ooh, wunderbar! Aber wollen wir nicht hineingehen? Wir können uns dann am Tisch unterhalten.
BILL	Okay, gute Idee!

Bill, seine Eltern und Andrea haben einen schönen Tisch gefunden und Wein bestellt. Der Kellner hat Speisekarten gebracht, und nach einigen Minuten haben alle bestellt. Bills Vater hebt sein Glas.

HERR WALLACE	So, Prost! Auf das Wiedersehen mit Bill und auf unsere Reise!
BILL	Prost! Schön, daß alles so gut geklappt hat!
ANDREA	Haben Sie schon viel hier gesehen, Frau Wallace?
FRAU WALLACE	Also, heute haben wir ein Auto gemietet und sind nach Aschaffenburg gefahren!
HERR WALLACE	Ja, es hat uns gut gefallen! Und Sie, Andrea, erzählen Sie uns ein bißchen über sich selbst! Sind Sie aus Bremen?
ANDREA	Nein, nein, meine Heimatstadt ist Nienburg. Es liegt zwischen Bremen und Hannover.
FRAU WALLACE	Und wie ist das Studium in Bremen? Macht es dir jetzt mehr Spaß, Bill?
BILL	Na ja, es geht! Als das Semester begonnen hat, war alles etwas verwirrend, aber Andrea hat mir viel geholfen, auch mit Wohnungssuche und so.
FRAU WALLACE	Bist du mit deiner Wohnung zufrieden?

ANDREA	Also, ich finde, daß Bill echt Glück hatte. Seine Wohnung liegt schön günstig. Viele Studenten müssen in Vororten wohnen, weil es keine Wohnungen in der Stadt gibt.
BILL	Ja, meine Wohnung ist nicht weit von der Uni, und ein Supermarkt mit Drogerie ist in der Nähe, und gleich um die Ecke ist eine Bäckerei.
ANDREA	Und der Markt ist auch ganz nah.
HERR WALLACE	Aha! Und ist die Wohnung groß genug?
BILL	Ooh ja. Sie ist ziemlich alt und hat drei große Zimmer und Küche und Bad. Die Küche hat alles—Herd, Kühlschrank, aber sonst hab' ich natürlich nicht viele Möbel.
FRAU WALLACE	Freut uns, daß alles so gut geht, Bill!
ANDREA	Wie lange wollen Sie denn in Frankfurt bleiben?
HERR WALLACE	Bis morgen, und dann nehmen wir den Zug nach München. Wissen Sie, Andrea, meine Frau hat Verwandte in München, und wir werden sie besuchen.
ANDREA	Ach, Sie kommen aus Deutschland? Seit wann wohnen Sie schon in Amerika?
FRAU WALLACE	Ja, meine Eltern sind Deutsche. Sie sind nach Amerika ausgewandert, als ich noch sehr jung war.
ANDREA	Aber Sie haben zu Hause viel Deutsch gesprochen, oder?
FRAU WALLACE	Ja, ziemlich viel. Und es war uns sehr wichtig, daß Bill auch Deutsch lernt!
BILL	Na, jetzt lerne ich es ja besonders intensiv! Aah, hier kommt unser Essen!

Kulturnotiz

Wenn man in der BRD (und generell auch in der DDR, der Schweiz und Österreich) eine Wohnung beschreibt, zählt man alle Zimmer, nicht nur die Schlafzimmer. Man sagt also ,,das ist eine 3-Zimmerwohnung, oder ein 1-Zimmer Appartement.'' Das heißt dann, daß die Wohnung im Ganzen drei Zimmer hat und das Appartement nur aus einem Raum besteht.

ÜBUNGEN

Übungen A. Setzen Sie passende Worte aus dem Text ein!

1. Bill ist ____ ein paar Stunden im Hotel angekommen.
2. Bill, seine Eltern und Andrea wollen sich in einem Restaurant treffen. Sie haben sich dort ____.
3. Andreas Freundin hat Andrea im Auto mitgenommen und sie am Restaurant ____.
4. Andrea fragt, ob Bills Eltern Deutschland schön finden, d.h., ob es ihnen ____.
5. Sie bleiben nicht draußen, sondern sie gehen ____.
6. Alle vier ____ sich am Tisch, also im Restaurant.
7. Wenn man Essen bestellen will, liest man die ____.
8. Sie hatten keine Probleme, d.h., alles hat gut ____.
9. Bills Eltern haben kein Auto gekauft, sondern eins ____.
10. Andrea kommt aus Nienburg. Nienburg ist also ihre ____.
11. Nienburg liegt ____ Bremen und Hannover.
12. Bill hat am Anfang des Semesters nicht alles verstanden, es war ____.
13. Bills Wohnung liegt im Zentrum, nicht weit von der Uni. Sie liegt also sehr ____.

14. Viele Studenten wohnen nicht direkt in der Stadt, sondern in ____.
15. Frau Wallaces Eltern sind von Deutschland nach Amerika gekommen, d.h., sie sind ____. (Infinitiv : ____)

Übung B. Schreiben Sie, was diese Ausdrücke bedeuten!

1. Er hat über Pfingsten frei.
2. Schon da!
3. Auf das Wiedersehen mit Bill!
4. Macht es dir Spaß?
5. Es geht!
6. Alles war etwas verwirrend.
7. Bill hatte Glück.
8. Als ich noch sehr jung war,...

Übung C. Beantworten Sie diese Inhaltsfragen!

1. Warum ist Bill in Deutschland?
2. Studiert er in Frankfurt?
3. Hat Bill jetzt Semesterferien?
4. Warum ist Andrea nach Frankfurt gekommen?
5. Wie kommen die Wallaces zum Restaurant?
6. Wie ist Andrea dorthin gekommen?
7. Was haben Herr und Frau Wallace heute gemacht?
8. Woher kommt Andrea?
9. Wie findet Bill das Studium?
10. Wie ist Bills Wohnung? Wo liegt sie? Beschreiben Sie sie!
11. Was ist in der Nähe von der Wohnung?
12. Was braucht Bill noch für die Wohnung?
13. Was machen die Wallaces morgen?
14. Was hat Frau Wallace in München?
15. Ist Frau Wallace Deutsche oder Amerikanerin?
16. Wie hat sie Deutsch gelernt?

Übung D. Erzählen Sie die Geschichte chronologisch nach!

Übung E. Persönliche Fragen :

1. Wo ist Ihre Wohnung / Ihr Haus / Ihr Zimmer? Beschreiben Sie sie / es! Wie liegt sie / es?
2. Würden Sie gern in Deutschland studieren? In einem anderen Land? Warum, oder warum nicht?
3. Woher kommen Sie? Was ist Ihre Heimatstadt? Beschreiben Sie diese Stadt / diesen Ort / dieses Dorf!
4. Möchten Sie später auch da wohnen? Warum, oder warum nicht?
5. Beschreiben Sie die Stadt, wo Sie jetzt studieren! Gefällt Ihnen diese Stadt?

EINBLICK: Wohnungssuche

Sehen Sie sich zuerst den Text an und beantworten Sie dann die Fragen!

Vokabular und Abkürzungen

Imm = Immobilien
Whg = Wohnung
Zi = Zimmer
zu verm = zu vermieten
MM = Monatsmiete
OG = Obergeschoß
möbl = möbliert
Wfl = Wohnfläche (m²)
Grundstück (*piece of land*)
Kü = Küche
Einbauküche (*built-in kitchen*)
Du = Dusche
Blk = Balkon
Gar = Garten
NK = Nebenkosten (z.B. Gas)
zzgl = zuzüglich (*additionally*)
inkl = inklusive
ZH = Zentralheizung
Hzg = Heizung
Kt = Kaution (*deposit*)
Prov. = Provision (*commission*)

1 Zi.-Whg. Dachauer Str., ruhig, NB, Balkon, einger. Kü., 49 m², 680,- + Nk./Hzg. E. Höhne Immob., ☎08153/8085

1-Zi.-App. Sendling
31 m², DM 520,- + NK + Gg.
Immob. Kaufmann ☎089/2378-119

1-Zi.-App., zentral
ca. 22 m², möbl., ruh., 450,-inkl.NK + Kt
Immobilien Kast ☎089/2014087

1-Zi.-App. N. Uni
nur an Studenten, ab 15.3., DM 410,- + NK
Immob. Rüprich, ☎1235264

Großz. 1-Zi.-App. Gröbenzell
39 m², EG, kpl. Einbaukü., Bad/WC, Balk., neu renov., ab 1.4. 480,- + 124,- NK/Hzg.
F. Fischer Immob. RDM ☎596806

Nymphenburg
115 m² renovierte Altbau-Whg.
für gehobene Ansprüche, ruh. Lage, 2½-Zi., Wo.Zi. 42m², off. Kamin, Einbaukü., Gas/Et.-Hz., Bad/Dusche, Mte. 1650,- + 35 NK, Kt. 5000,-Prov. 2 MM + 14%
mwm GmbH Imm. ☎226741

3-Zimmer-Wohnung, ca. 82 m², Wohnzimmer 36 m², komfort. Ausstattg. in ruh. Lage, **DM 1.150,–** + NK
Besichtigung n. Vereinbarung.
Imm. ☎ 725 33 55

Einsteinstr. 165
3-Zi.-Whg., 6. OG, ca. 95 m²,
DM 1050,- + NK + TG
Prov.-freie Vermietung.
GWV Gesellschaft für Wohnungs-verwaltung und Immobilien mbH
☎089/7255253

Möbl. 2-Zi.-Whg.,
Nä. Westpark, 56 m², in kl. ruh. Anlg., gr. Südblk., sof. **1100,-inkl.**
immocommerz Immob. GmbH ☎3006003

Fragen

Welche Wohnung mieten Sie, wenn Sie
1. gern schnell in die Stadt kommen möchten?
2. keine Neubauten mögen?
3. nur ein kleines Zimmer brauchen?
4. keine Möbel haben?
5. verheiratet sind und zwei Kinder haben?
6. Student sind und kein Auto haben?
7. eine ruhige Wohnung mit viel Platz haben wollen?
8. gern luxuriös wohnen?

EINBLICK: Hauskauf

Fragen

Sind die Häuser zu vermieten?
Welches würden Sie gern kaufen? Warum?

Gruppenarbeit

Machen Sie wieder Gruppen mit drei Personen, mindestens eine Person muß eine Frau
sein. Eine Person (der Makler / die Maklerin) versucht, den anderen beiden (ein junges
Ehepaar mit wenig Geld) eine Wohnung zu vermieten oder ein Haus aus den Anzeigen zu
verkaufen. Natürlich will der Makler / die Maklerin Geld verdienen und etwas Teures
verkaufen, aber das Ehepaar will nicht so viel Geld ausgeben. Diskutieren Sie das für fünf
Minuten. Der Makler / die Maklerin muß dann berichten, welches Haus oder welche
Wohnung die Kunden genommen haben.

AKTIVITÄTEN   Gelenkte Kommunikation

Indicate in German what Erika tells a friend.

SITUATION: Erika is talking to Gabi about some other people they haven't seen or heard
         from in a while. In German, she says that:

1. she hasn't seen some friends in two months
2. Heike has been on vacation for six weeks
3. Udo hasn't written in three months
4. she hasn't written to some people in a year

TEIL 10,12 | Trinken Sie Bier aus einem Krug oder aus einer Flasche?

MERKE   aus

Woher kommen Sie? Ich komme **aus Deutschland.**
Woher kommt er gerade? Kommt er **aus der Küche** oder **aus dem
    Badezimmer**?

Wie ist die Tasse? Die Tasse ist **aus Porzellan.**

die Kanne, -n	der Krug, ¨-e	das Glas, ¨-er	der Becher	trinken
die Flasche, -n	der Bierkrug	die Tasse, -n	die Dose, -n	gießen

Man trinkt Kaffee **aus einer Tasse.**   Man gießt Kaffee **aus einer Kanne.**

Kulturnotiz

Für bestimmte Biersorten gibt es spezielle Gläser, z.B. ein hohes Glas für das Weizenbier und ein rundes für das Pilsener. Besonders bei Festen gibt es Bierkrüge aus Steingut (das englische Wort *stein* kommt von Steingut), die manchmal Literkrüge sind (man nennt das dann eine Maß). Ein spezielles Weinglas ist der Römer, ein Kristallglas mit farbigem (meistens grünem oder braunem) Stiel und Fuß. Teekenner trinken den Tee aus Teegläsern (mit Henkel) oder sehr dünnen Porzellantassen.

Biergläser aller Art.

AKTIVITÄTEN Freie Kommunikation

Beantworten Sie diese Fragen, bitte.

> Woher kommen Sie?   Ihre Eltern?   Ihre Verwandten?
> Ihr Zimmerkollege oder Ihre Zimmerkollegin?
> Was trinken Sie gern?   Wie trinken Sie es?

Gelenkte Kommunikation

Generate sentences in German that Peter would say in the following situation.

SITUATION: Peter is an exchange student whom you just met at a party. He is interested in finding out some things about you and your family. He also wants to get to know some American customs.

1. He asks you where you come from and where you live now.
2. He asks where your parents come from.
3. He wonders if your grandparents came from Germany.
4. He wants to know if American students usually drink beer from a can or a bottle.
5. He tells you that Germans usually drink beer from a glass or a mug, and sometimes from a bottle.

Gruppenarbeit

Finden Sie einen Partner und schreiben Sie dann auf, wie man in Deutschland was trinkt!

Beispiel: In Deutschland trinkt man **Limo aus der Dose.**

Bier	Sektglas	_____
Wein	Dose	_____
Champagner	Flasche	_____
Milch	Bierkrug	_____
Kola	Weinglas	_____
Saft	Tasse	_____
Kaffee	Glas	_____
Tee	Becher	

TEIL 10,13 | Ißt du Pizza mit der Hand?

MERKE

mit

Kommst du **mit uns**? Wohnst du allein oder **mit Zimmerkollegen**?

die Schreibwaren: der Bleistift, -e   der Kugelschreiber, -
                  Rotstift, -e   der Füller, -

Schreibt ihr **mit einem Füller** oder **mit einem Kuli**?

das Besteck: der Löffel, -   die Gabel, -n   das Messer, -   essen
             Suppenlöffel   Fleischgabel   Fleischmesser   schneiden
             Kaffeelöffel   Kuchengabel   Kuchenmesser
             Teelöffel
             Eßlöffel

Man ißt Suppe **mit einem Löffel.**
Man ißt Gemüse **mit einer Gabel.**
Man schneidet Fleisch **mit einem Messer.**

Vokabular

das Auto, -s	das Fahrrad, ¨-er	der Bus, -se	das Flugzeug, -e
der Wagen, -	(das Rad)	die Straßenbahn, -en	der Zug, ¨-e
Lastwagen	Motorrad	U-Bahn, -en	das Schiff, -e
das Taxi, -s	das Mofa, -s	S-Bahn, -en	das Boot, -e

Wie kommst du morgens zur Uni?
Fährst du **mit dem Bus, mit der Straßenbahn** oder **mit der U-Bahn?**
Ich fahre **mit meinem Rad** oder **mit dem Auto.** Manchmal gehe ich zu Fuß.

Kulturnotiz

In der BRD (und das gilt generell auch für Österreich, die Schweiz und die DDR) sind einige Eßgewohnheiten anders als in Amerika: Wenn man etwas mit Gabel und Messer ißt, behält man die Gabel immer in der linken Hand, und oft benutzt man das Messer, um etwas auf die Gabel zu schieben. Viele Leute schneiden Kartoffeln und Fisch nicht mit dem Messer, sondern zerkleinern sie mit der Gabel. Für Fisch gibt es auch ein spezielles Besteck (Fischbesteck): eine Gabel und ein speziell geformtes Messer. Wenn man das Messer nicht benutzt, soll man die rechte Hand neben den Teller legen. Wenn man mit jemandem anstößt, z.B. mit Sekt oder einem Glas Wein, sagt man oft „Prost"! oder „zum Wohl"!

Was ißt man mit diesem Besteck?

AKTIVITÄTEN Freie Kommunikation

Wie sind Sie heute morgen zur Uni gekommen?   Wie sind Sie früher zur Schule
gegangen, als Sie jünger waren?

Wann haben Sie das letzte Mal Urlaub gemacht?   Wohin?   Wie sind Sie dorthin
gekommen?

Womit fahren viele Leute in der BRD, z.B. in die Stadt oder zur Uni?   Von
Düsseldorf nach Köln?   Und in Amerika?

Gelenkte Kommunikation

Indicate in German what you would ask your roommate.

SITUATION: You are trying to find out how your roommate is getting to school tomorrow.
Ask her in German if:

1. she is going by bus
2. she will take her car
3. the two of you should ride your bikes
4. she will walk
5. she is riding with Karin

Gruppenarbeit

Finden Sie einen Partner und schreiben Sie auf, wie man was ißt! Machen Sie das in fünf
Minuten und sagen Sie dann der Klasse, was Sie aufgeschrieben haben!

In Deutschland ißt man ____ mit [Artikel] ____.

belegte Brote	Löffel und Gabel	_____
Fleisch	Messer und Gabel	_____
Kartoffeln	Fischbesteck	_____
Kuchen	Kuchengabel	_____
Fisch	Suppenlöffel	_____
Suppe	Hand	_____
Eis	Gabel	_____
Spaghetti	Kaffeelöffel	_____

Kontrolle

With the material you have learned in this chapter, you should be able to do the following in German:

1. identify the parts of the body
2. identify what [part of the body] ails you
3. express discomfort or pain
4. express regret
5. decline a request politely
6. name the major countries on each continent as possible destinations
7. identify cities and points within a city (buildings, stores, shops, offices, schools, churches, etc.) as destinations
8. identify the beginning and end of a trip as well as intermediate stops en route
9. identify how one uses basic modes of transportation in a city, between cities, and between countries
10. identify the rooms of a house and the articles of furniture normally associated with them
11. read and understand an apartment ad with its common abbreviations
12. explain how (with what silverware and glassware) one eats certain foods and drinks certain beverages

Wiederholung

A. Beantworten Sie diese Fragen!

1. Wem haben Sie neulich geholfen? Wie haben Sie dieser Person geholfen? Ist diese Hilfe Ihnen schwer- oder leichtgefallen?
2. Wem glauben Sie nie? Warum nicht? Wem glauben Sie immer? Warum?
3. Was fällt Ihnen dieses Semester schwer? Was fällt Ihnen leicht?
4. Was gefällt Ihnen besonders? Warum mögen Sie es so sehr?
5. Was machen Sie morgens, bevor Sie zur Uni oder zur Arbeit gehen?
6. Möchten Sie heute abend mit Freunden ausgehen? Was machen Sie vielleicht?
7. Was tut Ihnen jetzt weh? Wie lange tut es Ihnen schon weh? Was werden Sie machen?
8. Wem sehen Sie ähnlich?
9. Was ist Ihnen jetzt besonders wichtig? Was wird Ihnen vielleicht in ein paar Jahren wichtig sein?
10. Woher kommen Sie? Woher kommen Ihre Eltern? Ihre Großeltern?
11. Wie trinken Sie Bier, Kaffee, Tee und Wasser?
12. Wohin gehen Sie später? Was werden Sie da machen? Wie lange werden Sie da sein?
13. Wohin haben Sie eine Reise gemacht? Was haben Sie eigentlich da gemacht? Waren Sie allein?
14. Von wem haben Sie einen Brief, eine Karte, ein Paket oder ein Geschenk bekommen? Haben Sie dieser Person auch etwas geschickt?

15. Wohin gehen Sie, wenn Sie krank sind? Wer hilft Ihnen dann?

16. Was haben Sie jetzt bei sich? Was haben Sie zu Hause gelassen?

17. Was machen Sie oft bei schlechtem Wetter? Gefällt es Ihnen, wenn es regnet? Wenn ja, warum?

18. Wie sind Sie heute morgen zur Uni gekommen? Kommen Sie immer so zur Uni?

19. Wie lange lernen Sie schon Deutsch? Wie lange werden Sie es noch lernen?

B. Kulturfragen

1. Beschreiben Sie, wie eine typische deutsche Stadt aussieht! Was würde ein Tourist in einer deutschen Stadt finden?

2. Erklären Sie einige Unterschiede beim Essen und Trinken zwischen Amerikanern und Bundesdeutschen!

3. Was soll man wissen, wenn man in der BRD eine Wohnung sucht, z.B. was muß man oft außer der Miete bezahlen? Wie beschreibt man die Größe der Wohnung? Welche verschiedenen Wohnungen und Häuser gibt es, z.B. für Familien?

4. Beschreiben Sie Merkmale (Hauptunterschiede) von Häusern und Mietwohnungen in den deutschsprachigen Ländern!

5. Welche Geschäfte gibt es in der BRD für tägliche Einkäufe?

6. Erklären Sie, was ein Fachgeschäft ist! Geben Sie Beispiele!

KAPITEL 11

WIE RICHTE ICH MEINE WOHNUNG EIN?

ÜBERBLICK

KONTEXT UND FUNKTIONEN

discussing the generation gap
working out a problem with a superior
locating things and putting them in places
getting things ready before guests arrive
asking for and giving directions
furnishing a room or apartment

VOKABULAR

review of vocabulary in Chapter 10
vocabulary items from the **Dialoge** and **Geschichten**
key verbs: **setzen / sitzen, legen / liegen, hängen / hängen,
  stellen / stehen**
objects with prominent horizontal or vertical dimensions
kitchen- and tableware
crossing streets, bridges, mountains, and borders

KULTUR

special problems in West German schools
the summer break for students
smoking in the German-speaking countries
tableware and setting a table
Lake Constance
closing days for sightseeing and restaurants
the cities of Frankfurt, Tübingen, and Würzburg

GRAMMATIK

forms: two-way prepositions: **an, auf, hinter, vor, neben, zwischen, in, über, unter**
da- and **wo-** compounds
infinitive clauses
infinitive constructions with **um... zu, ohne... zu, (an)statt... zu**

word order: infinitive phrases and constructions
prepositional phrases: time, manner, place

TEIL 11,1 | Es ist gesund, viel Sport zu machen.

MERKE

Infinitive clauses

Was ist gut?	**Zu lernen** ist gut. **Sprachen zu lernen** ist sehr gut.
	Es ist sehr gut, **Sprachen zu lernen.**
Was ist gesund?	**Zu schwimmen** ist gesund.
	Jeden Tag zu schwimmen ist sehr gesund.
	Es ist sehr gesund, **jeden Tag zu schwimmen.**

Review: **möchten, daß** *and* **wollen, daß**

Ich **möchte, daß** du nicht rauchst.
Wir **wollen, daß** du jeden Tag Sport machst.

AKTIVITÄTEN   Freie Kommunikation

Beantworten Sie diese Fragen!

Was ist gesund? Was ist ungesund? Was ist leicht? Was ist schwer? Was ist gut für Studenten? Was ist schlecht für sie?

Gelenkte Kommunikation

A. Complete each of the following sentences meaningfully with an infinitive clause.

1. Es fällt mir schwer, ____.
2. Es fällt mir leicht, ____.
3. Es hat viel Spaß gemacht, ____.
4. Es hat uns nicht gefallen, ____.

B. Complete each of the following sentences meaningfully with a **daß**-clause.

1. Die Eltern wollen, ____.
2. Der Arzt will, ____.
3. Der Professor möchte, ____.
4. Der Polizist will, ____.

C. Indicate in German what Babsi would say in the following situation.

SITUATION: Babsi has not been happy with her younger sister. She tells her in German that:

1. it's time to change some things
2. it's not healthful to smoke twenty cigarettes every day
3. it is healthful to play sports sometimes
4. it's easy to be friendly to people
5. she doesn't feel like arguing with her
6. yes, she knows it is hard to have a big sister

Kulturnotiz

Der Zigarettenkonsum ist in der BRD (und generell in Europa) höher als in den USA. In der Bundesrepublik liegt der Konsum pro Kopf um 2000 Stück pro Jahr (80er Jahre). Besonders unter Jugendlichen ist das Rauchen von Zigaretten weit verbreitet. In der DDR ist das Rauchen ebenso ein Problem, und erst unter Leuten in den höheren Jahrgängen geht die Zahl der Raucher zurück.

Freie Kommunikation

Beantworten Sie diese Fragen!

Was ist gesund? Was ist ungesund?
Ist es ungesund zu rauchen?
Rauchen Sie? Haben Sie früher geraucht? Rauchen Freunde von Ihnen?

Gruppenarbeit

Finden Sie einen Partner und entscheiden Sie, wer von Ihnen die Person ist, die ganz ungesund lebt! Diese Person liest dann die Sätze unten. Die andere Person sagt ihre Meinung und gibt ein Gegenargument. Machen Sie alle Sätze in fünf Minuten! Suchen Sie zwei Sätze aus, und lesen Sie diese dann als Dialog vor!

Beispiel: Eine Person liest:
Ich finde, daß es gut ist, morgens nichts zu essen. Man hat morgens immer zu wenig Zeit.
Die andere antwortet:
Ich denke, es ist ungesund, morgens nichts zu essen. Man braucht Energie für den Tag.

1. Es ist nicht schlecht, Zigaretten zu rauchen. Wenn man gestreßt ist, hilft das.
2. Es ist gesund, abends ein Glas Wein zu trinken. Man schläft dann gut, und außerdem hat trockener Wein wenig Kalorien. (Bier hat viel mehr Kalorien!)
3. Es ist richtig, nur wenig zu schlafen. Die Tage sind immer viel zu kurz.
4. Es ist wichtig, viel Kaffee zu trinken. Man wird sonst zu früh müde.
5. Es ist ungesund, jeden Tag Sport zu machen. Viele Leute tun sich weh, wenn sie Sport machen.

TEIL 11,2 | Sie gammeln, statt zu lernen!

MERKE

Three idiomatic infinitive constructions

um… zu, ohne… zu, (an)statt… zu + *infinitive*

Warum arbeitet Jochen?… **Um** Geld **zu verdienen.** (= Weil er Geld verdienen will.)
Wir können nichts sagen, **ohne** einen Streit **anzufangen.**
Sie trinken Bier und gammeln, **statt** etwas Vernünftiges **zu tun.**

Beginning sentences with infinitive constructions

Um Geld zu verdienen, arbeitet er.
Ohne einen Streit anzufangen, können wir nicht reden.
Statt etwas Vernünftiges zu tun, gammeln sie.

GESCHICHTE UND NACHERZÄHLUNG : Kinder, Kinder!

Herr und Frau Becker treffen sich heute abend mit den Steiners zum Weintrinken. Sie reden zuerst ein bißchen über ihre Arbeit, denn Frau Becker und Frau Steiner sind Kolleginnen im Gymnasium. Nach einiger Zeit beginnen sie, über ihre Kinder zu sprechen. (Über Kinder zu reden ist ein universales Thema für Eltern!) Anja, die Tochter der Beckers, und Ute, die Tochter der Steiners, sind in der Abiturklasse im Gymnasium. Joachim, Anjas Bruder, hat gerade eine Lehre begonnen.

HERR BECKER   Hat Ihre Tochter auch solche Schwierigkeiten mit der Schule? Ich weiß nicht, ob unsere Tochter das Abitur schaffen wird.

FRAU BECKER   Die Anja macht uns wirklich Sorgen. Sie ist ständig mit dieser Clique zusammen, statt zu arbeiten. Und es ist unmöglich, mit ihr zu reden.

FRAU STEINER   Ja, das kennen wir auch. Wir können unserer Ute nichts sagen, ohne einen Streit anzufangen. Sie denkt immer, daß wir sie kritisieren wollen.

HERR BECKER   Und was machen die Mädchen, wenn sie mit ihren Freunden zusammen sind? Sie rauchen Zigaretten, trinken Bier und gammeln, statt etwas Vernünftiges zu tun!

HERR STEINER   Aber Ihr Sohn hat jetzt eine Lehrstelle, oder?

FRAU BECKER   Ja, er mußte fast ein Jahr warten, aber er hat endlich eine bekommen. Er arbeitet in einem Elektrogeschäft, und zweimal pro Woche hat er Schule.

HERR BECKER	Der Joachim hat wenigstens gejobbt, um etwas Geld zu verdienen. Aber die Anja wird nicht mal nächsten Sommer arbeiten! Sie will, daß wir sie in die Türkei fahren lassen!
FRAU STEINER	In die Türkei? Was will sie denn dort machen?
FRAU BECKER	Ach, sie hat vor, drei Monate in Ankara zu wohnen und Türkisch zu lernen.
HERR STEINER	Na, das ist doch nicht schlecht! Vielleicht macht sie das, um bessere Chancen zu haben, eine Stelle als Lehrerin zu bekommen. Lehrer mit Türkischkenntnissen braucht man doch jetzt besonders!
HERR BECKER	Also, sie weiß ja gar nicht, ob sie wirklich Lehrerin werden will. Sie macht alles, ohne es wirklich zu planen.
FRAU STEINER	Na, seien Sie nicht so pessimistisch! Wir müssen versuchen, die jungen Leute zu verstehen. Es ist nicht gut, immer nur zu schimpfen!
HERR BECKER	Na, vielleicht haben Sie recht! Es kann ja sein, daß sie über ihre Zukunft nachdenkt. Aber wahrscheinlich redet sie über diese Dinge mit ihren Freunden und nicht mit uns.
FRAU BECKER	Mein Mann ist immer so kritisch! Es gefällt ihm nicht, daß Anja so oft abends ausgeht und nie zu Hause ist.
FRAU STEINER	Mir ist es auch lieber, wenn sie die Freunde nach Hause bringen, anstatt in Kneipen zu gehen.
HERR STEINER	Man kann sie aber nicht immer zu Hause halten, oder? Wollen wir noch etwas bestellen? Mein Glas ist schon lange leer!

Kulturnotiz

Lehrer und Lehrerinnen haben in der Schule oft Kommunikationsprobleme, wenn Ausländer, z.B. Türken, nicht gut Deutsch sprechen. Aus diesem Grund haben viele Schulen Sprachklassen für Ausländerkinder eingerichtet. Es ist natürlich wichtig, für diese Kurse Lehrer oder Lehrerinnen mit (beispielsweise türkischen) Fremdsprachenkenntnissen zu haben.

ÜBUNGEN

Übung A. Setzen Sie passende Worte aus dem Text ein!

1. Anja und Ute machen das Abitur. Sie sind also in der ____.
2. Anjas Bruder lernt <u>und</u> arbeitet, das heißt, er macht eine ____.
3. Wenn jemand eine andere Meinung hat, gibt es manchmal ____.
4. Wenn man arbeitet, ____ man Geld.
5. Herr Becker meint, daß viele Mädchen rauchen, Bier trinken und ____.
6. Herr Becker ist ärgerlich, und er ____ über seine Tochter.
7. Junge Leute reden oft miteinander über die ____.

Übung B. Schreiben Sie, was diese Ausdrücke bedeuten!

1. Sie macht uns Sorgen.
2. statt etwas Vernünftiges zu tun
3. Er hat wenigstens gejobbt.
4. eine Stelle als Lehrerin
5. Lehrer mit Türkischkenntnissen
6. Mir ist es lieber

Übung C. Beantworten Sie diese Inhaltsfragen!

1. Was ist das Gesprächsthema?
2. Wie sind die zwei Töchter? Welche Schule besuchen sie? Was machen sie jetzt?
3. Warum können die Eltern nichts mit Anja und Ute diskutieren?
4. Wie beschreibt Herr Becker, was Anja macht, wenn sie mit ihren Freunden zusammen ist?
5. Was macht Anjas Bruder?
6. Warum findet Herr Becker besser, was Joachim macht?
7. Wie will Anja den nächsten Sommer verbringen?
8. Wie findet Herr Becker Anjas Plan? Was sagt Herr Steiner?
9. Was machen Anja und ihre Freunde abends? Was möchten die Eltern von Anja?

Übung D. Erzählen Sie die Geschichte chronologisch nach!

Übung E. Persönliche Fragen:

1. Was denken Sie über die zwei Töchter? Wie finden Sie sie?
2. Wie finden Sie die Eltern und ihre Reaktionen?
3. Finden Sie, daß Herr Becker überkritisch ist?
4. Was haben Sie nach der Schule oder abends gemacht, als Sie Teenager oder Schüler(in) waren?
5. Wie haben Ihre Eltern reagiert?
6. Wissen Sie noch, welche Probleme Ausländer in der BRD haben? Woher kommen die Ausländer? Wie nennt man die Ausländer, die in der BRD arbeiten?

AKTIVITÄTEN   Gelenkte Kommunikation

Complete the sentences with clauses that begin with **anstatt** or **statt**.

SITUATION: Anja and Ute are complaining about their parents, who, they feel, are cramping their lifestyles with too many rules and regulations.

1. Wir sollen abends zu Hause bleiben, ____.
2. Wir sollen in den Ferien arbeiten, ____.
3. Wir müssen ständig lernen, ____.
4. Wir sollen mit unseren Freunden etwas „Vernünftiges" tun, ____.
5. Ich (Anja) soll im Sommer hier bleiben, ____.

Gruppenarbeit

Schreiben Sie einen kleinen Dialog zwischen Anja und Ute! Anja und Ute reden über ihre Eltern und über ihre Zukunftspläne.

Beispiel: Anja: Also, mein Vater kritisiert alles! Ich soll nicht so oft ausgehen.

DIALOG: Statt zu arbeiten, telefonieren Sie ständig!

Sehen Sie sich das Vokabular an, bevor Sie den Dialog lesen!

die Schwierigkeit, -en *difficulty*   **Bescheid sagen** *to tell all the pertinent information*
ständig *constantly*   **sich Mühe geben** *to make an effort*

Marlies Busch arbeitet diesen Sommer als Verkäuferin in einem Kaufhaus. Sie will genug Geld verdienen, um nach zwei Monaten eine Reise zu machen. Marlies hat erst vor einigen Tagen begonnen, hier zu arbeiten, und es gibt manchmal Schwierigkeiten. Als Marlies heute morgen zur Arbeit kommt, ruft ihre Chefin, Frau Lindner, sie ins Büro.

FRAU LINDNER	Aah, Fräulein Busch, gut, daß Sie hier sind! Kann ich Sie einen Moment sprechen?
MARLIES	Ja, was gibt's denn?
FRAU LINDNER	Also, was ist denn los mit Ihnen? Statt Ihre Arbeit fertigzumachen, telefonieren Sie ständig! Und gestern haben Sie Ihre Arbeit eine Stunde früher verlassen, ohne mir Bescheid zu sagen!
MARLIES	Ja also, die Anrufe waren von zu Hause, und die Erika ist doch für mich länger geblieben!
FRAU LINDNER	Ohne mit mir zu sprechen, können Sie nicht einfach früher nach Hause gehen!
MARLIES	Ja, aber Erika…
FRAU LINDNER	Bitte, Fräulein Busch! Sie haben eine Woche, um sich zu verbessern! Wenn es weitere Probleme gibt, müssen wir jemand anderen finden! Ist das klar?
MARLIES	Gut, Frau Lindner. Ich werde mir Mühe geben!

Fragen

1. Was hat Marlies gemacht, statt ihre Arbeit fertigzumachen?
2. Was hat sie gemacht, ohne ihrer Chefin Bescheid zu sagen?
3. Wieviel Zeit hat sie, um sich zu verbessern?

Kulturnotiz

Schüler haben im Sommer sechs Wochen und Studenten drei Monate Semesterferien. Viele nutzen diese Zeit, um zuerst Geld zu verdienen (z.B. in einem Kaufhaus), und dann Urlaub zu machen. Nicht so viele Studenten arbeiten, während sie zur Uni gehen.

Aushilfe gesucht!

Für die Sommermonate suchen wir

Schüler und Studenten

für verschiedene Abteilungen.

(Damen-und Herrenkleidung,

Lebensmittel, u.a.)

Der Kaufhof

Personalabteilung, Marienplatz 2;

Tel: (089)3392-204

TEIL 11,3	Die Zeitung liegt auf dem Tisch, und ich stelle den Kaffee auf den Tisch.

MERKE

Two-way prepositions

Accusative case

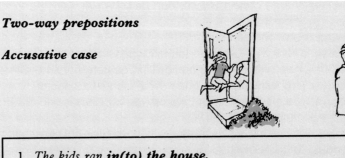

1. *The kids ran **in(to)** the house.*
2. *The teacher is writing the word **on(to)** the blackboard.*

Dative case

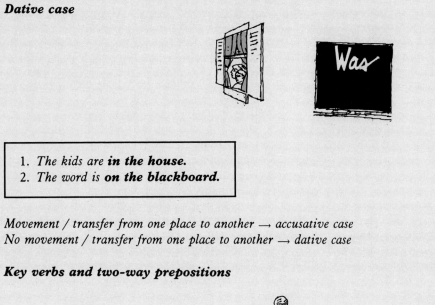

1. *The kids are **in the house.***
2. *The word is **on the blackboard.***

Movement / transfer from one place to another → *accusative case*
No movement / transfer from one place to another → *dative case*

Key verbs and two-way prepositions

setzen, legen, hängen, stellen

Ich lege die Zeitung **auf den Stuhl** und stelle den Kaffee **auf den Tisch.**

sitzen, liegen, hängen, stehen

Die Zeitung liegt **auf dem Stuhl,** und der Kaffee steht **auf dem Tisch.**

AKTIVITÄTEN   Wiederholung : Grammatik

Fill in the correct form of **stehen** or **liegen** in the following sentences.

1. Das Glas ____ auf dem Tisch.
2. Messer und Gabel ____ auf dem Tisch.
3. Die Kaffeekanne ____ auf der Anrichte.
4. Der Teller ____ auf dem Tisch.
5. Die Tischdecke ____ auf dem Tisch.
6. Die Stifte ____ auf dem Schreibtisch.
7. Die Schuhe ____ auf dem Boden.
8. Das Papier ____ auf dem Tisch.
9. Die Bücher ____ auf dem Bücherregal.
10. Die Kleider ____ auf dem Bett.

TEIL 11,4 | Auf der Insel
Am See

MERKE

Locating and putting things on horizontal surfaces: **auf**

Die Gläser stehen schon **auf dem Tisch.** Ich lege das Besteck **auf den Tisch.**
Der Topf steht **auf dem Herd.** Ich stelle die Pfanne **auf den Herd.**

Reminder: Negation with prepositions

Die Gläser stehen **nicht auf dem Tisch.**

VOKABULAR

der Boden, -	das Sofa, -s	die Blume, -n	der Weg, -e
der Tisch, -e	der Sessel, -	der Blumentopf, ˝-e	die Wiese, -n
der Stuhl, ˝-e	das Bett, -en	die Pflanze, -n	der Platz, ˝-e
das Papier, -e	das Regal, -e	Zimmerpflanze	die Insel, -n

auf dem Tisch / auf dem Herd

die Tischdecke, -n	die Kanne, -n	die Platte, -n	das Besteck
die Kerze, -n	der Teller, -	die Schüssel, -n	das Messer, -
die Serviette, -n	die Tasse, -n	die Schale, -n	die Gabel, -n
das Stövchen, -	Untertasse	der Brotkorb, ˝-e	der Löffel, -
das Geschirr	das Glas, ˝-er	der Topf, ˝-e	der Kuchenheber, -
das Service	der Becher, -	die (Brat)pfanne, -n	der Flaschenöffner, -

MERKE   *Locating and putting things on vertical surfaces:* an

die Wand, ¨-e	das Fenster, -	klopfen / klingeln	die Haltestelle, -n
die Tafel, -n	die Tür, -en	malen / schreiben	Bushaltestelle

Er klopft **an die Tür / ans Fenster / an die Wand.**
Wir warten **an der Bushaltestelle.**

Other uses of an

an + Gewässer

der Fluß, Flüsse	der See, -n	das Meer, -e	die Küste, -n
der Bach, ¨-e	der Weiher, -	(die See)	der Strand, -¨e

Köln liegt **am Rhein.** Trier liegt **an der Mosel.** Hamburg liegt **an der Elbe.**

an + die Uni
Sie studiert **an der Johann-Wolfgang-von-Goethe-Universität** in Frankfurt.

an + Zeit
Die Arbeitswoche endet **am Freitag.** Was machen Sie **am Wochenende?**

an + *Verb*
Ich bin **am Arbeiten.** = Ich arbeite im Moment.
Bist du **am Telefonieren?** = Telefonierst du jetzt?

AKTIVITÄTEN   Gelenkte Kommunikation

A. Indicate in German what Bettina tells her husband.

SITUATION: Bettina and her husband, Jan, have dinner guests. Bettina asks Jan in German:

1. to put the tablecloth on the table
2. to get the napkins out of the closet
3. if the candles are already on the table
4. to put glasses and plates on the table
5. to put the silverware on the table as well

B. Form sentences by joining the items given below with the correct form of **sein,** the preposition **auf,** and the location cued in parentheses.

SITUATION: Kerstin has just come back from spending a weekend out of town. Her roommate had a party last night that got a little bit out of control. She notices things are not in the usual places. She describes the mess to a friend on the phone and says:

1. Teller und Tassen (Bett)
2. Flaschen (Boden)
3. schmutzige Töpfe und Pfannen (Herd)
4. Gläser und Becher (Schreibtisch)
5. CDs (Tisch)
6. Stühle (Balkon)
7. Jacken und Mäntel (Boden)
8. Chips und Dip (der Teppich = *carpet*)

TEXTE: Welche Stadt liegt an welchem Fluß, See oder Meer?

Suchen Sie sich einen Partner und nennen Sie die Gewässer auf der Karte! Schreiben Sie dann in fünf Minuten auf, welche Städte an diesen Gewässern liegen! Ihr Lehrer / Ihre Lehrerin wird Sie dann fragen.

VOKABULAR

Flüsse

die Ems
die Weser
die Elbe
die Donau
die Isar
die Mosel
die Oder
die Saale
die Spree

der Main
der Rhein

Meere

die Nordsee
die Ostsee

Seen

der Bodensee
der Genfer See

— Kulturnotiz —

Der Bodensee ist mit 508 km² der größte natürliche See in der BRD. Nur 306 km² liegen allerdings in der BRD, der Rest in der Schweiz und Österreich. Im Englischen heißt der See *Lake Constance*. Die bekannteste Stadt am Bodensee ist Konstanz. Zwei weitere hübsche Städte sind Lindau und besonders Meersburg.

Im Bodensee liegt die Insel Mainau, die einem Mitglied der schwedischen Königsfamilie gehört. Sie ist interessant, weil hier das Klima ganz anders, nämlich fast subtropisch ist. Auf der Insel, die man zu Fuß erreichen kann, blühen Orangen- und Zitronenbäume und auch Palmen.

Nur wenige Kilometer südlich vom Bodensee liegt das Fürstentum Liechtenstein, gegründet in 1719. Dieser Staat mit ca. 25 000 Einwohnern auf einer Fläche von 157 km² liegt im Alpengebiet zwischen der Schweiz und Österreich. Die Amtssprache ist Deutsch, und der Hauptort dieses überwiegend katholischen Staates ist Vaduz.

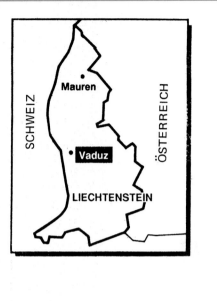

TEIL 11,5 | hinter, vor, neben, zwischen

MERKE

Locating and putting things behind / in front of / next to / between

hinter

Das Mofa steht **hinter der Garage.** Stell es bitte **hinter das Haus**!

vor

Der VW steht **vor dem Haus.** Stell deinen Audi auch **vors Haus**!

neben

Der Schreibtisch steht **neben der Tür.** Stell ihn **neben das Fenster**!

zwischen

Die Lampe steht **zwischen dem Sofa und der Wand.**
Stell sie **zwischen das Sofa und den Sessel**!

Other uses

vor + Zeit
Ich habe **vor zwei Jahren** meinen Abschluß gemacht.

zwischen + Zeit
Der Laden ist **zwischen eins und drei** geschlossen.

Review: Word order

	1	**2**	**3**
1. Wann? → *Time*			
2. Wie? → *Manner*	Wir sind vor einem Jahr	mit dem Auto	an die Nordsee gefahren.
3. Wohin / Wo? → *Place*	(Oder: Vor einem Jahr sind wir	mit dem Auto	an die Nordsee gefahren.)

AKTIVITÄTEN   Freie Kommunikation

Beantworten Sie diese Fragen, bitte.

Wann sind Sie zur Uni gekommen?   Vor einem Jahr?   Vor ein paar Wochen?   Wo haben Ihre Eltern / Ihre Geschwister studiert?   Vor wie vielen Jahren?
Haben Sie zu Hause einen Garten? Ist er vor oder hinter dem Haus?
Wo parken Sie Ihr Auto?   Vor oder neben dem Haus?   Vor der Garage?
Was machen Sie heute zwischen 6 Uhr und 8 Uhr abends?

Tischdecken

Sehen Sie sich das Bild von einem gedeckten Tisch an und beschreiben Sie genau, wo welche Dinge stehen und liegen!

Gruppenarbeit

Suchen Sie sich einen Partner und machen Sie diese Aufgabe in fünf Minuten!

Sie haben heute abend Gäste zum Abendessen. Die Einladung soll sehr elegant sein. Sagen Sie, wie viele Gäste kommen, und schreiben Sie auf ein Stück Papier (in logischer Reihenfolge), wie Sie den Tisch decken wollen! Um das zu machen, müssen Sie auch entscheiden, was Sie kochen wollen!

TEIL 11,6 | über, unter

MERKE

Locating and putting things above and underneath: über / unter

Wohin hängst du das Bild?
   Über die Couch.
Wo hängt die Lampe?
   Über dem Tisch.

Wo sind meine Schuhe?
   Unter deinem Bett.
Wohin stellst du den Tisch?
   Unter die Lampe.

Crossing barriers

die Straße, -n	die Brücke, -n	der Berg, -e
die Ampel, -n	der Fluß, Flüsse	die Grenze, -n

Gehen Sie **über die Straße** und dann **über die Brücke**!

Other uses

über + Zeit   Wir sind **über ein Jahr** in Deutschland geblieben.

über + Menge   Meine Bücher haben **über 200 Mark** gekostet.
unter + Menge Meine Bücher haben nicht so viel gekostet. **Unter 100 Mark.**

sprechen über   Sie hat viel **über ihr Jahr** in Deutschland **gesprochen.**

DIALOG: Sie müssen über die Brücke gehen!

Sehen Sie sich das Vokabular an, bevor Sie den Dialog lesen!

ansprechen, angesprochen   *to address (a person)*
fremd *strange, new*

Susanne und Karen sind auf einer Reise in Deutschland. Sie sind gerade in Frankfurt angekommen und versuchen, ihr Hotel zu finden. Susanne spricht einen Herrn vor dem Bahnhof an.

SUSANNE	Entschuldigen Sie bitte, können Sie uns helfen?
DER HERR	Ja, gern. Sind Sie fremd hier? Woher kommen Sie?
KAREN	Aus den Vereinigten Staaten.
DER HERR	Aha, und was kann ich für Sie tun?
SUSANNE	Ja, also, wir suchen die Schifferstraße.
DER HERR	Na klar, das ist gar nicht schwer zu finden. Gehen Sie hier über die Ampel und dann über die Alte Mainbrücke Richtung Sachsenhausen!
KAREN	Aha, und dann?
DER HERR	Ja, vielleicht fragen Sie da nochmal.
SUSANNE	Okay, machen wir! Vielen Dank!
DER HERR	Nichts zu danken! Viel Spaß in Frankfurt!

Fragen

1. Was suchen Susanne und Karen?
2. Was liegt Richtung Sachsenhausen?
3. Wie sollen sie dorthin laufen?

Frankfurt am Main: Blick auf den Römer.

Kulturnotiz

Man kennt Frankfurt am Main, im Bundesland Hessen, als die Stadt der Banken und der Börse (*stock market*), aber berühmt ist sie als Geburtsort des deutschen Dichters Johann Wolfgang von Goethe. (Die Universität in Frankfurt ist die Johann-Wolfgang-von-Goethe-Universität.) Der Römerberg, mit dem modernen Rathaus (der Römer), dem Dom und der Alten Nikolaikirche, bildet das Zentrum der Stadt. Hier steht auch das Goethehaus, in dem man besichtigen kann, wo der Dichter gearbeitet hat, aber auch einfach wie eine wohlhabende (reiche) Familie im 18. Jahrhundert gelebt hat.

Die »blaue Stube«

Goethes Zimmer

TEXT: Aus einer Broschüre zum Goethehaus

Lesen Sie den Text und beantworten Sie dann die Fragen!

Im Haus am Großen Hirschgraben wurde Goethe am 28. August 1749 geboren. Er hat hier seine Kindheit und Jugend verlebt, bis er im Herbst 1775 der Einladung Herzog Carl Augusts nach Weimar folgte. Das Leben in den Räumen, von der behaglichen Küche Frau Ajas im Parterre bis zu Goethes eigenem Zimmer im dritten Stock, spiegelt sich in seiner Autobiographie ,,Dichtung und Wahrheit''.

Die gesamte Inneneinrichtung mit Möbeln, Öfen und Bildern hat den letzten Krieg überstanden, während das Haus selbst am 22. März 1944 zerstört wurde, demselben Tag, an dem Goethe 1832 gestorben ist. Von 1946 bis 1951 wurde es nach den alten Maßen und Mustern wieder aufgebaut. Es zeugt vom Leben einer Frankfurter Bürgerfamilie im 18. Jahrhundert. Jedes Jahr wird es von etwa 130 000 Menschen aus aller Welt besucht.

Mit dem Haus sind das benachbarte Goethemuseum, eine Bibliothek von 100 000 Bänden und ein umfangreiches Handschriftenarchiv verbunden, das u. a. die Nachlässe von Novalis, Clemens Brentano, Bettina und Achim von Arnim enthält. Mit etwa 400 Gemälden und Plastiken ist das Museum eine Biographie Goethes in Bildern und zeigt darüber hinaus eindrucksvoll die bildende Kunst der Goethezeit.

Das Goethehaus in Frankfurt
am Main.

Fragen

1. Wo hat Goethe als Kind gelebt?
2. Wo hat er dann gewohnt?
3. Was ist im Krieg mit dem Haus geschehen?
4. Was hat man dann gemacht?
5. Wie viele Leute besichtigen das Haus pro Jahr?
6. Was ist neben dem Goethehaus?
7. Was kann man hier anschauen?
8. Welche anderen Dichter haben in Goethes Zeit gelebt?

AKTIVITÄTEN   Gelenkte Kommunikation

Formulate sentences that the woman in the following situation might use.

SITUATION: Susanne and Karen are looking for a particular restaurant. The woman they
ask how to get there tells them:

1. to cross the street here
2. then go across the bridge

3. then to walk by the church
4. that they will be able to see the
   restaurant behind the church

TEIL 11,7 | In welcher Straße wohnst du?

MERKE

Being in and going to and into places: **in**

Gehen wir heute abend **ins Kino** oder **in ein Restaurant**? Läuft ein guter Film **im Kino**?
Wir fahren nächstes Jahr **in die Schweiz.** Bern liegt **in der Schweiz.**

Locating and putting things in places

Hängst du deinen Mantel **in den Schrank**? Ist deine Jacke **im Schrank**?

Other uses

in + Adressen   Ist das Hotel **in der Mozartstraße**?
Ja, fahren Sie zuerst **in die Hauptstraße**!

in + Richtungen der **Süden**   der **Osten**   der **Norden**   der **Westen**
Ich würde gern **in den Süden,** vielleicht nach Italien, reisen.
Er wohnt jetzt **im Norden,** in Kiel.

in + Zeit   **In einem Jahr** mache ich meinen Abschluß.
Im Sommer, genau gesagt **im Juni,** suche ich dann einen Job.

DIALOG: In München

Sehen Sie sich das Vokabular an, bevor Sie den Dialog lesen!

die Gruppe, -n *group*
  Reisegruppe *tour group*
der Leiter, - *leader, guide*
  Reiseleiter *tour guide*
der Tagesplan *plan for the day*

die Besichtigung *viewing*
verschieben, verschoben *postpone*
das Gemäldemuseum *art gallery*
der Englische Garten *park in Munich*

Herr und Frau Stein machen diesen Sommer zusammen eine Reise durch Deutschland. Die Reisegruppe ist heute in München angekommen, wo sie zwei Tage bleiben wird. Der Reiseleiter, Herr Gerhard, bespricht den Tagesplan.

HERR GERHARD   Meine Damen und Herren, nach dem Mittagessen treffen wir uns vor dem Hotel. Wir werden dann heute nachmittag zwei Stunden im Schloß Nymphenburg verbringen.

FRAU STEIN   Wann fährt der Bus ab, bitte?

HERR GERHARD   Die Abfahrt ist um zwei Uhr, in circa zwei Stunden. Sie können zuerst zu Mittag essen.

EINE DAME	Meine Bekannte und ich wollen ein bißchen einkaufen gehen. Geht das?
HERR GERHARD	Morgen vormittag haben Sie frei und können dann ein paar Stunden in die Stadt gehen. Haben Sie sonst noch Fragen?
HERR STEIN	Ja, können Sie uns bitte sagen, was wir morgen nachmittag machen?
HERR GERHARD	Zuerst werden wir in die Pinakothek, ein Gemäldemuseum, gehen, und dann ein oder zwei Stunden im Englischen Garten verbringen. Also meine Damen und Herren, guten Appetit! Und kommen Sie bitte pünktlich um zwei Uhr zum Bus!

Fragen

1. Wo ist die Reisegruppe?
2. Wohin fahren sie heute nachmittag?
3. Wo werden sie dann ein oder zwei Stunden verbringen?
4. Wann sollen sie zum Bus zurückkommen?
5. Was können die Leute morgen vormittag machen?
6. Wohin werden sie am Nachmittag gehen?

In München hat niemand Durst.

Kulturnotiz

In der Bundesrepublik kann man sonntags alles anschauen, aber montags sind viele Museen und andere Sehenswürdigkeiten geschlossen. Viele Restaurants und Gasthäuser machen auch an einem Tag in der Woche zu. Für viele ist dieser Ruhetag Montag oder Mittwoch.

Das Deutsche Museum in München.

Gruppenarbeit

Sie und Ihr Partner sind die Reiseleiter für eine Reisegruppe (in Ihrer Heimatstadt oder in einer anderen Stadt, die Sie gut kennen). Heute machen Sie den Tagesplan für morgen! Schreiben Sie in zehn Minuten auf, wie die Gruppe den Tag verbringt, d.h. wann sie alles macht, wohin sie geht oder fährt, was sie besichtigt, wo sie essen kann, usw. Dann sagen Sie der Gruppe (den anderen Studenten im Klassenzimmer), was Sie geplant haben.

AKTIVITÄTEN   Gelenkte Kommunikation

A. Indicate in German where Ilse took care of the following errands by answering the questions.

SITUATION: Ilse mußte heute viel erledigen. Wo war sie? Wohin mußte sie gehen?

 1. Sie wollte ein paar Bücher ausleihen. (Sie ist keine Studentin.) Wo war sie?
 2. Sie mußte ihren Führerschein holen. Wohin ist sie gegangen?
 3. Sie wollte einen neuen Rock und ein Paar Schuhe kaufen. Wo war sie?
 4. Sie wollte frische Eier und frisches Gemüse besorgen. Wohin ist sie gegangen?

B. Pretend you are Rosi's roommate in the following situation. Try to use all the two-way prepositions you have learned and combine them with different verbs, as in the example that follows.

SITUATION: Rosi ist gerade von ihrem Urlaub zurückgekommen und kann nichts in ihrer Wohnung finden. Sie sind ihre Zimmerkollegin / ihr Zimmerkollege. Sie sagen, wo die Dinge vielleicht sein können.

Beispiel: Wo ist mein Füller?
  Vielleicht liegt er auf dem Tisch, neben der Zeitung; vielleicht hast du ihn aufs Regal gelegt.

 1. Wo ist mein Rucksack?   5. Wo sind die Zeitschriften?
 2. Wo ist mein Terminkalender?   6. Wo ist die Post?
 3. Wo ist mein Studentenausweis?   7. Wo ist das Fernsehprogramm?
 4. Wo ist meine schwarze Handtasche?   8. Wo ist das Telefonbuch?

Gruppenarbeit : Frankfurt

Finden Sie einen Partner, sehen Sie sich den Stadtplan von Frankfurt an, und beantworten Sie dann die folgenden Fragen!

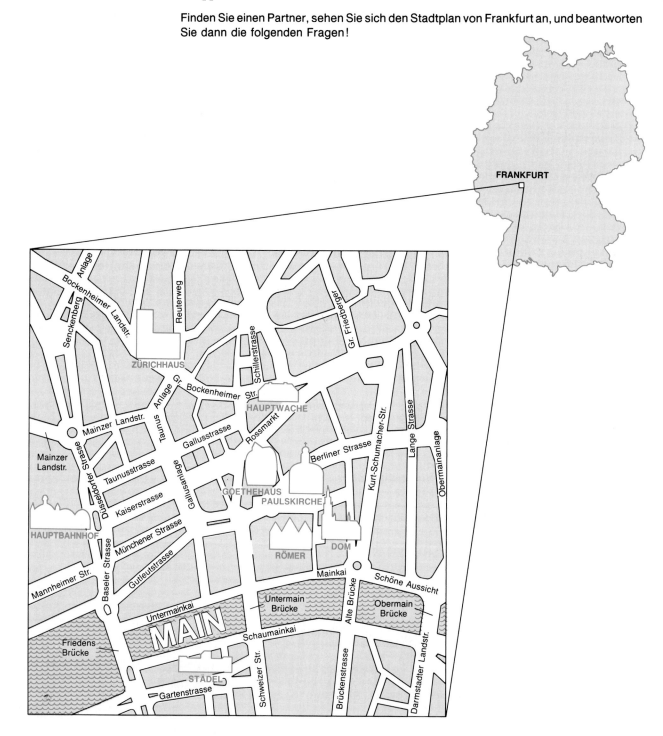

In welcher Straße ist: das Goethehaus, die Paulskirche, der Hauptbahnhof, das Städel, der Dom, das Zürichhaus, der Römer, die Hauptwache?
Sie sind am Dom und wollen zum Städel. Wie müssen Sie laufen, was müssen Sie machen?

GESCHICHTE UND NACHERZÄHLUNG: Die neue Wohnung

Bettina und Ulrike sind zwei Studentinnen an der Eberhard-Karls-Universität in Tübingen. Sie haben alle Formalitäten hinter sich gebracht, d.h., sie haben sich eingeschrieben, einen Studentenausweis bekommen und einige Bücher besorgt. Die beiden sind gerade in eine Wohnung eingezogen und richten heute die Zimmer ein. Ulrike kommt erst gegen vier nach Hause.

ULRIKE   Bettina, halloo! Tut mir leid, daß ich mich etwas verspätet hab'. Ich hab' die Petra an der Uni getroffen, und wir haben zusammen einen Kaffee getrunken.

BETTINA   Macht doch nichts! Wir haben ja den ganzen Abend vor uns. Ich hab' schon einiges in die Küchenschränke eingeräumt.

ULRIKE   Wollen wir vielleicht mit dem Wohnzimmer beginnen? Dann haben wir ein Zimmer, wo wir sitzen können, wenn jemand zu Besuch kommt.

BETTINA   Vielleicht organisieren wir erstmal die Möbel, wie wir sie haben wollen. Hmm, mal seh'n. Das Bücherregal stellen wir vielleicht an die Wand da drüben.

ULRIKE   Und meinen Schreibtisch zwischen das Regal und das Fenster.

BETTINA   Hier, die Lampe können wir schon auf den Schreibtisch stellen! Aah, prima! Und jetzt?

ULRIKE   Ich würde sagen, die zwei Sofas kommen rechts in die Ecke, und vor die Sofas stellen wir den Couchtisch.

BETTINA   Ja, so sieht das Zimmer ziemlich geräumig aus, weil die Mitte frei bleibt. Stellen wir doch den Fernseher gleich rechts vor die Wand neben uns!

ULRIKE   Moment, ich hole den Hocker aus der Küche.

BETTINA   Häh? Den Hocker? Wieso denn das?

ULRIKE   Ich will den Fernseher nicht auf den Boden stellen. Wir können ihn dann später auf einen kleinen Tisch stellen.

BETTINA   Mir ist sowieso wurst, was wir mit der ,,Glotze'' machen... Ich fang' schon mal an, die Bücher aufs Regal zu stellen.

ULRIKE   Ist die Stehlampe in deinem Zimmer? Ich weiß echt nicht, wo ich sie das letzte Mal gesehen habe!

BETTINA   Ich glaub' schon.

ULRIKE   Moment, ich schau' nach. Hier, ich finde, sie sieht gut neben dem Sofa aus, oder?

BETTINA   Ja, das paßt. Du, Ulrike, haben wir 'was zum Essen im Kühlschrank? Ich bin am Verhungern.

ULRIKE   Mensch, ich auch! Wollen wir schnell zum Griechen gehen?

BETTINA   Ja, los! Und dann machen wir nach dem Essen weiter!

Kulturnotiz

Die Universitätsstadt Tübingen am Neckar liegt im Bundesland Baden-Württemberg, nicht weit von Stuttgart. Im Jahre 1477 gründete Herzog Eberhard im Bart die Universität in Tübingen, die heute internationalen Ruf hat. Tübingen ist außerdem bekannt als Wohnort vieler Denker und Künstler, wie z.B., Hegel und Hölderlin. Im „Hölderlinturm", direkt am Neckar gelegen, lebte von 1806 bis 1843 der deutsche Dichter Friedrich Hölderlin. Heute ist der Hölderlinturm ein Museum.

Überreicht durch:

Verkehrsverein Tübingen
An der Neckarbrücke
Postfach 26 23
7400 Tübingen
Telefon (070 71) 3 50 11
Telefax 35070
Telex 7262780 tour d

Herausgeber: Verkehrsverein Tübingen, mit freundlicher Unterstützung des Stadtmessungsamtes der Universitätsstadt Tübingen.

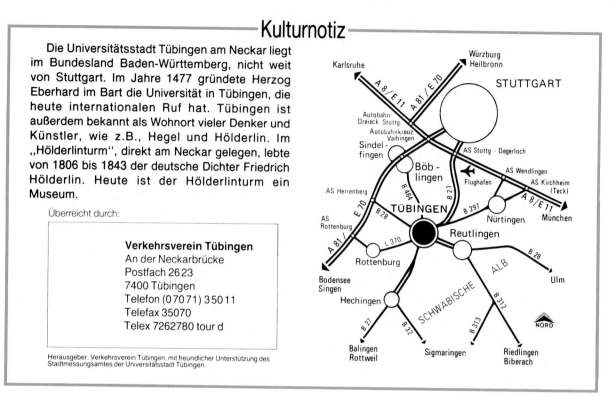

ÜBUNGEN

Übung A. Setzen Sie passende Worte aus dem Text ein!

1. Bettina und Ulrike haben die Formalitäten erledigt, das heißt, sie haben alles _____.
2. Sie wollen die Möbel in die Zimmer stellen. Sie _____ die Wohnung _____. (Infinitiv: _____)
3. Der Abend beginnt erst, d.h., sie haben den ganzen Abend _____ sich.
4. Teller und Tassen kommen in den _____.
5. Bettina hat schon Sachen in die Schränke gestellt, d.h., sie hat die Schränke _____. (Infinitiv: _____)
6. Tische und Stühle nennt man _____.
7. Bücher kommen auf ein _____.
8. Das Zimmer ist ziemlich groß, d.h., es sieht _____ aus.
9. Ein Stuhl vor einer Bar oder in der Küche heißt auch _____.
10. Eine Lampe, die auf dem Boden steht, ist eine _____.
11. Wenn man kalte Getränke haben will, stellt man sie in den _____.

Übung B. Sagen Sie, was diese Ausdrücke bedeuten!

1. Macht doch nichts!
2. Wieso denn das?
3. Mir ist sowieso wurst.

4. die Glotze
5. Ich glaub' schon.
6. Ich bin am Verhungern.

Übung C. Beantworten Sie diese Inhaltsfragen!

1. Was haben die zwei Studentinnen heute morgen gemacht? Was machen sie jetzt?
2. Warum hat sich Ulrike verspätet?
3. Mit welchem Zimmer beginnen Sie? Warum?
4. Nennen Sie die Möbel im Wohnzimmer!
5. Wohin stellen Sie den Schreibtisch?
6. Wo steht der Fernseher jetzt? Und später?
7. Wohin stellen sie die Lampen?
8. Bleiben die beiden zum Essen zu Hause? Was machen sie?

Übung D. Erzählen Sie die Geschichte chronologisch nach!

Übung E. Persönliche Fragen:

1. Beschreiben Sie, wo die Möbel in Ihrem Zimmer stehen!
2. Wissen Sie, wie viele Zimmer Bettinas und Ulrikes Wohnung hat? Wie viele Zimmer haben Sie in Ihrer Wohnung oder in Ihrem Haus?
3. Welche Möbelstücke würden Sie jetzt gern kaufen? Warum?

Gruppenarbeiten

1. Suchen Sie sich einen Partner und machen Sie eine Skizze von Bettinas und Ulrikes Wohnzimmer! Wo stehen die Möbelstücke? Machen Sie das in fünf Minuten und zeichnen Sie die Skizze dann an die Tafel!

2. Suchen Sie sich einen Partner und stellen Sie sich vor, daß Sie gerade einen neuen Job bekommen haben. Sie werden jetzt etwas mehr Geld verdienen und wollen mit Ihrem Freund / Ihrer Freundin ein Zimmer in Ihrer Wohnung neu einrichten. Ihre Wohnung hat drei Zimmer, Küche und Bad. Schreiben Sie auf ein Stück Papier, was die drei Zimmer sind, und welches Zimmer Sie neu einrichten wollen! Was ist schon in diesem Zimmer? Wo steht es? Was kaufen Sie neu? Wohin stellen Sie es? Machen Sie das in fünf Minuten und lesen Sie dann der Klasse vor, wie das Zimmer aussehen soll!

TEIL 11,8 | Wo wohnst du und woher kommst du?

MERKE

Requesting information: Review and expansion

| wo | wohin | woher |

Wo wohnen Sie jetzt? **In der Schweiz?**
Wohin fahren Sie dieses Jahr vielleicht? **Nach Italien?**
Woher kommen Sie? **Aus Deutschland?**

wie	wieviel	wie viele

Wie kommst du zur Uni? Mit dem Auto? Zu Fuß?
Arbeitest du dieses Semester? **Wieviel** Geld kannst du verdienen?
Wie viele Kurse hast du?

wann	wie lange	wieviel Zeit	seit wann

Wann haben wir Ferien und **wie lange** dauern sie?
Wieviel Zeit hast du für deine Reise?
Seit wann wohnst du hier?

wer	von wem	mit wem	für wen	gegen wen

Wer hat dieses Buch geschrieben? **Von wem** ist es?
Mit wem gehst du heute abend aus?
Für wen hast du dich so schön angezogen?
Für wen sind Sie in dieser Wahl? **Gegen wen** sind Sie?

DIALOG: Wann ist die Abfahrt?

Sehen Sie sich das Vokabular an, bevor Sie den Dialog lesen!

sich aus•ruhen, ausgeruht   *to relax, to rest up*
die Änderung, -en   *change*

Heute ist der letzte Tag in München für die Reisegruppe. Die Leute haben sich nach dem Spaziergang im Englischen Garten mit ihrem Reiseleiter getroffen. Der Tag war ziemlich lang, und die Gruppe ist etwas müde.

DER REISELEITER	Also, meine Damen und Herren, Sie können sich jetzt etwas ausruhen, und um 19 Uhr 30 ist die Abfahrt zum Abendessen im Hotel Bayrischer Hof.
EIN HERR	Wann ist morgen unsere Abreise?
DER REISELEITER	Unsere Abfahrt ist wahrscheinlich um 14 Uhr, aber Sie müssen Ihre Zimmer um 10 Uhr verlassen.
EIN HERR	Warum so früh?
DER REISELEITER	Weil neue Gäste morgen vormittag kommen. Die Leute im Hotel müssen ja genug Zeit haben, die Zimmer in Ordnung zu bringen.
HERR STEIN	Also, Herr Gerhard, ich habe gedacht, daß wir morgen vormittag abreisen. Man weiß ja nie, was los ist!

DER REISELEITER	Es tut mir leid, aber wir mußten eine kleine Änderung machen. Wir können erst am Nachmittag abfahren, weil unser Fahrer den Bus in die Werkstatt bringen mußte. Der Bus soll um zwölf Uhr fertig sein. Ist sonst alles klar?
EIN HERR	Ja, wenn alles so bleibt, wie Sie es gesagt haben!
EINE DAME	Können wir dann morgen, bevor wir abreisen, noch etwas besichtigen?
DER REISELEITER	Ja, wenn Sie wollen! Das geht, weil wir natürlich nichts für den Vormittag geplant haben. Also dann, bis heute abend um halb acht!

Fragen

1. Wann und mit wem hat sich die Gruppe getroffen?
2. Wann ist die Abfahrt zum Restaurant?
3. Wann fährt die Gruppe morgen ab?
4. Wieviel Zeit haben sie morgen, um etwas einzukaufen?
5. Wie sind die Leute? Freundlich? Etwas aggressiv?

Gelenkte Kommunikation

A. Indicate in German what the members of the travel group are asking their guide.

SITUATION: The group has arrived at their next destination and wants to get some information. They ask:

1. how much time they will spend in the bus
2. what the food in the hotel is like
3. why the restaurant closes at two
4. with whom they can discuss the rooms
5. how many museums or churches they will see
6. how many people can go to the theater

TEIL 11,9　Was sind Reben?
Man macht Wein daraus.

MERKE

Eliciting prepositional phrases: wo-*compounds*

woraus	womit	wofür

Woraus (=wie) ist der Tisch? Er ist **aus Holz**.
Womit schreibst du? **Mit einem Füller.**
Wofür sind die Getränke? **Für die Party** heute abend.

Avoiding repetition: da-*compounds*

daraus	darin (drin)	damit
danach	davon	dazu
dadurch	dafür	dagegen
dahinter	daran	darauf
darunter	darüber	davor
dazwischen	daneben	

Wir haben Wolle gekauft und **daraus** einen Pulli gestrickt. ← **aus der Wolle**

Sie hat einen Wagen und ist **damit** zur Uni gefahren. ← **mit dem Wagen**

Wir waren im Kino und sind **danach** nach Hause gegangen. ← **nach dem Film**

Weißt du, daß Axel in die USA gefahren ist? Nein, **davon** wußte ich nichts.
← **von dieser Tatsache**

Ich möchte gern Bratwurst und Sauerkraut. Und bringen Sie mir ein Bier **dazu!**
← **zum Essen**

Er macht nächsten Monat sein Examen und muß **dafür** viel lernen.
← **für das Examen**

Er hat gerade einen neuen Job gefunden. Natürlich spricht er viel **darüber.**
← **über den Job**

Schau mal nach, ob mein Schlüssel auf dem Stuhl liegt! Oder **darunter**!
← **unter dem Stuhl**

Hast du dein Portemonnaie gefunden? Ist dein Ausweis **darin**? ← **im Portemonnaie**

Wenn du in die Eichenallee kommst, siehst du gleich ein Café. **Daneben** ist
meine Wohnung. ← **neben dem Café**

Weißt du, wo das Bücherregal und mein Schreibtisch stehen? Meine Tasche
steht **dazwischen.** ← **zwischen dem Regal und dem Schreibtisch**

LESESTÜCK: Würzburg—Bischofsstadt, Universitätsstadt, Weinstadt

Vorbereitung: Machen Sie bitte die folgenden Übungen, bevor Sie den Text genau lesen!

1. Sehen Sie Namen, die Sie schon kennen? Zum Beispiel: Würzburg, Main, Frankenwein, Schoppen.
2. Erkennen Sie Daten oder Epochen? Zum Beispiel: 12. Jahrhundert.

　　Wenn Sie mit dem Zug in Würzburg ankommen, sehen Sie gleich über der Stadt die Festung Marienberg. **Darunter** baut man auf Terrassen Reben an, und besonders an Sonntagen trifft man hier eine Menge Spaziergänger. Wissen Sie, was Reben sind? **Daraus** macht man Wein, und hier in Franken den Frankenwein. Durch Würzburg fließt der Main, und drei Brücken führen **darüber.**
　　Würzburg ist eine Bischofsstadt und seit dem 15. Jahrhundert eine Universitätsstadt. In der Stadt kann man Werke von berühmten Künstlern, z. B. Balthasar Neumann und Tilmann Riemenschneider, besichtigen. Berühmt sind die Residenz aus dem 18. Jahrhundert (Balthasar Neumann war der Architekt dieses Bauwerks), die Festung Marienberg mit der Marienkapelle und der Dom und Neumünster mit Werken des mittelalterlichen **Bildhauers** (*sculptor*) Tilmann Riemenschneider.

Selbstporträt von
Tilmann Riemenschneider.

Die Gegend um Würzburg ist auch sehr interessant. Aus dem Maintal kommt der Frankenwein, und auch Würzburg ist berühmt **dafür.** Erinnern Sie sich, wie man die Flaschen nennt, und **woraus** man den Frankenwein trinkt? Richtig, die Markenzeichen für Würzburg sind der Bocksbeutel und der Schoppen.

Wenn man durch Mainfranken fährt, sieht man überall Weinberge und **dazwischen** viele mittelalterliche Orte. Wenn Sie mal in diese Gegend kommen, müssen Sie diese Städtchen besuchen und den Frankenwein probieren.

Fragen

1. Was sieht man sofort, wenn man in Würzburg ankommt?
2. Was sieht man darunter?
3. Was macht man aus den Reben?
4. Welcher Fluß fließt durch Würzburg?
5. Was kann man in Würzburg besichtigen?
6. Aus welchen Epochen sind Gebäude in Würzburg?
7. Wie heißt die Gegend, in der die Stadt Würzburg liegt?

8. For the **da-** and **wo**-compounds, name the phrases they replace.

TEXT: Barockfest

Lesen Sie den Text und beantworten Sie
dann die Fragen!

*Frühling, festliche berühmte Barockmusik, Franken-
wein und kulinarische Spezialitäten in prächtigem
Rahmen. Am 2. und 3. Juni 1988 veranstaltet der
Fränkische Weinbauverband für Gäste aus aller Welt
in der Residenz und im Mainfränkischen Museum zu
Würzburg ein Barockfest. Das noble Stuttgarter Kam-
merorchester spielt großartige Werke von Albinoni,
Bach, Händel und Telemann. Dieser Abend wird
durch ein Menü und erlesene Frankenweine abgerun-
det. Der zweite Tag beinhaltet eine vierstündige
Matinee mit Essen, Spitzenweinprobe und historischer
Musik des 12. Heeresmusikkorps. Teilnehmerpreis für
beide Programmteile: DM 250.-Anmeldungen über
Fränkischer Weinbauverband, Postfach 5848, 8700
Würzburg 1.*

Fragen

1. Welche Musik kann man hier hören?
2. Von welchen Komponisten?
3. Wer gibt das Konzert?
4. Wann und wo findet das Fest statt?
5. Was kostet es?
6. Beschreiben Sie die Matinee am zweiten Tag!

Gelenkte Kommunikation

SITUATION: Someone has given your friend false information. Correct each statement by negating the prepositional phrase and providing the right information.

1. Würzburg liegt in Norddeutschland.
2. Die Festung Marienberg liegt in der Stadt.
3. Der Frankenwein kommt aus der Moselgegend.
4. Man trinkt den Wein in der Festung.
5. Die Gebäude sind aus dem 20. Jahrhundert.

Kontrolle

After completing this chapter, you should be able to:

1. use infinitive phrases including the special constructions with **um... zu, (an) statt... zu,** and **ohne... zu**
2. express location and destination with two-way prepositions
3. elicit specific information using **W-Fragen**
4. use **da-** and **wo-**compounds to avoid repetition of nouns in prepositional phrases

Wiederholung

A. Beantworten Sie diese Fragen, bitte.

1. Beschreiben Sie Ihr Zimmer oder ein Zimmer in Ihrer Wohnung, und wo alle Möbelstücke stehen!
2. Nennen Sie drei Städte in der BRD, der DDR, der Schweiz oder in Österreich, und an welchem Fluß, Meer, oder See sie liegen!
3. Was wissen Sie über Frankfurt, Tübingen und Würzburg?
4. Wo wohnen Sie? Was ist Ihre exakte Adresse? (Land, Stadt, Straße)
5. Was machen Sie am Wochenende? Wohin werden Sie gehen, oder wo werden Sie sein? Beschreiben Sie ziemlich genau, was Sie da machen werden, wie lange Sie es machen werden, und mit wem!
6. Was haben Sie letztes Wochenende gemacht? Wann haben Sie es gemacht? Wie lange haben Sie das gemacht? Wieviel hat es gekostet? Mit wem haben Sie es gemacht? Für wen haben Sie es gemacht? Hat es Ihnen gefallen? Möchten Sie das öfters machen?
7. Schreiben Sie einen Aufsatz! Thema:
   Was ich für meine Wohnung kaufen will, und wohin ich es stelle.

KAPITEL 12

IN DEUTSCHLAND GELANDET!

ÜBERBLICK

KONTEXT UND FUNKTIONEN

communicating emotions
identifying and commenting on familial and romantic
  relationships
discussing what you think about events and things
discussing errors of several types
being in a hurry
needing to relax

getting gracefully through the following basic survival situations:
  arriving in the airport
  exchanging currency
  buying train tickets
  storing baggage
  traveling by train
  using a pay phone
  visiting and staying with a German family

VOKABULAR

vocabulary items from the **Dialoge** and **Geschichten**
idioms: verbs and adjectives with prepositions
            reflexive verbs: accusative and dative
            reflexive verbs with prepositions

KULTUR

the Rhein-Main airport in Frankfurt
the train system in the Federal Republic
weddings in the German-speaking countries
traveling east from West Germany

GRAMMATIK

forms: genitive case:
  with names and titles (review)
  following noun phrases
  definite article and **der**-words; indefinite article and
    ein-words
  indefinite time
  genitive prepositions: **(an)statt, trotz, während, wegen,
    innerhalb, außerhalb**
word order: genitive constructions

TEIL 12,1 | Der Cousin der Geschwister

MERKE

Genitive case: Names designating a possessor

Wessen Verwandte sind das? Das sind **Rainers** Verwandte.
Hier ist **Rainers** Cousin, und da drüben ist **Rainers** Kusine.

Genitive case forms

masculine	*feminine*	*neuter*
der Eingang **des Flughafens**	der Bruder **der Kusine**	die Marke **des Gepäcks**

plural	*weak nouns*
die Koffer **der Leute**	das Gepäck **des Jungen**

TEXT : Ankunft im Flughafen

Vorbereitung : Machen Sie zuerst die zwei Übungen und lernen Sie das Vokabular! Dann lesen Sie bitte
den Text.

1. Welche Transportmittel kommen in diesem Text vor?
2. Welche Worte haben etwas mit Reisen und Urlaub zu tun?

der Zoll *customs*
verzollen *to declare (at customs); to pay customs*
verlassen *to leave*

das Gepäck *luggage*
die Gepäckausgabe *baggage claim*

Stellen Sie sich vor, daß Sie gerade mit dem Flugzeug im Rhein-Main Flughafen in Frankfurt angekommen sind! Zuerst sehen Sie die Wartehalle mit vielen Schildern und Information, folgen Sie diesen Schildern zur Gepäckausgabe, wo Sie Ihre Koffer bekommen. Alle Reisenden müssen mit ihrem Gepäck durch den Zoll und dann die Paßkontrolle gehen. Der Zollbeamte fragt, ob Sie etwas zu verzollen haben, und vielleicht kontrolliert er Ihre Koffer und Taschen. Dann wird ein Beamter Ihren Paß ansehen, und endlich können Sie diesen Teil des Flughafens verlassen. Wenn Sie nicht mit einem Auto, sondern mit der Bundesbahn weiterfahren wollen, müssen Sie den Schildern zum Bahnhof folgen. Die Züge fahren direkt unter dem Flughafen in viele verschiedene Richtungen ab. Kaufen Sie Ihre Fahrkarte am Fahrkartenschalter und fahren Sie los!

Der Fluglotse in Frankfurt sichert die Landung.

Fragen

1. Was muß man im Flughafen zuerst machen?
2. Was macht der Zollbeamte?
3. Wie kann man den Flughafen verlassen, wenn man keinen Wagen hat?

Gelenkte Kommunikation

Indicate in German what the customs official would say in the next situation.

SITUATION: A customs officer at the Frankfurt airport has gotten confused and has to check on the belongings of a family. He asks a colleague if:

1. this is the family's luggage
2. this is the gentleman's passport
3. these are the children's IDs
4. this is the lady's purse
5. these are the man's forms

DIALOG : Herzlich willkommen!

Sehen Sie sich das Vokabular an, bevor Sie den Dialog lesen!

sich freuen, gefreut   *to be happy*
sich frei•nehmen (i), freigenommen   *to take off from work*

Lernen Sie zuerst Jeff und Carol kennen! Carol und Jeff Hausner sind zwei Geschwister aus Minnesota. Der Vater der beiden kommt aus Deutschland, aber die Familie wohnt schon seit vielen Jahren nicht mehr dort. Carol und Jeff haben Deutsch gelernt, als sie klein waren, und diesen Sommer besuchen sie zusammen Verwandte in Deutschland. Carols und Jeffs Tante wohnt mit ihrem Mann und ihrem Sohn Rainer in Stuttgart. Carol und Jeff sind gerade mit dem Flugzeug am Rhein-Main Flughafen in Frankfurt angekommen, wo Rainer, ihr Cousin, sie schon erwartet. Rainer, Jeff und Carol haben sich letztes Jahr kennengelernt, als Rainer Amerika besucht hat.

JEFF	Grüß dich, Rainer!
RAINER	Hallo! Herzlich willkommen! Hier, die Blumen sind für euch. Zur Begrüßung!
CAROL	Vielen Dank, Rainer! Es ist toll, dich wiederzusehen!
RAINER	Und wie geht's euch? Ist alles ohne Probleme gegangen?
CAROL	Ja, ganz prima. Ach ja, wir sollen natürlich viele Grüße von unseren Eltern sagen.
RAINER	Aah, vielen Dank! Es ist schade, daß sie nicht mitkommen konnten. Also, schau'n wir erstmal, wie wir zum Bahnhof kommen.
JEFF	Zum Bahnhof? Bist du mit dem Zug gekommen?
RAINER	Ja, das ist echt bequem. Auf der Autobahn ist immer so viel Verkehr, und außerdem fahren die Züge direkt vom Flughafen ab.
CAROL	Okay. Hier geht's zum Bahnhof. Wie lange dauert die Fahrt nach Stuttgart ungefähr?
RAINER	Ooch, nicht so lang. Wenn wir einen Intercity nehmen, geht es ganz schnell. Dafür müssen wir aber einen Zuschlag zahlen.
JEFF	Ist in Ordnung! Werden deine Eltern zu Hause sein, wenn wir ankommen?
RAINER	Also, meine Mutter bestimmt. Mein Vater muß heute noch arbeiten, aber dann hat er sich eine Woche freigenommen.
CAROL	Prima! Dann können wir ja einiges zusammen machen.

Fragen

1. Wer sind Carol und Jeff?
2. Wie heißt der Cousin der beiden Geschwister?
3. Warum besuchen Carol und Jeff Stuttgart?
4. Wie begrüßt Rainer seine Verwandten? Was hat er mitgebracht?
5. Wie kommen sie vom Flughafen nach Stuttgart? Ist das schwierig oder bequem?
6. Was hat Rainers Vater gemacht?
7. Haben Sie schon mal Freunde oder Verwandte (aus einem anderen Teil der USA oder aus dem Ausland) am Flughafen abgeholt? Haben Sie etwas zur Begrüßung mitgebracht?
8. Welcher Flughafen war das? Wie sind Sie dann nach Hause gekommen?

——— Die neue Bahn ———

Intercity.
Jede Stunde.
Jede Klasse.

Unser bestes Stück – das Verkehrssystem der Zukunft. Komfort in 1. und 2. Klasse. Große, bequeme Abteile. Großraumwagen mit verstellbaren Sesseln. Aussichtsreiche Panoramafenster. Gemütlich essen und trinken bei Tempo 200. Draußen fliegt die Welt vorbei. Intercitys fahren im Stunden-Takt. Auf den Verknüpfungsbahnhöfen steht der Anschluß-IC auf dem gleichen Bahnsteig gegenüber. Intercity heißt mehr als gut fahren. Eine Klasse für sich.

DB **Die Bahn**

Fragen

1. Wie oft fährt der Intercity?
2. Wie sind die Abteile (wo man sitzt)?
3. Wie schnell fährt ein IC?
4. Was kann man im IC bekommen?

TEIL 12,2 | Was ist der Kurs der D-Mark heute?

MERKE *Genitive:* **der-words**

	Masculine	Feminine	Neuter	Plural
Genitive:	**s** + s	**r**	**s** + s	**r**

AKTIVITÄTEN *Wiederholung : Grammatik*

Insert the correct form of the **der**-word and the noun indicated in parentheses.

1. In der Wartehalle ____ ist viel Betrieb. (dieser Flughafen)
2. Der Cousin ____ begrüßt seine Verwandten im Flughafen. (die Geschwister)
3. Der Zollbeamte kontrolliert das Gepäck ____. (diese Leute)
4. Der Beamte sieht den Paß ____ an. (jede Person)
5. Er kontrolliert sogar den Ausweis ____. (das Kind)

DIALOG : Wir müssen Geld umtauschen

Sehen Sie sich das Vokabular an, bevor Sie den Dialog lesen!

die Rolltreppe, -n *escalator*
der Reiseschalter *ticket window*
die Schlange, -n *line (that one stands in)*
in der Schlange stehen *to stand in line*

um·tauschen, umgetauscht *to exchange money*
die Währung *currency*
der Wechselkurs *exchange rate*
der Schein, -e *money bill; certificate*

Carol und Jeff brauchen deutsches Geld, bevor sie weiterfahren können.

CAROL	Ich würde zuerst gern etwas Geld umtauschen, damit wir genug für heute haben.
RAINER	Kein Problem! Soll ich zur Bank gehen und dein Geld umtauschen? Die Bank ist gleich hier unten.
CAROL	Nee, nee. Ich kann das schon selbst machen.
RAINER	Habt ihr Reiseschecks oder Bargeld?
CAROL	Beides. Aber ich tausche jetzt nur ein paar Dollars um. Das geht bestimmt schnell.
JEFF	Rainer, hast du genug Geld? Dann können wir die Fahrkarten für den Zug kaufen.
RAINER	Klar, das geht. Carol, du triffst uns dann vor dem Reiseschalter der Bundesbahn, ja?
CAROL	Gut, und ich kann dir dann gleich das Geld für die Karten zurückgeben.

Carol ist mit der Rolltreppe hinunter zur Bank gefahren. In der Bank steht sie ein paar Minuten in einer Schlange, bevor sie drankommt.

CAROL	Guten Tag!
BANKBEAMTER	Morgen!
CAROL	Ich möchte bitte 100 Dollar umtauschen.
BANKBEAMTER	In welche Währung? D-Mark? In Ordnung. Haben Sie Reiseschecks oder Bargeld?
CAROL	Wie bitte?
BANKBEAMTER	Haben Sie Reiseschecks oder Bargeld, ich muß das wissen.
CAROL	Ach so, ja, ich habe Bargeld hier... 50, 100 Dollar. Hier bitte.
BANKBEAMTER	Der Wechselkurs steht heute auf 2,198.
CAROL	Also, ich bekomme ungefähr 200 Mark für 100 Dollar?

BANKBEAMTER	Genau gesagt, 219 Mark und 80 Pfennig. Große oder kleine Scheine?	
CAROL	Entschuldigung, was meinen Sie?	
BANKBEAMTER	(*etwas ungeduldig*) Ja, wollen Sie Hundertmarkscheine oder Fünfziger, oder was?	
CAROL	Fünfzig Mark, bitte! Ich meine, Fünfzigmarkscheine!	
BANKBEAMTER	In Ordnung! Hier sind vier Fünfziger: 50, 100, 150, 200 und 10 Mark, 15, 16, 17, 18, 19 Mark und 80 Pfennige.	
CAROL	Vielen Dank!	
BANKBEAMTER	Bitte sehr! Der Nächste, bitte!	

Fragen

1. Was möchte Carol jetzt machen?
2. Was haben die beiden für die Reise mitgebracht?
3. Was machen Jeff und Rainer jetzt?
4. Was und wieviel tauscht Carol um?
5. Wie ist der Bankbeamte?
6. Wann haben Sie das letzte Mal eine Reise in ein anderes Land gemacht? In welches?
7. Was ist die Währung dort?
8. Wissen Sie noch, was der Kurs war? Was haben Sie für 100 Dollar bekommen?
9. Wissen Sie, was jetzt der Kurs für die D-Mark ist?
10. Wissen Sie noch, was die Währungen in der DDR, der Schweiz und Österreich sind? Wissen Sie, was der Kurs für diese Währungen ist?

Fragen

1. Welche Geldstücke gibt es in D-Mark?
2. Welche Scheine gibt es?
3. Wie viele D-Mark würden Sie heute für 10, 50, 100, 200, 500, 1000 Dollar bekommen?
4. Was ist der Kurs?

TEIL 12,3 | Am Bahnschalter

MERKE — *Genitive: Indefinite article and* ein-*words*

	Masculine	Feminine	Neuter	Plural
Genitive	s + s	r	s + s	r

All cases: Primary sounds

	Masculine	Feminine	Neuter	Plural
Nominative	r / -	e	s / -	e
Accusative	n	e	s / -	e
Dative	m	r	m	n + n
Genitive	s + s	r	s + s	r

GESCHICHTE UND NACHERZÄHLUNG:
In der Schlange am Bahnschalter

Rainer und Jeff sind zum Fahrkartenbüro der Bundesbahn gegangen, um Fahrkarten nach Stuttgart zu kaufen. Es gibt hier verschiedene Fahrkartenschalter, einige für Reiseziele im Inland, andere fürs Ausland. Jeff und Rainer stellen sich in die Schlange am Schalter für Reiseziele in Deutschland. An den Schaltern ist viel Betrieb, weil dieses Wochenende die Pfingstferien beginnen.

RAINER   Aah, hier sind wir! Ganz schön viele Leute hier! Hoffentlich dauert's nicht so lange! Bei der Bahn ist immer so viel Betrieb, besonders in der Ferienzeit!

JEFF   Ja, ich bin froh, daß Carol und ich unser Inter-Rail-Ticket schon besorgt haben.

RAINER   Hast du es in Amerika ziemlich preiswert bekommen? Die sind hier gar nicht so billig!

JEFF   Ich glaube schon, daß es sich lohnt, wenn man viel reist, und wir wollen natürlich viel sehen. Das Ticket ist ab nächste Woche für einen ganzen Monat gültig.

Eine Dame spricht die beiden an.

EINE DAME   Entschuldigen Sie, sind Sie aus Amerika?

JEFF   Ja, wir sind gerade angekommen.

DIE DAME   Ich hab' mitbekommen, daß Sie über Zugreisen gesprochen haben.

JEFF   Ja, wir haben eine ziemlich lange Reise vor uns.

DIE DAME   Aah ja? Wissen Sie, mein Sohn hat letzten Sommer so ein Angebot der Bundesbahn ausgenützt. Wie heißt die Karte nochmal?

JEFF   Sie meinen die Inter-Rail-Karte?

DIE DAME   Ja, genau. Also mit dieser Karte war seine Reise wirklich günstig!

RAINER   Entschuldigung, aber...

DIE DAME   Ja, ich sehe schon, Sie sind an der Reihe! Schöne Reise, junger Mann!

JEFF   Danke sehr!

DER SCHALTERBEAMTE   Guten Tag, die Herren! Womit kann ich Ihnen helfen?

ÜBUNGEN

Übung A. Setzen Sie passende Worte aus dem Text ein!

1. Rainer und Jeff wollen Fahrkarten kaufen. Sie gehen zum ____.
2. Leute kaufen Fahrkarten für Deutschland oder fürs Ausland. Es gibt dafür verschiedene ____.
3. Für Jeff, Carol und Rainer ist Stuttgart das ____.
4. Wenn mehrere Leute warten, steht man in einer ____.
5. Etwas, was nicht so teuer ist, nennt man ____.
6. Man hört etwas zufällig, d.h., man ____ es ____. (Infinitiv : ____)
7. Die Bundesbahn verkauft Inter-Rail-Karten. Das ist ein spezielles ____.
8. Der Sohn der Dame hat so eine Karte gekauft, d.h., er hat das Angebot ____.

Übung B. Sagen Sie, was diese Ausdrücke bedeuten!

1. Ganz schön viele Leute hier!
2. so viel Betrieb
3. ab nächste Woche für vier Wochen gültig
4. Wir haben eine lange Reise vor uns.
5. Wie heißt sie nochmal?
6. Sie sind an der Reihe.

Übung C. Beantworten Sie diese Inhaltsfragen!

1. Wohin gehen Jeff und Rainer?
2. Beschreiben Sie das Büro! Wie sieht es aus?
3. Warum sind viele Leute dort?
4. Was haben Carol und Jeff schon in Amerika gemacht?
5. Warum findet Jeff das gut?
6. Was erzählt die Dame?
7. Was sagt der Schalterbeamte?

Übung D. Erzählen Sie die Geschichte chronologisch nach!

Übung E. Machen Sie ein Interview mit einem Partner! Stellen Sie die folgenden Fragen, machen Sie sich Notizen, und berichten Sie das dann der Klasse!

1. Wie reist du gern?
2. Wo und wie hast du deine letzte Reise gemacht?
3. Mit wem hast du diese Reise gemacht?
4. Wie lange hast du dir für diese Reise freigenommen?
5. Wo würdest du gern in Europa reisen? Warum dort?
6. Wohin würdest du nicht gern fahren? Warum nicht?

Für wen gibt es billige Fahrkarten? Welches Angebot gibt es für junge Leute?

AKTIVITÄTEN

A. Insert the correct form of the noun phrase in parentheses.

1. In der Wartehalle ____ ist immer viel Betrieb. (ein Flughafen)
2. Die Arbeit ____ ist ein bißchen langweilig. (ein Zollbeamte)
3. Der Zollbeamte hat die Koffer ____ kontrolliert. (unsere Freunde)
4. Das Gepäck ____ war sehr schwer. (einige Leute)
5. Die Zugreise ____ war ziemlich billig. (ihre Schwester)

B. Use the alternative **von-** construction with the nouns and noun phrases in parentheses.

1. Die Kleidung ____ ist oft anders. (Touristen)
2. Wir werden im Haus ____ übernachten. (unsere Verwandten)
3. Wir lernen Freunde ____ kennen. (mein Cousin)
4. Die Eltern ____ sind nicht mitgekommen. (seine Kusine)

TEIL 12,4 | Wegen der Ferien ist viel Betrieb.

MERKE

Expressing indefinite time with the genitive case

Wann besucht ihr Deutschland? **Eines Tages** fahren wir, vielleicht nächsten Sommer.

Genitive prepositions

(an)statt	trotz	während	wegen	innerhalb / außerhalb

Rainer, Jeff und Carol nehmen den Zug **statt des Autos** nach Hause.
Rainer geht mit Jeff **statt Carol** Fahrkarten kaufen.
Trotz der vielen Leute* im Bundesbahnbüro kaufen Rainer und Jeff die Fahrkarten ziemlich schnell.
Wegen der Ferien* sind viele Leute im Flughafen.
Während ihres Besuchs in Deutschland werden Jeff und Carol viel mit dem Zug fahren.
Der Flughafen liegt **außerhalb der Stadt,** und der Bahnhof ist **innerhalb dieses Flughafens.**

*Dativ   Trotz den vielen Leuten, wegen den Ferien. (colloquial)

DIALOG: Was kosten die Fahrkarten, bitte?

Sehen Sie sich das Vokabular an, bevor Sie den Dialog lesen!

das Kursbuch   *train schedule book*
einfach   *simple;* here: *one way*
hin und zurück   *there and back;* here: *round trip*

Jeff und Rainer besorgen die Fahrkarten für den Zug.

RAINER	Guten Tag! Wir brauchen drei Fahrkarten nach Stuttgart, bitte.
SCHALTERBEAMTER	Einfach oder hin und zurück?
RAINER	Nur einfach, bitte.
JEFF	Entschuldigen Sie! Können Sie bitte nachsehen, wann der nächste Zug nach Stuttgart abfährt?
SCHALTERBEAMTER	Moment, ich schaue im Kursbuch nach. Ja, hier: 13.47, und dann sind Sie um 16.15 in Stuttgart. Es dauert etwas länger wegen eines Aufenthalts in Karlsruhe.
RAINER	Danke sehr! Und was machen die Fahrkarten, bitte?
SCHALTERBEAMTER	22 Mark pro Person. Also, 66 Mark, bitte!
RAINER	Hier, 70 Mark.
SCHALTERBEAMTER	Danke schön, hier sind vier Mark zurück!

Fragen

1. Was besorgen Rainer und Jeff?
2. Was kostet eine Fahrkarte?
3. Wo schaut der Schalterbeamte nach?
4. Warum dauert die Fahrt ein bißchen länger?

Fragen

Was kann man im Kursbuch nachschauen?
Gibt es das Kursbuch nur für die Bahn?
Ist diese Karte für eine Fahrt hin und zurück?
Was kostet die Fahrt?
Was ist das Reiseziel?

AKTIVITÄTEN   Freie Kommunikation

Wo wohnen Sie? Ist das innerhalb oder außerhalb der Stadt? Werden Sie während des Semesters umziehen oder dort bleiben?

Wie sind Ihre Kurse dieses Semester? Welcher gefällt Ihnen nicht so gut? Was würden Sie gern statt dieses Kurses machen?

Wann haben Sie Ferien? Was machen Sie während der Ferien?

DIALOG : Eines Tages...

Lesen Sie zuerst den Text und machen Sie dann die Gruppenarbeit!

Biggi, Siggi und Ralf unterhalten sich über ihre Zukunft.

BIGGI   Also, eines Tages verdiene ich hoffentlich genug Geld, um ein Auto zu kaufen.

SIGGI   Na, so materialistisch bin ich nicht! Ich hoffe, daß ich eines Tages eine interessante Arbeit finde. Ist mir egal, wieviel ich verdiene.

RALF   Mensch, immer nur Arbeit und Geld. Ich frage mich, ob wir eines Tages nicht alle in die Luft fliegen. Und dann ist es sowieso egal!

BIGGI   Also, das ist vielleicht eine blöde Einstellung! So negativ bin ich nicht. Ich möchte mein Leben schon genießen, ohne immer an Katastrophen zu denken.

RALF   Na ja, ich hätte eines Tages gern eine Familie, aber vielleicht soll man gar keine Kinder in diese Welt setzen!

Gruppenarbeit

Diskutieren Sie zu dritt, so wie Sie es im Text gelesen haben, was Sie gern eines Tages machen würden.

Diskutieren Sie z.B., was Sie gern eines Tages kaufen würden, wo Sie eines Tages gern wohnen würden und wohin Sie eines Tages vielleicht reisen möchten!

Eine vierte Person in jeder Gruppe ist ein „Spion" und hört zu, was die Mitglieder der Gruppe sagen.

Dieser „Spion" soll sich Notizen machen und dann der Klasse kurz berichten, was jeder in der Gruppe denkt. Die Diskussion soll nur fünf Minuten dauern.

TEIL 12,5 | Mit wem hast du gesprochen?

MERKE

Idioms: Verbs + prepositions

accusative prepositions	**durch, für, gegen, ohne, um**
dative prepositions	**aus, außer, bei, mit, nach, seit, von, zu, gegenüber**
two-way prepositions	**an, auf, hinter, vor, über, unter, in, neben, zwischen**

Kommunizieren

sprechen mit	Sie **sprechen mit dem Gepäckbeamten.**
telefonieren mit	Haben sie schon **mit Rainers Eltern telefoniert?**
fragen nach	Sie **fragen nach dem Weg** zur Gepäckaufbewahrung.
antworten (+ *dat.*)	Rainer hat **seiner Kusine geantwortet.**
beantworten (+ *acc.*)	Er hat **ihre Frage beantwortet.**
bitten um	Carol **bittet ihren Cousin um Hilfe.** Ihr Koffer ist zu schwer.

Reagieren

reagieren auf	Wie hat der Gepäckbeamte **auf die drei reagiert?**
sprechen über	Jeff hat **über sein Inter-Rail-Ticket gesprochen.**
schreiben über	Jeff und Carol werden ihren Eltern alles **über ihre Erlebnisse schreiben.**
lachen über	Jeff hat **über die Dame gelacht.**
denken an	Carol, **denkst** du **an das Geld** für Rainer?
nach•denken über	Jeff und Carol haben viel **über ihre Reise nachgedacht.**
halten von	Was **hältst** du von dem **Präsidenten?**
warten auf	Die Leute **warten auf Rainer und Jeff.**
handeln von	Die Geschichten **handeln von Amerikanern** in Europa.

MERKE

Idioms and da/wo-*compounds*

Mit wem hast du **telefoniert? Mit meiner Schwester.**
Und **worüber** habt ihr gesprochen? **Über ihre Reise** in die USA.
Und wir haben **darüber** gesprochen, **wie lange sie bleiben will.**

GESCHICHTE UND NACHERZÄHLUNG: Bei der Gepäckaufbewahrung

Carol, Rainer und Jeff haben alle Dinge erledigt und sich dann beim Bundesbahnbüro getroffen. Weil sie noch ein bißchen Zeit vor der Abfahrt haben, haben sie beschlossen, etwas trinken zu gehen. Sie laufen durch den Flughafen, und Carol merkt, daß ihr der Koffer zu schwer wird.

CAROL   Du Rainer, mir ist der Koffer echt zu schwer. Ich kann ihn nicht mehr schleppen.

RAINER   Ja, komm, Carol! Nimm die Tasche, und ich trage deinen Koffer! Die Gepäckaufbewahrung ist hier unten beim Bahnhof.

JEFF   Aah, ich sehe das Schild da drüben.

Eine junge Reisende im Frankfurter Bahnhof in der Nähe von der Gepäckaufbewahrung.

Sie kommen zur Gepäckaufbewahrung und sprechen mit dem Gepäckbeamten.

RAINER   Hier, Jeff, leg deinen Rucksack auf den Schalter!

GEPÄCKBEAMTER   Tag! Also, Sie haben einen Koffer, eine Reisetasche und einen Rucksack. Für wie lange möchten Sie das Gepäck aufbewahren?

JEFF   Nur zwei Stunden. Unser Zug fährt kurz vor zwei ab, stimmt's Rainer?

RAINER   Ja, genau.

JEFF   Mensch, wir haben ganz vergessen zu fragen, wo der Zug abfährt!

RAINER   Macht gar nichts! Seht ihr die zwei Fahrpläne da drüben an der Wand? Einer ist für Ankunft und einer für Abfahrt. Jeff, schau doch schnell nach, zu welchem Bahnsteig wir gehen müssen!

JEFF   Mach ich! Und Carol, denk an das Geld für die Fahrkarten und bezahl auch für das Gepäck, okay? Ich bin gleich wieder da.

GEPÄCKBEAMTER   *(etwas ungeduldig)* Also, haben Sie jetzt alles? Die anderen Leute warten auf Sie! Drei Gepäckstücke für zwei Stunden? Neun Mark, bitte!

CAROL   Hier, neun Mark.

GEPÄCKBEAMTER   Und die Nummer Ihres Schließfaches ist 35.

CAROL   Rainer, was haben unsere Fahrkarten gekostet?

RAINER   44 Mark.
CAROL   Hier, kannst du auf 50 Mark herausgeben?
RAINER   Ja, hier sind sechs Mark. Und da kommt Jeff.
JEFF   Es war gar nicht so leicht, die Fahrpläne zu lesen. Auf Gleis 17 fahren wir ab!
RAINER   Danke, Jeff! Aber jetzt gehen wir endlich was trinken!

ÜBUNGEN

Übung A. Setzen Sie passende Worte aus dem Text ein!

1. Die Koffer sind schwer, und Carol möchte sie nicht mehr ____.
2. Man bringt Koffer und Taschen zur ____.
3. Man kann sehen, wohin man das Gepäck bringen kann, weil es auf einem ____ steht.
4. Ein Koffer ist ziemlich groß, eine ____ ist aber nicht so groß und schwer.
5. Wenn man wissen will, wo und wann der Zug abfährt, liest man den ____.
6. Die Leute warten auf den Zug auf einem ____.
7. Eigentlich sind es zwei Fahrpläne, einer für ____ und einer für ____.
8. Ein Koffer, eine Tasche und ein Rucksack sind drei ____.
9. Der Gepäckbeamte stellt das Gepäck in ein ____ und gibt Rainer die Nummer.
10. Der Zug fährt auf ____ 17 ab.

Übung B. Schreiben Sie, was diese Ausdrücke bedeuten!

1. das Gepäck aufbewahren
2. Macht gar nichts!

3. Ich bin gleich wieder da!
4. Kannst du auf 50 Mark herausgeben?

Übung C. Beantworten Sie diese Inhaltsfragen!

1. Was haben die drei bis jetzt im Flughafen gemacht?
2. Was will Carol zuerst machen? Warum?
3. Wohin gehen die drei?
4. Beschreiben Sie Carols und Jeffs Gepäck!
5. Wieviel Uhr ist es jetzt ungefähr?
6. Was macht Jeff?
7. Beschreiben Sie einen Fahrplan!
8. Was soll Carol machen?
9. Wieviel Geld gibt Carol Rainer?
10. Was hat Jeff herausgefunden?

Fragen

1. Wo findet man Schließfächer?
2. Wie sind sie?

Übung D. Erzählen Sie diese Geschichte chronologisch nach!

Übung E. Persönliche Fragen :

1. Sie müssen zwei Stunden im Flughafen oder im Bahnhof warten. Was würden Sie machen?
2. Beschreiben Sie, welches Gepäck Sie auf eine Reise mitnehmen!

AKTIVITÄTEN   Gruppenarbeit

Finden Sie einen Partner und planen Sie eine Reise! Geben Sie die folgenden Informationen :

1. wohin Sie reisen möchten
2. welches Gepäck Sie mitnehmen werden
3. was Sie zu Hause erledigen müssen, bevor Sie abreisen können

Freie Kommunikation

Mit wem haben Sie heute gesprochen?   Mit wem telefonieren Sie oft?   Mit wem werden Sie bald telefonieren?   Warum mit dieser Person?

Wem haben Sie das letzte Mal einen Brief geschrieben?   Worüber haben Sie geschrieben?

Worüber sprechen Sie mit Ihren Eltern / Ihren Geschwistern / Ihren Freunden?

Welchen Film haben Sie neulich gesehen?   Wovon hat er gehandelt?   Was halten Sie von diesem Film?

Haben Sie neulich ein Buch oder einen Zeitungsartikel gelesen?   Welches / Welchen?   Wovon handelt dieses Buch oder dieser Artikel?   Was halten Sie davon?

Was halten Sie vom Präsidenten?   Von Ihren Eltern?   Von Ihren Kursen und Profs?

Auf wen müssen Sie oft warten?

Gelenkte Kommunikation

Indicate in German what Karin says to Annette in the following situation.

SITUATION: Annette has just talked to someone on the phone for thirty minutes. Her roommate, Karin, talks to her after the phone conversation. She wants to know:

1. whom Annette called
2. if she also talked to Frank, his roommate
3. if his roommate asked her about Karin
4. what Annette thinks of him
5. if Annette remembered to tell him about next weekend
6. how he reacted to that

TEIL 12,6 | Bist du mit dem Semester zufrieden?

MERKE

VOKABULAR

Idioms: Adjective + preposition

Emotionen

zufrieden mit	Bist du **mit deinen Kursen zufrieden**?
begeistert von	Ich war **von dem Film** ganz **begeistert.**
böse auf	**Auf wen** warst du so **böse**?
stolz auf	Bist du **stolz auf deinen Bruder**?
froh über	Ich bin **froh darüber,** daß er angerufen hat.
glücklich über	Bist du **glücklich über deinen Job**?
(un)freundlich zu	Ist dein Lehrer (deine Lehrerin) **freundlich zu dir**?

Beziehungen

verliebt in	**In wen** warst du oder bist du **verliebt**?
verlobt mit	**Mit wem** bist du **verlobt**?
verheiratet mit	Bist du **verheiratet**? **Mit wem**? Kenne ich sie / ihn?
verwandt mit	Bist du **mit anderen Studenten** an der Uni **verwandt**?
geschieden (von)	Sie ist jetzt **(von ihm) geschieden.**

AKTIVITÄTEN

Freie Kommunikation

Beantworten Sie bitte diese Fragen.

Von welcher Musikgruppe sind Sie begeistert? Haben Sie gerade einen Film gesehen oder ein Buch gelesen? Waren Sie davon begeistert?
Womit sind Sie oder waren Sie besonders zufrieden? Auf wen sind Sie jetzt böse? Warum? Auf wen sind Sie sehr stolz? Warum? Wer war ziemlich unfreundlich zu Ihnen? Wissen Sie warum?
Sind Sie verlobt? Mit wem? Sind Sie verheiratet? Mit wem?

Gelenkte Kommunikation

Indicate in German what your friends say to you in the next situation.

SITUATION: At a high school reunion you are catching up with old friends.

1. One of them tells you that Gabi is now married to Wolfgang.
2. They tell you that Susi has been engaged to Rolf for a year.
3. They ask you if you know that Trude is married to an American.
4. They ask if you also know that Armin is engaged to a doctor.
5. They tell you that two or three of your friends are divorced.

Kulturnotiz

Verliebt, verlobt, verheiratet...

Um zu heiraten muß man in der BRD (und auch in der DDR, Österreich und der Schweiz) zuerst zum Standesamt im Rathaus gehen. Für die Zeremonie braucht man zwei Zeugen, und normalerweise sind außerdem nur die Eltern, Geschwister und enge Freunde dabei. Danach geht die ganze Gruppe vielleicht zusammen zum Mittagessen aus. Für viele junge Deutsche ist das alles, das heißt, sie sind dann verheiratet.

Andere haben eine kirchliche Trauung, die am folgenden Tag, oder in ein paar Wochen, manchmal Monaten, stattfinden kann. Zur kirchlichen Trauung (*church wedding*) können viele Leute aus dem Ort oder der Nachbarschaft kommen, und danach feiern das Hochzeitspaar (*bride and groom*) und eingeladene Gäste für den Rest des Tages und oft bis spät in die Nacht.

Vor der Hochzeit gibt es selten Feiern außer dem sogenannten Polterabend (**poltern** = *to make noise*). Der Polterabend ist hauptsächlich für Freunde des Hochzeitspaares, und alle Gäste sollen altes Geschirr, Gläser, Tassen, usw. mitbringen. Am Ende des Polterabends zerschmettert (*smash*) man alles, und das zukünftige Ehepaar muß die Scherben (*broken pieces*) zusammen aufkehren. Der Gedanke dahinter ist, daß das Paar lernt, Dinge zusammen zu machen, und daß die Scherben Glück bringen. Das kommt von dem Sprichwort „Scherben bringen Glück".

Wir heiraten!

Ilse Martens und Jens Krämer

am 20. Juni in der Schloßkirche
zu Tübingen

GESCHICHTE UND NACHERZÄHLUNG: Wenn man mit dem Zug fährt

Rainer, Jeff und Carol sind jetzt im Zug. Jeff macht während der Fahrt ein Schläfchen, und Rainer zeigt Carol den Zug. Die beiden laufen den Gang außerhalb der Abteile entlang.

Der Schaffner kontrolliert die
Fahrkarten.

RAINER   Komm, Carol! Ich habe keine Lust mehr zu sitzen. Wollen wir den Zug
          auskundschaften?

CAROL   Ja, gern. Ich bin auch gerade mit der Zeitung fertig.

RAINER   Schau, Carol! Hier sind die Abteile Erster Klasse. Fast leer!

CAROL   Ist Erste Klasse ziemlich teuer?

RAINER   Ja, schon. Aber die Sitze sind auch toll bequem, und man hat viel Platz.

CAROL   Ganz schön luxuriös! Bequem genug zum Schlafen.

RAINER   Also, zum Schlafen gibt es Liegewagen oder Schlafwagen.

CAROL   Was ist der Unterschied zwischen einem Liegewagen und einem Schlafwagen?

RAINER   Ein Schlafwagen hat richtige „Zimmer", also Abteile mit ein oder zwei
          Stockbetten und Waschbecken und sogar W.C.

CAROL   Und ein Liegewagen?

RAINER   Liegewagen haben Abteile mit Betten, aber kein W.C. oder Waschbecken,
          und sie sind nicht so bequem wie ein Schlafwagen. Und die Sitze im Abteil
          eines Liegewagens kann man herunterklappen, und dann sind es Liegen,
          verstehst du?

CAROL   Ja. Jeff und ich fahren bestimmt auch nachts. Also, der Schlafwagen klingt
          gemütlich, aber ich glaube, wir sind auch mit dem Liegewagen zufrieden.

RAINER   Ja also, für den Schlafwagen bezahlt man viel mehr. Und, Carol, denkt daran,
          daß ihr Plätze im Liege- oder Schlafwagen im voraus reservieren müßt.
          Während der Ferien wird alles immer schnell voll.

CAROL   Da hast du wahrscheinlich recht. Gehen wir weiter! Hier, ist das der
          Speisewagen?

RAINER   Na, so 'was Ähnliches. Das hier ist eine Minibar, wo man Kleinigkeiten zum
          Essen und verschiedene Getränke kaufen kann. Ein Speisewagen hat Tische
          und Stühle und sogar Bedienung.

CAROL Ich merke, daß ich jetzt ganz schön hungrig bin.

RAINER Ach, spar das Geld lieber! Das Essen im Zug ist echt teuer, und wir sind bald da. Ich würde euch vorschlagen, daß ihr euer Essen immer selbst mitbringt.

CAROL Ja, das machen wir bestimmt. Komm, Rainer, gehen wir zurück! Jeff ist bestimmt mit seinem Schläfchen fertig.

ÜBUNGEN

Übung A. Setzen Sie passende Worte aus dem Text ein!

1. Jeff ist müde und macht ein ____.
2. Carol und Rainer wollen alles im Zug ansehen. Sie wollen den Zug ____.
3. Außerhalb der Abteile, wo man läuft, ist der ____.
4. Wenn man nachts mit dem Zug fährt, nimmt man einen ____ oder einen ____.
5. In einem Liegewagen sitzt man zuerst, und dann klappt man die ____ herunter und hat Betten.
6. Ein Liegewagen hat keine guten Betten. Sie sind nicht so ____.
7. Carol und Jeff müssen Plätze im Schlaf- oder Liegewagen vor der Reise ____.
8. Wenn man hungrig ist, geht man in den ____.
9. Im Speisewagen hat man Kellner und Kellnerinnen, also ____.

Übung B. Sagen Sie, was diese Ausdrücke bedeuten!

1. Ich habe keine Lust mehr zu sitzen.
2. Man hat viel Platz.
3. zum Schlafen
4. im voraus reservieren
5. so 'was Ähnliches
6. Spar das Geld lieber!

Übung C. Beantworten Sie diese Inhaltsfragen!

1. Was macht Jeff im Zug?
2. Was machen Carol und Rainer?
3. Wo laufen sie?
4. Wie ist ein Abteil Erster Klasse?
5. Was gibt es im Zug für Nachtreisen?
6. Beschreiben Sie einen Speisewagen!
7. Hat jeder Zug einen Speisewagen?
8. Warum soll Carol mit dem Essen warten?
9. Wie ist ein Liegewagen, wie ist ein Schlafwagen?

Übung D. Erzählen Sie die Geschichte chronologisch nach!

Übung E. Persönliche Fragen:

1. Wann reisen Sie lieber? Tagsüber oder nachts? Warum dann?
2. Wie reisen Sie gern? Sind Sie schon einmal mit einem Zug gefahren? In Amerika? In Europa? In Südamerika? In Asien? In Afrika?
3. Würden Sie gern mit dem Zug in den Urlaub fahren? Was würden Sie während einer Zugreise machen?

TEXT : Im Speisewagen

Sehen Sie sich die Speisekarte an und machen Sie dann mit einem Partner die Gruppenarbeit!

Das aktuelle Angebot im Zugrestaurant

(nur in Zügen mit dem Zeichen ✕ oder ⑪)

Aus dem Suppentopf

Leberknödelsuppe
Brot oder Brötchen aus dem Brotkorb ..... DM 3,50

Für den kleinen Appetit

Frutti di Mare
(Italienischer Meeresfrüchtecocktail)
Toast oder Stangenweißbrot, Butter ..... DM 9,90

Der Küchenchef empfiehlt

6 Nürnberger Rostbratwürste,
Sauerkraut, Kartoffelpüree ..... DM 8,90

Putenbrustbraten in Burgundersoße,
Butterreis, Salatteller* ..... DM 17,50

Schweinegulasch,
Butternudeln, Salatteller* ..... DM 15,20

Zum guten Schluß

Cremedessert „Tiramisù" ..... DM 4,80

* Salatdressing nach Ihrer Wahl

Herzhaft: Kräutermayonnaise
Leicht: Joghurtcreme
Pikant: Kräuterdressing

Während des Besuches eines DSG-bewirtschafteten Zugrestaurants ist Ihr Reisegepäck im Zug mit einer Versicherungssumme von DM 3.000,— bei der DEVK Allgemeine Versicherungs-AG versichert. Die DSG-Rechnung gilt als Versicherungsnachweis. Weitere Informationen erhalten Sie von unseren Restaurantwagenmitarbeitern.

DSG

Essen und Trinken an Ihrem Platz

Welche Möglichkeiten Sie in diesem Zug haben, unser Angebot zu nutzen, finden Sie im Faltblatt „Ihr Zugbegleiter".
✕ und ⑪ steht für Züge mit Zugrestaurant.
⚒ steht für Züge mit Minibar-Service ohne Zugrestaurant.
Unser Minibar-Verkäufer kommt auch zu Ihnen und hält Erfrischungen für Sie bereit.

	D in Deutschland DM	CH in der Schweiz Sfrs.	A in Österreich Ö.S.	NL in den Niederlanden hfl.	F in Frankreich FF	B in Belgien FB
Kleine Gerichte						
Bockwurst, Scheibe Brot, Senf	3,50	3,—	25,—	4,05	12,30	76,—
Wurst Baguette oder Käse Baguette	3,50	3,—	25,—	4,05	12,30	76,—
Herzhafte Brotschnitte, schmackhaft belegt mit Salami oder Käse	3,50	3,—	25,—	4,05	12,30	76,—
Heiße Getränke						
Kännchen Kaffee mit löslichem Kaffee	4,45	3,80	32,—	5,15	15,70	97,—
Kännchen Tee	4,45	3,80	32,—	5,15	15,70	97,—
Kännchen entcoffeinierter Kaffee (HAG) mit löslichem Kaffee	4,45	3,80	32,—	5,15	15,70	97,—
Süßwaren						
Packung Ritter-Sport-Schokoladen-Täfelchen (150 g)*	2,90	2,50	21,—	3,35	10,20	63,—
Packung Leibniz Butterkekse (8 Stück)	1,40	1,20	10,—	1,65	4,90	30,—
Zwei Scheiben Marmorkuchen	2,65	2,25	19,—	3,05	9,30	58,—
Packung Schoko-Leibniz Mini (8 Stück)	1,80	1,55	13,—	2,10	6,30	39,—
Ein Mandelhörnchen	2,10	1,80	15,—	2,45	7,40	46,—
Getränke						
Dose Pils 0,5 l	3,20	2,75	23,—	3,70	11,30	70,—
Dose Export 0,33 l	2,70	2,30	19,—	3,15	9,50	59,—
Flasche Apollinaris Mineralwasser 0,33 l	2,60	2,20	19,—	3,—	9,20	57,—
Dose Pepsi-Cola 0,33 l	2,60	2,20	19,—	3,—	9,20	57,—
Dose Fanta 0,33 l	2,60	2,20	19,—	3,—	9,20	57,—
Dose Florida Boy Orange (ohne Kohlensäure) 0,33 l	2,60	2,20	19,—	3,—	9,20	57,—
Spirituosen						
Jägermeister 2 cl	3,10	—	—	—	—	—
Doornkaat 2 cl	2,90	—	—	—	—	—
Weinbrand Dujardin „Imperial" 2 cl	3,—	—	—	—	—	—
Zigaretten (Automat.-Packg.)*	4,60	—	—	—	—	—

Alle Preise sind Inklusivpreise.
Große Abfallbehälter sind an jedem Wagenende.
* Kein Verkauf auf Strecken der Deutschen Reichsbahn.

DSG

Übung. Sie und zwei Freunde (aus Österreich und aus der Schweiz) machen eine Zugreise.

1. Diskutieren Sie zuerst, ob Sie im Speisewagen oder im Abteil essen wollen!
2. Dann suchen Sie sich aus, was Sie essen und trinken wollen! Schreiben Sie auf ein Stück Papier, welches Essen und welche Getränke Sie gewählt haben, und was es für Sie kostet. (Natürlich bezahlt man in Schilling, wenn man aus Österreich kommt, und in Schweizer Franken, wenn man aus der Schweiz kommt!)

TEIL 12,7 | Entspann dich!

MERKE | *Idioms: Reflexive verb (+ accusative)*

VOKABULAR

morgens und abends	Arbeit	keine Arbeit
sich waschen	sich überarbeiten	sich treffen
sich duschen	sich anstrengen	sich unterhalten
sich anziehen	sich beeilen	sich beruhigen
sich ausziehen	sich verspäten	sich ausruhen
sich setzen		sich entspannen
sich hinlegen		sich langweilen

Gesundheit / Krankheit	Ärger	Irrtum und Entschuldigung
sich wohlfühlen	sich aufregen	sich verlaufen
sich schlecht / krank fühlen	sich ärgern	sich verfahren
sich erkälten	sich beschweren	sich verwählen
	sich verteidigen	sich irren
		sich entschuldigen

AKTIVITÄTEN | Situationen

Lesen Sie die folgenden Situationen und wählen Sie dann den richtigen idiomatischen Ausdruck!

1. Werner ist heute abend zu einer Party eingeladen, aber er kommt sehr spät von der Arbeit nach Hause. Was muß er machen? Er muß...
   a. sich beeilen   b. sich entschuldigen   c. sich amüsieren

2. Annette und Robert besuchen Hamburg mit dem Auto. Hamburg ist eine große Stadt, und Annette und Robert können den Weg in die Stadt nicht finden. Was ist passiert? Sie haben sich...
   a. verlaufen   b. vorgestellt   c. verfahren

3. Christian hat vergessen, seine Freundin anzurufen. Was soll er machen, wenn er sie das nächste Mal sieht oder mit ihr spricht? Er soll sich...
   a. aufregen   b. entschuldigen   c. beeilen

4. Erich hat heute morgen zu lange geschlafen, und dann hat er seinen Bus verpaßt. Er ist erst um viertel nach neun statt um neun zur Uni gekommen. Was ist passiert? Er hat sich...
   a. verspätet   b. geirrt   c. verfahren

5. Karola hat den ganzen Tag gearbeitet, dann ist sie in die Bibliothek gegangen, und zum Schluß hat sie Volleyball gespielt. Was macht sie, wenn sie nach Hause kommt? Sie wird sich...
   a. ausruhen   b. verteidigen   c. beruhigen

6. Walter hat gedacht, daß seine Freundin heute abend um acht ankommt, aber ihr Flugzeug ist schon um sechs gelandet. Was hat Walter gemacht? Er hat sich...
   a. beeilt   b. gelangweilt   c. geirrt

7. Klaus wollte seinen Freund anrufen, aber die Firma Kaufmann hat geantwortet. Was hat er gemacht? Er hat sich...
   a. verwählt   b. verlaufen   c. verteidigt

8. Birgit ist heute morgen aufgewacht und hat sich gar nicht wohlgefühlt. Ihr hat der Hals wehgetan, und sie hat gehustet und geniest. Was hat sie vielleicht gemacht? Sie hat sich...
   a. amüsiert   b. ausgeruht   c. erkältet

9. Gerda und Ralf sind heute abend zusammen beim Abendessen in einem eleganten Restaurant. Ralfs Essen ist kalt, und Gerdas Essen hat nicht das richtige Gemüse. Was sollen die beiden machen? Sie sollen sich...
   a. verteidigen   b. beschweren   c. setzen

10. Anne sollte sich heute abend um 8 Uhr mit Christian treffen. Leider hat sie das vergessen, und Christian hat eine Stunde vor dem Kino auf sie gewartet. Was hat er wahrscheinlich gemacht? Er hat sich...
    a. geärgert   b. beeilt   c. amüsiert

GESCHICHTE UND NACHERZÄHLUNG: In der Telefonzelle

Rainer ist in der Telefonzelle. Der Apparat hat Schlitze für 10- und 50 Pfennig-, und Ein-, Zwei- oder Fünfmarkstücke. Rainer hebt den Hörer ab und wartet auf das Rufzeichen. Dann wirft er das Geld ein und wählt die Nummer. Seine Mutter meldet sich.

MUTTER	Ziegler!
RAINER	Hallo, Mutti, Rainer hier!
MUTTER	Aah, grüß dich! Seid ihr alle zusammen?
RAINER	Ja, alles ist ganz glatt gegangen. Kannst du uns abholen? Hast du den Wagen?
MUTTER	Nein, der Papa hat heute morgen den Wagen genommen. Er möchte, daß du ihn im Büro anrufst, sobald ihr ankommt.
RAINER	Ach so, er ist noch bei der Arbeit.
MUTTER	Nein, eigentlich nicht, er mußte nur noch einiges erledigen, bevor die Ferien beginnen. Er ist jetzt aber bestimmt damit fertig.
RAINER	Also gut, dann ruf' ich ihn gleich an. Bis später, Mutti!
MUTTER	Gut, bis später!

Carol und Jeff kommen gerade aus dem Bahnhof. Rainer ruft sie.

RAINER	Jeff, Carol! Hier!
JEFF	Hast du deine Eltern erreicht?
RAINER	Ich muß meinen Vater im Büro anrufen. Jeff, willst du das machen?
JEFF	Klar!
RAINER	Ein Ortsgespräch kostet 30 Pfennig. Hier sind drei Groschen.
JEFF	Groschen?
RAINER	Ja, Zehnpfennigstücke. Wähl 303055! Und dann frag nach meinem Vater!
FRAU SCHERER	Firma Weltlich! Frau Scherer am Apparat!
JEFF	Ja, guten Tag! Kann ich bitte mit Herrn Ziegler sprechen?
FRAU SCHERER	Einen Moment, ich verbinde Sie mit ihm.
ONKEL KARL	Hier Ziegler!
JEFF	Hallo, Onkel Karl! Hier spricht Jeff! Wir sind gerade mit dem Zug angekommen.
ONKEL KARL	Herzlich willkommen! Na, hat alles geklappt? Wie war die Reise?
JEFF	Alles ohne Probleme. Wir sind so glücklich darüber, hier zu sein!
ONKEL KARL	Ich freue mich auch. Also, wartet auf mich vor dem Bahnhof! Ich bin nur 10 Minuten davon entfernt, und ich beeile mich!
JEFF	Okay, Onkel Karl. Bis gleich!

ÜBUNGEN

Übung A. Ergänzen Sie die Sätze mit Worten und Ausdrücken aus dem Text!

1. Rainer telefoniert in einer ____.
2. Jeff fragt, ob Rainer mit seinen Eltern gesprochen hat, d.h., ob er sie zu Hause ____ hat.
3. Jeff telefoniert in der Stadt; das ist ein ____.
4. Ein Zehnpfennigstück heißt auch ____.
5. Jeff wirft das Geld ein und ____ die Nummer.
6. Die Dame antwortet und ____ Jeff mit seinem Onkel.

Übung B. Sagen Sie, was diese Sätze und Ausdrücke bedeuten!

1. Er hebt den Hörer ab.
2. Er wartet auf das Rufzeichen.
3. Alles ohne Probleme.
4. eigentlich nicht

5. Frau Scherer am Apparat.
6. Ich verbinde Sie mit…
7. Hier spricht Jeff!
8. Hat alles geklappt?

Übung C. Beantworten Sie diese Inhaltsfragen!

1. Was macht Rainer? Wo ist er?
2. Welche Münzen kann man fürs Telefonieren benutzen?
3. Wie meldet sich Rainers Mutter? Mit dem Vornamen oder ihrem Nachnamen?
4. Kann Rainers Mutter die drei abholen?
5. Wo ist Rainers Vater?
6. Was soll Jeff machen?
7. Was braucht man für ein Ortsgespräch?
8. Was macht Frau Scherer?
9. Wie lange müssen sie auf Rainers Vater warten?

Übung D. Erzählen Sie diese Geschichte chronologisch nach!

Übung E. Persönliche Fragen:

1. Was ist anders, wenn man in Deutschland telefoniert? Wie ist das Telefonieren in den USA?
2. Wie meldet man sich am Telefon in Deutschland?
3. Telefonieren Sie oft mit Freunden? Kostet das viel?

Freie Kommunikation

Beantworten Sie die Fragen, bitte.

Langweilen Sie sich manchmal? Oder haben Sie sich früher öfter gelangweilt? Was machen Sie, wenn Sie sich entspannen oder ausruhen wollen? Verspäten Sie sich oft? Wie passiert das? Wann stehen Sie morgens auf? Müssen Sie sich dann beeilen, um pünktlich zur Uni zu kommen? Wann haben Sie sich das letzte Mal erkältet? Wie ist das passiert? Wann haben Sie sich geärgert? Warum? Wie lange wohnen Sie schon hier? Verlaufen oder verfahren Sie sich manchmal? Ist das oft passiert, als Sie in dieser Stadt noch neu waren?

Gelenkte Kommunikation

1. Was macht man, wenn man müde ist?
2. Was macht man, wenn man schmutzig wird?
3. Was macht man, bevor man abends ins Bett geht?
4. Was macht man, wenn man bei kaltem Wetter naß wird?
5. Was macht man, wenn man den falschen Weg fährt oder läuft?
6. Was ist passiert, wenn man versucht, einen Freund anzurufen, aber eine andere Person meldet sich?
7. Was soll man machen, wenn man wenig Zeit hat und etwas ganz schnell erledigen muß?
8. Was soll man machen, wenn man sich zu sehr aufregt oder ärgert?
9. Was hat man gemacht, wenn man eine Stunde zu spät ankommt?
10. Was hat man gemacht, wenn man so fleißig gearbeitet hat, daß man krank wird?

TEIL 12,8 | Sehen wir uns das Haus an!

MERKE

Idioms: Reflexive verbs (+ dative)

kämmen	kaufen	sich etwas leisten	sich etwas überlegen
bürsten	holen	sich etwas vorstellen	sich etwas anders
putzen	bestellen	(vs. sich vorstellen)	überlegen
		sich etwas ansehen / anschauen	sich etwas teilen
		sich etwas anhören	sich Rat holen (bei)

GESCHICHTE UND NACHERZÄHLUNG: Zu Besuch bei den Verwandten

Carol und Jeff sind zusammen mit Rainer beim Haus seiner Eltern angekommen. Zuerst haben sie sich auf die Terrasse gesetzt und zusammen Kaffee getrunken. Jetzt sprechen sie mit ihren Verwandten über die nächste Woche. Onkel Karl macht ein paar Vorschläge für Tagesausflüge in der Umgebung von Stuttgart. Carol möchte sich gerne mit ihrer Tante das Haus ansehen und sich dann ein wenig entspannen.

ONKEL KARL   Wir haben uns vorgestellt, daß wir diesen Sonntag einen Ausflug auf die Schwäbische Alb machen! Und dann nächste Woche einen Besuch in Karlsruhe. Was haltet ihr davon?

JEFF   Also, langweilen werden wir uns bestimmt nicht.

RAINER   Man kann dort prima wandern, und in Karlsruhe gibt es eine Menge zu sehen.

TANTE MARTHA   Carol, ich möchte dir zeigen, wo wir euch unterbringen!

CAROL   Ich komme sofort! Du kannst mir ja gleich mal das ganze Haus zeigen. Und ich denke, daß ich mich gern für eine halbe Stunde hinlegen würde.

TANTE MARTHA   Na, sicher. Also, hier ist die Diele. Manchmal essen wir hier, aber normalerweise sind wir im Eßzimmer. Und Wohnzimmer und Eßzimmer haben eine Tür zur Terrasse und zum Garten.

CAROL   Ich habe nicht gedacht, daß ihr soviel Platz habt!

TANTE MARTHA   Ja, wir sind froh darüber. Rainer bringt oft Gäste oder Freunde, oder wir haben andere Verwandte zu Besuch. Gehen wir die Treppe hinauf! Eure Zimmer sind oben! Ich glaube, Rainer hat euer Gepäck schon in die Zimmer gestellt.

CAROL   Wo ist Rainers Zimmer?

TANTE MARTHA   Direkt neben dem Gästezimmer. Wir haben uns gedacht, daß du hier im Gästezimmer schläfst, und daß sich Jeff und Rainer Rainers Zimmer teilen. Im Flur rechts ist ein Bad mit Dusche, und unten ist noch ein W.C. Carol, möchtest du dich jetzt etwas ausruhen? Rainer kann euch ja später den Hobbyraum im Keller zeigen.

CAROL   Ja, klingt gut. Nach einem Schläfchen werde ich mich bestimmt besser fühlen.

TANTE MARTHA   Mach es dir bequem, und fühl dich wie zu Hause!

ÜBUNGEN

Übung A. Setzen Sie passende Worte aus dem Text ein!

1. Wenn man für einen Tag irgendwohin fährt und wandert oder etwas besichtigt, ist das ein _____.
2. Was um Stuttgart oder in der Nähe eines Orts liegt, ist die _____.
3. Der Vorraum in einem Haus, wo man manchmal ißt, ist die _____.
4. Wenn man draußen sitzen will, kann man auf den Balkon oder auf die _____ gehen.
5. Das Haus ist ziemlich groß, sie haben also viel _____.
6. Jeff und Rainer sind zusammen in einem Zimmer, d.h., sie _____ es sich.
7. Wenn man zu den Zimmern geht, läuft man durch den _____.
8. Carol ist müde und möchte ein _____ machen.

Übung B. Sagen Sie, was diese Sätze und Ausdrücke bedeuten!

1. wo wir euch unterbringen
2. Wir sind froh darüber!
3. Wir haben Verwandte zu Besuch.
4. die Treppe hinauf
5. im Flur rechts
6. Fühl dich wie zu Hause!

Übung C. Beantworten Sie diese Inhaltsfragen!

1. Welche Vorschläge macht Onkel Karl?
2. Wie reagieren die beiden darauf? Was halten sie davon?
3. Was sehen sich Carol und Tante Martha an?
4. Wie ist das Haus von Rainers Eltern? Beschreiben Sie es!
5. Wo schlafen Jeff und Carol?
6. Was möchte Carol dann machen? Warum?

Übung D. Erzählen Sie diese Geschichte chronologisch nach!

Übung E. Weitere Fragen:

1. Können Sie Ihr Elternhaus oder Ihre Wohnung beschreiben?
2. Was für ein Haus möchten Sie gern haben? Wollen Sie lieber eine Wohnung statt eines Hauses? Wo soll es sein? Beschreiben Sie es!
3. Haben Sie oder hat Ihre Familie oft Verwandte oder Freunde zu Besuch? Wann?
4. Übernachten sie dann bei Ihnen? Haben Sie genug Platz?

AKTIVITÄTEN   Freie Kommunikation

Beantworten Sie diese Fragen, bitte.

Was haben Sie sich neulich gekauft? Was würden Sie sich gern kaufen? Können Sie es sich leisten?

Was holen Sie sich, wenn Sie Durst haben? Wenn Sie Hunger haben?

Bei wem holen Sie sich Rat, wenn Sie Probleme haben?

Teilen Sie sich ein Zimmer mit einem Zimmerkollegen, oder haben Sie ein Zimmer für sich allein?

Müssen Sie sich etwas überlegen? Was? Worüber denken Sie oft nach? Sprechen Sie mit anderen Leuten darüber?

Was hören Sie sich gern an, wenn Sie Zeit haben? Sehen Sie sich manchmal gern Bilder an?

Was machen Sie morgens, wenn Sie aufgestanden sind?

TEIL 12,9 | Interessiert ihr euch für Musik?

MERKE   *Idioms: Reflexive verbs + prepositions*

sich erinnern an	sich freuen auf
sich gewöhnen an	sich konzentrieren auf
sich freuen über	sich erkundigen nach
sich wundern über	sich interessieren für
	sich kümmern um

Diese Musikstudentin
interessiert sich für die
Harfe.

AKTIVITÄTEN   Situationen

Was ist richtig?

1. Jochen hört jede Woche mindestens ein klassisches Konzert, und er hat eine
   große Plattensammlung zu Hause. Was macht er?
   a. Er kümmert sich um klassische Musik.
   b. Er wundert sich über klassische Musik.
   c. Er interessiert sich für klassische Musik.
2. Susan möchte vielleicht an einer deutschen Uni studieren. Sie ist dieses Frühjahr
   in Deutschland und besucht Freunde, die in Bremen studieren. Was soll sie
   machen?
   a. Sie soll sich auf die Uni freuen.
   b. Sie soll sich über die Uni informieren.
   c. Sie soll sich um die Uni kümmern.
3. Michael hatte heute nachmittag einen Termin mit seinem Chemieprofessor, um
   über die Prüfung zu sprechen. Aber Michael sitzt mit Freunden im Café. Was hat
   er gemacht?
   a. Er hat sich nicht an den Termin erinnert.
   b. Er hat sich auf den Termin gefreut.
   c. Er hat sich nicht an den Termin gewöhnt.
4. Bärbel hat heute ihre Freundin angerufen, um mit ihr über das Wochenende zu
   sprechen. Aber Marianne war sehr unfreundlich und wollte nicht mit ihr reden.
   Was hat Bärbel wahrscheinlich gedacht?
   a. Sie hat sich über ihre Freundin gefreut.
   b. Sie hat sich um sie gekümmert.
   c. Sie hat sich über sie gewundert.

5. Thomas hat dieses Semester ein intensives Geschichtsseminar, und er muß auch arbeiten. Nächste Woche hat er eine wichtige Prüfung in diesem Kurs. Was soll er machen?
   a. Er soll sich für die Arbeit interessieren.
   b. Er soll sich auf das Seminar konzentrieren.
   c. Er soll sich auf die Prüfung freuen.

Freie Kommunikation

Beantworten Sie diese Fragen, bitte.

Wie lange wohnen Sie schon hier? Woran konnten oder können Sie sich nur schwer gewöhnen?
Arbeiten Sie und studieren Sie? Welche Kurse haben Sie? Worauf sollen Sie sich im Moment konzentrieren? Wonach müssen Sie sich erkundigen? Woran sollten Sie sich erinnern? Haben Sie es vergessen?
Freuen Sie sich auf etwas? Was ist es? Worüber haben Sie sich neulich gefreut?
Wofür interessieren Sie sich besonders? Für wen interessieren Sie sich im Moment?

DIALOG: Habt ihr euch ein Visum besorgt?

Sehen Sie sich das Vokabular an, bevor Sie den Dialog lesen!

die Einzelheit, -en *detail*
alles andere *everything else*

das Visum, -s or **Visa** *visa*
die Gelegenheit, -en *opportunity*

Onkel Karl, Carol und Jeff besuchen Karlsruhe. Während des Mittagessens kommt das Gespräch auf Jeffs und Carols Reise.

ONKEL KARL Also, wohin wird euch eure Reise bringen? Habt ihr schon alles genau geplant?

CAROL Na, nicht alle Einzelheiten. Aber wir wissen, daß unsere erste Station Regensburg ist.

ONKEL KARL Interessiert ihr euch für Musik? In Regensburg gibt es immer schöne Konzerte.

JEFF Ja, wir hören uns bestimmt etwas an. Und wir wollen eine Rundfahrt in die Umgebung machen. Und dann am nächsten Tag Richtung Osten.

ONKEL KARL Ihr wollt in die Tschechei? Ihr habt sicher schon ein Visum. Habt ihr euch schon um Unterkunft gekümmert?

CAROL Ja, wir haben uns zu Hause ein bißchen erkundigt. Und wir werden uns natürlich Rat bei Rainer holen.

ONKEL KARL Also, er war von seinem Besuch begeistert! Prima, daß ihr Prag sehen könnt. Wenn ich mich richtig erinnere, hat er ein paar Karten und Stadtpläne zu Hause.

JEFF Die können wir gut gebrauchen!

Kulturnotiz

Prag, die Hauptstadt der Tschechoslowakei, liegt etwa 250 km nordwestlich von Wien. Prag existiert schon viele Jahrhunderte, und im Jahre 1348 gründete man hier die erste deutschsprachige Universität, die Karls-Universität. Prags Architektur erscheint besonders homogen, da Prag von Zerstörungen durch Kriege verschont geblieben ist. Einige Gebäude sind neun oder zehn Jahrhunderte alt. Die St. Georgskirche ist zum Beispiel aus dem 10. Jahrhundert. Berühmt ist auch die Prager Synagoge mit dem ältesten jüdischen Friedhof in Europa.

Willkommen in Prag

Wichtige Informationen über Prag, über Prager Kulturereignisse, historische Denkmäler, Dienstleistungen, das Gaststättenwesen, über alles Interessante usw. erteilt Ihnen telefonisch oder bei Ihrem persönlichen Besuch der

PRAGER INFORMATIONSDIENST

Praha 1, Na příkopě 20, Ruf 54 44 44

Wir haben für Sie allgemeine und thematische Rundfahrten oder Spaziergänge durch Prag und zu den Prager Denkwürdigkeiten vorbereitet. Speziell geschulte fachkundige Fremdenführer begleiten Sie in Autocars und auch bei Fahrten mit Ihren eigenen Autos oder zu Fuß.

PRAGER INFORMATIONSDIENST

Fremdenführer-Dispatching, Praha 1, Panská 4

Ruf 22 34 11, 22 43 11

Fragen

1. Worüber kann man Information bekommen?
2. Was kann man in Prag machen?
3. Wer begleitet Besucher?

Fragen

1. Wo sind Jeff und Carol und ihr Onkel?
2. Worüber sprechen sie?
3. Worum muß man sich kümmern, wenn man eine fremde Stadt besucht und niemanden kennt?
4. Bei wem können sich Jeff und Carol Rat holen?
5. Wovon war Rainer so begeistert?

Kulturnotiz

Man braucht an den Grenzen in Europa immer einen Reisepaß, und für die Ostblockstaaten außerdem eine Einreisegenehmigung, also ein Visum. Für die Ostblockstaaten gibt es auch spezielle Devisenvorschriften, d.h., wieviel oder ob man Geld ein- und ausführen darf. Generell sind die Gesetze für Einfuhr und Ausfuhr von Dingen hier strenger als in den westlichen Staaten.

Für Angehörige der EG-Staaten, und außerdem Österreich, Belgien, Niederlande und Luxemburg, ist seit 1984 die Ein- und Ausreise viel leichter geworden. Angehörige der EG-Mitgliedsstaaten zeigen an der Grenze eine grüne E-Plakette vor und können dann normalerweise ohne Zollkontrolle über die Grenze fahren. Ab 1992 müssen sie sie gar nicht mehr zeigen.

TEXT: Informationen für Reisende

Freimengen

Wenn Sie mindestens 17 Jahre alt sind,

an Tabakwaren

a) aus Ländern der Europäischen Gemeinschaft
(Belgien, Dänemark, Frankreich, Griechenland, Großbritannien und Nordirland, Irland, Italien, Luxemburg, Niederlande, Portugal, Spanien ohne Kanarische Inseln)
300 Zigaretten oder 150 Zigarillos oder
75 Zigarren oder 400 Gramm Rauchtabak,
b) aus anderen Ländern, aus „tax-free-shops", von den Kanarischen Inseln, von der Insel Helgoland und bei Einreisen mit dem Schiff von Hoher See (vgl. Seite 88, 89)
200 Zigaretten oder 100 Zigarillos oder
50 Zigarren oder 250 Gramm Rauchtabak;

Wenn Sie mindestens 17 Jahre alt sind,

an alkoholischen Getränken

a) aus Ländern der Europäischen Gemeinschaft
1,5 Liter destillierte Getränke oder Spirituosen, mit einem Alkoholgehalt von mehr als 22% vol,
oder
3 Liter destillierte Getränke oder Spirituosen oder Aperitifs aus Wein oder Alkohol, mit einem Alkoholgehalt von 22% vol oder weniger,
oder
3 Liter Schaumwein oder Likörwein
und

5 Liter sonstiger Wein,
b) aus anderen Ländern, aus „tax-free-shops", von den Kanarischen Inseln, von der Insel Helgoland und bei Einreisen mit dem Schiff von Hoher See (vgl. Seite 88, 89)
1 Liter destillierte Getränke oder Spirituosen, mit einem Alkoholgehalt von mehr als 22% vol,
oder
2 Liter destillierte Getränke oder Spirituosen oder Aperitifs aus Wein oder Alkohol, mit einem Alkoholgehalt von 22% vol oder weniger,

oder
2 Liter Schaumwein oder Likörwein
und
2 Liter sonstiger Wein;

Wenn Sie mindestens 15 Jahre alt sind,

an Kaffee
a) aus Ländern der Europäischen Gemeinschaft
1000 Gramm Kaffee
oder
400 Gramm Kaffeeauszüge oder -essenzen,
b) aus anderen Ländern, aus „tax-free-shops", von den Kanarischen Inseln, von der Insel Helgoland und bei Einreisen mit dem Schiff von Hoher See (vgl. Seite 88, 89)
500 Gramm Kaffee
oder
200 Gramm Kaffeeauszüge oder -essenzen;

an Tee
a) aus Ländern der Europäischen Gemeinschaft
200 Gramm Tee oder 80 Gramm Teeauszüge oder -essenzen,
b) aus anderen Ländern, aus „tax-free-shops", von den Kanarischen Inseln, von der Insel Helgoland und bei Einreisen mit dem Schiff von Hoher See (vgl. Seite 88, 89)
100 Gramm Tee oder 40 Gramm Teeauszüge oder -essenzen;

Parfüms und Toilettewasser
a) aus Ländern der Europäischen Gemeinschaft
75 Gramm Parfüms und 0,375 Liter Toilettewasser,
b) aus anderen Ländern, aus „tax-free-shops", von den Kanarischen Inseln, von der Insel Helgoland und bei Einreisen mit dem Schiff von Hoher See (vgl. Seite 88, 89)
50 Gramm Parfüms und 0,25 Liter Toilettewasser;

Fragen

1. Für welche zwei Gruppen gibt es verschiedene Bestimmungen?
2. Welche verschiedenen Tabakwaren darf man mitbringen?
3. Wieviel Alkohol darf man im Ganzen aus den USA mitbringen?
4. Welche Altersbestimmungen sehen Sie hier?

Kontrolle

After completing this chapter, you should be able to in German:

1. indicate possession
2. express vague or nonspecific time
3. use a variety of idiomatic expressions for specific meanings
4. get through the following situations:
    arriving in the airport
    exchanging currency
    buying train tickets
    storing baggage
    traveling by train
    using a pay phone
    visiting and staying with a German family

Wiederholung

A. Beantworten Sie diese Fragen!

1. Auf wen sind Sie jetzt böse? Erklären Sie warum!
2. Womit sind Sie zufrieden oder unzufrieden?
3. Wie fühlen Sie sich jetzt?
4. Wann haben Sie sich das letzte Mal geirrt? Wie haben Sie sich geirrt?
5. Ärgern Sie sich oft? Warum?
6. Was haben Sie sich neulich gekauft?
7. Was können Sie sich im Moment nicht leisten?
8. Müssen Sie sich etwas überlegen?
9. Worauf freuen Sie sich?
10. Wofür interessieren Sie sich dieses Semester?

B. Schreiben Sie das Vokabular zu den folgenden Situationen auf!

1. Ankunft im Flughafen
2. Fahrkarten für die Bahn kaufen
3. Geld umtauschen
4. Gepäck loswerden
5. Zug fahren
6. telefonieren
7. in fremde Städte fahren; in den Osten fahren

C. Beschreiben Sie kurz, was Sie in den folgenden Situationen machen würden!

1. Sie kommen im Flughafen an und wollen Ihr Gepäck nicht mehr tragen.
2. Sie müssen Geld umtauschen.
3. Sie wollen mit dem Zug fahren (kurze und lange Reise).
4. Sie möchten gern im Zug etwas essen.
5. Sie müssen jemanden anrufen.
6. Sie wollen eine Stadt im Osten, z.B., Warschau, Budapest oder Prag besuchen.

KAPITEL 13

DEUTSCHLAND UND DEUTSCHE KENNENLERNEN

ÜBERBLICK

KONTEXT UND FUNKTIONEN

reporting a past event prior to another past event
relating two nonsimultaneous past actions
discussing real and unreal conditions and their results
formulating polite requests and questions
asking for favors
making wishes and expressing regret about events in the past
forming complex sentences with subordinate clauses
defining and describing things and people with a relative clause

getting through survival situations:
    finding appropriate lodging and restaurants
    using public transportation
    visiting a department store
    discussing the differences in the American and German
        university systems
    visiting a restaurant
    getting information from a tourist office

VOKABULAR

vocabulary from the **Dialoge, Geschichten,** and **Lesestücke**

KULTUR

lodging in the German-speaking countries
public transportation
department stores in the German-speaking countries
the Swiss Confederation
restaurants in the Federal Republic

paying bills and tipping in a restaurant
requirements for professorships

GRAMMATIK

forms: past perfect
present subjunctive vs. present indicative
past subjunctive vs. past indicative
different tenses in the **wenn-** and the **dann-**clauses

word order: review of subordinating conjunctions:
wenn, ob, als, daß, W-Fragewörter, weil, bevor, nachdem
expansion of subordinating conjunctions:
ehe, bis, da, damit, obwohl, obgleich, seitdem, sobald, solange, während

relative clauses and relative pronouns: for all cases
and with prepositions
indefinite relative pronouns: **was, wer**

TEIL 13,1 | Wo man übernachten kann.

MERKE

Reporting a past event prior to another past event: past perfect

	present perfect (= past)	*past perfect*
haben	habe gehabt (=hatte)	**hatte gehabt**
sein	bin gewesen (=war)	**war gewesen**
werden	ist geworden (=wurde)	**war geworden**

Relating two past events to each other: **nachdem** *and* **bevor**

Nachdem Carol und Jeff ihre Verwandten **besucht hatten,** sind sie nach
Regensburg gefahren.
Sie sind gleich zum Hotel gegangen, **nachdem** sie **angekommen waren.**
Bevor sie in ihr Zimmer gegangen sind, **hatten** sie mit der Dame
gesprochen.

DIALOG: Haben Sie ein Zimmer frei?

Sehen Sie sich das Vokabular an, bevor Sie den Dialog lesen!

preisgünstig *economically priced*   **falls** *if*
nötig *necessary*   **der Eingang** *entrance*

Carol und Jeff sind am Beginn ihrer Reise in Regensburg angekommen. Walter, ein Freund von Rainer, holt die beiden am Bahnhof ab. Er wohnt in einer Wohngemeinschaft, aber er hat nicht genug Platz für die Gäste. Carol und Jeff werden in einem kleinen Hotel übernachten.

JEFF   Guten Tag!

DAME   Grüß Gott, was kann ich für Sie tun?

CAROL   Also, wir brauchen ein Zimmer für zwei Personen.

DAME   Moment, ich schau' mal nach, was wir noch freihaben. Ja also, wir haben ein Doppelzimmer, aber ohne Bad.

JEFF   Wieviel kostet das bitte?

DAME   Ohne Bad ist es ziemlich preisgünstig—48 Mark, Frühstück inklusive. Wie lange haben Sie vor zu bleiben?

JEFF   Vielleicht ein oder zwei Nächte. Können wir Ihnen morgen Bescheid sagen?

DAME   Ja, ist in Ordnung. Ihr Zimmer ist Nummer 14. Sie können zwischen 7 und 10 Uhr hier im Frühstückszimmer neben der Rezeption frühstücken.

CAROL   Sollen wir gleich bezahlen?

DAME   Nein, das ist nicht nötig. Das können wir morgen erledigen. Hier ist Ihr Schlüssel, und damit können Sie auch die Eingangstür öffnen, falls Sie spät nach Hause kommen.

JEFF   Prima, vielen Dank!

Fragen

1. Wo sind Carol und Jeff?
2. Warum können sie nicht bei Walter übernachten?
3. Beschreiben Sie das Hotel und das Zimmer von Carol und Jeff!
4. Wo übernachten Sie, wenn Sie reisen?
5. Wann haben Sie das letzte Mal in einem Hotel übernachtet? Wie war Ihr Zimmer, und wieviel hat es gekostet?

LESESTÜCK: Wo kann man übernachten?

Vorbereitung Machen Sie zuerst die Übungen, lesen Sie dann den Text und beantworten Sie zum Schluß die Fragen!

1. Wo übernachten Reisende in den USA?
2. Suchen Sie im Text die deutschen Worte dafür!

Sehen Sie sich das Vokabular an, bevor Sie den Text lesen!

die Unterkunft, ¨-e *lodging*
der Komfort *amenities, luxury*

    In der BRD, und auch in Österreich und der Schweiz, können Reisende verschiedene Unterkünfte in allen Preisklassen wählen. Wenn man etwas Preisgünstiges vorzieht, sucht man sich vielleicht ein Zimmer in einer Pension oder in einem Gasthaus oder Gasthof. Diese Zimmer sind ziemlich einfach, und besonders in Pensionen oder kleinen Gasthöfen haben die Zimmer nicht immer ein privates Bad. Das bedeutet, daß man sich ein Bad im Gang mit anderen Gästen teilen muß. In vielen Orten kann man in Privatzimmern übernachten, die auch nicht so teuer sind. Sie heißen Privatzimmer, da Privatleute diese Zimmer an Gäste vermieten.
    Hotels gibt es in allen Kategorien : Von ganz einfach bis zu Luxushotels mit allem Komfort. Wenn man ein Zimmer vorbestellt, erfährt man den Preis pro Tag (oder auch pro Person), und das Frühstück, vielleicht ein Frühstücksbuffet, ist fast immer inklusive.

Jugendliche und Studenten können sehr gut und billig in einer
Jugendherberge übernachten.

Wenn man sich eine Pension oder ein Hotel nicht leisten kann, kann man besonders billig in einer Jugendherberge übernachten. Viele Jugendherbergen sind jetzt sehr modern und komfortabel und damit interessant für mehr Leute. Für die meisten Jugendherbergen braucht man einen Jugendherbergsausweis.

In der Schweiz und in Österreich sind Hotels, Pensionen und Gasthäuser ungefähr so wie in der BRD. In den meisten Ostblockstaaten, und damit auch in der DDR, gibt es drei Hotelkategorien : Zu Kategorie 1 gehören meistens sehr große, moderne und komfortable Hotels, während die älteren und einfacheren Hotels in den anderen beiden Kategorien liegen. In den Ostblockstaaten ist es nicht so einfach, selbst ein Hotelzimmer zu bestellen. Viele Besucher reservieren ihre Unterkunft deshalb durch die nationalen Reisebüros, z.B. Čedok in der Tschechoslowakei, und das Reisebüro der DDR. Allerdings bekommt man durch diese Organisationen meistens eines der teuren Hotelzimmer der Kategorie 1.

Fragen

1. Welche verschiedenen Unterkünfte für Reisende gibt es in den deutschsprachigen Ländern?
2. Wie berechnet man den Preis für ein Zimmer? Was ist inklusive?
3. Wie ist das Hotelsystem in den Ostblockstaaten? Wie bekommt man ein Hotelzimmer?
4. Wo würden Sie in der BRD, der Schweiz oder Österreich übernachten?

Text / Gruppenarbeit

Sehen Sie sich zuerst die Hotelanzeigen an, und beantworten Sie dann die Fragen!
Finden Sie dann einen Partner und wählen Sie eines der beiden Hotels! Ihr Partner ist an der Rezeption, und Sie erkundigen sich nach Zimmern im Hotel. Sagen Sie, welches Zimmer Sie möchten, für wie viele Personen, mit oder ohne Bad, und für wie lange Sie es brauchen. Ihr Partner notiert alles und sagt, was das kosten würde. Machen Sie diese Aufgabe bitte in fünf Minuten!

HOTEL-RESTAURANT

Reichshof

JOHANNESGASSE 18-20 • D-8500 NÜRNBERG 1 • TEL. 0911/2037 17
Telex 0826300

PREISLISTE

Einzelzimmer	DM 50.__/DM 58.__
Einzelzimmer mit Dusche oder Bad und WC	DM 85.__/DM 95.__
Doppelzimmer	DM 95.__/DM 100.__
Doppelzimmer mit Dusche oder Bad und WC	DM 150.__/DM 160.__

Diese Preise verstehen sich inklusive Frühstück, Bedienung und MWSt

Hotel Weinhaus
STEICHELE

Pfälzer und Badische Weinstuben
Weinhandel seit 1897
Batzenhäusl
Knorrstaße 2—6
8500 Nürnberg 1
Telefon (Vorwahl 09 11)
Sammel-Nr. 20 43 77

Ihr Altstadthotel
60 Betten, Zimmer mit Dusche, WC, Telefon
Lift, Frühstücksbüffet, Sommerterrasse

Für Feiern empfehlen wir unseren separaten
Raum (35 Personen) im 1. Stock
Kein Ruhetag
Gegenüber Parkhaus Jakobsmarkt
50 Meter U-Bahn (Weißer Turm)

Preise pro Tag

(Inklusivepreise)

Einzelzimmer

mit Dusche, WC, Telefon und Frühstück . . .	68.__
mit Zusatzbett, WC, Tel. und Frühstück . . .	88.__
mit Dusche und Frühstück . . .	58.__

Doppelzimmer

mit Dusche, WC, Telefon und Frühstück . . .	110.__
und Zusatzbett (3 Bett), WC Telefon und Frühstück . . .	120.__
mit Dusche und Frühstück . . .	88.__

Bei Gruppenreisen (Wochenende, 2 Nächte) ab 10 Personen
10% Rabatt

Fragen

1. Wo ist das Hotel Reichshof?
2. Wie nennt man ein Zimmer für eine Person? Für zwei Personen? Was kosten sie?
3. Welche Unterschiede zwischen den verschiedenen Zimmern gibt es?
4. Was gibt es außer den Zimmern in den Hotels?
5. Wie ist das Frühstück?
6. Was ist das Hotel Steichele auch?
7. Welche Zimmer gibt es? Was kosten sie?
8. Wie sind die Preise in diesem Hotel?
9. Wie kann man etwas Geld sparen?
10. Was gibt es außer dem Hotel?

AKTIVITÄTEN   Gelenkte Kommunikation

Ein Student nennt zwei Dinge, die gestern passiert sind, oder die er / sie gemacht hat. Ein anderer Student wiederholt das und verbindet die beiden Dinge mit **nachdem** und **bevor**.

Wiederholung : Grammatik

Use the past perfect with either **bevor** or **nachdem** to paraphrase these sentences.

1. Zuerst haben wir einen Film gesehen, dann sind wir in ein Restaurant gegangen.
2. Zuerst habe ich meine Hausaufgaben gemacht, danach habe ich ein bißchen ferngesehen.
3. Zuerst sind wir nach Hause gegangen, danach haben wir gegessen.
4. Zuerst hat sie mich angerufen, danach ist sie vorbeigekommen.
5. Zuerst habe ich mein Zimmer aufgeräumt, danach bin ich mit Freunden ausgegangen.

TEIL 13,2 | Wenn das Wörtchen WENN nicht wär',...

MERKE   *Reporting real and unreal conditions*

Wenn das Hotel nicht zu teuer **ist, bleiben** wir hier. (*real condition* → *indicative*)
Wenn das Hotel nicht so teuer **wäre, würden** wir hier **bleiben**.
   (*unreal condition* → *subjunctive*)

Subjunctive for haben *and* sein

HÄTTEN (= WÜRDEN HABEN)	
ich **hätte**	wir **hätten**
du **hättest**	ihr **hättet**
—Sie **hätten**—	
er / sie / es **hätte**	wir **hätten**

WÄREN (= WÜRDEN SEIN)	
ich **wäre**	wir **wären**
du **wärest**	ihr **wäret**
—Sie **wären**—	
er / sie / es **wäre**	wir **wären**

Making wishes

Wenn wir **nur** ein billiges Hotel **finden würden**!
Wenn die Straßenbahn **nur** endlich hier **wäre**!
Wenn wir **nur** etwas mehr Zeit in Regensburg **hätten**!

Formulating polite requests and questions / asking for favors

Würdest du mit uns in die Stadt **kommen**? **Würdest du** uns dort **treffen**?
Hättet ihr vielleicht Zeit, uns abzuholen? Welche Zeit **wäre** euch recht?

GESCHICHTE UND NACHERZÄHLUNG : Mit der Straßenbahn in die Stadt

Carol und Jeff sind in ihrem Hotelzimmer, als Walter anruft. Carol erzählt ihm, daß sie und Jeff gern einiges für ihre Reise besorgen würden. Nachdem Carol mit Walter ausgemacht hat, wann und wo sie sich treffen wollen, sprechen Carol und Jeff kurz mit der Dame im Hotel.

WALTER   Hallo, Carol! Habt ihr ein gutes Zimmer bekommen?

CAROL   Ja, alles in Ordnung! Du, Walter, wir würden gern einiges in der Stadt einkaufen. Hättest du Lust, uns zu treffen?

WALTER   Klar, aber wie kommt ihr in die Stadt? Ich würde euch abholen, wenn ich mein Auto hätte, aber einer meiner Zimmerkollegen hat es ausgeliehen.

CAROL   Macht doch nichts! Wir können mit dem Bus oder mit der Straßenbahn fahren.

WALTER   Okay! Also, am besten fahrt ihr mit der Straßenbahn. Ich glaube, bei euch fährt die zwölf. Ihr könnt in der Nähe von der Fußgängerzone aussteigen, und dann treffen wir uns vor dem Kaufhof. Der ist ganz leicht zu finden!

CAROL   Prima! Welche Zeit wäre dir recht?

WALTER   Hmm, jetzt ist es kurz vor zwei. Sagen wir, in einer Dreiviertelstunde?

CAROL   Ja, das schaffen wir leicht. Also, bis dann!

Carol legt den Hörer auf.

CAROL   Komm, Jeff! Ich hab' mit Walter ausgemacht, daß wir uns in der Stadt treffen.

Jeff und Carol erkundigen sich bei der Dame im Hotel, wo die Straßenbahnhaltestelle ist.

CAROL   Können Sie uns sagen, wo die Straßenbahn abfährt? Die zwölf fährt in die Stadt, oder?

DAME   Ja, richtig. Also, das ist ganz in der Nähe, nur zwei Straßen von hier. Gehen Sie vor dem Hotel rechts und dann gleich die nächste Straße wieder rechts. Sie sehen dann die Haltestelle auf der linken Straßenseite. Die Nummer 12 fährt alle acht Minuten, glaube ich. Haben Sie Geld für den Automaten?

JEFF   Für den Automaten?

DAME   Ja, Sie können Ihre Fahrkarten am Automaten kaufen, wenn Sie Ein-, Zwei- oder Fünfmarkstücke haben.

CAROL   Du, Jeff, ich habe Kleingeld. Alles klar. Vielen Dank!

DAME   Bitte sehr. Ich sehe Sie ja sicher morgen beim Frühstück!

Jeff und Carol sind an der Straßenbahnhaltestelle und kaufen einen Fahrschein mit sieben Fahrten. Carol liest den Fahrplan, damit sie wissen, wann sie zurückfahren können: Ab 19 Uhr fährt die Straßenbahn nur alle 30 Minuten, und die letzte fährt um 23 Uhr. In der Straßenbahn ist ein Entwerter, mit dem Jeff den Fahrschein zweimal stempelt. Nach einigen Minuten kommt der Schaffner, um sich die Fahrkarten anzusehen.

SCHAFFNER   Fahrkartenkontrolle bitte!

JEFF   Moment... Hier bitte!

SCHAFFNER   Ist das für Sie und die Dame?

JEFF   Ja, genau! Wir haben Fahrscheine für uns beide!

SCHAFFNER   Na, ich habe gewußt, daß Sie Fahrscheine haben. Sie sehen nicht wie Schwarzfahrer aus! Danke sehr!

Kulturnotiz

Wenn man in der BRD mit einem öffentlichen Verkehrsmittel, z.B. dem Bus oder der Straßenbahn, fährt, kann man ohne Fahrkarte einsteigen. Im Bus, der U-Bahn und der Straßenbahn entwertet oder stempelt man seinen Fahrschein dann meistens selbst. Manchmal kommt ein Schaffner oder Kontrolleur vorbei, um zu sehen, ob alle Leute gültige Fahrkarten haben, und um „Schwarzfahrer" zu erwischen. Um diese „Schwarzfahrer" zu warnen, haben viele Busse, Straßenbahnen und U-Bahnen Schilder, auf denen steht, wieviel Strafe man bezahlen muß, wenn man schwarzfährt. Die Strafe liegt meistens bei ca. 40 Mark.

Achtung Schwarzfahrer!

Schwarzfahren lohnt sich nicht!

Es kann Sie 40 DM kosten!

Bus und Bahn der Stadt

Regensburg

Was ist die Geldstrafe für Schwarzfahrer?
Sie würden nie schwarzfahren, oder?

ÜBUNGEN

Übung A. Setzen Sie passende Worte aus dem Text ein!

1. Walter und Carol besprechen, wann und wo sie sich treffen. Sie ____ das ____. (Infinitiv : ____)
2. Walter hat sein Auto nicht. Er hat es ____. (Inf : ____)
3. Sie fragen die Dame, wo die ____ ist.
4. Die Straßenbahn fährt auf der linken ____ ab.
5. An der Haltestelle gibt es einen ____ für Fahrscheine. Man braucht Kleingeld dafür.
6. Man stempelt die Fahrkarten mit einem ____.
7. Die Person, die Fahrscheine kontrolliert, ist der ____.
8. Eine Person, die ohne Fahrschein fährt, nennt man ____.

Übung B. Sagen Sie, was diese Ausdrücke bedeuten!

1. Welche Zeit wäre dir recht?
2. Das schaffen wir leicht!
3. ein Fahrschein mit sieben Fahrten
4. Sie sehen nicht wie Schwarzfahrer aus!

Übung C. Beantworten Sie diese Inhaltsfragen!

1. Was besprechen Walter und Carol am Telefon?
2. Wie werden Carol und Jeff in die Stadt kommen?
3. Wann wollen sie sich mit Walter treffen?
4. Was fragen sie die Dame?
5. Wie oft fährt die Straßenbahn tagsüber? Und abends?
6. Wo kaufen sie den Fahrschein?
7. Was macht man mit der Fahrkarte in der Straßenbahn?
8. Was macht der Schaffner?
9. Was soll man nicht machen, wenn man mit dem Bus oder der Straßenbahn fährt?

Übung D. Erzählen Sie die Geschichte chronologisch nach!

Übung E.

1. Wählen Sie verschiedene Sehenswürdigkeiten in der Stadt, in der Sie jetzt wohnen, und erklären Sie einem Touristen wie man dorthin kommt!
2. Sehen Sie sich den Fahrschein an, und beantworten Sie die Fragen!

Fragen

1. Was ist hier ein anderes Wort für Fahrkarte?
2. Wie oft kann man mit dieser Fahrkarte fahren?
3. Für welches Verkehrsmittel ist diese Fahrkarte?

AKTIVITÄTEN   Situationen

Formulieren Sie einen Wunsch oder eine Alternative zu den folgenden Situationen:

1. Es regnet schon den ganzen Tag, und Sie wollen wirklich Sonne haben!
2. Sie müssen heute Ihre Wohnung aufräumen, einkaufen, ihr Auto waschen und zur Arbeit gehen! Sie wissen nicht, ob Sie genug Zeit haben, alles zu erledigen.

3. Bekannte haben Sie heute abend zu einer Party eingeladen. Sie wissen nicht, was Sie anziehen sollen, und leider haben Sie nicht genug Geld, um etwas Neues zu kaufen.

4. Sie und Freunde von Ihnen wollten heute zusammen an den Strand fahren. Heute morgen sind Sie ´aufgewacht und haben sich wirklich schlecht gefühlt. Sie haben sich wahrscheinlich gestern erkältet. Ihre Freundin ist sehr enttäuscht, daß Sie krank sind. Was sagt sie?

5. Sie sind in einer fremden Stadt und können den Weg zum Zentrum nicht finden. Leider haben Sie keinen Stadtplan. Was wünschen Sie sich?

6. Ein paar Freunde von Ihnen wollen sich Ihr Auto leihen, um in die Stadt zu fahren. Ihr Auto ist aber in der Werkstatt. Was sagen Ihre Freunde vielleicht?

7. Ein Professor von Ihnen ist immer unfreundlich und sehr streng. Was wünschen Sie sich?

8. Sie und ein Freund / eine Freundin suchen schon seit einem Monat eine Wohnung, aber Sie können nichts finden. Was sagen Sie?

9. Ein Freund versucht, Ihnen die Mathehausaufgabe zu erklären. Sie finden es sehr schwer, und Ihr Freund wird langsam ungeduldig. Was sagt er vielleicht?

10. Sie müssen heute abend für Freunde babysitten. Um viertel nach acht kommt ein guter Film, aber der kleine Wolfi will immer noch spielen. Was wünschen Sie sich?

Freie Kommunikation

A. Beantworten Sie diese Fragen, bitte. Diese Fragen sind nicht hypothetisch.

Was werden Sie machen, wenn das Semester zu Ende ist? Was werden Sie machen, wenn Sie mit Ihrem Studium fertig sind? Was werden Sie machen, wenn Sie mehr Geld haben?

Was werden Sie machen, wenn Sie heute abend ein bißchen Freizeit haben? Was werden Sie machen, wenn es heute regnet? Was machen Sie, wenn Sie hungrig werden?

B. Beantworten Sie jetzt diese hypothetischen Fragen!

Was würden Sie machen, wenn Sie jetzt kein Geld hätten? Was würden Sie machen, wenn Sie 10 000 Dollar hätten? Wohin würden Sie gehen, um sich neue Kleidung zu kaufen? Was wünschen Sie sich im Moment? Was würden Sie machen, wenn Sie mit Ihrem Auto unzufrieden wären? Mit wem würden Sie sprechen, wenn Sie viele Probleme hätten?

Was würden Sie machen, wenn Sie jetzt wirklich müde wären? Was würden Sie machen, wenn Sie jetzt krank wären? Was würden Sie heute abend machen, wenn Sie morgen eine wichtige Prüfung hätten? Was würden Sie machen, wenn Ihre Deutschbücher weg wären?

Was würden Sie machen, wenn Sie jetzt Ferien hätten? Was würden Sie machen, wenn Ihre Mutter morgen Geburtstag hätte?

Wiederholung : Grammatik

A. Express the following in German with **wenn...**, **(dann)** sentences. Be sure to use the indicative for real conditions and their results and subjunctive forms for hypothetical conditions and their results.

1. If Walter has enough room, they'll stay with him.
2. If Walter had enough room, they'd stay with him.
3. If they'll call him, he'll pick them up.
4. If they'd call him, he'd pick them up.
5. If they have time, they'll go shopping.
6. If they had time, they'd go shopping.
7. If he is in the store, they'll meet him.
8. If he were in the store, they'd meet him.

B. Make the following wishes in German.

1. Wish that it wouldn't rain today.
2. Wish for a lot of money.
3. Wish for more time.
4. Wish that he'd / she'd call today.

TEIL 13,3 | Im Kaufhaus

MERKE

Discussing real conditions in the past

Walter **hat** Carol und Jeff **angerufen.**
Carol und Jeff sind zum Kaufhof gegangen, weil sie das mit Walter
  ausgemacht hatten.

Establishing unreal conditions and discussing unreal past events

Wenn sie einen Stadtplan **gehabt hätten,** (dann) **hätten** sie es **gefunden.**
(Sie hatten **keinen** Stadtplan.)
Wenn sie mit einem Taxi **gefahren wären,** (dann) **hätten** sie sich nicht **verlaufen.**
(Sie sind **nicht** mit dem Taxi gefahren.)

AKTIVITÄTEN Situationen

Lesen Sie die Situationen und beantworten Sie die Fragen!

1. Es ist Mitternacht, und Carol geht zum Parkplatz, wo ihr Auto steht. Sie kann aber ihren Autoschlüssel nicht finden. Niemand ist auf der Straße außer einem Mann in einem Wagen auf der anderen Seite des Parkplatzes. Er öffnet die Autotür und ruft : Kann ich Ihnen helfen? Carol bekommt Angst und läuft weg. *Was hätten Sie gemacht? Warum?*

2. Thomas hat heute einen Test geschrieben. Er hat gesehen, daß der Student neben ihm gemogelt hat. Am Ende der Prüfung hat Thomas aber nichts gemacht. *Was hätten Sie gemacht?*

3. Fokko Meyer ist gestern am Kanal fischen gegangen und hat sieben Aale und drei große Fische gefangen. Seine Frau hat gesagt, daß das Kanalwasser verpestet ist, aber dem Fokko war alles ganz egal, und er hat sie mit großer Begeisterung im Garten gegrillt und gegessen. *Hätten Sie einen Aal oder einen Fisch gegessen, wenn Ihnen der gute Fokko etwas angeboten hätte? Erklären Sie Ihre Antwort, bitte.*

4. Sabine und Romy wollten heute morgen in den Urlaub fahren, aber nichts hat geklappt. Zuerst hat Sabine ihren Autoschlüssel nicht gefunden, dann hat Romy ihren Paß vergessen, und schließlich ist ein Autoreifen geplatzt. Sabine und Romy haben ihre Abreise auf morgen verschoben. *Was hätten Sie gemacht? Warum?*

5. Karl wollte am Sonntag viel unternehmen. Er wollte mit dem Rad ins Schwimmbad fahren und dann mit Freunden ein Picknick machen. Aber leider hat es den ganzen Tag geregnet, und Karl ist zu Hause geblieben. *Was hätten Sie gemacht? Wären Sie auch zu Hause geblieben?*

Gelenkte Kommunikation

Say in German what Jutta tells her professor.

SITUATION: Jutta is trying to explain to a professor why she did not do certain things and under what conditions she would have done them. She says that:

1. she would have done the assignment if she had found the books
2. she would have come to class yesterday if she hadn't overslept
3. her roommate would have helped her if she had not been sick
4. she would have taken the test if the other students had told her about it
5. she would not have taken this class if she had known more about it

DIALOG: Im Kaufhaus

Sehen sie sich das Vokabular an, bevor Sie den Dialog lesen!

der Aufzug *elevator*
die Rolltreppe *escalator*
der Stock, Stockwerke *floor of a building* (z.B. der erste Stock)
das Erdgeschoß *floor of a building at ground or street level*
das Unter- / Obergeschoß *floor below/above ground level*
der Proviant *food supplies*
　　Reiseproviant *food supplies for traveling*

Carol und Jeff sind zum Kaufhaus gegangen, so wie Carol und Walter es am Telefon ausgemacht hatten.

JEFF	Siehst du Walter irgendwo?
CAROL	Nöö, ich sehe ihn nicht. Moment, da drüben! Hallo, Walter!
WALTER	Hallo, grüßt euch! Habt ihr schon lange gewartet?
JEFF	Nee, gar nicht! Wollen wir reingehen?
WALTER	Was müßt ihr denn besorgen?
JEFF	Ich hätte gern ein paar wärmere Strümpfe, und Carol braucht eine Regenjacke. Und etwas Reiseproviant wäre auch nicht schlecht, vielleicht ein paar Getränke und Kekse oder so was.

Im Kaufhaus lesen sie auf dem Plan, in welchem Stock sie die Dinge finden können.

WALTER	Also, im Untergeschoß sind Lebensmittel, aber das sollen wir vielleicht zuletzt machen.
CAROL	Damenkleidung ist im Erdgeschoß, aber ich kann auch bei Sportwaren schauen. Wo sind wir jetzt?
JEFF	Im Erdgeschoß, und hier gibt's auch Herrensachen.
CAROL	Walter und ich können uns ja im zweiten Stock nach einer Regenjacke umschauen, und dann treffen wir uns im...

WALTER   Im Untergeschoß bei den Lebensmitteln.
CAROL   Gibt es einen Aufzug?
WALTER   Ja, schon. Aber nehmen wir lieber die Rolltreppe.
JEFF   Alles klar! Also dann, bis gleich!

Kulturnotiz

Kaufhäuser in der BRD liegen meistens im Zentrum einer Stadt oder in der Fußgängerzone. Man kann in einem Kaufhaus viele verschiedene Dinge kaufen (so ähnlich wie in einem *department store* in den USA). Ein Kaufhaus hat mehrere Stockwerke, und man benutzt Rolltreppen oder den Aufzug, um von einem Stockwerk zum anderen zu kommen. Im Untergeschoß (im Keller) kann man Lebensmittel und Getränke, und vielleicht auch Haushaltswaren und Blumen kaufen. Kaufhäuser in der Bundesrepublik sind z.B. **Karstadt, Horten** und **Quelle**; wenn Sie nach Zürich kommen, können Sie im **Jelmoli** oder **Globus** einkaufen, und in Wien gehen viele Leute in das Kaufhaus **Steffl**, das im Zentrum liegt.

Im Einkaufszentrum.

1. Wohin gehen Jeff und Carol? Warum?
2. Wer muß was besorgen? Wo können sie diese Dinge finden?
3. Gibt es so etwas wie ein Kaufhaus in Amerika? Was ist anders?

Gruppenarbeit: Im Kaufhaus einkaufen

A. Lesen Sie zuerst zusammen den Plan für das Kaufhaus und beantworten Sie die Fragen!

2. Stock
Sportwaren
Schuhe
Spielwaren
Handarbeiten

1. Stock
Gartenabteilung
Elektro
Werkzeug
Film und Foto

Erdgeschoß
Damenmoden
Herrenmoden
Kindermoden
Koffer und Taschen

Untergeschoß
Lebensmittel
Haushalt
Delikatessen-Café
Blumen

In welchen Stock gehen Sie, wenn Sie

Getränke kaufen wollen?
Wolle für einen Pulli brauchen?
ein Kleid kaufen wollen?
Gepäck für eine Reise suchen?
sich Fernseher ansehen wollen?
Turnschuhe brauchen?
einen Kaffee trinken wollen?
ein Spiel kaufen wollen?
Rosen für den Muttertag besorgen müssen?
Gläser kaufen wollen?
Stiefel für den Winter anschauen möchten?
Ihre Bilder vom Urlaub abgeben wollen?
etwas reparieren müssen?
einen Liegestuhl kaufen möchten?

B. Sehen Sie sich den Plan für das Kaufhaus an, und schreiben Sie mit einem Partner auf, in welchem Stockwerk Sie fünf Dinge kaufen werden! Nach fünf Minuten lesen Sie das dann Ihren Kollegen vor!

Wiederholung: Grammatik

Express the following sentences using the correct indicative or subjunctive forms.

1. They would have spent the night at their friend's house if he had invited them.
2. They met him at 2:45 because they had agreed on that.
3. He would have picked them up if he had had his car.
4. He would have bought the jacket if it hadn't been so expensive.
5. She would have asked the salesperson if she had seen one.

TEIL 13,4	Lernen Sie die Schweiz genauer kennen!

MERKE   *Using different tenses in the* wenn- *and* dann- *clauses*

Wenn ich mich in Amerika **erkundigt hätte, wäre** es hier interessanter.
Ich **hätte** das vielleicht **gemacht,** wenn ich mehr Geld **hätte.**

DIALOG : Wenn ich mich nur erkundigt hätte!

Sehen Sie sich das Vokabular an, bevor Sie den Dialog lesen!

vor·haben (hat ... vor), vorgehabt   *to intend*
sich umhören   *to inquire*

Nachdem Carol und Jeff ihre Besorgungen gemacht hatten, waren sie eine Stunde mit Walter an der Uni und haben dort einige Studienkollegen von Walter getroffen. Walter stellt Irmgard, seine Bekannte, vor.

WALTER   Carol, Jeff, darf ich euch eine Freundin von mir vorstellen? Irmgard, das sind Carol und Jeff, die Verwandten von Rainer.

CAROL   Hallo, freut uns!

IRMGARD   Grüezi!

CAROL   Woher kommst du? Du bist keine Deutsche, oder?

IRMGARD   Nein, ich bin Schweizerin, aus Zürich.

CAROL   Wohnst du schon lange in Deutschland?

IRMGARD   Ja, ich studiere schon sechs Semester hier. Seid ihr auch Studenten?

JEFF   Ja, ich schon. Ich studiere in Philadelphia, aber Carol arbeitet in Minneapolis.

IRMGARD   Also, ich kenn' hier ein paar Studenten aus den USA. Hast du auch mal vor, hier irgendwo zu studieren?

JEFF   Wenn ich genug Geld hätte, wäre ich dieses Jahr gern an eine deutsche Uni gekommen. Naja, nächstes Jahr werde ich mehr arbeiten, und vielleicht klappt es dann.

WALTER   Du kannst dich ja mal ein bißchen umhören.

CAROL   Na, das wäre wahrscheinlich interessanter, wenn du dich bei deiner Uni schon ein bißchen erkundigt hättest.

IRMGARD   Ja, man hätte dir gesagt, welche Universitäten für dich interessant wären.

WALTER   Aber wir können uns doch mit ein paar amerikanischen Studenten treffen, oder, Irmgard?

IRMGARD   Klar, ich ruf' sie an, und wir machen 'was aus. Und wenn ihr vorhabt, in die Schweiz zu fahren, würde ich euch gern ein paar Adressen geben. Ich habe gute Freunde in Bern und Basel, und falls ihr nach Zürich kommt, müßt ihr meine Familie besuchen!

JEFF   Mensch, das wäre toll! Das ist echt nett, Irmgard.

WALTER   Also, alles klar. Wir treffen uns dann heute oder morgen abend.

Überall in der Schweiz ist die wunderschöne Alpenlandschaft wie hier in Gstaad.

Fragen

1. Wen lernen Jeff und Carol kennen?
2. Worüber sprechen sie?
3. Welche Städte in der Schweiz besuchen Jeff und Carol vielleicht?
4. Was planen sie für einen Abend?
5. Kennen Sie Städte in der Schweiz? Welche?
6. Haben Sie vor, eines Tages im Ausland vielleicht in einem der deutschsprachigen Länder zu studieren? Wann? Wo?
7. Haben Sie sich schon ein bißchen umgehört? Was haben Sie erfahren?

Gelenkte Kommunikation

Indicate in German what Jeff and Carol say to each other in the following situation.

SITUATION: Jeff and Carol are talking about their experiences during their trip so far. There are some things that could be different now.

1. Carol thinks that they would probably stay here longer if they hadn't bought the train passes.
2. Jeff thinks they'd be glad now if their parents had given them a little more money.
3. It would help him now if he had inquired about studying in Germany.
4. Carol says she would be glad if they had already reserved a room in a hotel in Prague.
5. Jeff thinks they wouldn't be very flexible now if they had done that.

LESESTÜCK: Die Schweizerische Eidgenossenschaft

Vorbereitung   Beantworten Sie bitte die folgenden vier Fragen und lesen Sie dann den Text!

1. Welche Länder sehen Sie in diesem Text?
2. Welche Sprachen erkennen Sie?
3. Sehen Sie sich eine Landkarte und die Lage der Schweiz an!
4. Suchen Sie auf der Karte die Städte, die in diesem Text vorkommen!

Sehen Sie sich das Vokabular an, bevor Sie den Text lesen!

aufteilen, ist aufgeteilt   *to split up into*
die Eidgenossenschaft   *confederation*
beibehalten   *to maintain, to keep*

der Kurort   *resort town*
herstellen   *to produce*
die Herstellung   *production*

Die Schweiz grenzt an den Süden der Bundesrepublik und außerdem an Österreich, Liechtenstein, Italien und Frankreich. Die Bundesrepublik besteht, wie Sie wissen, aus den zehn Bundesländern. Die Schweiz hat keine Länder, sondern ist eine sogenannte Eidgenossenschaft mit 23 Kantonen (drei davon sind gespalten, so daß es eigentlich 26 Kantone gibt). Die Kantone sind politisch autonom, und einige haben sehr traditionelle Systeme beibehalten. Die Hauptstadt der Schweiz ist Bern; andere größere Städte sind Zürich, Genf (bekannt als Sitz internationaler Organisationen, z.B. das Rote Kreuz) und Basel.

Altdorf in der Schweiz mit seinem Denkmal an Wilhelm Tell, den schweizerischen Freiheitskämpfer.

In der Schweiz gibt es vier offizielle Landessprachen: Deutsch, Französisch, Italienisch und Rätoromanisch. Das heißt auch, daß es in der Schweiz vier ganz verschiedene Kulturen gibt. Deutsch ist die dominierende Sprache, aber man muß dazu sagen, daß das gesprochene Deutsch ein Dialekt ist, nämlich das sogenannte Schweizerdeutsch oder „Schwyzerdütsch". Die Schriftsprache und auch die Sprache in den Medien ist so wie Standarddeutsch.

Die Schweiz mit ihrer Berglandschaft, den Seen und zahlreichen Kurorten ist eines der Hauptreiseziele in Europa, und der Tourismus ist eine der wichtigsten Industrien dieses Landes. Außerdem ist die Schweiz natürlich für die Herstellung und den Export von Uhren und für die Schweizer Schokolade berühmt.

Hätten Sie gern Informationen über die Schweiz? Schreiben Sie an die...

> **Schweizerische Verkehrszentrale, Direktion**
> **Bellariastraße 38**
> **8027 _Zürich_**
> **Schweiz**

Die Hauptstraße
von Zermatt.

Fragen

1. Welche Länder grenzen an die Schweiz?
2. Was ist die Schweiz, und wie ist sie aufgeteilt?
3. Erklären Sie die Sprachsituation in der Schweiz!
4. Wofür ist die Schweiz bekannt? Was stellt man dort her?
5. Kennen Sie einige Schweizer Produkte? Welche?
6. Wissen Sie noch, was die Währung ist? 1Sfr = 100 Rappen

Porträt: Friedrich Dürrenmatt

Einer der bedeutendsten Dramatiker des 20. Jahrhunderts ist der Schweizer Friedrich Dürrenmatt, geboren 1921 in der Nähe von Bern. Dürrenmatt benutzt auf meisterhafte Weise (manchmal groteske) Komödien, um auf soziale Widersprüche hinzuweisen. Zu seinen bekanntesten Werken, von denen man auch einige verfilmt hat, zählen „Der Besuch der alten Dame", „Die Physiker" und „Der Richter und sein Henker".

Probieren Sie etwas aus der Schweizer Küche!

Raclette: Schweizer Käse- und Gemüsegericht

Für dieses Gericht gibt es ein spezielles Geschirr, das aus einem Gestell mit individuellen Pfännchen besteht. Am Tisch kocht man in diesen Pfännchen in kleinen Mengen gekochte Kartoffeln, Tomatenscheiben, dünn geschnittene Zwiebeln und ähnliches Gemüse. Auf das Gemüse kommen dann Raclettescheiben, eine bestimmte Sorte Schweizer Hartkäse. Das Ganze wird dann ca. fünf Minuten lang gebacken. Schmeckt köstlich!

Fondue: Schweizer Käsegericht

Fondue (frz: geschmolzen) besteht aus geschmolzenem Käse, Wein und Gewürzen. Man stellt den Fonduetopf mit dem heißen, flüssigen Käsegericht in die Mitte des Tisches. Dann spießt man Brotwürfel auf lange Fonduegabeln, und tunkt sie in den Käse. Hmmm!

Was liegt auf dem Fonduetopf? Was macht man damit?

TEIL 13,5 | Wo sollen wir einkehren?

MERKE

Expressing regret about something in the past

Wenn ich **nur** nicht so viel **gegessen hätte**!
Wenn ich **nur** nicht so hungrig **gewesen wäre**!

AKTIVITÄTEN   Freie Kommunikation

Wünschen Sie sich etwas, was Sie nicht haben! Wünschen Sie sich etwas, das passieren soll! Beschreiben Sie etwas, was Sie gemacht haben, und was nicht so gut war! Jemand anderes in der Klasse sagt dann, wie es besser gewesen wäre.

Beispiel: Ein Student sagt: Ich habe den Geburtstag von meiner Oma vergessen.
Ein anderer Student
sagt: Wenn du sie nur angerufen hättest! Oder:
Wenn du das nur nicht vergessen hättest!

Gelenkte Kommunikation

Express Ulrike's wishes in German.

SITUATION: Ulrike just started the semester and had a lot of things to take care of. Not everything went the way she wanted. She wishes that:

1. she had only gotten that class
2. she had only bought all the books
3. she had only talked to Professor Vogel
4. she and her roommate had only found an apartment
5. her parents had only called her
6. she only hadn't lost her ID

LESESTÜCK: Guten Appetit!

Vorbereitung   Machen Sie zuerst die Übung, lernen Sie dann das Vokabular, und lesen Sie schließlich den Text!

1. Welche Arten von Restaurants gibt es in den USA? Wo essen Sie gern, wenn Sie ausgehen?
2. Kennen Sie ein paar Worte für Restaurants in der BRD?

Sehen Sie sich das Vokabular an, bevor Sie den Text lesen!

der Appetit *appetite*
Guten Appetit! *Enjoy your meal!*
einkehren *to stop for food and/or drink*

das Gericht, -e *dish, food*
das Lokal *pub; restaurant*

Zum Einkehren gibt es in der BRD eine Menge verschiedener Möglichkeiten. In Gasthäusern oder Gaststätten gibt es meistens ziemlich preisgünstige Gerichte, oft Spezialitäten aus der Gegend. In manchen Restaurants ist die Küche international, und die Rechnung kann dann etwas höher sein, besonders wenn das Restaurant zu einem Hotel gehört. Wenn Sie keinen Appetit auf deutsches Essen haben, können Sie eines der ausländischen Lokale wählen, z.B. ein italienisches Ristorante, eine griechische Taverne, oder eine französische Crêperie. Sie sehen, es gibt etwas für fast jeden Geschmack!

In Weinstuben, Weinhäusern und Kneipen trifft man sich meistens nur, um etwas zu trinken. Es gibt aber oft kleine Gerichte, wie z. B. Suppe, Salate, belegte Brote oder Bratwürste. Wenn man nicht viel Zeit hat, kann man an einem Stehimbiß oder in den amerikanischen *fast-food* Restaurants essen. Besonders unter Teenagern sind McDonalds und Burger King in den letzten Jahren ziemlich populär geworden.

Hier ist ein Tip, falls Sie gar nicht wissen, ob Sie das richtige Lokal gefunden haben : Lesen Sie die Speisekarte (mit Preisen) neben dem Eingang, bevor Sie hineingehen! Dann wissen Sie nicht nur, was man hier serviert, sondern auch wieviel es kostet.

Fragen

1. Wohin kann man gehen, wenn man einkehren will?
2. Was können Sie machen, wenn Sie kein deutsches Essen wollen?
3. Wohin würden Sie für ein kleines Gericht gehen?
4. Wo kann man essen, wenn man nur wenig Zeit hat?
5. Was soll man vielleicht machen, bevor man in ein Lokal oder ein Gasthaus geht?

Anschrift Telefon	Spezialitäten	geöffnet von - bis	warme Küche von - bis	Ruhetag	Plätze im Lokal	Neben- räume
Restaurants mit ausländischer Küche						
Peking Nürnberger Straße 3 Tel. 2 66 64	chinesisch	11.30 - 14.30 17.30 - 23.00 Sa, So, Feiertag 11.30 - 15.00 17.30 - 23.00	11.30 - 14.30 17.30 - 23.00 Sa, So, Feiertag 11.30 - 15.00 17.30 - 23.00	Montag	65	
Crêperie Laterne Martin-Luther-Platz 10 Tel. 2 66 10	französisch Crêpes Galettes	18.00 - 0.30 Mai - Sept. 19.00 - 1.00	18.00 - 0.30 Mai - Sept. 19.00 - 0.30		40	
Valentin Paulistraße 12 Tel. 20 73 94	französisch	18.00 - 24.00	18.00 - 24.00	Montag	60	30 Terrasse 60
Christos Grill Schuhstraße 5 Tel. 2 28 03	griechisch	11.00 - 14.00 17.00 - 24.00	11.00 - 14.00 17.00 - 24.00	Sonntag	70	
City-Grill Hauptstraße 73 Tel. 2 85 31	griechisch Grillgerichte	11.00 - 1.00	11.00 - 0.30		38	
Pizzeria Salvatore Friedrich-List-Straße 2 Tel. 2 85 99	italienisch	16.30 - 23.30 Sonntag 11.30 - 14.30	16.30 - 23.30 Sonntag 11.30 - 14.30	Montag	45	Garten 10

Gaststätten

Alt-Erlang im Goldenen Fäßia Heuwaagstraße 9 Tel. 2 17 17	fränkisch französisch	16.00 - 1.00	17.00 - 23.30		40	
Altstadtwirt Neue Straße 12 Tel. 2 74 97	Grillgerichte	16.00 - 1.00	16.00 - 24.00	Samstag Sonntag Feiertag	60	18 Garten 70
Bahnhofgaststätte Bahnhofplatz 1 Tel. 2 22 38		7.30 - 22.00	10.00 - 18.00	Samstag ab 14.00	200	

Fragen

1. In welchen Lokalen kann man draußen sitzen?
2. Welche Lokale haben Spezialitäten aus der Gegend, welche haben internationale Küche?
3. In welches würden Sie gehen?
4. Was kann man dort essen?
5. Wann ist es geöffnet?
6. An welchem Tag ist es geschlossen?

TEIL 13,6 | Studentenaustausch

MERKE

Forming complex sentences: Review of subordinate/dependent clauses

wenn	daß	bevor
als	weil	nachdem
ob	W-Wörter	

Forming complex sentences with subordinate clauses: Expansion

ehe	da	obwohl	sobald
bis	damit	obgleich	solange
während	falls		seitdem

> **Ehe** er im Ausland studiert, muß er sich informieren. (bevor)
> **Falls** er hier studieren will, muß er eine Menge Formulare ausfüllen. (wenn)
> Sie warten, **bis** die Freunde kommen.
> Es gibt manchmal Probleme, **da** das System anders ist. (weil, denn)
> Man muß einen Termin ausmachen, **damit** man mit dem Professor sprechen
>   kann. (um… zu)
>
> Es macht Spaß, **obwohl / obgleich** es am Anfang schwierig ist.
> **Seitdem** ich alles kenne, geht es besser. (seit)
> **Sobald** man alles versteht, wird es leichter. (wenn)
> Du sollst Deutsch sprechen, **solange** du hier bist.
> **Während** du hier bist, kannst du dich ein bißchen erkundigen.

GESCHICHTE UND NACHERZÄHLUNG: Studentenaustausch

Jeff und Carol treffen sich heute mit zwei Studentinnen, um sich über Austauschprogramme zu unterhalten. Die eine Studentin, Jennifer, kommt aus New York und studiert schon seit letztem Semester in Freiburg. Die andere, Karin, ist im vierten Semester ihres Studiums und möchte nächstes Jahr in den USA studieren. Die vier treffen sich in einem Gasthaus.

CAROL   Also, das ist echt nett, daß ihr euch die Zeit genommen habt.

KARIN   Na, das ist doch kein Problem. Für uns ist eine Diskussion über das Studium im Ausland doch auch interessant.

JENNIFER   Na, es gibt ganz schön viele Unterschiede zwischen deutschen und amerikanischen Unis. Hier hat man wirklich mehr Freiheit, finde ich.

KARIN   Na, ich weiß nicht. Uns schreibt man doch ziemlich genau vor, welche Kurse wir belegen müssen.

JENNIFER   Ja, aber im Vergleich zu einem Studium in den USA finde ich es hier ziemlich locker. Es gibt mehr Vorlesungen, wo niemand die Anwesenheit kontrolliert, viel weniger Prüfungen und überhaupt…

JEFF   Ihr habt nicht viele Tests?

KARIN   Nee, während wir Kurse machen, haben wir wenige. Vielleicht ein paar am Ende des Semesters. Es kommt darauf an, ob man Seminare oder Vorlesungen belegt hat, und in anderen Studiengängen gibt es vielleicht mehr.

JEFF   Studiengang?

JENNIFER   Also, was du studierst, z.B. Anglistik und Germanistik, oder Biochemie. Und für manche gibt es eben mehr Klausuren.

CAROL   Jennifer, gefällt es dir, an einer deutschen Uni zu studieren? Macht es Spaß?

JENNIFER   Ooh ja, obwohl ich mich natürlich erstmal an alles gewöhnen mußte. Sobald die Anfangsschwierigkeiten vorbei waren, hat es großen Spaß gemacht.

KARIN   Ja, ich erinnere mich an die Probleme, die du hattest, da die Profs hier so anders sind.

JENNIFER   Ja, Professoren sind hier auf einer ganz anderen Stufe als bei uns in den Staaten. Es gibt hier nur wenige, und man kriegt sie selten zu sehen. Die Dozenten oder Assistenten sind leichter zu finden.

KARIN   Ja, man kann nicht so einfach ins Büro kommen und mit einem Professor oder einer Professorin sprechen. Man muß zuerst einen Termin mit der Sekretärin vereinbaren.

CAROL   Und sonst?

JENNIFER   Ja, die Seminare sind prima. Aber man muß ganz schön arbeiten!

JEFF   Müßt ihr viele Arbeiten schreiben?

JENNIFER   Ja, sicher. Und damit hatte ich auch ein Problem. Die Öffnungszeiten der Bibliotheken sind ziemlich begrenzt.

CAROL   Was kann Jeff jetzt machen, um sich für nächstes Jahr zu bewerben?

KARIN   Ja, also, es gibt ein Auslandsamt, in dem er sich erkundigen kann. Vielleicht kannst du das nach dem Wochenende auskundschaften, Jeff.

JEFF   Ja, klingt gut. Ich werde mich am Montag darum kümmern.

KARIN   Sag uns Bescheid, wenn wir dir helfen sollen!

═ Kulturnotiz ═

An den Universitäten in der BRD (und auch in der Schweiz und Österreich) haben sogenannte ordentliche Professoren oder Professorinnen einen Lehrstuhl auf Lebenszeit, von denen es in jedem Fachbereich* nur eine geringere Anzahl gibt. Dozenten sind Professoren auf Zeit (sechs Jahre), die keinen Ruf bekommen haben, also keine „ordentlichen" Professoren sind. In der BRD ist die Habilitation, d.h. die Veröffentlichung der Habilitationsarbeit oder anderer Publikationen Voraussetzung für eine Professur, also für eine Stelle als Professor / Professorin. Man kann zwei bis vier Jahre nach der Doktorprüfung habilitieren.

In der DDR ist statt der Habilitation der Erwerb des DR. sc. (Doktor der Wissenschaften nach sowjetischem Vorbild) die Bedingung für eine Professur.

*In einem Fachbereich sind verwandte Disziplinen zusammengefaßt.

ÜBUNGEN

Übung A. Setzen Sie passende Worte aus dem Text ein!

1. An einer Uni in der BRD ist vieles anders als in den USA. Es gibt also einige ____.
2. An Unis in der BRD hat man weniger Regeln und Vorschriften, man hat mehr ____.
3. Man sagt den Studenten, welche Kurse sie nehmen müssen, d.h., man ____ es ihnen ____. (Infinitiv : ____)
4. Der Professor notiert, welche Studenten im Klassenzimmer sind, d.h., er kontrolliert die ____.
5. Man wählt bestimmte Fächer, z.B. Anglistik, Biochemie, also den ____.
6. Man geht ins Büro des Professors, wenn man einen ____ hat.
7. Zuerst muß man mit der Sekretärin einen Termin ____.

Übung B. Sagen Sie, was diese Ausdrücke bedeuten!

1. daß ihr euch die Zeit genommen habt
2. im Vergleich zu den USA

3. Es kommt darauf an.
4. auf einer ganz anderen Stufe
5. Man kriegt sie selten zu sehen.
6. und sonst?
7. Sag uns Bescheid!

Übung C. Beantworten Sie diese Inhaltsfragen!

1. Warum treffen sich Carol und Jeff mit den zwei Studentinnen?
2. Was machen Jennifer und Karin?
3. Warum findet Jennifer, daß man beim Studium in Deutschland mehr Freiheit hat?
4. Was denkt Karin?
5. Womit hatte Jennifer am Anfang Probleme?
6. Was sagt Jennifer über die Bibliothek?
7. Was soll Jeff machen?

Übung D. Erzählen Sie die Geschichte chronologisch nach!

Übung E. Persönliche Fragen:

1. Erklären Sie einem Studenten oder einer Studentin aus Deutschland, wie ein Studium in den USA ist!
2. Welche Probleme haben / hatten Sie an Ihrer Universität? Welche Probleme kann jemand aus dem Ausland vielleicht haben?

AKTIVITÄTEN Gruppenarbeit

Finden Sie einen Partner und schreiben Sie zusammen ein paar Tips für jemanden auf, der in den USA studieren will! Was soll man am Anfang und während des Semesters machen? Wie kann man eine Wohnung finden? Welche Probleme haben Studenten, und was kann man tun, um sie zu lösen?

Gelenkte Kommunikation

Complete each sentence using the conjunction indicated in parentheses.

1. Ich habe viele Deutschkurse gemacht, (bevor)
2. Ich mußte mich genau informieren, (ehe)
3. Ich habe mit dem Austausch gewartet, (bis)
4. Ich kann dieses Jahr dorthin gehen, (falls)
5. Man versteht am Anfang nicht alles, (denn)
6. Ich habe keine Probleme mehr, (seitdem)
7. Ich konnte keine Wohnung finden, (obwohl)
8. Ich werde umziehen, (sobald)
9. Ich werde in Deutschland bleiben, (solange)
10. Ich möchte arbeiten, (während)

TEIL 13,7 | Das sind die Leute, die Deutschland besuchen.

MERKE   *Defining and describing things or people with the relative clause*

	masculine	feminine	neuter	plural
nom:	der	die	das	die
acc:	den	die	das	die

Nominative:

masculine: Walter ist der **Student, der** in einer WG wohnt.
    (**Er** wohnt in einer WG)

feminine: Irmgard ist die **Freundin** von Walter, **die** mit uns spricht.
    (**Sie** spricht mit uns.)

neuter: Sie gehen in ein **Gasthaus, das** billiges Essen hat.
    (**Es** hat billiges Essen.)

plural: Die **Leute, die** hier sitzen, sind freundlich. (**Sie** sitzen hier.)

Accusative:

masculine: Walter ist der **Freund** von Rainer, **den** Carol und Jeff besuchen.
    (Sie besuchen **ihn.**)

feminine: Sie lesen die **Speisekarte, die** ihnen die Kellnerin gibt.
    (Die Kellnerin gibt **sie** ihnen.)

neuter: Carol und Jeff schmeckt das **Essen, das** man hier serviert.
    (Man serviert **es** hier.)

plural: Die **Gasthäuser, die** man auf dem Land findet, sind billig.
    (Man findet **sie** auf dem Land.)

DIALOG: In einem Gasthaus

Sehen Sie sich zuerst das Vokabular an und lesen Sie dann den Dialog!

viel Betrieb   *busy*
Ist hier noch frei?   *Are these seats taken?*
Bier vom Faß   *draft beer*
Getrennt oder zusammen?   *separate checks or everything together?*

Walter hat sich mit Carol und Jeff getroffen, damit sie zusammen zum Mittagessen gehen können. Das Gasthaus, das Walter ausgesucht hat, liegt auf dem Land, also außerhalb der Stadt. Da heute Sonntag ist, ist ziemlich viel Betrieb.

WALTER	Ganz schön viel los hier. Mal seh'n! Da drüben sind ein paar Plätze frei!
CAROL	Ja, aber an dem Tisch, den du meinst, sitzen schon Leute, oder?
WALTER	Macht nichts! Kommt!… Entschuldigung, ist hier noch frei?
DAME	Ja, sicher, setzen Sie sich!
WALTER	Na, seht ihr? Man kann sich mit anderen Leuten an einen Tisch setzen. (*Er sieht eine Kellnerin.*) Hallo!
KELLNERIN	Grüß Gott! Etwas zu trinken?
WALTER	Drei Pils vom Faß bitte! Carol, Jeff, ist euch das recht? Okay! Und die Speisekarte bitte! Also, die Gerichte, die es hier gibt, kennt ihr bestimmt nicht. Die meisten sind Spezialitäten aus der Gegend hier.
CAROL	Sind die meisten Leute, die in so ein Gasthaus kommen, von hier, oder sind hier viele Touristen?
WALTER	Nee, wenig Touristen. Sie gehen nicht in Gasthäuser, die so weit außerhalb liegen.
JEFF	Hmm, ich hab' Hunger! Aah, hier kommt die Kellnerin!

Später, nach dem Essen.

KELLNERIN	So, ist das alles?
WALTER	Ja, danke, die Rechnung, bitte!
KELLNERIN	Getrennt oder zusammen?
CAROL	Alles zusammen bitte!
KELLNERIN	Das macht 32 Mark 30, bitte.
CAROL	35 Mark. Das ist in Ordnung!
KELLNERIN	Vielen Dank!

1,80
1,80
2,20
6,80
10,20
9,50
_____
32,30
Jever Pils

Kulturnotiz

Wenn man in ein Gasthaus oder ein einfaches Lokal geht, kann man immer getrennte Rechnungen bekommen. In Kneipen benutzt der Kellner oder die Kellnerin oft den Bierdeckel unter den Getränken, um sich zu notieren, wieviel jeder einzelne Gast getrunken hat. Obwohl viele Restaurants jetzt auch Kreditkarten annehmen, bezahlen Leute nicht nur in der BRD, sondern in ganz Europa öfter mit Bargeld. Steuer und Trinkgeld sind inklusive, aber wenn man bezahlt, rundet man normalerweise auf, um der Bedienung noch etwas extra zu geben. In dem Dialog rundet Carol von 32,30 auf 35 Mark auf und gibt der Kellnerin also 2,70 Mark extra.

Fragen

1. Wo treffen sich Walter, Jeff und Carol?
2. Wie ist das Lokal, das Walter gewählt hat?
3. Wie sind die Gerichte, die man dort essen kann?
4. Wie bezahlt Carol, und wieviel extra Trinkgeld gibt sie der Bedienung? Wie bezahlt man, und wieviel Trinkgeld gibt man in Amerika? Kann man in Amerika in einem Restaurant getrennt bezahlen? Finden Sie das System gut?
5. Wann waren Sie das letzte Mal zum Essen in einem Restaurant?
6. War viel Betrieb da? Mußten Sie lange auf Ihr Essen warten? Wie war das Essen?
7. Mit wie vielen Leuten waren Sie dort? Wie haben Sie bezahlt?
8. Gibt es, wo Sie wohnen, Lokale auf dem Land? Wie sind die Gerichte dort?

AKTIVITÄTEN Gelenkte Kommunikation

Say in German what Carol tells Jeff.

SITUATION: Carol and Jeff have already met so many people and done so much that it is getting difficult to remember everything and everyone. Jeff asks Carol about some names and terms he cannot connect with anything specific.

1. He wants to know who Karin was. Carol tells him that she is the student who is going to the States next year.
2. He forgot what the **Gasthaus zum Bären** was. Carol tells him that it was the restaurant that had specialties from the region.
3. And he wants to know who Roland was. Carol remembers that he is the Austrian who lives with Walter in the co-op.
4. Jeff does not know who Herr und Frau Kling were. Carol reminds him that they were the people who came to the barbecue at Onkel Karl and Tante Martha's house.

Wiederholung: Grammatik

Join each pair of sentences by forming a complex sentence that contains a relative clause.

A. With a nominative relative pronoun:

Beispiel: Das ist **der Mann. Er** hat gestern abend neben uns gesessen.
Das ist **der Mann, der** neben uns gesessen hat.

1. Das ist **die Frau. Sie** hat uns die Postkarten verkauft.
2. Das ist **das Buch. Es** hat Walter so gut gefallen.
3. Ist das **der Herr? Er** hat uns durch das Museum geführt.
4. Ist das **die Studentin? Sie** studiert auch in Regensburg.
5. Kennst **du die Leute? Sie** wohnen auch in Walters WG.

B. With an accusative relative pronoun:

Beispiel: Wo ist **der Stift?** Ich habe **ihn** gerade benutzt.
Wo ist **der Stift, den** ich gerade benutzt habe?

1. Wo ist **der Brief?** Du hast **ihn** gerade gelesen.
2. Hast du **die Karte** bekommen? Ich habe **sie** gestern geschrieben.
3. Ist das **das Foto?** Hast du **es** gemacht?
4. Hast du **meinen Kugelschreiber** gesehen? Ich habe **ihn** auf diesen Tisch gelegt.
5. Wo sind **die Briefmarken?** Wir haben **sie** heute gekauft.

TEIL 13,8 | Das ist die Pension, deren Preise so günstig waren.

MERKE

Relative pronouns: Dative and genitive

	masculine	feminine	neuter	plural
nom:	der	die	das	die
acc:	den	die	das	die
dat:	dem	der	dem	denen
gen:	dessen	deren	dessen	deren

Dative:

masculine: Das ist der **Mann, dem** wir das Lokal gezeigt haben. (Wir haben **ihm** das Lokal gezeigt.)

feminine: Hier ist die **Kellnerin, der** ich das Geld gegeben habe. (Ich habe **ihr** das Geld gegeben.)

neuter: Das **Kind, dem** der Kellner die Limo bringt, ist sehr laut. (Der Kellner bringt **ihm** die Limo.)

plural: Die **Leute, denen** sie das Essen bringt, sitzen neben uns. (Sie bringt **ihnen** das Essen.)

Genitive:

masculine: Haben Sie das Hotel gefunden, **dessen** Lage so schön war?
(Die Lage **des** Hotels war schön. **Seine** Lage war schön.)

feminine: Ich empfehle diese Jugendherberge, **deren** Komfort ausreicht.
(Der Komfort **der** Jugendherberge reicht aus. **Ihr** Komfort reicht aus.)

neuter: Essen Sie in dem Gasthaus, **dessen** Küche so gut sein soll?
(Die Küche **des** Gasthauses soll gut sein. **Seine** Küche soll gut sein.)

plural: Ich zeigen Ihnen die Pensionen, **deren** Preise so günstig waren.
(Die Preise **der** Pensionen waren günstig. **Ihre** Preise waren günstig.)

DIALOG: Wo kann man in Prag übernachten?

Sehen Sie sich zuerst das Vokabular an und lesen Sie dann den Dialog!

die Broschüre *brochure, booklet*
das Hotelverzeichnis *hotel directory*

Carol ist im Reisebüro, um sich über die nächsten Reiseziele, die vor ihnen liegen, zu informieren.

FRAU GÜNTHER Bitte schön, womit kann ich Ihnen helfen?

CAROL Ich hätte gern Informationen über Übernachtungsmöglichkeiten in verschiedenen Städten.

FRAU GÜNTHER Welche Städte werden Sie denn besuchen?

CAROL Wir haben zuerst mehrere Tage in Prag geplant. Anschließend wollen wir drei Tage in Berlin verbringen, zuerst West- und dann Ost-Berlin.

FRAU GÜNTHER Woran hatten Sie gedacht? An Hotels, die im Zentrum liegen, oder Pensionen, die natürlich etwas preisgünstiger sind? Und Jugendherbergen, die übrigens oft sehr schön liegen, sind auch eine Möglichkeit!

CAROL Also, ich denke, daß wir uns für Pensionen interessieren...

FRAU GÜNTHER Nun, ich kann Ihnen Broschüren mit Hotelverzeichnissen von diesen Städten geben. Vielleicht können Sie darin auch Pensionen oder kleine Hotels finden, deren Preise Ihnen zusagen.

CAROL Ja, ich glaube, das hilft uns erstmal...

FRAU GÜNTHER Gut, und wenn Sie etwas gefunden haben, kommen Sie doch bitte wieder vorbei! Ich könnte dann für Sie Zimmer reservieren.

CAROL Hmm, schönen Dank für Ihre Hilfe. Wiederschau'n!

FRAU GÜNTHER Wiederseh'n!

Fragen

1. Was macht Carol?
2. Was sind die verschiedenen Möglichkeiten?
3. Beschreiben Sie, was Komfort in einem Hotel ist!
4. Welche Städte besuchen die beiden?

AKTIVITÄTEN   Gelenkte Kommunikation

A. Sagen Sie, was Carol antwortet!

SITUATION: Carol und Jeff sehen sich zusammen Fotos an. Sie versuchen sich zu erinnern, wer die Leute und Dinge sind. Jeff fragt:

Beispiel: Wer ist **diese Kellnerin**? (Wir haben ihr von unserer Reise erzählt.) →
Carol antwortet:
Erinnerst du dich nicht? Das ist die Kellnerin, **der** wir von unserer Reise erzählt haben.

1. Wer sind **diese Leute**? (Du hast **ihnen** den Reiseführer geliehen.)
2. **Welches Kind** ist das? (Du hast **ihm** im Park Frisbeespielen gezeigt.)
3. **Wer** ist die **Dame**? (Du hast **ihrem Sohn** alles über Minnesota erzählt.)
4. Welcher **Freund** von Walter ist das? (Wir haben **ihm** unsere Adresse gegeben.)

TEIL 13,9 | Das ist der Zug, mit dem sie fahren müssen!

MERKE   *Introducing relative clauses with prepositions*

accusative prepositions:	**durch, für, gegen, ohne, um**
dative prepositions:	**aus, außer, bei, mit, nach, seit, von, zu**
two-way prepositions:	**an, auf, hinter, vor, über, unter, in, neben, zwischen**

Wo ist der Herr, **für den** ich den Wein geholt habe?
Der Bierkrug ist ein Gefäß, **aus dem** man Bier trinkt.
Ich kenne das Gasthaus, **in das** wir gehen wollen.
Kennst du das Hotel, **in dem** wir übernachten wollen?

Indefinite relative pronouns: was *and* wer

Was ich Ihnen zeigen kann, ist auf dieser Karte.
Er hat uns sein Auto geliehen, **was** ich wirklich nett von ihm finde.
Wer einen Wagen hat, kann viel sehen.
Das ist **alles, was** wir wissen wollen. (**Alles, viel, etwas, nichts**)

AKTIVITÄTEN   Gruppenarbeit

Wählen Sie mit Ihrem Partner fünf der Worte unten! Definieren oder erklären Sie, was diese Dinge oder wer diese Personen sind! Benutzen Sie Relativpronomen und Ihre Phantasie und lesen Sie Ihre Definitionen nach fünf Minuten vor!

Tip: Denken Sie an Worte, unter denen man andere einorden kann, z.B. **Gefäß, Person, Transportmittel, Unterkunft!**

Beispiel: **Bierkrug** ⟶ Das ist ein **Gefäß, aus dem** man Bier trinkt.

Weinglas	Wochenzeitung	Jugendherberge	Zollbeamter
Fischbesteck	Tageszeitung	Gasthaus	Schaffner
Kaffeetasse	der „Spiegel"	Pension	Freund

DIALOG: Im Fremdenverkehrsamt

Sehen Sie sich das Vokabular an und lesen sie dann den Dialog!

das Fremdenverkehrsamt   *tourist office*
die Landstraße   *highway (not interstate)*
die Ausfahrt   *exit ramp off highway*
unterwegs sein (mit dem Zug, Auto, Bus…)   *to be en route (by train, car, bus…)*

Carol und Jeff haben sich Walters Auto geliehen, um einen Ausflug in die Umgebung zu machen. Im Fremdenverkehrsamt lassen sie sich erklären, wohin sie fahren können und wie man dorthin kommt.

HERR BAUMGART	Guten Tag! Was kann ich für Sie tun?
CAROL	Ja, guten Tag! Würden Sie uns bitte einiges über die Umgebung von Regensburg sagen? Wir sind zu Besuch aus den USA und möchten gern einen Ausflug machen.
HERR BAUMGART	Sie sprechen aber gut Deutsch! Nun, sind Sie mit dem Zug unterwegs?
JEFF	Nein, wir haben einen Wagen, den uns ein Bekannter geliehen hat.
HERR BAUMGART	Warten Sie! Auf dieser Karte ist alles, was für Sie interresant ist.
CAROL	Also, wir haben den ganzen Tag Zeit.
HERR BAUMGART	Prima! Es gibt einige Orte, die Ihnen bestimmt gefallen werden. Hier, zu diesen zwei Städtchen, in denen es viel Interessantes zu sehen gibt, können Sie auf der Autobahn fahren!
CAROL	Ich glaube, wir würden lieber auf der Landstraße fahren, damit wir ein bißchen die Gegend sehen können.
HERR BAUMGART	Das geht auch. Also, fahren Sie zuerst Richtung Bahnhof! Kurz davor biegen Sie links ab, und Sie kommen auf die Hauptstraße, die aus der Stadt führt.
JEFF	Ist das die Straße, die den Fluß entlang geht?
HERR BAUMGART	Genau, und dann müssen Sie den Fluß auf der zweiten Brücke, die Sie sehen, überqueren. Von da folgen Sie den Schildern!
CAROL	Können wir auf der Autobahn zurückfahren?
HERR BAUMGART	Kein Problem. Folgen Sie den blauen Autobahnschildern, und dann nehmen Sie die Ausfahrt „Zentrum". Gibt es noch etwas, was ich Ihnen zeigen kann?

JEFF   Nein, das ist alles! Vielen Dank.
HERR BAUMGART   Viel Spaß! Wiederschau'n!

Fragen

1. Wo sind Carol und Jeff jetzt und wonach erkundigen sie sich?
2. Was werden sie sich anschauen?
3. Womit sind sie unterwegs?
4. Wie wollen sie fahren?
5. Wo fahren sie lieber, auf der Autobahn oder auf einer Landstraße?
6. Wann haben Sie eine Reise gemacht? Wie lange waren Sie unterwegs? Womit waren Sie unterwegs?

Gelenkte Kommunikation

Complete each sentence with a relative clause introduced by an indefinite relative pronoun.

1. Das ist alles,...
2. Gibt es noch etwas,...
3. In der Umgebung von Regensburg gibt es viel,...
4. Der Herr hat uns alles erklärt,...
5. ..., kann nicht so viel von der Umgebung sehen.

Wiederholung: Grammatik

Join the clause with a relative pronoun preceded by a preposition.

1. Hier seht ihr das Auto. Wir sind damit durch die Gegend gefahren.
2. Und diese Kirche ist aus dem 18. Jahrhundert. Carol kommt gerade aus der Kirche.
3. Wo war nochmal der Park? Wir sind durch ihn im Regen gelaufen.
4. Wer ist der Herr? Carol steht neben ihm.
5. Hier ist die Freundin von Walter. Wir haben von ihr viele Adressen in der Schweiz bekommen.
6. Und hier ist ein gutes Bild von dem Hotel. Wir haben in diesem Hotel übernachtet.

Kontrolle

After completing this chapter, you should be able to in German:

1. use the past perfect, and relate two actions that did not take place at the same time
2. speculate about the present, future, and past
3. make wishes and express regret
4. use subordinating conjunctions to form more complex sentences
5. use relative clauses to connect sentences and to define things and persons

6. get through the following situations:
    finding appropriate lodging and restaurants
    using public transportation in a German city
    buying things in a department store
    discussing the differences between American and German university systems
    visiting a typical German restaurant
    getting directions and information from a tourist office

Wiederholung

A. Machen Sie die Aufgaben und beantworten Sie die Fragen!

1. Was würden Sie machen, wenn Sie genug Geld für ein Jahr ohne Arbeit hätten? (Schreiben Sie zehn Sätze!)
2. Was haben Sie letzten Sommer gemacht? Haben Sie etwas gemacht, was Sie lieber anders gemacht hätten? Wünschen Sie sich, daß etwas anders gewesen wäre?
3. Schreiben Sie drei Wünsche auf!
4. Was wollen Sie machen, sobald Sie mit dem Studium fertig sind?
5. Was müssen Sie heute erledigen, ehe Sie nach Hause gehen können?
6. Definieren Sie mit einem Relativsatz:
   Fremdenverkehrsamt, Pension, Gasthaus, Schwarzfahrer

B. Beantworten Sie die Fragen, bitte.

1. Welche verschiedenen Übernachtungsmöglichkeiten gibt es in der BRD (und in der Schweiz und Österreich)? Was ist in den Ostblockstaaten anders?
2. Wo kann man in der BRD einkehren?
3. Was muß man machen, wenn man sich an einer deutschen Uni bewerben will?
4. Beschreiben Sie ein Kaufhaus!
5. Was ist am öffentlichen Verkehrssystem interessant? Wie kann man Fahrscheine kaufen?

C. Beschreiben Sie kurz, was Sie in den folgenden Situationen machen würden!

1. Sie brauchen ein Hotelzimmer für zwei Personen. Erklären Sie an der Rezeption genau, was Sie wollen!
2. Sie wollen einfach und billig essen. Wohin gehen Sie?
3. Sie brauchen Proviant und Kleidung für Ihre Reise. Wo könnten Sie das in Wien, in Zürich oder in verschiedenen Städten in der BRD besorgen?
4. Jemand möchte von Ihnen wissen, was die Unterschiede zwischen deutschen und amerikanischen Unis sind. Erkären Sie sie, bitte.
5. Sie brauchen Information über interessante Dinge in einer fremden Stadt. Wohin gehen Sie?
6. Jemand fragt Sie in der Stadt, in der Sie jetzt wohnen, wie man zum Schwimmbad/zu einem Museum/zur Mensa kommt. Erklären Sie den Weg!

KAPITEL 14

WIE WÜRDEN SIE VIELLEICHT IN DER BUNDESREPUBLIK LEBEN?

ÜBERBLICK

KONTEXT UND FUNKTIONEN

discussing real and unreal conditions
comparing two and three things with each other

dealing with more survival situations:
    asking for and giving directions in a city
    getting information about studying in Germany
    shopping for food and ordering in a restaurant
    meeting and conversing with a stranger while traveling
    going to a doctor when sick
    crossing the border into East Berlin

VOKABULAR

vocabulary related to colds, flu, allergies, and minor ailments
vocabulary items from the **Dialoge, Geschichten,** and **Lesestücke**

KULTUR

student exchange programs
health insurance in the German-speaking countries
Berlin, 9. November 1989

GRAMMATIK

forms: review of modal verbs: present and past tenses
          general subjunctive for modal verbs and **wissen** (present and past)

modal verbs and compound tenses (double infinitives):
   present and past perfect
   future with **werden**

adjectives and adverbs:
   positive degree: **(eben)so / nicht so** + positive
               degree + **wie**
   comparative degree: with **noch, als,** and **immer**
   regular/monosyllabic/irregular adjectives and adverbs
   superlative degree: with **am**
              adjectives and adverbs ending in
              -d, -t, and **s**-sounds
   false superlatives: **höchst / äußerst** + positive degree
secondary case endings: after **der-** and **ein-**words
          all degrees
          strings of adjectives
word order: modals in subordinate clauses

TEIL 14,1 | Machen Sie, was Sie wollen!

MERKE   *Review of modal verbs: Present and simple past*

	PRESENT		SIMPLE PAST	
	singular	*plural*	*singular*	*plural*
können	kann	können	konnte	konnten
wollen	will	wollen	wollte	wollten
dürfen	darf	dürfen	durfte	durften
müssen	muß	müssen	mußte	mußten
sollen	soll	sollen	sollte	sollten
mögen	mag	mögen	mochte	mochten
wissen	weiß	wissen	wußte	wußten

AKTIVITÄTEN   Freie Kommunikation

Beantworten Sie diese Fragen, bitte.

Was wollen Sie diesen Freitagabend machen? Erklären Sie Ihre Antwort, bitte.
Was sollen Sie heute für diesen Kurs machen? Was müssen Sie bald für andere Kurse erledigen?
Was können Sie nicht besonders gut verstehen? Warum ist das ein Problem für Sie?

Was wollten Sie letztes Wochenende oder gestern abend machen? Konnten Sie das machen?

Was sollten Sie neulich machen? Haben Sie das erledigt?

Wiederholung : Grammatik

Insert the correct form of the modal verbs in parentheses into the following sentences, then change the modal verb to the past tense.

1. Jeff diskutiert mit verschiedenen Leuten über ein Studium in der BRD. (müssen, sollen, können)
2. Irmgard hilft ihm. (können, möchten, wollen)
3. Ein Austauschstudent nimmt bestimmte Kurse. (können, müssen, sollen, dürfen)

TEIL 14,2 | Er hat nach dem Weg fragen müssen.

MERKE

Modal verbs and compound tenses: Double infinitives

future   Jeff muß sich über die Austauschprogramme informieren.
Er **wird** sich über alles in den USA **informieren müssen.**

present perfect   Jeff muß nach dem Weg fragen.
Er **hat** nach dem Weg **fragen müssen.** (Er **mußte** nach dem Weg **fragen.**)

past perfect   Gestern **hatte** Jeff mit Austauschstudenten **sprechen können,** und heute morgen ist er zum Auslandsamt gegangen.

DIALOG: Können Sie mir den Weg sagen?

Sehen Sie sich das Vokabular an, bevor Sie den Dialog lesen!

nach dem Weg fragen   *to ask for directions*
(nach) links / rechts   *(to the) left/right*
zu linker / rechter Hand   *on the left/right*
geradeaus   *straight ahead*

die Hauptstraße   *main street*
die Nebenstraße   *side street*
hinauf   *up*
hinunter   *down*

an der Ampel / an der Kreuzung   *at the light/at the intersection/crossing*
über die Straße / Ampel / Kreuzung gehen   *to cross the street/at the light/at the intersection*
eine / zwei / drei Straßen weitergehen   *to go for one/two/three blocks*
links / rechts abbiegen   *to turn [off] left/right*

Jeff geht zum Austauschdienst, um sich über ein Studium in der BRD zu informieren. Er ist mit der Straßenbahn in die Innenstadt gefahren. Hier fragt er einen Herrn nach dem Weg.

JEFF   Entschuldigung, können Sie mir bitte sagen, wie ich zur Uni komme?

HERR   Welches Gebäude suchen Sie denn?

JEFF   Ich suche das Auslandsamt.

HERR   Ich weiß leider nicht, wo das ist. Aber gehen Sie doch einfach zur Verwaltung und fragen Sie dort! Wissen Sie, wo das ist?

JEFF   Nee, keine Ahnung. Würden Sie mir erklären, wo das ist?

HERR   Also, am besten laufen Sie rechts an der Kirche vorbei. Dann an der nächsten Straße biegen Sie nach links ab. Laufen Sie ungefähr drei Straßen weiter, bis Sie links die Mensa sehen.

JEFF   Und da ist auch die Verwaltung?

HERR   Moment, Sie müssen hier die Hauptstraße überqueren und dann zwei
       Straßen links gehen. Zu rechter Hand liegt dann das Verwaltungsgebäude
       der Uni.
JEFF   Na, hoffentlich werde ich mir das merken können! Jedenfalls vielen Dank!
HERR   Bitte sehr.

Jeff hat den Weg finden können und geht zum ersten Schalter.

JEFF   Entschuldigung, wo ist bitte das Auslandsamt?
DAME   Im zweiten Stock, Zimmer 235. Hier rechts geht die Treppe hinauf.
JEFF   Danke sehr!

Fragen

1. Was macht Jeff? Was sucht er?
2. Was erklärt der Herr, den Jeff nach dem Weg fragt?
3. Beschreiben Sie den Weg zu dem Gebäude, das Jeff sucht!
4. Was erklärt ihm die Dame, die am Schalter sitzt?

AKTIVITÄTEN   Freie Kommunikation

Beantworten Sie diese Fragen, bitte.

Was werden Sie bald machen müssen oder machen sollen? Warum? Was werden Sie
in den Ferien machen können oder nicht machen können? Was werden Sie nach
Ihrem Studium machen können?

Was haben Sie neulich für Ihre Eltern machen müssen oder machen sollen? Was
haben Sie neulich nicht machen können oder nicht machen dürfen? Warum
nicht? Was haben Sie schon immer machen wollen?

Gruppenarbeit

A. Eine Person im Klassenzimmer fragt, wie man zu einem Punkt in der Stadt oder an der
Uni kommt. Jemand aus der Klasse, der weiß, wo das ist, beschreibt den Weg dorthin.

Beispiel: Wer kann mir sagen, wie man zur Mensa kommt?

Jemand antwortet: Du mußt vor diesem Gebäude über die Straße gehen und dann
zwei Straßen weitergehen. Dann gehst du rechts über die Ampel,
läufst nochmal zwei Straßen, und dann siehst du die Mensa zu
linker Hand.

B. Machen Sie Zweiergruppen! Einer von Ihnen ist Gast im Hotel zum Walfisch. Sie
können das Hotel auf dem Stadtplan auf der nächsten Seite oben in der rechten Ecke
finden. Suchen Sie auf dem Stadtplan drei Sehenswürdigkeiten, die sie in der Stadt
besichtigen wollen! Die andere Person spielt den Herrn / die Dame an der Rezeption
und erklärt, wie man am besten dorthin kommt. Benutzen Sie das Vokabular aus dem
Dialog oben!

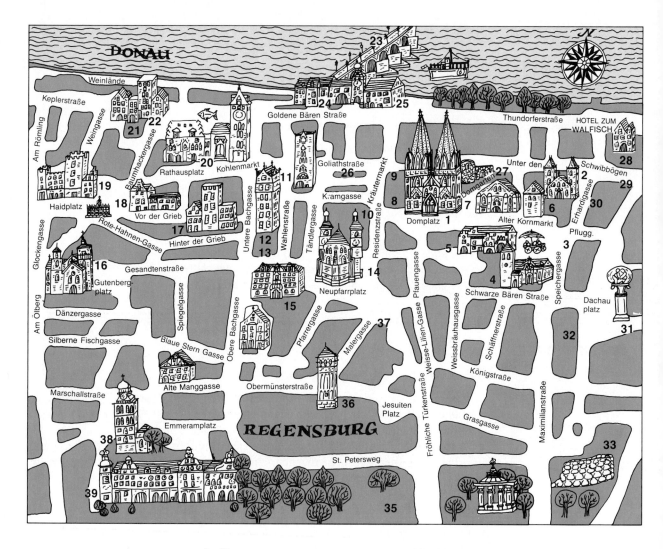

1. Dom
2. Niedermünsterkirche
5. Herzogshof
12. Goldener Turm

20. Altes Rathaus
23. Alte Brücke
24. Stadttor (an der Brücke)
26. Goliathhaus (ehemaliges Patrizierhaus)

28. Zum Walfisch (historisches Hotel)
36. Obermünsterturm
38. St. Emmeramkirche und Kloster
39. Königlicher Palast der Thurn und Thaxis Familie

Gelenkte Kommunikation

Indicate in German what the woman says to Carol.

SITUATION: While Jeff was at the university, Carol took a walk through the city. She and Jeff had agreed to meet at the student cafeteria at one o'clock. Carol gets lost and asks a woman for help. She explains to Carol that:

1. Carol has to go on for three or four blocks.
2. Then she will see a major street.
3. Here she has to go to the right.
4. There should be a restaurant on her left-hand side.
5. She has to walk two blocks straight ahead.
6. Then cross the street at the light.
7. And go straight ahead through the park.
8. The cafeteria is behind the park on a side street.

Wiederholung : Grammatik

Modify each sentence by adding the modal verbs in parentheses.

1. Ich werde in die Stadt gehen. (müssen, sollen, können)
2. Ich habe den Weg nicht gefunden. (können)
3. Ich werde nach dem Weg fragen. (sollen, müssen)
4. Wir sind nicht über diese Kreuzung gegangen. (müssen, sollen, dürfen)
5. Warum habt ihr keinen Stadtplan gekauft? (wollen, können)

TEIL 14,3 | Könnten Sie uns die Speisekarte bringen?

MERKE

Making polite requests: Subjunctive for modals and wissen

simple past	mochte	konnte	mußte	durfte	sollte	wollte	wußte
subjunctive	möchte	könnte	müßte	dürfte	sollte	wollte	wüßte

Könnten Sie uns die Speisekarte **bringen**? **Dürften** wir gleich **bestellen**?

Discussing hypothetical conditions and results

Ich **könnte** eine Nachspeise **bestellen,** wenn ich noch Hunger **hätte.**
Du **müßtest** mit einer Kreditkarte **bezahlen,** wenn du kein Bargeld dabei **hättest.**

AKTIVITÄTEN   Freie Kommunikation

Beantworten Sie diese Fragen, bitte.

Was würden Sie machen, wenn Sie nicht studieren könnten? Was müßten Sie machen, wenn Ihre Eltern Ihnen finanziell nicht helfen könnten?
Was könnten Sie machen, wenn Sie mehr Geld und mehr Zeit hätten? Wohin würden Sie fahren, wenn Sie genug Zeit und Geld für eine Reise hätten?
Was dürften Sie nicht machen, wenn Sie zehn Jahre jünger oder älter wären?
Was sollten Sie nicht machen, wenn Sie zehn Jahre älter wären?

DIALOG: Könnten Sie uns etwas empfehlen?

Sehen Sie sich das Vokabular an, bevor Sie den Dialog lesen!

zum Abschied *to say farewell*
das paßt *that works*
die Speisekarte, -n *menu*
  Tageskarte *special of the day*
das Menü, -s *full-course meal*

die Vorspeise, -n *appetizer*
Hauptspeise *main course*
Nachspeise (der Nachtisch) *dessert*
die Beilage, -n *side dish*

Heute ist der letzte Abend für Carol und Jeff, bevor sie Ihre Reise beginnen. Zum Abschied laden sie Walter zu einem schönen Essen ein. Die drei haben beschlossen, in einem jugoslawischen Restaurant zu essen, das Walter gut kennt. Es gibt hier jugoslawische Spezialitäten, aber auch deutsche Gerichte. Nachdem sie sich gesetzt haben, kommt der Kellner.

KELLNER Guten Abend, die Herrschaften! Hier sind Speisekarten und eine Weinkarte.
WALTER Könnten Sie uns vielleicht einen guten Rotwein empfehlen?
KELLNER Ja, wir haben einen ausgezeichneten leichten Rotwein, der auch recht preiswert ist. Würden Sie ihn gern probieren?
WALTER Ja, warum nicht? Danke sehr!
CAROL Ich kann mich nicht entscheiden! Hmm, das Menü mit der Suppe wäre nicht schlecht.
JEFF Ich glaube, ich möchte den Grillteller mit Salat als Beilage.
WALTER Ich könnte euch einige Gerichte empfehlen. Vielleicht bestellen wir erstmal eine kleine Vorspeise.

Der Kellner kommt, und sie bestellen eine Vorspeise. Nachdem alle drei die Hauptgerichte bestellt und gegessen haben, räumt der Kellner alles ab.

KELLNER Soo, hat's geschmeckt? Hätten Sie gern einen Nachtisch?
JEFF Nein, vielen Dank! Das ist alles. Die Rechnung, bitte!
KELLNER Kommt sofort. Bitte sehr, der Herr. Sie wollten alles zusammen, richtig?
JEFF Ja, hier, und der Rest ist für Sie.
KELLNER Ich bedanke mich. Auf Wiederseh'n.

Fragen

1. Wie ist der Kellner in diesem Restaurant? Wie spricht er mit den Gästen?
2. Wie spricht eine Bedienung in amerikanischen Restaurants mit den Gästen?
3. Was machen Sie zum Abschied, wenn ein Freund oder eine Freundin weggeht? Laden Sie ihn/sie ein? Gehen Sie zusammen aus? Machen Sie eine Party?
4. In welche Restaurants gehen Sie gern? Italienische? Französische? Mexikanische?
5. Was schmeckt Ihnen dort besonders gut?

VOKABULAR   Speisen im Restaurant

Vorspeisen

die Suppe
    Zwiebelsuppe
    Spargelsuppe
    Bohnensuppe
    Tomatensuppe
    Champignoncremesuppe
    Leberknödelsuppe
    Ochsenschwanzsuppe
    Gulaschsuppe
    Fischsuppe
die Hühnerbrühe

die Schnecke, -n
der Krabbencocktail
die geräucherte Forelle

Zubereitung

gekocht
gebraten
gedünstet
gebacken
überbacken
frittiert
geschnetzelt

Vom Schwein

das Schnitzel, -
das Gulasch
der Schweinebraten
die Schweinshaxe
das Schweinesteak
das Kotelett
die Bratwurst, ¨-e

Vom Rind

der Rinderbraten
    Sauerbraten
die Roulade
das Roastbeef
das Rindersteak

Vom Kalb

das Kalbfleisch
das Kalbsschnitzel
der Kalbsbraten
das Kalbssteak

Geflügel

das Huhn, ¨-er
das Hähnchen, -
die Ente, -n
die Gans, ¨-e
die Pute, -n

Fisch

die Seezunge, -n
die Forelle, -n
der Karpfen, -
das Matjesfilet, -s
der Hummer, -
die Krabbe, -n

Wild

die Hasenkeule, -n
das Reh, -e
der Hirschbraten

Beilagen

die Bratkartoffel, -n
die Pommes frites

die Salzkartoffel, -n
das Kartoffelpüree
die Krokette, -n
der Kartoffelkloß, ¨-e
der Knödel, -
    Semmelknödel
der Reis
die Spätzle
die Nudel, -n
der grüne Salat
der gemischte Salat
der Salatteller
der Kartoffelsalat
der Pilz, -e
die Butterbohne, -n
der Spargel, -
die Karotte, -n
die Erbse, -n
das Kraut
    Sauerkraut

Andere Zutaten

der Rahm
die Sahne
die Soße, -n
der Senf
der Meerrettich
die Kräuter
die Petersilie
der Schnittlauch
der Dill
die Kräuterbutter
das Gewürz, -e
der Pfeffer
das Salz
der Paprika
der Knoblauch

Gruppenarbeit

Machen Sie Dreiergruppen, und wählen Sie eine Person in der Gruppe, die die Bedienung sein soll. Die anderen zwei Leute sind Gäste im „Gasthof zum Löwen". Die beiden Gäste (sehr hungrig!) sehen sich die Speisekarte an. Die dritte Person, also die Bedienung, fragt die zwei Gäste, was sie ausgewählt haben, schreibt es auf, und liest das nach drei Minuten der Klasse vor.

Gasthof zum Löwen

Speisekarte

Tageskarte, Sonntag, 22.8.

Französische Zwiebelsuppe	DM 4,50
Geschnetzeltes Rindfleisch in Rahmsoße mit Beilagen	
(Spätzle oder Reis, grüner Salat)	DM 14,80
Jägerschnitzel mit Pommes frites und Salat	DM 11,50
Sauerbraten mit Kloß und grünem Salat	DM 10,50

Suppen und Vorspeisen

Champignoncremesuppe	DM 4,50
Krabbencocktail „mexikanisch" mit Toast	DM 7,50
6 Weinbergschnecken in Knoblauchbutter mit Toast	DM 8,50

Hauptgerichte

Wiener Schnitzel (vom Kalb) mit Pommes frites und grünem Salat	DM 11,50
Schweinebraten mit Semmelknödeln (2) und grünem Salat	DM 9,-
Grillteller mit Kräuterbutter und Beilagen	
(Kroketten, bunter Salatteller)	DM 15,50
Rehbraten mit Butternudeln und Pilzen	DM 12,50
Frische Forelle (gebacken) mit Salzkartoffeln und gemischtem Salat	DM 9,50

Für den kalorienbewußten Gast

Salatplatte mit Ei	DM 8,-

Für den kleinen Appetit

3 Stück Rostbratwürste mit Sauerkraut und Brot	DM 6,50
Kaltes Roastbeef mit Meerrettich und Tomatensalat	DM 7,50
Matjesfilet „Hausfrauenart" in Dillrahmsoße mit Salzkartoffeln	DM 8,-

Und zum Nachtisch empfehlen wir

Eis mit heißen Früchten	DM 4,50
Apfelstrudel mit Schlagsahne oder Vanillesoße	DM 4,-
Ein Stück Käsesahnetorte	DM 4,-

Guten Appetit!

Getränkekarte

Pils vom Faß (0,5)	DM 2,80
Helles (0,4)	DM 2,30
Hefeweizen (0,5)	DM 2,50
Dunkles vom Faß (0,5)	DM 3,-

Schoppenweine (0,25 Ltr.)

Franken

1987er Rödelseer Schloßberg (Silvaner)	DM 6,50
1987er Würzburger Stein (Müller-Thurgau)	DM 6,-
1986er Thüngersheimer Johannisberg (Kabinett)	DM 6,-

Rheinhessen

1984er Oppenheimer Krötenbrunnen	DM 4,50

Baden

1985er Breisacher Vulkanfelsen (Müller-Thurgau)	DM 5,-

Württemberg

1986er Heilbronner Stiftsberg (Trollinger)	DM 7,-
Mineralwasser (0,25)	DM 2,20
Apfelschorle (0,4)	DM 3,60
Apfelsaft, naturtrüb (0,2)	DM 1,80
Orangensaft (0,2)	DM 2,50
Traubensaft (0,2)	DM 1,80
Fanta (0,2)	DM 2,20
Pepsi Cola (0,2)	DM 2,20
Tasse Kaffee	DM 1,80
Kännchen Kaffee	DM 3,50
Glas Tee mit Zitrone	DM 1,50

Vokabularübung

Sagen Sie, welches Wort nicht in die Gruppe paßt!

A.	B.	C.	D.
1. Bohnen	1. Pfeffer	1. Schweinebraten	1. Karpfen
2. Kartoffeln	2. Pilze	2. Sauerbraten	2. Krabbencocktail
3. Forelle	3. Paprika	3. Semmelknödel	3. Schnecken
4. Spargel	4. Petersilie	4. Schnitzel	4. Zwiebelsuppe

Jetzt überall zu haben:
Ananas
Äpfel
Avocados
Bananen
Blumenkohl
Broccoli
Chicoree
Chinakohl
Clementinen
Endivien
Feldsalat
Grapefruit
Grünkohl
Gurken

Kohlrabi
Kopfsalat
Möhren
Orangen
Paprika
Porree
Rot-, Weiß- und Wirsingkohl
Satsumas
Schwarzwurzeln
Spinat
Staudensellerie
Tomaten
Zitronen
Zwiebeln

Danach muß man suchen:
Artischocken
Erdbeeren
Melonen
Pfirsiche
Spargel

Exoten:
Datteln und Feigen (frisch)
Lychees
Kumquats
Mangos
Pomelos

Welches Gemüse und welche Obstsorten kann man kaufen, wo Sie wohnen?
Was kennen Sie hier, was nicht?
Welches Obst essen Sie gern?
Welches Gemüse mögen Sie, welches nicht?
Welches Gemüse braucht man für einen Salat, welches Obst für einen Obstsalat?
Welches Obst oder Gemüse kommt wahrscheinlich nicht aus EG-Ländern?

Freie Kommunikation

Schmeckt Ihnen deutsches (amerikanisches, italienisches, französisches, griechisches, jugoslawisches, taiwanesisches, chinesisches) Essen? Essen Sie lieber scharfe oder milde Gerichte? Essen Sie gern frisches Obst? Gesunde Müsli? Heiße Würstchen? Kalte oder heiße Pizza? Essen Sie gern knuspriges oder weiches Brot? Essen Sie weichgekochte oder harte Eier?

Schmeckt Ihnen heißer Kaffee? Kalter oder heißer Tee? Warme Milch? Eiskalter Saft?

Trinken Sie Bier? Deutsches, amerikanisches? Trinken Sie gern helles, dunkles, kalorienarmes Bier? Eiskaltes Bier?

Trinken Sie deutschen oder französischen (kalifornischen, italienischen) Wein? Trinken Sie lieber trockenen oder lieblichen Wein?

Wann haben Sie das letzte Mal Lebensmittel und Getränke gekauft? Haben Sie frische Milch und kalte Getränke besorgt? Wo kaufen Sie gern frisches Obst und Gemüse?

Wiederholung : Grammatik

Change the following suggestions and questions to more polite ones by using subjunctive forms for the modal verbs.

1. Können Sie uns die Speisekarte bringen?
2. Darf ich Ihnen die Weinkarte bringen?
3. Sollen wir eine Flasche Wein bestellen?
4. Kannst du mir Salz und Pfeffer reichen?
5. Sie müssen den Nachtisch probieren!
6. Soll ich einen Kaffee bestellen?

TEIL 14,4 | Im Ausland studieren

MERKE

Expressing unreal conditions in the past: Past subjunctive of modals

Er **hätte** bei seiner Uni **fragen können.**
Er **hätte** mit seinem Berater **sprechen müssen.**

AKTIVITÄTEN   Freie Kommunikation

Beantworten Sie diese Fragen, bitte.

Was hätten Sie sehen können, wenn Sie letzten Sommer in Europa gewesen wären? Was hätten Sie letzten Sommer machen wollen, wenn Sie 10,000 Dollar bekommen hätten? Was hätten Sie mit dem Geld nicht machen sollen? Was hätten Sie gestern abend machen müssen, wenn Sie heute eine wichtige Prüfung gehabt hätten? Was hätten Sie nicht machen sollen?

GESCHICHTE UND NACHERZÄHLUNG : Jeff informiert sich

Jeff ist zum Auslandsamt gegangen, um sich über Studentenaustausch zu informieren. Bevor Jeff an der Reihe war, hatte er zwanzig Minuten warten müssen. Während der Wartezeit hat er sich ein bißchen mit anderen Studenten aus dem Ausland unterhalten, und dann hat Frau Klein Jeff in ihr Büro gerufen.

FRAU KLEIN	Herr Hausner? Freut mich sehr. Ich bin Frau Klein. Kommen Sie doch bitte herein und setzen Sie sich! Was kann ich für Sie tun?
JEFF	Also, ich würde gern nächstes oder übernächstes Jahr hier studieren. Ich würde mich gern ein bißchen informieren, über die Bewerbung und welche Stipendien es gibt und...
FRAU KLEIN	Hmm, es gibt verschiedene Möglichkeiten für Amerikaner, in Deutschland zu studieren. Natürlich gibt es Stipendien von Organisationen, wie zum Beispiel DAAD und Fulbright. Oder Sie bewerben sich für ein Austauschprogramm, das Ihre Universität organisiert.
JEFF	Danach hätte ich mich wohl bei meiner Uni erkundigen sollen.
FRAU KLEIN	Ja, das wäre vielleicht besser gewesen. Eine andere Möglichkeit ist, sich direkt wie jeder Deutsche bei der Uni zu bewerben.
JEFF	Wie könnte ich das machen?
FRAU KLEIN	Die Unterlagen, die man ausfüllen muß, bekommen Sie im Hauptgebäude. Und Sie brauchen einen Nachweis Ihres Studiums in den Vereinigten Staaten, also, welche Kurse Sie schon gemacht haben.
JEFF	So einen Nachweis hätte ich natürlich mitbringen sollen.

FRAU KLEIN	Na, wenn Sie erst im Wintersemester in einem Jahr beginnen wollen, haben Sie noch genug Zeit.
JEFF	Werde ich mich im nächsten Sommer fürs Wintersemester einschreiben müssen?
FRAU KLEIN	Nein, nein. Sie bekommen ein Studienbuch, und dann belegen Sie Ihre Kurse eine Woche bevor das Semester beginnt, so Ende Oktober.
JEFF	Ein Studienbuch?
FRAU KLEIN	Ja, es ist eigentlich ein kleines Heft. Aber es hat den Stempel der Uni, also den Nachweis, daß Sie hier Student sind. Später kommen dann Ihre Scheine in dieses Studienbuch.
JEFF	Ähm, entschuldigen Sie, was meinen Sie mit Scheinen?
FRAU KLEIN	Einen Schein bekommen Sie für viele Kurse, die Sie hier machen. Verstehen Sie?... Gut! Nun, was studieren Sie, Herr Hausner?
JEFF	Sprachen. Genauer gesagt, Deutsch und Französisch.
FRAU KLEIN	Vielleicht sollten Sie im germanistischen Seminar und bei der Romanistik vorbeischauen. Sie könnten dann sehen, was es an Vorlesungen und Seminaren gibt.
JEFF	Gut, mach' ich. Hätten Sie vielleicht ein Vorlesungsverzeichnis von diesem Semester?
FRAU KLEIN	Ja, sicher. Das können Sie gern mitnehmen! Gut, haben Sie sonst noch Fragen?
JEFF	Ich glaube, das ist alles. Also, vielen Dank für die Auskunft.
FRAU KLEIN	Alles gute, Herr Hausner!
JEFF	Auf Wiedersehen!

Kulturnotiz

Bundesdeutsche Universitäten haben eine Reihe von Austauschprogrammen mit den USA und Ländern in der ganzen Welt. Eine der bekanntesten Organisationen ist der DAAD, der Deutsche Akademische Austauschdienst (*German Academic Exchange Service*), der den Austausch von Studenten, Professoren und Dozenten organisiert.

ÜBUNGEN

Übung A. Setzen Sie passende Worte aus dem Text ein!

1. Studenten aus den USA kommen nach Deutschland, um zu studieren, und Deutsche studieren in den USA. Man nennt das ____.
2. Wenn man Geld fürs Studium von einer Organisation bekommt, nennt man das ____.
3. Jeff hätte in den USA über das Auslandsstudium fragen sollen, d.h., er hätte sich dort ____ sollen.
4. Ein anderes Wort für ,,Formulare'' ist ____.
5. Jeff muß zeigen, was er in den USA studiert hat. Er braucht einen ____.
6. Vor Beginn des Semesters muß man Kurse belegen, also sich ____.
7. Studenten in Deutschland haben ein ____.
8. Wenn man ein Seminar bestanden hat, bekommt man einen ____, der ins Studienbuch kommt.
9. Der Teil der Uni, wo man Deutsch studiert, heißt das ____ ____.
10. Wenn man Vorlesungen und Seminare finden will, liest man das ____.

Übung B. Sagen Sie, was diese Ausdrücke bedeuten!

1. bevor er an der Reihe war
2. während der Wartezeit
3. eigentlich ein kleines Heft

4. Was meinen Sie mit Scheinen?
5. bei der Romanistik vorbeischauen
6. Mach' ich!

Übung C. Beantworten Sie diese Inhaltsfragen!

1. Wohin geht Jeff? Warum?
2. Welche Möglichkeiten gibt es für Amerikaner, in der BRD zu studieren?
3. Beschreiben Sie, wie man sich bewerben kann!
4. Welche Dinge haben viele deutsche Studenten?
5. Was soll Jeff auskundschaften? Warum ist das für ihn interessant?
6. Welche Unterschiede sehen Sie zwischen einem Studium in der BRD und in den USA?

Übung D. Erzählen Sie die Geschichte chronologisch nach!

Übung E. Persönliche Fragen:

1. Würden Sie gern im Ausland studieren. Warum oder haben Sie das vielleicht schon gemacht? Wie war es?
2. Beschreiben Sie, wie Sie Information über ein Studium im Ausland bekommen können!

Gelenkte Kommunikation

Say what Carol says to Walter.

SITUATION: Carol ist nicht mit allem zufrieden, was Jeff gemacht hat. Sie sagt zu Walter, was Jeff hätte machen müssen.

Beispiel: Er hat sich nicht bei den Unis erkundigt. → Also, ich finde, er hätte sich erkundigen müssen.

1. Er hat unseren Eltern nicht geschrieben.
2. Er hat gar keine Mitbringsel besorgt.
3. Er ist immer so spät aufgestanden.
4. Er hat sich nicht um Hotels gekümmert.
5. Er ist nicht mit mir ins Museum gegangen.
6. Naja, wir beide haben Rainer nicht angerufen.

Wiederholung : Grammatik

A. Modify the following sentences so that they express speculation about the past.

1. Ich könnte nie allein reisen.
2. Du müßtest das einmal probieren.
3. Wir sollten ein paar Freunde treffen.
4. Sie wollten dieses Land sehen.
5. Sie dürfte nie so lange bleiben.
6. Ich dürfte Ihnen nichts sagen.
7. Bernd wollte nicht mitkommen.
8. Du solltest deinem Freund helfen.
9. Ich müßte dir das Geschenk zurückgeben.
10. Wir könnten uns kein Auto leisten.

TEIL 14,5	Wäret ihr länger in Berlin geblieben, wenn ihr es euch hättet leisten können?

MERKE

Forming complex sentences: Using modal verbs in subordinate clauses

present and simple past	Jeff ruft an, weil er mit Walter **sprechen muß.**
	Er hat angerufen, weil er mit Walter **sprechen mußte.**
present subjunctive	Er fragt Roland, ob er mit Walter **sprechen könnte.**
present and past perfect	Er hat ihn angerufen, weil er ihn **hat einladen wollen.** (weil er ihn **einladen wollte.**)
	Er war froh, daß er mit ihm **hatte sprechen können.**
past subjunctive	Es wäre schlecht gewesen, wenn er ihn nicht **hätte finden können.**

AKTIVITÄTEN   Freie Kommunikation

Beantworten Sie diese Fragen!

Haben Sie letzten Sommer gearbeitet? Was hätten Sie letzten Sommer gemacht, wenn Sie nicht hätten arbeiten müssen? Was hätten Sie gemacht, wenn Sie nicht hätten studieren können?

Wären Sie vielleicht nach Europa gefahren, wenn Sie einen Urlaub hätten machen können? Hätten Sie viele verschiedene oder nur ein paar Länder besucht, wenn Sie dort nur zwei Wochen hätten bleiben können?

Was hätten Sie machen müssen, wenn Sie in der BRD oder Österreich hätten studieren können?

Haben Sie letztes Wochende für Prüfungen lernen müssen? Hatten Sie eine Menge Hausaufgaben?

Was hätten Sie gemacht, wenn Sie nichts für die Uni hätten lernen müssen?

Wiederholung: Grammatik

Complete each sentence with the information indicated in parentheses.

Beispiel: Wir sind zum Essen ausgegangen, weil (wir haben nicht kochen wollen)
Wir sind zum Essen ausgegangen, **weil wir nicht haben kochen wollen.**

1. Ich habe keine Vorspeise bestellt, weil (ich wollte nicht so viel essen)
2. Wir haben schnell bestellt, da (ich habe ihn treffen müssen)
3. Er wollte die Schweinshaxe bestellen, obwohl (sie hat länger dauern können)
4. Sie hat Fleisch gegessen, obgleich (sie sollte das nicht essen)
5. Ich habe Kaffee getrunken, nachdem (ich hatte Kuchen bestellen können)

TEIL 14,6 | Wer ist netter?

MERKE

Describing persons, things, and actions (review)

Predicate adjectives and adverbs: Positive degree

Die Stadt ist **interessant.**   Ich finde die Stadt **interessant.**
Die Leute sind **freundlich.**   Die Leute reden **freundlich** mit Fremden.

Comparing two things: Comparative degree

Das Bild ist **schön**, aber dieses Bild ist **schöner.**

Regular adjectives and adverbs

aggressiv	dünn	froh	hübsch
albern	durstig	fröhlich	hungrig
billig	egoistisch	früh	idealistisch
blau	einfach	gesund	intelligent
braun	elegant	glücklich	interessant
breit	feucht	grün	klar
brutal	fleißig	häßlich	komisch
dick	freundlich	hell	kompliziert

kühl	neugierig	schlecht	tief
langsam	optimistisch	schmutzig	tolerant
langweilig	ordentlich	schnell	traurig
laut	pessimistisch	schön	unfreundlich
leicht	positiv	schwarz	vernünftig
leise	praktisch	schwer	vorsichtig
lustig	romantisch	schwierig	weiß
mild	rot	schwül	weit
modern	ruhig	spät	wichtig
müde	schick	stürmisch	wild
neu	schlampig	sympathisch	zufrieden
negativ			

Special constructions

Dein Auto fährt **(eben)so schnell wie** meins. Sein Auto fährt **nicht so schnell wie** meins.

Mein Bruder fährt **langsamer als** ich. Meine Schwester fährt **schneller als** ich.

Ja, dieser Artikel ist interessant, aber der Artikel im „Spiegel" war **noch interessanter.**

Eliciting comparisons

Vergleichen Sie Ihren Sohn **mit** Ihrer Tochter!

Mein Sohn ist **optimistischer** und **ruhiger als** meine Tochter, aber sie ist **freundlicher** und **geselliger als** er.

Vergleichen Sie bitte drei Filme **miteinander.**

Der Film „Männer" ist **lustiger als** „das Boot", aber nicht **so spannend wie** der „Krieg der Sterne".

Eine Szene aus
dem Film *Männer*.

AKTIVITÄTEN   Freie Kommunikation

A. Vergleichen Sie die folgenden Personen oder Dinge miteinander! Vergleichen Sie:

1. Ihren Vater mit Ihrer Mutter!
2. sich selbst mit Ihrem Bruder oder Ihrer Schwester!
3. zwei Freunde / Freundinnen von Ihnen!
4. die Deutschen mit den Amerikanern!
5. Sommer und Winter!
6. einen Mercedes mit einem Hyundai!

B. Beantworten Sie die folgenden Fragen!

1. Haben Sie früher in einer anderen Stadt gewohnt? Wenn ja, vergleichen Sie diese Stadt mit der Stadt, in der Sie jetzt wohnen!
2. In welcher Stadt würden Sie gern wohnen? Ist das die Stadt, in der Sie jetzt sind? Wenn nicht, vergleichen Sie doch diese zwei Städte miteinander, und sagen Sie, warum Sie in einer der beiden lieber wohnen würden!
3. Vergleichen Sie ein Studium in der BRD mit einem in den USA (z.B. die Kurse, die Professoren, die Studenten, die Unis selbst)!
4. Haben Sie Zimmerkollegen? Sind sie ordentlicher oder schlampiger, ruhiger oder lauter, fleißiger oder fauler als Sie?

Gelenkte Kommunikation

Four students take the places of the four people mentioned and indicate in German what they have to say.

SITUATION: Jeff, Carol, Walter, and Irmgard are talking about some differences between America and Germany.

1. Irmgard thinks that Americans are more optimistic and more open than Germans.
2. Carol says that Germans are more distant and a bit cooler.
3. Jeff thinks that German cities are cleaner and more interesting.
4. Carol thinks it is easier to lose your way and more difficult to find streets.
5. Jeff also thinks that German shops are smaller and things are less expensive.
6. Walter asks them if they think that Germans are more negative or more realistic.
7. Irmgard wants to know if Germans or Americans are more tolerant.
8. Carol wonders if some Germans are as hard-working as some Americans.
9. Walter remembers Rainer telling him that Americans are friendlier when you first meet them.
10. Jeff thinks that a lot of Germans are just as likable.

TEIL 14,7 | Es wird immer schwieriger!

MERKE

Comparative degree: Monosyllabic adjectives and adverbs

alt, **älter**	kalt, **kälter**	scharf, **schärfer**
arm, **ärmer**	krank, **kränker**	schwach, **schwächer**
dumm, **dümmer**	kurz, **kürzer**	stark, **stärker**
groß, **größer**	lang, **länger**	warm, **wärmer**
jung, **jünger**	oft, **öfter**	

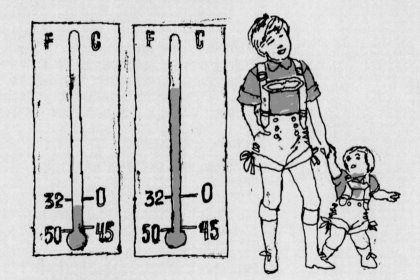

Irregular adjectives and adverbs:

dunkel, **dunkler**   teuer, **teurer**   leise, **leiser**   böse, **böser**   gesund, **gesünder**

Expressing continuing development: immer + *comparative degree*

Es wird **immer kälter.** Benzin wird **immer teurer.**

AKTIVITÄTEN   Freie Kommunikation

Vergleichen Sie eine deutsche Stadt mit einer amerikanischen Stadt; das Klima in Ihrer Heimatstadt mit dem Klima in der BRD; die Generation Ihrer Eltern oder Ihrer Großeltern mit Ihrer Generation; verschiedene Hotels in der BRD (oder in Österreich und der Schweiz) mit Unterkünften in den USA; Unterkunft in den Ostblockstaaten mit Hotels im Westen!

Beantworten Sie diese Fragen!

Wird das Klima in der ganzen Welt immer milder? Werden die Leute immer unzufriedener? Wird es immer leichter, einen Job zu finden? Werden die Unis immer besser? Wird die Zahl der Hungernden immer kleiner?

Gelenkte Kommunikation

Indicate in German what Walter says in the folllowing scenario.

SITUATION: Walter is in a bad mood today. He whines to his roommate, Roland, that:

1. he is getting older, shorter, and weaker, but not any smarter.
2. he is not getting slimmer, he is getting bigger.
3. he is getting poorer and poorer.
4. the apartment is getting dirtier and dirtier and the rent more and more expensive.

TEIL 14,8 | Bei einem Bekannten zu übernachten ist am billigsten!

MERKE

Comparing three things: superlative degree

regular	fleißig, fleißiger, **am fleißigsten**
monosyllabic	alt, älter, **am ältesten**
irregular	dunkel, dunkler, **am dunkelsten**; teuer, teurer, **am teuersten**

Adjectives and adverbs ending in -d, -t, or s-sounds

leicht, leichter, **am leichtesten**	heiß, heißer, **am heißesten**
spät, später, **am spätesten**	hübsch, hübscher, **am hübschesten**
interessant, interessanter, **am interessantesten**	kurz, kürzer, **am kürzesten**

Especially irregular adjectives and adverbs

dunkel, dunkler, **am dunkelsten**	viel, mehr, **am meisten**
teuer, teurer, **am teuersten**	gut, besser, **am besten**
hoch, höher, **am höchsten**	gern, lieber, **am liebsten**
groß, größer, **am größten**	nah, näher, **am nächsten**

False superlative: **höchst** *and* **äußerst**

Ihre Theorie ist **höchst interessant**. Ich finde diese Bilder **äußerst schön**.

DIALOG : Richtung Berlin

Sehen Sie sich zuerst das Vokabular an und lesen Sie dann den Dialog!

der Aufenthalt *stay*
die Grenze, -n *border*

Jeff und Carol sind auf der Fahrt nach Berlin. Während der Zugfahrt sprechen sie über ihren Aufenthalt in Berlin und wo sie die erste Nacht verbringen können.

JEFF   Also, wo wollen wir die erste Nacht verbringen? Was hältst du von einer Jugendherberge?

CAROL   Hmm, ich weiß nicht. Eine Jugendherberge ist natürlich am billigsten, aber nicht so bequem wie ein Hotel. In den Prospekten sind ein paar Hotels, die preiswerter sind.

JEFF   Wie ist es mit Pensionen? Es gibt sicher welche, in denen man billig übernachten kann.

Gerd, ein junger Mann, der mit Carol und Jeff im Abteil sitzt, hat dem Gespräch zugehört.

GERD   Seid ihr auf dem Weg nach Berlin? Ihr seid Amerikaner, oder?

CAROL   Ja, wir haben gerade unsere Reise durch Deutschland begonnen. Ich heiße Carol, und das ist mein Bruder, Jeff.

GERD   Grüßt euch! Ich heiße Gerd. Wart ihr schon mal in Berlin?

JEFF   Nein, das ist das erste Mal.

GERD   Ich hab' mitbekommen, daß ihr überlegt, wo ihr übernachten werdet.

CAROL   Vielleicht kannst du uns einen Tip geben. Kommst du aus Berlin?

GERD   Nee, aber ich studiere da. Wie lange wollt ihr in Berlin bleiben?

JEFF   Och, ein paar Tage.

GERD   Warum übernachtet ihr nicht einfach bei mir? Ich wohne in einer WG, und einige meiner Zimmerkollegen sind noch nicht von den Ferien zurück. Das ist auf jeden Fall am billigsten.

CAROL   Das ist echt nett von dir. Macht es dir wirklich nichts aus?

GERD   Nee, überhaupt nicht. Wir haben genug Platz. Und außerdem würde ich euch gern ein bißchen Berlin zeigen. Is' nämlich 'ne tolle Stadt!

Fragen

1. Was machen Carol und Jeff, und worüber sprechen sie?
2. Wen lernen sie kennen?
3. Was schlägt er vor?
4. Wie findet Gerd Berlin?
5. Kennen Sie Berlin? Kennen Sie ein paar Sehenswürdigkeiten?

AKTIVITÄTEN   Freie Kommunikation

A. Vergleichen Sie die folgenden drei Dinge oder Personen!

drei berühmte Leute	drei Freizeitaktivitäten	drei Getränke
drei Freunde / Freundinnen	drei Kurse, die Sie haben	drei Autos
drei Verwandte	drei verschiedene Wohnmöglichkeiten für Studenten	drei Farben

Vergleichen Sie den Hund
mit seinem Herrn!

B. Beantworten Sie bitte diese Fragen!

Wer ist in Ihrer Klasse am jüngsten, wer am ältesten? Wer ist am ruhigsten? Wer am
lautesten? Welcher Kurs gefällt Ihnen dieses Semester am besten? Welcher ist am
leichtesten, welcher am schwersten?

Was essen und trinken Sie am liebsten?

Wie viele Geschwister haben Sie? Wer ist am jüngsten, wer am ältesten? Mit wem
verstehen Sie sich am besten?

Haben Sie viele Freunde und Bekannte? Welchen Freund oder welche Freundin
sehen Sie am meisten? Was machen Sie am liebsten, wenn Sie sich treffen?

Gruppenarbeit

Machen Sie Zweiergruppen, und wählen Sie zwei der folgenden Themen zum Diskutieren! Entscheiden Sie, wer welche Position vertritt, und diskutieren Sie dann, warum Sie das besser finden! Sie können pro Thema zwei Minuten, also vier bis fünf Minuten diskutieren. Entscheiden Sie dann, wer bessere Argumente hatte, und schreiben Sie sie auf!

Themen zur Diskussion:
1. In einer großen Stadt oder auf dem Land wohnen?
2. Allein oder mit Zimmerkollegen wohnen?
3. Bei den Eltern wohnen, oder eine eigene Wohnung haben?
4. Auto fahren, oder zu Fuß gehen (oder Rad fahren)?
5. Verheiratet sein, oder mit jemandem so zusammenwohnen?
6. Eine feste Freundin / Einen festen Freund haben, oder mit verschiedenen Leuten Verabredungen haben?

TIPS ZUM DISKUTIEREN UND ARGUMENTIEREN:

Wenn Sie Ihre Meinung sagen:	Ich meine / denke / glaube / finde, (daß)…
Wenn Sie mehr Zeit zum Nachdenken brauchen:	Also…, ähh…, Moment (mal)…
Wenn Sie Ihren Diskussionspartner nicht verstehen:	Wie bitte? Wie war das?
Akzeptieren, was der andere gesagt hat:	Also gut. Vielleicht hast du recht. Na gut.
Das nicht akzeptieren:	Das stimmt doch nicht. Ich sehe das anders.

TEIL 14,9　Rauher Hals, schwerer Kopf, müde Glieder…

MERKE

Combining adjectives and nouns

	masculine	feminine	neuter	plural
nominative	r	e	s	e
accusative	n	e	s	e
dative	m	r	m	n + n
genitive	n + s	r	n + s	r

Heißer Tee ist gesund. **Warme Milch** schmeckt nicht. **Kaltes Wasser** erfrischt.

Strings of adjectives

Jeff hat **müde, schwere Glieder** und **starke Kopfschmerzen.**

486

Vokabular für Krankheiten und leichte Verletzungen

die Krankheit, -en	die Erkältung	eine leichte / schwere
die Grippe	einen Schnupfen haben	Erkältung haben
die Gliederschmerzen	niesen, geniest	einen rauhen Hals haben
mir (ihr, dir) ist	einen Husten haben	eine verstopfte Nase
schwindlig	husten, gehustet	haben
mir (ihr, dir) ist schlecht		
	die Verletzung, -en	die Apotheke
die Entzündung	sich verletzen	die Krankenkasse
Halsentzündung	/ verletzt sein	das Rezept, -e
Ohrenentzündung	sich etwas brechen	ein Rezept / etwas
Lungenentzündung	sich etwas verstauchen	verschreiben
		etwas verordnen
Allergie, -n	einen Sonnenbrand haben	das Medikament, -e
gegen etwas allergisch	einen Sonnenstich haben	die Tablette, -n
sein	eine Blase (am Fuß)	die Pille, -n
die Nase läuft	haben	schlucken
die Augen tränen	einen blauen Fleck haben	

DIALOG: Was fehlt Ihnen denn?

Lernen sie das Vokabular, bevor Sie den Dialog lesen!

die Versicherung *insurance*
die Krankenkasse *health insurance*

Jeff und Carol sind seit zwei Tagen in Berlin und haben schon viel gesehen. Am dritten Tag hat sich Jeff nicht wohlgefühlt, als er aufgewacht ist. Gerd, bei dem Carol und Jeff übernachten, hat ihm einen Arzt empfohlen, den Jeff jetzt aufsucht. Jeff hat ungefähr eine halbe Stunde im Wartezimmer verbracht, bevor die Arzthelferin ihn hineinruft.

FRAU GRAF   Herr Hausner? Kommen Sie bitte herein. Herr Doktor Winter erwartet Sie schon.

DR. WINTER   Schönen guten Tag, Herr Hausner! Ihr Bekannter, Gerd Schrodt, hat mir Bescheid gesagt. Also, was fehlt Ihnen?

JEFF   Ich bin heute morgen mit einem schweren, dicken Kopf aufgewacht, und mein Hals tut weh, besonders beim Schlucken.

DR. WINTER   Ja, Ihr Hals klingt ein bißchen rauh, und Ihre Nase ist verstopft. Haben Sie auch Gliederschmerzen?

JEFF   Gliederschmerzen? Meinen Sie Arme und Beine?

DR. WINTER   Ja.

JEFF   Ja, und ich fühle mich wirklich müde und erschöpft. Ich habe auch den ganzen Morgen gehustet.

DR. WINTER   Nun, Herr Hausner, Sie haben die typischen Symptome einer Grippe, mit einer leichten Halsentzündung.

JEFF   Wie lange dauert so eine Grippe?

DR. WINTER   Sie werden sich in ein paar Tagen besser fühlen. Ich werde Ihnen etwas für Ihren Hals verschreiben.
Hier ist Ihr Rezept. Sie können das in jeder Apotheke bekommen.

JEFF   Danke, und wie ist das mit der Bezahlung?

DR. WINTER   Frau Graf wird Ihnen Ihre Rechnung und das Formular geben, das Sie für Ihre Krankenkasse oder Versicherung brauchen.

JEFF   Ja, ich bin in den USA auch fürs Ausland versichert. Das dürfte kein Problem sein. Also, auf Wiedersehen! Und vielen Dank!

DR. WINTER   Nichts zu danken! Gute Besserung!

Fragen

1. Was fragt Doktor Winter Jeff?
2. Wie beschreibt Jeff seine Krankheit?
3. Was ist die Diagnose des Arztes?
4. Was macht der Arzt, wenn ein Patient Medikamente braucht?
5. Wer bezahlt in der BRD für einen Arztbesuch und alles, was mit Krankheit zusammenhängt?
6. Wie sind Sie versichert? Was kostet Ihre Krankenversicherung? Welche anderen Versicherungen haben Sie?

Kulturnotiz

Seit Bismarck (Ende des 19. Jahrhunderts) existiert die Sozialversicherung einschließlich der Krankenversicherung. Das im Grundgesetz der BRD festgelegte Recht garantiert jedem Bürger soziale Sicherheit. Diese oder eine ähnliche Art von Sozialversicherung besteht in allen vier deutschsprachigen Ländern, nicht nur in der BRD. Fast alle Angestellten und Arbeiter, und auch Studenten, sind Mitglieder in den verschiedenen Krankenkassen, die für einen hohen Prozentsatz der Kosten aufkommen. Wenn ein Arzt eine Kur (oder: Heilkur) verordnet, also für nötig hält, bezahlt die Krankenkasse diese drei- bis sechswöchigen Aufenthalte in Kurorten, Kurheimen und Kurhotels zum großen Teil oder ganz.

In den achtziger Jahren sind in der BRD die Kosten für dieses vom Staat finanzierte Versicherungssystem so gestiegen, daß man versucht, z. B. im Bereich der Medikamente aber auch bei Kuren und anderen Behandlungen, Geld zu sparen. Das heißt, daß für viele Bundesdeutsche die Gesundheitskosten schon gestiegen sind oder in Zukunft steigen werden.

Die Rentner und Rentnerinnen in diesem Altersheim sind gegen Krankheiten und Verletzungen gut versichert.

Freie Kommunikation

Wann waren Sie das letzte Mal krank? Was hat Ihnen gefehlt? Beschreiben Sie die Symptome der Krankheit! Was haben Sie gemacht? Sind Sie zum Arzt gegangen? Hat er / sie Ihnen etwas verschrieben? Was? Wo haben Sie das gekauft? Wie lange waren Sie krank?

Wann haben Sie sich das letzte Mal verletzt? Was? Wie ist das passiert? Hat es wehgetan? Mußten Sie zum Arzt oder ins Krankenhaus gehen?

Wann hatten Sie das letzte Mal einen Sonnenbrand? Wie haben Sie ihn bekommen? Was soll man machen, um sich gegen die Sonne zu schützen? Hatten Sie schon mal einen Sonnenstich? Was waren die Symptome?

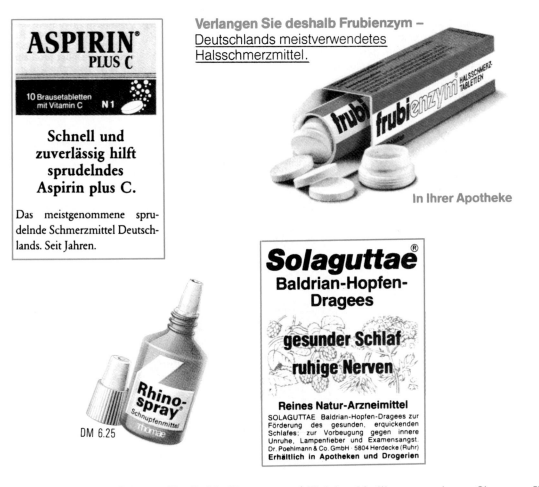

Schauen Sie die Medikamente an! Welches Medikament nehmen Sie gegen Kopfschmerzen? Bei einer Grippe? Wenn Ihnen der Hals weh tut? Wenn Sie zuviel gearbeitet haben? Wenn Sie etwas Schweres geschleppt haben? Wenn Sie nicht gut schlafen? Wenn Ihre Nase verstopft ist?

Vokabularübung

Versuchen Sie anhand der Symptome, die Krankheit oder Verletzung zu bestimmen!

1. Ich habe Gliederschmerzen und starkes Halsweh, und ich bin sehr müde.
2. Mein Rücken ist knallrot und brennt.

3. Ich habe drei Stunden lang in der Sonne gelegen, und jetzt habe ich Kopfweh, und mir ist schwindlig und schlecht.
4. Wenn ich nach draußen gehe, niese ich, und meine Augen tränen.
5. Ich huste und niese ein bißchen.
6. Ich bin mit neuen Schuhen gewandert, und mein kleiner Zeh ist rot und tut weh.

TEIL 14,10 | Der Abbruch der Mauer

MERKE

Combining adjectives with articles and nouns:
Secondary sounds after der-*words*

	masculine	feminine	neuter	plural
nominative	r^e	e^e	s^e	e^n
accusative	n^n	e^e	s^e	e^n
dative	m^n	r^n	m^n	n^n + n
genitive	s^n + s	r^n	s^n + s	r^n

Der berühmte Grenzübergang Checkpoint Charlie war in Berlin.
An **der** ostdeutsch**en** Grenze mußte man früher ein Visum vorzeigen.

After ein-*words without endings*

	masculine	neuter
nominative	- r	- s
accusative		- s

Walter ist **ein** gut**er** Freund von Rainer. Er hat **ein** klein**es** Zimmer.
Er leiht Carol und Jeff **sein** alt**es** Auto.

Adjectival nouns

Jeff und Carol haben **Verwandte** in Deutschland.
Ihre Verwandten wohnen in Stuttgart.

Adjectives after indefinite pronouns

Jeff und Carol haben **viel Interessantes** gesehen.
Sie haben jeden Tag **etwas Neues** gemacht.

LESESTÜCK: Ein Stück Geschichte: Der Neunte November 1989

Vorbereitung: Machen Sie zuerst die Übungen, lesen Sie dann den Text, und beantworten Sie zum Schluß die Fragen!

1. Suchen Sie Straßen, Städte- und Ländernamen!
2. Suchen Sie Worte, die etwas mit Politik zu tun haben!

VOKABULAR

der Grenzübergang, ¨-e *border crossing*   **die Mauer, -n** *wall; here: the Berlin wall*
der Tagesschein, -e *one-day visa; one-day permit*   **der Bürger, -** *citizen*

Bis zum neunten November 1989 war Berlin eine durch eine Mauer geteilte Stadt. Ein Besuch von Westberlin war für viele Ost-Berliner und andere DDR-Bürger fast unmöglich. Amerikaner mußten, um von West- nach Ostberlin zu kommen, einen der beiden Grenzübergänge in der Friedrichstraße benutzen: wenn man zu Fuß oder mit dem Wagen unterwegs war, den Checkpoint Charlie, und mit der U- oder der S-Bahn, den Bahnhof Friedrichstraße. Man mußte sich dann den Tagesschein holen und eine bestimmte Summe in Ostmark umtauschen (=Zwangsumtausch), bevor man nach Ostberlin einreisen konnte. Um an der Grenze ein Visum für mehr als einen Tag zu bekommen, mußte man auch nachweisen, daß man für die Dauer des Aufenthalts ein Hotelzimmer reserviert und bezahlt hatte. Die Kontrollen waren streng: man durfte zum Beispiel keine Zeitschriften oder Zeitungen in den Osten überführen.

Am neunten November 1989 geschah dann etwas, was die Welt bewegte. Nachdem Zehntausende über Ungarn und die Tschechai in den Westen abgewandert waren und DDR-Bürger wochenlang für Demokratie demonstriert hatten, öffnete die DDR-Regierung die Mauer in Berlin und die Grenzen zur Bundesrepublik Deutschland. Sie wollte mit diesem Schritt ihren Willen zu Reformen in dem sozialistischen Staat bezeugen. Nicht nur für deutsche Bürger in Ost und West, sondern auch für politische Experten überall, war dies eine große Überraschung, ja eine Sensation. Nach achtundzwanzig Jahren können DDR-Bürger jetzt ungehindert in den Westen reisen.

Der Abbruch der Mauer war gleichzeitig das Ende einer Ära und der Beginn eines neuen Abschnitts in den Beziehungen zwischen Ost und West. Die Menschen waren am neunten November Zeugen eines einmaligen Ereignisses: von einem Tag auf den anderen hatte sich die Welt, wie sie viele Menschen bis dahin gekannt hatten, geändert.

Fragen

1. Beschreiben Sie, was früher einen Besuch in die DDR erschwert hat!
2. Wo konnten Amerikaner früher die Grenze überqueren?
3. Beschreiben Sie, was am 9. November geschehen ist!
4. Welche Gründe gibt der Text dafür? Kennen Sie noch andere, die der Text nicht erwähnt?
5. Haben Sie Erfahrungen mit Reisen in den Ostblock? Beschreiben Sie sie!

AKTIVITÄTEN   Freie Kommunikation

Beantworten Sie bitte diese Fragen!

Wann haben Sie das letzte Mal eine interessante Reise gemacht? Haben Sie in einem schönen / billigen / teuren / romantischen / lauten Hotel übernachtet? Haben Sie interessante Dinge gesehen? Interessante Leute kennengelernt? Haben Sie Ihren guten Freunden etwas mitgebracht? Wem haben Sie was mitgebracht? Beschreiben Sie es genau!

Waren Sie schon einmal in einem anderen Land? In einem anderen Kontinent? Wenn ja, haben Sie dort eine ganze Woche, einen ganzen Monat, eine halbes oder vielleicht ein ganzes Jahr verbracht?

Wie lange wohnen Sie schon hier? Ein ganzes Jahr, oder nur ein halbes? Oder schon mehrere Jahre?

Wiederholung : Grammatik

Insert the phrase in parentheses into the sentence.

Beispiel: Rainer hat ___ getragen. (die Koffer, beide)
        Rainer hat **die beiden Koffer** getragen.

1. Zuerst sind ___ in Frankfurt angekommen. (die Geschwister, beide)
2. Dann haben Sie ___ nach Stuttgart genommen. (der Zug, nächst-)
3. Carol und Rainer sind durch ___ gelaufen. (der Zug, ganz)
4. ___ war gut für Jeff. (ein Schläfchen, klein)
5. Er hat ___ seine Fahrkarte gezeigt. (der Schaffner, freundlich)
6. In Stuttgart hat Tante Martha Carol ___ gezeigt. (ihr Haus, groß)
7. Sie haben auch Pläne für ___ gemacht. (die Wochen, nächst-)
8. In ___ Regensburg haben Carol und Jeff einen Freund von Rainer besucht. (die Stadt, schön)
9. Er hat ihnen ___ gezeigt. (die Dinge, interessantest-)
10. Den größten Teil ___ haben Carol und Jeff noch vor sich. (ihre Reise, lang)

Kontrolle

After completing this chapter, you should be able to in German:

1. use modals to discuss factually how you are disposed to an action in the present, future, or past
2. discuss speculatively your disposition toward an event or action in the present, future, or past
3. give directions to someone both with and without the aid of a map
4. advise a student about next semester: courses, professors, activities, and so on
5. order a meal in a restaurant with the aid of a menu and seek the assistance of the waiter or waitress when needed
6. describe a person, place, thing, or event in detail
7. compare two or more persons, places, things, and events
8. tell a physician what is wrong

Wiederholung

Beantworten Sie die Fragen, oder machen Sie die Aufgabe, die beschrieben ist!

1. Was wollen Sie heute abend oder dieses Wochenende machen? Was haben Sie gestern abend oder letztes Wochenende machen wollen?
2. Was mußten Sie für heute machen? Was werden Sie für morgen machen müssen?
3. Was könnten Sie machen, wenn Sie jetzt mit Ihrem Studium fertig wären?
4. Was hätten Sie machen können, wenn Sie vor ein paar Jahren mit Ihrem Studium fertig gewesen wären?
5. Erklären Sie mir den Weg von dem Klassenzimmer, in dem Sie Deutsch haben, zu einem ziemlich guten Restaurant!
6. Sagen Sie mir bitte, wie ich am besten zu Ihrer Wohnung oder zu Ihrem Studentenwohnheim kommen kann. Ich kenne die Stadt, in der Ihre Uni ist, nicht.
7. Ich bin ein neuer Student an dieser Uni, aber Sie sind schon lange hier und kennen alles ziemlich gut. Sagen Sie mir bitte, was ich fürs nächste Semester machen soll.
8. Studieren Sie eine Speisekarte und bestellen Sie dann etwas für zwei Personen!
9. Vergleichen Sie drei Personen miteinander! Vergleichen Sie drei Dinge miteinander! Vergleichen Sie drei Aktivitäten (vielleicht was Sie immer machen) miteinander!
10. Sie fühlen sich heute nicht wohl. Sie sind nicht so krank, daß Sie sich hinlegen müssen, aber es geht Ihnen einfach schlecht. Erklären Sie dem Arzt, Ihren Eltern oder einem Freund, was los ist!
11. Beschreiben Sie, was Sie über Berlin vor und nach dem 9. November 1989 wissen!

KAPITEL 15

DEUTSCHLAND: GESTERN UND HEUTE

ÜBERBLICK

KONTEXT UND FUNKTIONEN

reading and writing in the simple past
discussing unreal conditions
retelling what someone else has said
changing perspective: passive

VOKABULAR

vocabulary items from the reading selections and the **Lesestücke**

KULTUR

literature:	postwar experiences (Wolfgang Borchert: **Das Brot**)
history:	Berlin
	the founding of the German Democratic Republic
biographies:	Anna Seghers and Wolf Biermann
Germans and	
Germany today:	the different generations and Germany's past

Peter Sichrovsky: **Susanne, 42, die Hoffnungsvolle**
Gabriele Eckart: East and West Germany

GRAMMATIK

forms:	simple past:	all verb types
	passive voice:	all tenses, and with modal verbs
		expressing the agent with **von, mit,** and **durch**
	general subjunctive:	the **würde**-construction (review); all verb types
	special subjunctive:	third person forms for all verb types

TEIL 15,1 | Er fragte, und sie antworteten.

MERKE

Simple past tense: Regular verbs

ich **sagte**	wir **sagten**
du **sagtest**	ihr **sagtet**
— Sie **sagten** —	
er / sie / es / **sagte**	sie **sagten**

d- and t-*stem verbs*

ich **arbeitete**	wir **arbeiteten**
du **arbeitetest**	ihr **arbeitetet**
— Sie **arbeiteten** —	
er / sie / es / **arbeitete**	sie **arbeiteten**

AKTIVITÄTEN   Gelenkte Kommunikation

Say in German what you would write in the police report.

SITUATION: You are a news reporter assigned to the police beat and report on a missing person.

1. Mrs. Sommer talked with the officer on the phone.
2. She was looking for her son.
3. The police reacted immediately.
4. They asked neighbors and friends.
5. They collected information.
6. They showed people a photo.
7. The family waited and waited.
8. Mr. and Mrs. Sommer did not work that week.

TEIL 15,2 | Was geschah nach dem Krieg?

MERKE   *Reading and writing in the simple past: Irregular verbs*

ich **sprach**	wir **sprachen**
du **sprachst**	ihr **spracht**
— Sie **sprachen** —	
er / sie / es / **sprach**	sie **sprachen**

e / i / ie → a

denken, **dachte**
essen (ißt), **aß**
helfen (i), **half**
kennen, **kannte**
sprechen (i), **sprach**
sterben (i), **starb**
treffen (i), **traf**
geben (i), **gab**
lesen (ie), **las**
nehmen (nimmt), **nahm**

sehen (ie), **sah**
stehen, **stand**
bitten, **bat**
bringen, **brachte**
finden, **fand**
schwimmen, **schwamm**
singen, **sang**
sitzen, **saß**
trinken, **trank**
liegen, **lag**

a / ei → ie / e

fallen (ä), **fiel**
halten (ä), **hielt**
lassen (läßt), **ließ**
schlafen (ä), **schlief**

bleiben, **blieb**
reiten, **ritt**
schneiden, **schnitt**
schreiben, **schrieb**
steigen, **stieg**

other

kommen, **kam**

fliegen, **flog**
ziehen, **zog**

fahren (ä), **fuhr**
tragen (ä), **trug**
waschen (ä), **wusch**

gehen, **ging**
laufen (äu), **lief**

Kulturnotiz

Wolfgang Borchert wurde am 20. 5. 1921 in Hamburg geboren und starb am 20. 11. 1947 an den Folgen einer Kriegsverletzung, die er 1942 erlitten hatte. Während der Naziherrschaft wurde er mehrmals aus politischen Gründen verhaftet.

In seinen Werken beschreibt er Erlebnisse aus dem Krieg und den Nachkriegsjahren. So behandelt beispielsweise sein berühmtestes Werk, das Schauspiel „Draußen vor der Tür", das Schicksal eines Kriegsheimkehrers.

LESESTÜCK: „Das Brot" von Wolfgang Borchert

Machen Sie zuerst die Vorbereitung und lernen Sie das Vokabular! Lesen Sie dann den Text mindestens zweimal durch! Beantworten Sie danach die Inhalts-und Interpretationsfragen!

Vorbereitung

1. Suchen Sie in der Erzählung verschiedene Zahlen, z.B. für das Alter der Personen und die Anzahl der Brotscheiben! Schreiben Sie sie nebeneinander in Spalten (=Kategorien)!
2. Bestimmen Sie den Infinitiv für die folgenden Verben im Präteritum (*simple past*)!

fanden, stand auf, trafen, sah, lag, kroch, log, kam zu Hilfe, klang, hob, schob, schlief ein, ging, tat ihr leid

VOKABULAR

mit der Hand über das Bett fahren	mit der Hand das Bett berühren
sein Atem fehlte	sein Atem (*breath*) war nicht da
die Brotkrümel	kleine Brotreste
das Tischtuch	die (Tisch)decke
die Fliesen	der Boden in der Küche oder im Badezimmer
barfuß	ohne Schuhe und Strümpfe
kriechen, kroch, gekrochen	langsam bewegen (z.B. eine Schnecke kriecht)

das liegt an den Haaren	das ist so wegen der Haare
zu Hilfe kommen	helfen
die Dachrinne	wo das Regenwasser vom Dach herunterläuft
kauen	wenn man etwas ißt, kaut man es zuerst, dann schluckt man es
etwas nicht vertragen	der Magen mag das nicht

Plötzlich wachte sie auf. Es war halb drei. Sie überlegte, warum sie aufgewacht war. Ach so! In der Küche hatte jemand gegen einen Stuhl gestoßen. Sie horchte nach der Küche. Es war still. Es war zu still, und als sie mit der Hand über das Bett neben sich fuhr, fand sie es leer. Das war es, was es so besonders still gemacht hatte : sein Atem fehlte. Sie stand auf und tappte durch die dunkle Wohnung zur Küche. In der Küche trafen sie sich. Die Uhr war halb drei. Sie sah etwas Weißes am Küchenschrank stehen. Sie machte Licht. Sie standen sich im Hemd gegenüber. Nachts. Um halb drei. In der Küche. 5

Áuf dem Küchentisch stand der Brotteller. Sie sah, daß er sich Brot abgeschnitten hatte. Das Messer lag noch neben dem Teller. Und auf der Decke lagen Brotkrümel. Wenn sie abends zu Bett gingen, machte sie immer das Tischtuch sauber. Jeden Abend. Aber nun lagen Krümel auf dem Tuch. 10 Und das Messer lag da. Sie fühlte, wie die Kälte der Fliesen langsam an ihr hoch kroch. Und sie sah von dem Teller weg.

,,Ich dachte, hier wäre was'', sagte er und sah in der Küche umher.

,,Ich habe auch was gehört'', antwortete sie, und dabei fand sie, daß er nachts im Hemd doch schon recht alt aussah. So alt wie er war. Dreiundsechzig. Tagsüber sah er manchmal jünger aus. Sie 15 sieht doch schon alt aus, dachte er, im Hemd sieht sie doch ziemlich alt aus. Aber das liegt vielleicht an den Haaren. Bei den Frauen liegt das nachts immer an den Haaren. Die machen dann auf einmal so alt.

,,Du hättest Schuhe anziehen sollen. So barfuß auf den kalten Fliesen. Du erkältest dich noch.''

Sie sah ihn nicht an, weil sie nicht ertragen konnte, daß er log. Daß er log, nachdem sie neununddreißig Jahre verheiratet waren. 20

,,Ich dachte, hier wäre was'', sagte er noch einmal und sah wieder so sinnlos von einer Ecke in die andere, ,,ich hörte hier was. Da dachte ich, hier wäre was.''

,,Ich hab auch was gehört. Aber es war wohl nichts.'' Sie stellte den Teller vom Tisch und schnippte die Krümel von der Decke.

,,Nein, es war wohl nichts'', echote er unsicher. 25

Sie kam ihm zu Hilfe : ,,Komm man. Das war wohl draußen. Komm man zu Bett. Du erkältest dich noch. Auf den kalten Fliesen.''

Er sah zum Fenster hin. ,,Ja, das muß wohl draußen gewesen sein. Ich dachte, es wäre hier.''

Sie hob die Hand zum Lichtschalter. Ich muß das Licht jetzt ausmachen, sonst muß ich nach dem Teller sehen, dachte sie. Ich darf doch nicht nach dem Teller sehen. ,,Komm man'', sagte sie und 30 machte das Licht aus, ,,das war wohl draußen. Die Dachrinne schlägt immer bei Wind gegen die Wand. Es war sicher die Dachrinne. Bei Wind klappert sie immer.''

Sie tappten sich beide über den dunklen Korridor zum Schlafzimmer. Ihre nackten Füße platschten auf den Fußboden.

,,Wind ist ja'', meinte er. ,,Wind war schon die ganze Nacht.'' 35

Als sie im Bett lagen, sagte sie : ,,Ja, Wind war schon die ganze Nacht. Es war wohl die Dachrinne.''

,,Ja, ich dachte, es wäre in der Küche. Es war wohl die Dachrinne.'' Er sagte das, als ob er schon halb im Schlaf wäre.

Aber sie merkte, wie unecht seine Stimme klang, wenn er log.

,,Es ist kalt'', sagte sie und gähnte leise, ,,ich krieche unter die Decke. Gute Nacht.'' 40

„Nacht", antwortete er und noch: „Ja, kalt ist es schon ganz schön."

Dann war es still. Nach vielen Minuten hörte sie, daß er leise und vorsichtig kaute. Sie atmete absichtlich tief und gleichmäßig, damit er nicht merken sollte, daß sie noch wach war. Aber sein Kauen war so regelmäßig, daß sie davon langsam einschlief.

Als er am nächsten Abend nach Hause kam, schob sie ihm vier Scheiben Brot hin. Sonst hatte er immer nur drei essen können.   45

„Du kannst ruhig vier essen", sagte sie und ging von der Lampe weg. „Ich kann dieses Brot nicht so recht vertragen. Iß du man eine mehr. Ich vertrage es nicht so gut."

Sie sah, wie er sich tief über den Teller beugte. Er sah nicht auf. In diesem Augenblick tat er ihr leid.

„Du kannst doch nicht nur zwei Scheiben essen", sagte er auf seinen Teller.   50

„Doch. Abends vertrag ich das Brot nicht gut. Iß man. Iß man."

Erst nach einer Weile setzte sie sich unter die Lampe an den Tisch.

Inhaltsfragen

1. Wie alt ist das Ehepaar?
2. Wie lange sind sie schon verheiratet?
3. Wieviel Uhr ist es in der Kurzgeschichte?
4. Wo, d.h., in welchen Zimmern spielt sie?
5. Warum geht die Frau in die Küche?
6. Warum ist der Mann in der Küche?
7. Wie weiß die Frau, was ihr Mann in der Küche gemacht hat?
8. Was macht der Mann, als er wieder im Bett liegt?
9. Was macht die Frau am nächsten Tag beim Abendessen?
10. Wie reagiert der Mann?

Interpretationsfragen

1. Wann, glauben Sie, spielt diese Kurzgeschichte?
2. Welche Probleme hatten viele Menschen in dieser Zeit vielleicht?
3. Beschreiben Sie das Gespräch in der Küche! Wie ist die Kommunikation zwischen den beiden?
4. Warum „schauspielert" die Frau?
5. Warum gibt sie ihrem Mann am nächsten Tag eine Scheibe Brot mehr?
6. Hat das Brot eine symbolische Bedeutung?
7. Beschreiben Sie den Stil Borcherts in dieser Kurzgeschichte! Wie sind die Sätze?
8. Welchen Effekt hat dieser Stil?

Gelenkte Kommunikation

Use simple past tense forms to express in German that your houseguest:

1. stayed with you for a month
2. wrote many letters to friends
3. talked with some friends on the phone
4. ate everything you served him
5. slept eight hours a day
6. read your books
7. met your friends
8. drank your beer and wine
9. did not help you at all
10. finally flew home yesterday

LESESTÜCK : Berlin

Machen Sie zuerst die Vorbereitung, lernen Sie das Vokabular, und lesen Sie dann den Text. Wenn Sie den Text gelesen haben, machen Sie bitte die Übungen, und beantworten Sie dann die Fragen!

Vorbereitung

1. Identifizieren Sie die Jahreszahlen im Text!
2. Identifizieren Sie Städte, die hier vorkommen!
3. Nennen Sie fünf Worte im Text, die Sie vom Englischen kennen! (*cognates*)

VOKABULAR

bestehen aus, bestand, bestanden *to consist of*
gehören zu *to belong to*
bilden *to form*
sich erstrecken *to extend, to stretch*
sich entwickeln *to develop*
erhalten, erhielt, erhalten *to receive*
sich beschäftigen mit *to deal with, be occupied with*
führen zu *to lead to*

die Bedeutung, -en *meaning; significance*
die Macht, ¨-e *power*
die Beziehung, -en *relation; relationship*
der Bezirk, -e *district*
weitläufig *spacious*
einflußreich *influential*
einstig *earlier, former*
besetzt *occupied*

Das Brandenburger Tor und die Mauer.

Das heutige Berlin war bis November 1989 in zwei Teile gespalten : Ost-Berlin, die Hauptstadt der DDR, und West-Berlin, eine Stadt, die zur BRD gehört. Berlin hatte damit eine besondere Bedeutung für die beiden deutschen Staaten.

Berlin liegt ca. 230km südöstlich von Hamburg und ca. 150km östlich der Grenze zur Bundesrepublik. Die Stadt besteht aus 20 Bezirken und liegt an der Spree, einem Fluß, der durch   5 Berlin von Südost nach Nordost fließt. Die wohl berühmteste Straße in Berlin heißt „Unter den Linden". Sie ist circa eineinhalb Kilometer lang und führt zum Brandenburger Tor, das ein Teil der Mauer war. Die weitläufige Straße, die vor den dreißiger Jahren durch eine Promenade mit Linden geteilt war, bildete früher den gesellschaftlichen Mittelpunkt der ehemaligen Hauptstadt. Sie erstreckt sich durch den östlichen Teil von Berlin.   10

Berlin, im einstigen Preußen gelegen, war die Hauptstadt des deutschen Reiches von 1871 bis 1945. Zu Beginn des 19. Jahrhunderts entwickelte sich Preußen zum einflußreichsten Staat Deutschlands, und Berlin war eine der wichtigsten Städte. Noch heute hat Berlin große Bedeutung als ein kulturelles Zentrum Deutschlands. Viele berühmte Künstler, wie zum Beispiel der Schrifsteller Günter Grass, leben und arbeiten hier.   15

Nach der Kapitulation der Deutschen im Jahre 1945 erhielten die vier alliierten Mächte die Kontrolle über Berlin. Berlin bestand nun aus vier Sektoren, nämlich einem russischen, einem amerikanischen, einem französischen und einem britischen Sektor. Der russische Sektor war der größte mit 403km^2 (Quadratkilometer). Berlin lag in der Mitte der russischen Zone des besetzten Deutschlands, aber es gab drei Luftverbindungen zwischen Berlin und den Städten in der Westzone : Berlin-Hamburg,   20 Berlin-Hannover und Berlin-Frankfurt.

Berlin, eine Stadt, die durch eine Mauer geteilt war, spielte eine besondere Rolle in den politischen Beziehungen zwischen den beiden Staaten. Nach dem Abbruch der Mauer am neunten November 1989 waren alle Augen auf diese Stadt gerichtet : Nach 28 Jahren war Berlin wieder eine vereinigte Stadt.

ÜBUNGEN

A. Identify irregular verbs in the simple past in the previous text and provide the infinitive form.

B. Richtig oder falsch?

1. West-Berlin ist die Hauptstadt der BRD.   **R** ___   **F** ___
2. „Unter den Linden" ist eine Straße in Ost-Berlin.   **R** ___   **F** ___
3. Die Alliierten kontrollierten Berlin nach dem Krieg.   **R** ___   **F** ___
4. Berlin war das Zentrum des amerikanischen Sektors.   **R** ___   **F** ___
5. Berlin war vollkommen von der Westzone isoliert.   **R** ___   **F** ___
6. Berlin war und ist ein kulturelles Zentrum.   **R** ___   **F** ___

Fragen

1. Warum hatte Berlin eine besondere Bedeutung für die BRD und die DDR?
2. Beschreiben Sie die geographische Lage Berlins!
3. Nennen Sie einige interessante Punkte in Berlin!
4. Warum gewann Berlin im frühen 19. Jahrhundert an Bedeutung?

5. Was passierte nach dem 2. Weltkrieg?
6. Was geschah am 9. November 1989?

Dresden: Forschung im
Kampf gegen Krebs.

TEIL 15,3 | Biographisches

MERKE

Simple past: Verbs with separable prefixes

abtrocknen, **trocknete... ab**

anbieten, **bot... an**

anfangen (fängt an), **fing... an**

ankommen, **kam... an**

anmachen, **machte... an**

anrufen, **rief... an**

ansehen, **sah... an**

anziehen, **zog... an**

aufstehen, **stand... auf**

aufwachen, **wachte... auf**

ausfüllen, **füllte... aus**

ausgehen, **ging... aus**

aussteigen, **stieg... aus**

durchstreichen, **strich... durch**

einschlafen, **schlief... ein**

fernsehen, **sah... fern**

freinehmen, **nahm... frei**

kennenlernen, **lernte... kennen**

leichtfallen, **fiel... leicht**

mitbringen, **brachte... mit**

mitkommen, **kam... mit**

nachdenken, **dachte... nach**

schwerfallen, **fiel... schwer**

weggehen, **ging... weg**

wegnehmen, **nahm... weg**

zurückbringen, **brachte... zurück**

zurückfahren, **fuhr... zurück**

zurückkommen, **kam... zurück**

BIOGRAPHIE : Anna Seghers

Machen Sie zuerst die Vorbereitung, lernen Sie dann das Vokabular, und lesen Sie zuletzt den Text! Wenn Sie den Text gelesen haben, machen Sie bitte die Übungen, und beantworten Sie dann die Fragen!

Vorbereitung

1. Welche Länder kommen in diesem Text vor?
2. Welche Jahreszahlen sehen Sie und was assoziieren Sie damit?
3. Suchen Sie politische Termine in diesem Text!

VOKABULAR

beitreten, beitrat, ist beigetreten *to join*		**im allgemeinen** *in general*	
enthalten *to include*		**unter anderem** *among others*	
sterben, starb, ist gestorben *to die*		**der Widerstand** *resistance*	
geborene *maiden name*		**die Unterdrückung** *oppression*	
eine Reihe von *a number of*		**die Auszeichnung, -en** *award*	

Anna Seghers ist der Künstlername von Netty Radvanyi, geborene Reiling. Sie wurde am 19. November 1900 in Mainz geboren. Sie studierte zuerst an der Universität in Köln und erhielt im Alter von 24 Jahren ihren Doktor an der Universität in Heidelberg. Ein Jahr später heiratete sie den Soziologen Ladislaus Radvanyi.

Nachdem sie 1928 der kommunistischen Partei Deutschlands beigetreten war, verbrachte sie die   5
dreißiger Jahre auf der Flucht vor den Nazis. Sie emigrierte zuerst nach Paris, dann floh sie nach Spanien. Nachdem sie sieben Jahre, zwischen 1940 und 1947, in Mexiko gelebt hatte, kehrte sie nach Deutschland zurück, um in Ost-Berlin zu leben.

Eines ihrer berühmtesten Werke ist der Roman *Das siebte Kreuz,* den Anna Seghers während ihres Exils in Mexiko verfaßte. Er handelt von der Flucht von sieben Männern aus einem   10
Konzentrationslager. Ein weiterer Exilroman ist *Transit* (1944). Anna Seghers' Exilromane sind aber nur ein kleiner Teil ihres Werkes, das außerdem eine reiche Anzahl von Erzählungen beinhaltet.

Ein immer wiederkehrendes Thema in ihren Werken ist der Widerstand gegen die Nazis und gegen Unterdrückung im allgemeinen. Sie starb im Jahre 1983, und bis zu ihrem Tode sah man sie als eine Schriftstellerin des kommunistischen Deutschlands. Anna Seghers erhielt für ihre literarischen Werke   15
eine Reihe von Auszeichnungen und Preisen, unter anderem den Kleist-Preis und den Lenin-Friedenspreis.

Fragen

1. Wo und wie verbrachte Anne Seghers die dreißiger und vierziger Jahre?
2. Wo lebte sie die meiste Zeit?
3. Wovon handeln ihre Romane?
4. Was war ihre politische Überzeugung?
5. Welche Preise erhielt sie?

AKTIVITÄTEN   Wiederholung : Grammatik

Change the following sentences from the present perfect to simple past.

1. Wir sind am 3. August in Berlin angekommen.
2. Ein paar Freunde haben sich Freitag freigenommen und sind für zwei Tage mitgefahren.
3. Abends sind wir zusammen ausgegangen und morgens ziemlich spät aufgestanden.
4. Am ersten Tag haben wir den Alexanderplatz und die Mauer angesehen.
5. Wir sind nach vier Tagen zurückgefahren und haben viele Erinnerungen mitgebracht.

TEIL 15,4 | Wie entstand die DDR?

MERKE

Simple past tense: Verbs with inseparable prefixes

beantworten, **beantwortete**	erklären, **erklärte**
sich beeilen, **beeilte**	erledigen, **erledigte**
beginnen, **begann**	erzählen, **erzählte**
belegen, **belegte**	gefallen (ä), **gefiel**
benutzen, **benutzte**	gehören, **gehörte**
berichten, **berichtete**	überlegen, **überlegte**
beschreiben, **beschrieb**	übernachten, **übernachtete**
besichtigen, **besichtigte**	verbessern, **verbesserte**
bestehen, **bestand**	verbringen, **verbrachte**
bestellen, **bestellte**	verdienen, **verdiente**
empfehlen (ie), **empfahl**	vergessen (i), **vergaß**
sich entschuldigen, **entschuldigte**	verkaufen, **verkaufte**
sich erinnern, **erinnerte**	verlassen (ä), **verließ**
sich erkälten, **erkältete**	verlieren, **verlor**
erkennen, **erkannte**	verstehen, **verstand**

LESESTÜCK : Die Gründung der DDR

Machen Sie zuerst die Vorbereitung, lernen Sie dann das Vokabular, und lesen Sie dann den Text! Wenn Sie den Text gelesen haben, machen Sie bitte die Übungen, und beantworten Sie dann die Fragen!

Vorbereitung

1. Welche Eigennamen (geographisch, politisch, usw.) erkennen Sie in dem Lesestück?

2. Mit welcher Epoche beschäftigt sich der Text?
3. Was wissen Sie schon über diese Zeit in Deutschland?
4. Versuchen Sie, diese Worte zu erklären : Isolierung   Souveränität   Partei   Ostpolitik
                                           Ostzone   Volkskammer   Volkskongress

VOKABULAR

gründen, gründete, gegründet   *to found*
entstehen, entstand, ist entstanden   *to emerge*
übergeben, übergab, übergeben   *to hand over*
verkünden   *to announce*
fliehen, floh, ist geflohen   *to flee*
auf•lösen   *to dissolve*
verhindern   *to prevent*
bewachen   *to guard*

der Zusammenschluß, ¨-sse   *merger*
die Verfassung, -en   *constitution*
die Absperrung, -en   *blockade, barrier*
der Verlust, -e   *loss*
der Stacheldraht   *barbed wire*
der Zugang, ¨-e   *access*
der Wiederaufbau   *reconstruction*
der Fortschritt, -e   *progress*

Die Ostzone (später die DDR), die von den Russen besetzt war, bestand 1945 aus fünf Ländern :
Sachsen, Brandenburg, Mecklenburg, Sachsen-Anhalt und Thüringen. Es gab vier politische
Parteien : die kommunistische Partei Deutschlands, die Sozialdemokraten, die Christdemokraten und
die Liberaldemokraten.

Im Jahre 1946 entstand die SED (Sozialistische Einheitspartei Deutschlands) aus einem   5
Zusammenschluß der Kommunisten und der Sozialdemokraten. In den Wahlen im Jahre 1946
gewann die SED den größten Anteil der Stimmen, und 1950, nachdem der Volkskongress eine
Verfassung akzeptiert hatte, übergab die Sowjetunion die Macht an die neue Regierung.

Im März 1952 begann die Isolierung der Ostzone von der Bundesrepublik. Bewachte
Absperrungen entstanden die Grenze entlang, und statt der Länder gab es jetzt 15 Bezirke. Einer   10
dieser Bezirke war zum Beispiel Ost-Berlin. Am 25. März 1955 verkündete die UdSSR die
Souveränität der DDR.

Ein schwerwiegendes Problem blieb Berlin, da West-Berlin ein Tor zum Westen bedeutete.
Zwischen 1945 und 1961 flohen ca. 4 Millionen Menschen von der Ostzone in den Westen. Dieser

hohe Verlust an Arbeitskräften brachte die DDR in große wirtschaftliche Schwierigkeiten. Um einen 15
weiteren Abgang an Arbeitenden zu verhindern, beschloß die Volkskammer, einen Stacheldraht, der
später eine Mauer wurde, zu errichten. In der Nacht vom 12. auf den 13. August 1961 geschah diese
Schließung des Zugangs zum Westen, und Berlin wurde eine Stadt, die bis zum 9. November 1989
durch eine Mauer geteilt war.

Von diesem Zeitpunkt an machte der Wiederaufbau der DDR und ihrer bedeutenden Städte, z.B. 20
Leipzig, Dresden und Magdeburg, große Fortschritte. Die BRD erkannte die DDR nicht an, aber die
Beziehungen zwischen den beiden deutschen Staaten verbesserten sich besonders durch die
Resultate der Ostpolitik Willi Brandts.

In den achtziger Jahren, gefördert durch dramatische politische Veränderungen im gesamten
Ostblock, mußte die Regierung wieder den Abgang vieler Bürger (ca. 250.000) in den Westen 25
mitansehen. Als sich die Lage immer mehr zuspitzte, beschloß die DDR-Führung, Reformen
durchzuführen und die Grenzen zum Westen zu öffnen.

Fragen

1. Beschreiben Sie die Ostzone im Jahre 1945!
2. Was geschah 1946?
3. Wer hatte die Regierungsmacht in der Ostzone nach 1950?
4. Was entstand 1952 aus den Ländern?
5. Beschreiben Sie, warum Berlin ein Schlüsselproblem für die DDR war!
6. Wie geschah die Teilung Berlins?
7. Welche Folgen hatte der Bau der Mauer für die DDR?
8. Beschreiben Sie die Situation und die Ereignisse in diesem Teil Europas in den achtziger Jahren!

DDR

DAS ANDERE DEUTSCHLAND

Die DDR ist für viele Bundesbürger ein weitgehend unbekanntes Reiseland, obwohl es ein Teil Deutschlands ist und jahrhundertelang ein gemeinsames Schicksal teilte. Für den Touristen bietet das Land Weltberühmtes und eine Fülle kaum bekannter Sehenswürdigkeiten.

BERLIN –
HAUPTSTADT DER DDR

Hotel Bellevue Dresden

Palasthotel Berlin

LEIPZIG –
DAS HERZ SACHSENS

Was gibt es Interessantes zu sehen?
Welche DDR-Städte kennen Sie?

AKTIVITÄTEN Gruppenarbeit

Schreiben Sie mit einem Partner eine der Situationen fertig! Schreiben Sie den Absatz im Präteritum! Lesen Sie nach zehn Minuten vor, was Sie geschrieben haben!

1. Gestern mußte ich zur Bank in der Stadt. Als ich an der Ampel stand, sah ich plötzlich zwei Männer aus der Bank rennen. Sie liefen zu einem Auto direkt vor mir und...

   Nummernschild gelesen, Auto schnell weggefahren, in die Bank gegangen, mit der Polizei gesprochen, alles erzählt und genau beschrieben, Polizei alles aufgeschrieben, nach Hause gegangen, sich erinnert, vergessen Geld zu holen.

2. Gestern ging für Gustav alles schief. Wahrscheinlich war Gustav mit dem linken Fuß zuerst aufgestanden. Beim Rasieren schnitt er sich, und während er frühstückte,...

   Hemd schmutzig gemacht, zur Arbeit gemußt, Schlüssel verloren, dann in einer Hosentasche entdeckt, zum Auto gegangen, losgefahren, bei rot über eine Ampel gefahren, Polizist das gesehen, Polizist ihn angehalten, alles kontrolliert, gegen Motorrad des Polizisten gefahren, wegen Trunkenheit ins Gefängnis gekommen und einen Tag dort verbracht.

3. Die Reise begann sehr gut. Nachdem Hans-Dieter und Inge alles ins Auto gepackt hatten, fuhren sie los. Nach 100 Kilometern hatten sie eine Panne,...

   an der Autobahn gehalten, sehr heiß gewesen, Pannendienst angerufen, endlich nach zwei Stunden gekommen, Auto angeschaut, Auto abgeschleppt, in der Werkstatt wieder gewartet, endlich weitergefahren, stark geregnet, sehr müde geworden, Hotel gesucht, nichts gefunden, im Wagen übernachtet, vielleicht erkältet.

Wiederholung : Grammatik

Insert the correct form of the simple past for the verbs indicated in parentheses.

1. Gestern ____ wir beinahe die Einladung bei den Finks. (vergessen)
2. Ich ____ mich erst am Nachmittag daran. (erinnern)
3. Wir ____ uns unheimlich, um rechtzeitig dorthin zu kommen. (beeilen)
4. Wir kamen ein bißchen zu spät, und ich ____ mich. (entschuldigen)
5. Die Party ____ um acht Uhr, und die Leute ____ uns wirklich gut. (beginnen, gefallen)
6. Herr Fink ____ viel von seinem Türkeiurlaub. (erzählen)

TEIL 15,5 | Biermanns Gedichte und Lieder werden veröffentlicht.

MERKE

The passive voice:* werden + *past participle

present tense:	Das Lied **wird** von Biermann **geschrieben.**
simple past:	Das Lied **wurde** von Biermann **geschrieben.**
present perfect:	Das Lied **ist** von Biermann **geschrieben worden.**
past perfect:	Das Lied **war** von Biermann **geschrieben worden.**
future:	Das Lied **wird** von Biermann **geschrieben werden.**
with a modal:	Das Lied **muß** von Biermann **geschrieben werden.**
result:	Das Lied **ist geschrieben.**

***Summary:* werden**

werden *as main verb* ⟶ *to become*
werden + *infinitive* ⟶ *future*
werden + *past participle* ⟶ *passive voice*
geworden ⟶ **worden** *in present and past perfect passive*

AKTIVITÄTEN   Gelenkte Kommunikation

Say in German what the teacher asks the students. Use the passive voice.

SITUATION: Imagine that you are a history teacher. Today you are grilling your students on their knowledge of German history. You ask your students:

1. when Germany was occupied
2. when the DDR was founded
3. by whom the constitution had been written
4. when it was accepted
5. when Berlin was split up
6. when the wall was built
7. if the DDR has been recognized
8. how relations have been improved
9. how the political system will be changed in the '90s

BIOGRAPHIE : Wolf Biermann

Machen Sie zuerst die Vorbereitung, lernen Sie dann das Vokabular, und lesen Sie dann den Text! Wenn Sie den Text gelesen haben, machen Sie bitte die Übungen, und beantworten Sie dann die Fragen!

Wolf Biermann.

Vorbereitung

1. Suchen Sie Passivsätze im Text und schreiben Sie Verb und Hilfsverb, und das Subjekt des Satzes auf! Wenn es kein Subjekt gibt, sagen Sie das, bitte.
2. Welche Zeit bespricht der Text? Welche Jahreszahlen finden Sie in den Absätzen? Was ist vor, was nach dem Krieg?
3. Kennen Sie Städte, die im Text vorkommen? Wo liegen diese Städte heute?

VOKABULAR

auf•wachsen, wuchs auf, ist aufgewachsen
 to grow up
der Einfluß, Einflüsse *influence*
die Unterstützung, -en *support*
veröffentlichen *to publish, to make public*

gestatten *to allow*
Anklang finden *to meet with approval*
der Auftritt, -e *appearance*
die Aufnahme, -n *recording*
die Zwangsemigration *forced emigration*

    Der Liedermacher und Dichter Wolf Biermann wurde 1936 in Hamburg geboren. Biermann ging hier zur Schule und wuchs unter dem Einfluß seiner Mutter mit der Ideologie des Kommunismus auf.
    Während der Arbeiterrevolten 1953, als eine Anzahl Ostdeutscher in den Westen ging, zog Bierman nach Ost-Berlin, um seine Unterstützung für die kommunistische Regierung zu demonstrieren. In Ost-Berlin besuchte er die Humboldt-Universität und arbeitete mit dem berühmten Berliner Ensemble von Bertolt Brecht. In Biermanns Werken zeigt sich bis heute deutlich der Einfluß Brechts.
    Obwohl seine Balladen und Lieder großen Anklang besonders bei jungen Leuten fanden, kam er in Schwierigkeiten mit den ostdeutschen Autoritäten. Seine ehrlichen und satirischen Weisen führten

5

zum Konzertverbot in der DDR. 1963 ließ man das Verbot leicht nach, und Biermanns Tourneen in Westdeutschland hatten großen Erfolg.   10

Die Veröffentlichung des Bandes *Die Drahtharfe* (1965) brachte das Ende der Karriere Biermanns in Ostdeutschland. 1965 wurden ihm Auftritte und Aufnahmen verboten und dazu auch Reisen ins Ausland. Biermanns Lieder, die oft auch seinen Kampf mit den Autoritäten zeigen, wurden jedoch weiterhin veröffentlicht, aber nur in der BRD.   15

Im Jahre 1976 wurde Biermann eine Konzerttournee in Westdeutschland gestattet. Kurz nach Beginn dieser Tournee informierte man ihn, daß er nicht in die DDR zurückkehren könnte. Sowohl Arbeiter als auch Intellektuelle protestierten gegen diese Zwangsemigration. Auch in seinem Exil verfaßt Biermann weiterhin zeitkritische und politische Lieder.

Fragen

1. Wo lebte Wolf Biermann, als er jung war?
2. Warum ging er 1953 nach Ostdeutschland?
3. Erklären Sie die Verbindung von Biermann mit Brecht!
4. Beschreiben Sie die Probleme Biermanns mit der Regierung der DDR!
5. Was bedeutet Zwangsemigration? Erklären Sie, was geschah, als Biermann in Westdeutschland konzertierte!
6. Gibt es amerikanische Liedermacher, die man mit Biermann vergleichen kann, also Liedermacher, die soziale Kritik üben und politische Lieder singen?
7. Hören Sie deren Musik? Kennen Sie Lieder von ihnen?

AKTIVITÄTEN   Gruppenarbeit

Wählen Sie eine der Persönlichkeiten und schreiben Sie mit einem Partner eine kurze Biographie! Benutzen Sie das Vokabular aus den beiden Biographien, die Sie gelesen haben (z.B. **wurde geboren, aufwachsen, leben**)!

(Use simple past for active and passive voice when appropriate.)

Willy Brandt: Politiker / Sozialdemokrat

geb. 18. Dez. 1913, Lübeck

1933:	Emigration nach Norwegen
1940:	Norwegen von deutschen Truppen besetzt
	Flucht nach Schweden
1949:	in den Bundestag gewählt
1961–5:	als Kanzlerkandidat aufgestellt
1969:	zum Bundeskanzler gewählt
1971:	Friedensnobelpreis verliehen

Marion Gräfin Dönhoff: Schriftstellerin / Publizistin

geb : 1909, Schloß Friedrichstein (Ostpreußen)
Studium : Volkswirtschaft
1946 :   in der Redaktion der Wochenzeitung „Die Zeit"
           eingestellt
1968–72 : Chefredakteurin
1971 :   Friedenspreis des deutschen Buchhandels verliehen
1973 :   zur Herausgeberin ernannt

Otto von Bismarck;
preußisch-deutscher Staatsmann

geb. 1815, Schönhausen, †1898 in Friedrichsruh
1822–32 : Gymnasium in Berlin
1836–39 : Arbeit für den preußischen Staat
ab 1845 : Karriere im Staatsdienst
1862 :   zum Ministerpräsidenten gewählt
1871 :   Deutsches Reich von B. gegründet

Marlene Dietrich: Schauspielerin und Sängerin

geb : 27. Dez. 1901, Berlin
von Max Reinhardt unterrichtet
1921 :   Beginn der Karriere beim Film
1929 :   berühmt durch Rolle der Lola in „Der blaue Engel"
1930–35 : viele Filme in den USA
1939 :   am. Staatsbürgerschaft zuerkannt
ab 1945 : als Sängerin bekannt

Wiederholung : Grammatik

Determine the tense of each passive sentence, and tell if the sentence is describing an action or result.

1. Ab 1945 war Deutschland besetzt.
2. Berlin wurde von den vier alliierten Mächten verwaltet.
3. Viele Städte waren während des Krieges zerstört worden.
4. Die meisten sind jetzt vollständig wiederaufgebaut.
5. In den Beziehungen zwischen den Ländern ist viel geändert worden.

TEIL 15,6 | Wie wird die Vergangenheit bewältigt?

MERKE

> *Naming the doer / agent in a passive sentence*
>
> **von**   Wolf Biermann wurde **von Bertolt Brecht** beeinflußt.
> **mit**   Dieses Lied wurde **mit der Gitarre** gespielt.
> **durch**   Berlin wurde **durch eine Mauer** geteilt.
>
> *no doer / agent*   1965 wurden ihm Reisen ins Ausland verboten.
>   (Aktiv: 1965 verbot **man** ihm Reisen ins Ausland.)
>
> *Passive as command*
>
> Hier wird nicht geraucht!

AKTIVITÄTEN   Gelenkte Kommunikation

A. Lesen Sie mit einem Partner die Schilder, und schreiben Sie im Aktiv, was man hier nicht machen darf!

In den Abteilen wird nicht geraucht!	**Die Gänge werden freigehalten!**	**Hier wird nicht geraucht!**

Die Fenster werden während der Fahrt nicht geöffnet!

B. Versuchen Sie jetzt mit Ihrem Partner, selbst ein paar Schilder zu formulieren! Denken Sie an Dinge, die man im Park, im Studentenwohnheim, im Klassenzimmer, usw. nicht machen soll oder darf!

Wiederholung: Grammatik

Change the following sentences to active. Use the agent indicated in parentheses.

1. Manche Künstler werden aus der DDR ausgewiesen. (die Regierung)
2. 1976 wurde Wolf Biermann nicht zurückgelassen. (die Autoritäten)
3. In den achtziger Jahre wurden in der DDR veschiedene Konzerte verboten. (die Kommunisten)

4. Reisen in die DDR sind in den siebziger Jahren etwas erleichtert worden. (man)
5. Davor waren Verträge zwischen der BRD und der DDR geschlossen worden. (die Politiker)
6. Es wird gehofft, daß die Situation noch verbessert werden kann. (man)

LESESTÜCK: Auszug aus „Schuldig geboren" von Peter Sichrovsky

Einige Jahre, bevor er „Schuldig geboren" zusammenstellte, hatte Peter Sichrovsky Gespräche mit Kindern von Juden geführt. Der Titel dieses Bandes war: „Wir wissen wohl, was gestern war, wir wissen nicht, was morgen wird." Für sein zweites Buch führte Peter Sichrovsky Gespräche mit Kindern und Enkeln von Menschen, die im Dritten Reich den Nationalsozialismus unterstützt hatten. „Susanne, 42, die Hoffnungsvolle" zeigt besonders deutlich, was in vielen der Gespräche hervortrat: Diese Kinder wissen sehr wenig über das Leben ihrer Eltern und Großeltern, da diese wenig über ihre Erlebnisse weitergaben. Die Nachkommen sind daher ganz auf andere Informationsquellen angewiesen.

> **Peter Sichrovsky**
>
> **Schuldig geboren**
>
> **Kinder aus Nazifamilien**

Ausstellung in West Berlin. Thema: Vom Preussenschlag zum Faschismus–Wege zur Diktatur.

Suchen Sie im Text nach Worten, die verschiedene Generationen andeuten (z.B. Vater, Sohn, Großeltern)! Beantworten Sie dann die folgenden Fragen!

Vorbereitungsfragen

1. Wie viele Generationen kommen hier vor?
2. Wer sind die Hauptvertreter dieser Generationen? Wie alt sind sie?
3. Was ist das Thema (und das Problem), das die Generationen beschäftigt?

Susanne, 42, die Hoffnungsvolle

Sieh mich an, wie ich hier sitze. Mein Gesicht, Augen, Mund, Nase. Was
siehst du? Sag mir doch einmal, was siehst du? Nehmen wir an°, du
triffst mich im Supermarkt. Wir stehen hintereinander an der Kasse. Ich
drehe mich um, du siehst mir ins Gesicht. Du wirst nichts an mir
5 entdecken. Nichts Besonderes. Und wenn wir heute darüber sprechen,
ob ich ein Kind von Mördern bin—lächerlich! Wie sieht ein Kind von
Mördern aus? Sag mir doch mal ehrlich, wie hast du dir mich vorgestellt?
Hast du überhaupt Vorstellungen°, äußerliche Vorstellungen davon, wie
jemand wie ich aussieht?
10 Gezeugt wurde ich 1944. Während vielleicht deine Großmutter in
irgendeinem KZ° umgebracht wurde°. Oder danach, nach der Arbeit,
nach Dienstschluß. Der Vater kommt nach Hause und legt sich auf die
Mutter. Wahrscheinlich nach dem Abendessen. Ich verstehe nicht,
warum ich gerade mit dir über diese Sache sprechen soll. Aber mit irgend
15 jemandem muß ich doch anfangen.
Du bist eigentlich der erste, der die Sache ansprechen möchte.
Wahrscheinlich wird das alles eine einzige Quälerei°.
Früher, als ich klein war, in der Schule, da gab es einige Lehrer, die
darüber sprachen. Einer, der war zurückgekommen aus der Emigration.
20 1938 hat er Deutschland mit seinen Eltern verlassen, und 1945 kam er
aus London mit der Absicht°, wie er uns immer beteuerte°, beim Aufbau
eines neuen Deutschlands mitzuhelfen. Was hat der sich bemüht, die
Schrecken der Nazizeit möglichst realistisch darzustellen°. Aber ihn
machte es fertig°, nicht uns. Er zitterte oft am ganzen Leib°, drehte sich
25 um und wischte sich heimlich° die Tränen aus den Augen. Wir ließen es
über uns ergehen, wie die Messe jeden Sonntagmorgen. Die Bilder, die
Filme, die Beteuerungen von ihm, die Mahnungen. Alles war eine
Unterrichtsstunde wie jede andere. Es läutete, er kam herein, er packte
seine Tasche aus, stellte den Filmapparat auf, legte die Rolle ein°. Die
30 Bilder liefen vor uns ab. Er las aus einem Buch, zeigte uns Fotografien. Ich
war damals 14 Jahre alt. Es läutete am Ende der Stunde, wir tobten
herum°, aßen unser Brot, und die nächste Stunde kam der Mathelehrer.
Ein paar Minuten später sprach er von Geraden und Kurven.
Unser Gehirn versuchte dann, mathematische Rätsel zu lösen und keine
35 historischen. Es war alles irgendwo so sinnlos.
Mein Vater wurde 1948 zu zehn Jahren verurteilt°. 1950 wurde er wieder
entlassen. Ich war damals drei Jahre alt, als er auf zwei Jahre
verschwand°. Es ist mir nie aufgefallen°. Ich war fünf, als er wieder
zurückkam. Ich kann mich an diesen Tag sehr genau erinnern. Er war
40 einfach plötzlich da. All das war nie ein Thema bei uns zu Hause. Mein
Vater lebt heute noch. Er ist fast 90. Ein großer, stolzer Mann mit immer
noch dichtem weißem Haar. Am linken Arm fehlt die Hand knapp bis zum
Handgelenk. Er trägt eine Prothese mit einem schwarzen Handschuh.
Die Hand ist unbeweglich. Die Finger leicht angewinkelt. Er streckt sie

Sagen wir,

Ideen

Konzentrationslager / getötet wurde

Tortur

Ziel / erklärte

zu zeigen

ihn machte es kaputt / Körper

wenn wir es nicht sehen konnten

legte den Film in den Apparat

spielten

er mußte zehn Jahre ins Gefängnis

er war weg / Ich habe es nie gemerkt.

45 immer so nach vorne, als wolle er einem gerade die Hand geben.
Eigenartig°, diese Hand habe ich immer in Erinnerung, wenn ich an ihn
denke. Ich verbinde mit ihm nichts Böses. Im Gegenteil. Er schlug mich
nie, er schrie mich nie an. Er war ruhig und verständnisvoll. Fast ein wenig
zu ruhig.

50 „Ich erzähl dir alles, was dich interessiert. Frag mich nur", sagte er oft zu
mir. Und dann kam immer wieder dieser entscheidende Satz: „Du mußt
es an deine Kinder weitergeben. Es darf nie wieder geschehen." Er
machte mich verantwortlich für die Zukunft. Meine Kinder sollten seine
Fehler nicht wiederholen. Problem für mich war nur: Was waren
55 eigentlich seine Fehler? All diese historischen Darstellungen, diese
Erzählungen waren immer so anonym.
Stern, so hieß dieser Lehrer, der aus London zurückkam, lud einmal
meinen Vater in die Schule vor°. Mein Vater ging auch hin. An diesem
Morgen war er sehr nervös. Aber das Resultat dieses Besuches war, daß
60 sich die beiden von diesem Tag an regelmäßig trafen. Es ging von
meinem Vater aus°. Der wollte ihn immer wieder sehen und mit ihm
sprechen. Es war immer sein größter Wunsch, daß ihn jemand verstehen
könne. Und mir ist eins bis heute ein Rätsel, wie er gerade mit Stern, der
doch eigentlich eines seiner Opfer° war, so lange und so ausführlich°
65 reden konnte. Als ich größer war, sagte er oft zu mir: „Diesen einen Krieg
wollten wir damals wenigstens gewinnen. Wir wußten schon 1943, daß
wir den Krieg gegen die Alliierten verlieren würden. Aber die Juden, die
sollten sterben."
Er versuchte, es mir zu erklären, immer wieder. Ganz ruhig, ohne
70 Geschrei. Er versuchte, mich zu gewinnen. Er wiederholte sich hunderte
Male. Alles klang so einfach und logisch, wenn er es erzählte. Sogar die
ärgsten Grausamkeiten° hörten sich an wie Reise- und Erlebnisberichte.
Meist saß ich stumm° vor ihm, hörte ihm zu und sagte überhaupt nichts.
Oft ertappte ich mich dabei, daß ich mit den Gedanken ganz woanders
75 war. Oder ich blickte an ihm vorbei, sah aus dem Fenster, fixierte einen
Punkt an der gegenüberliegenden Wand und dachte an etwas ganz
anderes. Er redete in einer schläfrigen, eintönigen° Stimme. Sah mich an
dabei, und ich hatte oft das Gefühl, als müßte ich, als würde ich
gezwungen dazu, ihm ständig, auf ewig° zuzuhören.
80 Als ich sechzehn war, fuhr er mit mir nach Auschwitz. Er kannte das
Lager und hatte eine Zeitlang dort gearbeitet. Wir schlossen uns einer
Gruppe an, die Deutsch sprach, bekamen einen deutschen Führer, einen
ehemaligen Häftling°. Nie werde ich diese Bilder vergessen. In der
Gruppe, die durch das Lager geführt wurde, waren viele in meinem Alter.
85 Der einzige Unterschied: Es waren Kinder von Verfolgten°. Mein Vater
sprach während dieser Führung kein Wort. Später im Auto, auf dem Weg
zurück in die Stadt, begann er, mir zu erklären, was seiner Meinung nach
der Reiseführer falsch erklärt hatte. Er sprach über die Selektionen bei
der Ankunft der Häftlinge und den Berechnungen°, daß es immer
90 zwischen 60 und 70 Prozent der Ankommenden waren, die sofort ins

Komisch

der Vater sollte in die Schule kommen

Mein Vater wollte das.

die Opfer der Nazis waren die Juden / intensiv

Brutalitäten
ohne etwas zu sagen

monoton

für immer

jemand der im KZ war

hier: Leute, die die Nazis verfolgt haben (Juden, Kommunisten, usw.)

Kalkulationen

Gas mußten. Der Rest wurde zum Arbeiten abgeführt. Der Mann, der uns durch das Lager geführt hatte, sprach angeblich nur von wenigen, die nicht sofort vernichtet° worden waren. Und mein Vater blieb ganz ruhig dabei. Sprach und beendete seine Rede mit der Frage: ,,Kannst du dir

95 überhaupt vorstellen, wie furchtbar° das alles damals war?''
Es war das Sachliche° an ihm, wenn ich heute zurückdenke, was so erschreckend war. Dieses Berichten, Beschreiben, dieses sorgfältige Aneinanderreihen von Erlebnissen. Nie hatte ich ihn z. B. in Tränen gesehen. Nie hatte ich erlebt, daß er aufhörte zu reden, stockte°, daß er

100 nicht imstande war°, zu erzählen. Immer diese eintönigen Berichte, fast wie heruntergelesen.
Ich bin nur mit meinem Vater aufgewachsen. Meine Mutter habe ich nie gekannt. Sie starb bei einem Bombenangriff. Ich war erst ein paar Monate alt. Wir hatten dann später eine Kinderfrau zu Hause, die sich um den

105 Haushalt und um mich kümmerte. Er behandelte diese Kinderfrau immer sehr gut. Er war, wie ich schon sagte, ein ruhiger, freundlicher Mensch. Alles war seiner Meinung nach erklärbar und hatte seine eigene Logik. Begreift man° erst, warum etwas geschehen ist, löst sich das Unverständnis° und die grausame Phantasie in Nichts auf.

110 Alles, was damals° geschah, war für meinen Vater ein System von Ursache und Wirkung°.
Sein Vater war Offizier, also wurde auch er Offizier. Seine Eltern waren begeisterte Anhänger° der Nazis, so wurde auch er einer. Die ganze Familie, aus der er stammt, war von Anfang an dabei. Sein Vater, den ich

115 übrigens nie kennenlernte, da er im Krieg fiel, war sogar mit Hitler bekannt°. Mein Vater erzählte manchmal, daß er Hitler in den Anfangsjahren, so zwischen 1930 und 1933, auch persönlich öfters gesehen hatte. Seine Worte dazu: ,,Man konnte sich seiner Anziehungskraft° nicht widersetzen.''

120 So war das Schreckliche, was während des Krieges geschah, für ihn auch eine Folge von Bedingungen und Umständen°. Aber, wenn ich ehrlich bin: Mein Vater beschönigte nichts. Er sprach von Mördern und Verbrechen°. Nie entschuldigte er oder versuchte zu erklären, daß vieles nicht stimmen würde°, was heute durch die Presse geht oder in unseren

125 Lehrbüchern stand. Aber schuldig, schuldig fühlte er sich selbst nie. Kein einziges Mal auch nur, daß er einen Fehler begangen hätte oder an einem Verbrechen beteiligt gewesen wäre°. Er war ein Opfer der Umstände. Und ich, ich glaubte ihm immer alles. Glaubte seinen Beteuerungen und hielt alles, was geschehen war, für einen furchtbaren Unglücksfall. Ohne

130 ihn jemals der Mitschuld zu verdächtigen. Doch alles hat sich geändert, als mein Sohn kam und er mein Weltbild zerstörte. Aber dazu komm' ich später.
Ich machte 1962 das Abitur und begann, Psychologie zu studieren. Später wechselte ich das Fach und machte meine Ausbildung als

135 Studienrätin° fertig. Schon zu Beginn des Studiums lernte ich Horst kennen. 1965 heirateten wir und 1966 kam mein Sohn Dieter zur Welt.

---

getötet (hier : vergast)

schrecklich
nicht emotionell;
   nur Fakten

stoppte
nicht konnte

Versteht man
das Nicht-Verstehen
früher
Ursache und Effekt

enthusiastische Fans

kannte Hitler

Charisma

die Konditionen und die
   ganze Situation
kriminelle Aktivitäten
nicht richtig wäre

mitgemacht hätte

Lehrerin, zB. im Gymnasium
(Beamtin)

Mein Mann, der Horst, ist auch Lehrer. Seine Fächer sind Deutsch und Geschichte.

Dieter kam vor drei oder vier Jahren nach Hause und erzählte, er habe
140 sich einer Arbeitsgruppe angeschlossen, die sich mit der Geschichte und dem Schicksal der Juden in unserer Stadt beschäftigte. Großartig, sagte ich und war stolz auf ihn. Und Horst, der ja Geschichte unterrichtet, sagte ihm, er wolle ihm helfen, wo er könne, ob mit Hinweisen° oder Büchern oder sonstwie°. Horst und ich waren ganz unbefangen° in dieser Sache.
145 Sogar ein wenig stolz, daß sich unser Sohn mit solch wichtigen Dingen beschäftigte.

Dieter traf sich regelmäßig mit seinen Freunden. Einmal bei den Eltern des einen, einmal bei anderen und oft auch bei uns zu Hause. Sie wühlten in Unterlagen° des Stadtarchivs, schrieben Briefe an jüdische Gemeinden
150 und versuchten, Überlebende° aus der Stadt zu finden.

Doch nach ein paar Wochen änderte sich plötzlich alles. Ich bekam ein Gefühl des Unbehagens. Dieter war kaum mehr zu Hause, jede freie Minute mit seinen Freunden zusammen. Und ich spürte° irgendwie, daß, je länger er sich mit der Sache beschäftigte, er sich mehr und mehr uns
155 entzog°. Er sprach kaum noch über seine Arbeit mit uns, erzählte nichts mehr und wurde immer verschlossener.

Eines Tages während des Abendessens—Horst und ich versuchten, auf ihn einzureden, wir fragten ihn, wie es denn mit der Arbeit in der Gruppe stünde—sah er plötzlich vom Teller auf, sah mir in die Augen und sagte in
160 einem ziemlich aggressiven Ton: ,,Was hat eigentlich Großvater während des Krieges gemacht?''

Ich dachte mir, gut, er interessiert sich und hat ein Recht zu wissen, was Großvater damals getan hat. Und ich sollte ihm erzählen, was ich wußte. Mein Vater war damals im Altersheim°, etwa 80 km von uns entfernt, und
165 wir besuchten ihn etwa ein- oder zweimal im Monat, nahmen jedoch sehr selten Dieter mit. So erzählte ich Dieter, was ich wußte von damals, diesem Damals, das ich nur aus Berichten meines Vaters kannte. Ich versuchte zu erklären, darzustellen, zu beschreiben, erläuterte° und berichtete von einer Phantasiewelt, wie ich heute weiß, die nichts mit der
170 Realität zu tun hatte. Dieter hörte eine Weile zu, ohne mich anzusehen. Sprang dann plötzlich auf, knallte Gabel und Messer auf den Tisch, mit deren Griffen er, während ich redete, auf den Tisch geklopft hatte, sah mich mit großen verschreckten Augen an und schrie: ,,Du lügst, er ist ein Mörder! Du lügst, du lügst! Großvater war ein Mörder und ist ein
175 Mörder.'' Immer wieder schrie er es, bis Horst aufstand und ihm eine Ohrfeige gab.° Dann schrie ich die beiden an, es war schrecklich.

Dieter rannte in sein Zimmer, warf die Tür zu und kam für den Rest des Abends nicht mehr zu uns heraus.

Irgend etwas zerbrach° in dem Jungen. Wie oft habe ich versucht, mit ihm
180 zu reden, ihm zu erklären, was damals—dieses verdammte Damals!— geschehen ist. Ich sprach wie gegen eine Wand. Er saß vor mir, starrte auf seine Knie, krampfte die Finger ineinander und antwortete nie. Es war

Tips
irgendwie / naiv

Akten, Papiere
Leute, die noch lebten

fühlte, merkte

sich von uns entfernte

Heim für alte Leute

erklärte

Horst hat ihn ins Gesicht geschlagen

etwas ging kaputt

zwecklos. Er wollte von mir nichts hören, ebensowenig von Horst.

Ein paar Wochen später kam er nach Hause, holte aus seiner
185 Schulmappe° ein paar Papiere und legte sie vor mir auf den Küchentisch.   Schultasche
Es waren alte Dokumente.

,,Kennst du eine Familie Kolleg?" fragte er mich. ,,Nein, nie gehört",
antwortete ich ihm. ,,Hier", er wies° auf die Papiere auf dem Tisch, ,,sie
wohnten einmal in diesem Haus hier." ,,Du meinst, in unserem Haus?"
190 fragte ich. Und versuchte, eines der Dokumente zu entziffern. ,,Ja, wo wir
jetzt wohnen", sagte er. Ich wußte nicht, worauf er hinauswollte. ,,Ja
und, was willst du damit sagen?" fragte ich ihn. ,,Nichts Wichtiges",
antwortete er und sprach ganz ruhig. ,,Die Kollegs wurden 1941
abgeholt, aus diesem Haus hier, starben 1944 in Auschwitz. Dein lieber
195 Vater ist mit deiner lieben Mutter einen Tag nach der Verschleppung° hier   nachdem man sie weggeholt
eingezogen."   hatte

Dann riß er mir das Blatt aus der Hand und schrie mich an: ,,Soll ich dir
vorlesen? Soll ich dir vorlesen? Hier, hier steht es. ,Hier wohnten Martha
Kolleg, 2 Jahre alt, Anna Kolleg, 6 Jahre alt, Fredi Kolleg, 12 Jahre alt,
200 Harry Kolleg, 42 Jahre alt, und Susanne Kolleg, 38 Jahre alt. Abgeholt am
10. November 1941. Deportiert am 12. November 1941. Offizielles
Todesdatum der Kinder und der Mutter am 14.1.1944. Vater gilt als
verschollen°. Ort des Todes: Auschwitz. Todesart:—' Willst du noch   Man weiß nicht, wo der Vater ist.
Genaueres wissen? Mutter? Und von alldem hast du angeblich nie etwas
205 gewußt? Von alldem hat dein Vater nie etwas erzählt?"

Ich sagte damals gar nichts. Fing nervös an, in der Küche herum-
zuhantieren. Wußte auch gar nicht, was ich darauf hätte sagen sollen.
Vater hatte mir nie davon erzählt, daß wir in einem beschlagnahmten°   konfisziert
Haus wohnten. Ich ging immer davon aus, es sei ein alter Familienbesitz.
210 Aber, was zum Teufel, hätte ich wirklich meinem Sohn sagen sollen?
Mich verbünden mit ihm° und den eigenen Vater verurteilen?   Mich mit ihm zusammentun

Ich versuchte, mit meinem Mann darüber zu sprechen, und Horst
versprach mir, mit Dieter einmal in Ruhe zu reden. Aber dieses Gespräch
half uns auch nicht weiter. Im Gegenteil, mein Sohn wandte sich nun auch
215 noch gegen meinen Mann.

Horst war auch nicht sehr geschickt° mit seinen Ratschlägen. Er ist ein   clever
überzeugter Anhänger der Grünen und bezeichnet sich selbst als Linken.
Seiner Meinung nach sind unsere heutigen Probleme andere, z. B.
ökologische und die der Atomkraft. Und in dieser Richtung versuchte er,
220 Dieter zu beeinflussen. Sprach immer wieder davon, daß Faschismus
kein Thema für einen jungen Deutschen heute sei und daß die
Vergangenheit Vergangenheit sei und endlich vergessen werden sollte.
Faschismuskritik sei eine Sache von Philosophen, nicht von jungen
Pubertierenden. Junge Leute sollten heute demonstrieren gegen
225 Atomkraftwerke, gegen die Verschmutzung der Umwelt. Alles andere sei
gesellschaftlich bedingt und müsse im Zuge einer gesellschaftlichen
Veränderung verändert werden, und dann würde es auch keinen
Faschismus mehr geben, blah, blah, blah; alles ein theoretisches Gefasel,

und Dieter saß vor ihm, schüttelte immer wieder den Kopf und versuchte,
230 ihm zu widersprechen, aber Horst ließ es nicht zu.
Als dann Dieter gar nichts mehr sagte und Horst weiter und weiter redete,
versuchte ich, die beiden zu unterbrechen, und fragte Dieter, was er denn
dazu nun sage. Dieter sah mich an, sah Horst an und sagte einen einzigen
Satz: ,,Und was hat das alles damit zu tun, daß mein eigener Großvater
235 ein Mörder ist?'' Stand auf und ging in sein Zimmer.
Die nächsten Wochen waren ein Greuel. Jeden Abend Diskussionen,
Schreiereien, Tränen und Beschuldigungen. Dieter und ich prallten
aufeinander, wie zwei aus verschiedenen Religionen, mit verschiedenen
Wahrheiten. Horst flüchtete sich° vor den Fernsehapparat und mischte   floh
240 sich überhaupt nicht mehr ein. Hie und da kam er mit sinnlosen
Ratschlägen, wir sollten doch lieber aufhören und alles nicht so ernst
nehmen. Aber das half uns nicht weiter; im Gegenteil. Dieter nahm alles
ernst.
Langsam entwickelte sich in mir ein Gefühl der Angst, den eigenen Sohn
245 zu verlieren. Der Bruch mit meinem eigenen Vater hatte nie
stattgefunden°, trotz der vielen Berichte und Beschreibungen, die ich von   geschehen
ihm erfuhr. Nun mußte ich fürchten, daß sich dieser Bruch zwischen
meinem Sohn und mir ereignen° könnte. Ich kam in die verzweifelte Situa-   geschehen
tion, zwischen meinem Sohn und meinem Vater entscheiden zu müssen.
250 Ich wollte es natürlich zuerst mit dem Sohn versuchen. Nachdem wir
vielleicht zwei Wochen lang überhaupt nicht miteinander gesprochen
hatten, bat ich eines Abends Dieter, mir noch einmal zuzuhören. Ich
versuchte, ihm zu erklären, wie Opa mir seine Erlebnisse weitergegeben
hatte, erzählte ihm von dem Besuch in Auschwitz und anderen
255 Erlebnissen aus meiner Jugend. Ich hatte die ehrliche Absicht, ihm zu
zeigen, wie die Geschichte meines Vaters und die des Nationalsozialismus an mich weitergegeben worden waren, wie ich darauf reagierte und
inwieweit es mich überhaupt beschäftigte. Auch den Unterschied der
beiden Generationen versuchte ich ihm klarzumachen. Wir wären doch in
260 seinem Alter nie auf die Idee gekommen, in Arbeitsgruppen die
Geschichte der Stadt während der Nazizeit zu erforschen. Wie blöd und
naiv und auch uninteressiert waren wir damals gegenüber der Jugend
heute. Oder was auch möglich war: Wie sehr belastet° dieses Thema   schwierig, kompliziert
damals noch war.
265 Es war ein sehr wichtiges Gespräch damals. Dieter hörte ganz ruhig zu,
stellte mir eine Menge Fragen und war nicht mehr so abwehrend. Aber ich
glaube, das wichtigste für Dieter war, daß ich ihm versicherte, daß ich
Opa nicht um jeden Preis verteidigen würde. Daß der Großvater nicht
zwischen ihm und mir stehen dürfe und er in mir nicht eine ehemalige
270 Nationalsozialistin sehen könne, die heute immer noch an vergangenen
Idealen hängt. Auch verstand er, daß es nicht so einfach ist, den eigenen
Vater als Mörder zu verurteilen, wenn man ihn von dieser Seite nie erlebt
oder gesehen hat und er auch nie diese Seite von sich ehrlich und offen
dargestellt hätte.

275 Nun gut, ich bat im Grunde genommen meinen Sohn um Verzeihung° und außerdem noch um mehr Verständnis für meine Situation. Außer Zweifel ließ ich meine eigene Abwehr gegen die Zeit damals° und die Taten von Opa. Das war wahrscheinlich entscheidend dafür, daß Dieter und ich wieder zueinanderfanden.

bat um Entschuldigung

Ich machte ganz klar, daß ich gegen die Nazizeit war

280 In den Tagen nach diesem wichtigen Gespräch geschah etwas Wunderschönes für mich. Ich solidarisierte mich mit meinem Sohn— gegen den eigenen Vater. Ich interessierte mich mehr und mehr für seine Arbeit in der Gruppe, und er zeigte mir auch alles, was er mit seinen Freunden sammelte und erforschte. Seine Arbeitsgruppe kam nun immer

285 öfter zu uns, und ich saß meist ganz still in der Ecke und hörte ihnen zu. Es war faszinierend für mich, mitzuerleben, wie junge Menschen heute mit Geschichte umgingen°. Diese Generation war einfach unbefangener und hatte weniger Ängste und Hemmungen.

die Geschichte behandelten

Aber in Ordnung war längst noch nicht alles. Immer noch besuchte ich

290 meinen Vater jeden Sonntag, und jedes Mal, wenn ich ihn sah, nahm ich mir vor, mit ihm zu reden. Aber ich schaffte es nicht. Er konnte kaum noch gehen, hörte schlecht, und ich fuhr ihn meistens im Rollstuhl durch den Park des Altersheims. Ich brachte es nicht fertig, ihn auf die Umstände anzusprechen, wie er zu dem Haus gekommen war°, in dem auch ich

wie er das Haus bekommen hatte

295 jetzt wohnte.
Ich versuchte, Dieter dazu zu überzeugen, daß er mitkommen sollte, um mit Opa zu sprechen. Er wollte nicht. „Er ist dein Vater", meinte er dazu. Ich glaubte allerdings damals, daß auch ihm ein Gespräch mit Opa unangenehm sei.

300 Doch nach ein paar Wochen hatte ich Dieter so weit, daß er mitkam. Opa freute sich, als er meinen Sohn sah, er hatte ihn fast ein Jahr nicht mehr gesehen. Er fragte ihn nach der Schule, und die beiden unterhielten sich, als wären sie gute Freunde. Ich dachte damals schon, daß Dieter seine Absichten aufgegeben hätte. Aber ich täuschte mich. Nach einem

305 anfänglichen Herumgerede über alles mögliche kam Dieter zur Sache°. Er stellte meinem Vater dieselbe Frage wir mir : Ob er die Familie Kolleg kenne? Nein, antwortete dieser, er hätte nie von ihr gehört. Dieter fragte weiter, wie denn Opa zu dem Haus gekommen sei, in dem wir jetzt wohnten. Er hätte es gekauft, antwortete ihm mein Vater. Von wem

kam Dieter zum Thema

310 denn, fuhr Dieter fort. Von einem Hausverwalter, sagte wieder Vater. Ob er denn wisse, wer vorher in dem Haus gewohnt habe, fragte ihn Dieter. Nein, wisse er nicht, sagte Vater.
Und so ging das Gespräch hin und her, ohne daß Dieter wirklich meinen Vater angriff°. Er stellte ihm einfache Fragen, und mein Vater antwortete,

attackierte

315 ohne herumzureden, so wie er immer sprach. In mir kam langsam der Verdacht auf, daß Vater vielleicht wirklich nichts wußte. Aber Dieter mit seiner fast schon penetranten Art, Fragen zu stellen, ließ nicht locker°. Bis Großvater die Geduld verlor. „Was versuchst du herauszu- bekommen?", fragte er Dieter. Und Dieter erzählte ihm von der

fragte immer wieder

320 Arbeitsgruppe und den Unterlagen, die sie über das Haus gefunden

hatten, von dem Nachweis der Verschleppung der Familie Kolleg, die in unserem Haus wohnte.

Aber mein Vater wehrte alles ab. Das habe er nicht gewußt, er habe das Haus ganz normal gekauft, und er würde heute zum ersten Mal davon
325 hören, daß in dem Haus vorher Juden gewohnt hätten. Dieter glaubte ihm nicht, verzichtete aber darauf, mit Opa einen Streit zu beginnen°. Er flüsterte° mir zu, daß es keinen Sinn habe, mit Opa darüber zu reden. Und so ließen wir es.

wollte aber keinen Streit beginnen / sagte leise

An diesem Tag starb mein Vater für mich. Den Menschen, den ich in den
330 folgenden Monaten besuchte, kannte ich nicht mehr, und er interessierte mich auch nicht mehr. Belangloses° sprach ich vor mich hin, während ich ihn durch den Park schob, keine wirklichen persönlichen Gespräche gab es mehr. Vater war für mich seit dem Besuch mit Dieter ein Lügner. Und ich wollte gar nicht daran denken, was er mir im Laufe meines Lebens°
335 alles für Lügen erzählt hatte. Nichts war mehr sicher, alles konnte vielleicht nur teilweise oder verdreht berichtet worden sein.

Unwichtiges

während meines Lebens

Heute besuche ich Vater nur noch einmal pro Monat. Dieter kam seit damals nicht mehr mit. Ich fragte ihn auch gar nicht. Ich bin heute auf seiner Seite, und all meine Hoffnungen liegen bei ihm. Er ist unbeeinflußt
340 von der Generation meines Vaters, und das ist gut so. Er wächst wesentlich freier auf als ich und ist auch lange nicht so autoritätsgläubig. Aber das entscheidende Erlebnis mit meinem Sohn ist sicherlich das Loslösen mit und durch ihn von meinem Vater. Dieser alte Mann im Heim dort ist mir völlig fremd. Würde ein anderer im Rollstuhl sitzen, den ich
345 durch den Garten fahre, es würde mir nicht auffallen.

Inhaltsfragen

1. Mit wem spricht Susanne zu Beginn ihres Berichts? Wie spricht sie mit dieser Person?
2. Wie war Susannes Kontakt mit der Nazizeit, als sie jung war?
3. Was war für Susanne der entscheidende Satz ihres Vaters?
4. Beschreiben Sie die Bekanntschaft von Susannes Vater mit dem Lehrer Stern! Warum wollte er ihn treffen?
5. Was geschah, als Susanne sechzehn Jahre alt war?
6. Was sagte der Vater? Warum war es so schrecklich, wie der Vater über alles sprach?
7. Wann änderte sich alles? Was begann Dieter?
8. Was fragte er eines Tages? Wie anwortete seine Mutter? Wie reagierte er?
9. Was war Dieters zweite Frage? Wie reagierten die Eltern?
10. Warum findet Susanne es nicht gut, wie ihr Mann versuchte, mit Dieter zu reden?
11. Was geschah in den folgenden Wochen? In welche Situation kam Susanne?
12. Beschreiben Sie das wichtige Gespräch zwischen Susanne und ihrem Sohn!
13. Beschreiben Sie den Besuch von Dieter und Susanne beim Großvater!
14. Wie beurteilt Susanne ihren Vater seit diesem Besuch?
15. Wie ist am Ende das Verhältnis zwischen Mutter und Sohn?

Interpretationsfragen

1. Erklären Sie, wie sich Susannes Vater zur Vergangenheit verhält? Was bedeutete das für Susanne und ihr Verständnis der Nazizeit?
2. Wie steht Dieter zur Vergangenheit? Wie beschäftigt er sich damit? Welche Probleme gibt es deshalb zwischen ihm und seinen Eltern?
3. Wie entwickelt sich die Einstellung der Hauptpersonen zur Nazizeit?
4. Wie entwickelt sich das Verhältnis zwischen Mutter und Sohn?
5. Haben Sie Verständnis für Dieters Reaktion? Würden Sie die Wahrheit ergründen wollen, oder lieber Konfrontationen vermeiden?
6. Welche Bedeutung hat der Titel „Susanne, 42, die Hoffnungsvolle?"

Übungen zum Passiv

A. Machen Sie aus den folgenden Passivsätzen Sätze im Aktiv! Benutzen Sie **man** oder ein logisches Subjekt!

1. Mein Vater wurde 1948 zu zehn Jahren verurteilt.
2. 1950 wurde er wieder entlassen.
3. Der Rest wurde zum Arbeiten geführt.
4. Der Mann sprach nur von wenigen, die vernichtet worden waren.
5. Ich hatte das Gefühl, ich würde gezwungen (werden), zuzuhören.
6. Er sprach davon, daß die Vergangenheit vergessen werden sollte.
7. Ich wollte ihm zeigen, wie die Geschichte meines Vaters und die des Nationalsozialismus an mich weitergegeben worden waren.
8. Alles konnte teilweise oder verdreht berichtet worden sein.

B. Sehen Sie sich die Passivsätze nochmal an! In welchem Kontext verwendet Susanne das Passiv (ohne Subjekt)? Warum gerade dann?

TEIL 15,7 | Er sagte, er wüßte nichts davon.

MERKE

Speculating and politely requesting (review of* würde-*forms)

speculative statement:	Die Kinder **würden** das nicht **verstehen.**
condition and speculation:	Wenn wir Deutsch **sprechen würden, würde** man uns **verstehen.**
polite request:	**Würden Sie mir sagen,** wo die Apotheke ist?

General subjunctive (subjunctive II) regular verbs

Wenn ich **arbeitete** (=arbeiten würde), könnte ich mehr reisen.
Wenn ich das **glaubte** (=glauben würde), wäre ich dumm.

Irregular verbs

sprechen → sprach, → **spräch-**   gehen → ging, → **ging-**

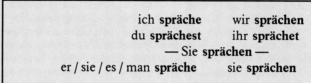

ich **spräche**	wir **sprächen**
du **sprächest**	ihr **sprächet**
— Sie **sprächen** —	
er / sie / es / man **spräche**	sie **sprächen**

AKTIVITÄTEN   Wiederholung : Grammatik

Form sentences in the general subjunctive (not the **würde**-form):

Beispiel : Was würdest du machen, wenn du die DDR besuchtest?
       mit Leuten sprechen : **Ich spräche mit den Leuten.**

1. in verschiedene Städte fahren
2. in viele Museen gehen
3. viele Postkarten schreiben
4. in Restaurants essen
5. viel laufen
6. nicht so bald zurückkommen

TEIL 15,8 | Eindrücke aus Ost und West

MERKE   *Quoting others: direct and indirect speech*

direct quote:	Er hat gesagt : „**Ich komme** am Wochenende."
indirect quote:	Er hat gesagt, daß **er kommt/kommen würde/käme**.
with special subjunctive:	Er hat gesagt, **er komme** morgen.

direct quote:	Er hat gesagt : „**Ich habe geschrieben**."
indirect quote:	Er hat gesagt, daß **er geschrieben hat / geschrieben hätte**.
with special subjunctive:	Er hat gesagt, **er habe geschrieben**.

In der Zeitung steht, der Bundeskanzler **sei weggefahren** und **habe** Urlaub **gemacht**.
Ab nächster Woche **sei** er wieder in der Hauptstadt und **werde** voll seinem Amt **nachgehen**.

AKTIVITÄTEN   Gelenkte Kommunikation

Situation: Sie haben gerade ein paar interessante Zeitungsartikel gelesen. Sie erzählen einem Freund darüber. Hier sind Vorschläge, wie Sie das Zitat beginnen können.

1. In der Zeitung stand, daß...
2. Ich habe gelesen, daß...
3. In dem Artikel stand, daß...
4. Man hat gesagt / geschrieben, daß...
5. Sie glauben, daß...

A. Use the general subjunctive (not the **würde**-form) *and* one of the five introductory remarks above to report indirectly the following:

1. Die Deutschen arbeiten immer weniger und machen immer mehr Urlaub!
2. Sie reisen in immer exotischere Länder!
3. Sie wollen sogar noch weniger Stunden pro Woche arbeiten!
4. Viele leben lieber auf dem Land!
5. Sie wohnen nicht gern in großen Städten!

B. Use the special subjunctive for indirect speech. (Note: You don't have to use a **daß**-clause.) (Again, use an introductory statement as in exercises A and B.)

1. Der Bundespräsident erklärt heute seinen Rücktritt!
2. Das Kabinett hat heute eine Sondersitzung.
3. Der Bundeskanzler nennt die Situation eine Krise.
4. Der Außenminister fährt heute in den Sudan.
5. Er spricht dort mit den Ölscheichen.
6. Er nimmt einige Mitarbeiter mit.
7. Er bleibt eine Woche dort.
8. Die Ölpreise werden wahrscheinlich trotzdem nicht niedriger.

LESESTÜCK : Die DDR-Schriftstellerin Gabriele Eckart

Vorbereitung :   Lesen Sie zuerst die Informationen über Gabriele Eckart und beantworten Sie die folgenden Fragen!

Gabriele Eckart erregte Aufsehen mit ihrem bei Kiepenheuer & Witsch erschienenen Buch „So sehe ick die Sache"—21 Protokolle von Tonbandinterviews mit Lehrlingen, Arbeitern, Meistern und Funktionären aus dem Havelländischen Obstanbaugebiet, einem der größten der DDR. Diese Interviews enthielten viel Kritisches über den DDR-Alltag : die Isolation der Lehrlinge in den Ausbildungsinternaten, die Umweltvergiftung durch verschwenderische Verwendung von Pflanzenschutzmitteln, die Mißwirtschaft in schlecht organisierten Großbetrieben. Als die DDR-

Zeitschrift „Sinn und Form" zwei Interviews vorabdruckte, bekam die SED-Führung kalte Füße. Gabriele Eckart, 1954 im Vogtland geborene Tochter eines SED-Funktionärs und bis zu diesen Interviews eine Art Lieblingskind der DDR-Führung, sah keine Veröffentlichungschancen mehr in der DDR und stellte im Juli 1984 einen Ausreiseantrag in die Bundesrepublik. Erst als die DDR-Behörden ihr zusicherten, künftig wieder publizistisch arbeiten zu dürfen, zog sie den Antrag zurück. In der Bundesrepublik ist ferner die Geschichtensammlung „Per Anhalter" erschienen.

Vorbereitungsfragen

1. Wo und wann ist Gabriele Eckart geboren?
2. Was ist ihr Vater?
3. Wie stand Gabriele Eckart zur Regierung der DDR?
4. Was wollte sie im Juli 1984 machen?
5. Beschreiben Sie das Thema des Buches „So sehe ick die Sache!"

Lesen Sie den Text, beantworten Sie die Fragen, und machen Sie dann den Vergleich!
(*Use subjunctive, present or past for indirect speech when you actually quote from the article.*)

Beispiel: Sie schreibt, **sie habe / hätte** Nervosität **gespürt.**
In dem Brief stand, **sie solle/sollte** nichts über die DDR **schreiben.**

„Ich kam mir überflüssig vor"
DDR-Schriftstellerin Gabriele Eckart über einen Besuch in der Bundesrepublik

Vom 28. September bis zum 1. Dezember 1986 war ich zum ersten Mal in Westdeutschland. Zur Frankfurter Buchmesse, sowie zu einer Lesereise war ich eingeladen, und zu meinem Erstaunen erhielt ich ein Visum. Andere junge DDR-Schriftsteller, die wie ich meist bei der Kirche lesen, bekamen—trotz ähnlicher Einladungen ihrer Verlage—das Visum nicht. Mein Staat verfährt nach der Devise „Teile und herrsche"!

Ich merkte, während ich an der Grenzübergangsstelle Friedrichstraße glücklich meinen blauen Paß vorwies, wie leicht durch derlei Privilegien einem, der schreibt, kritisches Engagement abgekauft werden kann. Manche Schriftsteller mit Reisepaß vermögen sich kaum mehr in die seelische Situation eines DDR-Bürgers hineinzuversetzen, der nie aus dem Käfig herausdarf. Dazu der Gedanke: Es könnte das letztemal sein.

Wer an der Welt gerochen hat, möchte den Duft nicht mehr missen. Mithin kalkuliert man, ob bewußt oder unbewußt, sein politisches Wohlverhalten.

Was roch mir so gut? Schon das Straßenbild: Früchte zuhauf und Blumen. Ausländische Sänger. Ich drehte mich wie ein Kreisel, aus Furcht, irgend etwas zu übersehen. Die Schaufenster der Reisebüros. Die Buchläden. Gespräche. Die für mich schwierige allmähliche Gewöhnung, in geschlossenen Räumen frei von der Leber weg sprechen zu können.

Gut roch mir die Freizügigkeit, die ich, belesen in kritischer westdeutscher Literatur, nicht Freiheit nennen zu dürfen meinte. Auch war ich nur Gast und entsprechend verwöhnt als solcher. Ich roch an der Oberfläche.

Nach der Euphorie der ersten Tage spürte ich Nervosität: Es schien mir zuviel des Guten. Zu viele Taxis, Bananen und Käsesorten. Im Gegensatz zur DDR stehen hier die Dinge Schlange nach dem Kunden, beiderseits ein Schlangestehen.

Während ich dies verfasse, kommt aus Ost-
friesland ein Brief: Schreiben Sie doch etwas
über Ihre Reise—ein DDR-Indianer im Wilden 45
Westen. Aber lassen Sie die DDR heraus, die
interessiert hier keinen! Leider, denke ich. Und
wirklich existiert die DDR für viele West-
deutsche, die ich kennenlernte, auf dem Globus
nicht. Was kann ich unter dieser Voraussetzung 50
schon erzählen.

Die Zugbremsen quietschten so fürchterlich,
wie sie es, meinem Klischeebild von Westdeutschland entsprechend, nicht hätten tun
dürfen. Überhaupt ging es mir zu geräuschvoll 55
zu. Und alles schien mir auch unglaublich ge-
schwind zu gehen, die Züge, das ganze Leben.
Sogar die Uhren, meinte ich, gingen hier schneller. Manchmal wähnte ich mich in einem
Science-fiction-Film. Auf jeden Fall war ich im 60
Ausland, das, obschon man Deutsch sprach, mir
noch ausländischer schien, als ich es für möglich
gehalten hätte.

Dies aber ängstigte mich nicht. Im
Gegenteil.   65

Und sportlich sind die Westdeutschen! Allen-
orts rannten Leute in Jogginganzügen an mir
vorüber. In Parks und Wäldern hob man Hanteln,
machte Klimmzüge und Strecksprünge. Davon
angesteckt, fing ich mit Frühsport an, zackig und 70
in westdeutscher Geschwindigkeit. Ich rutschte
aus, verrenkte mir das Schulterblatt. Danach versuchte ich nicht mehr, die Westdeutschen
nachzuahmen.

Gegen Ende meiner Reise sagten mir Bekann- 75
te, es sei nun mit mir kaum mehr auszuhalten.
Jedem Gespräch zwänge ich sofort die DDR mit
ihrem Für und Wider auf. Wie jemand, der ein
Bein verloren hat und lebenslänglich nur noch

über dieses verlorene Bein sprechen kann. Ver- 80
suchte jemand, das Thema zu wechseln, fuhr ich
ihm unbeherrscht über den Mund. Ich litt an einem Phantomschmerz.

So fuhr ich zurück, schweren Herzens. Vielleicht ist Haß nur eine Umkehrung von Liebe, 85
redete ich mir gut zu.

Am Bahnhof Friedrichstraße versuchte ich,
zu Hause anzurufen, damit ich, wie abgemacht,
abgeholt werde. Die beiden öffentlichen Tele-
phonapparate im Bahnhofsgebäude waren ka- 90
putt. Ich bugsierte mein Gepäck mühsam zu zwei
anderen Telephonapparaten. Auch sie funktio-
nierten nicht. Am Taxistand reihte ich mich als
vierzehnte in die Schlange ein. In der nächsten
Viertelstunde kam kein Taxi. Dann erschien ein 95
Wagen. Wer will nach Lichtenberg? fragte der
Fahrer, ich habe Feierabend. Niemand wollte
nach Lichtenberg. Das Taxi fuhr leer ab.

Ich hatte es satt zu warten und begab mich zur
nächstgelegenen Bushaltestelle. Laut Fahrplan 100
sollte in sechzehn Minuten ein Bus kommen. Er
fiel aus. Es war kalt. Ich fror. Eine junge Frau, die
vor mir Paß- und Zollkontrolle passiert hatte und
ebenfalls mit umfangreichem Gepäck zwischen
Telephonapparaten, Taxistand und Bushal- 105
testelle herumgeirrt war, brach in einen Wein-
krampf aus. Mit der Handfläche schlug sie sich
dabei immerzu gegen die Stirn. Fluchend machte
ich mir Luft.

Ein Mann, der ebenfalls auf den Bus wartete, 110
versuchte, uns zu beruhigen.

Ich wünsche jedem der uns Regierenden, einem DDR-Bürger nach seiner Rückkehr aus
Westdeutschland in der folgenden Stunde einmal
ins Herz zu sehen.   115

Inhaltsfragen

1. Wann war der Besuch? Warum kam Gebriele Eckart nach Frankfurt und in die BRD?
2. Wo kam sie über die Grenze?
3. Was beschreibt Gabriele Eckart als positive Eindrücke (was „ihr gut roch")?
4. Was machte sie dann nervös, was sind ihre negativen Gefühle?
5. Wie sollte sie über die Reise schreiben?
6. Was sagt sie über die Westdeutschen?
7. Wie beschreibt sie ihre Gefühle, als sie in die DDR zurückfährt?
8. Beschreiben Sie, wie die Rückkehr verläuft!
9. Was sagt sie, sie wünsche den Regierenden?

DDR- und BRD-Eindrücke im Vergleich:

Finden Sie in dem Text Sätze oder Absätze, die etwas über die DDR und die BRD aussagen! Schreiben Sie das in Stichpunkten auf!

Das elegante Barockschloß
Zwinger in Dresden.

J.S. Bach, der wahrscheinlich
größte Komponist Deutschlands,
stammte aus der heutigen DDR.

Wiederholung : Grammatik

For each indirect quote in the special subjunctive, supply the two alternative forms (indicative and general subjunctive):

1. Er hat angerufen und gesagt, er habe die Grippe.
2. ..., er sei sehr müde.
3. ..., er gehe heute nicht zur Uni.
4. ..., er bleibe zu Hause.
5. ..., er müsse viel lesen.
6. ..., er könne sich nicht konzentrieren.
7. ..., er spreche morgen mit dir.
8. ..., er komme vielleicht vobei.

Kontrolle

After completing this chapter, you should be able in German to:

1. especially comprehend and form the simple past
2. comprehend and formulate a passive sentence
3. recognize and use the general subjunctive for certain verbs
4. recognize and form the special subjunctive for indirect speech

Wiederholung

A. Beantworten Sie die Fragen, oder machen Sie die Aufgabe, die beschrieben ist!

1. Wiederholen Sie fünf interessante Dinge, die Sie gehört oder gelesen haben!
2. Formulieren Sie die folgenden Sätze im Passiv!

    a. Man darf hier nicht rauchen.
    b. Nachts darf man keinen Lärm machen.
    c. Man muß die Zimmer zuschließen.
    d. Tagsüber muß man die Fenster zumachen.
    e. Man darf im Park nicht radfahren.
    f. Man darf keine laute Musik hören.

B. Lesen Sie noch einmal alle Texte und beantworten Sie die Fragen!

1. Was wissen Sie über Berlin? (Nennen Sie drei wichtige Fakten!)
2. Schreiben Sie eine kurze Biographie einer berühmten Person. (kann aus irgendeinem Land kommen)
3. Welche Themen, die heute wichtig für Deutsche sind, behandeln die Texte, die Sie gelesen haben?
4. Besprechen Sie kurz, welche Unterschiede (und Gemeinsamkeiten) Deutsche aus der DDR und der BRD zwischen ihren Ländern sehen!

Deutsche zusammen!

APPENDIX

NACHSCHLAGE-GRAMMATIK

DEFINITE ARTICLE AND *DER*-WORDS

	MASC	FEM	NEUT	PL
NOM	der	die	das	die
ACC	den	die	das	die
DAT	dem	der	dem	den
GEN	des	der	des	der

The **der**-words **dies-, jed-, all-,** and **welch-** take the same endings as the definite articles.

INDEFINITE ARTICLE AND *EIN*-WORDS

	MASC	FEM	NEUT	PL
NOM	ein	eine	ein	keine
ACC	einen	eine	ein	keine
DAT	einem	einer	einem	keinen
GEN	eines	einer	eines	keiner

The indefinite article has no plural form, hence the inclusion of **kein** to show plural forms. The **ein**-words **kein-, mein-, dein-, sein-, ihr-, unser-, euer-,** and **Ihr-** take the same endings as **ein.**

PERSONAL PRONOUNS: NOMINATIVE, ACCUSATIVE, AND DATIVE

	SINGULAR					FORMAL		PLURAL	
NOM	ich	du	er	sie	es	Sie	wir	ihr	sie
ACC	mich	dich	ihn	sie	es	Sie	uns	euch	sie
DAT	mir	dir	ihm	ihr	ihm	Ihnen	uns	euch	ihnen

REFLEXIVE PRONOUNS

	SINGULAR					FORMAL		PLURAL	
ACC	mich	dich	sich	sich	sich	sich	uns	euch	sich
DAT	mir	dir	sich	sich	sich	sich	uns	euch	sich

KEY SOUNDS FOR *DER*- AND *EIN*-WORDS

	MASC	FEM	NEUT	PL
NOM	r/-	e	s/-	e
ACC	n	e	s/-	e
DAT	m	r	m	n + n
GEN	s + s	r	s + s	r

The **ein-**words are **ein, kein,** and the possessive adjectives **mein, dein, sein, ihr, unser, euer,** and **ihr.** They take the same "endings" as the **der-**words, except for nominative masculine and neuter, and accusative neuter, where the "ending" is "missing."

Note: The dashes (-) indicate the "missing" ending on **ein-**words; the plus-signs (+) indicate additional endings on nouns.

KEY-SOUNDS OF ADJECTIVES PRECEDED BY *DER*-WORDS

	MASC	FEM	NEUT	PL
NOM	r^e	e^e	s^e	e^n
ACC	n^n	e^e	s^e	e^e
DAT	m^n	r^n	m^n	n^e
GEN	s^n	r^n	s^n	r^n

KEY-SOUNDS OF ADJECTIVES PRECEDED BY *EIN*-WORDS

	MASC	NEUT
NOM	$-^r$	$-^s$
ACC		$-^s$

MASC / NOM: Ein nett**er** Herr
NEUT / NOM: Ein klein**es** Kind
NEUT / ACC: Ich sehe ein schön**es** Haus

These are the only three instances where the adjective-ending following an **ein-**word is different from when it follows a **der-**word. The adjective compensates for the missing ending on the **ein-**word and exhibits a strong ending (key sound).

PREPOSITIONS AND POSTPOSITIONS

ACC	durch, für, gegen, ohne, um, bis, entlang
DAT	aus, außer, bei, mit, nach, seit, von, zu, gegenüber (von)
GEN	während, wegen, (an)statt, trotz
ACC or DAT	an, auf, hinter, vor, über, unter, in, neben, zwischen

AUXILIARY VERBS: PRESENT TENSE

SEIN

ich **bin**	wir **sind**
du **bist**	ihr **seid**
	Sie **sind**
er/sie/es **ist**	sie **sind**

HABEN

ich **habe**	wir **haben**
du **hast**	ihr **habt**
	Sie **haben**
er/sie/es **hat**	sie **haben**

WERDEN

ich **werde**	wir **werden**
du **wirst**	ihr **werdet**
	Sie **werden**
er/sie/es **wird**	sie **werden**

MODAL VERBS: PRESENT

	können	wollen	dürfen	müssen	sollen	mögen	möchten
ich	kann	will	darf	muß	soll	mag	möchte
du	kannst	willst	darfst	mußt	sollst	magst	möchtest
er/sie/es	kann	will	darf	muß	soll	mag	möchte
Sie	können	wollen	dürfen	müssen	sollen	mögen	möchten
wir	können	wollen	dürfen	müssen	sollen	mögen	möchten
ihr	könnt	wollt	dürft	müßt	sollt	mögt	möchtet
sie	können	wollen	dürfen	müssen	sollen	mögen	möchten

MODAL VERBS: SIMPLE PAST

	können	wollen	dürfen	müssen	sollen	mögen
ich	konnte	wollte	durfte	mußte	sollte	mochte
du	konntest	wolltest	durftest	mußtest	solltest	mochtest
er/sie/es	konnte	wollte	durfte	mußte	sollte	mochte
Sie	konnten	wollten	durften	mußten	sollten	mochten
wir	konnten	wollten	durften	mußten	sollten	mochten
ihr	konntet	wolltet	durftet	mußtet	solltet	mochtet
sie	konnten	wollten	durften	mußten	sollten	mochten

REGULAR AND IRREGULAR VERBS
PRESENT TENSE

machen

ich	mache
du	machst
er/sie/es	macht
Sie	machen
wir	machen
ihr	macht
sie	machen

fahren

ich	fahre
du	fährst
er/sie/es	fährt
Sie	fahren
wir	fahren
ihr	fahrt
sie	fahren

SIMPLE PAST

ich	machte
du	machtest
er/sie/es	machte
Sie	machten
wir	machten
ihr	machtet
sie	machten

ich	fuhr
du	fuhrst
er/sie/es	fuhr
Sie	fuhren
wir	fuhren
ihr	fuhrt
sie	fuhren

PRESENT PERFECT

machine (*aux:* **haben**)

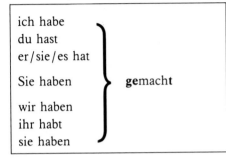

ich habe
du hast
er/sie/es hat

Sie haben   } **ge**macht

wir haben
ihr habt
sie haben

fahren (*aux:* **sein**)

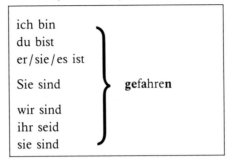

ich bin
du bist
er/sie/es ist

Sie sind   } **ge**fahren

wir sind
ihr seid
sie sind

FUTURE

PAST PERFECT

ich hatte
du hattest
er/sie/es hatte

Sie hatten   } **ge**macht

wir hatten
ihr hattet
sie hatten

ich war
du warst
er/sie/es war

Sie waren   } **ge**fahren

wir waren
ihr wart
sie waren

aux: **werden**

ich werde
du wirst
er/sie/es wird

Sie werden   } machen

wir werden
ihr werdet
sie werden

IMPERATIVE

Mach das!	(informal, sg.)	Fahr!	(informal, sg.)
Macht das!	(informal, pl.)	Fahrt!	(informal, pl.)
Machen Sie das!	(formal, sg. and pl.)	Fahren Sie!	(formal, sg. and pl.)

GENERAL SUBJUNCTIVE

PRESENT: REGULAR VERBS

machen (*aux:* **würden**)

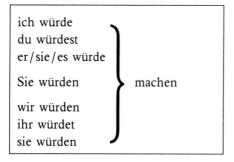

ich würde	
du würdest	
er/sie/es würde	
Sie würden	machen
wir würden	
ihr würdet	
sie würden	

machen (*stem:* **macht-**)

ich	mach**e**
du	mach**test**
er/sie/es	mach**te**
Sie	mach**ten**
wir	mach**ten**
ihr	mach**tet**
sie	mach**ten**

PRESENT: IRREGULAR VERBS

fahren (*stem:* **führ-**)

ich	führ**e**
du	führ**est**
er/sie/es	führ**e**
Sie	führ**en**
wir	führ**en**
ihr	führ**et**
sie	führ**en**

gehen (*stem:* **ging-**)

ich	ging**e**
du	ging**est**
er/sie/es	ging**e**
Sie	ging**en**
wir	ging**en**
ihr	ging**et**
sie	ging**en**

PAST SUBJUNCTIVE

machen (*aux:* **haben** → **hätt-**)

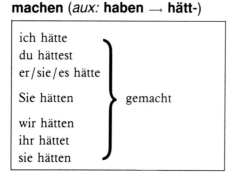

ich hätte	
du hättest	
er/sie/es hätte	
Sie hätten	gemacht
wir hätten	
ihr hättet	
sie hätten	

fahren (*aux:* **sein** → **wär-**)

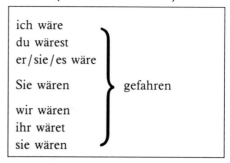

ich wäre	
du wärest	
er/sie/es wäre	
Sie wären	gefahren
wir wären	
ihr wäret	
sie wären	

SPECIAL SUBJUNCTIVE

PRESENT

haben (*stem:* **hab-**)

ich	habe
du	habest
er/sie/es	habe
Sie	haben
wir	haben
ihr	habet
sie	haben

sein (*stem:* **sei-**)

ich	sei
du	seiest
er/sie/es	sei
Sie	seien
wir	seien
ihr	seiet
sie	seien

machen/fahren (*stems:* **hab-**/**fahr-**)

ich	mache/fahre
du	machest/fahrest
er/sie/es	mache/fahre
Sie	machen/fahren
wir	machen/fahren
ihr	machet/fahret
sie	machen/fahret

PAST

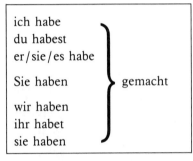

ich habe
du habest
er/sie/es habe
Sie haben
wir haben
ihr habet
sie haben
} gemacht

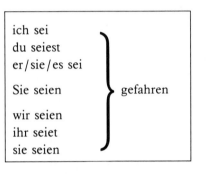

ich sei
du seiest
er/sie/es sei
Sie seien
wir seien
ihr seiet
sie seien
} gefahren

FUTURE

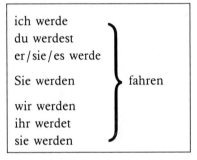

ich werde
du werdest
er/sie/es werde
Sie werden
wir werden
ihr werdet
sie werden
} fahren

PASSIVE VOICE

PRESENT

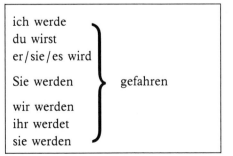

ich werde
du wirst
er/sie/es wird
Sie werden
wir werden
ihr werdet
sie werden
} gefahren

SIMPLE PAST

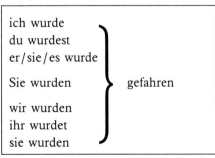

ich wurde
du wurdest
er/sie/es wurde
Sie wurden
wir wurden
ihr wurdet
sie wurden
} gefahren

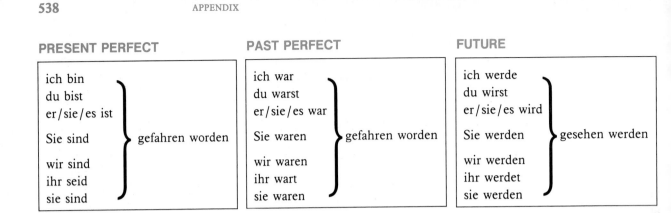

PRESENT PERFECT	PAST PERFECT	FUTURE
ich bin du bist er/sie/es ist Sie sind wir sind ihr seid sie sind } gefahren worden	ich war du warst er/sie/es war Sie waren wir waren ihr wart sie waren } gefahren worden	ich werde du wirst er/sie/es wird Sie werden wir werden ihr werdet sie werden } gesehen werden

IDIOMATIC VERB–PREPOSITION EXPRESSIONS:

sich beschäftigen mit (+DAT)	*to deal with*
bestehen aus (+DAT)	*to consist of*
bitten um (+ACC)	*to request something*
sich erinnern an (+ACC)	*to remember*
sich erkundigen nach (+DAT)	*to inquire about*
fragen nach (+DAT)	*to ask about, to inquire about*
sich freuen auf (+ACC)	*to look forward to*
sich freuen über (+ACC)	*to be happy about*
halten von (ä), hielt, gehalten (+DAT)	*to think of, to have an opinion of*
handeln von (+DAT)	*to deal with, to have to do with*
sich informieren über (+ACC)	*to inform oneself about*
sich interessieren für (+ACC)	*to be interested in*
sich konzentrieren auf (+ACC)	*to concentrate on*
sich kümmern um (+ACC)	*to worry about; to concern oneself with*
lachen über (+ACC)	*to laugh about*
nachdenken über (+ACC)	*to think about*
reagieren auf (+ACC)	*to react to*
schreiben über (+ACC)	*to write about*
sprechen mit (+DAT)	*to speak with, to speak to*
sprechen über (+ACC)	*to speak about, to talk about*
sich wundern über (+ACC)	*to be surprised at*
zeigen...auf (+ACC)	*to point to*

PRINCIPAL PARTS OF STRONG VERBS

For compound verbs such as **mit-gehen**, **weg-fahren**, or **fern-sehen**, refer to the conjugation of the basic forms of **gehen** or **fahren**, and **sehen**.

INFINITIVE	PRESENT STEM CHANGE	SIMPLE PAST	PARTICIPLE	MEANING
abbiegen		bog...ab	ist abgebogen	*to turn*
anfangen	(fängt...an)	fing...an	angefangen	*to begin, to start*
anrufen		rief...an	angerufen	*to telephone*
anziehen		zog...an	angezogen	*to get dressed*
aufstehen		stand...auf	ist aufgestanden	*to get up, to rise*
aufwachsen	(wächst...auf)	wuchs...auf	ist aufgewachsen	*to grow up*
aussteigen		stieg...aus	ist ausgestiegen	*to get out*
beginnen		begann	begonnen	*to begin*
beitreten	(tritt...bei)	trat...bei	beigetreten	*to join*
bestehen		bestand	bestanden	*to pass (a test)*
bitten		bat	gebeten	*to ask, to request*
bleiben		blieb	ist geblieben	*to stay, to remain*
braten	(brät)	briet	gebraten	*to fry, to grill*
bringen		brachte	gebracht	*to bring*
durchstreichen		strich...durch	durchgestrichen	*to cross out*
einladen	(lädt...ein)	lud...ein	eingeladen	*to invite*
sich einschreiben		schrieb...ein	eingeschrieben	*to enroll*
empfehlen	(empfiehlt)	empfahl	empfohlen	*to recommend*
entstehen		entstand	ist entstanden	*to emerge*
erhalten	(erhält)	erhielt	erhalten	*to receive*
erkennen		erkannte	erkannt	*to recognize*
essen	(ißt)	aß	gegessen	*to eat*
fahren	(fährt)	fuhr	ist/hat gefahren	*to travel, to ride; to drive*
finden		fand	gefunden	*to find, to think*
fliegen		flog	ist/hat geflogen	*to fly*
fliehen		floh	ist geflohen	*to flee*
frieren		fror	ist/hat gefroren	*to freeze*
gefallen	(gefällt)	gefiel	gefallen	*to please, to enjoy*
gehen		ging	ist gegangen	*to go*
geschehen	(geschieht)	geschah	ist geschehen	*to happen*
haben	(hat)	hatte	gehabt	*to have*
halten	(hält)	hielt	gehalten	*to keep*
hängen		hing	ist/hat gehangen	*to hang*
heben		hob	gehoben	*to lift*
heißen		hieß	geheißen	*to be called*
helfen	(hilft)	half	geholfen	*to help, to assist*

INFINITIVE	PRESENT STEM CHANGE	SIMPLE PAST	PARTICIPLE	MEANING
kennen		kannte	gekannt	to know, to be acquainted wi
kriechen		kroch	gekrochen	to crawl
lassen	(läßt)	ließ	gelassen	to leave, to let
laufen	(läuft)	lief	ist gelaufen	to walk, to jog
leihen		lieh	geliehen	to lend
lesen	(liest)	las	gelesen	to read
liegen		lag	gelegen	to lie
messen	(mißt)	maß	gemessen	to measure
mitbekommen		bekam…mit	mitbekommen	to pick up, to hear
nehmen	(nimmt)	nahm	genommen	to take
riechen		roch	gerochen	to smell
schießen		schoß	geschossen	to shoot, to target-shoot
schlafen	(schläft)	schlief	geschlafen	to sleep
schließen		schloß	geschlossen	to close
schneiden		schnitt	geschnitten	to cut
schreiben		schrieb	geschrieben	to write
schwerfallen	(fällt…schwer)	fiel…schwer	ist schwergefallen	to be difficult for
schwimmen		schwamm	ist geschwommen	to swim
sehen	(sieht)	sah	gesehen	to see
singen		sang	gesungen	to sing
sitzen		saß	gesessen	to sit
sprechen	(spricht)	sprach	gesprochen	to speak
stehen		stand	gestanden	to stand
sterben	(stirbt)	starb	ist gestorben	to die
tragen	(trägt)	trug	getragen	to carry, to wear
(sich) treffen	(trifft)	traf	getroffen	to meet
trinken		trank	getrunken	to drink
tun	(tut)	tat	getan	to do
verbieten		verbot	verboten	to forbid
verbinden		verband	verbunden	to connect, to bind
sich verfahren	(verfährt)	verfuhr	verfahren	to get lost driving
vergessen	(vergißt)	vergaß	vergessen	to forget
verlassen	(verläßt)	verließ	verlassen	to leave
sich verlaufen	(verläuft)	verlief	verlaufen	to get lost walking
verschieben		verschob	verschoben	to postpone, to put off
verschreiben		verschrieb	verschrieben	to prescribe (medication)
verstehen		verstand	verstanden	to understand
waschen	(wäscht)	wusch	gewaschen	to wash
werfen	(wirft)	warf	geworfen	to throw
wiegen		wog	gewogen	to weigh

GERMAN–ENGLISH VOCABULARY

This list includes all words in the class text that are targeted for active use. Words that appear only in realia items or readings are omitted. English equivalents are given only for the contexts in which the German words are used.

Nouns are listed with the definite article in nominative singular form followed by the plural ending, provided it is commonly used. Uncommon genitive endings are supplied between the singular form and plural ending. Weak nouns are clearly identified as such.

Regular verbs are listed only in the infinitive form. Irregular verbs are listed with principal parts: infinitive, simple past, and past participle. If the verb is also irregular in the present, the stem change is indicated in parentheses after the infinitive form.

Adjectives and adverbs are listed in the positive degree. Comparative and superlative forms are listed only when the forms are irregular or when these forms have been treated explicitly as a targeted vocabulary item in a chapter.

Der-words (demonstrative adjectives) and **ein-**words (possessive adjectives) are listed in stem form only.

Numbers indicate the chapter in which the words first appear.

The following abbreviations are used:

acc	accusative	m	masculine
adj	adjective	n	neuter
art	article	pl	plural
coll	colloquial	prep	preposition
conj	conjunction	trans	transitive
dat	dative	pron	pronoun
def	definite	coll	colloquial
f	feminine	intrans	intransitive
indef	indefinite		

abbiegen, bog...ab, ist abgebogen 14 *to turn*

abbonnieren 4 *to subscribe*

der **Abend, -e** 5 *evening;* **zu Abend essen** 8 *to have dinner, to eat dinner;* **Guten Abend!** 1 *Good evening!*

das **Abendbrot** 8 *supper, evening meal*

das **Abendessen** 4 *supper, dinner, the evening meal*

abends 5 *evenings*

aber 3 *but* conj

abfahren (ä), fuhr...ab, ist abgefahren 10 *to depart*

die **Abfahrt, -en** 10 *departure*

abgeben (i), gab...ab, abgegeben 7 *to turn in*

abholen 6 *to pick up*

das **Abitur** 1 *secondary school degree* (Gymnasium)

die **Abiturklasse, -n** 11 *graduating class*

sich **abmelden** 9 *to register one's departure from place of residence*

die **Abreise, -n** 10 *departure*

der **Absatz, ¨-e** 4 *paragraph*

der **Abschied, -e** 14 *farewell, good-bye*

der **Abschluß** 1 *certificate, degree; conclusion*

abschreiben, schrieb...ab, abgeschrieben 4 *to cheat (in school)*

absetzen 10 *to drop off*

die **Absperrung, -en** 15 *barrier, blockade*

das **Abteil, -e** 12 *compartment (train)*

abtrocknen 10 *to dry off*

ab und zu 9 *now and then*

acht 1 *eight*

Ade! 1 *Bye!*

die **Adresse, -n** 9 *address*

(das) **Afghanistan** 10 *Afghanistan*

(das) **Afrika** 10 *Africa*

der **Agent, -en** 9 (weak noun) *agent*

aggressiv 1 *aggressive*

(das) **Ägypten** 10 *Egypt*

die **Ahnung, -en** 12 *idea, notion;* **Ich habe keine Ahnung** 12 *I have no idea*

ähnlich 10 *similar to*

die **Aktentasche, -n** 4 *briefcase*

albern 9 *silly*

(das) **Algerien** 10 *Algeria*

all- 3 *all*

allein 2 *alone*

die **Allergie, -n** 14 *allergy*

allergisch gegen 14 *allergic to*

alles andere 14 *everything else*

Alles Gute! 1 *All the best!*

(im) allgemein(en) 15 *(in) general*

das **Alphabet** 3 *the alphabet*

als 8 *when* conj

alt 1 *old*

die **Altstadt** 10 *old part of town*

(das) **Amerika** 2 *America; U.S.A.*

der **Amerikaner, -** 1 *American* m

die **Amerikanerin, -nen** 1 *American* f

amerikanischen Fußball spielen 6 *to play American-style football*

die **Ampel, -n** 11 *traffic light;* **über die Ampel gehen** 14 *to cross the street at the light*

das **Amt, ¨-er** 10 *office*

sich **amüsieren** 12 *to have fun, to amuse oneself*

an 1 *on* 11 *on, onto; to, at +* acc/dat

anbieten, bot...an, angeboten 12 *to offer*

ander- 4 *other*

unter anderem 15 *among other things*

die **Änderung, -en** 11 *change*

anfangen (ä), fing...an, angefangen 8 *begin, start*

angeln 6 *to fish*

das **Angebot, -e** 10 *offer*

die **Anglistik** 8 *English (academic field)*

anhaben 4 *to have clothing on, to wear*

der **Anhänger, -** 10 *fan, supporter*

anhören 4 *to listen to;* **sich (etwas) anhören** 12 *to listen (to something) attentively*

Anklang finden 15 *to meet with approval*

ankommen, kam...an, ist angekommen 2 *to arrive*

die **Ankunft** 12 *arrival*

anmachen 2 *to turn on*

sich **anmelden** 6 *to register one's new residence*

der **Anorak, -s** 3 *weather jacket, windbreaker*

die **Anrichte, -n** 10 *buffet*

der **Anruf, -e** 9 *telephone call*

der **Anrufbeantworter, -** 9 *answering machine*

anrufen, rief...an, angerufen 8 *to telephone*

anschauen 6 *to look at;* **sich (etwas) anschauen** 12 *to examine, to look at closely*

der **Anschlußzug, ¨-e** 10 *connecting train*

ansehen (ie), sah...an, angesehen 6 *to watch, to look at;* **sich (etwas) ansehen** 12 *to examine; to look at closely*

ansprechen (i), sprach...an, angesprochen 11 *to address a person, to speak to*

(an)statt 12 *instead of*

sich **anstrengen** 12 *to make an effort, to exert oneself*

die **Anthropologie** 8 *anthropology*

die **Antwort, -en** 4 *answer*

antworten 1 *to answer (a person);* **antworten auf** 12 *to answer to (a question)*

der **Anwalt, ¨-e** 1 *lawyer* m

die **Anwältin, -nen** 1 *lawyer* f

die **Anwesenheit** 13 *presence; attendance*

die **Anzahl** 3 *number*

die **Anzeige, -n** 8 *advertisement, classified ad*

anziehen, zog...an, angezogen 4 *to put on clothes, to get dressed*

der **Anzug, ¨-e** 3 *suit*

der **Apfelsaft** *apple juice*

die **Apotheke, -n** 10 *pharmacy*

der **Apotheker, -** 4 *pharmacist* m

die **Apothekerin, -nen** 4 *pharmacist* f

der **Apparat, -e** 12 *apparatus; telephone*

der **Appetit** 13 *appetite;* **Guten Appetit!** 13 *Enjoy your meal!*

der **April** 5 *April*

(das) **Arabisch** 8 *Arabic language*

die **Arbeit, -en** 4 *work; term paper, research paper*

arbeiten 2 *to work*

der Arbeitskollege, -n 6 (weak noun) *colleague, coworker* m

die Arbeitskollegin, -nen 6 *colleague, coworker* f

das Arbeitszimmer, - 10 *den, study, workroom*

der Architekt, -en 4 (weak noun) *architect* m

die Architektin, -nen 4 *architect* f

die ARD 6 *West German public TV station*

(das) Argentinien 10 *Argentina*

ärgerlich 1 *annoyed*

ärgern 12 *to annoy;* sich ärgern 12 *to get annoyed*

arm 1 *poor*

der Arm, -e 10 *arm*

das Armband, ¨-er 3 *bracelet*

die Armbanduhr, -en 3 *wrist watch*

der Arzt, ¨-e 1 *doctor, physician* m

die Ärztin, -nen 1 *doctor, physician* f

das As, Asse 6 *playing card: ace*

(das) Asien 10 *Asia*

der Assistent, -en 1 *assistant, teaching assistant* m

die Assistentin, -nen 1 *assistant, teaching assistant* f

der Atem 15 *breath*

(das) Äthiopien 10 *Ethiopia*

attraktiv 1 *attractive, good-looking*

auch 3 *also*

auf 1 *open;* 11 *on, onto* +acc/dat

auf jeden Fall 12 *in any case*

der Aufenthalt, -e 10 *layover; stay*

die Aufgabe, -n 4 *assignment, task*

auflösen 15 *to dissolve*

aufmachen 2 *to open*

die Aufnahme, -n 15 *recording*

sich aufregen 12 *to get agitated*

der Auftritt, -e 15 *appearance*

aufwachsen (ä), wuchs...auf, ist aufgewachsen 15 *to grow up*

das Auge, -n 10 *eye*

aufstehen, stand...auf, ist aufgestanden 2 *to get up, to rise*

aufteilen (in) 13 *to split up (into)*

aufwachen 7 *to wake up*

der August 5 *August*

aus 1 *off, from;* 10 *from, out of*

außer 10 *besides, except for*

außerdem 10 *besides*

außerhalb (von) 10 *outside (of)*

äußerst 14 *extremely* + adj

die Ausfahrt, -en 13 *exit ramp; driveway*

der Ausflug, ¨-e 5 *day trip;* einen Ausflug machen 5 *to take a day trip*

ausfüllen 4 *fill out papers, questionnaires, etc.*

der Ausgang, ¨-e 12 *exit*

ausgehen, ging...aus, ist ausgegangen 5 *to go out*

auskundschaften 12 *to explore*

die Auskunft 10 *information*

das Ausland 10 *foreign country*

ausmachen 2 *to turn off/out;* 13 *to arrange; to agree upon*

ausnützen 12 *to take advantage of*

ausradieren 4 *to erase with a rubber eraser*

ausrichten 9 *to convey (a message)*

sich ausruhen 11 *to rest up, to relax*

aussteigen, stieg...aus, ist ausgestiegen 10 *to get out*

(das) Australien 10 *Australia*

auswandern 10 *to emigrate*

der Ausweis, -e 4 *ID, identity papers*

die Auszeichnung, -en 15 *award*

der Automat, -en 13 *machine*

auswendig 4 *by heart, by memory*

auswendig lernen 4 *to learn by heart, to memorize*

ausziehen, zog...aus, ausgezogen *to undress*

das Auto, -s 4 *car, auto*

autofahren (ä), fuhr...Auto, ist autogefahren 6 *to drive, to go driving*

der Autohändler, - 4 *car dealer*

der Autoschlüssel, - 4 *car key*

das Baby, -s 3 *baby*

der Bach, ¨-e 5 *brook, stream*

backen (ä) 6 *to bake*

der Bäcker, - 4 *baker* m

die Bäckerei, -en 10 *bakery*

die Bäckerin, -nen 4 *baker* f

der (Back)ofen, ¨- 10 *oven*

baden 6 *to bathe, to swim*

der Badeanzug, ¨-e 3 *swimming suit*

die Badehose, -n 3 *swimming trunks*

der Bademantel, ¨- 3 *robe*

die Badewanne, -n 10 *bathtub*

das Bad(ezimmer), - 10 *bath(room)*

der Bahnhof, ¨-e 10 *train station*

der Bahnsteig, -e 12 *(train) platform*

bald 2 *soon*

der Balkon, -e 10 *balcony*

der Ball, ¨-e 5 *ball*

die Bank, -en 10 *bank*

der Bankier 4 *banker* m

barfuß 15 *barefoot*

der Bart, ¨-e 10 *beard*

Basketball spielen 6 *to play basketball*

basteln 6 *to make, to construct (as in hobbies and crafts)*

der Bauarbeiter, - 4 *construction worker*

der Bauch, ¨-e 10 *belly*

bauen 6 *to build, to construct commercially*

der Bauer, -n 4 *farmer* m

die Bäuerin, -nen 4 *farmer* f

der Beamte, -n 4 *civil servant* m

die Beamtin, -nen 4 *civil servant* f

beantworten 4 *to answer a question*

der Becher, - 11 *mug, cup*

die Bedienung 12 *service; waitperson*

bedeuten 4 *to mean*

die Bedeutung, -en 15 *meaning, significance*

sich beeilen 12 *to hurry up*

der Befehl, -e 8 *command*

begeistert von 12 *enthusiastic about; taken with*

beginnen, begann, begonnen 7 *to begin*

die Begrüßung, -en 12 *greeting*

bei 10 *at, at the residence of; near, in the vicinity of*

beibehalten (ä), beibehielt, beibehalten 13 *to maintain, to keep* beide 9 *both*

die Beilage, -n 14 *side dish*

das Bein, -e 10 *leg*

beinhalten 15 *include*

beitreten (i), trat...bei, beigetreten 15 *to join*

bekannt 10 *known, familiar to*

bekommen, bekam, bekommen 4 *to receive*

belegen 7 *to choose a course; to register for a course*

(das) Belgien 10 *Belgium*

(be)nutzen 7 *to use, to utilize*

bequem 12 *comfortable*

bereithalten (ä), hielt...bereit, bereitgehalten 14 *hold ready, have ready*

der Berg, -e 5 *mountain*

berichten 12 *to report*

sich beruhigen 12 *to calm down*

berühren 4 *to touch*

der Beruf, -e 4 *occupation, vocation, trade, calling;* von Beruf *by occupation*

die Berufsschule, -n 1 *vocational school*

sich beschäftigen mit 15 *to deal with*

Bescheid sagen 11 *to tell all the pertinent information*

Bescheid wissen 12 *to know all the pertinent information*

beschreiben, beschrieb, beschrieben 2 *to describe*

sich beschweren 12 *to complain*

besetzen 15 *to occupy*

besichtigen 11 *to view, to look at, to see*

die Besichtigung, -en 11 *viewing; visit*

besorgen 9 *to buy, to purchase*

besprechen (i), besprach, besprochen 6 *to discuss*

das Besteck 10 *silverware*

bestehen, bestand, bestanden 4 *to pass (a test)*

bestehen aus 15 *to consist of*

bestellen 9 *to order*

der Bestellschein, -e 3 *ordering form*

bestimmt 3 *definite, definitely*

besuchen 4 *to visit*

der Beton 1 *concrete;* aus Beton 1 *made of concrete*

der Betrieb 10 *rush, bustle;* viel Betrieb 10 *busy*

die Betriebswirtschaft 8 *business* (academic field)

das Bett, -en 10 *bed*

bevor 13 *before* conj

bewachen 15 *to guard*

bewölkt 3 *cloudy, overcast*

die Beziehung, -en 15 *relation(ship)*

der Bezirk, -e 15 *district*

der BH, -s 3 *bra*

die Bibliothek, -en 10 *library*

biegen, bog, gebogen 10 *to bend*

das Bier, -e 4 *beer*

der Bierkrug, ¨-e 10 *beer mug, stein*

das Bild, -er 1 *picture*

bilden 15 *to form*

die Biologie 8 *biology*

biologisch 5 *organic;* aus biologischem Anbau 5 *organically grown*

bis (nach) 10 *to, up to, till;* 13 *until* conj

Bis bald! 1 *See you soon!*

Bis morgen! 1 *See you tomorrow!*

Bis später! 1 *See you later!*

bißchen: ein bißchen 4 *a little bit of*

bitte 2 *please; you're welcome*

bitten, bat, gebeten 13 *to ask, to request*

bitten um 12 *to request something*

die Blase, -n 14 *blister*

das Blatt, ¨-er 4 *piece of paper; leaf*

blau 1 *blue;* einen blauen Fleck haben 14 *to have a bruise*

bleiben, blieb, ist geblieben 2 *to stay, to remain*

der Bleistift, -e 1 *pencil*

der Blick 10 *view*

blitzen 3 *to flash lightning*

blöd 10 *stupid, dumb*

blond 1 *blond*

die Blume, -n 9 *flower*

der Blumenstrauß, ¨-e 9 *floral bouquet, floral arrangement*

der Blumentopf, ¨-e 11 *flowerpot*

die Bluse, -n 3 *blouse, woman's shirt*

der Bocksbeutel, - 7 *squat wine bottle (0.7 liter)*

der Boden, ¨- 1 *floor*

der Bodensee 11 *Lake Constance*

die Bohne, -n 14 *bean*

das Boot, -e 10 *boat*

böse (böser, bösest-) 1 *angry*

böse auf 12 *angry at*

(das) Brasilien 10 *Brazil*

braten (ä), briet, gebraten 14 *to fry, to grill*

der Braten, - 15 *roast*

die Bratwurst, ¨-e 8 *grilled sausage*

die (Brat)pfanne, -n 11 *(frying) pan*

brauchen 4 *to need*

braun 1 *brown*

sich etwas brechen 14 *to break something (injury)*

die BRD 1 *FRG* short for: Bundesrepublik Deutschland

breit 1 *wide*

der Brief, -e 4 *letter*

die Briefmarke, -n 6 *postal stamp*

die Brieftasche, -n 4 *wallet*

der Briefträger, - 4 *mailman*

die Brille, -n 3 *a pair of glasses*

bringen, brachte, gebracht 2 *to bring*

das Brot, -e 4 *bread, a loaf of bread;* belegte Brote 6 *open-face sandwiches*

der Brotkorb, ¨-e 11 *breadbasket*

die Brotkrümel pl 15 *bread crumbs*

die Broschüre, -n 13 *brochure, pamphlet*

das Brötchen, - 4 *roll*

der Bruder, ¨- 4 *brother*

die Brust, ¨-e 10 *breast, chest*

brutal 1 *brutal*

der Bube, -n 6 *playing card: jack*

das Buch, ¨-er 1 *book*

die Bucht, -en 11 *bay*

das (Bücher)regal, -e 10 *(book)shelf*

buchen 10 *to book, to reserve*

die Buchhandlung, -en 10 *bookstore*

buchstabieren 4 *to spell*

(das) Bulgarien 10 *Bulgaria*

der Bummel, - 5 *stroll through the shopping district;* einen Bummel machen 5 *to go window-shopping*

bummeln 5 *to walk through*

the city, to go
window-shopping

das **Bundesheer** 2 *army (Austria)*
der **Bundeskanzler** 6 *chancellor*
das **Bundesland,** ¨-er (das **Land**) 1
federal state
die **Bundesliga, Bundesligen** 6
*West German national sports
league*
die **Bundesrepublik Deutschland
(BRD)** 1 *the Federal Republic
of Germany*
der **Bundestag** 6 *West German
parliament*
die **Bundeswehr** 2 *army (West
Germany)*
bunt 1 *multicolored and
eye-catching*
die **Burg, -en** 12 *castle, fortress*
das **Büro, -s** 10 *office*
das **Bürogebäude, -** 10 *office
building*
bürsten 10 *to brush*
der **Bus, Busse** 4 *bus*
die **(Bus)haltestelle, -n** 11 *(bus)
stop*
der **Busen** 10 *bosom, breast*
der **Büstenhalter, -(BH)** 3 *bra*
die **Butter** 4 *butter*

das **Café, -s** 10 *café*
der **Chef, -s** 1 *boss* m
die **Chefin, -nen** 1 *boss* f
die **Chemie** 8 *chemistry*
(das) **Chile** 10 *Chile*
(das) **China** 10 *China*
(das) **Chinesisch** 8 *Chinese
language*
circa 10 *(Latin) around,
approximately*
der **Compact-Disc-Spieler, -** 4 *CD
player*
der **Computer, -** 4 *computer*
der **Computerprogrammierer, -** 4
computer programmer m
die **Computer Programmiererin,
-nen** 4 *computer
programmer* f
(das) **Costa Rica** 10 *Costa Rica*
die **Couch, (-en)** 10 *couch*
der **Couchtisch, -e** 10 *coffee table*
der **Cousin, -s** 4 *male cousin*

der **da** 2 *there*; 13 *because* conj
der **Dachboden,** ¨- 10 *attic*
da drüben 2 *over there*
der **Dackel, -** 4 *dachshund*
die **Dame, -n** 3 *lady*; 5 *playing
card: queen*
die **Damenkleider** pl 3 *clothes for
women*
damit 13 *so that* conj
danach 9 *after that*
(das) **Dänemark** 10 *Denmark*
Danke! 1 *thanks!*
Danke ebenfalls! 4 *Thanks to
you, too!*
danken 10 *to thank*
dann 5 *then*
das 1 *the* def art n; *this, that*
daß 5 *that* conj
das **Datum, Daten** 5 *date*
dauern 5 *to last, to endure*
der **Daumen, -** 10 *thumb*
die **DDR** 1 *GDR* short for: German
Democratic Republic
dein 8 *you* singular, informal
demonstrieren 7 *to demonstrate*
deprimiert 1 *depressed*
die **Decke, -n** 1 *ceiling*
denken, dachte, gedacht 6 *to
think*
denken an 12 *to think of*
denn 1 *then* interrogative
particle; 5 *because* conj
der **der** 1 *the* def art m
(das) **Deutsch** 2 *German language*
deutsch 1 *German* adj
(das) **Deutschland** 2 *Germany*
die **Deutsche Demokratische
Republik (DDR)** 1 *the
German Democratic Republic*
der **Dezember** 5 *December*
das **Dia, -s** 9 *photographic slide*
dick 1 *thick, fat*
die 1 *the* def art f
die **Diele, -n** 10 *entrance hall*
der **Dienstag** 5 *Tuesday*
dienstags 5 *Tuesdays*
dies- 3 *this*
das **Ding, -e** 1 *thing*
das **Dirndl, -** 3 *Austrian or Bavarian
costume*
diszipliniert 1 *disciplined*
doch 8 *yes* emphatic; *by all
means*
der **Doktor** 3 *M.D.*; 4 *doctorate
(university degree)*

der **Dom, -e** 10 *cathedral*
die **Donau** 6 *the Danube river*
donnern 3 *to thunder*
der **Donnerstag** 5 *Thursday*
donnerstags 5 *Thursdays*
doof 9 *dumb, stupid, dopey*
das **Doppelzimmer, -** 10 *two-bed
room* (in hotel)
das **Dorf,** ¨-er 3 *village*
dort 2 *there*
dort drüben 2 *over there*
dorthin 2 *(to) there*
draußen 3 *outside, outdoors*
drei 1 *three*
drinnen 3 *inside, indoors*
dritt- *third*
die **Drogerie, -n** 10 *drugstore*
du 8 *you* informal, singular
dumm 1 *dumb, stupid*
dunkel (dunkler, dunkelst-) 3
dark
dünsten 14 *to steam*
dünn 1 *thin*
durch 5 *through*
**durchstreichen, strich...durch,
durchgestrichen** 4 *to cross out*
**dürfen (darf), durfte,
gedurft** 10 *to be permitted
to, to be allowed to*
durstig 1 *thirsty*
die **Dusche, -n** 10 *shower*
(sich) **duschen** 10 *to take a shower*
sich **duzen** 8 *to say* du, *to use the
informal address*

echt 9 *genuine(ly)*
die **Ecke, -n** 1 *corner*
eckig 1 *angular, having
corners or sharp edges*
die **EG** 10 *EC, European
Community* short for: **die
Europäische Gemeinschaft**
egal 9 *same, equal;* **Das ist
(mir) egal!** *It's all the same
(to me).*
ehe 13 *before, until*
der **Ehering, -e** 10 *wedding ring*
das **Ei, -er** 4 *egg*
ein 1 *a* indef art
einfach 1 *simple,
uncomplicated; simply;* 12
one-way
das **Einfamilienhaus,** ¨-er 10
single-family home

einfarbig 1 *of one color, solid color*

der **Einfluß, Einflüsse** 15 *influence*

einflußreich 15 *influential*

der **Eingang, ¨-e** 13 *entrance*

einige 4 *some;* **einiges** 12 *some things*

der **Einkauf, ¨-e** 12 *shopping purchase*

das **Einkaufen** 10 *shopping*

das **Einkaufszentrum, Einkaufszentren** 10 *shopping center*

einkehren 13 *to stop for food and/or drink*

einladen (ä), lud...ein, eingeladen 8 *to invite*

einmal 5 *once*

einräumen 11 *to put up*

einrichten 11 *to arrange, to organize*

eins 1 *one*

einstig- 15 *former*

einschlafen (ä), schlief...ein, ist eingeschlafen 7 *to fall asleep*

sich **einschreiben, schrieb...ein, eingeschrieben** 14 *to enroll, to register* (university)

einwerfen (i), warf...ein, eingeworfen 12 *to insert*

die **Einzelheit, -en** 12 *detail*

das **Einzelzimmer, -** 10 *single-bed room* (in hotel)

das **Eis** 3 *ice; ice cream*

Eishockey spielen 6 *to play ice hockey*

eislaufen gehen 6 *to go ice-skating*

elegant 1 *elegant*

der **Elektriker** 4 *electrician*

elf 1 *eleven*

der **Ellbogen, -** 10 *elbow*

(das) **El Salvador** 10 *El Salvador*

die **Eltern** pl 4 *parents*

emanzipiert 1 *emancipated, liberated*

der **Empfangsschalter, -** 10 *reception desk*

empfehlen (ie), empfahl, empfohlen 7 *to recommend*

energisch 1 *energetic*

(das) **England** 10 *England*

der **Engländer, -** 1 *Englishman*

die **Engländerin, -nen** 1 *English woman*

(das) **Englisch** 2 *English language*

der **Enkel, -** 4 *grandson*

die **Enkelin, -nen** 4 *granddaughter*

entdecken 7 *to discover*

die **Ente, -n** 14 *duck*

entfernt 5 *distant, away*

entlang 5 *along* acc postposition

sich **entschuldigen** 12 *to apologize, to excuse oneself*

Entschuldigung! 4 *Excuse me! Sorry!*

sich **entspannen** 12 *to relax*

entstehen, entstand, ist entstanden 15 *to emerge*

enttäuscht 10 *disappointed*

der **Entwerter, -** 13 *ticket-canceling machine (bus, streetcar)*

sich **entwickeln** 15 *to develop*

die **Entzündung, -en** 14 *infection*

er 1 *he*

die **Erbse, -n** 14 *pea*

das **Erdgeschoß, Erdgeschosse** 13 *ground floor, lobby*

die **Erfahrung, -en** 7 *experience*

erhalten (ä), erhielt, erhalten 15 *to receive*

erinnern 12 *to remind*

sich **erinnern** 12 *to remember*

die **Erkältung, -en** 12 *cold*

sich **erkälten** 12 *to catch a cold*

erkennen, erkannte, erkannt 7 *to recognize*

erklären 4 *to explain*

sich **erkundigen nach** 13 *to inquire about*

erlauben 9 *to allow, to permit*

erledigen 7 *to complete, to finish off*

erreichen 12 *to reach, to get in touch with*

erst 7 *only; not until*

erst- 6 *first*

sich **erstrecken** 15 *to stretch, to extend*

erwischen 14 *to catch, to snare*

erzählen 9 *to tell, to narrate*

die **Erziehungswissenschaften** 8 *education* (academic field)

es 1 *it*

essen (i), aß, gegessen 4 *to eat*

das **Essen** 4 *food; meal*

der **Eßtisch, e** 10 *dining table*

das **Eßzimmer, -** 10 *dining room*

etwas 4 *something; some*

euch 8 *you*

euer 8 *your*

(das) **Europa** 10 *Europe*

die **EWG** 10 *(European) common market* short for: **Europäische Wirtschaftsgemeinschaft**

ewig 9 *forever*

das **Examen, -** 4 *comprehensive examination*

das **Fach, ¨-er** 8 *(study) subject*

das **Fachgeschäft, -e** 10 *specialty store*

fahren (ä), fuhr, ist/hat gefahren 2 *to travel, to ride* intrans; *to drive* trans

die **Fahrkarte, -n** *ticket (train, bus)*

das **Fahrkartenbüro, -s** 12 *ticket office*

der **Fahrkartenschalter, -** 12 *ticket window*

der **Fahrplan, ¨-e** 12 *schedule (train, bus)*

die **Fahrschule, -n** 8 *driving school*

das **Fahrrad, ¨-er** 4 *bicycle*

falls 13 *if* conj

falsch 1 *false, incorrect*

die **Familie, -n** 4 *family*

das **Faß, Fässer** 13 *keg;* **Bier vom Faß** 13 *draught beer*

der **Fasching** 1 *carnival*

der **Faschingsball, ¨-e** 1 *carnival dance, carnival ball*

der **Faschingsumzug, ¨-e** 1 *carnival parade*

fast 5 *almost*

fast immer 5 *almost always*

die **Fastnacht** 1 *carnival*

fast nie 5 *almost never*

faul 1 *lazy, rotten*

der **Februar** 5 *February*

Federball spielen 6 *to play badminton*

fehlen 15 *to be missing, to be absent*

der **Fehler, -** 4 *mistake*

der **Feierabend, -e** 6 *leisure time after work*

das **Feuerwehrmann**, ¨-er 4 _fireman, firefighter_

das **Fenster**, - 1 _window_

der **Fensterladen**, ¨- 10 _window shutter_

die **Ferien** pl 1 _holiday_

das **Ferienhaus**, ¨-er 8 _vacation house_

das **Ferngespräch**, -e _long-distance call_

fernsehen (ie), sah...fern, ferngesehen 4 _to watch television_

der **Fernseher**, - 4 _television set_

das **Fernsehprogramm**, -e 5 _TV station_

die **Fernsehsendung**, -en 6 _TV program, TV show_

fertig mit 12 _finished with_

feucht 3 _damp_

der **Feuerwehrmann**, ¨-er 4 _fireman, firefighter_

der **Film**, -e 4 _film, movie_

finden, fand, gefunden 2 _to find;_ 6 _to think_

der **Finger**, - 10 _finger_

der **Fingernagel**, ¨- 10 _fingernail_

(das) **Finnland** 10 _Finland_

der **Fisch**, -e 4 _fish_

die **Flasche**, -n 11 _bottle_

der **Flaschenöffner**, - 11 _bottle opener_

das **Fleisch** 4 _meat_

der **Fleischer**, - 4 _butcher_

fleißig 1 _industrious, hardworking_

fliegen, flog, ist/hat geflogen 7 _to fly_

fliehen, floh, ist geflohen 15 _to flee_

die **Fliese**, -n 15 _tile_

fließend 7 _fluent_

der **Flohmarkt**, ¨-e 10 _flea market_

die **Flöte**, -n 6 _flute_

der **Flughafen**, ¨- 10 _airport_

das **Flugzeug**, -e 6 _airplane_

der **Flur**, -e 10 _hallway, corridor_

der **Fluß**, Flüsse 5 _river_

die **Forelle**, -n 10 _trout_

das **Formular**, -e 4 _form, sheet_

der **Forscher**, - 4 _researcher_

das **Foto**, -s 6 _photo_

das **Fotoalbum**, Fotoalben 9 _photo album_

das **Fotogeschäft**, -e 10 _photo store_

fotografieren 6 _to photograph, to take pictures_

der **Fortschritt**, -e 15 _progress_

die **Frage**, -n 4 _question_

der **Fragebogen**, ¨- 4 _questionnaire_

fragen 2 _to ask_

fragen nach 12 _to ask about, to inquire about_

(das) **Frankreich** 10 _France_

(das) **Französisch** 8 _French language_

französisch 8 _French_ adj

die **Frau**, -en 3 _woman, wife;_ as a form of address: _Mrs., Ms._

das **Fräulein**, -s 2 _young woman; Miss_

frei 12 _free, unoccupied;_ im Freien 6 _outdoors, outside_

das **Freibad**, ¨-er 10 _outdoor swimming pool_

freihaben 8 _to have off_

die **Freiheit**, -en 13 _freedom, liberty_

freinehmen (nimmt...frei), nahm...frei, freigenommen 12 _to take off (from work)_

der **Freitag** 5 _Friday_

freitags 5 _Fridays_

fremd 11 _strange, foreign_

das **Fremdenverkehrsamt**, ¨-er 13 _tourist office, tourist information_

die **Fremdsprache**, -n 4 _foreign language_

sich **freuen** 12 _to be happy, to rejoice;_ sich freuen auf 12 _to look forward to;_ sich freuen über 12 _to be happy about_

der **Freund**, -e 3 _(close) friend_ m, _boyfriend_

die **Freundin**, -nen 3 _(close) friend_ f, _girlfriend_

freundlich 1 _friendly;_ freundlich zu 12 _friendly to_

der **Friedhof**, ¨-e 10 _cemetery_

frieren, fror, ist/hat gefroren 3 _to freeze_

der **Friseur**, -e 10 _barber, hairdresser_ m

die **Friseuse**, -n 10 _hairdresser_ f

frittieren 14 _to fry_

froh 1 _happy_

Frohes Fest! 1 _Have a happy celebration (e.g., Christmas, Easter)_

froh über 12 _happy about_

fröhlich 1 _merry, jolly_

früh 2 _early_

früher 2 _earlier; in the past_

frühestens 5 _at the earliest_

der **Frühling** 5 _spring_

frühmorgens 5 _early in the morning_

der **Frühschoppen**, - 4 _morning pint_

das **Frühstück** 4 _breakfast_

frühstücken 8 _to eat breakfast_

fühlen 6 _to feel;_ sich fühlen 12 _to feel_

führen zu 15 _to lead to_

der **Führerschein**, -e 9 _driver's license;_ den Führerschein machen 8 _to get a driver's license_

der **Füller**, - 10 _fountain pen_

fünf 1 _five_

funktionieren 7 _to function, to operate, to work_

für 5 _for_

der **Fuß**, ¨-e 10 _foot;_ zu Fuß 1 _by foot_

der **Fußball**, ¨-e 6 _soccer ball_

der **Fußball** 6 _soccer_

Fußball spielen 6 _to play soccer_

die **Fußgängerzone**, -n 5 _pedestrian zone_

das **Fußgelenk**, -e 10 _ankle_

die **Gabel**, -n 10 _fork_

der **Gang**, ¨-e 12 _aisle, hallway_

die **Gans**, ¨-e 14 _goose_

gar 4 _at all_ intensifier mostly used with negation: gar nicht

die **Garage**, -n 10 _garage_

die **Garderobe**, -n 10 _place to hang coats, hats, and umbrellas_

der **Garten**, ¨- 10 _garden, yard_

der **Gärtner**, - 4 _gardener, nurseryman_

der **Gast**, ¨-e 11 _guest_

das **Gasthaus**, ¨-er 10 _restaurant, inn, tavern_

der **Gasthof, ¨-e** 13 *restaurant, inn, tavern*
das **Gebäude, -** 10 *building*
geborene 15 *maiden name, née*
der **Geburtstag, -e** 9 *birthday;* **zum Geburtstag** *for one's birthday;* **Alles Gute/Herzlichen Glückwunsch zum Geburtstag!** 1 *All the best for your birthday!*
gefallen (ä), gefiel, gefallen 10 *to please, to enjoy*
das **Geflügel** 14 *poultry*
gegen 5 *against;* 10 *around, approximately*
die **Gegend, -en** 9 *region*
gegenüber 10 *across, opposite* postposition
gegenüber von 10 *across from* preposition
gehen, ging, ist gegangen 2 *to go*
das **Gehirn, -e** 10 *brain*
gehören (zu) 10 *to belong (to)*
die **Geige, -n** 6 *violin, fiddle*
die **Geisteswissenschaften** 8 *humanities* (academic field)
gelb 1 *yellow*
das **Geld** 4 *money*
die **Gelegenheit, -en** 12 *opportunity*
das **Gemäldemuseum, Gemäldemuseen** 11 *art museum*
die **Gemeinde, -n** 10 *municipality, community*
das **Gemüse** 4 *vegetables*
die **Geologie** 8 *geology*
das **Gepäck** 12 *baggage, luggage*
die **Gepäckausgabe** 12 *baggage claim area*
die **Gepäckaufbewahrung** 12 *luggage storage*
das **Gepäckfach, ¨-er** 12 *luggage rack, luggage storage area*
das **Gepäckstück, -e** 12 *piece of luggage*
gerade 1 *just (now); straight*
geräumig 11 *spacious*
das **Gericht, -e** 13 *dish, food*
die **Germanistik** 8 *German* (academic field)

gern 2 *gladly* + verb: *liking to do something*
das **Geschäft, -e** 10 *store, business, shop*
die **Geschäftsfrau, -leute** 4 *businesswoman*
der **Geschäftsmann, -leute** 4 *businessman*
geschehen (ie), geschah, ist geschehen 7 *to happen*
das **Geschenk, -e** 9 *present, gift*
die **Geschichte** 8 *history*
die **Geschichte, -n** 9 *story*
geschieden (von) 12 *divorced (from)*
das **Geschirr** 11 *dishes*
die **Geschwister** pl 4 *siblings, brothers and sisters*
das **Gesicht, -er** 10 *face*
gesellig 1 *sociable*
gestatten 15 *to allow*
gestern 7 *yesterday*
gestreift 3 *striped*
gesund 1 *healthy*
das **Getränk, -e** 4 *beverage, drink*
sich **gewöhnen an** 12 *to get used to*
das **Gewürz, -e** 14 *spice*
die **Gitarre, -n** 6 *guitar*
das **Glas, ¨-er** 1 *glass;* **aus Glas** 1 *made of glass*
glatt 12 *smooth(ly)*
glauben 6 *to believe*
gleich 10 *just, just now*
das **Gleis, -e** 12 *rail*
die **Gliederschmerzen** pl 14 *body ache*
glücklich über 12 *happy about, ecstatic about*
Golf spielen 6 *to play golf*
golden 1 *golden*
das **Grad Celsius** 5 *centigrade*
das **Gramm** 5 *gram*
die **Grammatik, -en** 4 *grammar*
grau 1 *grey*
die **Grenze, -n** 11 *border*
der **Grenzbeamte, -n** 14 *border guard*
der **Grenzübergang, ¨-e** 14 *border crossing*
(das) **Griechenland** 10 *Greece*
(das) **Griechisch** 8 *Greek language*
griechisch *Greek* adj
grillen 3 *to grill, to barbecue*
die **Grillparty, -s** 6 *barbecue*

die **Grippe** 14 *flu*
der **Groschen, -** 1 *Austrian currency: 100 Groschen = 1 Schilling;* 12 *ten Pfennig piece*
groß 1 *big, large*
die **Größe, -n** 3 *size*
(das) **Großbritannien** 10 *Great Britain*
die **Großeltern** pl 4 *grandparents*
die **Großmutter, ¨-** 4 *grandmother*
die **Großstadt, ¨-e** 5 *large city*
der **Großvater, ¨-** 4 *grandfather*
Grüß Gott! 1 *Hi! (Southern Germany and Austria)*
grün 1 *green*
die **Grünen** 6 *the Greens, the Green party* (political party in West Germany)
der **Grund, ¨-e** 9 *reason*
das **Grundgesetz, -e** 2 *basic law (constitution of West Germany)*
das **Grundstück, -e** 10 *piece of land, lot*
gründen 15 *to found*
die **Gruppe, -n** 11 *group*
(das) **Guatemala** 10 *Guatemala*
gut (besser, best-) 1 *good, well*
das **Gummi** 1 *rubber;* **aus Gummi** 1 *made of rubber*
der **Gummistiefel, -** 3 *rubber boots*
günstig 10 *convenient*
der **Gürtel, -** 3 *belt*
Gymnastik machen 6 *to do calisthenics*
das **Gymnasium, Gymnasien** 10 *high school (German secondary school leading to study at a university)*

das **Haar, -e** 10 *hair*
haben (hat), hatte, gehabt 3 *to have*
der **Hafen, ¨-** 10 *harbor, port*
hageln 3 *to hail*
das **Hähnchen, -** 14 *chicken*
häkeln 6 *to crochet*
halbtags 8 *part-time*
Hallo! 1 *Hello!*
Hallo, wie geht's? 1 *Hello, how are you?*

der **Hals, ¨-e** 10 *neck, throat;* **Hals-
und Beinbruch!** 10 *Good
luck! Break a leg!;* **einen
rauhen Hals haben** 14 *to
have a sore throat*
halten (ä), hielt, gehalten 11
to keep; **halten auf (ä), hielt,
gehalten** 7 *to conduct in;*
**halten von (ä), hielt,
gehalten** 12 *to think of, to
have an opinion of*
die **Haltestelle, -n** 11 *stop*
der **Hamster, -** 4 *hamster*
die **Hand, ¨-e** 10 *hand*
handarbeiten 6 *to do
handicraft*
Handball spielen 6 *to play
team handball*
handeln von 12 *to deal with, to
have to do with*
die **Handfläche, -n** 10 *palm*
das **Handgelenk, -e** 10 *wrist*
der **Händler, -** 10 *dealer* m
die **Händlerin, -nen** 10 *dealer* f
der **Handschuh, -e** 3 *glove*
hängen, hing, gehangen 11 *to
hang* trans
die **Hansestadt, ¨-e** 5 *trade city*
der **Hase, -n** 4 *rabbit, hare*
häßlich 1 *ugly*
der **Hauptbahnhof, ¨-e** 12 *main
train station*
der **Hauptschulabschluß,
Hauptschulabschlüsse** 1
intermediate school degree
die **Hauptschule, -n** 1 *intermediate
school*
die **Hauptspeise, -n** 14 *main
course*
die **Hauptstadt, ¨-e** 10 *capital*
die **Hauptstraße, -n** 14 *main street*
das **Haus, ¨-er** 4 *house*
die **Hausapotheke, -n** 10 *medicine
cabinet (at home)*
die **Hausaufgabe, -n** 4 *homework
assignment*
der **Hausschlüssel, -** 4 *house key*
das **Haustier, -e** 4 *pet,
domesticated animal*
heben, hob, gehoben 10 *to lift*
das **Heft, -e** 1 *notebook, workbook*
heftig 3 *violent(ly)*
die **Heimat** 10 *home, homeland*
das **Heimatland, ¨-er** 10 *homeland*

die **Heimatstadt, ¨-e** 10 *hometown*
heißen, hieß, geheißen 2 *to be
called*
die **Heizung, -en** 4 *heating system,
heater*
helfen (i), half, geholfen 10 *to
help, to assist*
hell 3 *light, bright*
das **Hemd, -en** 3 *shirt*
her 2 *(to) here*
herauf 14 *up*
der **Herbst** 5 *autumn, fall*
der **Herd, -e** 10 *stove*
der **Herr, -en** 3 *gentleman; Mr.;*
mein Herr 3 *Sir (form of
address to a stranger)*
die **Herrenkleider** pl 3 *men's
clothing*
herstellen 13 *to produce*
die **Herstellung** 13 *production*
herunter 14 *down*
das **Herz, -en** 10 *heart*
heute 2 *today*
hier 2 *here*
hierher 2 *(to) here*
hilfreich 12 *helpful*
**hineingehen, ging...hinein,
ist...hineingegangen** 10 *to
go in, to enter*
hin und zurück 12 *there and
back, round-trip*
sich **hinlegen** 4 *to lie down*
sich **hinsetzen** 4 *to sit down*
hinter 11 *behind* + acc/dat
der **Hirsch, -e** 14 *deer* m
der **Hirschbraten** 14 *roast venison*
das **Hobby, Hobbies** 6 *hobby*
hoch (höher, höchst-) 5 *high*
das **Hochhaus, ¨-er** 14 *high rise*
die **Hochschule, -n** 8 *university*
höchst 14 *extremely* + adj
der **Hocker, -** 11 *bar stool*
holen 12 *to fetch, to get*
(das) **Holland** 10 *Holland*
das **Holz** 1 *wood;* **aus Holz** 1
made of wood
(das) **Honduras** 10 *Honduras*
hören 2 *to hear*
die **Hose, -n** 3 *a pair of pants;* **die
kurze Hose** *shorts*
das **Hotel, -s** 10 *hotel*
das **Hotelverzeichnis,
Hotelverzeichnisse** 13 *hotel
listing*

das **Huhn, ¨-er** 14 *chicken*
die **Hühnerbrühe** 14 *chicken broth*
der **Hummer, -** 14 *lobster*
humorvoll 1 *humorous, funny*
der **Hund, -e** 4 *dog* m
hundert (einhundert) 1
hundred
die **Hündin, -nen** 4 *dog* f
hungrig 1 *hungry*
der **Husten** 14 *cough*
husten 14 *to cough*
der **Hut, ¨-e** 3 *hat*

ich 1 *I*
die **Idee, -n** 5 *idea*
ihr 3 *her, their;* 8 *you* plural,
familiar
Ihr 3 *your*
idealistisch 1 *idealistic*
identifizieren 7 *to identify*
die **Illustrierte, -n** 4 *illustrated
magazine (periodical)*
immer 2 *always*
in 1 *in;* 11 *in, into* + acc/dat
(das) **Indien** 10 *India*
(das) **Indonesien** 10 *Indonesia*
sich **informieren (über)** 12 *to inform
oneself (about)*
der **Ingenieur, -e** 4 *engineer* m
die **Ingenieurin, -nen** 4 *engineer* f
die **Innenstadt** 5 *downtown, the
inner city, the center of the city*
innerhalb (von) 12 *inside (of)*
die **Insel, -n** 10 *island*
das **Instrument, -e** 6 *instrument*
intelligent 1 *intelligent, smart*
interessant 1 *interesting*
sich **interessieren für** 12 *to be
interested in*
(der) **Irak** 10 *Iraq*
(der) **Iran** 10 *Iran*
irgendwo 14 *somewhere;
anywhere*
(das) **Irland** 10 *Ireland*
sich **irren** 12 *to err, to be wrong, to
make a mistake*
(das) **Island** 10 *Iceland*
(das) **Israel** 10 *Israel*
(das) **Italien** 10 *Italy*
(das) **Italienisch** 8 *Italian language*
italienisch *Italian* adj

ja 1 *yes*
die **Jacke, -n** 3 *jacket*
zur Jagd gehen 6 *to go hunting*
das **Jahr, -e** 5 *year;* **Frohes neues Jahr!** 1 *Happy New Year!*
die **Jahreszeit, -en** 5 *season, time of year*
jährlich 5 *yearly, annually*
die **Jalousie, -n** 10 *blinds*
der **Januar** 5 *January*
(das) **Japan** 10 *Japan*
(das) **Japanisch** 10 *Japanese language*
japanisch *Japanese* adj
die **Jeans** pl 3 *jeans*
jed- 3 *each, every*
jemand 3 *somebody, someone*
jetzt 2 *now*
der **Joghurt, -s** 4 *yogurt*
der **Journalist, -en** 4 (weak noun) *journalist* m
die **Journalistin, -nen** 4 *journalist* f
die **Jugendherberge, -n** 13 *youth hostel*
(das) **Jugoslawien** 10 *Yugoslavia*
der **Juli** 5 *July*
jung 1 *young*
der **Junge, -n** 3 *boy*
der **Juni** 5 *June*
(das) **Jura** 8 *law* (academic field)
der **Juwelier, -e** 4 *jeweler*

das **Kabelfernsehen** 9 *cable TV*
der **Kaffee** 4 *coffee*
das **Kaffeehaus, ̈-er** 5 *coffee house, café (Austria)*
der **Kaffeelöffel, -** 10 *coffee/teaspoon*
das **Kalb, ̈-er** 14 *calf*
das **Kalbfleisch** 14 *veal*
kalt 3 *cold*
die **Kältewelle, -n** 3 *cold wave, cold spell*
die **Kaltfront** 3 *cold front*
der **Kamerad, -en** 9 (weak noun) *comrade, friend, buddy*
kämmen 10 *to comb*
(das) **Kanada** 10 *Canada*
der **Kanadier, -** 1 *Canadian* m
die **Kanadierin, -nen** 1 *Canadian* f
der **Kandidat, -en** 4 (weak noun) *candidate* m
die **Kandidatin, -nen** 4 *candidate* f

das **Kaninchen, -** 4 *rabbit*
die **Kanne, -n** 11 *pitcher*
das **Kännchen, -** 5 *small pitcher*
der **Kanton, -e** 1 *canton (Swiss)*
das **Kapitel, -** 1 *chapter*
kaputt 8 *broken, out of commission*
die **Karotte, -n** 14 *carrot*
kariert 3 *checkered, plaid*
der **Karpfen, -** 14 *carp*
die **Karte, -n** 9 *card, postcard;* **Karten spielen** 6 *to play cards*
die **Kartoffel, -n** 4 *potato;* **das Kartoffelpüree** 14 *mashed potatoes*
der **Käse** 4 *cheese*
der **Kater, -** 4 *cat* m
die **Katze, -n** 4 *cat* f
kauen 15 *to chew*
kaufen 2 *to buy*
das **Kaufhaus, ̈-er** 10 *department store*
die **Kaution** 10 *deposit*
kegeln 6 *to bowl*
kein 1 *no, none, not any, not a*
der **Keller, -** 10 *cellar, basement*
der **Kellner, -** 1 *waiter*
die **Kellnerin, -nen** 1 *waitress*
kennen, kannte, gekannt 3 *to know, to be familiar with*
kennenlernen 6 *to get to know, to become acquainted*
(das) **Kenia** 10 *Kenya*
der **Kerl, -e** 3 *guy*
die **Kerze, -n** 11 *candle*
die **Kette, -n** 3 *chain, necklace*
das **Kilo(gramm), -** 5 *kilogram*
der **Kilometer, -** 5 *kilometer*
das **Kind, -er** 3 *child, kid*
der **Kinderausweis, -e** 9 *child's ID*
das **Kinderbett, -en** 10 *crib*
das **Kinderzimmer, -** 10 *child's room*
das **Kinn** 10 *chin*
das **Kino, -s** 10 *movie theater*
der **Kiosk, -s** 10 *newsstand*
die **Kirche, -n** 10 *church*
es klappt 12 *it works*
klar 3 *clear*
die **Klasse, -n** 1 *class* (students who comprise a class)
das **Klassenzimmer, -** 1 *classroom*
klassisch 6 *classic, classical*
die **Klausur, -en** 4 *test, exam*

das **Klavier, -e** 6 *piano*
das **Kleid, -er** 3 *dress*
die **Kleidung** 3 *clothing*
die **Kleider** pl 3 *clothes*
der **Kleiderschrank, ̈-e** 10 *clothes closet*
klein 1 *small, short*
(das) **Kleinasien** 10 *Asia Minor*
das **Kleingeld** 13 *change, loose coins*
die **Kleinstadt, ̈-e** 5 *small town*
der **Klempner, -** 4 *plumber*
die **Klimaanlage, -n** 4 *air-conditioning system*
klingeln 11 *to ring*
das **Klo, -s** 10 *toilet*
klopfen 11 *to knock*
der **Kloß, ̈-e** 14 *dumpling*
der **Knabe, -n** 9 *boy*
die **Kneipe, -n** 10 *pub, bar*
das **Knie, -** 10 *knee*
der **Knödel, -** 14 *dumpling*
der **Koch, ̈-e** 4 *cook* m
die **Köchin, -nen** 4 *cook* f
kochen 5 *to cook food, to boil liquids*
die **Kola, -s** 4 *Coke*
der **Kollege, -n** 9 (weak noun) *colleague, coworker*
(das) **Kolumbien** 10 *Colombia*
kombinieren 7 *to combine*
der **Komfort** 13 *amenities, luxury*
komisch 9 *odd, strange, funny*
kommen, kam, ist gekommen 2 *to come*
die **Kommode, -n** 10 *chest of drawers*
die **Kommunikationswissenschaften** 8 *communications* (academic field)
der **Kompromiß, Kompromisse** 10 *compromise*
die **Kondensmilch** 4 *evaporated milk*
die **Konditorei, -en** 5 *pastry shop*
die **Konfitüre, -n** 4 *jam, jelly*
der **König, -e** 6 *playing card: king*
können (kann), konnte, gekonnt 5 *to be able to, can*
der **Kontinent, -e** 5 *continent*
das **Konto, Konten** 9 *bank account*
sich **konzentrieren auf** 12 *to concentrate on*
das **Konzert, -e** 10 *concert; concert hall*

der **Kopf**, ¨-e 10 *head*
(das) **Korea** 10 *Korea*
der **Korridor**, -e 10 *hallway*
der **Körper**, - 10 *body*
der **Körperteil**, -e 10 *part of the body*
korrigieren 4 *to correct*
das **Kostüm**, -e 3 *woman's outfit or suit*
das **Kotelet**, -s 14 *chop (pork, lamb)*
die **Krabbe**, -n 14 *shrimp*
krank 1 *sick*
sich **krank fühlen** 12 *to feel sick*
das **Krankenhaus**, ¨-er 10 *hospital*
die **Krankenkasse** 14 *health insurance company*
der **Krankenpfleger**, - 4 *nurse* m
die **Krankenschwester**, -n 4 *nurse* f
die **Krankheit**, -en 14 *illness*
das **Kraut**, ¨-er 14 *herb*
die **Kräuterbutter** 14 *herb butter*
die **Krawatte**, -n 3 *tie*
die **Kreditkarte**, -n 4 *credit card*
die **Kreide** 1 *chalk*
die **Kreuzung**, -en 13 *crossing, intersection;* **über die Kreuzung gehen, ging, gegangen** 13 *to cross the intersection*
kriechen, kroch, gekrochen 15 *to crawl*
der **Krimi**, -s 6 *detective story, detective film*
krumm 1 *crooked, gnarled*
(das) **Kuba** 10 *Cuba*
die **Küche**, -n 10 *kitchen*
der **Kuchen**, - 5 *cake*
der **Kuchenheber**, - 11 *pastry server*
der **Küchentisch**, -e 10 *kitchen table*
der **Kugelschreiber**, - 1 *ballpoint pen* coll: **der Kuli**
kühl 3 *cool*
der **Kühlschrank**, ¨-e 10 *refrigerator*
sich **kümmern um** 12 *to worry about; to concern oneself with*
die **Kunst**, ¨-e 8 *art*
der **Kunsthändler**, - 4 *art dealer*
das **Kunstlied**, -er 5 *art song*
der **Kurs**, -e 8 *course, class*
der **Kurs** 12 *exchange rate*
das **Kursbuch**, ¨-er 12 *schedule book for trains*

kurz 1 *short (not for persons)*
kurzärmelig 3 *short-sleeved*
der **Kuß, Küsse** 9 *kiss*
die **Kusine**, -n 4 *cousin* f
die **Küste**, -n 11 *coast, shore, shoreline*

lachen über 12 *to laugh about*
der **Laden**, ¨- 10 *shop, store;* **der Tante Emma Laden**, ¨- 7 *mom and pop shop*
das **Ladenschlußgesetz**, 7 *West German law that restricts store hours*
das **Land**, ¨-er 5 *country, land;* **auf dem Land** 5 *in the country*
die **Landstraße**, -n 13 *highway (not interstate)*
Langlauf machen 6 *to go cross-country skiing*
die **Lampe**, -n 1 *light fixture, lamp*
das **Land**, ¨-er 10 *country*
der **(Land)kreis**, -e 4 *county*
lange 1 *long;* 2 *for a long time*
langärmelig 3 *long-sleeved*
langsam 2 *slow(ly)*
sich **langweilen** 12 *to be bored*
langweilig 1 *boring*
lassen (ä), ließ, gelassen 4 *to leave, to let*
der **Lastwagenfahrer**, - 4 *truck driver*
(das) **Latein** 8 *Latin language*
laut 1 *loud(ly)*
laufen (ä), lief, ist gelaufen 2 *to walk* 6 *to jog*
die **Lebensmittel**, - pl 12 *groceries*
das **Lebensmittelgeschäft**, -e 10 *grocery store*
die **Leber** 14 *liver*
das **Leder** 1 *leather;* **aus Leder** 1 *made of leather*
der **Lederstiefel**, - 3 *leather boot*
ledig 1 *single, not married*
legen 11 *to put*
die **Lehre**, -n 11 *apprenticeship*
lehren 1 *teach*
der **Lehrer**, - 1 *teacher* m
die **Lehrerin**, -nen 1 *teacher* f
Leichtathletik machen 6 *to do track and field*
leid tun 10 *to be sorry;* **es tut mir leid** 10 *I am sorry*

leider 10 *unfortunately, regrettably*
leihen, lieh, geliehen 9 *to lend*
sich **etwas leisten (können)** 12 *(to be able) to afford something*
das **Leitungswasser** 4 *tap water*
leise 2 *quiet(ly)*
der **Leiter**, - 11 *guide, leader*
lernen 2 *to learn, to study with a book*
lesen (ie), las, gelesen 2 *to read*
letzt- 7 *last*
die **Leute** pl 3 *people*
der **Libanon** 10 *Lebanon*
(das) **Libyen** 10 *Libya*
das **Licht**, -er 1 *light*
das **Lichtbild**, -er 9 *photograph*
lieb 10 *dear to, treasured, cherished*
lieber 10 *rather (preference)*
(das) **Liechtenstein** 10 *Liechtenstein*
das **Lied**, -er 6 *song*
liegen, lag, gelegen 11 *to lie*
liegen an, lag, gelegen 15 *to be due to*
der **Liegestuhl**, ¨-e 10 *yard chair, yard lounge*
der **Liegewagen**, - 12 *train car with sleeping compartments*
lila 1 *purple, lilac-colored*
die **Limo**, -s 4 *soft drink with fruit flavor* (short for **die Limonade**)
die **Limonade**, -n 4 *soft drink with fruit flavor*
links 2 *left*
die **Lippe**, -n 10 *lip*
der **Liter**, - 5 *liter*
der **Löffel**, - 11 *spoon*
das **Lokal**, -e 13 *restaurant, pub*
der **Lokführer** 4 *railroad engineer, engine driver*
losfahren (ä), fuhr...los, ist losgefahren 13 *to get started on a trip*
die **Lösung**, -en 9 *answer, solution*
die **Lüge**, -n 9 *lie*
die **Lunge**, -n 10 *lung*
(das) **Luxemburg** 10 *Luxemburg*

machen 2 *to do, to make*
die **Macht**, ¨-e 15 *power*
das **Mädchen**, - 3 *girl*
der **Magen** 10 *stomach*

der **Mai** 5 *May*
der **Makler**, - 4 *realtor*
das **Mal** 5 *time, occurrence*
(das) **Malaysien** 10 *Malaysia*
malen 6 *to paint artistically*
der **Manager**, - 4 *manager*
man 3 *one* indef pron
manchmal 2 *sometimes*
die **Manieren** pl 1 *manners*
der **Mann**, ¨-er 3 *man, husband*
der **Mantel**, ¨- 3 *coat*
der **Markt**, ¨-e 10 *market*
der **Marktplatz**, ¨-e 10 *marketplace, plaza, town square*
(das) **Marokko** 10 *Morocco*
der **März** 5 *March*
maskulin 1 *masculine*
die **Maß** 10 coll *one-liter mug of beer* (short for: **der Maßkrug**)
die **Mathematik** 8 *mathematics*
der **Matrose**, -n 4 (weak noun) *sailor*
die **Matura** 1 *secondary school degree (Austria)*
der **Maurer**, - 4 *stone mason, bricklayer*
der **Mechaniker**, - 4 *mechanic*
das **Medikament**, -e 14 *medication*
die **Medizin** 8 *medicine*
das **Meer**, -e 11 *ocean, sea*
der **Meerrettich** 14 *horseradish*
mehrere 4 *several*
die **Meile**, -n 5 *mile*
mein 3 *my, mine*
meinen 6 *to think, to have the opinion*
die **Meinung**, -en 6 *opinion*
sich **melden** 12 *to answer (the phone)*
die **Mensa, Mensen** 7 *student cafeteria*
der **Mensch**, -en 3 *human being*
das **Menü**, -s 10 *full-course meal*
messen (i), maß, gemessen 5 *to measure*
das **Messer**, - 10 *knife*
das **Metall** 1 *metal;* **aus Metall** 1 *made of metal*
der **Meter**, - 5 *meter*
der **Metzger**, - 10 *butcher*
die **Metzgerei**, -en 10 *butcher's shop*
der **Mexikaner**, - 1 *Mexican* m
die **Mexikanerin**, -nen *Mexican* f

(das) **Mexiko** 10 *Mexico*
die **Mietwohnung**, -en 10 *rented apartment*
das **Mikrowellengerät**, -e 10 *microwave oven*
die **Milch** 4 *milk*
der **Millimeter**, - 5 *millimeter*
das **Mineralwasser**, - 4 *mineral water*
Minigolf spielen 6 *to play miniature golf*
die **Minute**, -n 5 *minute*
mit 10 *with, along with*
mitbekommen, bekam…mit, mitbekommen 12 coll *to pick up, to hear*
mitbringen, brachte…mit, mitgebracht 2 *to bring along*
das **Mitbringsel**, - 9 *small gift*
mitgehen, ging…mit, ist mitgegangen 2 *to go along*
mitkommen, kam…mit, ist mitgekommen 2 *to come along*
mitlesen (ie), las…mit, mitgelesen 2 *to read along*
mitmachen 2 *to participate*
mitnehmen (i), nahm…mit, mitgenommen 2 *to take along*
mitspielen 6 *to join in playing*
mitsprechen (i), sprach…mit, mitgesprochen 2 *to join in speaking*
der **Mittag** 5 *noon;* **zu Mittag essen** 8 *to have lunch, to eat lunch*
mittags 5 *regularly at noon*
das **Mittagessen** 4 *lunch*
(das) **Mittelamerika** 10 *Central America*
der **Mittelfinger**, - 10 *middle finger*
der **Mittwoch** 5 *Wednesday*
mittwochs 5 *Wednesdays*
das **Modell**, -e 6 *model*
die **Modelleisenbahn** 6 *model railway*
das **Mofa**, -s 4 *motor scooter, bicycle with small motor*
mogeln 4 *to cheat*
mögen (mag), mochte, gemocht 5 *to like*
die **Möglichkeit**, -en 14 *possibility, opportunity*
möchten: 5 *would like to* subjunctive form of **mögen**

der **Moment**, -e 8 *moment*
der **Monat**, -e 5 *month*
monatlich 5 *monthly*
die **Mongolei** 10 *Mongolia*
der **Montag** 5 *Monday*
montags 5 *Mondays*
das **Moped**, -s 4 *moped, motorbike*
der **Morgen**, - 5 *morning*
morgen 2 *tomorrow*
morgen früh 5 *tomorrow morning*
der **Morgenmantel**, ¨- 3 *robe*
morgens 5 *mornings*
das **Motorrad**, ¨-er 4 *motorcycle*
müde 1 *tired*
die **Mühe**, -n 11 *effort;* **sich Mühe geben, gab, gegeben** 11 *to make an effort*
der **Mund**, ¨-er 10 *mouth*
die **Münze**, -n 6 *coin*
das **Museum, Museen** 10 *museum*
die **Musik** 4 *music;* **Musik machen** 6 *to make music*
der **Musikladen**, ¨- 10 *music shop*
die **Musikschule**, -n 5 *music school, music academy*
das **Müsli**, -s 4 *muesli (breakfast food)*
müssen (muß), mußte, gemußt 5 *to have to, to need to, must*
die **Mutter**, ¨- 4 *mother*
die **Mutti**, -s 4 *Mom, Ma, Mommy*
der **Muttertag**, -e 10 *Mother's Day*
mütterlicherseits 4 *on the mother's side of the family*
die **Muttersprache**, -n 4 *native language, mother tongue*
die **Mütze**, -n 3 *cap*

nach 2 *to, toward;* 10 *after*
nach Hause 2 *(to) home*
der **Nachbar**, -n 4 (weak noun) *neighbor* m
die **Nachbarin**, -nen 4 *neighbor* f
nachdem 13 *after* conj
nachdenken (über) 12 *to think (about)*
die **Nacherzählung**, -en 6 *retelling*
nachgehen, ging…nach, ist nachgegangen 8 *to run behind time*
der **Nachmittag** 5 *afternoon*
nachmittags 5 *afternoons*

die **Nachricht, -en** 10 *message*
die **Nachrichten** pl 6 *the news*
nachschauen 12 *to check (on something)*
nachsehen (ie), sah...nach, nachgesehen 12 *to check (on something)*
die **Nachspeise** 14 *dessert*
die **Nacht, ¨-e** 5 *night;* **Gute Nacht!** 1 *Good night*
das **Nachthemd, -en** 3 *nightgown, nightshirt*
der **Nachtisch** 10 *dessert*
nachts 5 *nights*
die **Nähe** 10 *vicinity;* **in der Nähe (von)** 10 *nearby, in the vicinity (of)*
nähen 6 *to sew*
der **Name, -n** 4 *(weak noun) name*
die **Nase, -n** 10 *nose;* **eine verstopfte Nase haben** 14 *to have a stuffy nose*
naß 3 *wet*
die **Nationalität, -en** 1 *nationality*
die **NATO** 5 *NATO short for: North Atlantic Treaty Organization*
natürlich 1 *natural, unaffected*
der **Nebel** 3 *fog*
nebelig 3 *foggy*
neben 11 *near, next to*
die **Nebenkosten** pl 10 *bills (gas, electricity)*
die **Nebenstraße, -n** 14 *side street*
der **Neffe, -n** 4 *(weak noun) nephew*
negativ 1 *negative*
nehmen (i), nahm, genommen 2 *to take*
nein 1 *no*
neu 1 *new*
neulich 7 *recently*
neun 1 *nine*
(das) **Nicaragua** 10 *Nicaragua*
nicht 1 *not;* **nicht nur..., sondern auch** 5 *not only..., but also;* **nicht..., sondern** 5 *not..., but rather*
die **Nichte, -n** 4 *niece*
nie 2 *never*
die **Niederlande** 10 *The Netherlands, Holland*
niemand 3 *nobody, no one*
niesen 14 *to sneeze*
noch 2 *yet, still;* **noch einmal** 4 *once again;* **noch nicht** 2 *not yet*

(das) **Nordamerika** 10 *North America*
der **Norden** 10 *North*
der **Nordpol** 10 *North Pole*
die **Nordsee** 3 *North Sea*
(das) **Norwegen** 10 *Norway*
notieren 9 *to note*
nötig 13 *necessary*
der **November** 5 *November*
die **Nudel, -n** 14 *noodle*
null 1 *zero*
der **Numerus Clausus** 1 *requirement for admission to some fields of study (i.e. law, medicine) at the university*
nur 3 *only*

ob 6 *if, whether* conj
oben 12 *on top, up, upstairs*
der **Ober, -** 4 *waiter* m; **Herr Ober!** 4 *Waiter!*
das **Obergeschoß** 14 *second floor of a two-story building*
der **Oberkörper** 10 *upper body, torso*
die **Oberschule, -n** 1 *high school (East Germany; Switzerland)*
obgleich 13 *although* conj
das **Obst, Obstsorten** 4 *fruit*
obwohl 13 *although* conj
die **Ochsenschwanzsuppe, -n** 14 *oxtail soup*
oder 3 *or*
der **Ofen, ¨-** 10 *oven*
öffentlich 13 *public*
öffnen 2 *to open*
oft 2 *often*
ohne 5 *without*
das **Ohr, -en** 10 *ear*
der **Ohrring, -e** 3 *earring*
der **Oktober** 5 *October*
die **Oma, -s** 4 *grandma*
der **Onkel, -** 4 *uncle*
der **Opa, -s** 4 *grandpa*
der **Optiker, -** 10 *optician*
optimistisch 1 *optimistic*
orange 1 *orange*
der **Orangensaft** 6 *orange juice*
ordentlich 1 *orderly, proper*
der **Ort, -e** 3 *town; place*
das **Ortsgespräch, -e** 12 *local telephone call*
(das) **Ostdeutschland** 10 *East Germany*

der **Osten** 10 *East*
(die) **Ostern** pl 1 *Easter;* **Frohe Ostern!** 1 *Happy Easter!*
die **Osterferien** pl 5 *Easter holiday*
(das) **Österreich** 5 *Austria*
der **Österreicher, -** 1 *Austrian* m
die **Österreicherin, -nen** 1 *Austrian* f
die **Ostsee** 11 *Baltic Sea*

ein paar 4 *a few*
das **Päckchen, -** 4 *small package*
die **Pädagogik** 8 *pedagogy*
die **Pädagogische Hochschule** 4 *university-level pedagogical institute*
das **Paket, -e** 4 *package*
(das) **Pakistan** 10 *Pakistan*
(das) **Palästina** 10 *Palestine*
(das) **Panama** 10 *Panama*
das **Papier, -e** 1 *paper*
der **Papierkorb, ¨-e** 1 *wastepaper basket*
die **Pappe** 1 *cardboard;* **aus Pappe** 1 *made of cardboard*
der **Paprika** 14 *paprika*
(das) **Paraguay** 10 *Paraguay*
der **Park, -s** 5 *park*
der **Parkplatz, ¨-e** 10 *parking spot, parking lot*
der **Paß, Pässe** 9 *passport*
passen 3 *to fit;* **das paßt** 14 coll *that works*
passieren, ist passiert 3 *to happen*
der **Patient, -en** 9 *(weak noun) patient*
die **Pension, -en** 13 *bed-and-breakfast*
die **Person, -en** 1 *person*
der **Personalausweis, -e** 9 *identity card*
(das) **Peru** 10 *Peru*
pessimistisch 1 *pessimistic*
die **Petersilie** 14 *parsley*
die **Pfanne, -n** 11 *pan*
der **Pfannkuchen, -** 4 *pancake*
der **Pfeffer** 14 *pepper*
die **Pfeife, -n** 4 *pipe*
das **Pferd, -e** 4 *horse*
das **Pfingsten** 1 *Pentecost*
die **Pfingstferien** pl 5 *Pentecostal holiday*
die **Pflanze, -n** 11 *plant*

das **Pfund** 5 *pound*
die **PH, -s** 4 *university-level pedagogical institute* short for: **Pädagogische Hochschule**
die **Pharmazie** 8 *pharmacy (academic field)*
die **Philosophie** 8 *philosophy*
der **Photograph, -en** 4 *photographer* m
die **Photographin, nen** 4 *photographer* f
die **Physik** 8 *physics*
die **Pille, -n** 14 *pill*
der **Pilot, -en** 4 (weak noun) *pilot*
das **Pils** 4 *pils*
das **Pilsener** 10 *Pilsener beer (as brewed in Pilsen, Czechoslovakia)*
der **Pilz, -e** 14 *mushroom*
der **Plan, ¨-e** 5 *plan*
das **Plastik** 1 *plastic;* **aus Plastik** 1 *made of plastic*
die **Platte, -n** 9 *record* short for die **Schallplatte;** 11 *platter*
der **Plattenspieler, -** 4 *record player*
der **Platz, ¨-e** 10 *plaza, square;* 12 *place, room, seat*
(das) **Polen** 10 *Poland*
die **Politik** 4 *politics*
der **Politiker, -** 4 *politician* m
die **Politikerin, -nen** 4 *politician* f
die **Politikwissenschaft** 8 *political science*
der **Polizist, -en** 4 (weak noun) *policeman*
die **Pommes frites** pl 8 *French fries*
die **Popmusik** 6 *pop music*
der **Popo, -s** 10 *bottom, behind*
das **Portemonnaie, -s** 4 *wallet*
(das) **Portugal** 10 *Portugal*
(das) **Portugiesisch** 8 *Portuguese language*
die **Post** 4 *mail;* 10 *post office*
der **Postbote, -n** 9 *mailman*
die **Postkarte, -n** 4 *postcard*
positiv 1 *positive*
praktisch 1 *practical, realistic*
der **Präsident, -en** 4 (weak noun) *president*
preisgünstig 13 *economically priced; favorably priced*
das **Problem, -e** 4 *problem*

probieren 7 *to try something, to put something to the test*
der **Professor, -en** 1 *professor* m
die **Professorin, -nen** 1 *professor* f
die **Provinz, -en** 5 *province*
die **Provision** 10 *commission*
programmieren 6 *to program*
die **Prüfung, -en** 4 *test*
die **Psychologie** 8 *psychology*
der **Pullover, -** 3 *pullover sweater*
punktiert 3 *dotted, polka-dotted*
die **Pünktlichkeit** 2 *punctuality*
die **Puppe, -n** 6 *doll*
das **Püree** 14 *puree*
die **Pute, -n** 14 *turkey*
putzen 10 *to brush, to clean*

der **Quadratmeter, -** 5 *square meter*
quatschen 4 coll *to talk*

das **Rad, ¨-er** 4 *wheel;* coll *bike*
radfahren (ä), fuhr...Rad, ist radgefahren 6 *to go bicycle riding*
das **Radio, -s** 4 *radio*
die **Radiosendung, -en** 6 *radio show*
der **Rahm** 14 *cream*
(sich) **rasieren** 10 *to shave*
sich **Rat holen** 12 *to get advice*
das **Rathaus, ¨-er** 10 *city hall*
rauchen 4 *to smoke*
der **Raum, -¨e** 10 *room*
die **Realschule, -n** 1 *secondary school*
reagieren 9 *to react;* **reagieren auf** 12 *to react to*
recht 10 *OK, all right;* **recht haben** 10 *to be right;* **Das ist (mir) recht** 10 *That's all right (with me)*
rechts 2 *right*
reden 4 *to talk, to converse*
der **Referendar, -e** 4 *teacher during probationary period* m
die **Referendarin, -nen** 4 *teacher during probationary period* f
das **Reformhaus, ¨-er** 10 *health food store*
das **Regal, -e** *shelf, bookshelf*
der **Regenhut, ¨-e** 3 *rain hat*
der **Regenmantel, ¨-** 3 *raincoat*

der **Regenschirm, -e** 3 *umbrella*
der **Regisseur, -e** 5 *film/stage director* m
die **Regisseurin, -nen** 5 *film/stage director* f
regnen 3 *to rain*
regnerisch 3 *rainy*
das **Reh, -e** 14 *deer* f
der **Rehbraten** 14 *venison*
reich 1 *rich, wealthy*
die **Mittlere Reife** 1 *secondary school degree*
der **Reis** 14 *rice*
die **Reise, -n** 10 *trip*
das **Reisebüro, -s** 10 *travel agent*
die **Reisegruppe, -n** 11 *travel group, tour group*
der **Reiseleiter, -** 11 *tour guide*
reisen 5 *to travel*
der **Reiseschalter, -** 12 *ticket window*
der **Reisescheck, -s** 12 *traveler's check*
die **Reisetasche, -n** 12 *travel bag*
reiten, ritt, geritten 6 *to ride a horse*
reservieren 7 *to reserve*
das **Restaurant, -s** 10 *restaurant*
das **Rezept, -e** 5 *recipe;* 14 *prescription*
die **Rezeption** 12 *reception desk*
richtig 1 *right, correct*
die **Richtung, -en** 10 *direction*
riechen, roch, gerochen 12 *to smell*
das **Rind, -er** 14 *cattle*
das **Rindfleisch** 14 *beef*
der **Ring, -e** 3 *ring*
der **Ringfinger, -** 10 *ring finger*
der **Rock, ¨-e** 3 *skirt*
die **Rolltreppe, -n** 12 *escalator*
der **Roman, -e** 4 *novel*
romantisch 1 *romantic*
rosa 1 *pink*
rot 1 *red*
der **Rotstift, -e** 10 *red pen*
der **Rücken** 10 *back*
der **Rucksack, ¨-e** 3 *backpack, knapsack*
die **Ruine, -n** 6 *ruin*
ruhig 1 *quiet, still*
(das) **Rumänien** 10 *Romania*
rund 1 *round*
(das) **Russisch** 8 *Russian language*
(das) **Rußland** 10 *Russia*

der **Saft**, ¨-e 4 *juice*
sagen 2 *to say*
die **Sahne** 4 *cream*
der **Salat**, -e 4 *salad*
das **Salz** 14 *salt*
sammeln 6 *to collect*
der **Samstag** 5 *Saturday*
samstags 5 *Saturdays*
die **Sandale**, -n 3 *sandal*
sauber 1 *clean*
(das) **Saudiarabien** 10 *Saudi Arabia*
sauer 1 *sour*
Schach spielen 6 *to play chess*
schade 9 *unfortunate, too bad*
der **Schäferhund**, -e 4 *German shepherd*
der **Schaffner**, - 13 *conductor*
der **Schal**, -s 3 *scarf, shawl*
die **Schale**, -n 11 *small bowl*
die **Schallplatte**, -n 9 *record*
das **Schaufenster**, - 5 *display window*
der **Schein**, -e 12 *money bill;* 14 *certificate*
schenken 9 *to give something as a present*
schick 3 *chic, stylish, fashionable*
schicken 4 *to send*
schießen, schoß, geschossen 6 *to shoot, to target shoot*
das **Schiff**, -e 6 *ship*
das **Schild**, -er 1 *sign*
schimpfen 11 *to scold*
der **Schinken**, - 4 *ham*
schlafen (ä), schlief, geschlafen 2 *to sleep*
der **Schlafanzug**, ¨-e 3 *pyjamas*
das **Schläfchen**, - 12 *nap* **ein Schläfchen machen** 12 *to take a nap*
der **Schlafwagen**, - 12 *sleeper car (train)*
das **Schlafzimmer**, - 10 *bedroom*
die **Schlagsahne** 5 *whipped cream*
schlampig 3 *sloppy, messy, untidy*
die **Schlange**, -n 10 *line; snake;* **in der Schlange stehen** 10 *to stand in line*
schlank 1 *slim, attractively thin*
schlecht 2 *bad;* **mir ist schlecht** 14 *I feel sick*

sich **schlecht fühlen** 12 *to feel bad*
schleppen 12 coll *to carry*
schließen, schloß, geschlossen 2 *to close*
das **Schließfach**, ¨-er 12 *locker*
schließlich 13 *finally, ultimately, after all*
der **Schlips**, -e 3 *tie*
Schlitten fahren 6 *to ride a sled*
der **Schlitz**, -e 12 *slit, slot*
das **Schloß, Schlösser** 10 *castle, palace*
schlucken 14 *to swallow*
der **Schlüssel**, - 4 *key*
schmal 1 *narrow*
der **Schmerz**, -en 10 *pain, ache*
der **Schmuck** 3 *jewelry*
schmutzig 1 *dirty*
die **Schnecke**, -n 14 *snail*
der **Schnee** 3 *snow*
schneiden, schnitt, geschnitten 4 *to cut*
schneien 3 *to snow*
schnell 2 *fast*
der **Schnellimbiß, Schnellimbisse** 8 *fast food, quick snack*
das **Schnitzel**, - 14 *cutlet*
der **Schnupfen** 14 *cold*
der **Schnurrbart**, ¨-e 10 *mustache*
die **Schokolade** 9 *chocolate*
schon 7 *already*
schön 1 *beautiful, very nice;* 3 *rather, pretty* modifier
der **Schoppen**, - 7 *quarter-liter serving of wine*
(das) **Schottland** 10 *Scotland*
schrecklich 3 *terrible*
schreiben, schrieb, geschrieben 2 *to write;* **schreiben über** 12 *to write about*
der **Schreibtisch**, -e 1 *desk*
der **Schreibwarenladen**, ¨- 10 *office supply store*
der **Schriftsteller**, - 4 *writer*
schüchtern 1 *shy, retiring*
der **Schuh**, -e 3 *shoe*
der **Schuhmacher** 4 *shoemaker*
die **Schule**, -n 10 *school*
das **Schulgesetz**, -e 4 *school law*
die **Schulter**, -n 10 *shoulder*
der **Schuster** 4 *shoemaker*
die **Schüssel**, -n 11 *bowl*
schütteln 10 *to shake*

schwach 1 *weak*
der **Schwager**, ¨- 4 *brother-in-law*
die **Schwägerin**, -nen 4 *sister-in-law*
schwarz 1 *black, illegal*
das **Schwarze Brett** 7 *bulletin board*
der **Schwarzfahrer**, - 13 *someone who travels (bus, train) without a ticket*
(das) **Schweden** 10 *Sweden*
das **Schwein**, -e 14 *pig*
das **Schweinefleisch** 14 *pork*
die **Schweiz** 10 *Switzerland*
der **Schweizer**, - 1 *Swiss* m
die **Schweizerin**, -nen 1 *Swiss* f
schwer 5 *heavy, difficult, hard to do*
schwerfallen (ä), fiel...schwer, ist schwergefallen 10 *to be difficult for*
die **Schwester**, -n 4 *sister*
die **Schwiegereltern** 4 *parents-in-law*
die **Schwiegermutter**, ¨- 4 *mother-in-law*
der **Schwiegervater**, ¨- 4 *father-in-law*
schwierig 1 *difficult, complex, complicated*
die **Schwierigkeit**, -en 11 *difficulty*
das **Schwimmbad**, ¨-er 10 *swimming pool*
schwimmen, schwamm, ist geschwommen 6 *to swim*
schwindlig 14 *dizzy;* **mir ist schwindlig** 14 *I feel dizzy*
schwül 3 *muggy, humid*
sechs 1 *six*
der **See**, -n 5 *lake*
die **See**, -n 11 *sea, ocean*
die **Segeljacke**, -n 3 *sailing jacket*
segeln 6 *to sail*
sehen (ie), sah, gesehen 2 *to see*
sehr 2 *very, very much*
sein (ist), war, ist gewesen 1 *to be*
sein 3 *his, its*
seit 10 *since* prep/conj
seitdem 13 *since* conj
der **Sekretär**, -e 4 *secretary* m
die **Sekretärin**, -nen 4 *secretary* f
die **Sekunde**, -n 5 *second*
die **Sekundarschule**, -n 1 *secondary school (Switzerland)*

selten 2 *seldom*
das Semester, - 5 *semester*
das Seminar, -e 7 *seminar, class;*
14 *department*
der Semmelknödel, - 14 *bread dumpling*
der Senf 14 *mustard*
der September 5 *September*
das Service 11 *china set*
die Serviette, -n 11 *napkin*
Servus! 1 *Hi! Bye! (Bavaria, Austria)*
der Sessel, - 10 *easy chair*
sich setzen 4 *to sit down*
die Shorts pl 3 *shorts*
(das) Sibirien 10 *Siberia*
sich 4 *himself, herself, itself, themselves, yourself (formal), yourselves (formal)*
sicher 9 *sure(ly)*
sie 1 *she, they*
Sie 1 *you* singular/plural; formal
sieben 1 *seven*
siebt- 1 *seventh*
silbern 1 *silver*
singen, sang, gesungen 6 *to sing*
die Sitte, -n 10 *custom*
der Sitz, -e 12 *seat*
sitzen, saß, gesessen 2 *to sit*
skifahren (ä), fuhr...Ski, ist...skigefahren 6 *to ski*
so 2 *so*
sobald 13 *as soon as* conj
die Socke, -n 3 *sock*
der Sohn, ¨-e 4 *son*
das Sofa, -s 10 *sofa*
sofort 10 *immediately, right away*
solange 13 *as long as* conj
der Soldat, -en 4 (weak noun) *soldier*
sollen 5 *to be obligated to, to be supposed to*
der Sommer 5 *summer*
der Sonnabend 5 *Saturday*
sonnabends 5 *Saturdays*
das Sonderangebot 9 *sale;* im Sonderangebot 9 *on sale*
sondern 6 *but (used after* nicht...,); *nicht nur...,* sondern auch 6 *not only...,* *but also*
die Sonne 3 *sun*

das Sonnenkleid, -er 3 *sundress*
der Sonnenbrand 14 *sunburn*
die Sonnenbrille, -n 3 *pair of sunglasses*
der Sonnenstich 14 *sunstroke*
sonnig 3 *sunny*
der Sonntag 5 *Sunday*
sonntags 5 *Sundays*
der Sonntagskaffee 4 *sunday afternoon coffee*
sonst 9 *else, otherwise*
die Sorge, -n 11 *worry, concern*
die Soße, -n 14 *sauce*
die Sowjetunion 10 *the Soviet Union*
die Soziologie 8 *sociology*
(das) Spanien 10 *Spain*
das Spanisch 8 *Spanish language*
der Spargel, - 14 *asparagus*
die Sparkasse, -n *savings bank*
der Spaß 9 *fun;* Viel Spaß! 9 *Have fun!*
spät 2 *late;* später 2 *later*
spätabends 5 *late in the evening*
spätestens 5 *at the latest*
spazierengehen, ging...spazieren, ist spazierengegangen 6 *to go for a walk*
der Spaziergang, ¨-e 5 *walk, stroll;* einen Spaziergang machen 5 *to go for a walk, to take a walk*
die Speisekarte, -n 10 *menu*
der Speisewagen, - 12 *dining car (train)*
spicken 4 *to cheat (school)*
der Spiegel, - 10 *mirror*
spielen 6 *to play*
der Sport 6 *sports;* 8 *physical education*
Sport machen 5 *to be active in sports, to play sports*
die Sporthalle, -n 10 *gym*
die Sportjacke, -n 3 *sports jacket*
sportlich 1 *athletic*
die Sportmütze, -n 3 *sports cap*
der Sportplatz, ¨-e 10 *athletic field*
die Sprache, -n 4 *language*
sprechen (i), sprach, gesprochen 2 *to speak;* sprechen mit 12 *to speak with, to speak to;* sprechen

über 12 *to speak about, to talk about*
die Sprechstunde, -n 8 *office hour*
das Sprichwort, ¨-er/-e 10 *proverb*
das Spülbecken, - 10 *kitchen sink*
die Spülmaschine, -n 10 *dishwasher*
das Staatsexamen, - 4 *comprehensive exams taken upon completion of university studies*
der Stacheldraht 15 *barbed wire*
die Stadt, ¨-e 4 *city*
die Stadtbücherei, -en 10 *public library*
die Stadtmitte 5 *center of the city*
der Stadtpark, -s 5 *city park*
der Stadtplan, ¨-e 10 *city map*
das Stadtzentrum, Stadtzentren 10 *center of town, middle of the city*
ständig 11 *constantly*
stark, stärker, am stärksten 1 *strong*
statt 12 *instead of*
stehen, stand, gestanden 2 *to stand*
der Stehimbiß, Stehimbisse 8 *fast-food stand, snack stand*
die Stehlampe, -n 11 *floor lamp*
der Stein, -e 1 *stone, rock;* aus Stein 1 *made of rock or stone*
stellen 11 *to put, to place*
der Stempel, - 14 *stamp*
sterben (i), starb, ist gestorben 7 *to die*
die Stereoanlage, -n 4 *stereo system*
sticken 6 *to embroider*
der Stiefel, - 3 *boot*
die Stiefeltern 4 *stepparents*
der Stiefbruder, ¨- 4 *stepbrother*
die Stiefmutter, ¨- 4 *stepmother*
die Stiefschwester, -n 4 *stepsister*
der Stiefvater, ¨- 4 *stepfather*
das Stipendium, Stipendien 14 *scholarship*
die Stirn 10 *forehead*
der Stock, Stockwerke 13 *floor of a building*
das Stockwerk, -e 13 *floor of a building*
stolz auf 12 *proud of*
der Strand, ¨-e 11 *beach, shore*

der **Strandkorb, ¨-e** 3 *beach chair*

die **Straße, -n** 5 *street;* **über die Straße gehen** 14 *to cross the street*

die **Straßenbahn, -en** 4 *streetcar, trolley*

der **Streit, -s** 11 *argument*
stricken 6 *to knit*

die **Strickjacke, -n** 3 *cardigan sweater, knitted jacket*

der **Strumpf, ¨-e** 3 *sock;* die **Nylonstrümpfe** 3 *stockings, panty hose*

der **Student, -en** 1 *student* m

der **Studentenaustausch** 14 *student exchange*

das **Studentenhaus, ¨-er** 7 *student union*

das **Studentenwerk, -e** 7 *student union*

die **Studentin, -nen** 1 *student* f

das **Studienbuch, ¨-er** 14 *evidence of courses taken at university*

das **Studienfach, ¨-er** 8 *study subject*

der **Studiengang, ¨-e** 13 *course of study, field of study*

der **Studienplatz, ¨-e** 8 *opportunity to study*
studieren 2 *to study at a college or university*

das **Studium, Studien** 8 *studies*

der **Stuhl, ¨-e** 1 *chair*

die **Stunde, -n** 5 *hour, period of academic instruction class*

der **Stundenkilometer, -** 5 *kilometer per hour*
stürmisch 3 *stormy*
suchen 2 *to look for, to seek, to search for*

(das) **Südafrika** 10 *South Africa*

(das) **Südamerika** 10 *South America*

der **Sudan** 10 *Sudan*

der **Süden** 10 *South*

der **Südpol** 10 *the South Pole*

die **Suppe, -n** 4 *soup*

der **Supermarkt, ¨-e** 10 *supermarket*
sympathisch 1 *congenial, likeable, easygoing*

(das) **Syrien** 10 *Syria*

die **Tabelle, -n** 8 *chart*

die **Tablette, -n** 14 *pill*

die **Tafel, -n** 1 *chalkboard*

der **Tag, -e** 5 *day*

der **Tagesausflug, ¨-e** 12 *day trip*

die **Tageskarte, -n** 10 *special menu for the day*

der **Tagesplan, ¨-e** 11 *plan for the day*

der **Tagesschein, -e** 14 *day visa*

die **Tageszeit, -en** 5 *time/part of the day*
täglich 5 *daily*
tagsüber 2 *during the day*

die **Taille** 10 *waist*

die **Tankstelle, -n** 10 *gas station*

die **Tante, -n** 4 *aunt*
tanzen 6 *to dance*

die **Tasche, -n** 3 *bag, purse*

das **Taschenbuch, ¨-er** 4 *paperback (novel)*

die **Tasse, -n** 11 *cup*
tausend 1 *thousand*

das **Taxi, -s** 10 *taxi cab*

der **Tee** 4 *tea*

der **Teil, -e** 10 *part, section*
teilen 12 *to share*
telefonieren 9 *to telephone, to call by phone*

die **Telefonnummer, -n** 9 *telephone number*

die **Telefonzelle, -n** 12 *telephone booth*

das **Telegramm, -e** 9 *telegram*

der **Teller, -** 11 *plate*
Tennis spielen 6 *to play tennis*

der **Teppich, -e** 11 *carpet*

die **Terrasse, -n** 10 *terrace*

der **Termin, -e** 8 *appointment*

der **Test, -s** 4 *test*

(das) **Thailand** 10 *Thailand*

das **Theater, -** 10 *dramatic theater*

das **Thema, Themen** 14 *theme, topic*
tief 5 *deep*

das **Tier, -e** 4 *animal*

der **Tisch, -e** 1 *table*

die **Tischdecke, -n** 11 *tablecloth*

der **Tischler, -** 4 *carpenter, cabinetmaker*
Tischtennis spielen 5 *to play table tennis/Ping Pong*

das **Tischtuch, ¨-er** 15 *tablecloth*

der **Toaster, -** 10 *toaster oven*

die **Tochter, ¨-** 4 *daughter*

die **Toilette, -n** 10 *toilet*

tolerant 1 *tolerant*

die **Tomate, -n** 14 *tomato*

der **Topf, ¨-e** 11 *cooking pot*

die **Torte, -n** 5 *rich cake, torte*

die **Tracht, -en** 3 *native costume*
tragen (ä), trug, getragen 2 *to carry, to wear*

das **Training** 9 *practice, training*

der **Trainingsanzug, ¨-e** 3 *warm-up suit, jogging outfit*
traurig 1 *sad*

(sich) **treffen (i), traf, getroffen** 3 *to meet*
treu 1 *loyal, faithful, true*
trinken, trank, getrunken 4 *to drink*

das **Trinkgeld** 10 *tip, gratuity*
trocken 3 *dry*
trocknen 10 *to dry*
trotz 12 *in spite of*
trotzdem 13 *nevertheless*

die **Tschechei** 12 *Czechoslovakia* short for: **Tschechoslowakei**

die **Tschechoslowakei** 8 *Czechoslovakia*

das **T-Shirt, -s** 3 *T-shirt*
Tschüß! 1 *Bye!*
tun (tut), tat, getan 10 *to do;* **das tut mit leid** 11 *I am sorry*

(das) **Tunesien** 10 *Tunesia*

die **Tür, -en** 1 *door*

die **Türkei** 10 *Turkey*
turnen 6 *to do gymnastics*

das **Turnhemd, -en** 3 *gym shirt*

der **Turnschuh, -e** 3 *tennis shoe*

der **TÜV** 8 *car inspection* short for: **Technischer Überwachungsverein**

die **U-Bahn, -en** 4 *subway* short for: die **Untergrundbahn**
über 11 *above, over; about* + acc/dat

sich **überarbeiten** 12 *to overwork oneself*

der **Überblick** 1 *overview*
übergeben (i), übergab, übergeben 15 *to hand over*
überlegen 10 *to consider, to think over;* **sich etwas überlegen** 12 *to consider something very carefully;*

sich etwas anders überlegen 12 *to change one's mind*

übermorgen 5 *the day after tomorrow*

die **Überschrift, -en** 9 *headline*

überweisen 9 *to transfer (money)*

die **Überweisung, -en** 9 *transfer (money)*

die **Übung, -en** 4 *exercise*

übrigens 9 *by the way, incidentally*

die **UdSSR** 10 *USSR*

(das) **Uganda** 10 *Uganda*

die **Uhr, -en** 8 *clock, watch; with cardinal numbers: o'clock*

die **Uhrzeit, -en** 5 *time, clock time*

um 5 *around;* 6 *at + clock time*

die **Umfrage, -n** 5 *opinion poll, survey*

die **Umgebung, -en** 10 *the vicinity, the surrounding area*

sich **umhören** 13 *to inquire*

umtauschen 12 *to exchange currencies*

die **Umwelt** 5 *environment*

die **Umweltkatastrophe, -n** 5 *environmental catastrophe*

der **Umzug, -e** 9 *move; also: parade*

und 3 *and*

unfreundlich 1 *unfriendly;* **unfreundlich zu** 12 *unfriendly to*

(das) **Ungarn** 10 *Hungary*

ungeduldig 12 *impatient(ly)*

die **Uni, -s** 6 *coll university*

die **Universität, -en** 6 *university*

unser 3 *our, ours*

unsympathisch 1 *hard to get along with*

unter 11 *under, underneath, below + acc/dat*

die **Unterdrückung** 15 *oppression*

das **Untergeschoß, Untergeschosse** 13 *lower level, basement*

sich **unterhalten** 10 *to converse, to talk*

das **Unterhemd, -en** 3 *undershirt*

die **Unterhose, -n** 3 *undershorts*

der **Unterkörper** 10 *lower part of the body*

die **Unterkunft, ¨-e** 13 *lodging*

die **Unterlagen** pl *papers, documents*

die **Untermiete** 4 *sublease*

der **Unterschied, -e** 13 *difference*

die **Unterstützung** 15 *support*

der **Unterteller, -** 11 *saucer*

unterwegs 10 *on the way, underway*

der **Urlaub** 5 *vacation;* **Urlaub machen** 5 *to go on vacation*

(das) **Uruguay** 10 *Uruguay*

die **USA** pl 10 *USA*

der **Vater, ¨-** 4 *father*

der **Vati, -s** 4 *Dad, Daddy, Pop*

väterlicherseits 4 *on the father's side of the family*

(das) **Venezuela** 10 *Venezuela*

sich **verabreden** 10 *to make a date*

die **Verabredung, -en** 8 *date*

die **Veranda, -s** 10 *porch*

verbessern 4 *to improve*

verbieten, verbot, verboten 5 *to forbid*

verbinden, verband, verbunden 12 *to connect, to bind*

verdienen 7 *to earn, to deserve*

vereinbaren 13 *to agree upon*

der **Verein, -e** 10 *club, association*

die **Vereinigten Staaten** pl 10 *the United States*

sich **verfahren (ä), verfuhr, verfahren** 12 *to get lost driving*

die **Verfassung, -en** 15 *constitution*

vergangen 7 *past, last*

vergessen (i), vergaß, vergessen 4 *to forget*

vergleichen 14 *to compare*

verheiratet 1 *married;* **verheiratet (mit)** 12 *married (to)*

verhindern 15 *to prevent*

verkaufen 2 *to sell*

der **Verkäufer, -** 1 *salesman*

die **Verkäuferin, -nen** 1 *saleswoman*

verkünden 15 *to announce*

verlassen (ä), verließ, verlassen 12 *to leave*

sich **verlaufen (ä), verlief,**

verlaufen 12 *to get lost walking*

(sich) **verletzen** 14 *to injure (oneself), to hurt (oneself)*

die **Verletzung, -en** 14 *injury*

verliebt (in) 12 *in love (with)*

verlieren, verlor, verloren 4 *to lose*

verlobt (mit) 12 *to be engaged (to)*

der **Verlust, -e** 15 *loss*

vermieten 10 *to rent (to someone);* **zu vermieten** 10 *for rent*

veröffentlichen 15 *to publish*

verpassen 12 *to miss (by lateness)*

verschieben, verschob, verschoben 11 *to postpone, to put off*

verschreiben, verschrieb, verschrieben 14 *prescribe (medication)*

versetzen 9 *to transfer*

der **Versicherungsagent, -en** 4 *(weak noun) insurance agent*

sich **verspäten** 12 *to be late*

sich etwas **verstauchen** 14 *to sprain something*

verstehen, verstand, verstanden 2 *to understand*

versuchen 4 *to try, to attempt*

(sich) **verteidigen** 12 *to defend (oneself)*

vertragen 15 *to agree, to bear;* **ich vertrage das nicht** 15 *this does not agree with me*

sich **verwählen** 12 *to misdial*

verwandt (mit) 12 *related (to)*

die **Verwandten** pl 4 *relatives*

verzollen 12 *to declare (at customs), to pay customs*

der **Vetter, -n** 4 *(weak noun) cousin m*

der **Videorecorder, -** 4 *VCR*

viel 2 *much;* **viele** 4 *many*

vielfarbig 3 *multicolored*

vielleicht 3 *perhaps*

vier 1 *four*

viertel 6 *quarter*

das **akademische Viertel** 2 *academic quarter hour (fifteen-minute grace period added to official starting time)*

(das) **Vietnam** 10 *Vietnam*
violett 1 *violet, purple*
die **Violine, -n** 6 *violin*
das **Visum, -s** or **Visa** 12 *visa*
der **Vogel, ¨-** 4 *bird*
die **Volksarmee** 2 *army (East Germany)*
das **Volkslied, -er** 6 *folk song*
die **Volkswirtschaft** 8 *economics academic field*
das **Vollkornbrot** 4 *whole-grain bread*
Volleyball spielen 6 *to play volleyball*
vollschlank 1 *plump*
von 1 *from*
vor 11 *in front of; ago;* **vor allem** 9 *above all*
vorbeigehen, ging...vorbei, ist...vorbeigegangen 9 *to go by*
vorbereiten 9 *prepare*
die **Vorbereitung, -en** 7 *preparation*
vorgehen, ging...vor, ist vorgegangen 8 *to run ahead, to be fast (clock)*
vorgestern 7 *day before yesterday*
vorhaben 13 *to intend*
vorher 9 *before that*
vorig- 7 *previous, last*
vorlesen (ie), las...vor, vorgelesen 2 *to read aloud*
die **Vorlesung, -en** 7 *lecture (university)*
das **Vorlesungsverzeichnis** 2 *course schedule*
vorletzt- 7 *before last*
der **Vormittag** 5 *forenoon, late in the morning*
vormittags 5 *regularly in the late morning*
der **Vorort, -e** 10 *suburb*
die **Vorratskammer, -n** 10 *pantry*
der **Vorschlag, ¨-e** 6 *suggestion*
vorschreiben, schrieb...vor, vorgeschrieben 13 *to prescribe, to dictate*
die **Vorspeise, -n** 14 *appetizer*
die **Vorstadt, ¨-e** 10 *suburb*
(sich) **vorstellen** 12 *to introduce (oneself);* **sich (etwas) vorstellen** 12 *to imagine (something)*

die **Vorstellung, -en** 9 *idea;* also: *performance*

der **Wagen, -** 4 *car*
das **W.C., -s** 10 *lavatory, rest room (water closet)*
wählen 12 *to choose, to elect; to dial a phone number*
während 13 *during* prep/conj
die **Wahrheit** 9 *truth*
wahrscheinlich 3 *probably*
die **Währung, en** 12 *currency*
der **Wald, ¨-er** 5 *forest*
die **Wand, ¨-e** 1 *wall*
wandern 5 *to hike, to wander*
die **Wanderkarte, -n** 6 *hiking map*
die **Wange, -n** 10 *cheek*
wann 2 *when*
warm 3 *warm*
warten 2 *to wait;* **warten auf** 12 *to wait for*
warum 2 *why*
was 1 *what*
waschen (ä), wusch, gewaschen 2 *to wash*
das **Waschbecken, -** 10 *bathroom sink*
die **Waschmaschine, -n** 10 *washing machine*
die **Wäsche** 3 *laundry; underwear*
das **Wasser** 4 *water*
das **Wattenmeer** 3 *shallow tidal flats*
der **(Wechsel)kurs** 12 *exchange rate*
der **Weg, -e** 11 *way, path;* **nach dem Weg fragen** 14 *to ask for directions*
wegen 12 *on account of, because of, due to*
weggehen, ging...weg, ist weggegangen 2 *to go away*
wegnehmen (i), nahm...weg, weggenommen 2 *to take away*
weh tun 10 *to hurt*
der **Weiher, -** 11 *pond*
die/das **Weihnachten** 1 *Christmas;* **Frohe Weihnachten!** 1 *Merry Christmas!*
weil 6 *because* conj
der **Wein, -e** 4 *wine*
das **Weinfest, -e** 6 *wine festival*
weiß 1 *white*

weit 5 *far;* **weit von** 5 *far from*
weitläufig 15 *spacious, stretched out*
welch- 3 *which*
die **Welt, -en** 5 *world*
die **Weltstadt, ¨-e** 5 *cosmopolitan city*
wenig 4 *little (with respect to quantity);* **ein wenig** 4 *a little;* **wenige** 4 *few*
wenn 5 *if, when, whenever*
wer 1 *who*
werden (wird), wurde, ist geworden 3 *to become, to get*
die **Werkstatt, ¨-en** 10 *repair shop, garage*
werfen (i), warf, geworfen 5 *to throw*
wessen 3 *whose*
die **Weste, -n** 3 *vest*
der **Westen** 10 *West*
das **Wetter** 3 *weather*
die **WG, -s** 13 *housing cooperative, commune*
wichtig 10 *important*
der **Widerstand** 15 *resistance*
wie 1 *how;* **Wie bitte?** 1 *Pardon me?;* **Wie geht's?** 1 *How are you?;* **wie lange** 5 *how long;* **wie viele** 1 *how many*
wieder 2 *again;* **(Auf) Wiederschauen!** (Good-)bye!; **(Auf) Wiedersehen!** (Good-)bye!
der **Wiederaufbau** 15 *reconstruction*
wiederholen 2 *to repeat*
wiegen, wog, gewogen 5 *to weigh*
die **Wiese** 11 *grass, pasture*
wieso 2 coll *how come*
wieviel 2 *how much;* **wie viele** 1 *how many*
windig 3 *windy*
der **Winter** 5 *winter*
der **Wintermantel, ¨-** 3 *winter coat*
das **Winzerfest, -e** 6 *wine festival*
wir 1 *we*
das **Wirtschaftswunder, -** 4 *economic miracle*
wischen 4 *to wipe*
der **Wischer, -** 1 *wiper, eraser*
wissen (weiß), wußte, gewußt 6 *to know factually*

der **Wissenschaftler, -** 4 *scientist* m
die **Wissenschaftlerin, -nen** 4 *scientist* f
der **Witz, -e** 9 *joke*
wo 2 *where*
die **Woche, -n** 5 *week*
das **Wochenende, -n** 5 *weekend;* **Schönes Wochenende!** 1 *Have a nice weekend!*
wöchentlich 5 *weekly*
woher 2 *where from*
wohin 2 *where to*
sich **wohlfühlen** 12 *to feel good*
wohnen 2 *to live, to reside;* **in Untermiete wohnen** 4 *to sublease a room in an apartment or a house*
die **Wohngemeinschaft, -en** 13 *housing cooperative, commune;* short form: **die WG, -s**
das **Wohnzimmer, -** 10 *living room*
die **Wohnung, -en** 9 *apartment*
die **Wolle** 3 *wool*
wollen (will) 5 *to want to, to desire to*
das **Wort, ¨-er** or **-e** 4 *word*
sich **wundern** (über) 12 *to be surprised (at)*
die **Wurst, ¨-e** 4 *sausage*

zählen 2 *to count*
der **Zahn, ¨-e** 10 *tooth*
der **Zahnarzt, ¨-e** 4 *dentist* m
die **Zahnärztin, -nen** 4 *dentist* f

das **ZDF** 6 *West German public TV station* short for: **Zweites Deutsches Fernsehen**
die **Zehe, -n** 10 *toe*
zehn 1 *ten*
zeichnen 6 *to draw, to sketch*
zeigen 2 *to show;* **zeigen...auf** 2 *to point to*
der **Zeigefinger, -** 10 *index/pointing finger*
die **Zeit, -en** 5 *time*
die **Zeitschrift, -en** 4 *magazine, journal*
die **Zeitung, -en** 4 *newspaper*
der **Zeitungsständer, -** 9 *magazine rack*
das **Zentimeter, -** 5 *centimeter*
der **Zettel, -** 9 *note*
das **Zeug, -e** 11 *thing, stuff*
ziemlich 3 *rather*
die **Zigarre, -n** 4 *cigar*
die **Zigarette, -n** 4 *cigarette*
(das) **Zimbabwe** 10 *Zimbabwe*
das **Zimmer, -** 1 *room*
der **Zimmerkollege, -n** 4 (weak noun) *roommate* m
die **Zimmerkollegin, -nen** 4 *roommate* f
der **Zivildienst** 2 *civil service*
der **Zoll, -** 5 *inch;* 12 *customs*
zu 1 *closed, shut;* 2 *too +* adjective/adverb; 10 *to, toward;* **zu Hause** 2 *at home*
zuerst 8 *first* adverb
zufrieden (mit) 12 *satisfied (with)*

der **Zug, ¨-e** 10 *train*
der **Zugang** 15 *access*
die **Zunge, -n** 10 *tongue*
zugreifen, griff...zu, zugegriffen 12 *to grab;* coll *to dig in*
die **Zukunft** 11 *future*
zurückbringen, brachte...zurück, zurückgebracht 2 *to bring back*
zurückkommen, kam...zurück, ist zurückgekommen 2 *to come back*
zurücknehmen (nimmt...zurück), nahm...zurück, zurückgenommen 2 *to take back*
zusammen 2 *together*
der **Zusammenschluß, Zusammenschlüsse** 15 *merger*
die **Zutaten** pl 9 *ingredients*
die **Zwangsemigration, -en** 15 *forced emigration*
zwanzig 1 *twenty*
zwei 1 *two*
das **Zweite Programm (ZDF)** 6 *Channel Two (West German public TV station)*
die **Zwiebel, -n** 14 *onion*
zwischen 10 *between*
zwölf 1 *twelve*

INDEX

The following index contains listings for communicative functions, grammatical points, and major vocabulary fields.

TEXT CREDITS

Wolfgang Borchert, „Das Brot", from *Gesamte Werke*, copyright 1949. Reprinted by permission of Rowolt Verlag GmbH, Reinbeck, Germany.

Gabriele Eckart, „Ich kam mir überflüssig vor", from *Spiegel*, March 11, 1987. Reprinted by permission of the author.

Peter Sichrovsky, „Susanne, 42, die Hoffnungsvolle", from *Schuldig geboren: Kinder aus Nazifamilien*. Reprinted by permission of Kiepenheuer & Witsch, Cologne-Marienburg, Germany.

PHOTO CREDITS (Black and White)

Part I: 2 (top left) Owen Franken/German Information Center. (top right) Inter Nationes Presse/Deutsch Zentrale für Tourismus/German Information Center. (bottom) German Information Center. 3 Owen Franken/German Information Center.

Kapitel 1: 5 (top) German Information Center. (middle) Fritz Henle/Photo Researchers, Inc. (bottom) Paolo Koch/Rapho/Photo Researchers, Inc. 7 Beryl Goldberg. 10 (top) German Information Center. (bottom) Fritz Henle/Photo Researchers, Inc. 18 H. Kanus/Photo Researchers, Inc. 22 and 25 German Information Center. 29 Paolo Koch/Rapho/Photo Researchers, Inc.

Kapitel 2: 33 (top) German Information Center. (middle) Beryl Goldberg. (bottom) Owen Franken/German Information Center. 35 and 36 German Information Center. 40 Beryl Goldberg. 43 (top and bottom) Owen Franken/German Information Center.

Kapitel 3: 53 (top) Judy Poe/Photo Researchers, Inc. (middle) Owen Franken/German Information Center. (bottom) German Information Center. 58 Judy Poe/Photo Researchers, Inc. 60 German Information Center. Copyright Presse–und Informationsamt der Bundesregierung. 61 Ulrike Welsch/Photo Researchers, Inc. 66 and 69 German Information Center. 72 Owen Franken/German Information Center.

Part II: 80 (top left) Owen Franken/German Information Center. (top right) Heinz Finke/German Information Center. (bottom) Inter Nationes Presse/Deutsch Zentrale für Tourismus/German Information Center. 81 Owen Franken/German Information Center.

Kapitel 4: 83 (top) German Information Center. (middle) Christa Armstrong/Photo Researchers, Inc. (bottom) Owen Franken/German Information Center. 85 Peter Menzel. 86 Kment/Inter Nationes Presse. 87 and 89 German Information Center. 96 Owen Franken/German Information Center. 97 Ute Hoffman. 101 Ulrike Welsch/Photo Researchers, Inc. 104 Sach/Inter Nationes Presse. 107 (bottom) Christa Armstrong/Photo Researchers, Inc. 115 (bottom) Beryl Goldberg. 120 Owen Franken/German Information Center.

Kapitel 5: 123 (top) Uta Hoffmann. (middle) Andy Bernhaut/Photo Researchers, Inc. Copyright LBMFL Wein. (bottom) Sam C. Pierson, Jr./Photo Researchers, Inc. 125 Uta Hoffmann. 127 IN Bild/German Information Center. 134 Inter Nationes Presse/Historia/German Information Center. 135 (top) German Information Center. Copyright IN Presse. 139 (bottom) Andy Bernhaut/Photo Researchers, Inc. Copyright LBMFL Wein. 153 Sam C. Pierson, Jr./Photo Researchers, Inc. 161 Sam C. Pierson, Jr. 163 Frank Donahue. 168 Judy Poe/Photo Researchers, Inc.

Kapitel 6: 171 (top) Robert Houser/Photo Researchers, Inc. (middle) Owen Franken/German Information Center. (bottom) Beryl Goldberg. 173 Robert Houser/Photo Researchers, Inc. 176 Owen Franken/German Information Center. 183 Inter Nationes Presse/Bongarts/German Information Center. 185 AP/Wide World Photos. 191 and 198 Beryl Goldberg.

Kapitel 7: 205 (top) Owen Franken/German Information Center. (middle) Mona Bild/German Information Center. (bottom) Inter Nationes Presse/German Information Center. 207 Owen Franken/German Information Center. 210 Ulrike Welsch/Photo Researchers, Inc. 215 Luca Gavagna/Photo Researchers, Inc. 218 Owen Franken/German Information Center. 222 Mona Bild/German Information Center. 224 (left) Inter Nationes Presse/German Information Center. 227 Owen Franken/German Information Center.

Kapitel 8: 233 (top) and (middle) Owen Franken/German Information Center. (bottom) Christa Armstrong/Photo Researchers, Inc. 235 Beryl Goldberg. 238 (top) Owen Franken/German Information Center. (bottom) Beryl Goldberg. 241 and 245 Owen Franken/German Information Center. 253 Christa Armstrong/Photo Researchers, Inc. 263, 269, and 270 Owen Franken/German Information Center.

Kapitel 9: 273 (top) Sam C. Pierson, Jr./Photo Researchers, Inc. (middle) Owen Franken/German Information Center. (bottom) Christa Armstrong/Rapho/Photo Researchers, Inc. 275 Sam C. Pierson, Jr./Photo Researchers, Inc. 278 Kaya Hoffmann. 279 F. Peyer/Inter Nationes Presse/German Information Center. 296 Ulrike Welsch/Photo Researchers, Inc. 299 German Information Center. 302 Owen Franken/German Information Center. 303 Inter Nationes Presse/AEG/German Information Center. 307 Owen Franken/German Information Center. 310 Christa Armstrong/Photo Researchers, Inc.

Part III: 312 (top left) German Information Center. (top right) Schlund / German Information Center. (bottom) Erika Stone. 313 Ulrike Welsch / Photo Researchers, Inc.

Kapitel 10: 315 (top) Andy Bernhaut / Photo Researchers, Inc. (middle) Peter Menzel. (bottom) Ulrike Welsch / Photo Researchers, Inc. 317 Vollrath / Inter Nationes Presse / German Information Center. 326 Owen Franken / German Information Center. 334 Andy Bernhaut / Photo Researchers, Inc. 336, 337, and 341 Owen Franken / German Information Center. 347 Peter Menzel. 355 IN / German Information Center. 357 Ulrike Welsch / Photo Researchers, Inc.

Kapitel 11: 361 (top) German Information Center. (middle) Hans Schmeid / German Information Center. (bottom) Max Baur / Photo Researchers, Inc. 365 Beryl Goldberg. 376 German Information Center. 378 German Information Center. Copyright Presse–und Informationsamt der Bundesregierung. (top) Hans Schmeid / German Information Center. (bottom) Inter Nationes Presse / German Information Center. 389 Owen Franken / German Information Center. 390 Max Baur / Photo Researchers, Inc.

Kapitel 12: 393 (top) Inter Nationes Presse / AEG / German Information Center. (middle) Owen Franken / German Information Center. (bottom) Beryl Goldberg. 395 Inter Nationes Presse / AEG / German Information Center. 406 Owen Franken / German Information Center. 410 Beryl Goldberg. 411 and 421 Owen Franken / German Information Center.

Kapitel 13: 427 (top) Owen Franken / German Information Center. (middle) Fritz Henle / Photo Researchers, Inc. (bottom) Louis Goldman / Rapho / Photo Researchers, Inc. 430 Marianne von der Lancken / German Information Center. Copyright Friedrich Reinecke. Verlag, GmbH. 439 Ulrike Welsch / Photo Researchers, Inc. 441 Owen Franken / German Information Center. 444 and 445 Fritz Henle / Photo Researchers, Inc. 446 Louis Goldman / Rapho / Photo Researchers, Inc. 455 Hubertus Kanus / Photo Researchers, Inc.

Kapitel 14: 463 (top) Pierre Berger / Photo Researchers, Inc. (middle) Owen Franken / German Information Center. (bottom) Kment / IN / German Information Center. 466 Pierre Berger / Photo Researchers, Inc. 480 IN / German Information Center. 485 Owen Franken / German Information Center. 488 Uta Hoffmann. 489 Kment / IN / German Information Center. 492 Owen Franken / German Information Center.

Kapitel 15: 495 (top) Owen Franken / German Information Center. (middle) Monique Manceau / Photo Researchers, Inc. (bottom) Raymond Depardon / Magnum. 498 Rosemary Clausen / German Information Center. 501 Owen Franken / German Information Center. 503 Peter Menzel. 506 Jim Cartier / Photo Researchers, Inc. 510 German Information Center. Copyright Presse–und Informationsant der Bundesregierung. 514 Monique Manceau / Photo Researchers, Inc. 528 (top) Hubertus Kanus / Photo Researchers, Inc. 528 (bottom) German Information Center. 530 Raymond Depardon / Magnum.

REALIA CREDITS

107 Achimer Simonsbrot Vertriebs-GmbH.

135, 138, 139, 146, and **507** Amtliches Bayrisches Reisebüro.

126 Axel Springer Verlag AG.

346 Bauknecht Hausgeräte GmbH.

488 and **490** Bayer AG.

338 Brakhoff GmbH.

178, 291, and **306** Bundesministerium für das Post- und Fernmeldewesen.

88 Burda GmbH.

268 Burger King Deutschland GmbH, Division of Pillsbury.

397, 401, 403, 407, and **413** Deutsche Eisenbahn Reklame GmbH.

95 and **236** Deutsche Universitäts-Zeitung-Das Hochschulmagazin.

490 Dr. Poehlmann GmbH & Co., Herdecke.

35 Euro-Sprachschule, Köln.

280 Florist Transworld Delivery (Fleurop).

58 Frankfurter Allgemeine Zeitung GmbH.

377 and **378** Frankfurter Goethemuseum.

73 Friedrich Baur Versand Burkunstadt.

222, 224, and **225** Gebietsweinwerbung „Frankenwein-Frankenland e.V.".

17 Goetheinstitut München.

108 Jacobs-Kaffee GmbH, Wien.

114 Ledererbräu Nürnberg.

239 Philips Kommunikations Industrie AG.

432 Prager Informationsdienst.

115 Privatbrauerei Kitzinger Bürgerbräu.

239 Rotring-Werke Riepe Kg, Hamburg.

115 Schwabenbräu Stuttgart.

346 Siemens AG.

96 Spiegel-Verlag Rudolf Augstein GmbH & Co.Kg.

209 Studentenwerk München.

62 TUI GmbH & Co.Kg.

254 Universität Göttingen.

237 Universität Heidelberg.

262 Universität Köln.

254 Universität Marburg.

237 Universität Wien.

384 Verkehrsverein Tübingen.

436 Würzburger Straßenbahn GmbH.

95 Zeitverlag Gerd Bucerius GmbH & Co.

COLOR—SECTION CREDITS